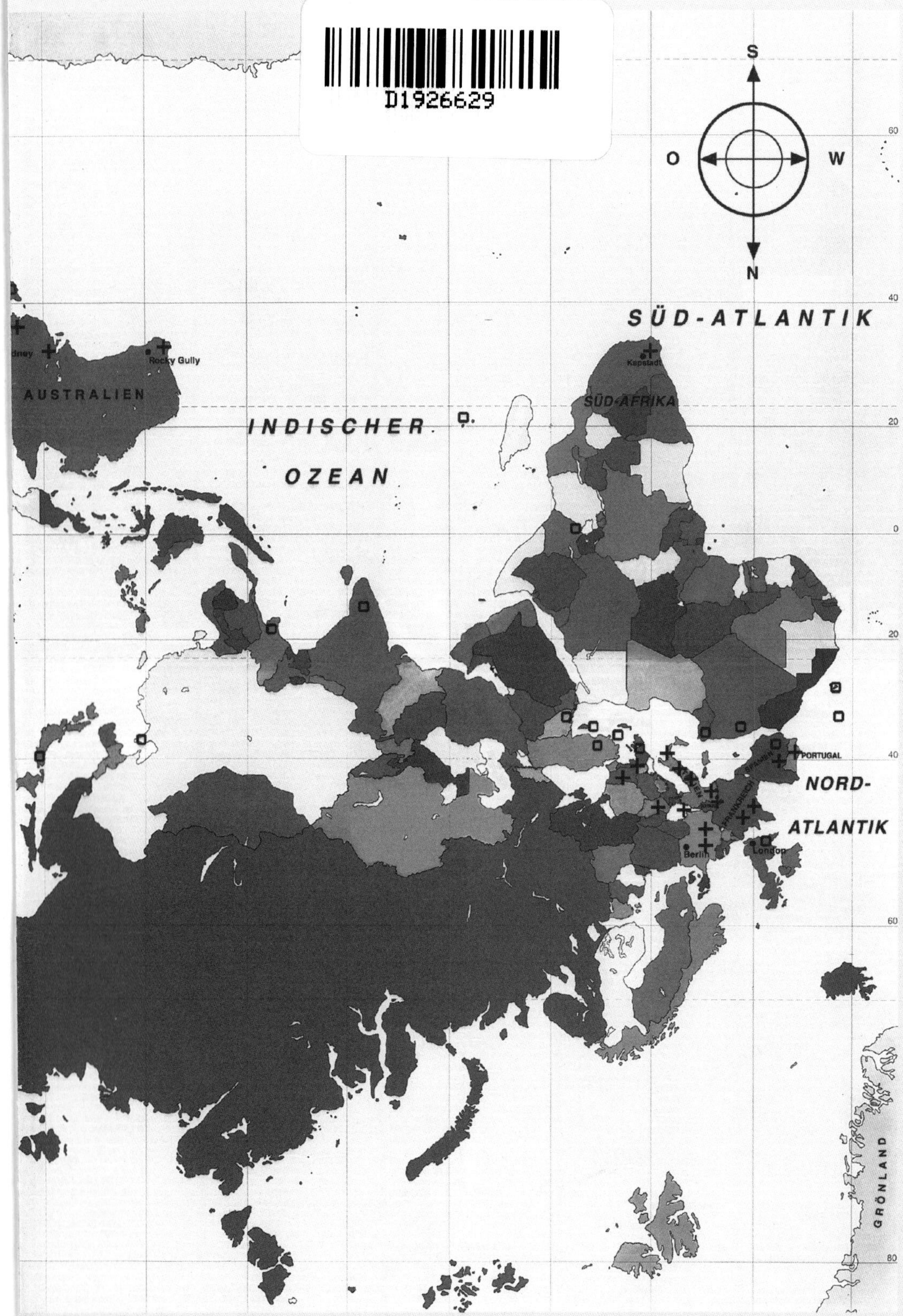
S
O
W
N
SÜD-ATLANTIK
Kapstadt
SÜD-AFRIKA
INDISCHER
OZEAN
AUSTRALIEN
Rocky Gully
PORTUGAL
NORD-
ATLANTIK
Berlin
London
GRÖNLAND
60
40
20
0
20
40
60
80

Stuart Pigott
Schöne neue Weinwelt

Stuart Pigott

Schöne neue Weinwelt

Von den Auswirkungen der Globalisierung auf die Kultur des Weines

Aus dem Englischen von
Ursula Heinzelmann

ARGON

Bei den Recherchen zu diesem Buch habe ich mit vielen Informanten gesprochen, die namentlich nicht erwähnt werden wollten. In diesen Fällen habe ich mich für Phantasienamen entschieden.

Stuart Pigott

Gesetzt aus der Stempel Garamond
Satz: LVD GmbH Berlin
Druck und Bindung: Clausen & Bosse, Leck
Printed in Germany
ISBN 3–87024-614-6

Inhalt

Kapitel 1

Die Welt im Supermarktregal oder Wie flauschig weiche Kuschelhäschen das Weinbusiness regieren

Herbst 2002 in Berlin: Ich drifte zwischen den Supermarktregalen wie auf einem Floß, das nach der tosenden See in die stillen Wasser zwischen ein Archipel von Inseln gespült worden ist. Doch auf welcher dieser einladenden Inseln soll ich mich niederlassen, welche Flasche soll ich wählen? Wie soll ich mich entscheiden? Dieses Dilemma ist inzwischen in der westlichen Welt und großen Teilen von Fernost ein alltägliches. Genau in diesem Moment sehen sich etliche Tausende von Menschen um den ganzen Erdball herum Regalen voller Weinflaschen gegenüber, fühlen sich verwirrt und desorientiert angesichts der Fülle von Namen, Etiketten, aufwendigen Ausstattungen, verloren angesichts der Aufgabe, einen Weg durch dieses schillernde Labyrinth von Gegenständen zu finden, die alle zu schreien scheinen: »Kauf mich!«, »Kauf mich!«.

Man könnte meinen, diese Situation solle für mich, Weinjournalist und -autor, also einen »Profi«, gar kein Problem darstellen – ich würde sofort wissen, welcher aus dieser Vielfalt *der* zu kaufende Wein sei. Zwar bin ich nach 20 Jahren intensiven Studiums der Materie Wein mit vielen der Namen auf den Etiketten vor mir vertraut, mir sind aber mindestens ebenso viele vollkommen neu, weil es sich zum Beispiel um Markennamen handelt, die aus kommerziellen Gründen eigens entwickelt wurden, um Erzeuger und Abfüller bestimmter Weine zu verschleiern. Auch ich bin verwirrt, desorientiert, nahezu verloren.

Ich komme zwar aus England, doch war es nur wenige Schritte um die Ecke von meiner Wohnung am Hackeschen Markt in Berlin-Mitte durch das übliche Treiben dieses Stadtverkehrsknotenpunkts zum SuperSpar in der Rosenthaler Straße. Als ich durch die offenen Glastüren schritt, standen Gruppen von Teenies in künstlich abgetragenen Jeans mit weitem Schlag, mit Piercings und Tätowierungen um die Stehtische im Vorraum des Supermarktes, mit Fastfood beschäftigt. Statistiken machen deutlich, dass viele von ihnen durchaus Wein konsumieren, und die Marktforscher sind zuversichtlich, dass es in wenigen Jahren noch viel mehr sein werden. Das ist der Grund dafür, dass die Ahnungslosen bereits ins Fadenkreuz der Marketingabteilungen bedeutender Weinproduzenten rund um den Erdball gerückt sind. In deren Augen sind sie die neuen Einsteigerkonsumenten und somit die Kernkonsumentengruppe der nahe rückenden Zukunft. Ihre Seelen, Gedanken und Geldbeutel sind bereits Gegenstand eines globalen Wirtschaftskriegs, und wie dieser ausgeht, wird weitgehend die Weinwelt der Zukunft bestimmen.

Wein bedeutet heutzutage Big Business, von dem nicht nur das Überleben von Millionen von Weinbauern weltweit abhängt, sondern auch die Zukunft vieler Großkonzerne.

Wein mag uns als der Inbegriff eines natürlichen Produktes erscheinen, doch wird er genau wie Joghurt, Tiefkühlpizza oder die Popsängerin Shakira, die gerade den Supermarkt beschallt, von Marketingexperten gestaltet und geprägt, um jene Eigenschaften aufzuweisen, dank deren er sich ihrer Überzeugung nach am besten und schnellsten verkaufen lässt. Stellten wir ihnen die Frage nach den Prinzipien hinter ihrer Tätigkeit, würden sie sicher beteuern, sie folgten nur unseren Wünschen, wie sie in Marktumfragen zum Ausdruck kämen. Doch wenn ich nie einen kalifornischen Wein probiert habe, noch viel weniger einen kalifornischen Rotwein aus der Zinfandeltraube, wie kann ich oder können sie die geringste Ahnung haben, ob er mir schmecken wird?

Neben mir steht eine Display-Palette von Ernest & Julio Gallos ›Turning Leaf‹ Zinfandels zu Euro 7,19 die Flasche. Gallo aus Modesto/Kalifornien ist der weltgrößte Weinproduzent und verfügt über eine dementsprechend große und professionelle Marketingabteilung. Mit Sicherheit haben die Ergebnisse der Marktumfragen ihre Entscheidung, diesen einladend bunten Stapel Wein hier zu platzieren, derart beeinflusst. In einer solchen Situation – nur wenige der SuperSpar-Kunden haben je einen kalifornischen Zinfandel-Rotwein getrunken – ist das Ziel der verantwortlichen Marketingexperten, eine zuvor nicht bestehende Nachfrage für die abzusetzenden Produkte künstlich zu erzeugen. Große Teile der Supermarkt-Sortimente erscheinen uns lediglich deshalb als unverzichtbar, weil Marketingabteilungen vor langer Zeit erfolgreich eine Strategie entwickelt haben, die uns denken lässt: »Ich brauche«, obgleich die Wahrheit lautet: »Ich glaube, ich will.«

Angesichts der Euro-Milliarden, die jährlich aufgewandt werden, um uns zu einer positiven Einstellung gegenüber bestimmten Produkten zu bewegen, unser Verlangen nach ihnen zu stimulieren und uns so zum Konsumieren zu bewegen, empfinde ich es als Genugtuung, dass nicht einmal Gallo mit Gewissheit meine oder jemand anderes Reaktion beim ersten Kosten eines bestimmten Weines voraussagen kann. Geruchs- und Geschmackssinn sind eng miteinander verbunden, große Teile dessen, was wir als Geschmackseindrücke registrieren, basieren eigentlich auf dem Geruch in Verbindung mit dem Geschmack und der von der Zunge erfühlten Beschaffenheit, die im Gehirn zu einem Gesamteindruck verschmelzen. Wir reagieren darauf zu irrational und emotional für verlässliche Prognosen in Bezug auf unsere Reaktionen beim Kosten von Gallos ›Turning Leaf‹ Zinfandel oder irgendeines anderen uns nicht bekannten Weins. Die Marktumfragen können lediglich die Wahrscheinlichkeit einer positiven Reaktion einer bestimmten sozioökonomischen Altersgruppe eines bestimmten Landes angesichts eines bestimmten Aroma- oder Geschmackstyps einschätzen. Natürlich gibt es jede Menge andere Gründe neben Geruch und Geschmack, die jemanden zum Kauf von Wein veranlassen, und ein großer Teil modernen Weinmarketings beschäftigt sich damit, die entsprechenden Signale zu optimieren, die von dem Namen des Weins, der Ausstattung, Marktpositionierung und Werbung ausgehen.

Eine ebenso wichtige Rolle in den Wein-Marketingbudgets spielt sowohl auf Firmen- als auch nationaler Ebene die PR, die Öffentlichkeitsarbeit, die das Image einer bestimmten Marke oder eines Wein erzeugenden Landes positiv beeinflussen soll. Als Weinkolumnist der *Frankfurter Allgemeinen Sonntagszeitung* stelle ich eines der Hauptziele dieser PR-Apparate dar. Allein von Gallo erhalte ich jedes Jahr einen Stapel Werbematerial sowie einige Probeflaschen ausgewählter Weine. Fragte ich nach mehr, würde ich dies bekommen, und Gallo ist nur eine der vielen Firmen, die es auf meine Aufmerksamkeit, mein Interesse und positive Besprechungen ihrer Erzeugnisse abgesehen haben. Das unterscheidet mich zweifellos von einem normalen Konsumenten, unabhängig von seinem verfügbaren Einkommen.

Es gibt eigentlich kein Argument gegen die Fixierung des modernen Marketings auf die metaphysische Welt der Imagepflege. Es ist an sich nichts dagegen einzuwenden, wenn jemand eine Flasche Wein kauft, weil ihm Werbung, Etikett oder Name gefallen. Persönlich ziehe ich jedoch die auf meinen eigenen Geruchs- und Geschmackseindrücken basierende Freiheit in der Entscheidung beim Weinkauf vor. Demgegenüber bedeutet Etikettentrinken, gefangen zu sein im Netz der Marketing-Manipulationen, denn es schränkt das Weinvergnügen auf bestimmte Erfahrungen ein; Rätselhaftes, Inspirierendes oder Hinreißendes ist von vornherein ausgeschlossen. Das ist traurig, aber selbstverständlich eine Frage der persönlichen Entscheidung. Als wirklich störend empfinde ich jedoch den Hang der Marketingabteilungen, den Produktionsabteilungen vorzuschreiben, wie sie ihre Weine im Keller zu behandeln haben, um höhere Absatzzahlen zu erreichen. Ich koche vor Wut, wenn die zur »Verbesserung« von Geruch oder Geschmack angewandten Mittel und Methoden im direkten Gegensatz zu den Behauptungen bezüglich der Natürlichkeit oder Originalität eines Weines stehen. Heute sind die technischen Möglichkeiten zur Manipulation von Weinen kaum weniger immens als die Macht des Marketing oder die Skrupellosigkeit mancher profithungriger Unternehmen. All dem begegnet man im Supermarkt.

Meine Mutter hat mir vor kurzem erzählt, dass ich Supermärkte vom ersten Augenblick an geliebt habe. »Ich kenne kein anderes Kind, das man in einem Supermarkt unbeaufsichtigt lassen könnte«, bemerkte sie und erzählte weiter, wie ich nie etwas in den Regalen anrührte, nur stundenlang umherspazierte, um die bunten Schachteln, Büchsen und Flaschen zu betrachten. Vielleicht ist das der Ursprung meines faszinierten, aber auch distanzierten journalistischen Blicks. Meine früheste Erinnerung handelt von einem Supermarkt auf der Haupteinkaufsstraße des Londoner Vororts, in dem ich geboren bin. Ich lief mit meiner Mutter durch die Regalreihen, vollkommen fasziniert von den vielen bunten Schachteln und Dosen, bis ich einer ähnlich gekleideten Frau aus dem Supermarkt folgte und mich dann in einer nahe liegenden Tischlerei verirrte.

Mir war lange Zeit nicht bewusst, dass der Ursprung meiner Faszination für Supermärkte und Wein in unserer Familiengeschichte liegen könnte. Mein Großvater mütterlicherseits, Neville Pratt, war Ladenbesitzer in vierter Generation, genauer gesagt, Lebensmittel- und Weinhändler. Ich habe nur eine Erinnerung an Pratt's Stores in Pimlico, SW1, Lupus Street Nummer 99, an den Laden mit dunklen Holzregalen, die aufgrund des bevorstehenden Verkaufs entäuschend leer waren. Das war 1967, als mein Großvater sich in den Ruhestand zurückzog. Vor kurzem hat mir meine Mutter Fotos von Pratt's Stores gezeigt, die sie in einer Schublade gefunden hatte. Das neueste davon, für Werbezwecke entstanden, zeigt den Laden während der späten 1950er mit gut bestückten Regalen, jedoch menschenleer. Die Leuchtstoffröhren, der linoleumgeflieste Boden, die beinahe vollkommen gläserne Ladenfront und die Werbeplakate – »Kellogs Corn Flakes, Fresh as a Daisy!«, taufrisch – wirken bemerkenswert modern. Abgesehen von den Verkaufstresen und den fehlenden Drahtkörben ähnelt er einem der ersten Supermärkte, an die ich mich erinnern kann. In italienischen Städten gibt es noch vergleichbare Läden, die Gastronomica. Im Gegensatz zu Deutschland schätzen die Menschen dort nach wie vor den persönlichen Kontakt zum Ladenbesitzer hinter dem Verkaufstresen. Der Einkauf umfasst dort immer noch einen sozialen Aspekt, der hierzulande so gut wie verschwunden ist.

Das nächstältere Foto, während der 1930er ebenfalls in 99 Lupus Street aufgenommen, als hier ausschließlich Weine und Spirituosen verkauft wurden, macht deutlich, in welchem Maße mein Großvater das Geschäft nach dem Zweiten Weltkrieg modernisiert hat. In einem viel dunkleren Laden steht mein Großvater neben seinem Vater, Charles William Pratt, und zwei Verkäuferinnen. Sie tragen wie mein Großvater Kittelschürzen, was zeigt, dass seine Stellung im Betrieb noch eine untergeordnete war. Zu jener Zeit steckte die Industrialisierung der Lebensmittelproduktion, die mit dem Aufkommen der Supermärkte einherging, noch in den Anfängen. Keinesfalls wurde diese Entwicklung immer verteufelt. Andy Warhol schrieb über dieses Phänomen, all dies sei »demokratisch: Nancy Reagan trinkt die Limonade Tab, Gloria Vanderbilt trinkt Tab, Jackie Onassis trinkt Tab, Katherine Hepburn trinkt Tab, und denk nur, auch du kannst Tab trinken. Tab ist Tab, und egal wie reich du bist, du kannst kein besseres bekommen, als das, was die obdachlose Frau an der Straßenecke trinkt. Alle Tabs sind die gleichen. Und alle Tabs sind gut. Nancy Reagan weiß es, Gloria Vanderbilt weiß es, Jackie Onassis weiß es, Katherine Hepburn weiß es, die obdachlose Frau weiß es, und du weißt es.« Das trifft sicherlich bei Erfrischungsgetränken zu wie auch bei vielen anderen Markenprodukten, doch beim Wein liegen die Dinge meist ganz anders.

Wein ist die Ausnahme von der Regel. Abgesehen von einigen wenigen echten Markenerzeugnissen, gibt es nahezu immer ein besseres oder exklusiveres Produkt mit derselben Bezeichnung, unabhängig, an welcher Bezeichnung auf welchem Etikett man sich orientiert – Produzent, Ursprungsland oder -gebiet, Rebsorte, Jahrgang –, und wenn nicht hier, dann in einem anderen, exklusiveren Laden. Wein ist komplizierter zu handhaben und elitärer als Tab oder Coca-Cola, was sowohl positiv als auch negativ ist, so wie die Eintönigkeit und Zuverlässigkeit von Tab und Coca-Cola ihre positive als auch negative Seite hat. Positiv, weil sie einfach verständlich und demokratisch sind, negativ, weil das bedeutet, dass sie auf der ganzen Welt gleich schmecken.

Ungeachtet der Tatsache, dass der SuperSpar sozusagen fast vor unserer Haustür liegt, gehe ich meist an dem weiten Schlund seiner automatischen Glasschiebetüren vorbei und biege um die nächste Ecke in die Neue Schönhauser Straße ein bis zum Manna-Tiare Ökoladen an der Kreuzung Weinmeisterstraße. Der Laden ist eine Art exzentrischer Mini-Supermarkt in einem Plattenbau aus den 1970ern, der Brot, Milchprodukte, Obst und Gemüse in wesentlich besserer Qualität als SuperSpar bietet. Die Äpfel sehen hier nicht immer perfekt aus, aber sie schmecken nach Apfel, während sie in den normalen Supermärkten zwar optisch vollkommen erscheinen, aber nur nach Wasser, Zucker und Säure schmecken. Ich bin wählerisch geworden und rieche an jedem Apfel, bevor er in meinem Korb landet. Genauso gehe ich beim Wein vor, den ich bei den besten Weinhändlern der Stadt oder direkt vom Winzer bevorzugt kaufe. Es ist mir egal, ob das Snobismus genannt wird.

Heute jedoch habe ich beschlossen, über das Weinangebot in deutschen Supermärkten zu schreiben, und es ist nur logisch, mit der Recherche dafür im nächstgelegenen anzufangen.

Ich finde die Anziehungskraft, die Discountläden und Billig-Supermärkte auf viele Deutsche ausüben, faszinierend und bizarr. Sollte ein Wirtschaftswissenschaftler aus einem fernen Land Deutschland ausschließlich aufgrund des Verbrauchs von Lebensmitteln in Verbindung mit Ort, Art und Preis des Einkaufes analysieren, fiele ihm erstens sofort auf, wie wenig Deutsche durchschnittlich für Lebensmittel ausgeben – nur 15 Prozent der Haushaltsausgaben –, und zweitens, in welch wenig ansprechenden Läden sie dies tun. Kennte er Deutschland nicht, würde er daraus vielleicht schließen, es handle sich um ein wenig entwickeltes Land mit entsprechend niedrigem Lebensstandard oder ein einst wohlhabendes Land, das vor kurzem einen schlimmen Krieg durchgemacht hat, dessen wirtschaftliche Folgen sich noch auf die Einkommen auswirken. Wenn wir unserem Wirtschaftswissenschaftler erklären sollten, dass seine Annahmen falsch sind, und ihn von Bruttosozialprodukt und Statistiken zum Lebensstandard in Deutschland in Kenntnis setzen würden, wäre er wahrscheinlich gezwungen, sehr extreme Hypothesen aufzustellen, um zu erklären, dass ein derart wohlhabendes Volk einen so geringen Anteil seiner Einkommen für Lebensmittel ausgibt. Auch wenn es sich um ein internationales Phänomen handelt, scheinen Duft und Geschmack beim Konsumerlebnis von Lebensmitteln in Deutschland im Vergleich mit Aussehen oder Konsistenz eine besonders geringe Rolle zu spielen. Deutschland ist eine Mampf-Nation geworden. Noch wichtiger bei der Wahrnehmung des Essens sind die alten Werte Gewicht und Volumen beziehungsweise Menge.

Menge ist nach wie vor einer der maßgeblichen Faktoren der besonderen deutschen Besessenheit mit billigem Essen und Trinken; je billiger, desto größer können die Portionen ausfallen, desto öfter kann man etwas konsumieren. Diese Gesellschaft hat sich gegen den Luxus entschieden, weil sie sich gegen die Knappheit entschieden hat, die Grundlage und Definition des Luxus ist. Stattdessen hat sie sich ein »Mehr für alle«-Prinzip zu Eigen gemacht, ohne sich um die gesundheitliche Tragweite unkontrollierten Konsums oder die umweltpolitischen Folgen der dafür notwendigen Massenproduktion zu kümmern.

Auch der Wein unterliegt diesem (Konsum-)Verhalten; der Durchschnittspreis einer in Deutschland im Laden verkauften 0,75-l-Flasche Wein liegt bei Euro 2,33. Das bedeutet, dass hier alljährlich viele Millionen Flaschen für unter einem Euro getrunken werden. 38 Prozent aller in Deutschland abgesetzten italienischen Weißweine fallen zum Beispiel in diese Kategorie. Im Regal vor mir kann ich sofort mehrere Weine unter zwei Euro entdecken, unter anderem eine Peter Mertes Liebfraumilch für Euro 1,53. Liebfraumilch ist ein weicher, süßer deutscher Weißwein aus dem Rheintal, der als Massenware produziert wird und früher ausschließlich für den Export bestimmt war. Seit zehn Jahren zeigen die über den ganzen Erdball verteilten Konsumenten jedoch immer weniger Interesse an dieser Art Billigwein aus Deutschland, und die Liebfraumilch schwappt zurück in die heimischen Supermarktregale. Wie viel von diesem Verkaufspreis hat der eigentliche Flascheninhalt gekostet? Wahrscheinlich zwischen 20 und 40 Cent, was auch erklärt, warum der Wein wie Zuckerwasser schmeckt. Die ausländischen Weine in der Preiskategorie unter zwei Euro schmecken allerdings keinesfalls besser, man muss sich glücklich schätzen, wenn diese Art Wein sich zumindest als sauber und fehlerfrei erweist.

In der Ausgabe vom 6. September 2002 der Fachzeitschrift *Weinwirtschaft* habe ich die Ergebnisse eines Tests von Weinen der führenden deutschen

Supermärkte studiert, aus der Aldi als Sieger hervorging. Dabei muss zur Erläuterung gesagt werden, dass Netto mit 28,3 Prozent von der Jury als »schwach mit Mängeln« oder »grob fehlerhaft« bewerteten Weinen an letzter Stelle kam, aber selbst bei Aldi 10 Prozent der verkosteten Weine in diese Kategorien fielen. Die SuperSpar-Kette wurde bei dieser Probe nicht berücksichtigt, doch ist nicht anzunehmen, dass sich das Ergebnis dadurch erheblich verändert hätte. Die Weinqualität in deutschen Supermärkten lässt allgemein zu wünschen übrig. Das erinnert mich an ein Gespräch mit einer Marketingexpertin des Karstadt-Konzerns vor einigen Jahren in Hamburg, als diese mir ihre persönliche Marketing-Philosophie erläuterte. Sie basierte auf der Annahme, dass die äußere Welt, in der wir uns bewegen, leben, arbeiten und einkaufen, die innere ziemlich genau widerspiegelt, nämlich die unserer Wünsche, Sehnsüchte, Ängste. In Anbetracht der Weine in den Regalen vor mir frage ich mich, was sie wohl über das Innere der Köpfe und Seelen der wilden Mischung von Menschen in diesem Laden aussagen.

Das ist auch deshalb eine interessante Frage, weil die Regale vor mir ein vollkommen anderes Bild bieten als noch vor fünf Jahren. Während dieses Zeitraums hat eine grundlegende Umstrukturierung des Weinmarkts in Deutschland stattgefunden. Damals wäre der Inhalt der Regale zum allergrößten Teil aus Europa gewesen, die billigsten Weine aus Osteuropa und den afrikanischen Mittelmeerländern, die teuren aus Frankreich, Italien und Spanien zusammen mit den deutschen Weinen irgendwo dazwischen. Heute stammt fast die Hälfte des Weinangebots im SuperSpar aus Überseeländern, allen voran Kalifornien, Chile, Argentinien, Südafrika, Australien und Neuseeland. Ich kann nur einen Chablis entdecken, keinen Sancerre, lediglich zwei Weine aus dem Chianti-Gebiet und ganze fünf aus Spanien. Für mich als Engländer ist das keine so große Überraschung, schließlich haben diese Veränderungen in englischen Supermarktregalen bereits vor über zehn Jahren stattgefunden, als die Weine aus Übersee in großem Ausmaß auftraten. Auch aus internationaler Sicht ist es kein neuer Trend, Konsumenten in vielen anderen westlichen Ländern haben diese Weine bereits seit langem positiv aufgenommen. Wie Eduardo Chadwick, Geschäftsführer der chilenischen Weinfirmen Errazuriz und Caliterra vor kurzem bemerkte, ist »Deutschland der letzte bedeutende Markt, der nachzieht«.

Die Neuankömmlinge sind allesamt mindestens 10 000 Kilometer gereist, um auf diesen Regalen zu stehen, manche mussten mehr als das Doppelte zurücklegen. In Verbindung mit der Tatsache, dass Frankreich, Spanien und Italien die größten Weinproduzenten der Welt sind und nur eine Lastwagenfahrt entfernt liegen, führt dies zu einer befremdlichen Situation. Dass die europäischen Länder derart schnell gegenüber der Konkurrenz aus weit entfernten Ländern an Boden verloren haben, deutet darauf hin, dass die Überseeweine irgendeinen entscheidenden Vorteil haben müssen. Das wird von dem

Weinwirtschaft-Test ganz klar bestätigt. 14,3 Prozent aller verkosteten italienischen Weißweine wurden von der Jury als »grob fehlerhaft« bewertet, dicht gefolgt von 10,7 Prozent aller verkosteten französischen Rotweine, im Vergleich zu null Prozent bei den Rot- und Weißweinen aus Übersee. Aus dem konservativen Flügel des deutschen Weinhandels wird oft verlautbart, die Überseeweine seien nur aufgrund des Reizes des Neuen in den letzten Jahren hierzulande so erfolgreich gewesen. Das Null-Prozent-Ergebnis straft diese Nörgelei Lügen. Es sind schlicht die Gesetze des globalen Marktes, die für diese Entwicklung verantwortlich sind. Von Zahlen und Statistiken halte ich normalerweise nicht sehr viel, aber diese sprechen alle dieselbe Sprache.

All das bedeutet jedoch keineswegs, dass der Anblick der bunten Etiketten der Übersee-Weine mein Herz ausschließlich erfreuen würde. In der Tat beunruhigt mich allein schon der Anblick, denn sie ähneln einander extrem. Abgesehen von einer einzigen Zeile, die aber das Ursprungsland informiert, gibt es keinen wesentlichen Unterschied in der Erscheinung zwischen Nederburgs 1999 Cabernet Sauvignon für Euro 6,13 und dem 1999 Cabernet Sauvignon von Woodbridge zu Euro 7,99, obgleich dieser aus Südafrika und jener aus Kalifornien stammt. Das einzige Gemeinsame zwischen ihnen sollte eigentlich sein, dass sie beide größtenteils aus der roten Rebsorte Cabernet Sauvignon erzeugt wurden. Bei Ernest & Julio Gallos 2001 Sauvignon Blanc für Euro 5,11 aus Kalifornien und dem neuseeländischen Montana 2001 Sauvignon Blanc, Euro 6,64, verhält es sich genauso. Ihr Äußeres wäre noch zu vernachlässigen, würde sich nicht herausstellen, dass diese Weine auch geschmacklich wenig Unterschiede aufweisen. Es ist, als ob die enorme Artenvielfalt der Weinrebe, Vitis Vinifera, mit einem Schlag quasi ausradiert worden sei, und mit ihr die großen klimatischen und kulturellen Unterschiede zwischen diesen Ländern. Dies konfrontiert uns mit der negativen Seite der Globalisierung: der weltweiten Tendenz der Angleichung und Homogenisierung des Weines aus kommerziellen Gründen der Zweckdienlichkeit.

Während der 1980er haben die Weine in der Kategorie unter zehn Euro an Sauberkeit und Verlässlichkeit deutlich zugelegt, doch gleichzeitig haben sie sich in der Stilvielfalt immer weiter beschränkt. Während der 1990er glichen sich die wenigen Hauptstile noch weiter an, und heute hätte auch ich in einem Blindtest große Schwierigkeiten, Rotwein von ungekühltem Weißwein zu unterscheiden! Nahezu alle Weine in den Regalen vor mir wie in den Supermärkten um den ganzen Erdball schmecken weich, zeigen süßliche, allgemein fruchtige Aromen, unabhängig davon, ob es sich um weiße oder rote, körperreiche oder schlanke Weine handelt, und auch unabhängig vom Ursprungsland. Den süßlichen Aromen wird in den Überseeländern oft durch legale, aber fragwürdige Eingriffe im Keller nachgeholfen, wie zum Beispiel die Aromatisierung der Weine mit getoasteten Eichenspänen, so genannten

Oak Chips, die in Nylonnetzen in die Tanks gehängt werden, um den Weinen vanilleartige oder röstige Noten zu verleihen.

Das am 1. Januar 1996 in Kraft getretene GATT-Abkommen (Uruguay-Runde) zur Beseitigung technischer Hindernisse für den freien Handel verlangt, dass der deutsche Markt Produkten dieser Art offen stehen muss, selbst wenn die zur Erzeugung angewandten Methoden für die heimische Weinproduktion nicht gestattet sind, was etwa bei Oak Chips der Fall ist. Ausnahmen gibt es nur im Falle einer klar bewiesenen gesundheitlichen Bedrohung. Das führt dazu, dass der Deutsche Weinbauverband wiederum Druck auf die deutsche Regierung ausübt, die betreffenden Methoden auch in Deutschland zu legalisieren, damit den heimischen Winzern kein »Wettbewerbsnachteil« entsteht. Eine dieser Techniken, die künstliche Mostkonzentration – der Entzug von Wasser aus dem frisch gepressten Most, um den Wein dicker und geschmacksintensiver wirken zu lassen –, ist 2002 bereits gesetzlich abgesegnet worden. In anderen EU-Ländern ist es nicht viel anders. Die in australischen, südafrikanischen oder kalifornischen Kellern praktizierten Methoden beeinflussen die Art der Weinbereitung in Europa also erheblich!

Reinhard Löwenstein, Winzer an der Terrassenmosel, schrieb in der Oktober-2002-Ausgabe der Zeitschrift *Der Feinschmecker:* »Riesling schmeckt wie Fruchtsalat, Nebbiolo nach Erdbeerkonfitüre ... Cabernet wird zum Merlot-Softie, Syrah zu Schokoladensirup.« Der schockierendste Teil seines Beitrags ist ein längeres Zitat der Firma Haarmann & Reimer aus Holzminden, die den größten Teil der künstlichen, Pardon, »naturidentischen« Aromen produzieren, die auch in Joghurt, Erfrischungsgetränken und x-beliebigen anderen Produkten der Supermarktregale enthalten sind. »In den neunziger Jahren hat sich infolge politischer und wirtschaftlicher Veränderungen die soziale Stimmung verschlechtert. Die Menschen erleben eine dauerhafte und eigentümliche Spannung zwischen dem Wollen nach Leistung und Ärmelhochkrempeln einerseits und der Suche nach Sicherheit und Vertrautem andererseits«, stellt der weltgrößte Aromalieferant der Lebensmittelindustrie fest. Eine Analyse, die sich genau mit den Ansichten der Karstadt-Marketingexpertin deckt. »Diese psychologisch wechselhafte Stimmungslage benötigt auf keinen Fall Düfte, die Spannung beschreiben. Der Verbraucher sucht Düfte, die pampern, relaxen oder vitalisieren. Fruchtnoten kommen diesen Bedürfnissen entgegen. Sie sind unkompliziert, erinnern an Sommer, Sonne, Urlaub und sind wie Kinderdüfte: sauber, rein und unverfälscht.« Angesichts eines Unternehmens, das sich mit künstlichen Aromen beschäftigt, sind die Begriffe »rein« und »unverfälscht« natürlich pervers, doch die Tatsache, dass während der letzten zehn Jahre auf den Gebieten Wein und Essen eine Infantilisierung unseres Geschmacks stattgefunden hat, ist nicht von der Hand zu weisen.

Auf den ersten Blick scheint die Vorliebe der jüngeren Generation für stark gewürzte Küchenstile aus Fernost sie aus diesem Trend auszuklammern. Doch kann man diese Vorliebe auch als Ausdruck des Bestrebens deuten, sich so deutlich wie möglich von den Konsumgewohnheiten ihrer Eltern zu distanzieren, und die Schärfe ebenso wie Produkte namens »X-Cite«, »extrem« und »hoch2« als Ablehnung der von der älteren Generation bevorzugten faden »Light«-Produkte deuten. Was den Weingeschmack angeht, unterscheiden sich die Vorlieben der jüngeren Generation erstaunlich wenig von denen ihrer Eltern: weich, süßlich und fruchtig. Mit einem einzigen Unterschied: Für die heutige Jugend müssen die Aromen deutlich intensiver sein als früher. Wenn ein Rotwein den Geschmack roter Johannisbeeren verspricht, dann soll der Johannisbeerduft einem aus dem Glas förmlich strömen, wenn ein Weißwein nach Banane riechen und schmecken soll, dann hat er einem »Banane!« gefälligst entgegenzuschreien.

Die von den Jüngeren bevorzugten Weine präsentieren sich auf eine Weise, die ihre exotische Herkunft, ihre Andersartigkeit unmissverständlich zur Schau stellt. Die Kunst der Aborigines betont die Fremdartigkeit manche australischer Weine, obgleich nur ein einziger australischer Wein von den Ureinwohnern erzeugt wird. Die südafrikanische Weinindustrie bedient sich einer ähnlichen Strategie mit Hilfe von Zulu-Bildern, die maßgeblichen Beteiligten sind jedoch in der großen Mehrzahl weiß und von europäischer Abstammung. Alternativ dazu werden Abbildungen exotischer Pflanzen oder Architektur herangezogen und häufig nicht europäisch klingende Namen benutzt. Je exotischer, desto besser, scheint der Grundsatz zu lauten, das Optimum wäre wahrscheinlich ein Wein aus Thailand, der nach Obstsalat schmeckt. In Thailand wird tatsächlich Wein erzeugt, und der trockene Weißwein aus der Rebsorte Semillon, den ich probiert habe, hat erfreulicherweise keineswegs nach Obstsalat geschmeckt. Allerdings würde er den Preisrahmen dieser Supermarktregale deutlich sprengen. Nur aus diesem Grund steht er hier nicht vor mir.

Ist diese Situation die Folge eines unter der jüngeren Generation weit verbreiteten Gefühls, dass die deutsche, europäische, weiße, westliche Kultur durch die Kommerzialisierung derart ausgelaugt und korrumpiert ist, dass sie ihnen nichts zu bieten hat, während die Kulturen Schwarzafrikas, in Fernost und der Aborigines noch Originalität, Stärke und Integrität versprechen? Wie auch immer die Antwort auf diese Frage lautet, das Enttäuschende daran ist, dass sich der Verdacht aufdrängt, dass etwaige wirklich exotische und somit unvertraute Geschmackszüge in den Überseeweinen höchstwahrscheinlich größtenteils auf Ablehnung stoßen würden. Hinter der Sehnsucht nach exotischen »Vibrations«, hinter pseudoethnischen Moden wie jenen in den Bogenfenstern bei Kookai um die Ecke steckt das Bedürfnis nach beruhigender Vertrautheit. Heute wie vor einem Jahrhundert werden bunte exotische Objekte als Deko, Verzierung und Unterhaltung benutzt, doch gibt es nur wenig echtes Interesse an ihrer ursprünglichen Bedeutung. Wir sind in gleichem Maße Kulturtouristen wie die Generation unserer Groß- und Urgroßeltern, die sich auf ähnliche Weise mit orientalischen Dingen amüsiert haben.

Löwensteins Artikel zufolge wird auch auf Seminaren für Manager der Lebensmittelindustrie in den USA, wo die Globalisierung zu großen Teilen ihren Ursprung hat – der gute alte amerikanische Wirtschaftsimperialismus unter funkelnagelneuem Namen –, betont, dass die Vermarktung darauf abzielen muss, die Popularität und Akzeptanz der kindlichen Geschmacksvorlieben zu steigern. Ihre Vorteile bestehen darin, dass sie unabhängig von kulturellen Unterschieden weltweit gleich sind. Bei der Entwicklung einer global erfolgreichen, das heißt weltumspannenden Marke können kulturelle Unterschiede nur als Hindernis gewertet werden, die es zu überwinden gilt. Deshalb steckt hinter der Infantilisierung des Geschmacks häufig Kalkül. Die betreffenden Marketingabteilungen wollen uns eine »natürliche« Vorliebe für jene süßlichen Aromen eintrichtern, die sich durch die Fortschritte auf dem Gebiet der Kellerwirtschaft heute so einfach und billig erzeugen lassen. Das globale Weinrezept für eine glückliche Zukunft scheint gegenwärtig ein Mutterleib mit Aussicht zu sein. Schöne neue Weinwelt!

Glücklicherweise ist das nur die halbe Wahrheit. Es gibt eine andere Weinwelt mit Düften und Geschmacksnuancen, die erstaunlich und faszinierend sind, herausfordernd und köstlich. Zum Beispiel in der Weinbar Rutz in Berlin-Mitte in der Chausseestraße. Hinter der schlichten modernen Fassade – hölzerne Fensterläden vor einer Glasfront – verbirgt sich eine elegante, postmoderne Inneneinrichtung, die bei den hiesigen Zeitungen unter die Kategorie »Berliner Republik« fallen würde. Mir gefallen die beleuchtete Alabaster-Treppe und das Weitläufige der Räume, doch geht es hier nur in zweiter Linie um die Ausstattung. Meine Frau und ich waren mit unseren Gästen, Karl-Josef und Edith Loewen, die Besitzer vom Weingut Carl Loewen in Leiwen/Mosel, wegen des erstaunlichen Weinangebots hergekommen.

In der festen Absicht, die Loewens zu überraschen, die höchstwahrscheinlich das allgemeine Vorurteil teilten, alle australischen Weine entsprächen der weichen, süßlichen, fruchtigen Norm, bestellte ich einen 1996 Shiraz von einem kleinen Produzenten in Victoria im Südosten Australiens namens Dalwhinnie und bat darum, den Wein verdeckt zu servieren. In der deutschen Weinszene waren australische Rotweine aus der Rebsorte Shiraz, in Frankreich und vielen anderen Ländern als Syrah bezeichnet, in den letzten Jahren »mega-in«. Ein wenig scheint ihr Stern zurzeit zu sinken, weil so manchem Weinfreund allmählich klar wird, dass viele dieser Weine so opulent und süßlich sind, dass es schwierig ist, mehr als ein Glas davon zu trinken. Gemäß meinem Wunsch wurde der Wein so ausgeschenkt, dass man seine Identität nicht erkennen konnte. Er wirkte erdig, schlank und trocken, und die Loewens waren überzeugt, dass es sich nur um einen Franzosen handeln könne. Ihr Staunen, als Lars Rutz, der schlanke, weinbegeisterte Chef, die Dalwhinnie-Flasche zeigte, war deutlich spürbar. Das spornte mich an, und ich bestellte eine Flasche des 1997 Syrah von einem Produzenten aus Santa Barbara in Kalifornien namens Qupé, um noch einmal das gleiche Spiel zu spielen. Würzig im Duft, voll und kräftig, ohne schwer zu wirken, erschien der Wein allen dreien als noch beeindruckender, ganz eindeutig aus einem warmen Land, doch welchem? Ratlose Gesichter auf allen Seiten. Wiederum war die Überraschung bei der Auflösung groß. Stehen kalifornische Rotweine doch im Ruf, schwer und sehr holzbetont zu schmecken.

Diese Probe hatte uns in beste Laune versetzt, unser Rotweindurst war noch lange nicht gestillt, und so bestellte ich einen dritten Rätsel-Wein aus der gleichen Rebsorte, den 1999 Côte Rôtie von Etienne Guigal aus Ampuis an der Rhône, der Heimat der Rebsorte. Das macht ihn zu einem Wein, der in der Weinszene ein »Klassiker« genannt wird. Er duftete wie geräucherter Speck und schmeckte dunkel und sündig wie gute Bitterschokolade. »Frankreich« wurde voller Überzeugung und einstimmig geäußert – aber auch, dass der Qupé eigentlich imponierender gewesen war. Wir hätten anhand der Rutz'schen Weinkarte noch viele solcher Vergleiche anstellen können. In jedem Restaurant mit einer wirklich guten Weinauswahl ist es möglich, auf diese Weise die vielen Dimensionen des wahren Weincharakters zu erleben.

Hier im SuperSpar gibt es zwar einen französischen Syrah im Regal von der Marke Blanchet zu Euro 3,06, aber geschmacklich zeigt dieser Wein keinerlei Verwandtschaft mit dem Côte Rôtie von Guigal. Wenn überhaupt, dann schmeckt er wie ein billiger Übersee-Rotwein mit kitschigen Beerenaromen und vordergründiger Süße. Er ist nicht der einzige europäische Wein hier, der so tut, als käme er aus Übersee. Der weiße 2001 Deinhard Trocken, Euro 3,06, wäre zum Beispiel gern ein Übersee-Sauvignon Blanc, vielleicht aus Neuseeland, und bemüht sich sowohl bei der äußeren Erscheinung als auch beim Inhalt sehr, seine wahre Herkunft zu verschleiern. »Wo ist der Deinhard?« Die Marketingabteilung des Unternehmens würde ihn anscheinend am liebsten auf einer grünen fernen Insel neu »positionieren«, ökologisch und politisch korrekt und vor allem weit, weit weg von Deutschland. Viele europäische Weinproduzenten kopieren heutzutage ihre Kollegen aus Übersee in dem verzweifelten Versuch, wieder an Terrain zu gewinnen. Das ist reines Voodoo-Marketing: Wenn ein europäischer Wein es fertig bringt, einem Überseewein in Aussehen und Geschmack zum Verwechseln ähnlich zu sein, dann – so glauben Sie – wird er sich wie durch Zauberkraft genauso gut verkaufen wie das von ihm imitierte Produkt. Es scheint die betreffenden europäischen Produzenten nicht im Geringsten zu beunruhigen, dass die Identität ihrer Weine dabei auf der Strecke bleibt, so wenig glauben sie an die Möglichkeit der Wiederbelebung und Neuinterpretation der europäischen Weintraditionen.

Vor zehn Jahren und mehr haben Überseewinzer verzweifelt und vergeblich versucht, europäische Weine zu kopieren, jetzt hat sich das Blatt eindeutig gewendet. Ob man nach Süden, Westen, Osten oder auch nur um die nächste Ecke blickt, ein großer, ständig wachsender Anteil der europäischen Weinindustrie verabschiedet sich voller Überzeugung von seiner eigenen Identität.

Mit einiger Verwunderung stelle ich plötzlich fest, dass der teuerste Wein bei SuperSpar aus derselben Rebsorte ist, mit der wir uns gestern Abend so ausgiebig beschäftigt haben: Peter Lehmanns 2000 ›The Barossa‹ Shiraz aus Südaustralien steht ganz oben auf den fünf voll beladenen Regalen vor mir für Euro 12,78. Das ist beinahe doppelt so hoch wie der Preis des teuersten französischen Weins hier! Was ist los mit dem französischen Wein und dem Image Frankreichs als Land des Luxus, der Kultur? Der billigste Rotwein aus Bordeaux ist der 2001 Marquis de Rothberg für Euro 2,04, ein Wein, der verdeutlicht, in welchem Maße die Franzosen Adelstitel ausgebeutet und entwertet haben. Südfrankreich wiederum demonstriert mit dem 2000 Château Fertillère aus der Appellation Contrôlée Coteaux du Languedoc für Euro 2,30, dass das Wort »Château« dasselbe Schicksal ereilt hat wie die Adelstitel. Diese Bezeichnungen haben durch den inflationären Gebrauch jedwede Bedeutung verloren.

Im Gegensatz dazu ist es Australiens erfolgreichster Weinmarke Jacob's Creek des zu Pernod-Ricard gehörenden Orlando-Unternehmens, die neben den französischen Aufschneidern im Regal steht, ohne jeden Anspruch aufwendiger Architektur oder blauen Blutes gelungen, in Großbritannien zur Weinmarke Nummer eins zu avancieren. Es handelt sich einfach nur um einen zuverlässig sauberen, angenehm runden Wein, der bei niemandem Anstoß erregt und clever vermarktet worden ist. Das Preisschild von Euro 4,59 für die rote Jacob's Creek 2000 Shiraz/Cabernet-Cuvée sowie den weißen 2001 Chardonnay sind ein weiteres Zeichen für den Erfolg dieser Marke sowie dafür, wie weit Frankreich zurückgefallen ist. In einem vor kurzem für das Agrarministerium in Paris verfassten Bericht stellte der hochrangige Beamte Jacques Berthomeau fest: »Ich glaube, dass wir [die französische Weinindustrie] jetzt ernten, was wir gesät haben; die Quelle unserer Exportprobleme ist vor allem ein Mangel professioneller Entschiedenheit.« Diese mutigen Worte der Selbstkritik haben eine tiefe Kontroverse ausgelöst, ein weiterer Beweis für die Weinkrise, in der Frankreich steckt.

Jedoch, schlimmer ist die Illusion der Auswahl, die von den mit Hunderten von Marken voll gestopften Regalen, mehr als einem Dutzend Rebsorten, noch viel mehr Herkunftsländern sowie einer Fülle von prätentiösen Namen vorgetäuscht wird. Der Eindruck des »Multikulti« ist ebenso Blendwerk wie das zwanghafte Ethnische von Shakiras Musik, die Reize der Weine gleichermaßen vordergründig wie ihr choreographiertes Schmollen. Mit wenigen

Ausnahmen handelt es sich hier um das, was Reinhard Löwenstein in seinem Feinschmecker-Artikel verächtlich als »Coca-Cola-Weine« bezeichnet: nach einem von den Marketingabteilungen diktierten Standardrezept industriell hergestellte Produkte, die häufig dem Ziel globaler Marktdominanz unterworfen sind. Jetzt will ich hier so schnell wie möglich raus. Wie viel lieber wäre ich im Weinhaus Rutz, selbst wenn diese Weinwelt manchen versnobt und elitär erscheint.

Leider bietet die »Elite«-Weinwelt ebenfalls keine Garantie gegen die Langeweile, wie der Wein zeigte, den Rutz uns am Ende des Abends sehr großzügig auf seine eigene Rechnung einschenkte. Der tieffarbige, purpur-rubinrote Wein sah in den großen Gläsern, entworfen von einer Gruppe von Sommeliers, zu denen auch Rutz gehört, sehr beeindruckend aus. Ein besonderes Glas wie dieses ist der richtige Platz für einen besonderen Wein, der in Duft und Geschmack erhebliche Steigerungen erfahren kann, wenn die beiden miteinander harmonieren. Doch hatte der Wein nicht allzu viel Besonderes zu bieten. Es mangelte ihm weder an Körper noch an Geschmack. Das Problem war, dass ich jene aus dem Glas strömenden Brombeer- und Vanillearomen schon tausendmal gekostet/geschmeckt habe und innerlich unweigerlich gähnen muss, wenn ich ihnen erneut begegne. Dasselbe beim Geschmack: Der Wein schmeckte ausnehmend süß und weich wie ein flauschiges Kuschelhäschen.

In den 1990ern begann die bei den billigen Supermarkt-Weinen bereits deutlich erkennbare Tendenz zur Geschmacksvereinheitlichung auf höhere Preiskategorien überzugreifen, und mit ihr der Einsatz der eigens dafür entwickelten kellerwirtschaftlichen Methoden. In genau diese Schublade passte der von Rutz ausgeschenkte Wein. Ich war ziemlich traurig, als er uns verriet, dass es sich bei dem Wein, der uns so kalt gelassen hatte, um einen französischen Syrah aus Faugères im Languedoc handelte, sogar dem angesehensten Weingut dieser Appellation, Château Estanilles. Der Trend zur geschmacklichen Standardisierung reicht bis in die obersten Ränge der Weinproduktion. Lieber wäre mir in diesem Augenblick eine Flasche 2001 Thörnischen Ritsch Riesling Spätlese von den Loewens gewesen. Ein Wein von felsenfester Originalität mit brilliantem Spiel, aber dafür war es zu spät. Unsere Stimmung war mit einem Mal gedämpft, wir zahlten und gingen.

Jetzt bin ich sehr gespannt, wie Peter Lehmanns 2000 The Barossa Shiraz schmecken wird. Ich nehme eine Flasche aus dem Regal und gehe die wenigen Schritte zur Kassiererin. Sie ist Anfang 20 mit langem, rot gefärbtem Haar, hat ein Piercing in der linken Augenbraue. Ich nehme an, dass sie den einen oder anderen der Weine aus den Regalen hier bereits getrunken hat. Vielleicht haben ihr manche der »Coca-Cola-Weine« so gut gefallen, wie es die Marketingabteilungen von ihrer Generation erwarten. Vielleicht zieht sie aber auch Cocktails vor, frischer Ananassaft mit einem guten Wodka ist sicher vielen der Industrieweine vorzuziehen, die genau diesen Geschmack nachäffen. Ich belasse es angesichts der Schlange hinter mir bei Vermutungen und ich bahne mir meinen Weg durch die bizarre Mischung von Cola- und Fastfood-Konsumenten, vorbei an den Fahrradkurieren und Hunden, biege links um die Ecke Richtung Zuhause. Endlich nach Hause!

Kapitel 2

Die Angst des Weintrinkers am Küchentisch oder Warum es keine Beziehung zwischen Preis und Qualität gibt

Die letzten Meter zur Eingangstür unseres Hauses über den Hof, einen der neuen Höfe rund um den Hackeschen Markt, die der Öffentlichkeit nicht zugänglich sind, an einer hohen alten Pappel vorbei, die noch so gut wie alle ihre jetzt gelben Blätter trägt, muss ich rennen, weil sich der Nieselregen plötzlich in einen richtigen Guss verwandelt hat. Ich bin vorher bereits schnell gegangen, aber aus einem anderen Grund: Neugier. In meiner Tasche, zwischen einer Flasche Spülmittel und einer Packung Toilettenpapier, liegt die Flasche australischer Rotwein, der 2000 The Barossa aus der Rebsorte Shiraz von Peter Lehmann in Südaustralien, der teuerste Wein im Regal im SuperSpar in der Rosenthaler Straße. Wird er die Vanille- und Brombeermarmeladedüfte, die vordergründige Süße und Weichheit eines flauschig-weißen Kuschelhäschens zeigen, Kennzeichen des Trends unserer Zeit, oder wird der Inhalt dieser Flasche doch Eigencharakter besitzen? Vielleicht schmeckt er sogar ausdrücklich nach dem Barossa-Tal? Das würde die zunehmende Globalisierung des Weins in den letzten Jahren positiv erscheinen lassen; ein Prozess, der überhaupt erst möglich machte, dass dieser Wein in den Regalen meines SuperSpars gelandet ist. Ich schließe die Haustür auf, ziehe meine Stiefel aus, hänge meine Jacke an die Garderobe und tappe in Socken den Flur entlang . Die Antworten auf meine Fragen liegen jetzt nur noch einen Korkenzieher weit entfernt. Wenn der Wein keinerlei Eigencharakter zeigt, dann stellt sich die Frage, warum er über 20 000 Kilometer aus Südaustralien hertransportiert werden musste, um in Berlin im Regal zu stehen. Umweltpolitisch gesehen ein Wahnsinn, da Weine dieses Stils auch in wesentlich näher gelegenen Ländern wie Frankreich, Italien oder Spanien erzeugt werden, inzwischen sogar in Österreich und Deutschland.

»Stil« ist jedoch das falsche Wort, es ist viel zu positiv für die Austauschbarkeit, die unter billigen Weinen weltweit grassiert und inzwischen auch teure, angeblich höherwertige Weine befällt. »Mode« ist zutreffender, denn Mode ruft zwar zunächst positive Assoziationen hervor – hübsche Models in glamourösen, exklusiven Gewändern –, ist aber eigentlich ein Massenphänomen. Ein Modedesigner präsentiert einen neuen Look bei einer Show, der in diesem Moment möglicherweise wahrhaft einzigartig ist, dann aber tausend oder Millionen Mal kopiert wird. Auf dem Laufsteg ist es Stil, unverwechselbar, persönlich und ausdrucksvoll, aber in der Nachahmung wird daraus beinahe eine Uniform. Die Modebranche vertraut dem Diktat der Designer, um große Mengen an Kleidungsstücken umzusetzen. Die Moden beim Wein verändern sich zwar weniger schnell als bei der Kleidung, doch im Grunde genommen geht es in der Weinbranche um genau dasselbe: Business, und mit zunehmender Konsolidisierung Big Business. Das ist jedoch eine ganz andere Sache als Weinqualität oder kreatives Modedesign. In beiden Fällen kann ihre Beurteilung nur eine persönliche, subjektive sein: Sie sind, zum Glück, Geschmackssache.

Es mag wie ein Pleonasmus klingen, aber für mich führt kein Weg daran vorbei, dass ein Wein, der einem gut schmeckt, auch für gut gelten darf, während andererseits ein schlecht schmeckender zweifellos als schlecht einzustufen ist. Alle anderen Argumente, und ich kann sie in meinem Kopf mit grässlichem Geschepper rumoren hören – »Ja, aber es ist Château Lafite!« »Ja, aber der Wein hat 100 Euro gekostet!« »Ja, aber das ist Champagner, echter Champagner!« –, sind lächerlich und wertlos im Vergleich zu dem Argument, das einem die eigenen Sinne liefern. Das bedeutet, dass ein guter Wein erst einmal gut schmecken muss, angenehm und harmonisch, ein überdurchschnittlicher Wein sollte zusätzlich dazu auch Stil besitzen, etwas, das die Aufmerksamkeit fesselt, während ein großer Wein so stilvoll und ursprünglich sein sollte, dass es keinen Zweifel an seiner Einzigartigkeit geben kann. Das ist genau das Gegenteil von Mode. Jedoch, genug der Nachmittagsphilosophie, jetzt brauche ich einen Korkenzieher.

Plötzlich halte ich inne, die Hand bereits am Griff der Schublade, wo neben dem Besteck die Korkenzieher liegen. Mir ist eingefallen, dass ich einer Redakteurin der Zeitschrift *WeinGourmet* versprochen hatte, einige Korrekturabzüge durchzugehen und heute Nachmittag nach Hamburg zurückzufaxen. Ich gucke auf meine Uhr, 20 Minuten nach fünf, sie wartet bestimmt schon. Es hilft alles nichts, versprochen ist versprochen, die Flasche muss warten. Ich lasse den Schubladengriff los, drehe mich um und gehe die paar Schritte von der Wohnküche zu meinem Schreibtisch auf der anderen Seite unserer Wohnung.

Da liegen ganz oben auf einem der Papierstapel, mit denen mein Schreibtisch beinahe vollkommen bedeckt ist, die zwei Seiten Korrekturabzüge.

Als ich die Kolumne durchgehe, die von meinen Erlebnissen in Neuseeland berichtet, fällt mir auf, dass mein Job vielen zwar sehr aufregend erscheinen mag – »die ganze Zeit Weine verkosten, wie wunderbar!«, »Wie viele Wochen in Neuseeland? Phantastisch!« – und manchmal durchaus auch wunderbar und phantastisch ist, meine Arbeit sich aber oft in nichts von der eines Beamten oder einer Sekretärin unterscheidet. Viele Tage, manchmal endlose Wochen sitze ich an diesem Schreibtisch zwischen den Papierstapeln, prüfe Angaben für Artikel oder schreibe an dem Manuskript meines Buchs Schöne neue Weinwelt. Seit zwei Jahren suche ich auf diversen Kontinenten nach aufregenden Weinen und die neue Wahrheit in ihnen. Dann gibt es Tage, an denen ich stundenlang mit E-Mails und Telefonanrufen beschäftigt bin, um die nächste Weinreise zu organisieren. Ohne diese mühsame Arbeit hätte die ganze Recherche für das Buch wahrscheinlich wenig gebracht.

Natürlich gibt es auch viele Einladungen zu Weinproben, Abendessen oder Besuchen bei Weinproduzenten, für die ich lediglich die Antwortkarte zurücksenden oder der organisierenden PR-Firma zufaxen muss, um meine Teilnahme an einer Veranstaltung oder einer Reise zu bestätigen. Das erweckt den Eindruck, als bräuchte ich nur bloß irgendwo aufzutauchen, mich in meinem Stuhl zurückzulehnen und dem Genuss hinzugeben, und genau das tun viele meiner Kollegen. Im Journalisten-Jargon nennen wir es »freeloading«, schmarotzen, was für mich immer wie »free fall« klingt, freier Fall, und tatsächlich scheinen viele PR-Veranstaltungen außerhalb des Gravitationsfeldes der Wirklichkeit stattzufinden, der Wirklichkeit dessen, was die Dinge unter normalen Umständen kosten. Und so wie ein längerer Aufenthalt in der Schwerelosigkeit des Alls dazu führt, dass der Körper abbaut – die Muskeln werden schwächer, der Kalkgehalt der Knochen nimmt ab –, so hat auch wiederholter intensiver Kontakt mit den »schwerelosen« Bedingungen der PR-Welt Folgen der Dekadenz an Sinnen und Geist. Aufgrund ihrer Sucht nach diesem angenehmen, einfachen Leben scheinen manche meiner Kollegen willens, so gut wie alles zu schreiben, was die PR-Firmen von ihnen erwarten, solange sie nur ihr Business-Class-Ticket bekommen, der Champagner fließt und gleich das Sechsgängemenü serviert wird – und manche lassen sich tatsächlich einfach kaufen. Dies ist nichts Neues und unterscheidet sich auch nicht wesentlich von dem, was im Bereich des Gastro-, Reise-, Mode-, Musik- oder Autojournalismus geschieht, aber das macht es nicht weniger verwerflich. Selbst wenn es so etwas wie die absolute Wahrheit nicht gibt, nicht geben kann, was stellt ein Journalist dar, wenn er nicht versucht, zumindest seine eigene Wahrheit zu finden? Genau wegen dieses Bestrebens finde ich die PR-Veranstaltungen so anstrengend: Die Herausforderung liegt darin, an stimmige Informationen zu kommen, ohne sich in einem Netz von Desinformationen oder Bestechungen auf direkte oder indirekte Weise zu verfangen.

Das andere Extrem sind Winzer, die entweder überhaupt keine Journalisten empfangen wollen oder ganz gezielt aus irgendeinem Grund etwas gegen meinen Besuch einzuwenden haben. Selbst wenn es mir gelingt, sie durch irgendeine List zu einem Besuchstermin zu überreden, hat der diplomatische Teil der Arbeit damit erst begonnen. Habe ich ihre Türschwelle überschritten, muss ich sie dazu bringen, mir das zu erzählen, was ich wissen möchte, und mich die Weine probieren zu lassen, die ich verkosten muss. Manchmal muss ich Kopfstände vollführen, oder es kommt mir zumindest dementsprechend anstrengend vor. Die Wahrheit sieht so aus, dass meine Recherchereissen nur durch den anderen Teil meines Lebens möglich wird: die Schreibtischarbeit. Ein Teil von mir ist Diplomat und ein weiterer Büroangestellter, damit ein dritter Teil jene Dinge genießen kann, an die andere sofort denken, wenn ich ihnen sage, dass ich Weinjournalist bin. Mein Leben ist zweifelsohne ein gutes, aber es ist nicht in dem Maße so einfach oder gemächlich, wie es erscheint, es gleicht eher einer Jagd. Obgleich die Waffen andere sind, erfordert diese Jagd doch die gleichen Fähigkeiten wie alle anderen; scharfe Sinne und Entschiedenheit im kritischen Moment.

Einschließlich der dazugehörigen Fotos wird die Kolumne über Neuseeland vor mir auf dem Schreibtisch im *WeinGourmet* zwei Seiten umfassen, was eigentlich eine ganze Menge ist. Doch meine Frau und ich haben im Februar 2002 zwei Wochen in Neuseeland verbracht, und ich war schon 1988 einen ganzen Monat lang dort. Wie kann ich aus dieser Fülle von Erlebnissen und Eindrücken etwas Sinnvolles herausdestillieren, das in diesen begrenzten Raum passt? Während ich einen Namen korrigiere – Dr. Neil McCallum muss es heißen statt McCullum –, erinnere ich mich an die ziemlich chaotischen Bedingungen unserer Verkostung bei diesem Herrn am Ende unserer Neuseelandreise. Er war sich nicht mehr sicher gewesen, ob wir überhaupt kämen, fragte sich, ob er die richtige Uhrzeit notiert hatte, den richtigen Tag, und hatte deshalb nichts vorbereitet. Wir begannen in seinem sonnendurchfluteten Büro und setzten die Probe dann beim Abendessen im Martinborough Hotel fort, in dem gleichnamigen Örtchen an der Südspitze der Nordinsel, an dessen Rand sein Betrieb Dry River liegt. Als wir von einer Rebsorte zur anderen probierten, kamen wir aus dem Staunen nicht heraus angesichts ihrer Brillanz und dem mannigfaltigen, zugleich praktischen, humorvollen, wissenschaftlichen, ja sogar poetischen Scharfsinn unseres Gastgebers, bis wir auf die leeren Straßen unter einen Himmel voller Sterne traten, der ebenso unbegrenzt war, wie dieser Mann und seine Weine uns vorkamen. Wie soll allein das, eine einzige Facette unserer Neuseeland-Erlebnisse, in zwei schmale Seiten des *WeinGourmets* passen?

Nichtsdestotrotz, ich mache diesen Job wegen solcher Abende wie dem mit Dr. Neil McCallum, sie halten die Neugier und den Jagdinstinkt lebendig, lassen mich über die Anstrengungen und Kosten der Reise nach Neuseeland oder wohin auch immer auf der Suche nach neuen Weinen und Winzern hinwegsehen. Bei solchen Gelegenheiten spüre ich eine Euphorie, die einzigartig ist. Wie gut die Weine auch sind, denen ich begegne, die ich koste, trinke, sie allein genügen nicht für ein solches »High«-Gefühl. Das erfordert das Zusammentreffen bemerkenswerter Weine, eines bemerkenswerten Ortes und eines oder mehrerer bemerkenswerter Menschen, die alle den Eindruck machen, als seien sie füreinander bestimmt, als sei gar keine andere Konstellation vorstellbar.

Eigentlich gleicht jener Teil meiner Recherche eher einem Sammeln denn einer Jagd. Schließlich war ich bei meinem ersten Besuch Dry Rivers 1988 sehr beeindruckt gewesen und hatte seitdem von Kollegen unterschiedlichster Nationalitäten nur Positives gehört. Ein Hotelier und Künstler namens Joseph hatte an einem heißen Sommermorgen auf der Terrasse seines außergewöhnlichen, ebenfalls Joseph genannten Art-Hotels in der Südsteiermark erklärt, nachdem er sich nach meiner Tätigkeit erkundigt hatte: »Eigentlich bist du Jäger und Sammler!« Darüber hinaus bin ich auch eine Art Reiseschriftsteller, da Weinqualität nicht nur von bemerkenswerten Menschen abhängt, sondern auch davon, dass die Trauben an einem für die Reben besonderen Ort reifen. Meine Ziele verbindet etwas für andere Reisende meist Zufälliges. Es ist eine eigenartige, nur durch einen obskuren Faktor verbundene Sammlung von Orten. Die einzige Gemeinsamkeit zwischen dem Art-Hotel Joseph und dem Martinborough Hotel ist ihre Nähe zu Weinbergen, aus denen besondere Weine erzeugt werden.

Gerade als ich die letzten Zeilen der zweiten Seite erreiche, gerade als ich nicht die geringste Zeit dafür habe, klingelt das Telefon. Ich bin nicht in der Stimmung für einen Redakteur, der erwartet, dass ich alles stehen und liegen lasse und ihm stante pede einen brillanten Artikel schreibe, den er dann zu Tode redigieren kann. Was ich wirklich möchte, ist, endlich den Wein zu probieren, den ich mitgebracht habe. Aber zuerst muss ich diese Schreibtischarbeit hinter mich bringen, und jemand versucht mich jetzt dabei aufzuhalten. »Stuart Pigott, komplett ausgebucht!«, knurre ich ins Telefon und bereue den sarkastischen Ton sofort, es trifft natürlich jemand vollkommen Unschuldigen. Zufall oder Schicksal haben Winzerin Judi Cullam von Frankland Estate in Westaustralien dazu bewogen, zum Telefonhörer zu greifen und mich um Mitternacht ihrer Zeit anzurufen. Angesichts der Tatsache, dass ich gerade über Dr. Neil McCallum in Neuseeland nachgedacht und geschrieben habe, ist das ein merkwürdiger Zufall, aber wahrscheinlich bedeutungslos. Judi Cullam ist oft zu ungewöhnlichen Zeiten am Telefon.

»Hallo, Stuart, schön zu hören, dass die Geschäfte so gut laufen«, flötet sie voller Ironie. »Hast du den Artikel über die Riesling-Blindprobe in der Zeitschrift *Decanter* gesehen? Sollten wir mit den Ergebnissen zufrieden sein?« Jetzt fühle ich mich wie ein Therapeut mit dem Winzer auf der Couch. Das ist nicht das erste Mal, meine Frau behauptet, ich ließe mich als Allroundberater für Winzer-Fragen aller Art ausnutzen. Vielleicht hat sie Recht, ich bin zu gutmütig. Doch wäre innere Strenge vorzuziehen? Ich versichere Judi Cullam, dass das Lob von Seiten der englischen Zeitschrift *Decanter* natürlich positiv zu werten ist, und entschuldige mich dafür, dass ich keine Zeit habe, um über den neuesten Klatsch und Tratsch der Szene zu plaudern.

Blindproben – Verkostungen, bei denen den Verkostern die Identität der Weine, die sie probieren, so lange unbekannt bleiben, bis sie ihre Bewertungen notiert und abgegeben haben, aus denen dann gemeinsame, d. h. Durchschnittsbewertungen der gesamten Jury für jeden einzelnen Wein ermittelt werden – sind ein überholtes Ritual in der Welt des Weinjournalismus. Sie führen angeblich zu objektiven Urteilen der probierten Weine, obwohl sie eher dazu tendieren, den kleinsten gemeinsamen Nenner der Vorlieben der Jurymitglieder zum Kriterium für das Endergebnis zu machen. Und auch wenn die Jury nur aus einem einzigen Verkoster besteht, übt die Reihenfolge, in der die Weine zur Verkostung aufgestellt werden, entscheidenden Einfluss auf das Ergebnis aus, da jedes Geschmackserlebnis einen »Schatten« auf das darauf folgende wirft. Wenn ich zum Beispiel zuerst einen Löffel Honig esse und dann in einen Apfel beiße, dann wird dieser wesentlich saurer schmecken, als wenn ich vorher an einer Zitrone geleckt hätte. Daneben gibt es die Logik der Erwartung: unsere Neigung, das Beste am Schluss zu erwarten. Schließlich spielt auch der Effekt des Alkohols mit fortschreitendem Probieren eine Rolle. Selbst wenn der Profi-Verkoster rigoros jeden Tropfen Wein wieder ausspuckt, wird doch durch die Schleimhäute des Mundes eine geringe Menge Alkohol absorbiert. Das beeinflusst auch die Ergebnisse.

Außerdem erscheint mir die Auffassung, man könne in ein Labor gehen, einen weißen Kittel anziehen und sich wie ein analytischer Chemiker aufführen, um die Wahrheit über einen Wein herauszufinden, absurd und weltfremd, eine eitle und lächerliche Pose. Manchmal werden Blindproben veranstaltet, um schöne, genehme Antworten auf Fragen zu finden, die viel zu komplex für eine einfache Antwort sind. Es gibt auch jene, denen die Unzulänglichkeiten solcher Übungen wohl bewusst sind, die sie aber voller Zynismus einsetzen, um ihren Lesern Objektivität vorzugaukeln. So etwas ist mir zuwider; eine moderne Marotte, die gefährlich sein kann, da sie unbegründete und übersteigerte Erwartungen erweckt. Nein, ich betreibe keinesfalls wissenschaftliche Untersuchungen, obwohl ich versuche, systematisch zu agieren.

Blindproben können unter gewissen Umständen von Nutzen sein, solange ihnen keine übermäßige Bedeutung beigemessen wird und die Ergebnisse kritisch aufgenommen werden. So sind zum Beispiel jetzt die Voraussetzungen ganz verkehrt für eine Blindprobe, da ich nur einen Wein prüfen will. Trotzdem wird dieser nicht allein stehen, ich werde ihn im Vergleich zu allen anderen Weinen verkosten, an die ich mich erinnern kann. Eigentlich ziehe ich es sowieso vor, statt nur einen einzigen Schluck des Lehmann 2000 The Barossa Shiraz über die Zunge spülen zu lassen und dann wieder auszuspucken, wie es bei Blindproben üblich ist, zumindest ein kleines Glas davon zu trinken. Meistens sind Weinkritiker darauf fixiert, wie Wein unter Probierbedingungen schmeckt, die sich wesentlich von der normalen Trinksituation unterscheiden, in der der Wein letztendlich konsumiert wird. Das bedeutet, dass sie ihn bewerten, nachdem sie ihn einige Sekunden, maximal eine Minute im Mund erlebt haben. Testbedingungen, die so weit wie möglich jenen gleichen, unter denen der Wein getrunken wird, müssen den Verzehr eines kleinen Glases dieses Weins einschließen, und die ideale Prüfung für die Trinkbarkeit eines Weines besteht darin, zu zweit eine Flasche zu leeren, was meine Frau und ich oft tun, wenn wir Wein »verkosten«.

»Wenn mein Mann und ich die Flasche zu zweit nicht leeren können, dann ist es mir egal, wie gut der betreffende Wein angeblich ist, dann ist es kein großer Wein«, hat meine Frau schon gegenüber vielen Weinproduzenten und Journalistenkollegen behauptet, ein Gedanke, der für schockierend viele von ihnen sehr befremdlich zu sein schien. Das vermittelt einen Eindruck davon, wie stark und mit welcher Unbekümmertheit der Aspekt der Trinkbarkeit von Fachjournalisten übersehen wird, die stattdessen nach immer konzentrierteren Aromen und Geschmackseindrücken auf der Suche sind. Den finanziellen Vorteil vor Augen, scheuen Weinproduzenten oft weder abstruse noch illegale Methoden, um der Presse immer noch größere »Hits« an Aroma und Geschmack zu liefern. Dieses Vokabular aus der Drogenszene ist durchaus angebracht, weil jene, die nach dicken Weinen süchtig sind, eine immer stärkere Dosis brauchen, um das gleiche »High« zu verspüren. Während der 1990er war dies weltweit die vorherrschende Tendenz in der Weinpresse, nur wenige Journalisten unternahmen ernsthaft den Versuch, sich gegen den Strom zu stemmen. Die Folge davon sind Weine mit immer höherem Alkoholgehalt, immer heftigerem Geschmack, immer massiveren Gerbstoffen, immer mehr »Süße« und immer stärkerem Eichengeschmack. Die Röst-, Vanille-, Kaffee- und Raucharomen des Eichenholzes scheinen überhaupt der einfachste und schnellste Weg zu journalistischem Lob zu sein. »Mehr von allem«, lautete das Patentrezept für höhere Bewertungen von einflussreichen Kritikern. Heute verwundert es, wie die Presse so viele übermächtige, unharmonische Weine derart hochjubeln konnte, ohne dafür selber ins Kreuzfeuer der Kritik zu geraten.

Der Grund dafür liegt jedoch auf der Hand. Die Lieblingsweine der internationalen Weinpresse sind meistens sehr teuer, nicht zuletzt aus dem Grund, weil ihr Lob die Nachfrage anfacht. Das führt dazu, dass sie größtenteils von Gruppen von Weinsammlern oder -freunden konsumiert werden, da dies die Kosten pro Person im Vergleich zu einem Paar, das denselben Wein zum Abendessen trinkt, erheblich reduziert. Wuchtigkeit oder Disharmonie sind unter diesen Bedingungen weniger offensichtlich, da jeder nur wenige Schlucke trinkt. Solche Weine funktionieren, weil sie den »Weinprobe«-Kontext nur selten verlassen, denn im Kontext des normalen Trinkgenusses würde das Übertriebene ihrer Art schnell auffallen. Das passt den Produzenten solcher Weine natürlich bestens, so geht das Spiel für sie auf. Aus ihrer Sicht wäre der perfekte Wein jener, der die maximale Punktzahl der Kritiker bekommt, die lang ersehnten 100 Punkte, und dann gleich so unermesslich teuer wird, dass nie an seiner Qualität gezweifelt wird, weil niemand sich traut, ihn je wieder aufzumachen.

»Die unverschämte Geilheit«, begann ein Kollege mittleren Alters einmal eine Verkostungsnotiz für einen Rotwein der höchsten Punkt- und Preiskategorie, und er lag richtig damit. Das ist genau der Grund, aus dem vor allem männliche Sammler mittleren Alters solchen Kultweinen hinterher sind: nicht wegen des besonderen Geschmackserlebnisses, sondern weil es sie anturnt, diese Weine Gästen zu servieren, die genau wissen, was die Kritiker darüber geschrieben haben oder zumindest, wie viel sie gekostet haben. Das Ergebnis ist nur allzu häufig bei Veranstaltungen dieser Art ein abstoßendes Zurschaustellen kollektiver männlicher Masturbation.

Wein professionell zu verkosten ist nicht nur geistig anstrengend, sondern wahrhaftig körperlich strapaziös. »Je älter ich werde, desto weniger Vergnügen bereiten mir Weinproben«, bemerkte meine Frau einmal brüsk, nachdem wir eine Reihe junger, trockener deutscher Rieslinge für eine meiner wöchentlichen Kolumnen in der *Frankfurter Allgemeinen Sonntagszeitung* verkostet hatten. Auch ich fühle mittlerweile am Ende einer längeren Weinprobe trotz gewissenhaften Spuckens ein eigenartiges, unangenehmes Gefühl der Trunkenheit. Aus Gründen, die sich mir bis jetzt nicht erschlossen haben, hat die doppelte oder dreifache getrunkene Menge an Wein im Vergleich zu dem während einer Probe unbeabsichtigt absorbierten Alkohol eine weit weniger berauschende Wirkung, ganz zu schweigen von dem unangenehmen Gefühl.

Endlich bin ich fertig mit der Korrektur des Artikels. Ich nehme die Blätter mit hinüber zum Faxgerät und schicke sie nach Hamburg. Jetzt kann ich endlich den Wein probieren, hoffentlich auch ein oder zwei Gläser trinken. Ich nehme meinen Lieblingskorkenzieher aus der Besteckschublade, ein so genanntes Kellnerbesteck mit dunkelrotem Plastikgriff, schneide das obere Ende der Kapsel mit dem kleinen Messer des Öffners ab, klappe den Korkenzieher heraus und drehe ihn in den Korken, hebele ihn heraus, bis das vertraute »Plop« ertönt. Für viele scheint dieses Geräusch essenzieller Bestandteil des Weinrituals zu sein – ich würde mich freuen, wenn es endlich der Vergangenheit angehörte. Bei welchem anderen Erzeugnis würden wir 3,4 Prozent durch fehlerhafte Verpackung verdorbene Ware akzeptieren, wie es heutzutage bei mit angeblich hochwertigen Naturkorken verschlossenen Weinflaschen der Fall ist? Wie wäre die Reaktion in Deutschland, wenn 3,4 Prozent der gekauften Autos – unabhängig von Preis und Marke – gar nicht anspringen und ein Umtauschrecht nicht garantiert wäre?

Wenn ein Weinproduzent Pech beim Korkeneinkauf hat, dann können bis zu 80 Prozent der Flaschen nach fauligem Holz riechen und schmecken, das für eine Beeinflussung durch TCA (2,4,6-Trichloranisol) charakteristische, als »korkig« beschriebene Aroma. Dieser Stoff entsteht durch mikrobiologische Prozesse bei Vorhandensein von freiem Chlorin. Einer der Rotwein-Spitzenproduzenten im Piemont, Elio Altare, hatte vor kurzem genau dieses Problem mit seinen Barolos des Jahrgangs 1997, an sich vielleicht die besten Weine, die er je hervorgebracht hat. Glücklicherweise hat er den Prozess gegen den Korklieferanten gewonnen. Ebenso verheerend ist die Häufigkeit, mit der man auf Flaschen trifft, bei denen Duft und Geschmack des Weins durch einen TCA-Gehalt beeinträchtigt sind, der gerade unter der Wahrnehmungsschwelle liegt, ganze 0,000000002 Gramm pro Liter.

Dann gibt es die Korken, die an sich vollkommen in Ordnung sind, aber mit Stoffen behandelt wurden, die ein einfacheres Herausziehen aus der Flasche ermöglichen oder den Korken »reinigen« sollen, sich dann aber am Inneren des Flaschenhalses festsetzen und den Wein beim Einschenken geschmacklich beeinträchtigen. Für dieses Problem gibt es glücklicherweise eine einfachere Lösung, als den Wein mit einer Laborpipette aus der Flasche zu holen, nämlich den Drop-Stop. Diese kleinen Scheiben aus Plastikfolie werden zu einer Tülle zusammengerollt und so in den Flaschenhals gesteckt, dass sie die Fläche abdecken, die mit dem Korken in Berührung gekommen ist. Die endgültige Lösung für all diese Probleme ist aber natürlich die Abschaffung des Korkens, und ich freue mich auf den Tag, an dem uns dadurch eine Menge Ärger und unnötig verdorbene Flaschen Wein erspart bleiben. Der Schraubverschluss vermeidet alle diese Probleme, wenn er auch nicht die eleganteste Lösung ist. Aus diesem Grund verkauft die englische Supermarkt-Kette TESCO bereits 12 Millionen Weinflaschen mit Schraubverschluss pro Jahr. Das oft vorgebrachte Argument gegen den Schraubverschluss, ohne das »Plop« beim Flaschenöffnen fehle die Romantik des Weins, scheint nicht ausschlagkräftig zu sein.

Als ich ein Glas aus einem der Wandschränke nehme, höre ich den Schlüssel in der Haustür, und meine Frau kommt herein, also greife ich gleich ein zweites. Sie hängt ihren Anorak auf und kommt in die Wohnküche, bleibt vor der Flasche auf einer Holzarbeitsfläche stehen und betrachtet sie so konzentriert, als handle es sich um ein prätentiöses Kunstwerk der modernen Art, das nach einem Kommentar verlangt. Peter Lehmann hat den Wein nicht nur in eine schwere Designerflasche gefüllt, die an einen Kegel erinnert, er hat auch sehr generös vier verschiedene Etiketten darauf geklebt, von denen das größte die Reproduktion eines Gemäldes der Kreuzdame zeigt, im Stil irgendwo zwischen Picasso und Klee. Ein anderes der Etiketten erklärt die besondere Bedeutung, die die Kreuzdame und dieses Gemälde für Peter Lehmann besitzen. Das entspricht ganz den Gebräuchen modernen Weinmarketings. Zufälligerweise habe ich gerade in einer australischen Weinzeitschrift gelesen, wie diese Ausstattung von IKD Design Solutions entwickelt wurde, um die Peter-Lehmann-Weine zu »feminisieren«, da sie vorher Frauen und junge Männer nicht genug ansprachen. Früher stieß man auf solches Design nur bei einigen wenigen teuren Weinen. Heute sagt eine solche Ausstattung nicht das Geringste über die Qualität aus.

Nach eingehender Betrachtung schenke ich in beide Gläser eine eher geringe Menge Wein ein, sodass wir den Wein im Glas schwenken können und die Aromen sich besser entfalten. Der Wein ist von tiefem Rubinrot, aber auch das sagt nichts über seine Qualität aus – viele einfache Rotweine funkeln heute in diesem Ton. Ich halte meine Nase so weit wie möglich ins Glas hinein, um auch die kleinste Duftnuance zu erhaschen. Mir wäre es sehr lieb, wenn dieser Wein keine große Enttäuschung ist, es wäre schön, etwas aus den Regalen des Supermarktes in meiner Kolumne empfehlen zu können. Noch hoffe ich, dass dieser Wein vielleicht nicht nur gut schmeckt, sondern sogar von dem Ort berichtet, an dem er gewachsen ist.

Zumindest riecht er nicht nach Kork, doch kann ich leider auch nichts besonders Eigenständiges in diesem vollen, süßlichen und recht einfachen Bouquet erkennen. »Was riechst du?«, frage ich meine Frau vorsichtig. »Brombeermarmelade, Vanille und sonst nicht viel«, kommt ohne Zögern ihre Antwort. Ich fühle mich plötzlich ganz mutlos. Sie nimmt einen ersten Schluck, und an der Art, wie sich daraufhin einen Moment lang ihr Gesicht verzieht, erkenne ich sofort, dass ihr Kommentar nicht besonders positiv ausfallen wird. »Er schmeckt weich, alkoholisch und langweilig«, fügt sie nach kurzem Nachdenken hinzu. »Würde flauschig-weißes Kuschelhäschen die Textur zutreffend umschreiben?«, wage ich mich vor, wohlwissend, dass das in einem Gerichtssaal als Suggestivfrage abgelehnt werden würde. »Durchaus«, antwortet sie und schüttet den Rest aus ihrem Glas mit einer entschiedenen Bewegung des Handgelenks ins Spülbecken. Ich nehme endlich ebenfalls einen Schluck und kann ihr leider nur zustimmen. Der Wein ist technisch gesehen einwandfrei und völlig harmlos. Wenn man genau diese Art von Aromen mag, wird einem auch der Wein gefallen, ansonsten wird man seiner schnell müde. Für mich stellt er das weinige Pendant eines Kuscheltiers dar, doch auch darin ist er nicht ganz perfekt, im Nachhall spüre ich eine leichte Bitternis.

Die Ursache für bittere Töne im Wein können entweder unreife Gerbstoffe aus den Trauben, das heißt ihren Schalen, Stielen oder Kernen, sein oder die eine oder andere mehr oder weniger fragwürdige Ausbaumethode. Letzteres erscheint mir eher unwahrscheinlich, da bekannt ist, dass Peter Lehmanns Kellerei von Ortsansässigen aus Barossa betrieben wird, deren Lokalpatriotismus eher zur Ablehnung solcher Eingriffe führt. Andererseits gehört Peter Lehmann zu zehn Prozent dem globalen Getränke-Konglomerat Allied Domecq, und profitgierige Großkonzerne neigen dazu, solche Eingriffe gutzuheißen. Allerdings weiß ich genau, dass 2000 kein guter Jahrgang für das Barossa-Gebiet war, was mir die einleuchtendste Erklärung für die Bitternis scheint. Frühere Jahrgänge dieses Weines kamen mir harmonischer, aber nicht viel interessanter oder befriedigender vor.

Das entspricht ganz und gar nicht dem von mir erhofften Ergebnis, und ich greife frustriert nach einer anderen Flasche australischen Rotweins, die seit ein paar Tagen darauf wartet, verkostet zu werden: der 2001 ›Winemaker's Selection‹ Cabernet [Sauvignon] und Shiraz von Penfolds, dem bekanntesten Weinproduzent Australiens. Dem üppigen PR-Material, das mit dieser Flasche zusammen geliefert wurde, habe ich entnommen, dass es sich um einen Verschnitt aus verschiedenen Anbauregionen Südostaustraliens handelt, insgesamt also einer Fläche, die in ihrem Ausmaß ganz Westeuropa entspricht. Ich gieße ein, gebe ein Glas meiner Frau und nehme das andere in die Hand. Eine Wolke bonbonartiger Beerenaromen strömt mir entgegen. Ein einziger Schluck genügt bereits, um festzustellen, dass wir es mit einem echten »Coca-Cola-Wein« zu tun haben, einer fetten, klebrigen Flüssigkeit, der jegliche Konturen fehlen und die man deshalb sofort vergisst. Und das für Euro 9,85! Ich spucke das weinartige Getränk ins Spülbecken. »Muss ich den überhaupt probieren?«, fragt meine Frau, die mich beobachtet hat. »Ich denke schon«, antworte ich. Etwas widerwillig schwenkt sie den beinahe undurchsichtig schwarzvioletten Wein, riecht daran, nimmt einen Schluck. Nachdem sie ihn eine Weile nachdenklich im Mund hin und her bewegt hat, spuckt sie ihn mit professionell beherrschter Haltung ins Becken: »Schrecklich, vollkommen konstruiert.« »Es wäre interessant zu erfahren, wie genau sie diesen Geschmack erreicht haben«, erwidere ich und gehe alle möglichen Ausbautricks im Kopf durch. Abgesehen davon, würde es diese Art von australischem Wein aber nicht geben ohne eine bestimmte Kombination von Anbaumethoden, die kostengünstige Massenproduktion ermöglichen: die Tröpfchenbewässerung und die mechanische Lese, die beide bereits 1973 in Australien eingeführt worden sind.

Wir schütten den restlichen Inhalt unserer Gläser ins Becken, davon brauche ich nicht einmal ein kleines Glas zu trinken, dieser Wein ist ein Desaster. In Anbetracht der enormen Fortschritte in der Weinindustrie während der letzten Jahrzehnte ist das ein enttäuschendes und beunruhigendes Ergebnis: zwei leere Gläser und zwei lange Gesichter. Unsere Gesichter sind nicht nur lang, weil die Überseeweine sich als enttäuschend erwiesen haben, sondern weil sie unzähligen tausend anderen Rotweinen weltweit zum Verwechseln ähnelten.

»Und was trinken wir jetzt?«, fragt meine Frau mit Nachdruck. Ich erinnere mich erleichternd, heute Morgen eine Flasche Weißwein in den Kühlschrank gelegt zu haben. »Schenk ihn mir blind ein, mal sehen, ob ich erraten kann, wo er herkommt«, sagt sie und wendet sich ab. Ich nehme die Flasche heraus, öffne sie, versehe sie mit einem sauberen Drop-Stop, schenke zwei Gläser des ins zartgelbe gehenden Weines ein und stelle die Flasche in den Kühlschrank zurück. »Du kannst dich umdrehen«, sage ich dann und frage mich dabei, was wohl ein heimlicher Beobachter von unseren Spielchen halten würde. »Mmmh ... Mosel«, gibt meine Frau genüsslich von sich, während sie an dem Wein schnüffelt. »Falsch, aber nicht weit davon«, antworte ich. »Dann ist er von der Nahe und abgesehen davon köstlich, derart lebendig und von wunderbarer Pfirsichduftigkeit«, entgegnet sie prompt. »Genau, es ist ein 2000 Riesling Kabinett mit natürlicher Restsüße von Emrich-Schönleber von der Nahe«, bestätige ich und freue mich über ihren Volltreffer.

Auch für Werner Schönleber, den Winzer, der diesen Wein an- und ausgebaut hat, ist der Wein ein Volltreffer, da 2000 wie im Barossa als auch in Deutschland ein schwieriger Jahrgang war. Trotzdem blitzt der Wein, hat Charakter und Charme. Der Preis von lediglich Euro 6,20 pro Flasche, genau die Hälfte vom vorher verkosteten Peter Lehmann Shiraz, macht dies noch beeindruckender. Es ist ein ehrlicher Wein, so rein wie überhaupt möglich, bei dessen Entstehen der Respekt für die natürlichen Vorgänge eine maßgebliche Rolle gespielt hat. Er bestätigt, dass es keine Beziehung zwischen Preis und Qualität geben muss. Doch selbst nach dem Qualitätsaufschwung, der in der deutschen Weinbranche während der 1990er stattgefunden hat, gibt es immer noch viele Deutsche, die mehr oder weniger jeden beliebigen ausländischen Wein den deutschen Gewächsen vorziehen, selbst wenn Letztere die Hälfte kosten und doppelt so gut schmecken. Glücklicherweise scheinen zumindest die Jüngeren nicht mehr ihre negativen Gefühle in Bezug auf ihr Heimatland dem deutschen Wein aufzubürden, was vielleicht darauf beruht, dass ihnen diese negative Einstellung nicht so eingetrichtert worden ist wie ihren Eltern.

Während meine Frau Musik auflegt und die Zutaten fürs Abendessen aus dem Kühlschrank holt, organisiere ich Schneidebrett und Küchenmesser, und mir geht durch den Kopf, dass dieser eine Barossa Shiraz natürlich nicht die Frage beantwortet, ob dieser marmeladige Stil seinen Ursprung im Barossa-Gebiet hat oder an einem anderen Ort. Wenn es sich wirklich um einen Rotweinstil *aus* dem Barossa-Tal handelt, schmecken dann alle Rotweine dort so, weil sie von Natur so gestaltet sind, oder ist dieser Stil lediglich von den Winzern dort entwickelt und den Weinen aufgestülpt worden? In nur zehn Jahren ist dieser Weinstil zur Mode geworden und hat sich um den ganzen Erdball ausgebreitet – ein erschreckendes Beispiel für die galoppierende Homogenisierung in der schönen neuen Weinwelt.

Wenn ich an Australien denke, denke ich zunächst an das merkwürdige Unbehagen, das mich dort häufig beschlichen hat. Es gab so viele interessante und herzliche Menschen, aber ich hatte oft das Gefühl, eine minimale, aber entscheidende Entfernung trenne sie, die Gebäude und Straßen vom Boden. Freunde und Bekannte haben von einem ähnlichen Gefühl berichtet, und das macht es schwierig, dieses Phänomen als irrationale, persönliche Empfindung abzutun.

Inwiefern hat das etwas mit dem enttäuschenden Erlebnis zu tun, das wir gerade mit zwei Rotweinen aus Australien hatten? Es werden immer mehr Fragen, immer beunruhigendere, die sich mir nach unserer deprimierenden kleinen Weinprobe aufdrängen. Ich bin dabei, Topinambur zu schälen, aber wenn wir alles stehen und liegen ließen, könnten wir in 24 Stunden in Australien sein. Trotz dieses verführerischen Gedankens beschäftige ich mich weiter mit den Topinamburknollen. Wenn ich die auf unseren Australienreisen gesammelte Fülle an Eindrücken sorgfältig sichte, dann werde ich zumindest auf erste Antworten stoßen. Mit Sicherung des Materials aus anderen Überseereisen könnte ich der Wahrheit womöglich noch näher kommen. »Auf geht's!«, rufe ich unwillkürlich mitten in eins von Bill Evans' feinfühligsten Klavierstücken. »Was? Wohin?«, erkundigt sich meine Frau voller Verwunderung. »Ich habe gerade ans Barossa gedacht«, antworte ich etwas verlegen. »Lass uns heute abend noch hier bleiben«, entgegnete sie, »aber erzähl mir, was dir im Kopf herumgeht.«

Kapitel 3
Barossa, Südaustralien

An der Quelle von Kult- und Coca-Cola-Weinen oder Wie die schöne neue Weinwelt sich zwischen Computer und Stradivari bewegt

Das Barossa-Tal in Südaustralien sieht grau und ausgesprochen wenig bemerkenswert aus, seine Umrisse verlieren sich im Dunst der nicht endenden Regenschauer. Das Bild vor dem Autofenster bringt Erinnerungen an die Familienurlaube in Devon im Südwesten Englands während meiner Kindheit zurück, wohin meine Großeltern zogen, nachdem mein Großvater Pratt's Stores verkauft hatte. Ich war damals sieben Jahre alt, und lauer Regen wie dieser schien unvermeidlicher Bestandteil unserer Urlaubstage.

In den Köpfen von Weinprofis und -amateuren von New York bis Hongkong, von Tokio bis Berlin ist das Barossa-Tal unzertrennlich mit einem der weltweit vorherrschenden Weinstile unserer Zeit verbunden: opulente, geschmeidige Rotweine mit viel Alkohol und Gerbstoff, die nach Brombeermarmelade, Dörrpflaumen, Vanille und Schokolade schmecken. Für Millionen von Weintrinkern ist dies *der* Geschmack von Sonne schlechthin und dieses gerade 30 Kilometer lange und 15 Kilometer breite Gebiet unbestritten der Ursprung jenes Weinstils, der inzwischen in Anbaugebieten von Chile bis Kalifornien, von Südafrika bis Bordeaux, ja sogar in Deutschland anzutreffen ist. Für seine Liebhaber ist es ein Ort der Wunder, ein heiliger Ort, während er für andere eher ein Teil der Wein-Achse des Bösen darstellt. Entsprechen diese Vorstellungen in irgendeiner Weise der Wirklichkeit, oder widerspiegeln sie lediglich gewisse Aspekte dieser Gegend – oder ist das Ganze schlichtweg ein Märchen?

Der feuchte Empfang im Barossa steht in krassem Gegensatz zu meinen Erwartungen von wolkenlos blauem Himmel, brennender Sonne und trockener Luft. Aber eigentlich ist das Klima hier wie in vielen anderen Teilen Australiens keineswegs so heiß und trocken, wie wir Europäer es uns allgemein vorstellen. Aufgrund unseres Frusts angesichts des wechselhaften, nur selten zuverlässig vorhersehbaren Wetters zu Hause projizieren wir unsere Sehnsucht nach dem sonnigen Paradies auf den entlegensten Kontinent und fühlen uns durch die Tatsache bestätigt, dass Australien der dürrste, heißeste Kontinent mit den geringsten Niederschlägen unseres Planeten ist. Doch unterliegt es gleichzeitig dramatischen klimatischen Schwankungen durch ENSO – El Niño Southern Oscillation –, das größte Wettersystem der Erde, in dessen Ausdehnung sich Jahre der Dürre in Australien, El Niño, mit lang anhaltenden schweren Regenfällen abwechseln, La Niña. Der Ausbruch des Mount Penitubo auf den Philippinen 1991 führte zu einem kühlen Sommer und der verregneten Weinlese in Australien für den Jahrgang 1992. Ein Szenario, das sich durch einen der zahlreichen aktiven Vulkane Südostasiens jederzeit wiederholen kann. Die Wetterstatistiken für das Barossa zeichnen allerdings durchaus ein durchschnittlich warmes und trockenes Bild, die mittlere Januartemperatur, dortiger Hochsommer, beträgt 21,1 °C, der mittlere Jahresniederschlag 500 Millimeter. Diese Eckdaten deuten auf für die Erzeugung von Rotwein äußerst günstige Bedingungen.

Nichtsdestotrotz, an dem Februarmorgen 2000, als meine Frau den Minibus mit uns beiden sowie einer kleinen Gruppe deutscher Spitzenwinzer zu dem ersten Termin des Tages steuert, strömt der Regen die Windschutzscheibe hinunter, und mächtige graue Wolken hängen so niedrig am Himmel, dass sie das Dach unseres Fahrzeugs zu berühren scheinen.

Wir fahren von unserer komfortablen Bed-and-Breakfast-Pension mit dem treffenden Namen Blickinstal direkt über den letzten Rebzeilen auf der Ostseite des Tales die kiesbestreute Rifle Range Road hinunter, wo man ohne den Regen sicher einen beeindruckenden Blick über das Rebmeer hat. Das definierte Herkunftsgebiet oder GI – das australische Pendant zur französischen AOC, italienischen DOC und spanischen DO – Barossa Valley wurde erst 1996 geschaffen und umfasst die mehr oder weniger flache Weite zwischen den alten, runden Hügeln im Osten und Westen, die wir hinunterfahren. Die Gruppe scheint in diesem Moment alles andere als beeindruckt. »Schau mal die Böden!«, ruft Helmut Dönnhoff aus Oberhausen an der Nahe halb schockiert und halb belustigt, »richtig fette braune Erde wie im Hügelland von Rheinhessen!« Er meint damit die Art von Boden, auf dem die Trauben für Liebfraumilch und andere deutsche Massenweine wachsen und auf denen einst Zuckerreben angebaut wurden. »Eine einzige Rebzeile stellt die Durchschnittsfläche eines Weinbaubetriebs an der Mosel dar«, lässt sich auch Ernie Loosen aus Bernkastel an der Mosel vernehmen, »und der Weinberg ist so groß wie die Rebfläche einer ganzen Mosel-Gemarkung!« »Richtig groß ist hier eine Parzelle erst dann, wenn man das Ende der Reihen nicht sehen kann«, stellt Dönnhoff etwas nachdenklicher fest. »Größe ist hier nicht immer negativ besetzt« – Loosen schlüpft plötzlich in die Rolle von des Teufels Advokaten. Das europäische Wein-Gericht tastet sich durch die verwirrende Finsternis zu einem vorläufigen Urteil über diese vollkommen unvertraute Weinlandschaft vor, und die Verwirrung der Richter liegt nicht nur im Jetlag begründet.

Als wir auf die asphaltierte Hauptstraße einbiegen und in den Ort Tanunda kommen, ein Wort aus der Sprache der Aborigines, das Wasserloch bedeutet, verstummt das Gespräch im Bus unvermittelt. Am Straßenrand steht das Schild des Hobbit Tea Room in Gestalt eines lebensgroßen Modells des Blechmannes aus dem Märchenfilm »Der Zauberer von Oz«, der sich an einen künstlichen Baum lehnt. Sind wir vielleicht auf einem anderen Planeten gelandet? Wo endet diese Fahrt? Die Straße führt am ›Tanunda Caravan und Tourist Park‹ und dem Friedhof vorbei. »Ich mag keine Campingplätze, weder vorübergehende noch Dauer-Campingplätze«, lautet Dönnhoffs trockener Kommentar. Langsam passieren wir den historischen Ortskern, der vor allem aus ein- und zweistöckigen Bauten aus dem 19. Jahrhundert mit von schmiedeeisernen Geländern eingefassten Veranden besteht. Der beeindruckendste ist das Tanunda Hotel, nicht weit davon liegen das Barossa Bräuhaus und das Heidelberg Café, ein merkwürdiger Anblick auf dieser Seite der Erdkugel. Dann kommt das erste der großen Touristenhotels, das Weintal Resort samt Biergarten und Kaiser Wilhelm Bistro, gefolgt von weiterem germanischen Kitsch. Hätten wir nicht gestern die Geschichte von den deutschen Wurzeln des Barossa gehört, würden wir uns vielleicht jetzt bereits fragen, ob die 24-stündige Reise aus Deutschland hierher nur Teil eines Virtual-Reality-Spiels war. Es folgen weitere Bars und Vorort-Bungalows samt Swimmingpools und Palmen.

Direkt am Ortsende beginnen die Weinberge. Nach nur wenigen Rebzeilen tauchen eng geschlossene Reihen haushoher weißer Zylinder auf. Wüssten wir nicht, dass es sich um stark isolierte Weintanks handelt, könnten wir annehmen, die Ölindustrie habe sich hier unverhofft angesiedelt. »Wie Raumschiffe in der Landschaft«, bemerkt Dönnhoffs Frau Gabi. Ein solches Zurschaustellen der »kellerwirtschaftlichen« Technologie ist in Europa äußerst selten. Doch folgen noch befremdlichere Bilder wie zum Beispiel die steinernen Türme und Zinnen der Weinkellerei Château Dorrien mit einer Reihe hoher alter Palmen davor. Was hat jemanden dazu bewogen, gerade hier romanische Architektur mit einer mediterranen Gartenanlage und einem traditionellen französischen Namen zu kombinieren? Inzwischen stecken wir hinter einem neunachsigen Laster fest, voll beladen mit im Regen gelesenen Trauben. »Wie viel ist da drin, was meint ihr?«, frage ich die Winzer. »Vielleicht 60 000 Liter«, schätzt Dönnhoff, um dann plötzlich schockiert auszurufen: »Das ist meine gesamte Jahresproduktion!«

Schließlich erreichen wir die rote Ziegelsteinfassade, ebenfalls im Stil eines französischen Châteaus, die Kellereizentrale von Penfolds in Nuriootpa. Der Vorstand residiert heute im 23. Stock des höchsten Bürogebäudes der Stadt Adelaide, doch gegründet wurde das berühmteste Weinunternehmen Australiens 1844 in Magill am Rande von Adelaide, eine knappe Stunde mit dem Auto von hier nach Süden, von dem Engländer Dr. Christopher Rawson Penfold. Er pflanzte rund um sein Haus, The Grange, 200 Hektar Reben – Grange, Bauernhof, ist auch heute noch ein recht verbreiteter englischer Name für ein Privathaus. Die Firma Penfolds beschreibt sich selbst als »das einzige Wein-Unternehmen der Welt, das in gleichermaßen hohem Ansehen für Weine zu

Preisen von 10 bis über 250 australischen Dollar pro Flasche steht ... als auch im Status vom Alltagswein bis zur weltweit anerkannten Wein-Ikone«. Wir sind in erster Linie wegen dieser 250-Dollar-Wein-Ikone gekommen, benannt nach dem Landhaus des Dr. Penfold. Vom ersten Versuchsjahrgang 1951 bis 1989 hieß Penfolds Spitzenrotwein ›Grange Hermitage‹ und ab dem Jahrgang 1990 nur noch ›Grange‹. »Hermitage« bezog sich auf die Spitzenlage im nördlichen Rhônetal, der Herkunft der Shiraz-Rebe, aus der Grange erzeugt wird.

Schon Ende der 1970er Jahre beschrieb der Brite Hugh Johnson, Autor der meistgelesenen Weinbücher der Welt, Grange als »das einzige wahre Erste Gewächs der südlichen Hemisphäre« und verglich ihn so mit den Rotweinen der berühmten Premier Grand Cru Classé-Châteaux in Bordeaux. 1995 bezeichnete der US-Amerikaner Robert Parker, der einflussreichste Weinkritiker der Welt, Grange als »den Spitzenkandidaten für den Titel des üppigsten, konzentriertesten trockenen Rotweins auf dem Planeten ... Grange treibt Fülle und Dekadenz bis an ihre Grenzen.« Solche Übereinstimmung zwischen britischen und amerikanischen Experten gibt es selten, und dieses anhaltende Lob bildet die Grundlage für den Kultstatus dieses Weins. Heute würde eine Flasche des ersten Grange-Jahrgangs auf Auktionen 120 000 australische Dollar kosten, obgleich er sein bestes Trinkalter bereits überschritten hat. Vor kurzem hat die National-Trust-Vereinigung von Südaustralien Grange zum National-Monument erklärt, eine Auszeichnung, die normalerweise protzigen Haufen imperialistischer Bronze oder Steinen aus dem 19. Jahrhundert vorbehalten ist.

Dieser Erfolg kam jedoch keineswegs über Nacht. Als die ersten Jahrgänge von Penfolds damaligem obersten Kellermeister Max Schubert 1956 auf der Sydney Wine Show zum ersten Mal der Öffentlichkeit vorgestellt wurden, sorgten sie für Spott und Verachtung. »Schubert, ich gratuliere Ihnen. Ein sehr guter trockener Portwein, den niemand mit einem Funken Verstand kaufen wird – geschweige denn trinken«, lautete der Kommentar von einem Berufskollegen. Damals bestanden 90 Prozent der australischen Weinproduktion aus Portwein und Sherry eher bescheidener Qualität, sodass seine Worte einen heftigen Seitenhieb darstellten. Tatsächlich waren Schuberts Vorbilder für seinen Wein aber die Rotweine aus der Zeit der letzten Jahrhundertwende, die er 1950 bei einem Besuch in Bordeaux verkostet hatte, als er nach einem der Sherryproduktion gewidmeten Studienaufenthalt auf der Rückreise von Spanien war. Angesichts der andauernden Kritik gebot der Penfolds-Vorstand Schubert gerade vor der Lese 1957, keinen Grange mehr zu erzeugen. Der überzeugte Winzer fuhr jedoch heimlich fort, bis diese Entscheidung gerade rechtzeitig für die Lese des Jahrgangs 1960 revidiert wurde. Die Jahrgänge 1965 und 67 erwiesen sich dann als großer Erfolg auf allen bedeutenden regionalen und nationalen Weinshows. Als ich meine ersten Schlucke

Grange genoss, nämlich die Jahrgänge 1975 und 76 im Januar 1985, sprach man bereits von einer Legende.

Wir müssen nur einige Sekunden warten, nachdem wir uns bei der Empfangsdame gemeldet haben, da stellt sich uns auch schon ein jungenhaft wirkender Australier mit lockigem braunen Haar, leicht femininer Art und gewinnendem Lächeln als Peter Gago vor, oberster Rotwein-Kellermeister der Southcorp-Gruppe. Penfolds wurde von Dr. Penfolds Nachkommen 1976 an Southcorp verkauft und gehört damit jetzt zur »neuntgrößten Weinfirma der Welt«, wie Gago erklärt. Southcorp hat früher auch Haushaltsgeräte produziert, Kühlschränke und Waschmaschinen.

Gago schlägt eine Rundfahrt mit unserem Bus durch die Firmenanlage vor. Als wir losfahren, klart der Himmel auf, und lange Reihen von Edelstahltanks blitzen in der Sonne auf. »Wir haben alles vom 228-Liter-Barriquefass bis zum 571 000-Liter-Tank!«, erläuterte Gago mit routinierter Gelassenheit, »diese letztere Art des Weinausbaus sieht aber natürlich nicht so schön aus, und wir werden uns auch den Anblick der riesigen unterirdischen Flaschenlager ersparen.« Erster Halt ist bei den Edelstahlwannen, in die die Trauben lastwagenweise nach der Lese gekippt werden, »eine Kellerei ohne Trauben ist wie eine Schule ohne Kinder ... wir haben die Lese heute wegen des Regens unterbrochen.« Dann kommen wir zu einem ausgedehnten Komplex von Lagerhäusern, »beinahe zwei Hektar Fasslagerraum, Achtung, Gabelstapler!«. Sie schießen aus allen Richtungen mit abenteuerlicher Geschwindigkeit an uns vorbei, jeder mit zwei Fässern auf einem Stahlgestell. »Die Fässer aufzufüllen ist wie das Streichen der Sydney Harbour Bridge, wenn man endlich am Ende angelangt ist, muss man wieder von vorne anfangen.« Endlos strecken sich die vier und fünf Fässer hohen Reihen. Letzter Halt ist in der Halle, in der die »Rotweine mit limitierter Produktionsmenge« produziert werden, allen voran Grange sowie ein Cabernet Sauvignon mit dem unromantischen Namen ›Bin 707‹*.

»Limitierte Produktionsmenge bezieht sich auf Weine mit einer jährlich erzeugten Menge unter 10 000 12er-Kisten«, fügt Gago hinzu. Er will uns auf dieser Besichtigungstour zweifellos mit den Ausmaßen und der modernen Technik der Penfolds'schen Kellereianlagen beeindrucken.

Der Edelstahl-Koloss vor uns ist von einer Halle in kirchenschiffartigen Ausmaßen umgeben. Gabi Dönnhoff starrt das Monstrum mit offenem Mund an, dessen höchster Teil aus einer Batterie von 16 Tanks besteht, jeder mit einem Volumen von 35 Tonnen. »Sie sehen aus wie riesige Kaffeekannen!«, entfährt es ihr. Gago schlägt vor, die Gittertreppe hinaufzusteigen, was die

* Penfolds benennt ebenso wie einige andere große australische Weinfirmen manche Weine nach ›Bin‹-Nummern, das heißt den Nummern der Kellerabschnitte, in denen der erste Jahrgang eines bestimmten Weines nach der Abfüllung gelagert wurde.

Gruppe sofort spaltet. Ich überwinde meine Höhenangst und erklimme die Stufen, den Blick starr nach vorn gerichtet. Oben angekommen, erklärt Gago, dass die Kellermeister in einem Kontrollraum in einem anderen Teil der Anlage sitzen. Der Wein in den Tanks wird von darin angebrachten Sonden analysiert, und die Ergebnisse sind auf den Bildschirmen der Computer im Kontrollraum abzulesen. »Hier ist nur ein einziger Arbeiter tätig, der sicherstellt, dass die Maschinen richtig funktionieren, wie im Maschinenraum eines modernen Schiffs.« Ich senke meinen Blick, um seine Worte in meinem Notizbuch zu notieren, sofort beginnt sich alles um mich herum zu drehen, und ich greife nach dem Geländer. Während unseres Abstiegs erfahren wir, dass der kleinste Behälter in der Kellerei ein Fassungsvolumen von zehn Tonnen Trauben hat. »In der heutigen Weinwelt gibt es nur zwei Möglichkeiten«, flüstert mir Helmut Dönnhoff zu, »Computer oder Stradivari, dazwischen gibt es gar nichts.« Der Handwerker in ihm hat erkannt, dass dies mit seiner eigenen Welt der Stradivari-Weine nichts zu tun hat, hier ist die Weinproduktion vollautomatisiert, von elektrischen Sonden analysiert, die Verarbeitung von Trauben, Most und Wein computergesteuert. Das mag den Anhängern des Gottes der Technik wunderbar fortschrittlich erscheinen, doch birgt dieser Weg Gefahren in sich.

Zurück auf erfreulich festem Boden, erweckt das Leeren eines 10-Tonnen-Gärtanks sofort das Interesse der wieder vereinten Gruppe. Die nach dem Ablaufenlassen des jungen Weins zurückbleibenden Traubenschale und -kerne sowie das Fruchtfleisch fallen aus der offenen Tanktür. Wir sind erstaunt, dass Gago keinerlei Interesse an dem Trester zeigt, geschweige denn Anstalten macht, den zuvor abgelassenen jungen Wein zu probieren. Die Winzer um mich herum drängt es, die Masse im Tank zu riechen, zu fühlen und zu schmecken und den jungen Wein zu begutachten, so, wie es ihre Gewohnheit im eigenen Keller ist. Es ist die instinktive Reaktion eines Menschen, dem das Winzerdasein in Fleisch und Blut übergegangen ist. Dahinter verbirgt sich nicht nur Vorfreude, sondern auch die Sorge um den neuen Wein, der Wunsch, es möge alles in Ordnung sein mit dem neu geborenen Wesen. Es gibt eine Menge möglicher Probleme in diesem frühen Existenzstadium, die von keiner Sonde erkannt werden können. Unser Tourguide jedoch fährt einfach fort mit seinen Erläuterungen. Eine kleine Menge Weinsäure gebe man den jungen Weinen in Pulverform zu, »unsere einzige Korrekturmaßnahme«. Sein Geständnis ist für uns eigentlich keine Überraschung, diese Praxis ist in Australien und anderen Überseeländern weit verbreitet. Eine ganze Palette mit Säcken voll Weinsäurepulver neben uns deutet allerdings darauf hin, dass die zugegebene Menge manchmal vielleicht etwas bedeutender ausfällt als in seiner Darstellung.

Unsere Tour wird als beendet erklärt, jetzt geht es ans Weinprobieren. Als wir die Treppe hinauf zum Verkostungslabor gehen, kommen wir an einem beleuchteten Coca-Cola-Automaten vorbei, und Gago sagt: »Ich habe gehört, dass McDonald's Coca-Cola aus der Spitzenposition unter den Weltmarken verdrängt hat.« Er klingt ganz sachlich dabei, als stamme diese Information aus einer angesehenen Wirtschaftszeitung. Ganz offensichtlich stellen Penfolds und Grange für ihn in gleichem Maße Marken dar wie Weine, die ein Geschmackserlebnis bieten können. Grange wird jedes Jahr erzeugt, obgleich Penfolds zugibt, dass in schwierigeren Jahren die Produktionsmenge auf unter 36 000 Flaschen sinkt. Die höchste Produktionsmenge ist hingegen nie bekannt gegeben worden. Die lockere Atmosphäre, die in der australischen Weinbranche herrscht, bringt jedoch mit sich, dass es auf diesem Gebiet nur wenige Geheimnisse gibt, und Gerüchte berichten von mehreren Jahrgängen mit über 120 000 Flaschen, eine mit einem mittelgroßen Bordeaux-Château vergleichbare Menge. Grange ist also eine exklusivere und luxuriösere Marke als Penfolds, aber beileibe keine Rarität im Gegensatz zu vielen Spitzenweinen aus Deutschland oder zum Beispiel dem Burgund, bei denen die Jahresproduktion oft nur aus einigen hundert Flaschen besteht; das ist der Unterschied zwischen einer Marke und einem Kunstdruck in limitierter Auflage oder eben einer Stradivari.

Im Labor stehen 24 Flaschen in grellem weißen Licht auf weißen Arbeitsflächen aufgereiht, als stehe ihnen eine größere Operation bevor. Gago stellt uns Neville Falkenberg vor, den obersten Weißwein-Kellermeister, der vor allem die Loosens herzlich begrüßt, die er vor kurzem in Bernkastel besucht hat*.

Martin Pfeiffer, oberster Außenverwalter bei Penfolds, der für 7 000 Hektar Weinberge verantwortlich ist und uns gestern auf einer ausgiebigen Tour durch den Barossa-Besitz des Unternehmens begleitet hat, winkt uns vom anderen Ende des Raumes zu. Die Weißweine, mit denen die Verkostung beginnt, sind größtenteils interessant, doch so richtig gespannt sind wir auf die Rotweine. »Heutzutage sind wir hier bei einer Jahresproduktion von 10 Millionen Liter«, lautet Gagos Kommentar, als wir beim günstigsten der vorbereiteten Rotweine ankommen, den 1998 Koonunga Hill Shiraz-Cabernet Sauvignon. Das bedeutet, dass nur ein zu unbedeutender Teil des Weines in der Flasche tatsächlich aus dem Koonunga-Hill-Weinberg im Barossa stammen kann, der sich seit 1973 im Penfolds-Besitz befindet. Darüber hinaus werden die Shiraztrauben von Koonunga Hill oft für den Grange verarbeitet.

Vorherige Jahrgänge dieses Weins sind würzig und warm gewesen, auf angenehme Weise rund und harmonisch. Der 1998 hingegen ist mit seinem strengen Duft nach grünen Paprikaschoten und einem kalt-harten Nachgeschmack kaum attraktiv zu nennen. Dieser vegetale Duft und die Härte sind

* Falkenberg hat Penfolds nach dem Southcorp-Rosemount-Zusammenschluss verlassen und ist jetzt für die Weine bei Chain of Ponds in den Adelaide Hills verantwortlich.

charakteristisch für Weine aus unreifen Cabernet-Sauvignon-Trauben. Sollte das die Folge des schnellen Anstiegs der Produktionsmenge dieser Marke in den letzten Jahren sein? Sind die Qualitätsmaßstäbe für das verwendete Traubenmaterial gesunken? Wir werden darauf hingewiesen, dass es sich um einen günstigen Wein handelt, für ganze zehn australische Dollar, aber wir können ihm trotzdem nichts abgewinnen. Ein nicht gerade viel versprechender Auftakt für die Rotweine, und in der sterilen Atmosphäre des Labors macht sich Enttäuschung breit. Bis wir zum dritten Rotwein kommen, den 1997 Bin 28 Kalimna Shiraz. Sein Duft nach Gewürzen und Dörrpflaumen gefällt uns, er schmeckt fleischig und voll ohne eine Spur von Marmeladigem. Die Winzer sind sich einig, dass das für 18 australische Dollar eine gute Leistung ist, doch so richtig vom Hocker reißt uns der Wein auch nicht. Trotz des Namens auf dem Etikett stammt der Wein in dieser Flasche auch nur zu einem geringen Teil aus Kalimna, geschweige denn aus dem Barossa. Wie beim Koonunga Hill handelt es sich um einen gebietsübergreifenden Verschnitt unter der Herkunftsbezeichnung »Southeastern Australia«*.

Diese Art von geographischen Verwirrspielchen beschränkt sich nicht auf einzelne Penfolds-Weine, sondern ist ganz im Gegenteil ziemlich typisch für größere australische Weinfirmen. So enthält zum Beispiel die Marke Jacob's Creek höchstens eine Geringstmenge an Wein aus der Gegend um Jacob's Creek im Barossa – ein Beispiel dafür, wie der Ruf einer bestimmten Gegend schamlos ausgenutzt wird, um Wein anderer Herkunft abzusetzen. In anderen Ländern würde dieses Verhalten zu scharfer Kritik von Seiten der Presse führen und Problemen mit den gesetzlichen Kontrollorganen, die für den korrekten Gebrauch der geographischen Herkunftsbezeichnungen zuständig sind. Australien ist jedoch gegenwärtig der Liebling der internationalen Weinpresse und genießt deshalb geradezu Narrenfreiheit. Die weingesetzlichen Bestimmungen hier sind ausgesprochen liberal, besonders in Bezug auf erfolgreiche Großunternehmen wie Penfolds.

Dann erwartet uns ein Schock in Gestalt des 1997 Bin 407 Cabernet Sauvignon. Die deutschen Winzer werfen sich perplexe Blicke zu, in denen die unausgesprochene Frage liegt: »Der ist doch fehlerhaft, oder?« Der Wein riecht unangenehm, ja er stinkt nach Pferdestall, klassisches Merkmal mikrobieller Probleme, deren Ursache im Allgemeinen in unsauberen älteren Holzfässern zu suchen ist. Es folgt ein kurzer diskreter Wortwechsel auf Deutsch, der unsere Übereinstimmung bestätigt, dass der Wein tatsächlich fehlerhaft ist. Mit viel Takt erkundigt sich Loosen bei Gago, ob es sich vielleicht um eine »schlechte« Flasche handelt. Mit den nervösen Bewegungen eines aufgescheuchten Hirsches probiert der Chefkellermeister den Wein. Er wirkt sofort wieder ruhiger, versichert, der Wein sei in Ordnung, bietet aber gönnerhaft

* Das umfasst nahezu die gesamte Rebfläche Australiens außer Western Australia.

an: »Ich kann eine zweite Flasche holen, wenn Sie wollen.« Auf unser zustimmendes Nicken hin verschwindet er, um kurz darauf mit einer neuen Flasche in der Hand zurückzukehren. Er öffnet sie rasch, probiert den Wein hastig und erklärt ihn für korrekt. Uns genügt ein ebenso schneller Schluck, um zu erkennen, dass der Wein genauso riecht und schmeckt wie die vorhergehende Flasche. Uns drängt sich die Annahme auf, dass die gesamte Abfüllung fehlerhaft ist. Eine grundsätzlich inakzeptable Situation, die durch den Verkaufspreis von 19 australischen Dollar pro Flasche nicht besser wird.

»Kellerblindheit« nennt es die Branche, wenn ein Kellermeister oder Winzer sich in solchem Maße an einen fehlerhaften Ton oder eine deutliche Schwäche seiner Weine gewöhnt hat, dass er sie nicht mehr als solche erkennt. »Selbstzufriedenheit« lautet eine weniger freundliche Bezeichnung für dasselbe Phänomen. Könnte die Penfolds-Leitung den Entschluss gefasst haben, diesen Problemwein mit dem prätentiösen Namen aus Gründen der Gewinnoptimierung dennoch zu vermarkten? Angesichts der Größe des Unternehmens und der Tatsache, dass es in Form einer Aktiengesellschaft geführt wird, ist das nicht einfach von der Hand zu weisen. Ansonsten bliebe nur der Schluss, Peter Gago und/oder der oberste Kellermeister von Southcorp, John Duval*, seien fachlich inkompetent.

Wir fühlen uns jetzt ziemlich unwohl in dem gleißend hellen Licht und möchten diese Probe schnell hinter uns bringen. Dann kommt die 250-Australian-Dollar-Weinikone, der Jahrgang 1994 von Grange. In einer anderen Situation würde ich vielleicht aufgrund der undurchsichtigen schwarzvioletten Farbe und dem teerigen Duft annehmen, es handle sich um einen Voodoo-Zaubertrank, der seine Wirkung wohl zu einem späteren Zeitpunkt entfalten wird. Doch der schwerfällige Klumpen in meinem Mund und der donnerharte Nachgeschmack haben rein gar nichts Zauberhaftes, nicht einmal die Spur von etwas richtig Bösem. Stattdessen wirkt der Wein auf banale Weise massiv, ein großer wirrer Haufen von Rotweingeschmack, der sich nicht zu einem befriedigenden Geschmackserlebnis zusammenfügt, ganz zu schweigen Begeisterung auslöst. Glücklicherweise hält das Gefühl der Enttäuschung nicht zu lange an, da auf die Ikone der 1996 Block 42 Kalimna Cabernet Sauvignon folgt, für schlappe 200 australische Dollar pro Flasche. Sein Duft erinnert an frisch gemahlenen schwarzen Pfeffer bester Qualität sowie reife schwarze Johannisbeeren. Wie der Grange vor ihm und eine Reihe anderer Rotweine der Probe zeigt er eine deutliche Vanille-Karamellnote von den Barriquefässern aus amerikanischer Eiche, in denen er lag, was an Bourbon-Whiskey erinnert. Doch im Gegensatz zu Grange zeigt dieser Wein nichts selbstzufrieden Monumentales, obgleich nicht gerade schlank, ist er

* John Duval hat Penfolds im Juli 2002 verlassen, um sein eigenes Weinunternehmen zu gründen, Peter Gago ist an die Kellerspitze von Southcorp aufgestiegen.

doch vollkommen harmonisch und ausgewogen. »Der Wein stammt aus den ältesten, noch im Ertrag befindlichen Cabernet- Sauvignon-Reben der Welt«, erwidert Gago voller Stolz, als wir spontan unsere Begeisterung äußern. Das haben wir am Tage zuvor bereits von Martin Pfeiffer erfahren, als er uns die Cabernet Sauvignon-Reben des Blocks 42 in Kalimna gezeigt hatte ...

»Meine Familie ist zusammen mit vielen anderen lutheranischen Protestanten 1850 aus Schlesien hierher gekommen«, hatte uns der stämmige, energische Pfeiffer erzählt, als wir das einfache, flache Gebäude betraten, in dem die Kellerei seines 1994 gegründeten eigenen Unternehmens, Whistler Wines, untergebracht ist. Es war kein Versuch unternommen worden, um das Wellblech zu kaschieren, aus dem Wände und Dach bestanden, ich hatte viel eher den Eindruck, als bekenne man sich dazu mit dem unverhohlenen Stolz der Australier auf alles Erreichte, ob neu oder alt. Trotz seiner lockeren Art schien mir sowohl in Pfeiffers klaren Gesichtszügen und dem silberdurchzogenen Bart als auch seiner Genauigkeit und Gründlichkeit, die überall zum Ausdruck kamen, ein Zeugnis seiner deutschen Abstammung zu liegen. Wir gingen durch den Verkaufsraum, und er erklärte, dass Besucher hier nicht nur zum Weinkauf kämen, sondern auch auf einen »Schluck und Schnitte«, ein örtlicher Ausdruck, der aus dem unter älteren Lutheranern nach wie vor gebräuchlichen »Barossa-Deutsch« stammt. »Wie Sie sehen können«, sagte er, als wir in den Keller kamen, in dem einige Dutzend Barriquefässer lagen und ein paar Edelstahltanks vertrauter Ausmaße standen, »haben wir bei null angefangen und machen das Beste daraus.« Nur zwei Weine gab es zu verkosten, den 1997 Shiraz, Whistlers ersten Rotwein, und einen trockenen Weißwein aus dem Jahrgang 1999 aus der Rebsorte Semillon. Beide waren von reifen Fruchtaromen geprägt, wirkten leicht und angenehm. Das ganze Unternehmen war mehr oder weniger das Gegenteil dessen, was wir in diesem Gebiet erwartet hatten. So australisch wie nur denkbar gehe es hier zu, hatten wir angenommen, vollständig dominiert von riesigen fabrikartigen Kellereien.

»So, wer möchte jetzt die Weinberge besichtigen?«, fragte Pfeiffer, als wir aus dem kleinen Keller in den hartnäckigen Nieselregen traten, der auch durch das Laub der Eukalyptusbäume drang, von denen das Gebäude umgeben war. Die Antwort bestand in einem einstimmigen Chor »Ich!«, an unserer Abenteuerlust konnte es keinen Zweifel geben. Wir stiegen mit ihm in unseren Bus und fuhren los. Nach wenigen Kilometern hatten wir die Riesentanks, Verkostungsräume, Souvenirläden und Restaurants hinter uns gelassen und befanden uns nun in einer Art Wüste, in der lediglich Reben und vereinzelte Eukalyptusbaumgruppen überleben konnten. Loosen stellte Pfeiffer die Frage, wie trocken es hier denn nun wirklich sei. »Wir haben gerade drei aufeinander folgende sehr trockene Winter hinter uns, und hier in Kalimna besteht die obere Schicht des Bodens aus reinem Sand.« Wir stiegen aus dem

Bus, um uns den Block 42 anzuschauen, dessen Cabernet-Sauvignon-Trauben üblicherweise in den Penfolds Bin 707 kommen; der Boden unter unseren Füßen war tatsächlich feiner, gelbweißer Sand. »Das ist heute unser Strandtag«, scherzte Gabi Dönnhoff, während sie ihre Jacke zum Schutz gegen den Regen fester um sich zog.

Martin Pfeiffer forderte uns auf, einige Beeren von den knorrigen 105 Jahre alten Rebstöcken zu probieren. Sie sahen schwarzviolett aus und erwiesen sich geschmacklich nicht nur als sehr reif und süß, sondern zeigten auch dasselbe Pfefferaroma, das uns beim 1996 Block 42 Cabernet Sauvignon aufgefallen war. Es ist kein für die Trauben dieser Rebsorte typisches Aroma, zumindest konnte sich keiner von uns an andere Weine dieser Art erinnern. Das bedeutete, dass es sich um für diesen Ort spezifischen Charakter handeln musste, vielleicht sogar dieser bestimmten Parzelle. Unser Erstaunen darüber war einigermaßen groß, einen so ausgeprägten geschmacklichen Charakter hatten wir bei solch einem Großbetrieb nicht erwartet. Es war nur ein kurzer Sprung bis zum nächsten Halt. Auch dort wuchsen knorrig-urige alte Reben in weitem Abstand voneinander, auch dort nahezu reiner Sandboden. »Das ist eine der Grange-Parzellen«, erklärte uns Pfeiffer, »diese Shirazreben sind 55 Jahre alt. Unter dem Sand liegt eine Tonschicht, die Wasser speichert und so die Reben in Dürreperioden vor Trockenschäden bewahrt. Das verleiht den Weinen ihre Kraft. Die Shirazreben von den umliegenden Hügeln, wo der Boden nur aus Sand besteht, gehen meist in den Bin 28 Kalimna Shiraz, weil sie gewöhnlich nicht nachhaltig genug für Grange sind.« Auch hier schmeckten die Trauben sehr süß und reif ...

Aufgrund dieser tollen Erfahrung betrübt uns die Situation im Verkostungslabor umso mehr; die meisten Weine hier wirken ziemlich ähnlich – dunkel in der Farbe, etwas gekocht wirkende dunkle Fruchtaromen, füllig und trocken im Nachgeschmack – alles deutet auf eine Politik der Standardisierung hin. Penfolds würde dem entgegensetzen, dass sie durch den Verschnitt von Weinen nicht nur verschiedener Lagen, sondern Hunderte von Kilometern voneinander entfernter Regionen Kontinuität in Stil und Qualität sicherstellen können. Die Rotweine schmecken jedoch, als seien sie darüber hinaus in eine bestimmte Richtung förmlich zum Markt getrieben worden.

Das geht mir immer noch durch den Kopf, als wir nach der Penfolds-Verkostung im The Growers Restaurant in Nuriootpa beim Mittagessen sitzen. Gago zu meiner Rechten schenkt mir ein Glas 1986 Grange ein, dann der gesamten Gruppe. Jetzt sind wir noch viel gespannter als vor der Probe im Labor. Der Wein duftet ebenso intensiv wie der 1994er, scheint dabei aber wesentlich feiner, als seien die Beeren, aus denen er erzeugt wurde, viel kleiner und aromatischer gewesen; so wie die kleinsten Erdbeeren meist viel feiner und intensiver schmecken als die großen, oft nur wässrigen. Der Wein besitzt eine

Grandeur, die anfänglich beinahe überwältigend wirkt, doch dann stellen sich die Sinne auf diese Größenordnung ein. »Welch eine Pracht!«, kommentiert Eva Loosen zu meiner Linken beinahe andächtig. Während des Vormittags haben ihre Kommentare sich auf eine hier und da kritisch hoch gezogene Augenbraue beschränkt. Die Luft im Raum knistert vor unserer Aufregung über diesen Wein, der trotz seiner gewaltigen Ausmaße weder zu trocken noch zu süß noch zu massiv oder sonst in irgendeiner Weise unharmonisch ist. Leider kann ich mir nicht vorstellen, dass der 1994 je diese hoheitsvolle Anmut erreicht, egal in welchem Alter, er erscheint mir dafür einfach zu unbeholfen und klobig. Ein Sumo-Ringer kann nicht plötzlich die Behändigkeit eines Turners annehmen oder ein Spatz die Kraft eines Adlers.

Es bleibt kein einziger Tropfen vom 1986 Grange in den Gläsern, und auch Gagos Zunge scheint sich nach diesem Sinnenrausch zu lösen. Als ich ihn frage, ob er bei den Penfolds-Rotweinen je »Gerbstoff-Korrekturen« vornehme, ein durchaus delikates Thema, bleibt er entgegen meinen Erwartungen ganz locker. Vor meiner Abreise nach Australien habe ich eine Menge Gerüchte gehört, dass viele australische Weinproduzenten ihren jungen Rotweinen oder auch der gärenden Maische Gerbstoffpulver zusetzten. »Ja, wir nehmen manchmal Gerbstoffzugaben vor, wenn wir in Bezug auf die Farbstabilität beunruhigt sind«, erklärt er mit Nachdruck, als sei er erfreut über diese von mir gebotene neue Gelegenheit, von seiner Arbeit zu berichten, »oft sind es zwei oder drei kleinere Dosierungen. Wir bezeichnen dies als ›Gerbstoffschönung‹, was der Wein nicht aufnehmen kann, fällt aus.« Weltweit sehen sich Weinproduzenten mit dem Problem der Besessenheit der Konsumenten mit tieffarbigen Rotweinen konfrontiert. Gago bekennt sich zu einer Methode, die weit entfernt von der traditionellen Lösung liegt: dem Verschnitt mit einer kleinen Menge besonders farbintensiveren Weines, der eventuell speziell für diesen Zweck erzeugt wurde.

Obgleich er seine Methode »Gerbstoffschönung« nennt, wird durch Gagos Beschreibung des Vorgangs deutlich, dass es sich keineswegs um eine herkömmliche Schönung handelt. Schönungsmittel, von frischem Eiweiß bis zu Bentoniterde, werden Weinen zugesetzt, um sie zu klären oder zu schleifen, während die Mittel durch den Wein zu Boden fallen. Nachdem das Schönungsmittel und die zuvor im Wein schwebenden Trübstoffe, die es auf seinem Weg durch den Wein aufgenommen hat, sich am Boden des Tanks oder Fasses abgesetzt haben, wird der klare Wein von diesem Bodensatz abgestochen, mit dem Ziel, ihn möglichst vollständig zu entfernen. Ist dies nicht der Fall, ist die Schönung entweder nicht korrekt durchgeführt worden – oder es handelt sich gar nicht um eine Schönung! Gago hat eindeutig beschrieben, dass die Weine Gerbstoff aufnehmen, und das bedeutet, dass er ihnen ganz bewusst Gerbstoff zusetzt.

Zugesetzte Gerbstoffe tragen nicht nur zur Farbstabilität bei, sie lassen den

Wein auch geschmacklich »dicker« erscheinen, voller, mächtiger oder weicher, und die gegenwärtige Weinmode bevorzugt eindeutig dicke Rotweine, das Motto scheint oft »je dicker, desto besser« zu lauten. Es gibt heute auf dem australischen Markt über 40 verschiedene Arten von Gerbstoffpulver. Eines davon, das angeblich am weichsten schmeckt, wird sogar als »flauschig weißes Kuschelhäschen« bezeichnet. Der Name hat sich mir eingeprägt und ist jetzt meine Lieblingsumschreibung für den gegenwärtig so angesagten ultraweichen Rotweinstil. Erfahrene Kellermeister und Weinproduzenten aus verschiedenen Teilen Australiens haben mir erzählt, dass bestimmte Rotweine bis zu zwei Gramm zugesetzten Gerbstoff pro Flasche enthalten! Aus Furcht, von ihren Kollegen als Nestbeschmutzer beschimpft zu werden, haben sie auf Anonymität gedrungen, und ich werde sie einfach Bruce nennen, ein in Australien weit verbreiteter Vorname. Eigentlich sind es jene, die australische Weine solch dubiosen Behandlungen im Keller unterziehen, die die Grundlage für einen Rückschlag der australischen Weinbranche schaffen. Sie bezeichnen die Gerbstoffzugabe deshalb als »Gerbstoffschönung«, weil sie dadurch legal wird. Die deutsche Sprache hat ein altmodisches, aber treffendes Wort für dieses Vorgehen: »panschen«.

»Haben Sie dem 1994 Grange sowie anderen Jahrgängen dieses Nationalmonuments ebenfalls Gerbstoff zugegeben?«, liegt mir als nächste Frage bereits auf der Zunge, doch genau in diesem Moment erhebt sich Gago, und das Gespräch ist beendet. Ein Blick auf meine Uhr sagt mir, dass es höchste Zeit ist, sich auf den Weg zum nächsten Termin zu machen. Anderthalb Jahre später soll ich allerdings eine Antwort auf meine nie gestellte Frage erhalten. Am 5. Dezember 2001 gehört Gago zu den drei australischen Winzern, die ein Seminar über Shiraz-Rotweine beim Institute of Masters of Wine in London präsentieren. Als er über die zwei Jahrgänge Grange spricht, die er zum Verkosten ausgeschenkt hat, gibt er gegenüber der Zuhörerschaft, die sich ausschließlich aus Fachleuten zusammensetzt, zu, dass Grange regelmäßig sowohl Säure als auch Gerbstoffpulver zugesetzt werden. Der nach ihm sprechende australische Winzer, Bruce Nr. 1, fühlt sich gezwungen, dem Publikum klar zu machen, dass keinesfalls alle australischen Shiraz-Weine solche Zugaben erfahren und er selber bei seinen Weinen noch nie etwas zugesetzt hat.

Ich vermute, dass dem 1994 Grange eine ziemliche Menge Gerbstoff zugesetzt wurde und dem 1986 wenig oder gar nichts. Das würde erklären, warum der 1994 so aufdringlich und gekünstelt wirkt wie Olivia Newton-John, wenn sie am Ende des Films »Grease« hochhackig und aufgedonnert »You're the one that I want« singt, während der 1986 eher muskulös und behände wie die Aborigines-Leichtathletin Cathy Freeman wirkt, als sie bei den Olympischen Spielen 2000 in Sydney Gold gewann. Laut Bruce Nr. 2 hat der Gebrauch von Gerbstoffpulver in den 1990er Jahren stark zugenommen. Leider ist die australische Weinbranche inzwischen bei weitem nicht die einzige, in der »zugeben und rühren«, um Bruce Nr. 3 zu zitieren, als Patentrezept in den Kellern gang und gäbe ist.

»Ich bin der letzte nicht technische Kellermeister in Australien«, sagt Robert O'Callaghan von Rockford Wines in Krondorf in einem ausgesprochen melodiösen, weichen Akzent, in dem sich Irland und Australien verbinden. Wir stehen in dem mit Ziegelsteinen ausgelegten Hof zwischen dem L-förmigen Verkostungsraum und Büro und dem hufeisenartig angeordneten Gebäudekomplex, in der die Kellerei untergebracht ist. Das ganze Anwesen wirkt schlicht und ländlich. »Als ich 1984 anfing, hatte ich nur diese Steinhäuser aus der Zeit um 1850, aber so gut wie kein Geld«, fährt der stämmige, bärtige O'Callaghan fort, sichtlich erfreut über die aufmerksame Zuhörerschaft, »damals waren die Traubenpreise wegen der tiefen Krise der australischen Weinindustrie sehr niedrig. Einige Barossa-Produzenten wie Peter Lehmann, Charlie Melton und ich bezahlten faire Preise für die besten Barossa-Trauben, was es den Traubenerzeugern und ihren alten Reben ermöglichte, die Krise zu überleben. Bei allem anderen musste ich jedoch mächtig sparen und sammelte deshalb alte Geräte zusammen, die andere Kellereien bei der Modernisierung ihrer Keller ausrangiert hatten. So konnte ich weiter auf die traditionelle australische Art und Weise Wein herstellen, wie sie ansonsten im Verschwinden begriffen war.«

Die Gruppe wirkt förmlich erschüttert, als wir O'Callaghan in das flache Gebäude folgen, wo während der Lese die Traubenannahme erfolgt; dort steht eine Traubenmühle aus Holz und Schmiedeeisen, die sicher vom Ende des 19. Jahrhunderts stammt. Es ist unverkennbar, dass das museale Stück für den Einsatz während der unmittelbar bevorstehenden Lese vorbereitet worden ist. Auf dem eisernen Rad, das Muskelspiel von Bizeps und Trizeps in kreisförmige Bewegungen überträgt, sind in viktorianischen Lettern die Worte »J. S. Bradshaw & Son. Elizabeth Street, Adelaide« eingegossen. Als sei das noch nicht genug, steht daneben eine eindeutig modernere Weinpumpe, wahrscheinlich aus den 1920er oder 30ern. »Schau mal! Eine alte Seitz-Pumpe, so was habe ich seit meiner Jugend nicht mehr gesehen!«, ruft Helmut Dönnhoff mit ungezügelter, kindlicher Begeisterung aus. »Ist sie nicht schön«, entgegnet O'Callaghan liebevoll, als streiche er über den Lack eines mit großer Hingabe restaurierten Oldtimer-Wagens, und es ist wahrhaftig ein mit großer Hingabe restaurierter Oldtimer. Dann folgt eine Korbpresse mit Holzstäben und einer senkrechten Metallspindel undefinierbaren Alters, doch in einem Design, das sich seit Ende des 19. Jahrhunderts kaum verändert hat. In der Tat macht alles zusammen den Eindruck, als werde hier Wein wie in einem längst vergangenen Zeitalter zubereitet.

»Die meisten meiner Freunde denken, ich sei ziemlich verrückt, aber ich finde diese Maschinen nicht nur an sich wunderschön, sie erlauben mir auch, meine Weine schonender herzustellen«, fährt O'Callaghan fort und scheint jetzt richtig in Schwung zu kommen für eine umfangreiche Darlegung seiner eigenen Philosophie und auch eine Analyse der gesamten neueren Entwicklung der australischen Weinindustrie. »So können sie den Ort, an dem sie entstanden sind, und die Menschen, die sie gemacht haben, widerspiegeln. Der größte Teil des australischen Weins wird im Keller überstrapaziert und schmeckt eindeutig danach. Meine Vorgehensweise hier wird nicht von Technik bestimmt, sondern von einer Grundeinstellung. Wenn es zum Beispiel im Keller keine Zentrifuge gibt, dann findet man einen Weg, auch ohne auszukommen, wenn dieses Gerät jedoch vorhanden ist, dann ist die Wahrscheinlichkeit hoch, dass es oft laufen wird, weil es da steht und Geld gekostet hat. Mit das Beste an der Lese hier ist, dass es kaum Lärm gibt.« Zentrifugen machen viel Lärm. Die Maschinen vor uns gehören ganz klar nicht zu einem Museum, sondern sind Werkzeuge für eine unkonventionelle, aber sehr präzise, durchdachte Art des Weinmachens. Vielleicht entstehen nicht alle Rockford-Weine mit ihrer Hilfe, O'Callaghan macht keinen Hehl daraus, dass er eine irische Neigung zum Geschichtenerzählen hat, aber wenn andere Geräte eingesetzt werden, dann geschieht das unter Berücksichtigung dessen, was er aus dem Umgang mit diesen voll funktionstüchtigen Antiquitäten gelernt hat.

O'Callaghan bedeutet, dass wir ihm folgen sollen, und wir biegen links um eine Ecke von dem Bereich, in dem gemahlen und gekeltert wird, in den ersten Teil des Fasskellers. An den Seiten sind 228-Liter-Barriquefässer aus Eichenholz zwei und drei Fass hoch gestapelt, doch im Gegensatz zu den meistens brandneuen Fässern in anderen australischen Kellern, die wir auf unserer Reise besichtigt haben, verhält es sich hier ganz anders: Hier scheint der Großteil seit langem in Gebrauch. »Ich mag den Geschmack von neuer Eiche nicht, der unter Weinmachern weltweit in den letzten Jahren so angesagt ist«, eröffnet er für seine erstaunten Zuhörer das nächste Kapitel seines Vortrags über »Die Rockford-Art«, »deshalb lege ich nie mehr als zehn Prozent eines bestimmten Weins in neue Fässer. Eigentlich ziehe ich es vor, wenn es gar keine neuen Fässer gibt. Das Entscheidende ist die Qualität und der Geschmack der Trauben; dafür gibt es keinen Ersatz. Im Barossa gibt es traditionellerweise eine klare Trennung zwischen Traubenerzeuger, die Trauben anbauen, und Weinmacher, die daraus Wein erzeugen. Als ich anfing, bin ich einfach bei dieser Tradition geblieben. Wir kaufen von ungefähr 40 verschiedenen [Trauben-]Erzeugern, von denen die meisten lutheranische Nachkommen der ursprünglichen Siedler sind, die das Barossa gegründet haben. Ganze Gemeinden sind aus Schlesien hergekommen, was eine unwahrscheinliche Grundlage an Fertigkeiten bedeutete. Was sie die ganze Zeit über zusammenhielt, war ihr Engagement für Kirche und Gemeinschaft. Sie waren erfolgreich, weil sie bescheiden waren und hart arbeiteten – lutheranische Tugenden eben. Die meisten dieser Anwesen sind jetzt in der fünften Generation. Ihr Engagement für den Boden und die von ihren Vorfahren gepflanzten Reben machen Weine wie meinen Basket Press Shiraz möglich.«

Wir betreten den letzten Abschnitt des Fasskellers und stehen vor dem mit Abstand größten Raum des Komplexes, der etwas tiefer liegt. In ihm sind um die dreihundert Barriquefässer aufgestapelt. »Da ist sie, die gesamte Produktion des Basket Press Shiraz«, sagt O'Callaghan in leicht theatralischem Ton, »der Wein, mit dem Rockford begann.« Auf einem großen Holztisch neben dieser Kanzel in der dem Gott des wahren Weins gewidmeten Kapelle steht eine Reihe von Flaschen sowie Gläser, und unser gesprächiger Gastgeber bedeutet jedem, ein Glas zu nehmen, damit wir verkosten können. Jeder einzelne der Weine, vom ersten trockenen Riesling bis zum mächtigsten der Rotweine wirkt ebenso eigen wie der Hausherr, doch am fesselndsten und verblüffendsten ist der 1997 Basket Press Shiraz. Er löst eine angeregte Unterhaltung unter den Winzern aus, die immer weiter anschwillt und wie eine Welle über mich hinwegrollt. Ich bin ganz damit beschäftigt, den Duft dieses Weines zu erforschen, der mich an Plumpudding und Gewürze erinnert und mich in die behagliche Weihnachtswelt meiner Kindheit entführt. Trotz aller einnehmender Fülle und duftender »Süße« – der süße Geschmack vollkommen ausgereifter Früchte direkt vom Baum oder Strauch, nicht die von Bonbons oder Marmelade, denn da ist keine Spur tatsächlicher Süße oder klebriger Aromen – ist der Wein doch nicht im Geringsten aufdringlich oder likörartig. Es ist ein richtiger Wein zum Trinken, statt ihn aus ehrfürchtiger Entfernung zu bewundern, wie man es bei einem Denkmal oder einer Ikone tut. Unter seiner schimmernden Oberfläche kann ich Tiefen spüren, in denen sich dunkle Gestalten wie Schatten bewegen, weit unten in einer Schlucht.

Dunkel bedeutet nicht zwangsläufig böse, und Güte ist nicht immer gleichbedeutend mit Licht, aber solche Assoziationen haben sich uns durch christliche Bilder tief eingeprägt, und es fällt schwer, diese dualistischen Fallen zu vermeiden. Hier besteht die Dunkelheit und Tiefe des Weins vor allem aus Gerbstoffen, die der Wein während der Gärung aus den Traubenhäuten gelöst hat. Trotz ausgiebiger wissenschaftlicher Forschungen in den letzten Jahren auf dem Gebiet der Rotweingärung sind die Geheimnisse dieses Vorgangs immer noch nicht ganz aufgedeckt. »Es sind die natürlichen Gerbstoffe, durch die der Wein lebt«, klinkt sich O'Callaghan ein, als habe er meine Gedanken gelesen, »das Ideal für Barossa Shiraz sind sehr reife Fruchtaromen mit viel sanften Gerbstoffen. Wenn man Gerbstoff zusetzt, wird der Wein meistens hart. Überflüssig zu erwähnen, dass wir so etwas hier nicht machen.« »Sanft«, genau so schmeckt der Wein, er ist sehr kraftvoll, aber doch sehr sanft – ein Paradox. Nirgendwo in meinem Mund kann ich irgendetwas Hartes spüren, ganz im Gegenteil, mir ist, als streiche ich über einen Frauenarm in langem seidenen Handschuh. Es könnte keinen größeren Gegensatz zu der klotzigen Härte des 1994 Grange geben. Das verstärkt meinen Verdacht, dass

Grange ohne Rücksichtnahme auf die natürliche Qualität der Trauben produziert wird, mit einem starren »ikonischen« Ziel. War es diese Starrheit, die wir genauso wie die zugesetzten Gerbstoffe in dem Wein geschmeckt haben?

Inzwischen hat unser Gastgeber noch zwei Flaschen hervorgeholt, von denen die erste ein 1991 Basket Press Shiraz ist, »einer der besten Jahrgänge«. Er schmeckt noch außergewöhnlicher als der 1997, »ein geringerer Jahrgang«. Die dunklen Ausmaße des 1991er scheinen schier unermesslich. Aus einer anderen Tiefe steigt plötzlich ein Bild aus meiner Kindheit auf, der mondlose nächtliche Himmel von der hügeligen Landschaft in Devon aus betrachtet, zur Weihnachtszeit während eines Besuchs bei meinen Großeltern. Wir waren auf dem Dorfplatz gewesen zum Weihnachtsliedersingen, was trotz der Winterkälte gemütlich gewesen war. Als wir dann den Weg zurückgingen zum etwas außerhalb des Dorfes gelegenen Haus meiner Großeltern, hatte ich hinaufgeblickt und plötzlich das Gefühl gehabt, als sei ich von der enormen, sternübersäten schwarzen Weite bei lebendigem Leibe verschlungen worden. Der Anblick war atemberaubend für ein an klägliche Stadthimmel gewöhntes Kind. Jetzt wieder scheinen oben und unten, innen und außen, Vergangenes & Zukünftiges plötzlich nicht mehr unüberwindbar voneinander getrennt, und einen langen, wunderbaren Augenblick lang ist das sonst starre Gitter, welches wir bewusst und unbewusst allem aufzwingen, das wir erleben, elastisch, und ich gleite dahin auf der Welle der Freude, die mich erfüllt. Dieser Wein steht über all diesen einschränkenden Kategorien, über hell und dunkel, gut und böse hinaus.

Doch es gibt noch eine weitere Flasche, und während O'Callaghan hohe Flötengläser hervorholt, um deren lange Kelche sich weiße Glasspiralen winden, sagt er mit sichtlichem Vergnügen: »Ich habe diese Gläser extra für meinen Black Shiraz anfertigen lassen.« Dann greift er nach der schwarzen Sektflasche, und uns wird klar, dass das der Black Shiraz sein muss. Als er das erste Glas einschenkt, sind wir zum zweiten Mal vollkommen perplex: Der Sekt ist wirklich von tiefem Rubinviolett! Es gibt keine andere Weinart, die weniger beliebt ist und in den unterschiedlichsten Ländern so sehr verspottet wird wie roter Sekt. Eine erste Nase voll vom dunklen Duft des Black Shiraz aber genügt, um uns klar zu machen, dass dieses Produkt alle Wein-Kategorien sprengt, die sich in unseren Köpfen eingenistet haben. Köpfe, die schwer vor Erfahrung und Wissen sind und unter dieser selbst auferlegten Schwere auch leiden. Wir fragen uns, was sich hinter diesem ungewöhnlich köstlichen Wein verbirgt. Paradoxerweise schmeckt er zugleich jung und gereift, rund und frisch, süß und trocken, als trinke man einen Spitzenchampagner zeitgleich mit einem großen Portwein, als sei es nicht mehr möglich, diese an sich entgegengesetzten Geschmacksextreme auseinander zu halten, als hätten sie sich vereinigt.

»Das ist ein Stück australisches Kulturerbe«, erklärt unser Gastgeber voller Stolz, »früher spielte schäumender Black Shiraz hier dieselbe Rolle wie der Champagner in Europa, und ich habe mich schon als Kind in ihn verliebt. Mein Vater war Weinbergsverwalter im Riverland in Südaustralien für Seppelts, und ich habe ihn oft begleitet, wenn er dem Kellermeister von Seppelts, Colin Preece, auf der anderen Seite der Staatsgrenze, in Great Western in Victoria, Bericht erstattete. Da habe ich diese einzigartige australische Art von Wein zum ersten Mal kennen gelernt. Als ich 1988 meinen ersten Sparkling Black Shiraz auf den Markt brachte, waren Seppelts und ich die Einzigen, die diese Art Wein noch produzierten, jetzt sind es [wieder] Hunderte. Die Leute lieben das Zeug. Man kann es an ihren Gesichtern erkennen, wenn sie es zum ersten Mal kosten. Das Geheimnis liegt darin, Shiraz-Rotwein so lange im Fass reifen zu lassen, bis er beinahe oxidiert schmeckt und braun in der Farbe ist, denn nur dadurch wird er weich genug, um einen ausgewogenen Sekt zu ermöglichen. Die zweite Gärung in der Flasche, durch die die Kohlensäure entsteht, gibt dem Wein auch seine Frische und strahlend intensive Farbe zurück.«

Wir leeren unsere Gläser und sind glücklich, auf etwas gestoßen zu sein, zu dem es in unseren Heimatländern überhaupt kein Pendant gibt, einen Wein, der alle zu Hause gültigen Regeln bricht. Das ist ein befreiendes Erlebnis, weil es bedeutet, dass es in der Welt der Weinproduktion nur eine einzige Regel gibt, nämlich das Verbot der Unsauberkeit. Alles andere ist relativ und vom klimatischen und kulturellen Kontext abhängig. Das hier ist deutlich ein ganz besonderer Kontext in vielfacherer Hinsicht, als uns bis jetzt bewusst war, aber zumindest beginnen wir seine besondere und beglückende Logik langsam zu erkennen …

Zwei Jahre später sollte ich wieder mit einer Winzergruppe im Barossa unterwegs sein. »Meine Familie kam aus Kutschlau bei Grüneberg an der Oder und gründete unser Weingut 1868«, berichtet Stephen Henschke, als wir im Garten hinter dem bescheidenen vierzimmrigen steinernen Gebäude stehen, dem ersten Haus der Familie Henschke hier in der Nähe von Keyneton in einem Teilgebiet des Barossa namens Eden Valley*.

Der ruhige, schlanke Henschke passt mit seinem kurzen dunklen Haar und den ernsten Augen hinter den Brillengläsern genau in dieses Bild. Doch die Gruppe von österreichischen und deutschen Winzern, die um Henschke, meine Frau und mich herumstehen, sieht sehr überrascht aus, dass unser Besuch bei dem berühmtesten Weingut in Eden Valley mit einer Geschichtsstunde beginnt statt einer Erläuterung der neuesten technischen Errungenschaften auf dem Gebiet des Rotweinausbaus, dem Gebrauch von aroma-

* Der Name des nahe gelegenen Ortes ist erst seit Anfang der 1970er auf die Region ausgedehnt worden.

fördernden Enzymen oder genmanipulierten Hefen zur Steuerung der Gärung oder einem der anderen technischen Themen, die sie von australischen Winzern erwartet haben. Ihre Verblüffung wirkt, als versuchten sie verzweifelt herauszufinden, wie die Geschehnisse von 1868 überhaupt von Bedeutung für die Welt von hier und jetzt sein können, für diesen Januarmorgen im Jahr 2002. Welchen Grund könnte es sonst geben, hierher zu kommen, wenn nicht die dynamischen Vorreiter dieses neuen Weinjahrhunderts in all ihrer blitzenden Edelstahlherrlichkeit zu erleben?

»Oktober 2001 sind meine Frau und ich zum ersten Mal in Grüneberg gewesen. Wir haben zwei Hektar Weinberge gefunden, von denen Weißweine produziert werden, die niedrig im Alkohol und hoch in der Säure sind. Als unsere Vorväter hier ankamen, Reben pflanzten und ihre ersten Weine ernteten, war ihre vertraute Welt plötzlich auf den Kopf gedreht. Hier schreibt das Klima genau die entgegengesetzte Art von Wein vor, wie sie ihn aus der Heimat kannten: hoch im Alkohol und niedrig in der Säure. Sie hatten ihre Heimat verlassen, weil sie aufgrund ihres Glaubens von dem damaligen preußischen König, Friedrich Wilhelm III., verfolgt wurden. Einer ihrer Pastoren, August Kavel, fand die Antwort auf ihre Probleme, als er den britischen Schiffahrtsmagnaten und Bankier George Fife Angus kennen lernte. Als Baptist verstand Angus, was religiöse Verfolgung bedeutete, und schlug eine vielleicht für beide Seiten vorteilhafte Lösung vor. Er war Vorsitzender der South Australia Company und hatte 1838 persönlich fast das gesamte Land gekauft, das heute das Anbaugebiet Barossa darstellt. Angus half den lutheranischen Auswanderern nicht nur, von Schlesien hierher zu reisen, er verkaufte oder verpachtete ihnen auch Land bei ihrer Ankunft und unterstützte sie bei der Gründung von Gutshöfen. Damals waren die Rotweine aus dem Rhônegebiet in Europa sehr beliebt, und Angus war weitsichtig genug anzunehmen, dass Rebsorten von der Rhône wie Syrah auch im Klima des Barossa gedeihen könnten, deshalb organisierte er Setzlinge für die Siedler. So kam der Shiraz, ein Synonym für den Syrah von der Rhône, ins Barossa.« Mehrere der Besucher sehen plötzlich hellwach aus. Hier ist etwas, das von größter Bedeutung für die australische Weinbranche der Gegenwart ist, schließlich ist durch die Welle an Neuanpflanzungen in den letzten Jahren der Shiraz zur vorherrschenden Rebsorte des Kontinents geworden.

»Die ersten 24 schlesisch-lutheranischen Familien kamen 1842 an, gründeten das Dorf Bethany im Barossa-Tal, und einer von ihnen pflanzte dort im folgenden Jahr die ersten Reben. Vor hundert Jahren gab es sieben Weingüter in Keyneton, durch die Exporte nach England war innerhalb einer Generation aus der Erzeugung für den Eigenbedarf eine gewerbsmäßige Produktion von bedeutendem Ausmaß geworden.« Die Geschichte wiederholt sich also, der gegenwärtige australische Weinboom beruht ebenfalls primär auf Exporten nach England. »Als ich ein Kind war, wurden die Parzellen, auf denen die Semillon-Reben wuchsen, die Madeira-Parzellen genannt, und die Parzelle mit dem Chenin Blanc war die Sherry-Parzelle, denn das wurde für den Export nach England produziert; aufgespritete Weine im Stil von Madeira, Sherry und Port. Mein Vater Cyril war hier einer der Pioniere auf dem Gebiet der hochwertigen trockenen Weine.« Ich übersetze schnell seine Worte ins Deutsche, damit sie die ganze Komplexität des Bildes begreifen, das Henschke von der Entwicklung seines Gebiets gezeichnet hat. Wir befinden uns in einem neuen Weinanbaugebiet mit einer langen Geschichte und Vorgeschichte, die drastische Veränderungen, eine Revolution beinahe durchgemacht hat. »Wir haben etwas über hundert Hektar Weinberge und wollen nicht größer werden, weil meine Frau und ich weiterhin die Reben und den Keller ganz unter eigener Kontrolle behalten möchten«, fährt Henschke fort und spricht damit einen für die Zuhörer sehr vertrauten Gedanken aus. »Ich nehme an, Sie möchten gern die Keller anschauen und einige Weine verkosten?«

Nach einigen schnellen Schritten in ein beinahe fensterloses ebenerdiges Backsteingebäude sehen sich die europäischen Jäger auf der Pirsch nach den Geheimnissen der Weinwelt des 21. Jahrhunderts unversehens einer Szenerie gegenüber, die in keiner Weise ihren Erwartungen entspricht. In zwei Reihen stehen dort zehn tiefe Betonbecken, deren Innenwände mit Wachs versiegelt sind. Das Ganze macht den Eindruck, als sei seit Jahrzehnten nicht viel verändert worden – kein Edelstahltank weit und breit in Sicht! Henschkes Ansehen und die präzise Art, mit der er spricht, verbieten aber die Annahme, er sei in irgendeiner Weise rückständig. Doch sieht es aus, als hinke er dem nationalen Standard weit hinterher. Aber es gibt nicht den geringsten Hauch von Nostalgie in der kühlen, etwas feuchten Luft, die uns gut tut nach der Hitze draußen. »Hier vergären wir die Rotweine«, erklärt Henschke, »wir haben ein bisschen Technik hier, um die Gärung notfalls durch Kühlen zu verlangsamen, und Edelgas als Schutz für die jungen Weine, aber das ist gängige Getränketechnologie.«

Die letzten Worte deuten darauf hin, dass es hier keinerlei Technik um der Technik willen gibt. Das gilt nicht unbedingt für alle in unserer Gruppe. Vor allem Franz Hirtzberger aus Spitz in der Wachau in Österreich hat großen Spaß daran, mit der neuesten Technik zu experimentieren und neue Maschinen auszuprobieren. Sein mir sonst so vertrauter Gesichtsausdruck ist der puren Verwunderung gewichen. Henschkes Einstellung scheint eher der eines seiner Kollegen zu ähneln: Emmerich Knoll aus Unterloiben in der Wachau steht ruhig und aufmerksam einige Schritte entfernt neben Hirtzberger. Auch Knolls Kellerausstattung sieht aus, als sei sie sorgfältig gepflegt, aber seit vielen Jahrzehnten nicht modernisiert worden – nach dem Motto: »Was funktioniert, funktioniert« –, und braucht deshalb nicht ersetzt zu werden, bis sich etwas Neues als eindeutig überlegen erwiesen hat. Doch wie steht es denn nun wirklich um die angebliche Vorreiterposition der australischen Weinbranche auf dem Gebiet der Technik? Kann eine Auffassung wie die von Henschke – jedem der Gäste wohlvertraut – auch hier auf diesem fremden, weit entfernten Kontinent zu bemerkenswerten Weinen führen? Oder bedeutet Winzer zu sein in Australien grundsätzlich etwas ganz anderes als in Europa?

Als wir den Verkostungsraum betreten, steigt die erwartungsvolle Spannung aufs Äußerste, doch die Probe, Schulter an Schulter in dem kleinen Raum, in dem alle Besucher des Gutes empfangen werden, beginnt mit einer Überraschung: frische, duftige trockene Weißweine aus den Rebsorten Riesling, Grauburgunder, Gewürztraminer und Semillon. Obwohl sie nicht ganz auf dem Niveau wie die Weißweine von Hirtzberger und Knoll oder ihrer Kollegen Toni Bodenstein, Elisabeth und Lukas Pichler, die auch zur Gruppe gehören, einzustufen sind, stellen sie doch eine beachtliche Leistung dar. Die Weine wirken stilistisch vertraut und offenbaren doch gleichzeitig ganz ungewohnte Aromen.

Dann folgen die Rotweine, eine Reihe von Aristokraten unterschiedlicher Reb»abstammung«, jeder Einzelne ein Muster an Kultiviertheit und Ausgewogenheit, doch am beeindruckendsten die Mitglieder des Shiraz-»Geschlechtes«. Der 1998 Mount Edelstone Shiraz steckt voller Rauch und schwarzem Pfeffer, als sei er in der Küche des Teufels aus der Wiege gehoben worden, und ist doch so anmutig wie ein schöner, tugendhafter junger Märchenprinz. Ihm folgt der 1997 Hill of Grace Shiraz, der Noblesse und erdige Originalität in sich vereint. Er duftet nach Roastbeef und Passionsfrucht, aber wenn mir jemand erzählen würde, er habe einen Wein probiert, der nach Roastbeef und Passionsfrucht geduftet habe, dann würde ich das für das Ergebnis eines Gesellschaftsspiels um die abwegigste Weinbeschreibung halten! Der Wein hat sehr viel Kraft – die Kraft, die durchschnittliche 8,8 Stunden Sonnenschein täglich in einem warmen Klima Rotweinen verleihen – und ist doch zart und fein wie die Halskette einer Königin. Was hält wohl Klaus Zimmerling vom gleichnamigen Weingut in Dresden-Pillnitz, der neben mir steht, von diesen Weinen, frage ich mich, in seiner Heimat müssen sich die Reben mit ganzen 4,3 Stunden Sonnenschein am Tag durchschnittlich bescheiden. Die Augen des bärtigen Winzers aus Sachsen funkeln wie die Jettsteine der oben erwähnten Halskette. Anscheinend hat er dank der wunderbaren Harmonie der Weine, ihrer zurückhaltenden Aromen und dem klaren, frischen Nachgeschmack keine Probleme, ihre Sprache zu verstehen, obgleich sein Englisch nicht perfekt ist und mancher australische Dialekt ihm das Verstehen noch erschwert. Die Weine sind alle sehr geradlinig und offen, trotz ihrer ganz eigenen Größe. Vielleicht ist das der Grund dafür, warum sie alle in unserer Gruppe berühren, trotz der Unterschiede unter ihnen in Herkunft und Temperament, Erfahrung und Vorlieben.

Die letzten beiden Shiraz sind von grundlegend anderem Stil, als wir sie im

Barossa selbst erlebt haben. Dort besaßen die Weine stets die Opulenz und Geschmeidigkeit, für die Shiraz-Wein aus dem Barossa bekannt und berühmt ist, während sie hier, im nur eine kurze Autofahrt entfernten, doch mehrere hundert Meter höher gelegenen Eden Valley eine ganz andere Balance zeigen – das Zusammenspiel zwischen den Hauptelementen des Weines, Alkohol, Gerbstoffe, Säure, Fruchtaromen. Sie schmecken zugleich herber und diskreter, »europäischer« für unsere »europäischen« Gaumen, obgleich ihre Aromen gar nicht denen gleichen, die uns von den Syrah-Weinen unseres eigenen Kontinents vertraut sind. Vielleicht ist unsere Reaktion damit vergleichbar, dass ich Nicole Kidman als »europäisch« empfinde. Obgleich ihre Züge dem Klischee einer attraktiven australischen Schauspielerin entsprechen, verbinde ich ihre kultivierte Art eher mit ihren europäischen Kolleginnen. Viel mehr als über Australien sagt das natürlich über die Stereotype aus, die ich mit mir herumschleppe.

Nach dieser Verkostung bei Henschke habe ich keinen Zweifel mehr: Die übermäßige »süße« und weiche Art, die allgemein als Merkmal von Barossa Shiraz gilt, kennzeichnet vielmehr einen Weintyp, der mit dem Einsetzen des gegenwärtigen australischen Weinbooms vor gut zehn Jahren als Teil einer Strategie erfunden wurde, um im In- und Ausland neue und unerfahrene Weinkonsumenten für den australischen Wein zu gewinnen. Eine breite Palette von Techniken wurde zu diesem Zweck eingesetzt, von »sanft«, dem süßlichen Geschmack, den der Wein beim Reifen in neuen Fässern aus amerikanischer Eiche annimmt, bis »höchst manipulativ«, dem Zusatz von Gerbstoffpulver. Mehr oder weniger traditionell erzeugte Weine wie die von Henschke oder Rockford zeigen nichts von der leidigen marmeladigen Süße. Ihre auffallend eigenständige Art lässt genau erkennen, wo die Trauben gewachsen sind und wer aus ihnen Wein gemacht hat. Die Mode für dicke, weiche und »süß« duftende Rotweine hat sich allerdings inzwischen derart verbreitet, dass Weine wie die von Henschke oder Rockford nahezu exzentrisch erscheinen.

Gegenläufig dazu gibt es den Trend zu »Ikonen«, der sich gleichermaßen während der letzten zehn Jahren herausgebildet hat. Ikonen-Weine wie Grange werden meist für Weinproben statt für den konventionellen Weinkonsum gemacht. Getreu der Bezeichnung ihrer Gattung sollen sie wie russische Ikonengemälde aus gebührender Entfernung bewundert werden. Um Ehrfurcht bei jenen zu erwecken, die sie verkosten dürfen, müssen sie den größtmöglichen ersten Eindruck auf die Sinne machen. Es gibt unter den teuersten und angesehensten südaustralischen Rotweinen, bei denen der Shiraz maßgeblich beteiligt ist, einige lobenswerte harmonische Ausnahmen wie Charles Meltons »Nine Popes« aus Barossa, aber im Allgemeinen sind es sehr schwere Rotweine von donnernder Übertreibung. Das Verhalten der betreffenden Kellermeister ist ebenso unverantwortlich wie das des französischen Malers der

Romantik, Géricault, der auf ein Pferd sprang und davongaloppierte, als der Arzt ihm mitteilte, er würde sich umbringen, wenn er je wieder auf ein Pferd stiege. Ähnlich bleibt aufgrund von Ehrgeiz und Eitelkeit der Kellermeister die Harmonie der Ikonen-Weine gänzlich auf der Strecke.

Jetzt bin ich schuldbewusst in Gedanken verloren; die meisten von uns Weinjournalisten sind schließlich an dieser Entwicklung beteiligt – da höre ich Stephen Henschkes Stimme: »Weinberge?« Wir folgen seinem Wagen oder vielmehr der von ihm auf der nicht asphaltierten Straße aufgewirbelten Staubwolke durch die sanfte Hügellandschaft von Eden Valley. Inseln von Reben liegen zwischen hitzedürrem Weideland, einzelnen großen Eichen und mächtigen roten Eukalyptusbäumen in den Senkungen und zierlicheren blauen auf den Kuppen. Wie in so vielen Teilen Australiens hat auch hier der weiße Mann die Landschaft grundlegend verändert. Als wir zu den Autos gingen, hat Henschke erklärt, dass in den zwei Jahrhunderten seit der Ankunft der ersten europäischen Siedler auf dem Inselkontinent die Hälfte aller ursprünglichen Wälder abgeholzt worden sind. Dadurch ist der Grundwasserspiegel an vielen Stellen erheblich gestiegen und hat Salz aus tieferen Bodenschichten nach oben geschwemmt, das mancherorts in Form von Salzwasser zutage tritt. »Um den gegenwärtigen Grad der Versalzung auch nur stabil zu halten, müssten wir 30 Prozent der ehemaligen Waldfläche aufforsten, für einen Rückgang hingegen mindestens 50 Prozent.«

Ich bin immer noch dabei, diese Zahlen zu verarbeiten, als wir an einer kleinen steingebauten Kirche vorbeifahren, links aus der Gnadenberg Road in die Parrot Hill Road abbiegen und anhalten. Als die Winzergruppe aus den Autos steigt, werden ihnen die letzten Illusionen genommen. Henschke holt eine kleine Metallwanne aus dem Kofferraum, stellt sie auf den Boden am Eingang der stacheldrahtumzäunten Parzelle uralter knorriger Reben, gießt eine Flüssigkeit aus einem Plastikkanister hinein und bedeutet uns, vor dem Betreten des Weinbergs darin unsere Schuhsohlen abzuspülen – Australien ist weder ein Öko- noch ein Weinbauparadies! »Die Reblausplage ist in Australien angekommen, und ich bin sicher, Sie haben Verständnis dafür, dass wir sie auf keinen Fall in unserem Grace-of-Hill-Weinberg haben möchten.« Das Schuhbad soll die eventuell aus anderen Weinbergen daran hängenden winzigen Rebläuse abtöten, die die Rebwurzeln anfressen. Ende des 19. und Anfang des 20. Jahrhunderts musste aus diesem Grund nahezu die gesamte Rebfläche in Europa neu angelegt werden.

Als Erstes fällt uns auf, dass die Hill-of-Grace-Parzelle vollkommen flach ist, eigentlich der flache Boden eines kleinen Tales. Fotografen haben für Zeitschriften und Bücher immer wieder nach extremen Perspektiven und eine dem Namen entsprechende Neigung gesucht. »Eigentlich«, sagt Henschke, »ist die Parzelle nach der Gnadenberg-Kirche benannt worden. Vor fünfzig Jahren, als mein Vater begann, trockene Weine zu erzeugen, übersetzte er die deutschen Lagennamen ins Englische. Mount Edelstone hieß früher Edelsteinberg. Die Kirche und ein paar Ruinen dahinter sind die Überreste des Dorfes namens Parrot Hill. Es starb aus, als der Schullehrer vor einem Jahrhundert wegging. Die ältesten dieser Shiraz-Reben sind 140 Jahre alt.« Wir gehen in die Knie, um ihre dicken, verwachsenen Stämme zu begutachten, und zweifeln keinen Deut an seiner Altersangabe. »Sie wurden von den ersten Siedlern gepflanzt, und zwar so, wie sie es aus Schlesien gewohnt waren, das heißt doppelt so viele Reihen als hier jetzt wachsen. Sie fanden dann bald heraus, dass die Reben unter Trockenstress litten, und rissen deshalb jede zweite Reihe wieder heraus. Das hat funktioniert.«

Welch ein Gegensatz zwischen diesem Beispiel der Anpassung an die Umwelt in der Vergangenheit und der Nachahmung amerikanischer Wolkenkratzer-Architektur und Städteplanung in australischen Städten der Gegenwart, der Besessenheit mit italienischer Inneneinrichtung, der eifrigen Aneignung der neuesten britischen und amerikanischen Popkultur und kulinarischen Trends vom Mittelmeer, L. A. und Tokio!

Hinter dem Gebüsch auf der dem Hill of Grace gegenüberliegenden Straßenseite stoße ich auf Steinhaufen, die kaum noch als Häuser erkennbar sind, obgleich sie vor nur hundert Jahren die Heimat einer blühenden Gemeinde darstellten. Auch in anderen Ländern, in Europa und Amerika, haben mir Weinberge bewiesen, dass Reben länger als Menschen leben können, aber dass sie auch aus Steinen gebaute Häuser überdauern, ist eine beunruhigende neue Erkenntnis. Vielleicht ist George Millers postapokalyptische Vision der australischen Zukunft in den Mad-Max-Filmen gar nicht so weit hergeholt, und es erfordert auch keinen Atomkrieg, um die weiße australische Zivilisation ins Straucheln zu bringen, wie er es sich vorstellte. Vielleicht genügt ihre Blindheit gegenüber ihrer Umwelt.

In seinem Buch ›The Future Eaters‹ kommt der Biologe Tim Flannery zu dem Schluss, dass die australischen Ureinwohner, als sie vor wahrscheinlich rund sechzigtausend Jahren, lange vor den Europäern, nach Australien kamen, sämtliche großen Pflanzenfresser bis zur Ausrottung jagten. Nachdem diese üppige und bequeme Nahrungsquelle erschöpft war, scheint eine drastische Veränderung stattgefunden zu haben. Angesichts einer generell rauen, unwirtlichen Umgebung entwickelten sie eine Zivilisation, die sich im Einklang mit der Umwelt befand, um die natürlichen Nahrungsquellen zu erhalten, statt sie auszubeuten und somit ihr eigenes Überleben zu gefährden. Die weiße australische Bevölkerung scheint weder an der Aboriginekultur noch an der einheimischen Vegetation ihres Kontinents Interesse zu haben, sobald Letzteres über attraktive Schnittblumen oder die dekorative Bepflanzung in Parks hinausgeht. Wenn sie dafür in ihren Herzen und Seelen keinen Platz haben, könnte sie vielleicht etwas von der Rebe über ihren Kontinent lernen, die sich so hervorragend an eine so unterschiedliche Umwelt angepasst hat. Ihre Weinbegeisterung ist zweifelsohne groß genug geworden, um dies zu ermöglichen.

Wir fahren wieder ein kleines Stück hinter Stephen Henschkes Wagen zur Mount-Edelstone-Parzelle, wo seine Frau Prue, die zu den führenden Weinbau-Experten Australiens gehört, gerade mit einem Team in den Shirazreben arbeitet. Sie sind höher gezogen als im Hill of Grace, und Prue Henschke erklärt uns auch gleich die zwei unterschiedlichen Erziehungsmethoden. »Als wir hier anfingen, waren die Reben alle in ›Umbrella‹, Schirm-Form, gezogen, bei dem die jungen Triebe, die die Trauben tragen, einfach auf allen Seiten vom Stamm der Rebe herunterhängen und so eine Art Schirm bilden.« Die Europäer sind ganz Ohr bei diesem praxisnahen Vortrag zum australischen Weinbau. »Vor einigen Jahren haben wir angefangen, mit der Scott-Henri-Erziehungsform zu experimentieren, bei dem die Hälfte der Triebe vom Stamm nach oben und die andere Hälfte zum Boden hin gezogen werden.

Ich erinnere mich, wie die Henschkes meine Frau und mich bei unserem Besuch im Jahr 2000 in den Fasskeller mitgenommen und uns zwei verschiedene Partien des 1999 Mount Edelstone Shiraz zu probieren gegeben hatten. Wir hatten keine Ahnung, worin der Unterschied zwischen den beiden bestand, zogen aber eine Partie deutlich vor und begründeten unsere Wahl. Der zweite Wein war reichhaltiger in Duft und Geschmack gewesen, hatte mehr Würze gezeigt. »Das ist der Wein aus den nach Scott-Henri gezogenen Reben, während der erste aus dem in Barossa traditionellen Umbrella-System stammt«, hatte Prue Henschke uns aufgeklärt und war sehr angetan gewesen, dass unser Urteil mit dem ihren übereinstimmte. »Scott-Henri war Raketentechniker, bevor er Winzer wurde«, hatte ihr Mann hinzugefügt, »und die von ihm entwickelte Erziehungsmethode ermöglicht es uns, eine größere ›Rakete‹ zu erzeugen.« Genau so hatte der Wein geschmeckt: wie eine große Rakete, die in den Himmel hinaufschießt.

»Die Trauben werden viel besser von der Sonne beschienen mit der Scott-Henri-Methode«, erklärt nun Prue Henschke auch heute den Winzern, die ihr aufmerksam zuhören und die Mittagshitze anscheinend vollkommen vergessen haben. »Das führt zu reiferen Aromen, mehreren und reiferen Gerbstoffen. Seit uns das klar geworden ist, haben wir die Mount-Edelstone-Parzelle nach und nach umgestellt.« Das ist noch erstaunlicher als die Methode der schlesischen Einwanderer, die jede zweite Rebreihe gerodet haben, denn dahinter lag eine einfache Logik: Es gab nicht genug Wasser für einen zufrieden stellenden Ertrag der ursprünglichen Anzahl von Reben, daher rodete man so weit, bis jeder Rebe genug Wasser zur Verfügung stand. Bei den Erziehungssystemen liegen die Dinge jedoch komplexer: Trotz der Intensität des Sonnenlichts entwickeln sich die Trauben besser, wenn sie mehr davon abbekommen. Die europäische Weinbau-Logik würde dagegen besagen, dass zumindest eine teilweise Beschattung der Trauben notwendig ist, um Schäden durch Sonnenbrand zu vermeiden. Wieder wird uns bewusst, dass wir uns in einer ganz anderen Welt befinden und gerade erst anfangen zu begreifen.

Über Generationen hinweg haben die Henschkes ihre Reben genauestens beobachtet und entsprechend gepflegt. Durch diesen Anpassungsprozess sind sie wahre Australier geworden. Sind die vielen weißen Bewohner des Kontinents, die mit tiefem Stolz von Australien sprechen, aber noch nicht begriffen haben, dass ihre Heimat sich grundlegend von anderen Kontinenten unterscheidet, ebenfalls wahre Australier? Oder gleichen sie eher uns Touristen an diesem Tag in Eden Valley, sind sie Fremde in einem fremden Land? Im Gegensatz zu uns leben sie jedoch in diesem Land, und wenn sie nicht bald die Eigenschaften ihres Landes wahrnehmen, laufen sie Gefahr, ihr geliebtes Australien unwiederbringlich zu zerstören.

Jetzt bin ich wieder bei meiner Frau am Esstisch in unserer Wohnküche. Die Kerzen sind beinahe heruntergebrannt und die Teller vor uns leer gegessen.

»Und was hat das mit den Weinen zu tun, die wir heute Abend verkostet haben?«, fragt meine Frau und meint damit den weichen, üppigen, aber recht charakterlosen 2000 »The Barossa« Shiraz von Peter Lehmann und den 2001 »Winemaker's Selection« Shiraz-Cabernet mit seinem kitschigen Beerenduft und dem klobig-massiven Körper; Ersterer ein enttäuschender australischer Rotwein, Letzterer ein schockierend schlechter. »Einer ist ein Beispiel dafür, wie ein Produzent die Eigenständigkeit seines Weines zum Teil preisgibt, um ihn stromlinienförmiger und somit leichter verkäuflich zu machen«, fange ich an, »und dabei darf man nicht vergessen, dass es sich auch um einen der günstigeren Weine dieses Produzenten handelt. Der zweite Wein gehört jedoch zu einer ganz anderen Art, Weine, die ihre Herkunft so gut wie gar nicht erkennen lassen, deren Duft und Geschmack nahezu vollständig auf den betreffenden Produktionsmethoden beruhen. Ich fürchte, dass auch das mit dem fehlenden Bezug zum Land zu tun hat, der Unwissenheit, das ihm entgegengebracht wird. ›Winemaker's Selection‹ * ist der richtige Name für den Wein, weil er nach einem bestimmten Rezept von Kellermeistern gemacht worden ist, die genügend Partien miteinander verschnitten haben, um auf die von der Marketingabteilung angeordnete Menge zu kommen. Eine abstrakte Weinproduktion in einem Vakuum, eher im All entstanden als irgendwo auf einem konkreten Ort dieser Erde.« Ich wollte nicht so traurig enden. Es waren auch tolle Tage in Barossa.

* Selektion des Kellermeisters bzw. Weinmachers.

Kapitel 4
Los Angeles, Kalifornien, USA

La-La-Land: Die Traumfabrik des Traubensaftes oder Wo die Zukunft des Weines und der Weinpreise entschieden wird

Im Alten Europa sind die drei größten Weinproduzenten der Welt, Frankreich, Italien und Spanien, noch fest davon überzeugt – oder tun zumindest so–, dass sie es seien, die ganz allein über die Geschicke des Weins entscheiden, aber diese Art von Chauvinismus ist reine Nostalgie. In der südlichen Hemisphäre wiegen sich viele selbstherrliche Australier in der Annahme, sie hätten längst die Führung der Weinwelt übernommen und bestimmten den Lauf des 21. Jahrhunderts, während die Chilenen in aller Stille sich den Australiern dicht auf den Fersen wähnen und sie bald zu überholen gedenken – neureiche Eitelkeiten. Ob es einem passt oder nicht, aus der wirtschaftlichen Perspektive ebenso wie aus der geopolitischen betrachtet, stellen die USA in der Weinwelt den entscheidenden Faktor für die nähere Zukunft dar. Hier gilt es, dem Geheimnis auf die Spur zu kommen …

Als das Flugzeug, in dem ich sitze, vom Pazifik einen weiten Bogen ins Landesinnere beschreibt, rast sein zackiger Schatten über ein Gebiet von rechteckigen Grundstücken, jedes einzelne mit Bungalow, Garage und Swimmingpool, über die weite Ebene, durch die sich breite Highways auf Stelzen winden. Es könnte sich um die Zellstruktur menschlichen Gewebes samt Arterien handeln, in riesiger Vergrößerung unter einem Elektronenmikroskop, doch bin ich kurz vor der Landung auf dem Körper von »La-La-Land«, wie die Einwohner ihre City of the Angeles, die Stadt der Engel, voller Ironie nennen, und sie wirkt lediglich durch die Intensität des Sonnenlichts zu übernatürlicher Größe erhoben. Als ich aus dem Flugzeug in die gleißende Geräumigkeit von LAX trete, geht mir durch den Kopf was diese Stadt für die meisten Europäer bedeutet: die erotische Verheißung grenzenloser Möglichkeiten, Hollywood, Disneyland und McDonald's, das Epizentrum amerikanischer Dekadenz, oder der Ort, an dem die Mega-Vororte ihren Siegeszug rund um den Erdball angetreten haben, unter ihrer einlullenden Kuscheldecke alles umschlingend und erstickend, was sie berühren. Aber hier in L. A. werden auch immer noch mehr Spitzenweine konsumiert als irgendwo sonst auf der Welt. Bei meinem ersten Besuch 1989 habe ich gesehen, wie viele der berühmtesten, teuersten und gesuchtesten Weine der Welt ihren Erfolg zu großen Teilen den Weintrinkern und -sammlern dieser Stadt verdanken. Was den Wein betrifft, gilt »if I can make it there I'll make it anywhere« für L. A., nicht für New York.

Ich muss blinzeln, als ich ins Freie kommen, und frage mich einen Moment lang, warum in aller Welt ich hierher gekommen bin – aus irgendeinem Grund habe ich immer ein Gefühl der Ziellosigkeit, wenn ich in dieser Stadt ankomme – doch hier wird mir ein Grund auf dem Silbertablett serviert; es ist ein selten perfekter Sommertag in L. A.. Das helle Licht scheint wie ein Akt der Gnade, und ich vergesse meinen Kater, der mir einen schlaflosen Flug beschert hat. Normalerweise ist diese Kombination von Hitze und klarer Luft nur im Frühling oder Herbst möglich, denn die Sommertage sind versmogt. Und da drüben wartet die untersetzte, schnurrbärtige Gestalt des Untergrund-Weinhändlers E. T. auf mich, in beigen Hosen und einem bunten kurzärmeligen Hemd vor einem alten Kombi stehend. »Hi Stuart, gut dich zu sehen!«, ruft er, als ich auf ihn zugehe und feststelle, dass es sich bei dem Kombi um einen ehemaligen Leichenwagen handelt. Er beobachtet meinen verblüfften Gesichtsausdruck, während er erklärt: »Mein Lieferwagen. Klasse, was!« Er öffnet die Hinterklappe und schiebt meine Taschen auf den roten Teppich, auf dem wohl sonst hölzerne Kisten teurer Weine liegen. Immer noch ganz verdattert, kann ich nur zustimmend nicken – schließlich ist es ein nahe liegendes Lieferfahrzeug für einen Untergrund-Weinhändler in einer Stadt, in der der Wein, der ungeöffnet im Keller liegt, als »totes Geld« bezeichnet wird – und steige auf der Beifahrerseite ein. Wir landen sofort in einem Riesenstau.

Es ist ein unglaubliches Paradox, dass diese Stadt, in der mehr über unsere Zukunft entschieden wird als in jeder anderen Metropole auf dem Erdball, nicht nur in höchstem Maße von einer Erfindung aus dem späten 19. Jahrhundert abhängig ist, sondern auch buchstäblich erstickt an den Nebenerscheinungen dieser Rückspiegel-Technik. Wenn in einigen Jahren wasserstoffbetriebene Autos eingeführt werden, wird der Smog vielleicht dem Nebel weichen, da ihre Abgase ausschließlich aus Wasserdampf bestehen, aber der träge, lavaartige Verkehrsfluss wird bleiben. Bis sich der Smog verzieht, ist Venice Beach der einzige Ort dieser Stadt, am dem zu leben ich mir vorstellen könnte, einer der alternativen Stadtteile, in denen viele Menschen als Ausdruck ihres Lebensgefühls oder ihres Trotzes demonstrativ zu Fuß gehen. »Wie ist es, am Strand zu leben?«, habe ich den Reisejournalisten Matt Jerusalem gefragt, der erste Los Angeleaner, auf den ich 1985 in Baltimore an der Ostküste gestoßen bin. »Nun, wegen dem Wind vom Ozean ist die Luft hier viel besser als sonst in der Stadt«, antwortete der große, blonde Psychotherapeut, »aber viel wichtiger ist, dass man nur auf drei Seiten Arschlöcher hat!«

Unerklärlicherweise erinnern mich die Staus und E. T.s monotone Stimme an eine andere Geschichte, die Matt Jerusalem mir irgendwann erzählt hat. »Du kannst es ruhig glauben, wenn ich dir sage, dass ich eine Menge Coca-

Cola trinke, fünf, sechs oder mehr Dosen am Tag«, begann er voller Ernst. »Deshalb war ich ganz aufgeregt und ängstlich, als die Coca-Cola Company plötzlich bekannt gab, sie würden statt der ursprünglichen eine neue Geschmacks»formel« auf den Markt bringen. So bald wie möglich besorgte ich mir eine Dose der neuen Coke. Der erste Schluck bestätigte meine schlimmsten Befürchtungen; ich fand das neue Zeug furchtbar. Es gab keine Alternative, ich füllte meine Garage mit der Original-Coke – sechs Paletten – und rationierte meinen Verbrauch. Ich hatte berechnet, dass ich so über Reserven für mehrere Jahre verfügte, und fühlte mich sicher. Dann, einige Monate später, ging ich an einem Samstagmorgen am Strand spazieren und traf auf einen Typen, der an einem Stand Dosen alter Coke verkaufte. Er wollte 25 Dollar pro Dose, und ich fragte ihn, ob das sein Ernst sei. ›Klar!‹, sagte er, während mehrere Kunden sich mit seiner Ware eindeckten und ihm die Banknoten bündelweise in die Hand drückten. Ich erzählte ihm, dass ich zu Hause eine ganze Garage voller alter Coke hatte, und er sagte mit einem wilden Blick in den Augen: ›Ich gebe dir 20 Dollar pro Dose, der Preis steigt ständig.‹ Ich war ziemlich knapp bei Kasse, wiederum gab es keine Alternative. Ich verkaufte ihm eine der verbleibenden fünf Paletten alter Coke für 20 Dollar pro Dose. Ein paar Monate später war meine finanzielle Situation schon wieder prekär, und ich war froh, ihn noch mit seinem Stand am Strand anzutreffen. Dieses Mal war der Preis pro Dose 50 Dollar und die Nachfrage noch stärker. Er küsste mir die Hände, als ich ihm sagte, er könne noch eine Palette von mir kaufen, und zahlte mir 40 Dollar pro Dose für die Ware. Stell dir meine Enttäuschung vor, als die Coca-Cola Company am nächsten Tag bekannt gab, dass die Resonanz auf die neue Coke so schlecht war, dass sie die alte wieder einführen würde. Ich besaß immer noch beinahe drei Paletten mit alter Coke, die ich noch am Vortag für ein kleines Vermögen hätte verkaufen können! Daraufhin begann ich meine restlichen Vorräte im normalen Tempo zu trinken. Wochen später war ich wieder am Strand und konnte es kaum glauben, als ich wieder auf den Typen mit dem Coke-Stand stieß. Die Geschäfte schienen so gut wie zuvor, und der Preis lag immer noch bei 25 Dollar. ›Warum bezahlen die Leute hier 25 Dollar für alte Coke, wenn sie dasselbe Zeug im nächsten Geschäft für ein paar Groschen bekommen können?‹, fragte ich ihn. ›Hey, Mann, hast du die neue Verpackung gesehen? Diese Dinger sind Antiquitäten!‹, erwiderte er. Er nahm alles, was ich noch hatte, für 20 Dollar pro Dose, sodass ich am Ende eigentlich ganz gut dastand, abgesehen von dem Stress.«

Nur eine witzige Geschichte aus einer verrückten Stadt? Nein, vielmehr eine, die die Elemente verdeutlicht, die zum California-Kult gehören: die Vertrautheit mit dem Kultobjekt, bevor es diesen besonderen Status erlangt; die Knappheit des Angebots; die nach oben schnellenden Preise, die den Kultstatus des Objekts verstärken, wodurch die Preise noch weiter in die Höhe getrieben werden, Sammler, die sich des Marktes bedienen, plötzliche Preisverfälle, die auf nicht weniger wundersame Weise umgekehrt werden können. Die Parallelen zur Börse sind kein Zufall, hier in Kalifornien kann im richtigen Moment, unter günstigen Umständen, tatsächlich jeder beliebige Gegenstand zu »big bucks«, dicker Kohle, gemacht werden. In diesem Moment biegt E. T. mit seinem Lieferwagen vom Freeway ab und fährt einen der Hügel hinauf. Nicht die Hollywood Hills, Beverly Hills oder Bel-Air. In Bel Air hat der ehemalige CEO des Tarnkappenbomber-Herstellers Northrop, Tom Jones, 2,8 Hektar ziemlich teurer Grundstücke freigeräumt und mit Reben bepflanzt. Er produziert um die 6 000 Flaschen Cabernet Sauvignon Rotwein pro Jahr, die unter dem Namen ›Moraga‹ vermarktet werden. Nein, wir sind in dem so gut wie unbekannten Stadtteil Mount Washington. Wir halten vor einer Doppelgarage mit weiß gestrichenen, geschlossenen Türen, zwischen denen eine schmale weiße Treppe den Hang hinauf zu einem von hier unsichtbaren Anwesen führt. »Na, hier sind wir, das Haus von Joe Charlemagne«, verkündet E. T.

Joe Charlemagne, Agent für klassische Musiker und Opernsänger, hatte meiner Frau und mir wenige Wochen zuvor einen Überraschungsbesuch in Berlin abgestattet. Vor seinem Erscheinen hatte er eine Nachricht auf unserem Anrufbeantworter hinterlassen: »Hier ist Joe Charlemagne. Ich bin ein Freund von E. T. Es kann sein, dass ich euch kommenden Mittwochnachmittag besuche. Ich rufe aus meinem Hotelzimmer in London an und melde mich, sobald ich in Berlin bin.« Einige Tage später rief er tatsächlich aus seinem Berliner Hotel an: »Ich werde gegen drei Uhr kommen. Ich habe zwei Flaschen Wein für euch mitgebracht, aber nicht vergessen, ich hasse kalifornischen Wein.« Nicht sehr groß, mit schütterem Haar und einem Bart sowie einer Brille mit kleinen runden Gläsern, hatte er eine Tasche geschultert, die noch leuchtendere Farben hatte als das kurzärmelige Hemd, das über seinem gut genährten Bauch ein wenig spannte. Im Dämmerlicht unserer Wohnküche – wir hatten die Vorhänge zugezogen, weil draußen 36 °C brüteten – war es schwierig, die zwei Flaschen kalifornischen Weins genauer zu erkennen, außer dass die eine Weißwein und die andere Rotwein enthielt. »70 Jahre nach dem Ende der Prohibition kommen wir endlich dahinter, welche Rebsorten in Kalifornien wo am besten gedeihen«, sagte er todernst. Während er den Weißwein öffnete, organisierte ich Gläser. Er schenkte ein, ohne dass ich das Etikett hätte erkennen können. Nach dem ersten Schluck tippte ich auf einen vier oder fünf Jahre alten Wein. Charlemagne lächelte, als er mir das Etikett zeigte, auf dem stand:

Kalin Cellars
1991 Sauvignon Blanc

Dann erklärte er, dass die Kalin-Keller kein gruftartiger unterirdischer Komplex seien, sondern die ebenerdige Garage eines Atomwissenschaftlers, der für das Livermore National Laboratory arbeitet, wo vor einem halben Jahrhundert die Wasserstoffbombe entwickelt wurde; ein Problem, das die Kalifornier schneller gelöst haben als jenes, wo welche Rebsorte am besten hinpasst. »Er ist in einer Spezialeinheit, die rund um die Uhr einsatzbereit sein muss, wenn er angerufen wird, dann hat es einen Atomunfall gegeben.« Das rief mir meine Bekanntschaft mit Nick Ponomareff, Herausgeber und alleiniger Autor einer Zeitung namens *California Grapevine,* bei einem Galadiner in San Bernardino, eine für L. - A.-Verhältnisse kurze Autofahrt von Mount Washington entfernt, vor über zehn Jahren ins Gedächtnis zurück. »Ist das Schreiben über Wein Ihre einzige Beschäftigung?«, hatte ich ihn gefragt. »Naaaw«, hatte er mürrisch und im breitesten Westküstenakzent geantwortet, »ich arbeite mit Cruise Missiles, Steuerungssysteme. Wir können ein 50 Yard breites Ziel auf 500 Meilen Entfernung treffen!« In San Bernardino habe ich den schlimmsten Smog aller Zeiten erlebt. Es ist auch die Geburtsstätte der McDonald's-Hamburgerkette. Irgendeine Logik scheint diese Tatsachen mit Cruise Missiles und großem Wein zu verbinden, die La-La-Land-Logik.

So merkwürdig uns die Anwesenheit Charlemagnes in unserer Berliner Wohnküche erschien, hatte er doch nichts von Ponomareffs Grabesmiene, als er die zweite Flasche öffnete, deren Etikett zu verbergen er keine Anstalten machte. In kraftvollen Lettern stellte der Wein sich selbst vor:

RIDGE 1984
CALIFORNIA
CABERNET
SAUVIGNON
MONTE BELLO

Ich hatte 1991 bei der *The New York Wine Experience** in New York City, einer von der amerikanischen Weinzeitschrift Wine Spectator alle zwei Jahre organisierten Veranstaltung, den 1981er dieses Weins direkt mit dem 1981 von Château Latour, einem der fünf Grand Cru Classé im Médoc-Graves/ Bordeaux, vergleichen können. Beide Weine bestehen zum allergrößten Teil aus der Cabernet-Sauvignon-Traube. So beeindruckend, wie der Latour gewesen war, er hatte ein wenig streng gewirkt, während der Monte Bello sich als monumental gezeigt hatte, dabei jedoch schwerelos, er glitt über den Gaumen wie ein auf der warmen Luft segelnder Adler. Mit dem 1984er wiederholte sich dieser Eindruck, vielleicht sogar in noch intensiverem Maße, weil all die nötigen Wege durch mein Nervensystem durch die Sinneserfahrung

* Wörtlich: die New-York-Weinerfahrung

1991 in New York geöffnet waren. Mit dem ersten Schluck wich die Last der 36 °C von mir.

Als ich vor Joe Charlemagnes Haus aus E. T.s Lieferwagen steige, trifft mich die Nachmittagshitze mit voller Wucht auf den verkaterten Kopf, und ich taumele ein wenig, als sei ich an Deck eines Schiffs auf hoher, stürmischer See, dem Auf und Ab der Wellen ausgeliefert. Während ich in Gedanken bei Charlemagnes Überraschungsbesuch war, ist E. T. bei Geschichten aus seiner Jugend angelangt. »Man würde es vielleicht nicht für möglich halten, aber als Teenager gehörte ich zu den Spitzen-Sprintern der US«, sagt er gerade und versetzt mir damit einen noch größeren Schlag als die Hitze. »Ich bin ins Nationaljugendfinale gekommen, und nach dem Lauf habe ich meinen Vater angerufen, um ihm zu sagen, dass ich Dritter geworden war. Er klang furchtbar enttäuscht, deshalb erzählte ich ihm, wie viele Hunderte von Athleten ich hinter mir gelassen hatte, aber das schien ihn überhaupt nicht zu interessieren. Alles, was er sagte, war, ›aber du bist nicht *der eine*‹. In Amerika ist es wichtig, *der eine* zu sein.« Das Schiff taucht unvermittelt in ein Wellental, und innerlich fühle ich mich fallen.

E. T. sieht nicht aus, als bereite es ihm irgendwelche Schwierigkeiten, diese Geschichte nach über zwei Jahrzehnten zu erzählen, aber der abrupte Schluss und die folgende Stille, die Hitze schwirrend mit dem Verkehrsgeräusch in der Ferne, lassen keinen Zweifel daran, dass er damals sehr darunter gelitten hat. Vielleicht hat er sogar deshalb das Sprinten aufgegeben und wandert seitdem auf dem Weg, der ihn zu seinem jetzigen Dasein als Weinhändler ohne Lizenz geführt hat. Als wir uns zuletzt gesehen hatten, hatte er mir erklärt, dass es für ihn praktisch unmöglich sei, eine Lizenz zu bekommen, weil in La-La-Land die lizenzierten Weinhändler wie eine Zunft im Mittelalter quasi selbst entscheiden, wer dem Club beitreten darf und wer nicht. Jemanden, den sie als Outlaw betrachteten, der sie um Geschäfte gebracht hatte, würden sie auf keinen Fall aufnehmen, ungeachtet dessen, dass dies angeblich das Land der Freiheit ist. E. T. ist zu einer Gestalt wie dem von Robert de Niro gespielten Untergrund-Klempner in Terry Gilliams Film Brazil geworden. Der einzige Unterschied besteht darin, dass Robert de Niros Gesicht immer hinter einer schwarzen Kapuzenmütze verborgen bleibt, während E. T. seine Ware hinter den blauen Samtvorhängen eines ehemaligen Leichenwagens versteckt hält.

Ich folge ihm die schmale Treppe hinauf. Oben angekommen, blicke ich mich erschöpft um und sehe, dass die Welt um mich herum plötzlich schwarzweiß ist, vor mir liegen zwei Holzhäuser, das rechte im selben strahlenden Weiß wie die Garagentüren unten, das linke in einem eigenartigen Dunkelgrau. Es sieht aus, als sei es ursprünglich ebenfalls weiß gewesen, doch seit langem von einer dicken Schmutzschicht überzogen. Mit den grauen Vorhängen hinter den staubigen Fenstern sieht das Haus aus, als wohne hier ein

Serienmörder aus einem Hollywoodfilm. Dabei hat Charlemagne auf mich in Berlin eher den Eindruck eines alternden »Love-and-Peace«-Kaliforniers gemacht. »Hier lang«, ruft E. T. und zeigt auf das strahlend weiße Haus, »das ist das Gästehaus. Joes Musiker wohnen hier, wenn sie in der Stadt sind.« Das bedeutet, dass mein Gastgeber in dem anderen Haus, dem Serienmörder-Haus, wohnt. E. T. zeigt mir Bad und Schlafzimmer des Gästehauses; Charlemagne würde gleich kommen, er selbst müsse schnell etwas erledigen, sei dann aber zum Abendessen zurück. Mein Kater weicht erst mit der Klimaanlagenkühle und schließlich vollends unter der warmen Dusche. Ich streife gerade ein frisches Hemd über, als ich die Eingangstür und Joe Charlemagne »Hi!« rufen höre.

Ich trete ins Wohnzimmer und sehe, dass er nahezu identisch gekleidet ist wie damals in Berlin. Er will ein einfaches Abendessen kochen, zu dem E. T., ein weiterer Weinhändler, Amerikaner französischer Abstammung mit dem unmöglich deutsch klingenden Namen Wasserwerk, und ein Gastronom aus New York namens Andy Pandy eingeladen sind. Wenn sie kommen, wird er uns das Anwesen zeigen, wir werden ein paar Weine aus dem Keller holen und »es uns gut gehen lassen«. Weshalb ist E. T.s große, schöne asiatische Frau nicht eingeladen, warum keine weiblichen Gäste?, frage ich mich. Doch dann werde ich vom Blick auf den hell erleuchteten Inhalt des Kühlschranks durch die halb geöffnete Tür abgelenkt. Eine ganze Batterie halb leerer Flaschen steht darin, jede mit einem orangefarbenen Gummistöpsel, doch bevor ich die Etiketten erkennen kann, schlägt Charlemagne die Tür zu. Vielleicht haben die Frauen keine Lust zu kommen, weil sie wissen, dass es eine Weinorgie werden wird. Die paar Etiketten, die ich gerade entziffern konnte, deuten darauf hin, dass eine Kokainorgie letztendlich vielleicht billiger wäre als das, was wir konsumieren werden. Aber »Orgie« scheint definitiv die richtige Bezeichnung für Charlemagnes Vorhaben zu sein.

Unvermittelt taucht Wasserwerks schmales, jungenhaftes Gesicht mit einem breiten Lächeln im Rahmen der Wohnzimmertür auf, und er tritt zusammen mit E. T. und dem großen, schweigsamen Andy Pandy ein, den ich vier Jahre zuvor in Österreich schon einmal kennengelernt hatte. Jeder hält mindestens eine Weinflasche im Arm, alle in braune Papiertüten gewickelt. Sie haben ganz offensichtlich Anweisungen erhalten; das Erraten des Rätselweins ist ein endlos wiederholtes Gesellschaftsspiel in der Weinszene. »Hallo, Leute!«, ruft Gastgeber Charlemagne, »lasst mich nur schnell das Fleisch in den Ofen schieben, dann drehen wir eine Runde.« Eine Lammkeule mit Gemüse verschwindet im Ofen, und wir folgen ihm durch die Hintertür.

Aus irgendeinem Grund habe ich mir vorgestellt, Charlemagnes Haus liege Rücken an Rücken mit einem ähnlichen Anwesen an der nächsten Straße parallel zu seiner. Doch stattdessen endet der Garten nach einigen Metern abrupt an einem steilen Hang, der unten von vertrocknetem Gras und weiter oben von undurchdringlichem grünbraunen Gestrüpp bedeckt ist. In diesem Hang sitzt ein massives rechteckiges Betongebilde, gute zwei Meter hoch und mindestens fünf Meter breit, in dem zwei massive Stahltüren angebracht sind. »Der vorherige Besitzer war besessen von der Vorstellung eines Atomkriegs, er hat diesen Bunker bauen lassen. Deshalb habe ich das Anwesen gekauft. Dir ist das wahrscheinlich nicht bewusst, Stuart, aber unterirdische Keller sind extrem selten im Großraum L. A.« Welch bizarre Exklusivität in einer Stadt, in der für Geld sonst alles zu kaufen ist. Er stößt die eine Tür auf und fordert uns auf einzutreten. »Das hier ist der Weißweinkeller«, sagt er, und wir fühlen uns wie in Aladins Höhle, die teuersten und gesuchtesten Weißweine der Welt sind in Originalkartons gestapelt oder liegen in Weinregalen, sodass ihre Etiketten deutlich zu erkennen sind. Ein guter Teil stammt aus den Grand-Cru-Lagen des Burgunds, unter anderen auch Corton Charlemagne, daher Joes Spitzname. »Such eine Flasche aus, Stuart!«, werde ich angespornt – und fühle mich damit sofort überfordert. Eine wirklich teure Flasche zu wählen, die sicher eine hohe dreistellige Dollarsumme wert ist, verbietet mir meine Erziehung, es wäre unbescheiden, aber eine zu einfache Wahl ist auch langweilig – nach einem Moment innerer Panik entdecke ich eine Alternative, den 1990 Coulée de Serrant, einen seltenen, aber noch bezahlbaren trockenen Weißwein von der Loire.

Dann betreten wir durch die andere Stahltür den Rotweinkeller, der in seinen Ausmaßen beinahe haargenau dem Weißweinkeller gleicht und ebenso gut bestückt ist. Als wir aus dem engen unterirdischen Quartier mit seinen Tausenden von flüssigen rubin- und granatroten Insassen, gefangen hinter dunkelgrünen Glaswänden, wo sie gut geschützt vor einem ABC-Waffen-Angriff liegen, wieder ins Freie treten, bleibe ich plötzlich wie angewurzelt stehen. Drüben, hinter dem Serienmörderhaus, steht ein monströses, behaartes, graubraunes Schwein mit kleinen Stoßzähnen. »Darf ich dir Pamela vorstellen, mein vietnamesisches Hängebauchschwein«, sagt Charlemagne ganz gelassen, »ist sie nicht wunderschön!« Die Zärtlichkeit seiner Stimme sagt mir, dass wir es hier definitiv nicht mit vierbeinigem Schweinefleisch zu tun haben, sondern dem Objekt einer großen Liebe. Sie steckt zweifellos hinter dem ganzen Dreck an der Hauswand.

Zurück in der Küche, kann die Orgie endlich beginnen. In unverschämt schneller Folge wird ein Weißwein nach dem anderen geöffnet, nur zur Hälfte konsumiert, bis Joes Befehl für die nächste Flasche ertönt, sodass der Tisch schnell von einer Batterie übersät ist, die jener im Kühlschrank gleicht. Das Gespräch dreht sich ausschließlich um Wein, doch viel davon ist eigentlich Klatsch und Tratsch, keiner von uns möchte die Gelegenheit verpassen, über die eine oder andere Gestalt der Weinszene zu lästern, und das verbindet uns nach einigen Gläsern zu einem Indianerstamm auf dem Kriegspfad. Joes fieberhafte Geschäftigkeit in der Küche und der Duft aus dem Ofen zeigen an, dass das Siegesgelage immer näher rückt. Dann steht der große Charlemagne in der Tür, wirft einen schnellen Blick auf den Esstisch, dann in alle Ecken der Küche, wie ein General vor einer wichtigen Schlacht. Plötzlich verschwindet er in einer Ecke und kommt mit einem Metallzylinder wieder, halb so groß wie eine Sauerstoffflasche zum Tauchen, mit einer Furcht erregenden Düse an der Spitze. Er stellt ihn mitten auf den Tisch, das Gespräch stirbt plötzlich ab, er schaut mir todernst ins Auge und sagt: »Du musst dir so ein Ding beschaffen, Stuart!«

Ich fühle mich plötzlich vollkommen desorientiert, eine Leere, die in den Sprechblasen der Comics gewöhnlich als »Ääh ...« dargestellt wird. Endlich stammele ich: »Stickstoff?« Dieses chemisch inaktive Gas wird im Allgemeinen benutzt, um den Inhalt halb geleerter Weinflaschen vor dem Oxidieren zu schützen und für den Hausgebrauch wie Haarspray in Dosen verkauft. »Stickstoff ist sinnlos, Stuart!«, belehrt mich Joe, »er ist nämlich leichter als Luft, und wenn man die Luft in der Flasche nicht 100 Prozent durch Stickstoff ersetzt, steigt der Stickstoff nach einer Weile in den Flaschenhals und die Luft sinkt auf den Wein. Und wir wissen alle, dass eine offene Flasche Wein durch den Sauerstoff in der Luft an Frische einbüßt.« Ich nicke zustimmend angesichts dieser überzeugenden Logik. Wir lauschen voller Spannung der neuen Verheißung. »Das hier ist Argon. Argon ist schwerer als Luft, sodass es sich direkt auf den Wein legt und ihn vor dem Kontakt mit der Luft schützt. Das ist das einzig Wahre!« Doch wo kriege ich das neutrale Argongas her, frage ich mich laut. »Die Weltraumforschung!«, lautet die hämische Antwort. Charlemagne macht sich daran, all die offenen und halb vollen Flaschen Weißwein zu begasen, stöpselt jede mit einem orangefarbenen Gummizapfen zu, bis die Batterie bereit ist, sich ihren Kameraden im Kühlschrank anzuschließen.

Als Wasserwerk den ersten Rotwein aus einer der packpapierumwickelten Flaschen einschenkt, wird mir bewusst, dass bis jetzt alle Weine aus Europa kamen. Während wir über den Wein in unseren Gläsern diskutieren, ihn alle mit großer Überzeugung als roten Burgunder identifizieren und loben, frage ich mich, ob heute Nacht überhaupt Weine aus anderen Kontinenten als dem meinen auf diesen Tisch kommen werden oder ob uns eine ganze eigene Art von verquerem L.-A.-Snobismus fest in Europa halten wird. Mehrere Rotweinratespielchen später haben wir jedoch einen Wein im Glas, bei dem ich überzeugt bin, dass wir uns endlich einem der großen europäischen Entdecker des 15. oder 16. Jahrhunderts angeschlossen und den mächtigen Ozean überquert haben. »Es ist ein California Cult Cabernet!«, ruft Wasserwerk voller Spott über den fast undurchsichtigen, dunklen und enorm schweren Rotwein aus.

Während der letzten zehn Jahre hat sich ein Kult um eine Reihe von kalifornischen Rotweinen aus der Rebsorte Cabernet Sauvignon entwickelt, deren geringe Produktionsmengen jedes Jahr dank treuer Stammkunden bei Preisen zwischen 75 und 250 Dollar sofort ausverkauft sind. Abhängig vom Produzenten bekommt jeder Kunde ganze drei bis zwölf Flaschen pro Jahrgang. Es kursieren Geschichten von Weinfreunden, die den Produzenten dieser Weine alle möglichen Arten von Verlockungen und Bestechungen geboten haben, um auf diese Kundenlisten zu kommen. So hat zum Beispiel ein Schönheitschirurg einer Kultcabernet-Produzentin angeblich kostenlose Behandlungen im Wert von zigtausend Dollar als Gegenleistung angeboten – welche Beleidigung! Sie sind deshalb so verzweifelt hinter dieser Mitgliedschaft her, weil sie wissen, dass, sobald diese Zuteilungen ausgeliefert sind, der Preis dieser Weine umgehend auf ein Vielfaches steigt. Bei Wohltätigkeitsversteigerungen kommen Großflaschen mit 15, 3, 6 oder 9 Litern dieser Weine, die aus den Kellern der Produzenten stammen, für vier-, fünf- und sechsstellige Zahlen unter den Hammer, weil sie nur bei diesen Anlässen erhältlich sind. Es handelt sich um ein klassisches Beispiel des California-Cult-Phänomens, mit dem mich Matt Jerusalem vor vielen Jahren vertraut gemacht hat.

Andy Pandy lässt den Wein in seinem Glas kreisen, riecht wieder und wieder daran und nimmt endlich einen Schluck. »Nein, das kann kein Cabernet Sauvignon sein, es muss einer von diesen Monster-Shiraz aus Südaustralien sein.« Das klingt für mich ziemlich überzeugend, der Wein sieht schwarzviolett aus, duftet nach Himbeermarmelade, schmeckt sehr üppig und »süß« und ist von einer Öligkeit und Schwere, die ihn schwierig zu trinken macht. Er würde einem Portwein ähneln, hat aber nicht dessen Ausgewogenheit, am ehesten gleicht er einem mittelmäßigen Likör. Dieser Weinstil aus der Rebsorte Shiraz ist in der letzten Zeit in Südaustralien ziemlich weit verbreitet. »Ich werde mit diesem Wein im Glas den großen Amerika-Roman schreiben!«, spottet Charlemagne voller Ironie. Er scheint auch anzunehmen, dass der Wein aus Kalifornien, doch ein übertriebener Versuch ist, *den* großen amerikanischen Rotwein zu erzeugen. Ich tippe schließlich auch auf Kalifornien. E. T. wickelt die Flasche aus dem Packpapier, er hat den Wein mitgebracht und zeigt uns das Etikett:

NOON
1998 Reserve Cabernet Sauvignon
Langhorne Creek
Product of Australia

Nur Andy Pandy hat das Herkunftsland richtig erraten, aber nicht die Rebsorte, während wir anderen bei der Rebsorte richtig lagen, aber nicht beim Land. »Er hat 15,5 Volumenprozent Alkohol und 98 Punkte von Parker«, erklärt E. T. sachlich, »ich finde den Wein fürchterlich, aber ich wollte hören, was ihr davon haltet.« Robert Parker ist seit zwanzig Jahren als einflussreichster Weinkritiker der Welt. Seine Zeitung *The Wine Advocate* beeinflusst die Kaufentscheidungen Hunderttausender Weinkonsumenten auf der ganzen Welt. Er macht kein Hehl aus seiner Vorliebe für sehr üppige, süß schmeckende Weine* mit extremen Fruchtaromen – »gobs of fruit« ** lautet eine seiner am wenigsten ansprechenden lobenden Ausdrücke in seinem beschränkten und sich stark wiederholenden Wortschatz. Dieser Noon-Wein stellt beinahe eine Karikatur des »Parker-Stils« dar. Wahrscheinlich hat der Produzent den Wein ganz bewusst in diesem »Stil« gemacht, um so viele Punkte als möglich von Parker zu bekommen. Tausende von Winzern auf der ganzen Welt verfolgen diese Strategie in dem verzweifelten Streben nach Reichtum und Ruhm, in diesem Fall allerdings mit Erfolg. Die Vehemenz unseres Urteils wurde zweifellos durch das Bestreben gesteigert, uns gegenseitig zu übertrumpfen, aber wir sind uns in unserer Ablehnung dieses Weines voll und ganz einig. »O. k.«, sagt Charlemagne bedeutungsvoll, »jetzt bekommt ihr etwas richtig Gutes.« Er geht hinüber in die Küche und kommt mit einer Flasche zurück, deren Etikett er uns ganz offen sehen lässt, während er in frische Gläser einschenkt. Das Etikett erklärt Folgendes:

1990 Barolo Monprivato
Giuseppe Mascarello

Dieser Rotwein aus dem Piemont in Italien funkelt in durchscheinendem Granatrot, und sein Duft könnte sich kaum stärker von seinem Vorgänger unterscheiden. Aus dem Glas steigt eine Wolke zarter Aromen empor, die die Nase vor Aufregung und Verwirrung beben lässt, mit jedem Atemholen kommt eine neue Duftnote zum Vorschein, wie ein geschliffener Diamant, dessen Facetten bei der leisesten Bewegung in immer wieder unterschiedlichen Farben aufblitzen. Es ist jetzt ganz still, nur gelegentlich ertönt ein genüssliches »Mmmh«, während wir uns durch dieses dunkle Labyrinth von Aromen tasten und schließlich einen ersten Schluck des trockenen, kräftigen, aber doch filigranen Weines nehmen. Unterdessen holt Charlemagne den Braten aus dem Ofen, richtet die Gemüse an und serviert zügig das Abendessen.

Mit dem dampfenden Essen kommt auch das Gespräch am Tisch wieder in Gang, und es geht erneut um die California-Kult-Cabernets. »Für welchen Preis hast du deinen Screaming Eagle verkauft?«, fragt E. T. Wasserwerk. »1 500 Dollar pro Flasche«, kommt die Antwort zurückgeschossen, »und du?« »Dasselbe«, entgegnet E. T. trocken. Dieser Preis macht den Wein nicht

* Selbst bei analytisch trockenen Weinen.

** Etwa: gespuckt voller Frucht.

nur zu *dem einen* in seiner Kategorie, sondern auch zu dem teuersten jungen Rotwein der Welt. Das ist angesichts dessen, dass der erste Jahrgang davon erst 1992 war, eine ziemlich erstaunliche Leistung. »Welcher Jahrgang?«, erkundige ich mich ganz ernsthaft. »Vollkommen egal«, versetzt Wasserwerk. Für die Weinhändler am Tisch stellt Screaming Eagle ganz offensichtlich nichts als eine Ware dar, die wie Microsoft-Aktien gehandelt wird. Ich frage mich, wie er wohl schmeckt, aber sie sind augenscheinlich nicht in der Stimmung, um über etwas zu sprechen, das sie als irrelevant abtäten. Ich überschlage gedanklich, dass jeder von ihnen aus dem Verkauf ihrer jeweils drei Flaschen Screaming Eagle über 4 000 Dollar Gewinn geschlagen hat; nicht schlecht. Diese Zahl klingt eher nach Drogen- als nach Weinhandel.

Am nächsten Abend lerne ich Christian Navarro kennen, der mich die Kult-Cabernets aus einer ganz anderen Perspektive sehen lässt. Kurze dunkle Haare, blendendes, jugendliches Aussehen, hervorragend geschnittener grauer Anzug, weißes Hemd und dunkelblaue Krawatte – in einer Stadt, in der manche Leute selbst in schicke Restaurants in Strandkleidung gehen, fällt er ziemlich aus dem Rahmen. Der etwas über zwanzigjährige, für den L.-A.-Weinhändler Wally's arbeitende Verkäufer hat als Boxboy angefangen, Regale aufgefüllt, Lieferungen ausgetragen und dabei ein deutliches Talent beim Umgang mit Stars, Filmmogulen und den Megareichen bewiesen. Heute ist er der »Weinhändler der Stars«, hat einen PR-Berater und ist zu einer Persönlichkeit geworden, die selbst von der Zeitschrift *People* zur Kenntnis genommen werden muss. Ich sitze neben ihm in seinem spiegelblanken schwarzen Mercedes, und während wir durch die Stadt gleiten, stelle ich ihm unverblümt die Frage: »Wie gut sind sie wirklich?« Er beginnt wie ein Wasserfall über die Kult-Cabernets zu sprechen, ist aber sofort in der Defensive, als habe meine Frage impliziert, sie seien minderwertig, krass überteuert und der Handel damit lasse ihn selbst und seine Arbeit in dubiosem Licht erscheinen. »Die verrückten Preise kommen alle auf dem Zweitmarkt zustande«, platzt er heraus, »Screaming Eagle kostet die Stammkunden auf der Mailing-Liste nur 125 Dollar pro Flasche.« Schließlich läuft seine offizielle Antwort auf meine Frage auf ein »Manche von ihnen sind wirklich gut ... yeah!« hinaus. Die inoffizielle heißt: Geschäft ist Geschäft.

Als wir etwas später an der Melrose Avenue im Restaurant Patina des deutschen Küchenchefs Joachim Splichal sitzen und ich dieses Bravourstück an Innenarchitektur verdaut habe, beschließe ich, die Taktik zu ändern. Welche Art von Wein trinkt er selbst am liebsten, wenn es keine äußeren, will sagen finanziellen Zwänge gibt? Er erzählt mir, dass ihn wirklich alles interessiert, sämtliche Arten von Wein, obgleich die französischen Klassiker – roter Bordeaux, roter und weißer Burgunder, Champagner, Rotwein von der Rhône – anscheinend doch ganz vorn stehen, »was mich zu einem Dinosaurier macht«, sagt er mit einer Ironie, die ihn plötzlich sehr erwachsen scheinen lässt. Dann erklärt er mir, als bringe er einem naiven Landjungen die Großstadt näher, dass die alte Art von L.-A.-Weinkultur, bei der einst gereifte Jahrgänge europäischer, doch vor allem französischer Weine im Mittelpunkt standen, im Verschwinden begriffen sei. Am Vorabend habe ich also mit den Dinosauriern ihren eigenen Untergang gefeiert. In La-La-Land sei das Interesse der Konsumenten beinahe voll und ganz zu jungen Weinen übergegangen. Frankreich habe dabei seine führende Rolle eindeutig an Kalifornien verloren. Wie als Beweis dafür trinken wir einen sehr gesuchten kalifornischen Rotwein in einer schweren Designerflasche mit einem sonderbaren Künstleretikett, auf dem die Worte stehen:

SINE QUA NON
1997 Impostor McCoy Syrah*

Ein California-Kult-Wein, wenn auch aus Syrah statt Cabernet Sauvignon. Außerdem habe ich sehr klein gedruckt in einer Ecke des Etiketts die Angabe »14,9 ° vol« bemerkt. Der Wein schmeckt äußerst üppig und voll, aber trotz aller Opulenz wirken die süßlichen Brombeeraromen weder kitschig noch übertrieben. Sine Qua Non – »unentbehrlich« auf Latein – ist das Weingut des österreichstämmigen Besitzers des L.-A.-Restaurants Campanile, Manfred Krankl, und seiner Frau Elaine. Sie geben allen ihren Weinen exzentrische Namen – ›Bent and Twisted‹, ›Black & Blue‹** etc. –, und er entwirft alle Etiketten selbst. Ich sage Navarro, dass der Wein zwar ein bisschen zum Schweren neigt, aber wirklich sehr gut schmeckt. »Yeah, viele der Kultweine sind toll zu kosten, aber ganz schön anstrengend zu trinken«, erwidert er, was einem Eingeständnis gleichkommt, sie seien oft nicht ausgewogen. Trotz dieser möglicherweise unerheblichen Tatsache hat sich hier eine grundlegend neue Rangordnung im Weinmarkt gebildet. Die La-La-Land-Logik muß dahinter stecken, aber während ich meinen Hauptgang im Patina zu mir nehme, der sich Steak Frites nennt, sich aber als wesentlich luxuriöser entpuppt hat als alle Steak Frites, die ich je gegessen habe, habe ich immer noch Mühe, dahinter zu kommen.

Am nächsten Morgen fährt mich E. T. zum Downtown-L.-A.-Greyhound-Busbahnhof, und die Weite der Stadt, die ich vom Freeway erkennen kann, glänzt wieder in strahlendem Sonnenschein. Ich erzähle ihm von meiner Begegnung mit Christian Navarro, und plötzlich hat er eine Menge zu berichten. »Bei Wally's hab ich mich wie ein richtig guter Kunde gefühlt, wenn ich 500 oder 600 Dollar auf einmal dagelassen habe, bis der Typ vor mir eines

* Hochstapler McCoy, wobei »the real McCoy«, der echte McCoy, so viel wie »der wahre Stoff« bedeutet.

** ›Verbogen und verdreht‹, ›Schwarz und Blau‹.

Tages einen Scheck über 100 000 US-Dollar ausgeschrieben hat. Navarro verkauft brillant an solche Leute, die gar nicht darüber nachdenken, ob eine Flasche 100 oder 1 000 Dollar kostet.« »Taugen die Weine etwas, die sie von jemandem wie Navarro kaufen?«, frage ich und bin mir voll und ganz bewusst, dass der einfachste Weg, die Antwort auf diese Frage zu finden, sie zu kaufen und zu trinken, für mich aufgrund der Preise kein gangbarer ist. »Manchmal sind sie großartig und manchmal nicht«, fährt er fort, »aber am Ende ist das wirklich egal, weil das Wichtigste dabei für die Käufer oft ist, ihren Besuchern zu zeigen, dass sie diese Kultweine kistenweise im Keller haben.«

Bei einem früheren Besuch in L. A. habe ich in klimatisierten, holzgetäfelten und glasgewandten Kellern gesessen, die den Rahmen um die Flaschen und Kisten bilden, deren wichtigste Rolle im Leben darin besteht, wegen ihres Wertes bewundert zu werden. Beim Einrichten solcher Keller ist es essenziell, alle Kisten und Flaschen so zu arrangieren, dass sämtliche Etiketten für den Besucher deutlich erkennbar sind, damit er die Menge an »totem Geld« auszurechnen vermag. Das ist ein Grund, warum die 6-Liter-Flasche 1992 Screaming Eagle bei der 2000 Napa Valley Wine Auction für 500 000 Dollar weggegangen ist. Es ist die einzige Flasche dieser Art und somit das ultimative Statusobjekt. Im Gegensatz dazu gibt es gewöhnlich Dutzende von 6-Liter-Flaschen eines Spitzenchâteaus in Bordeaux eines bestimmten Jahrgangs, was daraus eine teure, aber relativ gewöhnliche Handelsware macht. Gestern hat mir Navarro jedoch berichtet, dass viele seiner Kunden die 0,75-Liter-Flaschen solcher Kult-Cabernets sehr wohl trinken. Es geht offensichtlich nicht nur um Status, sondern auch um Genuss.

Wir sind beim Busbahnhof angekommen, wo mich dubiose Typen mit scharfen Blicken inspizieren, während junge Rucksack-Touristen froh über die Verstärkung ihres Lagers scheinen. Als ich dabei bin, mich von E. T. und La-La-Land zu verabschieden, wird mir klar, dass es eine zeitliche Koinzidenz zwischen der Bildung einer neuen Rangordnung im L.-A.-Weinmarkt und US-Wirtschafts-Boom, NASDAQ-Boom und »Dotcom« Boom gibt.

Als ich zurück auf meine Tage in L. A. blicke, erscheint es mir kein Zufall, dass der Preis für Screaming Eagle seitdem von 1 500 auf 1 000 bis 1 200 Dollar gefallen ist und bei anderen Kult-Cabernets ein noch stärkerer Preisverfall zu beobachten ist, seit sich der NASDAQ im freien Fall befindet und der »Dotcom«-Traum geplatzt ist. Im Vergleich zu manchen Verrücktheiten dieses Booms – Pets.com hat das Fünffache seines Jahreseinkommens in die Werbung eines Jahres investiert! – erscheinen 1 500 Dollar für einen Wein, von dem nur 6 000 Flaschen jährlich erzeugt werden, fast vernünftig und selbst 500 000 Dollar für eine große Unikatflasche noch wie eine solide Langzeit-Investition. Doch um einige dieser Weine zu erleben, musste ich zur Quelle reisen: zum Napa Valley.

Kapitel 5
Napa Valley, Kalifornien, USA

Im neuen paradiesischen Garten des Weines oder Wo Dotcom-Geld und starke Frauen regieren

»Einfach und fett ... Showtiere von flüchtiger Illusion«, »für Zigarrenraucher konzipiert ... [Weine mit] Masse, aber ohne jedes Aroma«, geht mir vorwärts und rückwärts durch den Kopf, als meine Frau mit unserem »Sports Utility Vehicle« links auf den Highway 29 und damit ins Napa-Tal einbiegt. Allerdings ist davon in der feuchten Julinacht so gut wie nichts zu sehen außer dem von unseren Scheinwerfern beleuchteten Streifen Asphalt vor uns. Was mir da im Kopf herumschwirrt, sind die Worte angesehener französischer und britischer Weinkritiker zur Beschreibung oder vielmehr gründlichen Verunglimpfung einer neuen Art von kalifornischen Rotweinen: den Kult-Cabernets aus dem Napa Valley. Doch gibt es auch ganz andere Standpunkte zu diesen Weinen. Die führenden amerikanischen Weinpublikationen, Robert Parkers *The Wine Advocate* und Marvin Shankens *Wine Spectator* sind voll des Lobes. Shanken schrieb vor kurzem in seinem Editorial: »Die 1990er werden in die Weingeschichte als das Jahrzehnt eingehen, in dem kalifornischer Cabernet Sauvignon die Welt mit einem Sperrfeuer phantastischer Weine erobert hat.« Die Weinkritiker der Welt sind durch eine Hand voll Weinproduzenten, deren gesamte Jahresproduktion gerade einmal der eines einzigen maßgeblichen Châteaus in Bordeaux entspricht, in zwei feindliche Lager gespalten. Beide Seiten bescheinigen sich gegenseitig hoffnungslose Borniertheit. Die europäischen Weinkritiker beschuldigen die Amerikaner des unverhohlenen Chauvinismus und mangelnder Wertschätzung für die subtileren Qualitäten eines Weines wie Balance und Eleganz, während die Amerikaner die Europäer als »Arschlöcher« betrachten, die sich an überholten Hierarchien festklammern und den Geschmack voll ausgereifter Trauben nicht zu würdigen wissen. »Wer hat Recht?«, habe ich mich unzählige Male gefragt auf unserer langen Reise vom Morgengrauen am Hackeschen Markt in Berlin zur Napa Valley Lodge in Yountville über die Flughäfen von Berlin-Tegel, München, Philadelphia und San Francisco und schließlich zwei Stunden Autofahrt durch die Nacht.

Napa Valley wird in Zeitschriften grundsätzlich mit wolkenlosem, tiefblauem Himmel abgebildet, am unteren Bildrand typischerweise entweder ein gelber Streifen Rapsblüten zwischen den noch kahlen Reben oder ein dunkelgrünes Band saftig-grünen Weinlaubs im Sommer, meist mit sonnenverbrannten Bergen im Hintergrund. Dazu kommt oft ein imposantes Gebäude, entweder etwas Ehrwürdiges aus dem Ende des 19. Jahrhunderts mit ein paar alten Palmen und/oder Eichen oder eine spektakuläre postmodernistische Kreation, bewusst plakative Antwort auf Ersteres. Als meine Frau am nächsten Morgen aus der Verandatür unseres Hotelzimmers guckt, ist ihr die Enttäuschung deutlich anzumerken. Eine dicke graue Wolkenschicht liegt über den dicht bewaldeten Bergen auf der Westseite des Tales, als hätte Steven Spielberg Baudelaires Bild des Himmels als Deckel auf einem Topf, in dem die Menschheit in ihrem Jammer kocht, verfilmt. Selbst ganz unten am Boden ist es ziemlich neblig, für nordeuropäische Augen ein eigenartiger Anblick in Verbindung mit dem stellenweise vertrockneten Gras, wo die Rasensprenger nicht regelmäßig gelaufen sind. Als wir zum Frühstück am Swimmingpool gehen, verspreche ich ihr, dass das Wetter besser werden wird, und zwar viel schneller, als sie sich vorstellen kann. Während wir unseren Tee trinken und Bagels mit Creamcheese essen, frage ich mich, ob mein Versprechen vielleicht zu voreilig war. Doch wir sitzen gerade abfahrbereit im Auto, da erscheinen große Löcher in der Wolkendecke, als habe eine Riesenhand sie von oben zerrissen, und innerhalb von wenigen Augenblicken verbrennt der Bodennebel in den ersten Sonnenstrahlen. Obgleich es nur zehn Minuten bis zum Stag's Leap District sind, einem Untergebiet des Napa Valley, schießt die Temperatur in dieser kurzen Zeit von kühlen Frühjahrsgraden auf wahres Hochsommerniveau.

Zuerst fahren wir die Yountville Cross Road entlang vom Highway 29 auf der Westseite des Tales zum Silverado Trail, der anderen großen Verkehrsader, die auf der östlichen Seite des nahezu vollkommen flachen Talbodens verläuft. »Haben wir wirklich schon das Tal durchquert?«, fragt meine Frau sehr überrascht, »ich habe es mir immer riesig vorgestellt, dabei ist es so klein!« Von dem langweiligen Ort Napa im Süden bis zu den letzten Weinbergen hinter den heißen Quellen von Calistoga im Norden erstreckt sich »das Tal« über ganze 35 Kilometer und ist selten breiter als fünf Kilometer. Es gibt hier nicht viel mehr als 15 000 Hektar Reben, die nur vier Prozent der kalifornischen Weinproduktion erzeugen. »Aus der Ferne gesehen, wirken die Dinge größer, als sie tatsächlich sind«, hat mir ein buddhistischer Zen-Meister einmal gesagt. Er sprach von Politikern, aber seine Worte beschreiben Napa Valley auf sehr zutreffende Weise. Gemessen am PR-Rummel, an Image und Aura – alles Dinge, die sich sehr effektiv über weiteste Entfernungen vermitteln lassen –, ist Napa allerdings riesig. Es sind Image und Aura, die 2001 4,7 Millionen Touristen angezogen haben. Den größten Teil des Jahres kriechen ihre Autos Stoßstange an Stoßstange über den Highway 29, füllen sie die Verkostungsräume der bekanntesten Betriebe, die Luxus-Resorts, die Hotels im pseudospanischen Stil wie das unsrige, die hyperecht wirkenden »französischen« Bistros und bombastischen »New Yorker« Delikatessenläden. Alles floriert dank der vereinigten Kaufkraft ihrer goldenen und Platin-Kreditkarten. Obgleich das benachbarte Sonoma County eine große Zahl von gesuchten Spitzenweinen hervorbringt, stößt man weder dort noch in irgendeiner anderen Ecke von Kaliforniens Weingebieten auf ein vergleichbares Szenario. Napa Valley ist ohne Frage *die* Weinregion, für Amerika und die Welt der Inbegriff des kalifornischen Weins.

Dieser Erfolg ist die Folge eines Vierteljahrhunderts von Napa-Kultweinen. Die ersten gelangten buchstäblich über Nacht am 7. Juni 1976 durch einen Artikel der Zeitschrift *TIME* zu beträchtlichem Ruhm. Er berichtete über die erstaunlichen Ergebnisse einer Blindprobe trockener Chardonnay-Weißweine aus Kalifornien gegen burgundische Weißweine aus derselben Rebsorte sowie Cabernet-Sauvignon-Rotweine aus dem Golden State gegen Bordeaux-Weine, ebenfalls vorwiegend aus dieser Sorte, die am 24. Mai 1976 im Hotel Intercontinental in Paris stattgefunden hatte. Organisator war ein 34-jähriger Engländer, Steven Spurrier, der in Paris einen Weinladen namens Cave de la Madeleine und die Weinschule L'Académie du Vin betrieb. Die Veranstaltung gehörte zu einer Reihe von kleineren Festivitäten anlässlich des 200-jährigen Jubiläums der US-amerikanischen Unabhängigkeitserklärung in der französischen Hauptstadt. Zumindest wäre sie das ohne die Anwesenheit von *TIME*-Mitarbeiter George M. Taber geblieben, dessen Artikel mit der Überschrift »Urteil von Paris« festhielt, wie Mitglieder der neunköpfigen Jury, distinguierte französische Experten, einen 1973 Bâtard-Montrachet Grand Cru der Domaine Ramonet-Prudhon aus Burgund vollkommen ahnungslos mit den Worten abgelehnt hatten, »das ist definitiv Kalifornien. Er hat keine Nase«, während sie ausriefen, »Ah, endlich wieder in Frankreich!«, nachdem sie den 1972 Freemark Abbey Chardonnay aus Napa Valley probiert hatten.

Die französische Jury setzte voraus, dass die Weine, die ihnen am besten gefielen, nur französisch sein konnten, dass nur die geheiligten Böden der Grande Nation in der Lage seien, große Weine zu produzieren. Durch ihr überschwängliches Lob für die Weine, die ihnen gefallen hatten, und die laute Verunglimpfung der Weine, bei denen dies nicht der Fall gewesen war – unter der Annahme, Letztere müssten zwangsläufig aus Kalifornien stammen –, hatten sie sich selbst jeder Möglichkeit beraubt, die Ergebnisse nachträglich herunterzuspielen. Für die Jury waren diese schockierend, da sie den 1973 Château Montelena Chardonnay zum Sieger bei den Weißweinen und den 1973 Stag's Leap Wine Cellars Cabernet Sauvignon zum Rotweinsieger erklärt hatten, beide aus dem Napa Valley. Bereits Stunden nach Erscheinen des *TIME*-Artikels waren diese Weine amerikaweit in den Weingeschäften ausverkauft, die Telefone bei Château Montelena und Stag's Leap Wine Cellars klingelten tagelang ununterbrochen, und innerhalb einer Woche waren die Grundstückspreise im Napa Valley sprunghaft um 30 Prozent angestiegen.

Das Wall Street Journal zitierte in seiner Ausgabe vom 24. Mai 2001, dem 25-jährigen Jubiläum der denkwürdigen Verkostung, Warren Winiarski, Eigentümer von Stag's Leap Wine Cellars, mit folgenden Worten: »Die Verkostung hat eine Barriere zum Einsturz gebracht, die mehr gedanklich als in Wirklichkeit existierte, die Idee, dass es nur einen Ort gibt, um das Beste zu erzeugen, und dass Schönheit ansonsten nicht erreichbar ist.« Zweifellos wurde so mit der auf beiden Seiten des Atlantiks weit verbreiteten Annahme aufgeräumt, Kalifornien verfüge nicht über die richtigen Böden und das Klima, um bedeutende Weine hervorzubringen. Auch wenn die Anerkennung Kaliforniens durch die Niederlage Frankreichs errungen wurde statt durch unabhängiges Lob, hat sich die Weinwelt in diesem Moment schlagartig verändert.

Das Wort »Kult« könnte erfunden worden sein, um die von der Probe am 7. Juni 1976 ausgelöste Aufregung zu beschreiben, die bis heute anhält. Die Gewinner wurden von *TIME* mit Dollar 6 pro Flasche als »ziemlich teuer« eingestuft, obgleich Heitz ›Martha's Vineyard‹ Cabernet Sauvignon damals bereits knapp 20 Dollar kostete und somit die kalifornische Preisspitze darstellt. Im Vergleich dazu stellt der heutige Preis des teuersten Kult-Cabernets aus Napa, Screaming Eagle, bei 1 000 bis 1 500 Dollar auf dem freien Markt eine unglaubliche Preissteigerung innerhalb einer einzigen Generation dar. Welches andere Produkt kann sich auch nur annähernd eines solchen Erfolges rühmen? Die Kult-Cabernets zogen mit ihrem Aufschwung auch die Masse der übrigen Napa-Weine mit, ganz wie es in der Heimat des Marketings zu erwarten war. Dutzende von Napa-Cabernets werden jetzt in den USA zu Einzelhandelspreisen von über 100 Dollar gehandelt, und nur wenige sind unter 30 Dollar zu haben. Trotzdem erklären diese nüchternen Fakten allein nicht, wie eine Sammlung hübscher Topfpflanzen sich in kurzer Zeit in einen dichten Dschungel verwandeln konnte. Handelt es sich um eine bizarre Mutationserscheinung, ausgelöst durch die Medienbestrahlung?

Wir biegen in die Auffahrt zu Shafer Vineyards ein und sehen uns der natürlichen Schönheit gegenüber, die nur wenige Napa-Besucher unbeeindruckt lässt: die zerklüfteten Felsenspitzen der Palisades über den terrassierten Weinbergshängen des Stag's Leap District. Wir halten vor dem ersten Gebäude, das eher wie ein großes, ziemlich konventionelles Privathaus wirkt als ein Weingut. Der lang gestreckte, luftige Empfangsraum mit den großen Terrakottafliesen scheint diesen Eindruck noch zu bestätigen. Auf einem großen Holztisch in der Mitte stehen Weingläser und eine Reihe von Rotweinflaschen sowie Besteck fürs Mittagessen. Nach wenigen Augenblicken tritt der große, gut gelaunte Doug Shafer ein und begrüßt uns geradezu überschwänglich. Sowohl Figur als auch Temperament entsprechen ganz und gar dem Bild, das man sich von einem ehemaligen Basketball-Star der örtlichen High School in St. Helena macht.

Ihm folgt sein Vater John, der trotz des etwas schütteren silberweißen

Haars einen außerordentlich vitalen Eindruck für seine 76 Jahre macht. »Ich war 46 Jahre alt, als ich 1972 hier 209 Acres* mit ein paar heruntergekommenen Reben darauf gekauft habe, nachdem ich meinen Job als Vizepräsident des Schulbuchverlags Scott Foresmann in Chicago an den Nagel gehängt hatte«, erzählt er. »Ich wollte einen Wein*berg*, und damals gab es nur drei von uns, die diese Möglichkeiten in Napa erforschen wollten. Unser erster Cabernet Sauvignon stammte aus dem Jahrgang 1978, aber als wir diese Reben gepflanzt haben, hatte Warren Winiarski seinen ersten Cabernet Sauvignon noch nicht auf den Markt gebracht, und das Potenzial von Stag's Leap für diese Rebsorte war noch nicht erwiesen.« Die »Hillside Select«-Cabernet-Sauvignon-Weine aus diesen Hanglagen, von denen wir die untersten unmittelbar vor den Fenstern erkennen können, sind der Grund unseres Kommens. »Wir wissen jetzt, wozu die Berge qualitätsmäßig in der Lage sind, und es ist schrecklich, dass wir nicht mehr davon bepflanzen können«, fügt Doug hinzu. Er meint damit eine Landesverordnung, die das Fällen alter Eichenbäume untersagt; der Versuch, die Ausbreitung einer Rebmonokultur im Napa zu verhindern.

»Wie wäre es mit ein paar Weinen?«, schlägt Doug vor, als ginge es um eine Runde Bier, und wir setzen uns an den vorbereiteten Tisch. Die Reihe von Rotweinen entpuppt sich als sechs verschiedene Jahrgänge des Hillside Select Cabernet Sauvignon. »Unser 1978 Cabernet war im Grunde genommen der erste Hillside Select«, berichtet John Shafer weiter und erinnert mich daran, wie dieser Wein bei einer Blindprobe in Deutschland vor einigen Jahren eine Reihe von Spitzen-Bordeaux ähnlichen Alters in den Schatten gestellt hat. »Ich musste elektrische Heizdecken über die Fässer legen, um diesen Wein dazu zu bewegen, den biologischen Säureabbau zu beenden. Heute sind wir natürlich besser ausgestattet.« Er nickt seinem Sohn zu. Der biologische Säureabbau, auch zweite Gärung genannt, wird bei so gut wie allen Rotweinen eingesetzt, um deren Säure zu mildern, und John Shafers Trick ist ein klassisches Beispiel für kalifornische Improvisationskünste. Ein anderes ist die Immobilienmaklerin und Winzerin Jean Phillips, die den ersten Jahrgang ihres Screaming Eagle 1992 in einer Plastik-Mülltonne vergoren hat.

»1990 begannen Elias Fernandez, unser Weinmacher, und ich allmählich zu begreifen, was wir da überhaupt taten«, erklärt Doug weiter und fängt geschickt den Ball auf, den ihm sein Vater zugeworfen hat. Es war ein langer Kampf für Doug Shafer, um überhaupt auf dem Gut spielen zu dürfen. Als er nach Napa zurückkehrte, nachdem er in Tucson, Arizona, als Mathematiklehrer tätig gewesen war, teilte ihm sein Vater mit, es gebe für ihn hier keinen Job. Schließlich wurde er 1983 Kellermeister bei Shafer, nach einem Önologie-Studium an der University of California in Davis und zwei Jahren als

* Circa 84 Hektar.

zweiter Kellermeister bei einem wenig bekannten Produzenten namens Lakespring auf der anderen Seite des Tales. Doch anfangs unterliefen ihm einige Fehler: »Wir haben zu viel herumgespielt mit den Weinen im Keller. Dann wurde uns klar, dass wir uns auf die Weinberge konzentrieren und die Weine in Ruhe lassen mussten.« Einen Moment lang sieht meine Frau völlig baff aus angesichts seines offenen Eingeständnisses, dann beginnt sie wie wir, die Weine vor uns zu verkosten.

Der 1992 schmeckt noch jugendlich; trotz seiner enormen Power ist es ein ausgesprochen wohlerzogener Wein. In den 1980ern waren in den Cabernet Sauvignons aus Napa oft harte oder bittere Noten anzutreffen, weil die Kellermeister ganz bewusst versuchten, die herbe Eleganz der Weine aus Bordeaux nachzuahmen. Diese Weine sind nicht gut gealtert und schmecken jetzt müde und kantig. Der 1992 Hillside Select hingegen ist einer der ersten Napa-Weine in dem Stil, der heute mit den Kult-Cabernets assoziiert wird: ein Stil, der Aroma und Geschmack voll ausgereifter Trauben, Geschmeidigkeit und eine unmittelbar ansprechende Harmonie in den Vordergrund stellt. Viele europäische Weinkritiker haben angedeutet, dass manche Weine dieses Stils – die anderen seien einfach zu dick, übertrieben, zu amerikanisch – zwar in ihrer Jugend durchaus beeindruckten, aber nicht altern könnten, da ihnen die »feste Struktur« fehle, angeblich das Kennzeichen aller großen europäischen Weine, allen voran jenen aus Bordeaux. Es ist dieselbe Kritik, die gegen die Sieger der Pariser Verkostung 1976 vorgebracht wurde. Hier ist jedoch ein zehn Jahre altes Exemplar dieses neuen Weinstils, das noch genug Lebendigkeit für mindestens weitere zehn Jahre in sich hat. Viele europäische Weinkritiker scheinen nicht imstande, die Besonderheit der Napa-Weine zu erkennen.

1994, 97, 98 und 99 zeigen noch verführerische Seidigkeit. Sie duften wie ein herrliches Parfüm, das durch die halb geöffnete Tür des Boudoirs einer wunderschönen Kurtisane herüberweht. Nüchterner betrachtet erinnern sie an vollkommen reife schwarze Johannisbeeren oder Brombeeren; Früchte, die vor Aroma und Süße nur so strotzen. Es ist schwierig zu sagen, welches der beste dieses Quartetts ist, und ich koste hin und her, bevor ich mich schließlich für den 1999 entscheide. Sein Film läuft in Breitwand-Technicolor ab und die Hauptdarstellerin ist eine selbstbewusste Schönheit wie Michelle Pfeiffer. Aber warum nicht? Schließlich sind wir in Kalifornien und nicht in der Heimat von Catherine Deneuve. »Ich weiß, dass das für manche Leute komisch klingt, aber großer Wein, besonders wenn er teuer ist, sollte köstlich schmecken«, sagt Doug mit einem halben Lachen an all jene Weinfreaks gerichtet, die darauf bestehen, diesen einfachen, einleuchtenden Grundsatz zu komplizieren, um ihre Überlegenheit zu demonstrieren – der übliche Grund für solches Gehabe in der Weinszene. Wenn der Wein auf den offenen Markt kommt, wird er Richtung 400 Dollar kosten, was ihn zweifellos zu einem teuren großen Wein macht, aber ebenso zweifellos schmeckt er köstlich.

In diesem Moment kommt Elias Fernandez herein, ein kleiner, sehniger Mexikaner mit großen dunklen Augen, und ich gratuliere ihm zu den »großen Weinen«. Er scheint sich darüber zu freuen, wirkt aber gleichzeitig etwas verlegen, und als ich mich wieder den Shafers zuwende, spiegelt sich auf ihren Gesichtern mehr Stolz auf seine Leistungen als auf ihre eigenen. Die Vorstellung eines französischen Weingutbesitzers, der öffentlich seinen Stolz auf einen algerischen Mitarbeiter zum Ausdruck bringt, oder eines deutschen Winzers, der einen neuen Wein nach einem polnischen Angestellten benennt, ist eher abwegig. Die Shafers haben ihren neuen Rotwein aus der Rebsorte Syrah ›Relentless‹ genannt, »unnachgiebig«, nach dem innerbetrieblichen Spitznamen von Elias Fernandez. Eine der Karten, die sie ihren Kunden und Freunden zum Jahresende schicken, zeigt das Bild eines der mexikanischen Weinbergsarbeiter, ohne deren Einsatz die kalifornische Weinbranche nicht funktionieren könnte, mit der folgenden Unterschrift: »Während dieser Zeit der Dankbarkeit möchten wir die unbesungenen Helden unserer Weinberge ehren. Ohne Eure harte Arbeit, Euer Können und Eure Hingabe würden wir ganz einfach nicht existieren. Danke.« Mit ihrer unhierarchischen, pragmatischen Einstellung und ihrer Fähigkeit zur Improvisation erscheinen die Shafers wie archetypische kalifornische bzw. amerikanische Winzer der »Neuen Welt«. Die Art und Weise, wie sie das Beste aus ihrem naturgegebenen und menschlichen Kapital machen, lässt den größten Teil der Weinindustrie der europäischen »Alten Welt« hoffnungslos veraltet, unflexibel und träge erscheinen.

Vier Truthahngeier kreisen im Azurblau über uns, als wir uns nach einem schnellen Lunch verabschieden und für die wenigen hundert Meter Fahrt hinüber zu Stag's Leap Wine Cellars ins Auto steigen. Dort erwartet uns ein anderer silberhaariger Winzer aus Chicago, ein weiterer Vertreter der »Back to the Land«-Bewegung* der 1970er in Amerika, der 74-jährige Warren Winiarski. Ich möchte mit ihm über die Probe in Paris und die Geschichte des Tales sprechen, er aber will uns seine Weinberge zeigen, hätten wir daran Interesse? Unsere positive Antwort scheint ihm sofort einen Impuls zu verleihen, wir sollen mit ihm kommen, und schon geht es zügigen Schrittes vom Empfang des Weinguts einige Stufen hinunter zu seinem Wagen.

Innerhalb weniger Augenblicke rollen wir langsam durch die Reben und lauschen einer ausführlichen Darlegung seiner Philosophie, und diese Bezeichnung ist keinesfalls übertrieben: »Wir haben hier zwei Arten von Böden, die unteren Lagen befinden sich auf Schwemmböden, aus Material, das aus den umliegenden Canyons über Tausende von Jahren hinuntergespült worden ist. Jeder Tropfen Wasser ist wie ein Hammerschlag, der die Bodenpartikel, auf die er trifft, bergabwärts stößt. Auf den höheren Hängen vor uns haben wir vulkanische Böden, die durch Erosion des Rhyolith aus den Bergen entstan-

* »Zurück aufs Land«.

den sind. In unseren Weinen vereinen wir Feuer und Wasser. Die starken, feurigen und würzigen Elemente stammen aus den höher gelegenen Hängen, während fleischige, geschmeidige und frische Elemente aus den niedrigeren Weinbergen kommen, deren Böden das Wasser besser speichern können.« Es geht sicher nicht zu weit, wenn ich ihn so verstehe, dass die Böden, die aus dem Wasser entstanden sind, den Weinen einen »Wasser«-Charakter verleihen, während jene, die dem Feuer entstammen, den betreffenden Weinen einen »Feuer«-Charakter geben.

Winiarskis Ideen scheinen einer vollkommen anderen Welt als die »Entweder es ist köstlich oder nicht«-Einstellung der Shafers zu entspringen. Solche Worte habe ich bis jetzt nur von biodynamischen Weinproduzenten der »Alten Welt« gehört, wie Lalou Bize-Leroy von der Domaine Leroy im Burgund. In welcher Welt bewegen wir uns? Er hält an, wir steigen aus, seinen Worten zufolge ungefähr auf der Grenze zwischen den »Feuer«- und den »Wasser«-Lagen. Eine unerwartete, erfrischende Brise streicht uns über die Wangen. »Das ist der maritime Einfluss, Meereswinde von San Pablo Bay im Süden. Die Temperatur kann bis heute Abend von 90 auf 50 Fahrenheit* sinken. Das ist sehr wichtig für unsere Reben«, erklärt Winiarski. Da fällt mir auch auf, dass ich in diesem Teil des Tales noch nie eine Palme gesehen habe, nur weiter nördlich, wo diese Meereswinde nicht hingelangen. Die Kombination von dem flachen Hang, auf dem wir stehen, und Wind vom Meer erinnert mich an das Médoc in Bordeaux, obgleich das eine langweilige, öde Landschaft ist im Vergleich zu der Felsenherrlichkeit von Stag's Leap. Ohne nachzudenken, stelle ich eine typische Weinjournalisten-Frage: »Was ist hier anders als in Bordeaux?« »Wir haben mehr Sonnenlicht«, kommt die Antwort zurückgeschossen, und ich komme mir wie ein Idiot vor, eine so dumme Frage gestellt zu haben.

Napa liegt nahe dem 38. nördlichen Breitengrad, während Bordeaux auf dem 45. liegt, und was das bedeutet, ist mir natürlich klar. »Mehr Sonnenlicht bedeutet mehr photosynthetische Energie«, fährt er fort und nähert sich mit so entspannten Bewegungen den Reben, als bewege er sich in seinem Wohnzimmer, »deshalb sind unsere Reben nicht so dicht gepflanzt wie in Bordeaux.« Die Reihen stehen zwei Meter und die einzelnen Reben in der Reihe einen Meter auseinander anstelle der ein Meter mal ein Meter, die ungefähr die Norm in der Heimat des Cabernet sind. »Tatsächlich haben wir mehr Sonnenlicht, als wir brauchen, und müssen vorsichtig sein. Wir brauchen Sonne auf den Trauben, um sie richtig reif zu bekommen, müssen sie aber auch vor Sonnenbrand mit Halbschatten schützen.« Er deutet nachdrücklich auf Reben, bei denen er die Verteilung der Blätter als ideal betrachtet. »Das Ziel ist eine einheitliche Triebstärke und -länge, um einheitlich reife Trauben

* Von 32 auf 10 °Celsius.

zu bekommen. Sich selbst überlassen, würden die stärksten Triebe dominieren und die schwächeren noch langsamer wachsen, und das bedeutet ungleichmäßig gereifte Trauben.« Der Gedanke an unreife Trauben mag in einem so warmen und sonnigen Klima absurd erscheinen – die mittlere Julitemperatur in St. Helena im Napa beträgt trotz der kühlen Nächte 21,7 °C! –, aber ich habe schon von mehreren kalifornischen Winzern gehört, dass die derbe Herbheit und der Geruch nach grüner Paprikaschote, auf die man hier in den Cabernet-Sauvignon-Weinen stoßen kann, ihren Ursprung in teilweise unreifen Trauben haben, die unabsichtlich zusammen mit den reifen geerntet werden. Trauben, die gleichmäßig und vollkommen reif sind, ergeben einen Wein mit ausschließlich reifem Duft und Geschmack. Im Napa bedeutet das Brombeer-, Schwarzkirsch- und Pflaumennoten und keinen Hauch von Gemüsegarten.

Das alles klingt nun wieder ganz praktisch, nach der weit verbreiteten handfesten, amerikanischen Art. Dann erzählt er, dass seine Arbeiter ab dem jetzigen Zeitpunkt Mitte Juli vor der Lese dreimal durch die Reben gehen, um schlecht entwickelte und beschädigte Trauben zu entfernen, damit bei der Lese wirklich alles ganz gleichmäßig reif ist. »Wir nennen das die Halskettemachen«, bemerkt er ganz nüchtern. Die Metapher ist bestimmt mehr als treffend – drei Widerholungen dieser Prozedur sind ein erheblicher finanzieller Aufwand. »Das ist hier *kein* Ackerbau, das ist *Gartenbau*«, sagt er mit der Entschiedenheit eines Propheten bei der Verkündung eines neuen Evangeliums, »das hier ist ein Garten, kein Acker.« Dann zeigt er uns eine Rebparzelle, bei der die Richtung der Reihen um 90 Grad gedreht worden ist, um die Sonnenbestrahlung der Blätter und Trauben zu optimieren. Ich bin ziemlich sprachlos, so etwas habe ich noch nie gesehen. Normalerweise ist es viel einfacher, den ganzen Weinberg neu anzulegen; allerdings bedeutet es den Verzicht auf das ausgedehnte Wurzelsystem der alten Reben, die so ihren Wasserbedarf aus wesentlich tieferen Bodenschichten decken können. Die flachen Wurzeln junger Reben machen sie sehr trockenheitsempfindlich, und das ist in dem Klima hier, wo Regen zwischen Mai und Oktober sehr selten ist, natürlich eindeutig eine Achillesferse.

Die allgemeine journalistische Reaktion auf eine solche Salve überraschender und herausfordernder Aussagen ist ein Hagel direkter, bohrender Fragen, doch wie dieses militaristische Vokabular bereits andeutet, führt das nahezu unausweichlich zu einer Konfrontation. Viele meiner Kollegen haben sichtlich Freude an solchen Gefechten. Ich habe mich manchmal selbst zu diesem Verhalten gezwungen, weil es keinen anderen Weg zu geben schien, an die benötigte Information zu gelangen. Doch normalerweise vermeide ich bewusste Konfrontation. Wie bei vielen ähnlichen Gelegenheiten zuvor überlasse ich auch heute in Stag's Leap meinem Gegenüber das Reden, werfe nur gelegentlich kurze Kommentare ein, wo es mir notwendig erscheint, um ihn zum

Fortfahren zu ermuntern. In Winiarskis Fall ist das nicht schwierig, er genießt es ganz offensichtlich, seine Ideen zu erläutern.

»Die Blätter und Ranken des Rebstocks sind einjährig und sterben am Ende der Vegetationsperiode, die Triebe sind mehrjährig, sie leben weiter bis zum nächsten Jahr oder länger, während die Kerne in der Beere die Sehnsucht der Reben nach Unsterblichkeit ausdrücken, das heißt weitere Generationen. Der Zucker in der Beere ist nur dazu da, um das Interesse darauf zu lenken. Die Rebe ist sehr erfolgreich dabei gewesen, weil sie von Vögeln und Tieren, die die Beeren fressen und den Kernen damit Mobilität verleihen, auf uns Menschen gekommen ist. Wir sind an mehr als dem Zucker in der Beere interessiert und pflegen die Rebe deshalb sorgfältiger als jede andere Ackerpflanze.« Der Geschmack der Beere hat Winiarski zweifellos dazu gebracht, seinen Reben eine beispiellose Pflege angedeihen zu lassen. Meine Frau und ich sind vollkommen in Gedanken versunken, während wir mit Winiarski zurück zum Weingut fahren. Ist das alles ein Haufen exzentrischer Theorien, kalifornische Mystik, oder werden sich Bestätigungen dafür in den Weinen finden?

»Wir fügen in unseren Weinen Feuer und Wasser zusammen«, wiederholt unser Gastgeber in der Kühle und Stille des Verkostungsraums, wie eine Anleitung zur Meditation in seinem Tempel. »Wie die beiden ersten Weine demonstrieren sollen«, sagt er und schenkt aus Flaschen mit improvisiertem Etikett in die zwei Gläser vor uns ein; »2000 Fay – Wasser« ins linke und »2000 SLV – Feuer« ins rechte. Während wir riechen und schmecken, wird uns schnell ein drastischer Gegensatz zwischen den beiden Weinen bewusst. »Wasser« duftet eindrücklich nach schwarzen Beerenfrüchten und einem Hauch frisch gehackter Minze, wirkt freundlich und generös wie mein Lieblingsonkel, der mir als Kind immer auf die Schulter klopfte und kleine Geschenke zusteckte. »Feuer« ist unverholen Kraftvoll und von durchdringender Würze geprägt. Ist das Zimt oder Kardamom, das ich da rieche? Ich koche selten mit diesen Gewürzen und erkenne sie nicht sicher. Kompakt und zurückhaltend, die Jacke bis oben hin zugeknöpft, und darüber ein wahres Pokerface; ein eindrucksvoller und strenger Wein.

»Früher haben wir das alles zusammen gelesen«, wirft Winiarski ein, nachdem wir mit unseren Notizen fertig sind. »Solche Unterschiede treten nur zutage, wenn man sich auf Dinge zu konzentrieren lernt, von denen man vorher gar nichts gewusst hat. Die Entfaltung jedes Weines bringt die komplexen Einflüsse dessen zum Vorschein, was ich die drei G nenne: die Trauben, den Boden und den Kerl*.«

Die derart unterschiedlichen Persönlichkeiten der beiden Weine beweisen, dass die Philosophie, die uns Winiarski zuvor erläutert hat, trotz unkonven-

* »The Grapes, the Ground and the Guy«.

tionellen Ansatzes durch und durch schlüssig ist und auf den wahren Gegebenheiten der Weinberge beruht. Obwohl sich »Kerl« sehr amerikanisch anhört, ist auch die Idee der drei G europäischen Spitzenwinzern ganz und gar vertraut.

»Unser Ziel ist es, Gegensätze zu harmonisieren. Wir füllen zwar jeweils Einzellagen-Cabernets aus der Lage Fay und dem Stag's Leap Vineyard ab, Letzteren mit der Bezeichnung SLV, aber unser Spitzenwein ist ein Verschnitt von Cabernets aus den Feuer- und Wasserlagen namens Cask 23.« Wir leeren unsere Gläser in den Spucknapf, damit Winiarski die nächsten Weine einschenken kann: den 1999 Cask 23 ins linke und den 1995 Cask 23 ins rechte Glas. »Der 1999 ist zu jung, zu unfertig, als dass dieser Pfau radschlagen könnte, aber Sie wollten ihn probieren, es war ein sehr guter Jahrgang«, sagt er dazu und überlässt uns dann unseren eigenen Folgerungen. Ein Schnuppern an dem hinreißend duftenden 1995 erklärt, was er mit Pfauenrad gemeint hat, es ist bereits jetzt ein Feuerwerk von Gewürzen und Kräutern, zugleich extravagant und filigran wie eine üppig verzierte Moschee mit anmutig aufsteigenden Minaretts. Assoziationen bei Weinen, besonders so außergewöhnlichen Weinen wie dem 1999 Cask 23, können immer nur sehr persönlicher Art sein, um überhaupt etwas von dem Erlebnis vermitteln zu können. Der Cask 23 einnert mich an zeitgenössische Porträts von Queen Elizabeth I., aufrecht sitzend und in Gewänder aus feinsten Stoffen geschnürt. Doch die Gesichtszüge in der Mitte dieser großartigen Komposition sind nicht europäisch; eine rothäutige Squaw starrt mich stattdessen unverwandt an.

Von den vertrauten Ausdrücken der Gesichtszüge meiner Frau – Erstaunen, Vergnügen, Neugier und wieder Erstaunen – weiß ich, dass sie unabhängig davon, wie unterschiedlich ihre eigenen Assoziationen sein mögen, ähnlich empfindet. Wir haben hier nicht nur einen absoluten Höhepunkt der Winzerkunst vor uns, er entzieht sich zugleich jedes Abstempelns in simplen Kategorien wie Alte Welt oder Neue Welt.

Als wir am nächsten Morgen auf der östlichen Seite des Tales unter dem langsam aufbrechenden Wolken- und Nebeldeckel zu unserem ersten Termin fahren, kommen wir zwar an mehreren architektonischen Wundern oder Scheußlichkeiten vorbei, die der Weinboom dem Tal beschert hat, aber vor allem sehen wir Reben, Reben und nochmals Reben. Der Talboden im Napa Valley ist heutzutage nahezu vollständig damit bepflanzt. Als ich ein Jahr zuvor mit Michael Mondavi, dem ältesten Sohn des Grand Seigneur des Napa Valleys, Robert Mondavi, diese Straße entlanggefahren bin, hat er mir erzählt, vor hundert Jahren seien hier vor allem Walnussbäume und Weizen gewachsen. Reben habe es nur an den Hängen und am Bergfuß gegeben. »Es ist so ländlich hier, das habe ich überhaupt nicht erwartet«, werde ich von meiner Frau in meinen Gedanken unterbrochen. Das vereinigte PR-Getöse der

Napa-Weingüter lässt einen vergessen, dass *das* Tal auch eine ländliche Gemeinde ist, zu deren Mitgliedern viele Traubenproduzenten gehören. Die teuersten Cabernet-Sauvignon-Trauben in Napa aus der 1999er Ernte wurden für 9 400 Dollar pro Tonne verkauft: die Traubenqualität, die durch harte Arbeit im Weinberg entsteht, zahlt sich aus. Daher sehen die Reben rechts und links von uns sehr ordentlich und gut gepflegt aus.

Allerdings war das nicht immer der Fall. Als ich im August 1986 zum ersten Mal hier war, wucherten die Reben typischerweise wild in alle Richtungen und ähnelten eher einem Dschungel. Dabei waren die Reihen meist viel breiter als heute und hätten mit einem normalen Traktor bearbeitet werden können. »California Sprawl« wird das heute abfällig genannt. Da huscht so eine kleine Insel von schlecht gepflegtem grünen Chaos auf der rechten Seite des Highway 29 vorbei. Verglichen mit den intensiv betreuten, dicht gepflanzten modernen Weinbergen wirken sie wie Neandertaler neben den Neuzeitmenschen. Sie sind auch zum Aussterben verurteilt.

»Die besten Produzenten hier, ob sie nun Newcomer oder Veteranen sind wie wir, arbeiten intensiv *mit* dem Weinberg. Ich bin ein Naturalist, der versucht, mit der Natur zu arbeiten, das bedeutet Marienkäfer, Hühnermist und Kompost statt chemischen Düngers«, erzählt kurze Zeit später Bo Barrett von Chateau Montelena. Wir sitzen mit dem hoch gewachsenen, jeansbekleideten Winzer in einem pagodeartigen Holzpavillon auf einer Insel in der Mitte des Jade-Sees, umgeben von Gärten im chinesischen Stil. All das ist das Werk der vorherigen Besitzer, Yort und Jeanie Frank. Neben dem See sind die imposanten neoromanischen Bögen und Zinnen des monumentalen »Château«-Gebäudes zu erkennen, eigentlich ein Fasskeller, der in den 1880ern von dem Betriebsgründer Alfred L. Tubbs, einem Unternehmer aus San Francisco, aus örtlichem Gestein erbaut wurde. Die Andacht, wenn auch nicht die Lieblichkeit der Szene, sie passt gut zu Barretts Bemerkungen über Wein, Landwirtschaft und Natur. »Selbst als Atheist muss man zugeben, dass etwas viel Größeres existiert als man selbst. Für mich bedeuten die Worte ›Cabernet Sauvignon‹ viel mehr als nur Rotwein. Sie bedeuten, das Land zu bearbeiten, mit Freunden zu arbeiten, eingefangene Zeit, Vergangenheit und Zukunft«, fährt der halb kahle, schnurrbärtige freie Denker in der Tradition von Henry David Thoreau fort. Ironie liegt ihm fern.

In unseren Gläsern funkelt der 1999 Château Montelena Estate Cabernet Sauvignon, und ich gebe gern zu, dass er etwas viel Größeres als meine Wenigkeit darstellt. Die dunkle Erhabenheit seines Bouquets ist beinahe das Geringste dieses Weines, der mich beim ersten Schluck geradezu überwältigt hat. Ich fühle mich, als schwimme ich in einem kleinen Boot, neben dem ein riesiger Leviathan aus den unendlichen Tiefen auftaucht und dabei eine große Welle über mich hinwegrollen lässt, sodass ich beinahe untergehe. Obwohl Farbe des Weines und Situation ganz ›falsch‹ sind, denke ich dabei an Moby

Dick. Wie diese Geschichte hat der Wein etwas zugleich unverhohlen Amerikanisches und sehr Urtümliches. Die Erhabenheit beruht auf den eng verschlungenen Aromen, die einerseits die Sinne unmittelbar ansprechen – bittere Schokolade und süße schwarze Beeren – und andererseits weniger attraktiv wirken, wie Leder und nasse Erde.

Bo Barrett hatte uns zuvor die Weinberge gezeigt, und da erschien der Gedanke an Hermann Melvilles Antiheldentier noch vollkommen abwegig. »Und siehe da, der mächtige Napa River!« – mit diesen sarkastischen Worten deutete er auf ein steiniges, knochentrockenes Bachbett. Doch haben diese Wasser die Schwemmböden transportiert, auf denen die alten Cabernet-Reben hier wachsen. Sie wurden von seinem Vater, James L. Barrett, gepflanzt, unmittelbar nachdem der irischstämmige Rechtsanwalt aus L. A. das heruntergekommene Anwesen 1972 gekauft hatte. Alte Weinberge wie diese gibt es nur sehr selten in Napa, weil die University of California in Davis viele Jahre lang eine Wurzelunterlage namens AxR-1 empfohlen hat, die sich aber als nicht immun gegen die Reblaus erwiesen hat*.

Die Entdeckung dieses Mangels führte während der 1990er in ganz Kalifornien zu einer panikartigen Welle von Neuanpflanzungen. Die Barretts haben jedoch Glück gehabt, weil sie eine alte, reblausresistente Unterlage namens St. George benutzt haben. »Die alten Reben sind oft wie alte Menschen, ganz schön mürrisch, aber wenn sie gut sind, dann sind sie *richtig* gut!« Es ist vor allem Wein aus den Trauben dieser Reben, den wir vor uns im Glas haben, plus einigen aus jüngeren Weinbergsparzellen auf Hängen mit vulkanischem Boden. Im Gegensatz zur in Napa herrschenden Norm regelmäßiger Bewässerung bewirtschaften die Barretts den größten Teil ihrer Weinberge »trocken«, d. h. ohne Wasserzufuhr. »Den Reben auf den Vulkanböden müssen wir allerdings etwas Wasser geben, sonst würden sie eingehen«, hat Barrett auf unserer Tour durch die Weinberge erklärt, »wir kümmern uns um jede Rebparzelle einzeln. Wir sind Weinbauern, und bei unserem Wein geht es um die Fruchtaromen der Trauben.« Seine Worte erinnern mich an einen Satz von François Mitjavile von Tertre-Roteboeuf in St. Emilion in Bordeaux, dem französisch-katalanischen Winzer, der einen der eigenständigsten und großartigsten Weine jenes Gebiets erzeugt: »Der Winzer ist ein kultivierter Bauer, weil er die Pflege der Reben auf die Bedingungen im Weinberg abstimmt.« Hier hat sich eine Kultur der feinen Differenzierung in der Weinbergspflege entwickelt.

Das Napa der Gegenwart ist zwar eine ländliche Gemeinde, trotz des enormen Tourismus, aber das bedeutet keinesfalls, dass es eine rückständige Ge-

* Die Reblausplage oder Phylloxera ist der Grund dafür, dass seit über einem Jahrhundert so gut wie alle Reben weltweit auf Wurzelunterlagen gepfropft und erst dann gepflanzt werden.

gend ist. Die Vorstellung, dass Landwirtschaft und Rückständigkeit zwangsläufig zusammengehören, ist Teil einer selbstherrlichen, intellektuellen und ganz und gar städtischen, in Amerika ebenso wie in Europa verbreiteten Weltanschauung, für die Geistesarbeit grundsätzlich all jenen Tätigkeiten überlegen ist, bei denen man schmutzige Fingernägel riskiert. Dahinter steckt die Unwissenheit und Geringschätzung gegenüber dem Land, das nur noch als Erholungsgebiet wahrgenommen wird. Auch aus diesem Grund ist amerikanischen Weinliebhabern selten bewusst, dass die Cabernet-Sauvignon-Weine aus dem Napa Valley, die sie zu Kultobjekten erhoben haben, wie alle großen Weine das Ergebnis äußerst sorgfältiger Arbeit im Weinberg sind, Welten entfernt vom normalen Weinbau. Letzterer hat wie jede konventionelle Landwirtschaft im Allgemeinen das Ziel, die größtmögliche Menge zu produzieren. Die Nachfrage nach erstklassigen Trauben ist heutzutage im Napa so stark, dass es nur noch wenige »normal« bewirtschaftete Weinberge gibt. Angebot und Nachfrage, marktwirtschaftliche Kräfte haben selbst jene Napa-Winzer in die gehobene Weinwelt gezerrt, die aus eigenem Antrieb nicht in diese Richtung gehen wollten. Nur die Faulenzer sind nicht mitgezogen.

Stattdessen neigen amerikanische Weinliebhaber dazu zu glauben, Qualität und Charakter kalifornischer Weine hänge in erster Linie von bedeutenden und geheimnisvollen Dingen ab, die im Keller stattfinden. Das ist die Domäne des »Winemaker«, des Weinmachers, einer mythischen Gestalt, die den Amerikanern in den Jahren nach der Pariser Probe von den Medien eingeimpft wurde, um den kalifornischen Wein zu einer »sexy« Erfolgsstory zu machen. Wenige Weingutbesitzer sind so geborene Kommunikatoren wie Robert Mondavi, der 1966 das erste neue Weingut in Napa seit der Prohibition gründete und stets etwas Interessantes und Unterhaltsames zu sagen weiß. Die Journalisten stürzten sich daher auf die Kellermeister, von denen viele, häufig Frauen, jung, gut aussehend und nicht auf den Mund gefallen waren. Weinbergsarbeit ergab dagegen keine guten Bilder, das waren entweder Traktoren zwischen den Rebreihen oder umherrennende arme Mexikaner. Im besten Fall war hier eine saftig-grüne Landschaftsaufnahme eines zweiten, durch und durch amerikanischen Paradieses zu holen, bevor man zu den Kellermeistern überging. Den Gegensatz bot der Keller »Action«: Da wurde Wein von einem Tank in den anderen gepumpt, Fässer herumgerollt und gesäubert. Die Hektik der Lese, die die Kalifornier »the crush« nennen, den Trubel, ermöglichte die besten Bilder, und auch hier gab der Kellermeister den Ton an. Ein neuer Name, der diese Person aufregender erscheinen ließ und seine Aufgabe verständlicher machte, musste gefunden werden, und so wurden diese neuen amerikanischen Helden zu »Weinmachern«. Der Bau spektakulärer neuer Kellereien wie Sterling, 1969 in Calistoga gegründet, oder Domaine Chandon aus den frühen 1970ern förderte noch die Besessenheit der Medien mit den Kellern und ihren Herrschern.

Diese Entwicklung hat eine direkte Parallele auf geschmacklicher Ebene. Es gibt kaum ein »Wein«-Aroma, das für Anfänger einfacher wieder zu erkennen ist als die Vanille-, Röst- und Kaffeearomen, die Weine durch die Lagerung in kleinen neuen Eichenfässern bzw. Barriques annehmen. Es ist die ultimative »Weinmacher«-Geschmacksnote, da sie nichts mit den traubeneigenen Aromen zu tun hat; eine weinfremde Komponente, an die wir uns dermaßen gewöhnt haben, dass wir sie quasi nie in Frage stellen. Holzfässer werden seit den alten Römern beim Wein eingesetzt, doch in den letzten Jahren sind es nicht nur in Kalifornien immer mehr neue Fässer. Einerseits gibt es viele Neulinge unter den Weinliebhabern, die den Eichengeschmack mögen, und andererseits bedeutet der weltweite Aufschwung der Weinbranche, dass Geld für neue Fässer zur Verfügung steht*.

Im Jahre 2000 bin ich der äußersten Form dieses Fetischismus ums neue Eichenholz begegnet, als ich im »Grand Chai« der Opus One Winery in Oakville stand, einer Joint Venture zwischen Robert Mondavi und den Rothschilds von Mouton Rothschild in Pauillac/Bordeaux, die eine Rotwein-Cuvée auf der Basis von Cabernet Sauvignon erzeugt, deren erster Jahrgang ein 1979er war. Über tausend neue Fässer lagen in dieser halbrunden, unterirdischen Betonkiste ausgebreitet. »Diese Fässer warten alle auf den Wein des Jahrgangs 2000, für den wir in ungefähr einem Monat mit der Lese beginnen werden«, hatte mir mein Begleiter sehr ernsthaft mitgeteilt, »es ist die beste Qualität von neuen Fässern aus französischer Eiche, die man für Geld überhaupt kaufen kann.« Ich schätzte ihren Wert auf rund eine Million Dollar. »Wie alt waren die Bäume, aus denen sie gemacht worden sind?«, fragte ich und versuchte dabei so unbeteiligt wie möglich zu klingen. »Zwischen 200 und 250 Jahren«, kam die stolze Antwort zurück. Ein erfahrener Förster hat mir später erklärt, dies bedeute, vorausgesetzt, dass die französischen Wälder, aus denen dieses Eichenholz stammt, auf nachhaltige Weise bewirtschaftet werden, dass allein Opus One alljährlich die Holzproduktion von 150–200 Hektar alter Wälder für sich in Anspruch nimmt. Zu der Frage nach der ökologischen Rechtfertigung für diese Extravaganz gesellt sich jene, ob sie für den Wein überhaupt notwendig ist. Schmeckt Opus One auf diese Weise besser, als wenn er zum Beispiel in zur Hälfte neuen und zur Hälfte bereits für einen anderen Jahrgang genutzten Fässern lagern würde?

Die Antwort darauf ist nicht einfach, da ich den Vergleich, sollte er im Labor von Opus One existieren, nicht zu verkosten bekam. Der 1996, den ich damals probiert und seitdem mehrere Male wieder erlebt habe, war ein kraftvoller, doch dabei eleganter und seidiger Rotwein mit lebhaften, reifen, an

* Auch in Kalifornien werden aber wie in zahlreichen anderen Übersee-Weingebieten in Ermangelung der nötigen Dollar geröstete Eichenspäne, so genannte Oakchips, in Nylonnetzen in den Wein gehängt, bis er das gewünschte Aroma erreicht hat.

schwarze Johannisbeeren erinnernden Fruchtaromen aus den Cabernet-Sauvignon-Trauben und einem Mokkaton aus den Fässern. Die ziemlich konventionelle Art meiner Beschreibung deutet bereits darauf hin, dass ich den Wein gut, aber nicht sonderlich inspirierend fand. Er war bei weitem nicht so imposant oder faszinierend wie der Chateau Montelena Estate Cabernet Sauvignon, ein Wein, der nur zu 25 Prozent in neuen Eichenholzfässern lag.

Weniger neue Eiche bedeutet allerdings nicht zwangsläufig bessere Weine, wie Dominus beweist, der Betrieb auf der anderen Seite der Straße gegenüber von unserem Hotel in Yountville, der Christian Moueix von der gleichnamigen Bordelaiser Weinhandelsfirma gehört (der außerdem auch mehrfacher Château-Besitzer in Bordeaux ist, darunter zur Hälfte des berühmten Château Pétrus). Der 1999 Dominus, ebenfalls eine Rotwein-Cuvée auf der Basis von Cabernet Sauvignon, der zu 40 Prozent in neuen Barriques reift, schmeckte hohl und alkoholisch mit einem harten metallischen Nachgeschmack. Hart und mager waren die häufigsten Kritikpunkte an den Napa Valley Cabernet Sauvignons der 1980er – zweifellos ein Zeichen dafür, dass sich der Großteil der damaligen Weinmacher noch nicht von den europäischen »Vorbildern« befreit hatte. Moueix scheint nach wie vor an den Weinen seiner Heimat als Ideal für seinen kalifornischen Spross Dominus festzuhalten.

Nach der Probe bei Montelena bin ich überzeugt, dass die Aufgabe der Medien bei der Entstehung der Kultweine aus Napa in erster Linie darin bestand, einen großen Teil der amerikanischen Gesellschaft davon zu überzeugen, dass die neuen kalifornischen Weine nicht nur ihre Aufmerksamkeit verdienten, sondern mit Nationalstolz bedacht werden sollten. Die allermeisten Amerikaner, selbst jene, die ihr Land mit kritischen Augen sehen und vieles daran gern ändern würden, verspüren trotzdem das starke Verlangen nach der öffentlichen Demonstration der Größe Amerikas. Napa Valley und seine Cabernets sind zu einem Teil dieser Maschinerie des Chauvinismus geworden. Durch einen Wirtschaftsboom ungeahnten Ausmaßes während der 1990er konnte eine neue Generation von Weinkonsumenten über gigantische Geldsummen verfügen, die keine Komplexe mehr hatte angesichts der angeblichen Überlegenheit der europäischen Weine. »Dotcom«-Geld ermöglichte den Napa-Winzern jeden erdenklichen Aufwand im Weinberg, da sie sicher sein konnten, dass die so entstehende Qualität gebührend entlohnt und gefeiert werden würde. Nur die amerikanischen Weinsammler alten Stils, die mit europäischen, gelagerten Weinen aufgewachsen waren, packten auch die neuen Weine für längere Zeit in ihre Keller. Viele der jungen, neuen Konsumenten der 1990er aus Seattle, San Francisco oder dem Midwest kauften Weine für viele Hunderte oder Tausende von Dollar pro Flasche, tranken sie und fanden sie köstlich – andernfalls wäre der Boom trotz des Engagements der Medien schnell beendet gewesen.

Was die ersten Kult-Cabernets von den Weinen der etablierten Spitzenproduzenten unterschied, war ihre magische Kombination von mächtiger Kraft mit Geschmeidigkeit. Der erste magische Napa-Cabernet und nach wie vor einer der gefragtesten Kultweine ist Grace Family Vineyards. Dick und Ann Grace' 1,2-Hektar-Cabernet-Sauvignon-Reben wachsen an einem Hang unmittelbar am Highway 29, im Norden von St. Helena. Der erfolgreiche Börsenmakler Dick Grace hatte keine Ahnung vom Weinbau, als er das heruntergekommene »Geisterhaus« 1975 kaufte und kurz darauf ein 0,4 Hektar großes Stück zwischen Haus und Straße. »Mike Richmond, der damals für den Verkostungsraum der Freemark Abbey Winery verantwortlich war, sagte mir, dass Reben, die kämpfen müssen und es schaffen, stark sind. Für jemanden mit einer Vergangenheit bei den Marines wie mich machte das enormen Sinn«, erzählt mir Grace zwischen den massiven Steinwänden des Kellers unter dem inzwischen einfühlsam renovierten Haus, als ich dort am Morgen nach meinem Besuch bei Chateau Montelena sitze.

Die Graces haben von Anfang an chemische Herbizide und Pestizide vermieden und sämtliche Arbeit in ihrem winzigen Weinberg mit den eigenen Händen gemacht, doch von der Arbeit im Keller hatten sie keine Ahnung. Deshalb überredeten sie Charlie Wagner von Caymus in Rutherford, damals wie heute einer der Spitzenproduzenten von Napa-Cabernet, die Trauben zu übernehmen. Als Dick Grace mit ihrer ersten Lese in sechs Kombis vier Stunden nach dem verabredeten Ablieferungstermin bei Caymus ankam, wurde der sonst mürrische Wagner ganz aufgeregt und rief: »Dick, das ist verdammt gutes Zeug!« Er entschied sofort, diese Trauben separat auszubauen, um zu sehen, wie sich der daraus gewonnene Wein präsentieren würde. Als die zwei Barriques 1978 reiften, »wurden ihre weichen Gerbstoffe und wunderbare Harmonie immer offensichtlicher«. Der Wein wurde für sich abgefüllt und war schnell verkauft, bei einem Preis von 25 Dollar pro Flasche. In den nächsten Jahren stieg die Produktionsmenge, aber der Wein war trotzdem permanent ausverkauft, da er bald eine große Anhängerschaft gewann. Dann wurden bei der 1985 Napa Valley Wine Auction fünf Flaschen des 1981 Grace Family Vineyards Cabernet verschiedener Größe für die noch nie da gewesene Summe von 10 000 Dollar (v)ersteigert: »Wir waren plötzlich in einer Nische gelandet, von deren Existenz wir zuvor nicht einmal geahnt hatten.« Der Kult-Cabernet in seiner heutigen Form war geboren; unbeabsichtigt hatte Dick Grace mit seinem Wein ein Vorbild für diese neue Wein-Generation geschaffen. Von diesem Moment an waren Einzellagenbezeichnung und limitierte Produktionsmengen mehr oder weniger essenzielle Voraussetzung für den großen Erfolg.

»Der Erfolg mästete unsere Egos und unsere Brieftaschen«, fährt er fort, »für einen Kontrollfreak wie mich war es sehr beunruhigend, Alkoholiker und abhängig von Percodan-Schmerzmitteln zu sein, die ich für eine alte Verletzung nahm.« Auf diese Wendung war ich überhaupt nicht gefasst, denn der

Mann mir gegenüber, mit kurzem, krausem grauen Haar, messerscharfem Blick aus blauen Augen und durchtrainiertem Körper entspricht ganz und gar meiner Vorstellung eines ehemaligen Marine-Elitesoldaten. »Ich habe jetzt seit über vierzehn Jahren keinen Tropfen angerührt. Mit der Nüchternheit und allmählicher Kontrolle über meine Depressionen wurde mir immer bewusster, dass ich die Welt durch eine neue Brille sah. Anstatt mich selbst als den Strand zu sehen, wurde mir klar, dass ich nur ein Sandkorn darstellte. Ich war nicht der Schöpfer von Grace Vineyards, mir war nur die Verwaltung übertragen worden, damit ich seinen Werdegang bestimmen konnte.« Als er uns dann den ursprünglichen Weinberg zeigt, der 1994 neu bepflanzt worden ist, wirkt diese Parzelle wie ein makellos gepflegter Garten, bei dem jedes Blatt seinen bestimmten Platz hat. Doch weist er uns an, alle Fruchtansätze aus der zweiten Blüte zu entfernen, die wir sehen, während wir mit ihm durch die Reihen gehen; kleine Trauben mit dunkelgrünen Beeren, so hart wie TK-Erbsen, die nicht zur gleichen Zeit wie der Hauptertrag reif werden und so etwas von der Energie der Rebe von den guten Trauben ablenken. »Ich glaube, dass es keine Tätigkeit oder Handlung gibt, die nicht wichtig wäre, weil alles, was in der Welt geschieht, die Welt verändert«, sagt Grace und lobt die Bemühungen meiner Frau, die viel sorgfältiger waren als meine eigenen.

Wir gehen hinüber in die winzige, kapellenartige Kellerei, die 1987 neben dem Haus entstanden ist. »Es gibt bei uns keine VIPs; jeder wird mit der gleichen Achtung und dem gleichen Respekt behandelt.« Das bedeutet, dass wir wie allen anderen den 2001 Cabernet Sauvignon aus dem Fass probieren können, aber keine Flaschen geöffnet werden. Er fordert mich auf, ein Fass auszuwählen, aus dem ich probieren möchte, und entnimmt dann vorsichtig ein paar Schlucke mit einer Glaspipette. Obgleich E. T., der Untergrundweinhändler aus L. A., den 1994 Grace Family Vineyards Cabernet Sauvignon für mich ausgeschenkt hat und es ein grandios guter Wein gewesen ist, ist das hier doch wieder ein Moment äußerster Spannung. Wie kann der Wein alldem gerecht werden, was wir gerade gehört haben?

Obwohl der Wein andere Aromen als eine vollkommene Rose zeigt, wirkt er doch so umhüllend und makellos. Im Mund gibt es nicht eine Spur von Härte, ganz im Gegenteil, er ist ausgesprochen kremig, und als er schwerelos in die Ferne gleitet, hinterlässt er einen Schweif zarten Dufts wie junges Grün, als sei gerade eine Prozession vorbeigezogen und habe frisch gehackte Kräuter gestreut. Dick Grace wird seinen 2001 Cabernet Sauvignon an die 435 Interessenten auf seiner Kundenliste für 175 Dollar pro Flasche verkaufen, und er hat 4000 Namen auf einer Warteliste für eine Zuteilung; eine charakteristische Situation für einen Kult-Cabernet. Doch handelt es sich nicht nur um eine Geldmaschine, die die Brieftasche der Familie Grace mästet. Sie unterstützen eine lange Reihe von Wohltätigkeitsorganisationen mit finanziellen Zuwendungen und Wein-Spenden, besonders solche für bedürftige

Kinder in den USA, Mexiko, Indien und Nepal. Eine davon ist ein Haus in San Francisco, in dem Kinder, die an der UCSF Medical School wegen einer Krebserkrankung behandelt werden, mit ihren Familien leben können. Vor einiger Zeit hat ein wohlhabender amerikanischer Weinsammler einen Scheck über 100 000 Dollar für diese Einrichtung unter Dick Grace' Scheibenwischer geklemmt. Die Kult-Cabernets wären vielleicht auch ohne den Grace-Wein entstanden. Früher oder später wäre sicher jemand anders darauf gekommen, was man hier mit mehr als dem sonst üblichen Aufwand im Weinberg erreichen kann. Doch ohne den Grace-Wein und ihr Engagement für weniger bevorzugte Mitmenschen wäre es nicht zu dieser Spende gekommen. »Ich habe nie geglaubt, ein großes Ziel zu haben, aber jetzt weiß ich, dass es darin besteht, Menschen zusammenzubringen. Mir ist jetzt klar, dass wir nur wirklich glücklich sein können, wenn wir unsere Energie, unser Kapital, unser Mitgefühl und unsere Liebe teilen, ohne Erwartung einer Gegenleistung.«

Obwohl wir uns zweieinhalb Stunden unterhalten haben, vor allem über Grace' Erlebnisse mit kranken und sterbenden Kindern, die er »meine Gurus« nennt, über die Suche nach dem Glück und wie Mitgefühl geweckt werden kann, schwirrt mein Kopf vor Fragen, als wir zurück zum Auto gehen. Ich beschließe, dass die letzte Frage trotz der enormen Vielseitigkeit unseres Gesprächs doch den Wein betreffen muss: »Was ist die größte Veränderung, seit Sie ins Napa Valley gekommen sind?« »Damals waren die jungen Weine, die die Wettbewerbe gewannen, zum größten Teil extrem alkoholisch und gerbstoffbetont, während sie heute ausgewogen sind. Die Anbaumethoden haben sich positiv verändert, und dann spielen natürlich die Frauen eine viel stärkere Rolle.«

Im Zuge des vertrauten Schemas, Weinmacher zu Stars zu erheben, richteten die amerikanischen Medien ihre Aufmerksamkeit während des Kult-Cabernet-Phänomens der frühen 1990er auf zwei beratend tätige Weinmacher, die für viele der neuen Weine verantwortlich waren: Helen Turley und Heidi Peterson Barrett. Getreu der Besessenheit der amerikanischen Presse mit dem Weinmachen im Keller erklärten die Journalisten die Ausbaumethoden der zwei Stars zum Geheimnis des Erfolgs. Obgleich beide bei manchem im Keller ein wenig anders verfuhren als sonst damals allgemein üblich, unterscheiden sich die Cabernet Sauvignons, die unter ihrer Anleitung entstanden und entstehen, dennoch nicht erheblich von den Spitzen-Cabernets, die die etablierte Elite Napas heute erzeugt. Allen gemeinsam ist der ziemlich hohe Alkoholgehalt, typischerweise 13,5 bis 14,5 Prozent, und ein hoher Gerbstoffgehalt, der dennoch ausgewogen, ja sogar seidig schmeckt. Das ist das Ergebnis eines gezielt reduzierten Ertrags pro Rebe, sorgfältiger Arbeit im Weinberg und des genauen Abstimmens des Lesetermins, um vollkommen reife Aromen und Gerbstoffe zu erhalten. Aus praktischer Sicht war es Turleys und Peterson Barretts Besessenheit mit Traubenqualität, die die größte

Rolle spielte; eine Lektion, die sie von Vorreitern wie Grace Family Vineyards gelernt hatten. Unter wirtschaftlichem Aspekt bestand ihr Verdienst darin, eine Gruppe neuer Weinbergsbesitzer zu überzeugen, große Risiken einzugehen und sofort nach den Sternen zu greifen, anstatt sich langsam und bedächtig in ihre Richtung zu bewegen.

Die europäische Weinpresse hat nur selten die Gelegenheit, die neuen Napa-Kultweine zu verkosten, und ist daher größtenteils nicht vertraut mit ihnen. Was ihr aber umso deutlicher aus der Ferne auffiel, war die schamlos amerikanische Art, mit der die beiden Star-Weinmacherinnen sich in Szene setzen – auf Turleys Visitenkarte steht »Wine Goddess«, Weingöttin, statt Weinmacherin – und ihr unverhohlener Ehrgeiz, Weltklasse-Weine ohne die im Alten Europa dafür als unerlässlich betrachtete Tradition und Geschichte zu produzieren. Die europäische Weinpresse las auch die Lobeshymnen, mit denen ihre amerikanischen Kollegen alles mit diesem Phänomen Verbundene bedachten, und sah, wie die Preise für die Kultweine selbst die der etablierten Elite europäischer Weine noch hinter sich ließen. Nichts von alldem gefiel ihr und sie war schnell dabei, Turley und Peterson Barrett in die Rolle der Emporkömmlinge zu stecken, deren Vermessenheit die althergebrachte Hierarchie der Weinwelt aus der Sicht unseres kleinen alten Kontinents bedrohte. Die europäischen Kritiker droschen auf die reifen Fruchtaromen, die Opulenz und Geschmeidigkeit der neuen Weine als Ausdruck gewollter Übertreibung ein; als Beweis dafür, dass die Emporkömmlinge laute, kitschige Weine für unkultivierte, neureiche Amerikaner machten. Die Tatsache, dass die besten Weine aus europäischen, mit Napa vergleichbaren Klimazonen, etwa im Mittelmeerraum, ebenfalls zu reifen Fruchtaromen, Opulenz und Geschmeidigkeit neigen, wurde ignoriert, weil es bei der Verteufelung der amerikanischen Bedrohung hinderlich gewesen wäre. Trotz ihrer Erfolge haben sich Turley und Peterson Barrett allmählich aus der direkten Schusslinie der europäischen Kritiker entfernt. Ihr Platz wird jetzt von weiblichen Weingutsbesitzern wie Jean Phillips von Screaming Eagle, der Weinauktionärin Ann Colgin vom gleichnamigen Betrieb und meinem Essensgast an diesem November Abend im Hotel Louis C. Jacob eingenommen. Jetzt sind sie es, die von vielen meiner europäischen Kollegen als die Zerstörer der wahren Weinkultur angesehen werden …

Es ist einige Minuten vor acht, und ich sitze in der Bar des Hotels Louis C. Jacob an der Hamburger Elbchaussee. Dunkles Holz und Lederbezüge im Stil eines Gentleman's Club verbreiten eine Atmosphäre von Alter-Welt-Gewichtigkeit, die gut zu der unter den Spitzen der Hamburger Gesellschaft allgemein herrschenden Stimmung passt. Allerdings wird dieser Eindruck durch eine Reihe bunter Glaslampen über dem Bartresen aufgelockert, die vom neuesten Stardesigner aus L. A. stammen könnten. Ich warte auf meinen

Gast zum Abendessen, Delia Viader, eine Winzerin, die ich vier Monate zuvor in ihrem Büro in Napa Valley kennen gelernt hatte, als wir dort auf dem Schreibtisch ihre bemerkenswerten Rotweine verkosteten. In den zwei Stunden hat sie eine Menge erzählt, hat nur aufgehört zu reden, wenn ich intensiv mit einem der Weine beschäftigt war, doch alles Gesagte machte mich nur noch gespannter auf mehr. Sie passt in keine Schublade: kribbelig vor nervöser Energie, mit einem Selbstbewusstsein im umgekehrten Verhältnis zu ihrer zierlichen Gestalt, blond, doch als Betriebswirtin mit Magistertitel und Doktor der Philosophie genau das Gegenteil der dummen Blondine, nachdenklich und zugleich lebensfroh. Auch ihr Wein hat etwas Rätselhaftes, ist sehr kraftvoll und doch grazil, fröhlich und mysteriös – ein ganz neuer Geschmack für meinen Gaumen und doch nicht ohne eine grundlegende Vertrautheit. Gehört er zu der alten, etablierten Weinwelt, oder bedeutet die »Achtung, hier komme ich!«-Unverblümtheit, die Winzerin und Wein gemeinsam haben, dass er Teil der dynamischen »neuen« Welt des Weins ist?

Die erste Frage des rituellen Ratespiels meiner Landsleute um die Identität des unbekannten Weines im Glas lautet: »Alte Welt oder Neue Welt?« Aus britischer Sicht besteht die Alte Welt aus Europa und den Teilen Nordafrikas und des Nahen Ostens, die einst römische Kolonien waren, während alle von den Europäern seit 1450 »entdeckten« Länder die Neue Welt bilden. Trotz der dreisten eurozentristischen Art dieser Einstellung bestehen viele Weinexperten weltweit auf einer solchen Unterteilung, sie sei sogar unverkennbar. Ihnen zufolge wird der Charakter eines Weines in der Neuen Welt von der Behandlung im Keller bestimmt, während in der Alten Welt maßgeblich ist, wo er gewachsen ist – was in Frankreich als ›terroir‹ bezeichnet wird, wörtlich übersetzt Boden, Ort, Gegend. Erstaunlicherweise bedienen sich Weinproduzenten beider »Welten« desselben Arguments, um die Überlegenheit ihrer Weine zu belegen. In der Alten Welt wird vom besonderen Terroir gesprochen und in abfälligem Ton erwähnt, wie schade es sei, dass die Kollegen in der Neuen Welt in Ermangelung dieses Vorteils bestenfalls saubere, fruchtbetonte Weine hervorbringen könnten. Von Produzenten der Neuen Welt hingegen hört man, die Alte Welt sei so besessen von der Herkunft ihrer Weine, dass sie sie oft nicht mit der notwendigen Sorgfalt ausbauen würde, sogar grundlegende Fehler im Keller machte und die sich daraus ergebenden merkwürdigen bis zu fehlerhaften Töne als »Terroir-Charakter« erklärte und somit vertusche. Es gefällt mir, dass Viaders Weine souverän über diesen ganzen rhetorischen Posen zu stehen scheinen. Doch verstehe ich noch nicht, warum sie so schmecken, wie sie schmecken, das möchte ich heute Abend herausfinden.

Delia Viader ist anlässlich der jährlichen Deutschland-Präsentation der Winzervereinigung des Napa Valleys in Hamburg, die am Nachmittag in dem neuen Side Hotel stattgefunden hat, einem Tempel modernen Designs im

Zentrum der Stadt. Obgleich dort eine ganze Reihe beeindruckender Weine gezeigt wurde, stand ihr 2000er ganz eindeutig an der Spitze der Rotweine. Er hatte etwas herrlich Florales im Duft, waren es Veilchen? Ein kleiner Schluck genügte, um jede einzelne Geschmacksknospe gleichzeitig zu erreichen, die Struktur des Weines war cremig und trocken zugleich, als streiche man über altmodischen Samt ... Dann, an der nicht genau auszumachenden Grenze zwischen wirklichem Geschmackseindruck und der Erinnerung daran, fielen mir die Offenheit und strahlende Klarheit des Weines auf; ausgesprochen moderne Eigenschaften. Das brachte nur noch mehr Verwirrung bei der Zuordnung zur Alten oder Neuen Welt. Doch zumindest hat mich der Wein davon überzeugt, dass meine Entscheidung, sie zum Abendessen einzuladen, richtig war.

Delia Viader betritt entschlossenen Schrittes die Bar und lächelt, als sie mich am Tresen sitzen sieht. Sie läuft auf ihren hohen schwarzen Pumps zu mir hinüber, und ich kann ihr ansehen, wie froh sie ist, die geschäftliche Hektik des Tages hinter sich zu haben. Ich schlage ihr ein Glas Champagner vor, wie ich es auch bereits vor mir stehen habe, und sie nickt zustimmend. Während ich also zwei Gläser 1996 Roederer Cristal vom Barmann bestelle, erscheint Hendrik Thoma, der Sommelier des Louis C. Jacob, mit zwei Menü- und einer Weinkarte. Trotz seiner relativen Jugend gehört der flotte, schlagfertige Thoma zu den erfahrensten und aufgeschlossensten Gestalten der deutschen Weinszene. »Ich habe noch an die zwei Dutzend Flaschen des 1994 Viader im Keller«, berichtet er stolz meinem Gast. »Oh, das ist mehr, als ich selber habe«, antwortet sie voller Begeisterung, »zu Hause liegen ganze 18 Flaschen im Keller. Eine davon müssen wir heute Abend trinken!«

Obwohl ihr Akzent schwer zu bestimmen ist, erscheint mir ihre Begeisterung sehr amerikanisch. Als wir uns jedoch in ihrem großen Büro an den felsigen Hängen von Howell Mountain hoch über dem Talboden von Napa auf der östlichen Seite kennen gelernt haben, war das Erste, das sie mit großem Nachdruck sagte: »Ich bin definitiv Europäerin, *nicht* Amerikanerin.« Wir haben sie gerade noch erwischt, am nächsten Tag flog sie nach Bolgheri an der toskanischen Küste, wo sie dabei ist, einen zweiten Viader-Weinberg anzulegen. »Statt laute Behauptungen aufzustellen, sollen meine Weine verführen, einen, ohne nachzudenken, nach dem zweiten Glas greifen lassen«, fuhr sie fort, was implizierte, dass sie »laute Behauptungen« für amerikanisch und »verführen« für europäisch hielt. Oder verlieh ich ihren Worten eine viel zu enge Bedeutung? Ihr 1999er Viader, eine dichte, aber hochelegante Cuvée von knapp zwei Dritteln Cabernet Sauvignon und gut einem Drittel Cabernet Franc*, war alles andere als die »laute Behauptung«, die ein Garant für die hohen Bewertungen von Seiten der amerikanischen Kritiker ist. »Ich will weder

* Vorfahre des Cabernet Sauvignon, stammt ursprünglich von der Loire.

an Mr. Parker, den *Wine Spectator* oder an Sie gebunden sein«, hatte sie gesagt und mir dabei sehr direkt in die Augen geblickt, als ich mich mit dem Wein beschäftigte. Andererseits schienen die überaus reifen schwarzen Johannisbeer- und Kirscharomen, die den Wein selbstbewusst im Vordergrund beherrschten, ausgesprochen kalifornisch, ausgesprochen Napa Valley zu sein. Der Wein blickte mir mit derselben Entschiedenheit in die Augen wie seine Herrin, und wie bei ihr schien seine Einstellung keineswegs gewollt oder eine Pose. Das war doch sicher alles sehr amerikanisch?

»Möchten Sie einen Weißwein aussuchen, oder soll ich nach etwas Interessantem aus Deutschland schauen?«, frage ich jetzt, und sie spricht sich ganz entschieden für Letzteres aus. »Ich mag es, die Dinge aus einer globalen Perspektive heraus, meine eigenen Weine in der Galaxie der Weine zu betrachten«, fügt sie hinzu. »Soll es etwas Klassisches sein oder etwas, das die Grenzen des Normalen sprengt?«, erkundige ich mich weiter, und wiederum entscheidet sie sich fürs Zweite. Wir bestellen jeder nur zwei Gänge und gehen hinüber in den edlen, doch hellen Speisesaal, wo erst wenige Tische besetzt sind. Die Stille hier wirkt, als sei sie von den tadellosen Manieren der Hamburger guten Gesellschaft und dem geschulten Personal seit Jahrhunderten poliert und nochmals poliert worden, und wird nur vom Getröpfel leiser Konversation unterbrochen. Man führt uns zu einem Tisch am Fenster, mit dem Blick auf die Elbe, deren Lauf durch die Positionslichter der vorbeifahrenden Schiffe sichtbar wird. Sie schaut hinaus in die Nacht und scheint sich in dieser Welt vollkommen wohl zu fühlen. Dann erzählt sie mir, dass sie bereits während ihres letzten Aufenthalts in Hamburg hier gewesen ist und sich gut an diesen Blick erinnert.

Es könnte kaum einen größeren Gegensatz zwischen dieser saftig-grünen norddeutschen Küstenlandschaft und ihrer Heimat geben, deren Klima sie als »nicht mediterran, sondern Halbwüste« bezeichnet. Ihre 12 Hektar umfassenden Weinberge gegenüber von den Weingutgebäuden auf der anderen Seite eines Berggipfels sind so steil – »32 Prozent Neigung, uns bleibt gar keine Wahl, wir müssen alles von Hand machen«, sagt sie – und der Boden sah derart steinig aus, dass ich mich gegen ein näheres Inspizieren entschied. »Wir müssen die Felsen mit Dynamit sprengen, wenn wir neue Reben pflanzen, und es gibt eine Menge Klapperschlangen«, fügt sie hinzu und blinzelt in der Sonne. »Sie sprechen von Hitze, aber sie schmecken dabei überhaupt nicht heiß, eigentlich schmecken sie sogar eher frisch als alkoholisch«, hatte meine Frau gesagt, als wir die Weine im Büro probierten. Hier zwischen den Reben schien mir ihre Beschreibung noch einleuchtender; Weine aus Trauben, die in diesem intensiven Berglicht gereift sind und in einer Hitze, die bereits nach wenigen Minuten in der Sonne unerträglich wirkte. Aber warum schmeckten sie nicht alkoholisch? »Die nahezu 100-prozentige Ost-West-Ausrichtung der Reihen bedeutet, dass die Trauben mittags perfekt beschattet werden, aber wir müssen genau im richtigen Moment lesen, sonst werden die Trauben sehr schnell zu Rosinen.« Eine einleuchtende Logik!

Thoma bringt eine Flasche trockenen 2001 Riesling von Klaus Zimmerling aus Dresden-Pillnitz in Sachsen, den ich ausgesucht habe, weil Zimmerlings Reben ebenfalls an einem Steilhang mit mageren steinigen Böden wachsen. Auch er musste den Berg erst von Gestrüpp befreien, um zu pflanzen, ganz wie Delia Viader, was allerdings in Deutschland eine große Ausnahme darstellt. In Sachsen besteht jedoch kein Risiko, dass die Trauben in der Sonne verbrennen oder zu Rosinen schrumpfen könnten, eher muss man Angst vor Spätfrost im Frühling haben, der die ganze Ernte vernichten kann, bevor die Reben überhaupt geblüht haben. »Rosen!«, sagt sie, nachdem sie am Wein gerochen hat. Noch etwas, das diese beiden extrem unterschiedlichen, beinahe gegensätzlichen Weine gemeinsam haben: florale Aromen. Vielleicht war es voreilig, ihren Weinen amerikanische Eigenschaften zuzuschreiben? »Wie war es, von Frankreich nach Kalifornien zu ziehen?«, stelle ich meine erste ernsthafte Frage möglichst entspannt. »Es bedeutete eine andere Sprache, andere Kultur, alles war anders. Meine Kinder sind als Kleinkinder nach Amerika gekommen, sie haben das nicht so erlebt, sie sind Amerikaner; ich *nicht*.«

Ich fühle mich unvermittelt in den Stuhl auf dem hellgrünen Teppich unter der hohen Holzdecke ihres Büros zu Beginn unseres ersten Treffens zurückversetzt. Meine erste Frage war vollkommen ergebnislos. Ist dieser Abend beim Louis C. Jacob ein großer Irrtum? Werde ich hier stundenlang sitzen, ohne irgendetwas nennenswert Neues zu erfahren? Dann erscheint Thoma wieder und mit ihm unser erster Gang. Der »herbstliche Salat« besteht mehr aus Hummer und Jakobsmuscheln als eigentlichen Salatblättern, und ihr Gesicht spiegelt Entsetzen angesichts dieser Portion. »Keine Angst, der Hauptgang ist nicht riesig«, beruhigt Thoma sie, während er uns mit der lockeren Genauigkeit nachschenkt, die auf langer Praxis und der Liebe zu seiner Arbeit beruht. Meine Nerven entspannen sich wieder, und die angenehme Geschmeidigkeit des Weines, gefolgt von seinem langen Abschied, den er mir nachwinkt, nachdem ich ihn hinunterschlucke, tut ein Übriges. Ich habe einfach die falsche Frage gestellt, weil mein Kopf voller Gedanken über kulturelle Differenzen steckt, Überlegungen, was einen Wein zum Amerikaner und zu einem Produkt der Neuen macht und einen anderen zum Europäer und zu einem Kind der Alten Welt. Ich muss das jetzt alles erst einmal vergessen und wieder von vorn beginnen. Also frage ich, nachdem wir beide einen guten Teil des Salats bewältigt haben: »Wie war es, als Sie angefangen haben?«

»Oh, viele haben mir gesagt: ›Das kannst du nicht machen!‹, aber in solchen Situationen sagt in mir ein kleines Feuer, ›Jetzt wartet mal ab!‹, diese ältere Tochter unter jüngeren Brüdern … Als ich zu meinem Vater gegangen bin, um ihn um Hilfe für den Aufbau meines Weinguts zu bitten, fragte er mich: ›Heißt das, du willst nach deiner ganzen Ausbildung Landwirtin werden?‹

Ich habe ihm erklärt, dass es ganz anders sei, sagte aber bestimmt: ›Ja.‹ Schließlich willigte er ein, mich ganze zwei Jahre lang zu unterstützen, aber vorher wollte er einen Geschäftsplan sehen, und ich musste ihn davon überzeugen, dass ich eine Lizenz für den Verkauf von Wein bekommen würde.« Ich hatte schon entdeckt, wie schwierig es in Kalifornien sein kann, eine solche Lizenz zu erlangen, weil sie von der Gunst der Mitbewerber abhängt. »Wissen Sie, Napa ist ein Stück kleinstädtisches Amerika, selbst wenn wir hier im Land der unbegrenzten Möglichkeiten sind«, hatte sie während meines Besuches bemerkt.

Die Kellnerin räumt unsere leeren Teller ab, und Thoma kehrt mit einer Karaffe Rotwein in der einen und der leeren Flasche des 1994 Viader in der anderen Hand zurück. Er zeigt eine deutliche Familienähnlichkeit mit dem 2000 und ist noch sehr vital, aber ich ziehe die grazileren, fließenden Bewegungen des 2000 gegenüber dieser etwas soliden Muskularität vor. Die Winzerin Delia Viader hat ganz eindeutig große Fortschritte gemacht in den sechs Jahren zwischen diesen beiden Weinen. Als der erste Viader-Wein vor 11 Jahren auf den Markt kam, ging es der amerikanischen Wirtschaft nicht besonders gut, und dieser erste Jahrgang, 1989, war von der kalifornischen Weinbranche »die höllische Lese« getauft worden wegen der außergewöhnlichen Regenfälle während dieser Zeit sowie dem starken Erdbeben im Oktober. Selbst mit der väterlichen Starthilfe war der Weg von diesem Punkt bis zu dem 1994 in unseren Gläsern eine beträchtliche Leistung. Doch das »kleine Feuer« sowie Perfektionismus haben sie weitergetrieben, bis hin zu dem Qualitätsniveau der aktuellen Jahrgänge.

»Und wie lebt es sich in Napa?«, frage ich weiter, als unsere Hauptgänge serviert werden, Seeteufel in Rotweinsauce für sie und Bresse-Taube für mich. »Das sieht wirklich sehr gut aus!«, sagt sie und bestätigt Thomas Versicherung hinsichtlich der Portionsgrößen. Hat sie meine Frage nicht gehört, oder gibt sie bewusst vor, etwas so Banales zu ignorieren? »Ich habe glücklicherweise einige wirklich gute Freunde, Leute wie Naoko Dalla Valle«, sagt sie schließlich beiläufig im Plauderton, nachdem sie den ersten Bissen Fisch langsam gekaut und heruntergeschluckt hat. »Wir haben uns auch sehr gut mit ihr verstanden«, entgegne ich, erfreut über die Verbindung zwischen diesen starken Frauen, die beide Quereinsteiger sind.

Vor unserer Abreise nach Kalifornien hatte mir ein Kollege von dieser Winzerin mit dem japanischen Vor- und italienischen Nachnamen in Napa erzählt, die »sehr schwierig« sei und einen Rotwein namens ›Maya‹ erzeuge, der »vollkommen übertrieben« sei. Ich erinnere mich an den Stammbaum ihres verstorbenen Mannes, Gustav Dalla Valle, der in einer Ecke des Fasskellers an die Wand gemalt war, wo sie meine Frau und mich ihre Weine verkosten ließ. Anfänglich war die Atmosphäre ziemlich kühl, nicht nur, weil es im Keller fast 20 Grad kälter war als draußen, sondern auch weil unsere Gastgeberin sich ganz bewusst auf professionelle Weise distanziert verhielt. Es war ein faszinierender Vergleich mit Viader, da sowohl Maya als auch Viader aus so genannten Gebirgslagen stammen – Dalla Valles 10 Hektar umfassender Weinberg liegt auf einer breiten, natürlichen Terrasse an einem der unteren Hänge der Vaca Mountains am östlichen Ende des Oakville District. Ihre Reben stehen nur 15 Kilometer südöstlich von Viader. Beide Weine sind außerdem Cuvées aus Cabernet Sauvignon und Cabernet Franc. Der geschmackliche Unterschied war jedoch groß, der 1999 Maya ein mächtiger Gigant mit Aromen von Schießpulver und bitterer Schokolade. Schießpulver! Das klingt aufdringlich, aber der Wein glitt eher über die Zunge, als dass er darüber trampelte. Ein Jahrgang folgte dem anderen, bis wir aufbrechen mussten.

»Manchmal wirft Naoko nur einen einzigen Blick auf mein Gesicht und fragt dann: ›Na, was hast du diesmal gesagt?‹ Ich sage nämlich immer Sachen, die dann zu Schlagzeilen werden, und oft sind es Dinge, die ich nicht sagen sollte«, gesteht mein Gast. Obgleich sie mir bis jetzt keine einzige geliefert hat, kann ich mir vorstellen, wie es dazu kommt, diese Mischung aus der »Das Kind beim Namen nennen«-Direktheit und jenem »kleinen Feuer« war bestimmt für die eine oder andere Schlagzeile gut. Thoma serviert uns gerade eine kleine Käseauswahl vom Wagen zu dem Rest vom 1994 Viader. Es wäre eine Schande, ihn nicht auszutrinken, er schmeckt immer besser, je länger er in der Karaffe steht: ein sicheres Zeichen für einen reifen Wein, der noch Zukunft hat. »Wie ist Naoko wirklich?«, erkundige ich mich, neugierig, ob sich hier Gegensätze anziehen. »Eine echte Perfektionistin, sehr entschlossen«, entgegnet sie, was genau zu meinem eigenen Eindruck passt. Während unseres Besuchs hat sie mir eine interessante Geschichte erzählt, unter der ausdrücklichen Bedingung der Verschwiegenheit. Naoko Dalla Valle ist viel bedachter als Delia Viader, aber Perfektionistinnen sind sie zweifellos beide.

Und plötzlich fällt es mir wie Schuppen von den Augen, die Antwort auf meine Frage lag die ganze Zeit klar und deutlich vor mir, ich habe sie nur vor lauter theoretischem Herumspielen nicht erkannt. Napa Valley gehört natürlich zu Kalifornien, Amerika, was Dinge ermöglicht, die in Delia Viaders Geburtsland Argentinien oder hier in Deutschland viel schwieriger wären. Vor allem bedeutet diese Tatsache Weinpreise, von denen Winzer in anderen Gebieten nur träumen können. Aber das Geheimnis hinter dem kometenhaften Aufstieg des Tales, während der 16 Jahre, die ich es kenne, ist etwas anderes, einfach die Kombination aus Leidenschaft und Perfektionismus.

Ich fühle mich mit einem Schlag vollkommen nüchtern und stehe wieder vor dem scheunenartigen, einladenden Gebäude von Harlan Estate in den Bergen auf der Ostseite des Tales im Oakville District, an einem kühlen Julimorgen, während Harlan-Gutsdirektor Don Weaver erklärt: »Man kann das hier nicht gerade als ärmliches Unternehmen bezeichnen, aber Geld ist kein Ersatz für Leidenschaft.« Gründer Bill Harlan ist Multimillionär, doch selbst für ihn muss es eine beträchtliche finanzielle Belastung gewesen sein, da es erst im Januar 1996 die ersten Einnahmen aus dem Verkauf abgefüllten Weins gab, fast zwölf Jahre nach dem Pflanzen der ersten Reben. Eine solche Zeitspanne erfordert ein emotionales und finanzielles Engagement, das weit über der in der Weinbranche herrschenden Norm liegt, wo die Dinge sich naturgemäß sowieso langsam bewegen und Langzeitplanung vonnöten ist. Darüber hinaus muss dafür ein eiserner Wille vorhanden sein, um die schwierigen Entscheidungen zu treffen, die das Ziel »Spitzenqualität« bei ungünstigen Wetterbedingungen verlangt. Der 1998 Harlan Estate wäre nicht der sanfte Riese, der er trotz der sehr späten und regnerischen Lese ist, wenn Weaver und sein Team nicht volle 40 Prozent des Ertrags hätten aussortieren lassen können: »Bill Harlan hat uns Trauben im Wert von mehreren Millionen Dollar auf den Boden fallen lassen«, bemerkt Weaver trocken.

Niebaum-Coppola liegt nur fünf Kilometer nördlich von Harlan Estate auf der Ostseite des Tales im Rutherford District, wo sich die Reben vom Talboden bis in die unteren Hänge der Mayacamas Mountains hinaufziehen. Die châteauartige Kellerei ist 1879 vom Gründer Gustav Niebaum gebaut worden, der auch die ersten Weinberge anlegte. Der Filmregisseur Francis Ford Coppola hat das Anwesen mit dem ursprünglichen Weinbergsbesitz teils 1975, teils 1995 gekauft. Winemaker Scott McLeod hat Schwierigkeiten, uns in dem Betrieb, der im Shop des Guts herrscht, aufzuspüren. »Filmstars kommen hierher, und ich erkenne sie nicht!«, gibt er zu. Wir gehen mit ihm hinüber zum Verkostungsraum, und er erzählt uns, dass Ford Coppola ihn 1991 eingestellt hat, als er ganze 29 war, »weil er es toll fand, dass dieser blonde, grünäugige junge Kerl seine Sachen zusammengepackt hatte und für dreieinhalb Jahre nach Italien zum Arbeiten gegangen war«. Er war auch nicht irgendwohin in Italien gegangen. Paolo di Marchi von Isole e Olena, einem der Spitzenweingüter Italiens im Chianti Classico, hatte bei unserem letzten Besuch dort festgestellt: »Scott war der beste Angestellte, den wir je hatten.« Schwere Vorhänge werden vor die Glaswand gezogen, die den Verkostungsraum von den Touristenströmen trennten, die unablässig durch das imposante historische Gebäude ziehen, und um uns bleiben nur dicke Steinmauern, dunkle Holzregale voller Flaschen sowie ein runder Holztisch mit Stühlen. Der 1999 Rubicon, die auf Cabernet Sauvignon basierende Cuvée, die seit 1978 der Spitzenwein des Gutes ist, die wir dann verkosten, ist durch und durch modern, ohne einen Hauch von Geschichtsstaub.

Die erste Nase voll erstaunt und verwirrt mich. Was könnte langweiliger sein, als die Notizen von Weinjournalisten zu lesen, die Weine für ihre Leser nur anhand langer Listen von Adjektiven beschreiben? Doch ertappe ich mich genau jetzt bei dem Versuch, diesen auf geradezu explosive Art lebendigen und eigenständigen Wein in meinem Glas mit Worten festzuhalten. »Sauerkirsche, Kräuter, Blüten«, schreibe ich, aber McLeod unterbricht mich:

»Er hat die Sauerkirsch-, Salbei- und Lavendel-Aromen, die der Niebaum-Klon von Cabernet Sauvignon zeigt, wenn man ihn exakt im richtigen Moment liest. Wir wissen, dass es der richtige Moment war, wenn dieser Duft aus dem Gärbottich kommt ... wir nennen ihn den Niebaum-Klon, weil Niebaum ihn Ende 1882 aus Bordeaux mitgebracht hat.« Was er aus Bescheidenheit nicht erwähnt, ist, dass der Wein trotz aller Überschwänglichkeit und jugendlicher Energie eine zurückhaltende Grandeur besitzt, die dem Schloss entspricht, in dem wir sitzen. Das geht eindeutig auf sein Konto.

Genau wie die drastischen Unterschiede zwischen Shafer und Stag's Leap oder Viader und Maya besteht ein großer Unterschied zwischen Harlan Estate und Rubicon, die quasi Nachbarn sind. Natürlich haben jene unter meinen Kollegen auf diesem kleinen alten Kontinent, die die neuen Kultweine des Napa Valley nicht mögen und beschimpfen, ein Recht auf ihre Meinung, aber in einem Punkt zumindest liegen sie vollkommen falsch mit der Behauptung, weil diese Weine alle körperreich, geschmeidig und von reifen Fruchtaromen geprägt sind, seien sie vollkommen austauschbar, klonartig. Das ist genau der gleiche Irrtum, den ein Europäer in Japan begeht, wenn er sagt, alle Japaner sähen gleich aus, nur weil er bis dahin nur die Züge wahrgenommen hat, die japanische von europäischen Gesichtern unterscheiden. Erst wenn er beginnt, seine japanischen Mitmenschen eingehender zu betrachten, werden ihm die enormen Unterschiede auffallen. Doch viele europäische Weinkritiker wollen sich einfach nicht mit diesen Weinen auseinander setzen ...

»Ich habe neulich den allererstaunlichsten Napa Valley Cabernet Sauvignon getrunken, den 1958 Inglenook«, sage ich und bin plötzlich wieder zurück am Elbufer. Hoffentlich ist keine peinlich lange Pause entstanden, während ich meinen Erinnerungen nachhing, aber Delia Viader ist gerade mit dem letzten Stück Käse beschäftigt. »Sie Glücklicher, der Wein ist eine Legende«, entgegnet sie, »diese alten Inglenook Cabernets sind inzwischen extrem selten.« »Er schmeckte ein bisschen wie eine Mischung aus altem Balsamessig und Pflaumenkuchen, war aber immer noch voll und kräftig«, fahre ich fort und spüre allmählich den Alkohol der Weine, »... vielleicht sollte ich die Rechnung verlangen?« Sie nickt und sieht ein wenig müde aus, ich bemerke, dass wir die Letzten sind, und ein Blick auf meine Uhr sagt mir, dass es bereits nach Mitternacht ist. Ich winke der Kellnerin zu. Ja, dieser 1958, der auf dem heutigen Niebaum-Coppola-Gut von einem früheren Besitzer namens John Daniel junior erzeugt wurde, war nicht nur ein großer Napa Valley Cabernet Sauvignon, der bewies, dass diese Weine Jahrzehnte leben, wenn man die nötige Geduld hat. Er zeigte auch, dass die Version der Napa-Geschichte, in der es heißt, die Qualitätsweinproduktion habe hier erst begonnen, als Robert Mondavi 1966 sein gleichnamiges Weingut gründete, ebenso parteiisch ist wie die Aussage, alle Weine des Gebiets schmeckten gleich. So mutig und dynamisch mein Essensgast auch ist, stellt sie doch keine absolute Neuheit im Napa Valley dar, sie gehört vielmehr zu der gegenwärtigen Generation von dynamischen Napa-Winzern, die in die Fußstapfen von Pionieren wie Gustav Niebaum und John Daniel junior treten.

»Wissen Sie, mein Besuch in Napa war die teuerste Recherchereise, die ich je unternommen habe, und sie wird sich wahrscheinlich nie rechnen«, sage ich, »aber meine Frau und ich werden nächsten Sommer wieder kommen.« »Also hat es Ihnen gefallen?«, fragt sie kokett. Sie kennt bereits die Antwort auf diese Frage. Wir gehen in die Hotelhalle, wo ein Angestellter ihren Mantel bringt. Manche meiner Kollegen werden sagen, dass ich der attraktiven Delia Viader und dem schönen Napa Valley erlegen bin und versuche, zum Einheimischen zu werden. In der Tat bin ich Leidenschaft und Perfektionismus der besten Napa-Winzerinnen und -Winzer erlegen.

»Wissen Sie, irgendwo hier drin sitzt die deutsche Sprache«, sagt Viader und zeigt auf ihren Kopf. »Was?«, frage ich vollkommen überrascht. »Ich habe zwölf Jahre in einem deutschen Internat verbracht.« Jetzt habe ich wirklich etwas ganz Neues erfahren – mein Gast ist ebenso »deutsch« wie ich, hat ebenso lange hier gelebt ... glücklicherweise ist sie hier nicht zur Einheimischen geworden. Wir sagen beide »Auf Wiedersehen!«.

Kapitel 6
Willamette Valley, Oregon, USA

Durch das Labyrinth des Pinot Noirs oder Warum Logik allein nicht die Diva der Weintrauben erklären kann

KEEP DUNDEE DUNDEE
NO VILLAGE OF WINOS*

Außer dem Wort »NO«, das rot geschrieben ist, stehen diese Worte in großen schwarzen Buchstaben auf einem weißen Transparent, das über die Vorderseite eines leuchtend violett gestrichenen Holzhauses an der Hauptstraße gespannt ist. Die Tatsache, dass das Haus einen verlassenen Eindruck macht, verleiht dem Anblick etwas Bedrohliches – ich habe den Eindruck eines in meine Richtung anklagend ausgestreckten Zeigefingers. Sowohl der amerikanische Ausdruck »Winos«, ursprünglich für anrüchige Gestalten, die an Straßenecken Wein saufen, als auch die Erscheinung des Hauses mit dem Transparent machen klar, dass ich mich keinesfalls an der Ostküste Schottlands, sondern in Dundee im Williamette Valley in Oregon, USA, befinde. Und natürlich beziehen sich die Worte auf dem Transparent auch auf mich. Für manche xenophoben Bewohner von Dundee bin ich ein »Wino«, dessen bloße Anwesenheit die Identität ihres Dorfes bedroht.

Sehr lange Zeit beruhte der Ruf des Staates Oregon auf Tannen, genauer gesagt auf Douglastannen, von denen es trotz des Wirtschaftsaufschwungs in den letzten Jahrzehnten immer noch circa zwei Millionen Hektar gibt. Daneben war Oregon für Birnen und Haselnüsse bekannt, und erst in letzter Zeit ist der Wein dazugekommen, genauer gesagt Rotwein aus der Rebsorte Pinot Noir, mit der inzwischen 2,214 Hektar des Staates bedeckt sind. Der Pinot Noir entspricht hinreißenden, aber gefährlichen Frauen, die Männer dazu bringen, Heim und Gattin zu verlassen, ein Vermögen zu verprassen oder ihr Leben auf sonstige skandalöse Weise zu verändern. Die Schwierigkeiten, die die Erzeugung von überzeugenden Pinot-Noir-Rotweinen birgt, gleicht dem Problem, eine Femme fatale zu halten, nachdem man ihr Herz einmal erobert hat … Der Pinot Noir ist vielleicht die größte Herausforderung der Weinwelt, das macht ihn für den Alles-oder-nichts-Typ von Fanatiker unwiderstehlich.

Dazu kommt ein beträchtlicher finanzieller Anreiz. Pinot Noir bietet Mög-

* Etwa: »Lasst Dundee Dundee, kein Weinpennerdorf«.

lichkeiten, die dem Knacken der Spielbank in Monte Carlo gleichkommen. Jahrzehntelang war der teuerste junge Rotwein der Welt ein Pinot Noir: der Grand Cru Romanée-Conti der Domaine de la Romanée-Conti – DRC oder »*die* Domaine« unter Insidern – in Vosne-Romanée/Burgund. Eine Flasche des letzten Jahrgangs dieses Weins kostet eine vierstellige Eurosumme. Warum? Weil er die Spitze der begehrten burgundischen Rotweine darstellt. Die Weinbergslage, auf der die Trauben für diesen Wein wachsen und nach der er benannt ist, Romanée-Conti in Vosne-Romanée, gehört zu der höchsten Kategorie der Lagenklassifizierung des Burgunds, ›Grand Cru‹ – darunter folgen ›Premier Cru‹ und ›Village‹. Außerdem führt die geringe Größe von 1,805 Hektar dieser Lage, die sich im Alleinbesitz von DRC befindet, zu einer hohen Exklusivität; die Jahresproduktion umfasst im Durchschnitt ganze 5 400 Flaschen. Dazu kommt eine enorme weltweite Nachfrage, da aus der Lage Romanée-Conti seit langer Zeit bemerkenswerte Weine erzeugt werden, bereits in der Zeit vor der Französischen Revolution, als sich der Weinberg noch im Besitz des Prince de Conti befand. Das alles hat ihn zur Legende werden lassen, zum Inbegriff des großen burgundischen Rotweins.

Romanée-Conti! Ich habe diese magischen Worte zum ersten Mal vor zwanzig Jahren in London gehört, aber dort gehörte er damals zu den Weinen, die quasi nur von reichen amerikanischen Touristen in Restaurants getrunken wurden, von deren Besuch ich nur träumen konnte. Er schien so unerreichbar, dass ich nicht einmal neidisch auf sie sein konnte. Erst 1989 hatte ich die Gelegenheit, den Wein mit dem magischen Namen zu probieren, bezeichnenderweise im Haus eines wohlhabenden amerikanischen Weinsammlers. Es handelte sich um den großen Jahrgang 1978, der gerade den Höhepunkt seiner Reife erreicht hatte. Dieses Erlebnis in Duft und Geschmack erschien mir wie ein Tanz der sieben Schleier: durch die filigranen Aromaschichten glitt ein geschmeidiger Körper mit der seidigsten aller Häute. Von da an verspürte ich sehr wohl Neid, jetzt war mir die Schönheit von Romanée-Conti bekannt, und ich begehrte sie, wusste aber auch, dass ich sie niemals besitzen könnte.

Romanée-Conti ist jedoch kein Einzelphänomen. Die Nachfrage nach Pinot-Noir-Rotweinen der Spitzenklasse, unabhängig von der Herkunft, übertrifft so gut wie immer das Angebot, sodass selbst Winzer, die den Jackpot nicht knacken, immer noch gutes Geld machen können. Das beruht auch auf dem Umstand, dass Presse und Konsumenten daran gewöhnt sind, dass gute und große Pinot-Noir-Rotweine nur in sehr begrenzten bis minimalen Mengen erhältlich sind. Brächte ein unbekannter junger Winzer 600 Flaschen eines großartigen neuen Cabernet-Sauvignon-Rotweins auf den Markt, wäre die Wahrscheinlichkeit eher gering, dass Weinpresse und -sammler dies überhaupt zur Kenntnis nehmen, geschweige denn als großes Ereignis feiern würden. Warum? Weil sie bei dieser Rebsorte in Kategorien denken, deren Ursprung in Bordeaux liegt, wo die Zahl der jährlich erzeugten Flaschen eines bestimmten, begehrten Gewächses sich in Zehn- oder Hunderttausenden bewegt. Aufgrund dieser Erwartungen wäre es sehr schwierig, jene 600 Flaschen großartigen Weins zu einem guten Preis zu vermarkten.

Bei einem Pinot Noir würde die kleine Menge jedoch die Anziehungskraft des Weines für Konsumenten und Presse nur noch verstärken, vorausgesetzt, es handelt sich um außergewöhnliche Qualität. Warum? Weil die Kategorien in den Köpfen der Weinjournalisten und -händler in diesem Fall aus dem Burgund stammen, und dort gibt es jede Menge hoch geachteter Weine, deren Jahresproduktion um 600 Flaschen liegt. Das bedeutet, dass ein neuer Pinot-Noir-Produzent in einer Garage anfangen kann, wie Burt Williams und Ed Selyem es 1981 in Sonoma County in Kalifornien getan haben. Williams, Jahrgang 1940, war ursprünglich Zeitungsdrucker und Selyem, Jahrgang 1945, Einkäufer einer kleinen Supermarktkette, »zwei ganz normale Arbeitertypen, die Weltklasse-Weine machen wollten«, um Selyem zu zitieren. Als ich sie 1989 zum ersten Mal besuchte, war die Williams-Selyem-Kellerei gerade groß herausgekommen, ihre spektakulären Weine der Jahrgänge 1986 und 87 hatten ihnen eine dreiseitige Lobeshymne in der amerikanischen Weinzeitschrift *Wine Spectator* eingebracht. Um auf diesem Gebiet erfolgreich zu sein, braucht man sehr wenig Kapital, aber entsprechend mehr Leidenschaft und Hingabe. Dann hat man vielleicht das Glück und landet einen großen Treffer wie Burt Williams und Ed Selyem. Nachdem gesundheitliche Probleme ihre Begeisterung für die handwerkliche Weinerzeugung mit ein paar ehemaligen Milchtanks, einer hölzernen Korbpresse, die kleiner als eine gebräuchliche Waschmaschine war, und einem Gabelstapler zum Bewegen der Fässer etwas gedämpft hatten, verkauften sie Marke und Ausrüstung an den New Yorker Unternehmer John Dyson für 9,5 Millionen Dollar. Er bekam für diese Summe nicht eine einzige Rebe – nicht schlecht für »normale Arbeitertypen«! Dank des Geschicks von Verwalter Bob Cabrel sind die neuen Jahrgänge der Williams Selyem Pinots Noirs ähnlich beeindruckend wie zu Zeiten von Burt und Ed und die Rechnung geht für Dyson auf. Geschichten wie diese verleihen neu eingestiegenen Pinot-Noir-Winzern den schillernden Ruf des Alternativen, des Abenteuerlichen, des Revolutionären.

Rotweine dieser Art haben Oregon zu einer Pilgerstätte für Winzer, Weinjournalisten und Weinbegeisterte aus der ganzen Welt gemacht, für »Winos«, auf die sich das aggressive Transparent bezieht. Eigentlich lehnt nur eine verschwindend kleine, erzkonservative Minderheit im Williamette Valley den Wohlstand ab, den der Weinboom diesem Teil des Staates beschert hat.

Lässt sich das Phänomen Pinot Noir jedoch auf diese Weise voll und ganz erklären? Auf eigentümliche Weise hat ein guter Freund, der Weinhändler Ewald Moseler aus Portland, mich gerade auf diese Frage gebracht. Er hat mich kurz zuvor auf dem Flughafen von Portland abgeholt. Seine lange, schlaksige Gestalt und sein breites Lächeln waren mir ein willkommener Anblick; er hat mich Anfang der neunziger Jahre in die Weinwelt Oregons eingeführt, obgleich das Geschäft des gebürtigen Moselaners im Handel mit deutschen und österreichischen Weinen besteht. Als wir das kurze Stück von Portland südlich nach McMinnville auf den State Highway 99 fahren, ist der Verkehr zwar fließend, aber sehr dicht. »Ist es jetzt immer so?«, frage ich überrascht. »O ja, Portland und Oregon wachsen schnell«, berichtet er und hält dabei ein wachsames Auge auf den lavaartigen Verkehrsfluss um ihn herum, »das ist natürlich gut fürs Geschäft. Es läuft sehr gut. Portland hat den Riesling für sich entdeckt.« Angesichts der Tatsache, dass der Mann neben mir hier einst als illegaler Immigrant ohne Lizenz für den Weinimport begonnen hat, hat er es weit gebracht. Doch hinter dem erfolgreichen Geschäftsmann und fröhlichen Weinfreund – beides gehört untrennbar zusammen, diese Kombination macht den ehemaligen Bundeswehrsoldaten zu dem begabten Weinverkäufer, der er ist – steht in den sich überschneidenden Schatten ein ganz anderer Ewald Moseler.

Richtig kennen gelernt habe ich diesen »anderen Moseler« zwei Jahre zuvor, als wir auch genau diese Straße entlangfuhren. Ob mich seine Philosophie interessieren würde, hatte er mit für seine sonst direkte Art ungewohntem Zögern gefragt. »Natürlich«, hatte ich mit kaum zu verhehlender Neugier geantwortet. »Wir sind alle Anhalter«, begann er bedächtig und wartete meine Reaktion auf diese erste These ab. Ich konnte diese buddhistisch klingende Aussage gut nachvollziehen, da ich damals bereits seit Wochen unterwegs war, und nickte, was ihn zu ermutigen schien. »Ich denke, dass alles, was man sagt und tut, eine Auswirkung auf die Welt hat, selbst wenn es einem nicht auffällt, selbst wenn das nicht zu messen ist«, fuhr er fort. Da ich keine Anstalten machte, in helles Gelächter auszubrechen, ging er einen Schritt weiter. »Eigentlich glaube ich, dass jeder Gedanke die Welt verändert.« Ich stotterte irgendetwas in der Art, dass dies doch sicher etwas zu weit ginge, wie könne ein unausgesprochener Gedanke die Welt verändern und so weiter und so fort, aber es war ein halbherziger Protest. Ich merkte plötzlich, dass ein Teil von mir froh war, ja förmlich begeistert, dass er einen Gedanken zum Ausdruck gebracht hatte, den auszusprechen ich nie den Mut gehabt hätte. »Ich glaube nicht, dass es Zufall ist, wen man trifft, sondern vielmehr, dass jeder Mensch Signale aussendet, und diese bestimmen mit, wen man kennen lernt und wen nicht.« Nach einem kurzen Halt im ›On the Way Café‹, einem Diner in Lafayette, stellte ich fest, dass Moselers Philosophie in mir ein ähnliches Wohlgefühl verströmte wie die Hamburger und Pommes, die ich gerade gegessen hatte; ein Teil der Welt namens Stuart Pigott hatte sich eindeutig verändert.

Auch heute haben wir einen kurzen Halt im »On the Way Café« gemacht und mir ist unser damaliges Gespräch durch den Kopf gegangen. Wenn die

Theorie des »anderen Moseler« zutrifft, denn das würde bedeuten, dass Weine auf die eine oder andere Art und Weise von den Gedanken der Menschen beeinflusst werden, die sie erzeugen. Diese Wirkung sollte sich natürlich am ehesten in Weinen bemerkbar machen, die besonders empfindlich darauf reagieren, wo und wie sie wachsen und wie sie im Keller behandelt werden. Pinot Noir steht im Ruf, dass er aus der Hand eines Winzers, abhängig von den unterschiedlichen Lagen, in denen er wächst, Weine von auffallend verschiedenem Charakter hervorbringen kann. Das ist der Grund, warum die Klassifizierung des Burgunds die Weine des Gebiets nach der Weinbergslage und/oder dem Dorf einteilt, in dem sie gewachsen sind, und sie auch danach benannt werden. In Fachkreisen ist bekannt, dass eine Reihe von Pinot-Noir-Weinen aus derselben Lage und demselben Jahrgang aber von verschiedenen Winzern auch auffallend unterschiedlich schmecken. Wenn eine Rebsorte, Traube und Wein, für ihre Empfindlichkeit bekannt ist, dann ist es die launenhafte Diva, die flatterhafte Schönheit, der verführerische Pinot Noir. Mir ist wohl bewusst, dass die soeben von mir aufgestellte These – dass die Philosophie des »anderen Moseler« auf die Beziehung zwischen Wein und Mensch ausgeweitet werden kann – weit entfernt von den vertrauten Pfaden der rationalen Welt liegt und sich deshalb jedes Beweises entzieht. Das macht diese Idee ein bisschen gespenstisch, aber auch sehr anziehend für jemanden, der sich dem ausschließlich rationalen Denken noch nicht bis ans Lebensende verschrieben hat und dem bezaubernden, geheimnisvollen Duft eines großen Pinot Noir verfallen ist wie ich.

Nicht zu beweisen bedeutet aber keineswegs unerforschbar, und aus diesem Grund bin ich hierher gekommen, um das Labyrinth des Pinot Noir zu ergründen. Sherlock Holmes' Methode, rätselhafte Fälle zu lösen, bestand darin, alles Unmögliche auszuschließen, bis nur noch eine Möglichkeit übrig blieb. Er schloss dann, dass es sich dabei, egal wie unwahrscheinlich diese erscheint, um die einzig korrekte Erklärung handeln musste. Meine Methode wird genau das Gegenteil sein. Ich werde nach und nach alle Aspekte des Pinot Noir ausschließen, für die es eine rationale oder wissenschaftliche Erklärung gibt, und wenn dann am Ende ein Teil des Labyrinths im Dunkeln bleibt, dann ist die Idee des »anderen Moseler« zumindest nicht widerlegt worden. Im Laufe meiner Untersuchungen hoffe ich, eine ganze Menge über diese Rebsorte herauszufinden, in deren Vervollkommung mehr Ehrgeiz, Intelligenz und Leidenschaft investiert wird als in jede andere. Vielleicht besteht ein großer Teil des angeblich mysteriösen Wesens des Pinot Noir darin, dass wir diese Weine einfach mysteriös finden möchten, dies auf die Weine projizieren, ihnen diese Rolle aufdrängen?

Ich bin optimistisch hinsichtlich meines Vorhabens, weil ich gerade mehrere Tage lang in Sonoma County in Kalifornien Pinot-Noir verkostet habe, mich warmgelaufen habe für intensive Pinot-Noir-Proben, wie es Athleten tun, wenn sie vor wichtigen Wettbewerben im Hochgebirge trainieren. Die nächsten Tage in McMinnville werde ich eine breite Palette von Pinot-Noir-Weinen aus Oregon und anderen Gebieten der Welt verkosten, und die Erzeuger werden dabei anwesend sein und Fragen beantworten können. Das wird weder beim Abendmahl im »Old Time Gospel Lighthouse«, in einer kleinen weißen Kapelle am Rand von McMinnville, stattfinden, deren Turmspitze wie ein Leuchtturm aussieht; noch Teil einer Werbeveranstaltung von »Home America« sein, wo man sieben Tage in der Woche einen Fertigholzbungalow kaufen kann. Die Weine werden auch nicht den wartenden Kunden im »Fat Lady Tattoo« nebenan serviert, wo man sich auch piercen lassen kann. Nein, ein Wochenende lang vergisst der Campus des Linfield College in McMinnville jeden Sommer seine humanistischen Themen, dann findet hier die International Pinot Noir Celebration statt, kurz IPNC. Ich werde mich gleich, wenn wir ankommen und ich mich eingeschrieben habe, meinem Thema widmen können, da heute Nachmittag das »Al Fresco Tasting« stattfindet, bei dem jeder der teilnehmenden Winzer ein oder zwei Weine ausschenkt.

Das vermittelt wahrscheinlich den Eindruck, als sei mein Vorhaben ein ziemlich einfaches. Doch ist es wesentlich komplexer durch den Umstand, dass die meisten Fachleute und auch viele Erzeuger Pinot-Noir-Weine aus Oregon und anderen Gebieten stets in direkter Relation zu den Weinen aus dem Burgund in Frankreich sehen, dem Ursprung der Rebsorte. Der Oregon-Weinboom wurde von einer Blindprobe in Beaune im Burgund am 21. Februar 1980 ausgelöst. Diese Probe war von dem burgundischen Winzer und Weinhändler Robert Drouhin organisiert worden, der ein Jahr zuvor vollkommen perplex gewesen war, als die 1975 Pinot Noir Reserve von The Eyrie Vineyard aus Oregon bei der Gault-Millau-Olympiade in Paris den dritten Platz belegt hatte. Drouhin beschloss, diese Ergebnisse zu überprüfen, indem er die seiner Ansicht nach allerbesten Rotweine des Burgunds aus der modernen Zeit verdeckt gegen diesen Oregon-Wein stellte. Das Telegramm, das David Lett, Gründer und Besitzer von The Eyrie Vineyard, vom Erfolg seines Weines in Kenntnis setzte, steht immer noch gerahmt im Verkostungsraum seiner Kellerei. Gesandt hatte es die amerikanische Weinmaklerin Becky Wassermann:

»Excellent result. Tasting second place. Winner/
59 Chambolle Musigny. Congratulations/
Becky«

Letts Wein war nur von einem einzigen Wein geschlagen worden, Drouhins eigenem 1959 Chambolle Musigny. Das veranlasste nicht nur viele Leute, nach Oregon zu ziehen, Land zu kaufen und Pinot Noir zu pflanzen, darunter auch Drouhin selbst, sondern überzeugte auch viele Oregon-Winzer davon, dass ihr Ziel im Leben darin bestehen sollte, die Rotweine des Burgunds nachzuahmen, sich ihnen gewachsen zu zeigen und sie zu übertreffen. Die erste IPNC 1987 war eine der Folgen dieser Entwicklung. Sie wurde in erster Linie veranstaltet, um einige der Spitzenwinzer der Côte d'Or, dem Teil Burgunds, in dem die berühmtesten und teuersten Weine erzeugt werden, nach Oregon zu bringen, um so viel wie möglich über ihre Ausbaumethoden herauszufinden und diese dann in Oregon zu kopieren. Die Auffassung, dass eine solche direkte Übertragung von Arbeitsmethoden ein Erfolgsrezept sein könnte, erscheint ziemlich naiv, besonders angesichts des weiten Ozeans und ganzen Kontinents, der zwischen Oregon und dem Burgund liegt, doch war dies damals die allgemeine Auffasung unter den Winzern im Williamette Valley.

Die Auswirkungen des 21. Februar 1980 sind bis heute zu spüren, wie mir bei meinem ersten Besuch der IPNC vor zwei Jahren klar wurde. Bei einem Mittagessen in der blitzneuen Willakenzie Winery verglich jeder Oregon-Sprecher seine Heimat mit der Heimat des Pinot Noir in Frankreich. Winzerin Lynn Penner-Ash sagte von Oregon: »Wir nennen es Neu-Burgund«, und Küchenchef Jim Biddle nannte den Staat »die Wiege des amerikanischen Burgunders«. Diese etwas peinliche Situation wurde sehr elegant von dem sympathischen jungen Etienne de Montille von Domaine de Montille in Volnay entschärft, der höflich entgegnet hatte: »Ich bin aus Alt-Burgund mit neuen Freunden in Oregon.« In der Tat, so beeindruckend der zum Essen servierte 1998 ›Pierre Léon‹ Pinot Noir von Willakenzie auch war, wie der größte Teil der Pinot Noirs aus Oregon schmeckte er ganz anders als jeder Burgunder, voluminöser und »süßlicher«. Richtiggehend bizarr wurde die ganze Situation dadurch, dass Willakenzie sich im Besitz eines charmanten, weltgewandten Burgunders namens Bernard Lacroute befindet, der ganz offensichtlich als Mitgründer von SUN-Microsystems einen Haufen Geld gemacht hat: die Firma, die den Dot in »Dotcom« gesetzt haben. Noch dazu war sein enthusiastischer junger französischer Kellermeister so amerikanisiert, dass er alles und jedes als »spectacular« oder »awesome« bezeichnete. Der Empfang war herzlich gewesen, das Essen köstlich, die Tour durch Weinberge und Keller faszinierend, aber ich fühlte mich vollkommen desorientiert. War ich der Einzige, der keine Ahnung von jenem Wurmloch in Zeit und Raum hatte, das Oregon und Burgund verband?

Der Anblick von Linfield College weckt mich aus meinen Gedanken auf. Die Backsteinfassade von Melrose Hall mit klassischen weißen Säulen und Giebeln ist teilweise vom Oak Grove verdeckt, dem Eichenwäldchen, wo 600 Pinot-Noir-Fans diesen Abend beim »Traditional Northwest Salmon Bake« feiern werden, dem gesellschaftlichen Höhepunkt der IPNC. Moseler lässt mich aussteigen und verabschiedet sich bis zum Abend, ich schreibe mich schnell ein und werfe meine Sachen in das mir zugewiesene Zimmer im

Wohnheim des College. Als ich wieder aus dem kühlen Gebäude trete, trifft mich die Sonne voll ins Gesicht und erinnert mich wieder daran, dass die Tagestemperaturen hier üblicherweise weit höher steigen als im Burgund. Ich stehe einen Moment wie angewurzelt auf dem Bürgersteig der Linfield Avenue, da hält ein Bus vor mir an. Aus ihm quillt ein Strom von IPNC-Teilnehmern, und bevor ich mich versehe, küsst mich Eva Loosen auf die Wange und ihr Mann Ernst umarmt mich. Er ist für seine Weißweine bekannt, Rieslinge von der Mosel vom Weingut Dr. Loosen, aus der Pfalz vom Weingut J. L. Wolf und einem Joint Venture mit Château Ste Michelle namens Eroica in Washington State/USA, erzeugt aber in der Pfalz auch eine kleine Menge Pinot Noir. Der Loosen'schen Begrüßung folgt eine ebenso herzliche seitens Marta und Daniel Gantenbein aus Fläsch im schweizerischen Graubünden, einem fanatischen Paar von Pinot-Noir-Produzenten, deren Schweizer Ursprung selbst dann unverkennbar ist, wenn sie so wie jetzt hochdeutsch sprechen.

Eva und Marta verabschieden sich, um sich frisch zu machen und für den Salmon Bake umzuziehen, während ihre Männer mich über den saftig grünen Rasen von Linfield College hinüber zum Innenhof von Murdock Hall begleiten, wo gerade das Alfresco-Tasting beginnt. Endlich kann ich mit dem Sezieren der Pinot-Noir-Seele beginnen. Ich nehme mir ein Glas am Eingang und gehe dann langsam von Tisch zu Tisch, da jeder Winzer seinen eigenen hat. Jedes Mal halte ich einige Minuten an, lege mein Notizbuch ab und verkoste den oder die angebotenen Weine; dann mache ich meine Notizen, die manchmal nur einige nüchterne Worte sind, manchmal aber auch ein paar Seiten füllen können an Reaktionen, Fragen, die ich mir stelle aufgrund der Geschmackseindrücke, ein oder mehrere Versuche, Antworten darauf zu formulieren. Ich schreibe auch stets eine Zahl, eine Bewertung des Weins, und komme mir immer ein wenig dumm dabei vor. Die Annahme, man könne das komplexe Erlebnis, einen großen Wein zu trinken, auf eine Zahl reduzieren, ist vollkommen absurd, aber es ist ein Referenzpunkt, der mir dabei hilft, die wichtigen Weine in der Masse an Notizen zu finden. Für den Außenstehenden wirkt der ganze Prozess mechanisch, doch aus meiner Sicht ist es eine chaotische Mischung aus versuchter Analyse, gefühlsmäßigem Tasten und poetischen Beschreibungen von zweifelhaftem literarischen Wert.

Der erste Wein, der mich dazu bringt, eine ganze Seite zu füllen, ist Daniel Gantenbeins 1999. Er leuchtet in anziehendem, violett gerändertem dunklen Rubinrot. Eine der ersten Besonderheiten, auf die ich beim Verkosten und Trinken von Pinot Noir gestoßen bin, ist allerdings, dass die Farbe des Weines von äußerst geringer Aussagekraft ist. Großer Pinot Noir kann blass und ziegelrot aussehen oder undurchsichtig purpur-rubinrot, und dasselbe gilt für schlechten Pinot Noir. Viel wichtiger als die Farbe ist der Geruch oder das Bouquet; wenn der Wein gut ist, dann verdient der Geruch nämlich wirklich das Wort »Bouquet«. Es sollte nicht nur einfach beeindruckend sein – es gibt eine ganze Reihe von Rotweinen aus anderen Rebsorten, denen es viel mehr liegt, einen bereits mit ihrem Duft förmlich »umzuhauen« –, sondern in einer faszinierenden, anziehenden Weise vielfältig. Der Gantenbein'sche Wein besitzt eine Würze, die in mir einen ganz bestimmten Nerv trifft: »Dunkelheit und Licht«. Das klingt natürlich nach »der Macht« in Krieg der Sterne. Es ist ein Nerv, den der Duft von Spitzen-Pinot Noir oft berührt und für den ich keinen anderen Namen finden kann. Trotz dieses viel versprechenden ersten Eindrucks muss der Wein jedoch dann die abschließende und ausschlaggebende Prüfung für die Größe eines Pinot Noirs bestehen: die Textur des Weins, wenn er Zunge und Gaumen berührt. Wenn es ein großer Wein ist, dann wird der erste Schluck nicht einfach darüber fließen, sondern liebevoll streicheln und damit locken, »einmal ist nicht genug«.

Viele Weinbücher behaupten, guter und großer Pinot Noir sei seidig, und das führt häufig zu der Erwartung, die besseren und besten Weine dieser Rebsorte wären butterweich, ohne erkennbare Gerbstoffe oder Säure. Das ist jedoch eine sehr beschränkte Auffassung von Pinot Noir, die viele Weine ausschließt, die mir gerade am faszinierendsten erscheinen. Es wäre treffender zu sagen, dass ein gelungener Pinot Noir weder sauer noch hart schmeckt, wie viel Gerbstoff oder Säure er auch enthalten mag. Der Gantenbein'sche Wein besteht diese Prüfung mit Leichtigkeit. Das Interessante an dem Wein ist, dass er zusätzlich zu dem Eindruck von Fülle und zarter »Süße«, die nichts mit unvergorenem Traubenzucker zu tun hat – der Wein ist knochentrocken –, eine gewisse Pikanz zeigt, die ihm Spannung verleiht, wie eine zwischen zwei muskulösen Armen straff gespannte Peitsche. Dieser Eindruck verblasst nur ganz langsam, nachdem ich den Wein geschluckt habe, als sei der Geschmack ein Echo, das die Alpentäler entlanghallt. Lang anhaltender Geschmack ist ein weiterer essenzieller Aspekt großen Pinot Noirs. Je länger die Aromen einen begleiten, nachdem man den Wein geschluckt hat, desto besser ist er, vorausgesetzt, dieser Nachhall ist harmonisch, das heißt ohne den geringsten Anflug von Bitternis oder Säuerlichem.

Der nächste Tisch gehört Domaine Serene. Eine attraktive Mittvierzigerin mit schulterlangem blonden Haar schenkt mir den 1999 Grace Vineyard Pinot Noir ein. Trotz ziemlich auffälligen Vanilleduft, der auf der Reife in teuren französischen Eichenholzfässern beruht, wird der Wein von einem betörend süßen Kirscharoma dominiert, das mich veranlasst, »777?« zu notieren. Das ist die Bezeichnung für einen Pinot-Noir-Klon. Die meisten Menschen sind der Auffassung, das Schaf Dolly sei der erste Klon gewesen, doch wie viele der uns vertrauten Topfpflanzen werden auch die meisten Reben bereits seit Jahrzehnten geklont. 777 gehört zu den so genannten »Dijon-Klonen«, die in Dijon im Burgund entwickelt wurden, und ist seit 1980 in Frankreich kommerziell erhältlich. Hier in Oregon sind diese Klone erst seit wenigen

Jahren auf dem Markt. Im burgundbesessenen Oregon gehört »Dijon-Klonen« zu den ›Buzzwords‹ bzw. Schlagwörtern und taucht sogar auf manchen Etiketten auf. Ich habe diese Zahl allerdings nicht aufgeschrieben, weil mich der Wein an einen Burgunder erinnert, sondern an den 1999 Spätburgunder bzw. Pinot Noir von Paul Fürst in Bürgstadt in Franken mit der Bezeichnung '555'. Dies wiederum steht für die Zahl von Kilometern zwischen Bürgstadt und Morey-St.-Denis, wo der 777-Klon ursprünglich herkommt. Trotz der wesentlich größeren Entfernung zwischen Bürgstadt und McMinnville zeigen die beiden Weine sehr ähnliche Aromen, obgleich der Oregon-Wein deutlich voluminöser und weicher als sein europäischer Gegenpart schmeckt. Er ist sehr ansprechend, aber ein wenig eintönig, wie jemand, der immer dieselbe alte Geschichte erzählt. Ich spucke ihn in den Spucknapf.

Ich stelle mich vor und bitte die Dame, mir etwas über den Wein zu erzählen. »Hallo! Ich bin Grace Evenstad und habe Domaine Serene 1989 mit meinem Mann Ken gegründet«, erklärt sie in leichtem Midwest-Akzent, »Grace Vineyard liegt in den Red Hills von Dundee auf 500 bis 600 Feet Höhe*, blickt nach Osten und ist mit 777 und ein wenig 667 bepflanzt.« Diese Beschreibung ist eine richtige Aneinanderreihung von Oregon-Pinot Noir-Buzzwords, und ich bin überrascht zu hören, dass ich beim 777 richtig lag. Ich bin keinesfalls der weltbeste Weinverkoster, und wenn ich das erkannt habe, muss es mehr oder weniger offensichtlich sein. Das bedeutet, dass das Pflanzmaterial den Weincharakter trotz beträchtlicher Unterschiede bei Klima und Geologie deutlich beeinflussen kann.

Ich gehe weiter zum Tisch von The Eyrie Vineyard, wo mich der stämmige Russ Margach freudig begrüßt: »Großartig, dich zu sehen, Stuart!« Ich hatte den Chiropraktiker aus Portland auf der IPNC zwei Jahre zuvor kennen gelernt, als er gerade anfing, bei Eyrie auszuhelfen, und wir haben einen äußerst unterhaltsamen Tag zusammen bei Besuchen anderer Weingüter der Gegend verbracht. Er schenkt mir den 1999 Eyrie Reserve ein, und ich bin aufs Neue überrascht, wie heterogen Oregon-Pinot Noir sein kann. Der Wein in meinem Glas ist blass in der Farbe, eher ziegelfarben, ganz anders als das lebhafte Violettrubin von Domaine Serene. Auch der Duft ist vollkommen anders. Zuerst rieche ich eine Spur von faulen Eiern, aber das verfliegt, als ich das Glas ein wenig schwenke, und an seine Stelle tritt ein dichtes Geflecht von floralen Aromen, als hätte ich soeben einen verlassenen Garten betreten, in dem Rosen und viele andere Blumen wuchern. Es ist zweifellos ein anspruchsvoller Wein, und ich verstehe, dass manche Probleme mit den jungen Eyrie Pinot Noirs haben.

»Er ist noch sehr jung«, wirft Margach nervös ein. Doch bereits der erste Schluck sagt mir, dass er sich keine Sorgen zu machen braucht; der Wein ist

* 160 bis 200 Meter.

zartgliedrig und wahrhaft seidig, dieser Eindruck hält lange an, nachdem ich ihn hinuntergeschluckt habe ... Eyrie Pinot Noir hat mich einmal mehr verführt. Ich habe ihn geschluckt, anstatt ihn wie ein Profi auszuspucken, genau wie bei meinem ersten Besuch hier an der gleichen Stelle, als ich den silberhaarigen, bärtigen David Lett kennen gelernt habe. Damals verkostete ich den Jahrgang 1998, einen fordernden, kräftigeren Wein. Nichtsdestotrotz war es der eleganteste Oregon-Wein an jenem Tag, und ohne zu überlegen, sagte ich Lett, der Wein sei »wie eine Blume, die sich voller Anmut nach dem Himmel streckt«. »Schreib mir das auf!«, bat er mich aufgeregt, aber in der Hektik vergaß ich es. Am folgenden Abend trank ich in einem Restaurant an der Küste von Oregon Letts 1994 Reserve Pinot Noir, ein wahres Labyrinth von Blumen und Gewürzen, in dem ich mich schnell verlor. Damit habe ich angefangen zu verstehen, wie Letts Weine mit dem Alter immer noch entspannter und köstlicher werden.

In diesem Moment taucht Ernst Loosen auf und wird von Margach überschwänglich begrüßt: »Ernie! Wie geht es dir?« »Man lebt!«, antwortet Loosen mit einem ironischen Funkeln in den Augen, das die kleinen runden Brillengläser um ein Vielfaches zu vergrößern scheint. Vor zehn Jahren wirkte er oft, als versuche er, einen seriösen Eindruck zu machen, die Rolle des erfolgreichen, bedeutenden Winzers zu spielen. Doch seitdem er sich die Haare länger wachsen lässt und sich nicht mehr darum kümmert, was die Leute denken, wenn er zu wichtigen Veranstaltungen in alten Segelschuhen auftaucht, scheint er vollkommen in Einklang mit sich und der Welt. »Verkostest du mit mir?«, frage ich ihn, und schon ziehen wir zusammen weiter. Manchmal ist es sehr hilfreich, einen Partner beim Verkosten zu haben, besonders wenn es jemand wie Loosen ist, der sehr schnell verkostet, es diszipliniert mich, ich muss schnell entscheiden, was ich von dem betreffenden Wein halte, es aufschreiben und ihn ausspucken, weil bereits der nächste Wein auf mich wartet.

Die Eindrücke prasseln jetzt nur so auf mich ein. Der 2000 Estate Reserve von Belle Pente ist rauchig, breit und gewichtig, »aus einer niedrig liegenden Lage«, erfahren wir von dem ziemlich breitschultrigen, gewichtigen Brian O'Donnell. Niedrige Lage bedeutet wärmere Temperaturen, die bei jeder Rebsorte tendenziell zu volleren, schwereren Weinen als aus höheren, kühleren Lagen führen. Der Pinot Noir scheint da keine Ausnahme zu machen, sondern ebenfalls auf diesen grundsätzlichen Klimafaktor zu reagieren. Der 1999 Seven Springs Vineyard von St. Innocent Ltd. [sic!] ist ebenfalls tieffarbig, erinnert mich aber im Duft an Blaubeer-Muffins, wie auf einem typischen amerikanischen Frühstücksbüfett. »Ein bisschen vordergründig«, bemerkt Loosen mit hoch gezogener Augenbraue, dann verzieht er das Gesicht und sagt sehr leise, sodass derjenige hinter dem Tisch ihn nicht verstehen kann: »und überextrahiert.« Loosen hat einen Ruf dafür, den Mund nicht halten zu können, aber in Situationen wie dieser ist er voller Respekt und Vorsicht. Ich nehme schnell einen Schluck, um nicht den Anschluss zu verlieren, und ducke mich förmlich unter dieser kratzigen, bitteren Breitseite.

Loosens Erklärung für diese Kratzigkeit trifft wahrscheinlich zu. Wie die meisten anderen Rotweintrauben enthalten auch die Beeren des Pinot Noir weißen Saft. Die Farbe des Weins wird von den Häuten in den Wein übertragen, indem man Letztere mit dem Most vergären lässt – im Gegensatz zu Weißweinen, bei denen die Häute vor der Gärung vom Most getrennt werden. Ein Behälter voll gärenden Rotweins sieht einem riesigen Topf voll kochender Marmelade sehr ähnlich. Doch dieser Eindruck täuscht, der gärende Wein sollte definitiv nicht kochen, das heißt, bei zu hohen Temperaturen gären, da die so entstehenden Weine dazu neigen, nach gekochten Früchten zu schmecken. Vielleicht ist das die Erklärung für den Geruch des St.-Innocent-Weins, den wir gerade verkostet haben. Im schlimmsten Fall werden auf diese Weise die Aromen des Weins förmlich ausgekocht. Mit der Farbe nimmt der gärende Wein gleichzeitig Gerbstoffe aus den Häuten und Stielen auf. Letztere werden allerdings auch meistens vorher entfernt, damit nicht zu viel Gerbstoffe in den Wein übergehen. Doch stellt der Pinot Noir eine Ausnahme unter den Rotwein-Rebsorten dar. Bei den meisten müssen die Gerbstoffe nämlich sehr aktiv durch regelmäßiges, kräftiges Mischen während des Gärprozesses aus Häuten und Stielen gelöst werden. »Beim Pinot Noir gleicht die Gärung eher einem Aufguss wie beim Tee, nicht einem Extraktionsvorgang«, hat der französische Weinautor Michel Bettane es einmal sehr treffend beschrieben. Die Eyrie-Weine schmecken zweifellos wie ein Aufguss, während dieser St.-Innocent-Wein extrahiert, bzw. ausgelaugt wirkt. Viele Teile des Pinot-Noir-Labyrinths werden in rascher Reihenfolge beleuchtet, und das mysteriöse Schattenreich schrumpft, während wir von Tisch zu Tisch gehen.

Auf einmal sehe ich wieder ein vertrautes Gesicht vor mir. Groß, drahtig, beinahe kantig, mit ausgeprägter hoher Stirn steht da der Winzer Fred Scherrer aus Sonoma County in Kalifornien, ein junger Pinot-Noir-Einzelkämpfer. Mit dem kurzen schwarzen Haar und dem dichten Bart wirkt er wie eine Gestalt aus einem Dostojewski-Roman, wenn auch dieser Eindruck von den Jeans und der Sonnenbrille auf der Stirn nicht unbedingt unterstrichen wird. »Schön, dich wieder zu sehen«, ruft er durch das Gewirr von Pinot-Noir-Fans, die seinen Tisch belagern. Vor wenigen Tagen habe ich die Scherrers in ihrer Kellerei besucht – da kommt auch die blonde, auf ruhigere Art als Fred entschlossene Judi Scherrer mit Weinnachschub –, in einer Fabrikhalle am Rande des Städtchens mit dem passenden Namen Sebastopol. Obgleich wir sie an einem weißen Plastikklapptisch zwischen Weinfässern und -kisten probiert haben, waren die Scherrer-Pinot Noirs des Jahrgangs 2000 aus verschiedenen Teilen von Sonoma County eine Offenbarung. »Ich habe hier gerade den 2000 Hirsch Vineyard, möchtest du was davon?«, fragt Fred inmitten des Trubels, und wir strecken ihm unsere Gläser entgegen.

Diesmal braucht Loosen länger, um den Wein zu probieren, ein sehr gutes Zeichen – das verrät, dass ihn der Wein der Scherrers richtig gepackt hat. »Sehr interessant«, sagt er nach ein paar Minuten des Riechens und Kostens, »lebhafte Sauerkirscharomen, ein wenig säurebetont und herb, aber ausgesprochen fruchtig und frisch ... ist das typisch für diese Gegend?« O ja, erkläre ich ihm, die Lage Hirsch liegt so nahe zur Küste in Sonoma, dass sie viel kühlen Wind vom Pazifik abbekommt. Alle anderen Pinot Noirs, die ich je aus dem Hirsch Vineyard verkostet habe, hatten diese Art, unabhängig davon, wer die Trauben zu Wein gemacht hat. »Hört sich logisch an«, sagt er. Allmählich wäre ich froh, wenn wir hier eine kühle Brise vom Pazifik abbekämen, aber die Berge der Coastal Range westlich von uns bilden eine sehr effektive Barriere. Deshalb ist es hier tagsüber viel wärmer als an der Küste von Sonoma, und deshalb schmecken die Weine hier eher »süß« als »säurebetont«-frisch. »Ja, Pinot Noir ist unglaublich empfindlich, aber nur, wenn man ihn im Keller mit großer Sorgfalt behandelt«, sinniert Loosen. Dann erwacht er plötzlich aus seiner Nachdenklichkeit und ist wieder ganz voller Entschiedenheit: »Weiter.«

Also ziehen wir weiter, in raschem Wechsel von einem Tisch zum nächsten und probieren uns jetzt durch die Weine einer Gruppe von Besuchern aus dem Burgund. Der 2000 Volnay 1er Cru Les Frémiets von Joseph Voillot ist ein schlechtes Aushängeschild für seine Heimat. Obgleich dieser Wein aus einer Premier-Cru-Lage stammt, schmeckt er sauer und wenig bemerkenswert, wahrscheinlich sind die Reben nicht sehr sorgfältig gepflegt worden und/oder haben mehr Trauben getragen, als sie zu voller Reife bringen konnten. Guyot Oliviers 1999 Marsannay Vieilles Vignes stinkt ein bisschen und sitzt im Glas mit der schmollenden Gleichgültigkeit eines wortkargen französischen Bauern. Unglaublich grün und bitter ist der 1999 Grand Cru Corton Renardes von Marius Delarche, eine wahre Katastrophe. Er mag aus einer Grand-Cru-Lage stammen, ist aber aus unreifen Trauben entstanden, die während der Gärung ausgelaugt wurden statt aufgegossen. »Grauslich!«, stimmt Loosen zu. Jetzt schenkt uns der dunkle, schnurrbärtige Bobby Katcher, einer der wichtigsten amerikanischen Importeure für Burgunder, etwas Gutes ein: Philippe & Vincent Lecheneauts 2000 Nuits-St.-Georges 1er Cru Les Pruliers. Er riecht ziemlich rauchig, was seinen Ursprung in »High Toast«, stark gerösteten Fässern hat – bei so gut wie allen Eichenholzfässern wird die Innenseite über einem Feuer »getoastet«, bevor die Fassböden eingesetzt werden. Es gibt drei »Toast«-Stufen: hoch, mittel und niedrig. Gleichzeitig zeigt der Wein aber auch ein sehr angenehmes, frisches Schwarzkirscharoma und wirkt sehr harmonisch; endlich Wein!

Alles in allem zeigen diese Weine, dass die Lagenklassifizierung des Burgunds keinerlei Garantie für Weinqualität oder -charakter bietet, wenn der Wein nicht von einem fähigen, gewissenhaften Erzeuger gemacht wurde.

Noch schlimmer ist, dass es nach zwanzig Jahren Aufschwung in der Weinbranche des Gebiets immer noch viele unfähige Winzer zu geben scheint – eine traurige Entdeckung bei dieser wunderbaren Feier.

Als ich mich umdrehe, sehe ich in einiger Entfernung eine hohe orangefarbene Flammenwand. Niemand ruft jedoch »Feuer!«, obwohl sich viele wie ich umgewandt haben. Offensichtlich sind viele von ihnen regelmäßige IPNC-Teilnehmer, die wissen, dass Linfield College nicht gleich abbrennen wird. Den anderen ist anscheinend mitgeteilt worden, dass dieser Anblick der Beginn der Vorbereitungen für den Salmon Bake ist. Wenn die Flammen in dem breiten Graben voller Holzstämme bei den majestätischen Eichen vor dem Hauptgebäude heruntergebrannt sind, werden ganze Lachsseiten aus dem Columbia River an Erlenpfählen befestigt und entlang der Glut zum Garen aufgestellt. So haben die Indianer traditionell den Lachs zubereitet, und die Wiederbelebung dieser alten Sitte ist einer der Faktoren, auf denen die besondere freundschaftliche Atmosphäre der IPNC beruht; hier draußen in den Wäldern von Oregon sind wir alle Indianer. Plötzlich habe ich keine richtige Lust mehr aufs Weinverkosten und fühle Hunger in mir aufsteigen. »Komm, nur noch ein paar Oregon-Weine«, sagt Loosen, zieht mich weiter, und wir stürzen uns ein letztes Mal ins Getümmel.

Hinter dem ersten Oregon-Tisch steht ein ruhiger, auffallend junger Mann in Jeans, T-Shirt und langen Haaren, der ebenso gut Bassist einer Rockgruppe sein könnte. Selbst der jüngste der burgundischen Besucher sieht derart *seriös* aus im Vergleich zu ihm. »Hi, Larry Brooks, ich habe meine ersten Weine 1998 gemacht«, sagt er mit weicher Stimme, und ich frage mich, ob wir hier das Pinot-Noir-Pendant zu Grunge Rock kosten werden. Ein erstes Riechen und ein schneller Schluck genügen jedoch bereits, um festzustellen, dass sein 1999 ›Janus‹ Pinot Noir seriöser ist als jeder burgundische Wein, den wir gerade verkostet haben. Es ist etwas Wildes an dem Wein, und trotz der für Oregon charakteristischen Geschmeidigkeit und Fülle wirkt der Nachhall so erfrischend, dass ich mich auf einmal fühle, als wüchsen mir Flügel. Erst dann bemerke ich, dass es sich bei dem Emblem auf dem Etikett nicht um ein abstraktes rotes Oval handelt, sondern um einen geflügelten Drachen, der sich in den eigenen Schwanz beißt, und das passt genau zu diesem gewagten Wein.

»Eric!«, ruft Loosen dem hoch gewachsenen, gepflegten jungen Mann in weißem Hemd mit offenem Kragen am nächsten Tisch zu, »Ernie! Stuart!«, schallt es zurück. Es ist Eric Hammacher, der mir zwei Jahre zuvor erzählt hatte, dass er 15 Jahre lang ein »Crush Junkie« war, ein Traubenlese-Süchtiger. Er hat das Weinmachen gelernt, indem er jedes Jahr drei bis vier Weinlesen mitgemacht hat, was durch geschicktes Springen von einem Land zum anderen und halbjährlichen Hemisphärenwechsel durchaus möglich ist. Dann hat er in Oregon Wurzeln geschlagen, ist aber innerhalb des Staates weiterhin umhergezogen. »Ich weiß, ich habe euch erzählt, ich sei ein Zigeuner-

Winzer, der mit seinen Fässern und allem anderen von einem gemieteten Gebäude zum nächsten zieht, aber jetzt baue ich meine eigenen Räumlichkeiten, das Carlton Winemakers Studio, das ich mit mehreren anderen kleinen Erzeugern teilen werde«, erklärt er, »hier ist der 2000 Pinot Noir, wie üblich ein Verschnitt von Weinen aus vielen verschiedenen Lagen.« Obgleich er dunkler in der Farbe ist als der Eyrie-Wein, den ich vor einer guten Stunde bei Russ Margach verkostet habe, stoße ich hier auf eine ähnliche Fülle von Duftnuancen, die mich locken, »komm, komm, komm«, doch mit jedem Schritt, den ich tue, scheine ich der Schönheit doch nicht näher zu kommen. Nüchtern betrachtet, ist dieser Wein wie der von Eyrie wahrhaft seidig, elegant und lang anhaltend – »Wunderbar!«, beglückwünsche ich Eric.

Genug Wein verkostet! Jetzt lechzen Hirn und Körper nur noch nach Lachs, Wein trinken und Rock 'n' Roll. Da ist Martine Saunier, eine weitere bedeutende amerikanische Burgund-Importeurin, eine mindestens 60-jährige Geschäftsfrau von eiserner Entschlossenheit und sonnigem Wesen, die mich bei jedem unserer Treffen von neuem lehrt, was Lebensfreude ist. Das bedeutet, dass ich mit ein bisschen Glück eine Tanzpartnerin mit ausreichend Energie habe. Die Laternen in den Bäumen des Oak Grove sind inzwischen angezündet worden, und die Menge, gekleidet in allem vom Smoking und bodenlangem Ballkleid bis zu Retro-Lederjacken und weiten Schlaghosen aus den Siebzigern, strömt herbei. Die Lange Nacht des Pinot Noir beginnt …

Der Morgen nach dem Salmon Bake ist von strahlendem Sonnenschein erfüllt und die Luft viel frischer, als es einen die Hitze des gestrigen Nachmittags hat erwarten lassen. Die Tage sind hier zwar heißer als im Burgund, aber die Nächte sind auch kühler, und ich habe von ortsansässigen Winzern gehört, dass die leuchtend frischen Fruchtaromen des Oregon-Pinot Noir auf diesen großen Tag- und Nachtunterschieden beruhen: Wären die Nächte wärmer, würden diese Aromen in der Beere »gekocht«. Ich glaube nicht, dass sich viele der 600 Feiernden der letzten Nacht sonderlich strahlend fühlen, ganz zu schweigen von frisch, aber mein Kopf ist erfreulicherweise vollkommen klar. Ich gehe hinüber zum Open-Air-Frühstück im Riley-Patio, wo Tische und Stühle aufgebaut sind und Kaffee und Orangensaft bereit stehen. Ich geselle mich zu den Scherrers, die ebenfalls unversehrt wirken. Ich erzähle ihnen, dass mich das Tanzen mit Martine Saunier gerettet hat, denn »wenn ich tanze, kann ich nichts trinken, und wir haben sehr lange getanzt«. Sie lachen, und der Winzer beginnt, von ihrer Heimat zu erzählen, dem Russian River Valley, das so benannt ist, weil die Russen an diesem Teil der Küste des heutigen Sonoma County Anfang des 19. Jahrhunderts, als »Kalifornien« noch weitgehend unerforscht und unbesiedelt war, eine Kolonie gegründet haben. Ohne Erfolg: Taschenratten verjagten sie, indem sie ihnen Samen und Kartoffeln wegfraßen.

»In mancher Hinsicht erinnert mich Oregon an unser Gebiet«, setzt Scherrer nachdenklich an, »sie haben denselben Punkt im Lebenszyklus eines Weingebiets erreicht wie Russian River Valley, das Stadium, wo richtig Geld fließt. Die rein handwerkliche Phase ist bei uns ebenso vorüber wie hier in Oregon. Ich glaube, dass diese Entwicklung ebenso unvermeidbar ist wie der menschliche Alterungsprozess.« Dabei sieht Fred Scherrer kaum einen Tag älter aus als vor 14 Jahren, als ich ihn im Keller seines letzten Arbeitgebers, Tom Dehlinger, kennen gelernt habe. Im Jahre 2000 hatte ich dann dieses Problem mit Dehlinger, und Scherrer rettete mich.

»Ich rufe Sie nur zurück, damit Sie nicht meinen, ich sei unhöflich«, hatte Tom Dehlinger zu mir am Telefon gesagt, als er sich auf meine Nachricht auf seinem Anrufbeantworter hin meldete. Ich hatte mich erkundigt, ob ich ihn im Zuge meiner geplanten Kalifornienreise wieder besuchen könnte, doch bereits seine ersten Worte klangen nicht ermutigend. »Es tut mir Leid, aber wir empfangen heutzutage keine Besucher mehr«, fuhr er trocken fort. Ich wies darauf hin, dass ich als Journalist kein gewöhnlicher Besucher sei. Ich hatte Ende der 1980er und Anfang der 1990er beinahe jedes Jahr eine Zwölferkiste Dehlinger Pinot Noir gekauft, die ich leider seit langem ausgetrunken hatte. »Eigentlich empfangen wir gar keine Besucher«, wiederholte er, dankte mir für meine früheren Käufe und verabschiedete sich abrupt. Mir blieb nur der tutende Telefonhörer in der Hand und ein wachsendes Gefühl der Frustration in der Seele. Ich schickte ihm unverzüglich ein Fax mit einer Einladung zum Mittag- oder Abendessen in einem Restaurant seiner Wahl, wenn er einige seiner Weine dazu mitbringen würde, erhielt aber keine Antwort. Ich war in einer Sackgasse gelandet. Die Geschichte schien sich zu wiederholen, Dehlinger war Assistent und Schüler von einem Russian-River-Valley-Weinpionier namens Joe Swann gewesen. Ich hatte mit Swann nur ein einziges Mal gesprochen, im Sommer 1988 am Telefon, als er ebenfalls rundweg abgelehnt hatte, mich zu empfangen.

Joe Swann erzeugte die ersten Weine, die einiges an Aufmerksamkeit auf diesen Teil von Sonoma lenkten, wo Nadelwälder sich mit Obstplantagen und Weinbergen mischen, wo rollende Hügel und sich schlängelnde Bäche eine an jeder Wegbiegung neue, herrlich abwechslungsreiche Landschaft ergeben. Als ich ihn anrief, konnte man seine Weine nur kaufen, wenn man auf der Kundenliste stand, wofür es wiederum eine lange Warteliste gab. Wer auf der Kundenliste stand, bekam eine Zuteilung von Wein, die er kaufen durfte. Doch wehe, wenn man nicht alles Angebotene kaufte, mehrere Ortsansässige erzählten mir, dass dies zur sofortigen Streichung von der Liste führte. Im Jahr 2000 hatte auch Dehlinger längst dieses Stadium erreicht, wo er alles Erzeugte an Auserwählte zuteilte. Steckte das hinter seinem Verhalten? Dann hatte ich richtig Glück. Ein Freund in Sonoma County erzählte mir, dass Tom Dehlingers langjähriger Kellermeister und Assistent Fred Scherrer sich gerade selbständig gemacht habe und seinen eigenen Pionier-Weinbetrieb mit ebenso knappem Budget gegründet habe wie bereits Dehlinger und Swann vor ihm. Er gab mir auch die E-Mail-Adresse von Scherrer. Es war nicht nur kein Problem, dort einen Termin zu bekommen, mir wurden auch einige Flaschen Dehlinger Pinot Noir aus den letzten Jahrgängen angekündigt.

Als ich ihn dann einige Wochen später besuchte, bezeichnete Scherrer sein improvisiertes Anwesen ironisch als »Grand Château Fred Ex«. Seine Cabernet-Sauvignon- und Zinfandel-Rotweine aus den Weinbergen, die seiner Familie im Alexander Valley in Sonoma County gehörten, gefielen mir wesentlich besser als seine Pinots Noirs. Er erklärte mir, dass ihm noch die Mittel fehlten, um die besten Pinot-Noir-Trauben im Russian River Valley zu kaufen, und fragte dann: »Wie wäre es jetzt mit *richtigem* Pinot Noir?« Auf meine begeisterte Zustimmung hin kamen drei Flaschen von Dehlingers Spitzen-Pinot Noir auf den Verkostungstisch, der 1995, 96 und 97 Octagon Vineyard. Ich wusste, dass dieser Weinberg unter der achteckigen Dehlinger-Kellerei liegt, die mich mit ihrer Lage auf einem Hügel und dem steilen Giebel immer an das Bates Hotel in dem Hitchcock-Film erinnert. Die Weine waren jedoch alles andere als »psycho«: der 1996 raubte mir buchstäblich den Atem, »springend und tanzend ... unwahrscheinlich zart für einen solchen Riesen ... der Geist hat Berge ...«, kritzelte ich auf meinen Notizblock und suchte die Hügel und Täler meines eigenen Geistes nach Worten ab, um diese Eindrücke wenigstens notdürftig zu beschreiben. Dann ließ ich mich einfach von ihm überrollen und von ihm treiben. Als ich wieder Boden unter den Füßen spürte, hörte ich, wie sich Scherrer für seinen ehemaligen Arbeitgeber entschuldigte: »Er ist einfach ein bisschen schüchtern und exzentrisch.«

Doch zurück: Das Frühstücksvolk wandert jetzt zur Dillin Hall hinüber, zum »Sparkling Finale«, dem schäumenden Abschluss-Brunch, bei dem Pinot-Noir-Sekte serviert werden, und ich folge der Menge mit den Scherrers. In der Kantine des College stürzt sich ein großer Schwarm von Winzern und anderen IPNC-Teilnehmern wie die Ameisen auf das Büfett. Ich entdecke Loosens und Gantenbeins in einer Ecke und gehe hinüber. Bei ihnen sitzt ein ortsansässiger Rechtsanwalt, Mr. Man, der ein guter Freund geworden ist, seitdem wir uns hier vor zwei Jahren kennen gelernt haben. Mr. Man spricht eine Reihe von Sprachen, sodass unsere lebhaften, auf Deutsch geführten Gespräche für ihn kein Problem darstellen. Mittlerweile werden Reden gehalten, wird der Küche, den Sommeliers und »den anderen Leuten hinter den Kulissen, ohne die diese Veranstaltung nicht möglich gewesen wäre«, gedankt, wird applaudiert. Dann folgt die jährliche Krönungszeremonie für den Präsidenten der nächsten IPNC. Der diesjährige Inhaber dieser Ehre, der Oregon-Winzer David Anderson, muss sich gehörig strecken, um seiner hoch gewachsenen, schlanken Nachfolgerin Jonie Weatherspoon, Besitzerin von Seven Springs Vineyards, die Tiara aufs Haupt zu setzen. Sie erhebt ihr Glas

»auf den Pinot Noir, diese launenhafte Rebe, die wir alle lieben«, und wir schließen uns ihr an.

Schließlich werden Fragebögen verteilt, auf denen wir unsere Ansichten zur diesjährigen IPNC kundtun sollen, was Anlass zu einigen Witzen bietet. Auf die Frage »Was ist das Beste an der IPNC?« hin wird mir erzählt, dass am Abend vor meiner Ankunft beim »Grand Dinner« eine Wohltätigkeitsversteigerung stattgefunden hat, bei der der Höchstbietende sich das Recht erkaufte, einen der bedeutendsten Weinkritiker Amerikas, Pierre-Antoine Rovani vom *Wine Advocate,* in ein Planschbecken mit kaltem Wasser zu werfen. War der Anblick von der höchstbietenden Grace Evenstad dabei Höhepunkt der Veranstaltung oder nicht? Ich schreibe fünf Worte zu dieser Frage auf meinen Bogen: »Offenheit; ernst, aber entspannt; Vergnügen!« Das sind alles klassische amerikanische Tugenden, die jede europäische Weinveranstaltung, an der ich bis jetzt teilgenommen habe, als mangelhaft im Vergleich mit der IPNC verkörpert.

»Grace Evenstad haben die Dollars jedenfalls nicht wehgetan«, sagt Mr. Man in vertraulichem Ton, »das Geld der Evenstads kommt aus der Pharmaindustrie, und es sind viele, viele Millionen.« Alle anderen am Tisch sind noch mit ihren Fragebögen beschäftigt, deshalb frage ich ihn, ob er Fred Scherrer zustimme, dass die Weinbranche Oregons ein neues Entwicklungsstadium erreicht habe. »Nun, beim Grand Dinner neulich hat Jacques Lardière, der Kellermeister von Louis Jadot im Burgund, eine Rede gehalten, in der er die Pinot-Noir-Produzenten von Oregon als die ehrlichen Kerle lobte. Die, die er meinte, die handwerklichen Erzeuger, sind natürlich ›ehrliche Kerle‹, aber inzwischen gibt es hier auch eine andere Art von Pinot-Noir-Produzent mit etlichen Millionen Dollar im Rücken, für die Oregon ein Spielplatz ist, wenn nicht sogar Disneyland«, sagt er ohne eine Spur von Bitterkeit. »Dann gibt es Fälle wie den Napa-Valley-Winzer Gary Andrus, der auftauchte und eine Versicherungsfirma überzeugte, ihm ein paar Millionen Dollar zinslos zur Verfügung zu stellen, um auf der Basis von vollkommen unrealistischen Rentabilitätshochrechnungen die Archery Summit Winery zu gründen. Als diese Zahlen trotz großartiger Presse nicht eintrafen, hat die Versicherungsfirma ihre Ansprüche geltend gemacht.«

Glücklicherweise beginnt jetzt die eigentliche Abschlussveranstaltung der IPNC, »An Afternoon of Pinot Noir« im Oak Grove, unsere letzte Chance, die Weine aller Teilnehmer zu verkosten. Ich habe eine ganze Reihe der Weine von Teilnehmern außerhalb Oregons noch nicht probiert, deshalb gehe ich zum Oak Grove hinüber mit Loosen und Gantenbein, die ihre Weine ausschenken müssen. Es ist noch heißer als am Vortag, sodass der Sonnenhut, den die Hutmacherin Fiona Bennett für mich in Berlin angefertigt hat, absolut notwendig ist. Ich sehe darin aus wie jemand von der französischen Fremdenlegion, und manche Leute werden sich über mich amüsieren, aber das ist im Gegensatz zu einem verbrannten Nacken ein zu vernachlässigendes Übel.

Mit dem Hut auf dem Kopf steuere ich direkt auf den Tisch von Charles Audoin aus Marsanny in Burgund zu, von dem ich nie zuvor gehört habe. Der junge Mann, schlank und zurückhaltend in kariertem Hemd mit offenem Kragen, ist nicht im Geringsten von meiner Kopfbedeckung beeindruckt und schenkt mir mit ruhiger Zurückhaltung von seinem 2000 Marsannay Les Favières ein. Der Wein ist rassig und anmutig; ein großer Kontrast zu den burgundischen Weinen, die ich gestern probiert habe. Unvermutet taucht Martine Saunier auf und stellt mich Cyril Audoin richtig vor. »2000 ist der erste Jahrgang, für den er verantwortlich war. Es ist schade, dass er keine Premier-Cru- oder Grand-Cru-Lagen hat. Angesichts dessen, dass dieser Wein aus keiner besonderen Lage stammt, ist er doch ziemlich gut, oder?« Ich stimme ihr zu und muss auch schon wieder weiterziehen. Am Tisch von Albert Morot treffe ich auf ein freundliches junges Paar, das sich als Geoffroy und Marie-Odile Choppin de Janury vorstellen. »Ich bin der Großneffe von Françoise Choppin, die Sie bei Ihrem Besuch auf der Domaine empfangen hat«, sagt er. Françoise Choppin war eine unbeugsame, zierliche alte Dame gewesen, ein wahres Original, die aus den Lagen von Beaune in den 1980er und 90ern die besten Weine machte. Der Wein hier in meinem Glas stammt von 2000, dem ersten Jahrgang der Choppin de Janurys. Ihr Beaune 1er Cru Les Bressandes schmeckt wesentlich imposanter und kraftvoller als der Wein, den ich direkt davor verkostet habe, wie man es von einem Wein aus einer Premier-Cru-Lage erwartet. Endlich Weine aus dem Burgund, die nicht nur an sich hervorragend sind, sondern bei denen auch die hierarchische Lagenklassifizierung des Gebiets Sinn macht!

Der letzte burgundische Erzeuger, dessen Wein ich noch verkosten muss, ist Comte Armand aus Pommard, dessen Gutsverwalter, den lebhaften jungen Benjamin Leroux, ich bei meinem letzten Besuch dort im Januar 2000 kennen gelernt habe. Er schenkt den Wein seines ersten Jahrgangs bei Comte Armand aus, den 1999 Pommard 1er Cru Clos des Epéneaux. Während meines Besuchs hat er mir erzählt, dass seine Weine ganz anders im Stil sein würden als die exzellenten, doch ausgesprochen festen, herben Weine seines frankokanadischen Vorgängers, Pascal Marchand, aus den Jahrgängen 1985 bis 1998. »Jetzt wird sich herausstellen, ob ich Recht hatte«, sagt er, während er mir einschenkt. In der Tat, der Wein zeigt wesentlich überschwänglicher Aromen als die Comte-Armand-Weine der Jahrgänge davor. Er ist zwar mächtig und kraftvoll, aber er gibt mir auch einen dicken, »süßen« Kuss, gibt sich gewagt und lüstern. Leroux erzählt mir, dass er zur IPNC nicht nur gekommen ist, um seinen Wein zu zeigen, sondern auch, um herauszufinden, wo es außerhalb des Burgunds wirklich spannende Pinot-Noir-Rotweine gibt, und er habe zwar einige gute Weine aus Oregon probiert, aber Deutschland interessiere ihn mehr. Deutschland! Das ist das Gegenteil der üblichen arroganten und fremdenfeindlichen französischen Einstellung gegenüber den Weinen anderer Länder, aber Cyril Audoin und er gehören zu einer neuen Generation ohne die Vorurteile, die für Franzosen im Alter ihrer Eltern kennzeichnend sind. Habe er den Wein von J. L.Wolf verkostet, Loosens Pfälzer Betrieb, erkundige ich mich. »Ja«, sagt er, »und er gefällt mir ausgezeichnet.«

Das erinnert mich daran, dass ich diesen Jahrgang von Wolf selbst noch nicht verkostet habe, und so flitze ich hinüber zu Loosens Stand, wo eine richtige Menschentraube beim Probieren ist. Aus den Gesprächsfetzen entnehme ich, dass die meisten ganz schön erstaunt sind darüber, dass ein deutscher Rotwein so gut sein kann. Er ist nicht annähernd so kraftvoll wie der Comte Armand, die Aromen wirken viel flüchtiger, aber er besitzt ein geschmeidiges Rückgrat wie ein Fisch, der voller Anmut gegen den Strom schwimmt. »Ich glaube, ich habe die meisten verkostet«, empfängt mich Loosen, immer noch unternehmungslustig, »oder habe ich irgendetwas verpasst?« Ich blicke mich um und gehe innerlich alle verkosteten Weine durch. »Wie ist es mit Byron aus Santa Maria Valley in Santa Barbara County in Kalifornien, das habe ich selbst auch noch nicht probiert«, entgegne ich schließlich. »O ja, das muss probiert werden, sie gehören zu Mondavi, oder?« Ich schlängele mich also durch die Menge der Besucher, die sich im Schatten der mächtigen Eichen drängen, hinüber zum Tisch von Byron »Ken« Brown. Obgleich Mondavi ein Wein-Imperium ist, wird Byron als selbständiger Betrieb geführt.

Als ich ihn zwei Jahren zuvor besucht habe, hat er mir erzählt, wie er die Gründung von Byron Winery 1984 mit den Erlösen aus dem Verkauf von IBM-Aktien finanziert hat, die er als Angestellter in den 1970ern erworben hatte. Die vorbildlichen Kellereigebäude, die die Mondavis ihm gebaut haben, nachdem er den Betrieb an sie verkauft hat und 1991 geschäftsführender Kellermeister geworden ist, haben mich ebenso beeindruckt wie das extreme Klima. Oregon ist richtiggehend tropisch im Vergleich mit Santa Maria, obgleich McMinnville zehn Grad weiter vom Äquator entfernt liegt als Byron auf nur 34,50° N. Dieses scheinbare Paradox erklärt sich aus der Tatsache, dass es zwischen Byron und dem Pazifik keinerlei Berge gibt, sodass sich die kühlen Winde und der Nebel vom Ozean hier sehr stark bemerkbar machen. Selbst dort im Süden ist der Pazifik nämlich aufgrund des Humboldtstroms, der aus den arktischen Gewässern um Alaska gen Süden fließt, noch richtig kalt. Heute wie vor zwei Jahren erscheint mir Brown mit seiner angehenden Glatze nicht wortkarg, obgleich er nicht viel spricht, während er mir den 2000 Sierra Madre Vineyard einschenkt, sondern eher wie ein Denker, der sich so viel Zeit nimmt, wie er braucht, um den Dingen richtig auf den Grund zu kommen. Der Wein ist atemberaubend, als hülle er einen für eine kleine Ewigkeit in Seide ein, als sei man ein Seidenfetischist. Zufällig ist der letzte Wein, den ich bei der IPNC verkoste, auch der größte …

Der Himmel ist grau, als ich früh am nächsten Morgen mit den Loosens und den Gantenbeins sowie Kirk und Elisa Wille, PR-Beratern aus Portland, von der Küste zurück in Richtung McMinnville fahre. Wir haben in Ferienhäusern direkt an der Küste übernachtet, und um 7.30 Uhr, als wir aufbrechen mussten, herrschte noch dichter Nebel. In dem Minibus, den die Willes gemietet haben, damit wir während der nächsten zwei Tage Weingüter besuchen können, ist es ziemlich eng. Gestern Abend war es zu spät, heute Morgen zu früh, und so herrscht auffallende Ruhe. Die Straße ist kurvenreich, aber die Landschaft ändert sich nicht wesentlich. Schier endlose Douglastannen. Wir fahren an einem Schild vorbei:

JESUS IS NEVER
FAR FROM
ANY OF
US

Dem folgt ein Secondhand-Kleidungsladen namens »The Second Coming«*, und wir müssen alle lachen, das weckt uns auf. Die Wälder liegen mit einem Mal hinter uns, wir fahren durch Apfel- und Haselnussplantagen. Nach zehn Minuten biegen wir ab ins Chehalem Valley, zu unserem ersten Termin: Beaux Frères.

Ich kann es kaum erwarten, denn egal, wie interessant Verkostungen auf neutralem Boden sind, sind sie doch kein Ersatz dafür, hinauszugehen und Feldforschung zu betreiben. Dabei geht es nicht einfach nur darum, Informationen an der Quelle zu überprüfen – wenn ein Erzeuger zum Beispiel behauptet, seine Trauben auf eine bestimmte Art zu pressen, muss es dafür entsprechende Technik geben, und fehlt diese, ist das ein guter Grund, seine Aussage anzuzweifeln –, und es geht auch nicht in erster Linie um die Gelegenheit, beim Verkosten der Weine Fragen an die Verantwortlichen stellen zu können – ein weiterer wichtiger Aspekt –, sondern in die spezielle Welt einzutauchen, die jedes einzelne Weingebiet darstellt. An Tagen wie heute brauche ich das Auge eines Geiers und ein Gedächtnis wie ein Schwamm – obgleich es kein Ersatz für ausführliche Notizen gibt –, um zu erkennen, worum es hier wirklich geht, was die Menschen hier ansport und was diesen Ort von anderen Anbaugebieten unterscheidet.

Von meiner letzten Oregonreise her erkenne ich die Reihe von runden Hügeln vor mir als die Umgebung von Beaux Frères wieder. Wir sausen durch Felder mit schwarzen Kühen und Haselnussbäumen, an den kleinen Bächen dazwischen wächst Schilfrohr, viele Hecken gibt es. Ein Paar Rotschwanzfalken kreisen hoch oben, als wir in die NE North Valley Road einbiegen und

* »Die zweite Erscheinung [Gottes]«.

nach der Nummer 15.155 Ausschau halten, weil es sonst kein weiteres Hinweisschild auf Beaux Frères gibt. »Da ist es!«, ruft Loosen plötzlich. »Oh, ich verpasse das verdammte Ding jedes Mal«, entgegnet Kirk Wille knurrig, der am Steuer sitzt, und biegt in die Auffahrt ein. Als wir auf dem kleinen Parkplatz halten, sehe ich die unverkennbar stämmige Gestalt von Russ Margach aus seinem Wagen klettern, während der große, muskulöse Michael Etzel gerade aus dem Keller kommt und mit einem wütenden Ausdruck auf seine Uhr schaut. Das beunruhigt mich, sind wir zu spät dran? Ich blicke auch auf meine Uhr. Es ist Punkt neun, wir sind auf die Sekunde pünktlich, und ich erinnere mich an denselben Gesichtsausdruck vom letzten Besuch; er hat eine halbe Stunde gebraucht, um aufzutauen.

Nach Händeschütteln und Begrüßung verkündet Etzel ziemlich abrupt: »Ich habe versucht, trockene Chardonnay Weißweine zu produzieren, war aber nicht in der Lage, etwas Besonderes einzufangen, deshalb widmen wir uns ausschließlich dem Pinot Noir. Das Besondere an Beaux Frères sind die Weinbergslagen. Das ist nichts Neues in der Weinwelt, aber werfen wir trotzdem einen Blick darauf.« Er dreht sich um, und wir folgen ihm die steile Auffahrt weiter hinauf. Nachdem wir das wenig bemerkenswerte Kellereigebäude rechts hinter uns gelassen haben, können wir vor uns auf der linken Seite die Reben erkennen.

Als wir sie erreicht haben, rasselt er eine Fülle von Informationen über die Weinberge hinunter. »Wir haben 34 Acres* mit einem Sortiment von Klonen, darunter 115, 667 und 777 [Dijon-Klonen], seit sie hier erhältlich geworden sind. Die Reben sind mit einem Abstand von einem Meter in Reihen gepflanzt, die wiederum 1,8 Meter voneinander entfernt stehen. Das Ziel besteht in einem knappen Kilogramm Trauben pro Stock, Trauben mit einem Gewicht von um die 100 Gramm pro Traube und 14 Blättern pro Rute. Zwischen diesem Zeitpunkt und der Lese werden Trauben ihr Gewicht beinahe genau verdoppeln.« Diese präzise Berechnung lässt die Pflege der Weinberge eher wie einen Logistikplan für einen Militärfeldzug erscheinen denn als Landwirtschaft. Als er eine tragbare Balkenwaage hervorholt und anfängt, Trauben zu pflücken und zu wiegen, wirkt er dabei so konzentriert, dass wir das Gefühl haben, wir seien gar nicht anwesend. Die Trauben wiegen um die 80 Gramm, das bedeutet 160 Gramm bei der Lese, und es hängen durchschnittlich acht am Stock. Bei dieser Pflanzdichte stehen 2 200 Reben auf einem Acre. Etzel wendet sich uns wieder zu und berechnet den Ertrag pro Acre: »Acht Trauben mit durchschnittlich 160 Gramm sind 1,28 Kilogramm pro Stock, was bei 2 200 Reben pro Acre gute 2,8 Tonnen pro Acre macht**. Das ginge in Ordnung, wenn das Wetter perfekt wäre, kein Regen, warm und

* Circa 13,5 Hektar.

** Circa 7 Tonnen pro Hektar.

trocken, aber nicht heiß. Aber das Wetter ist hier alles andere als zuverlässig. Wir müssen die Anzahl der Trauben pro Rebe reduzieren, um auf Sicherheit zu gehen.«

Etzel ist das Gegenteil der Winzer, die unbesorgt auf morgen vertrauen. »Ich spreche hier nur von einer kleinen Korrektur«, fügt er trocken hinzu, wird dann aber gefühlsbetonter, »Ende Juli ist viel zu spät, um die Reben dazu zu bringen, ein großartiges Traubengut zu liefern. Zur Zeit des Fruchtansatzes [am Ende der Blüte] sind wir bereits fünfmal durch die Reben gegangen, um schwache Triebe zu entfernen, die starken richtig zu positionieren und die Anzahl von Trauben pro Trieb und Rebe zu regulieren.« Auf Etzels Gesicht ist aber nichts von der kalten Rationalität eines Mathematikers oder Militärstrategen zu erkennen, während er das alles herunterrattert, seine Augen wirken vielmehr richtig besessen. Kein Zweifel, er *ist* von der dunklen Seite der Pinot-Noir-Macht besessen. Jetzt kniet er vor uns nieder und gräbt beide Hände in den Boden, um uns den Humus zu zeigen, was diesen Eindruck nur noch bestätigt. »Ich will einen wirklich lebenden Boden«, sagt er mit einer Leidenschaft, die die meisten Männer nur bei Sex und Sport an den Tag legen, »kranker Boden hindert die Reben daran, Nährstoffe aufzunehmen. Auf gesundem Boden erzeugen sie Trauben mit mehr als nur Zucker.« Trauben mit nur Zucker darin bedeutet lediglich Weine mit Alkohol, aber weder Aroma noch Geschmack, ganz zu schweigen von Charakter. »Unsere ganzen Bemühungen führen zu dem Robert-Parker-Wein, und da Robert Parker mein Geschäftspartner ist, muss ich diesen Weinstil machen«, sagt er halbironisch. Er produziert keinesfalls Weine, um Amerikas einflussreichstem Weinkritiker hohe Bewertungen zu entlocken; Robert Parker schreibt grundsätzlich nicht über Beaux Frères und dessen Weine.

Beaux Frères sind allerdings als Pioniere für einen »neuen« Stil von Oregon-Pinot Noir bekannt, muskulöse und gerbstoffbetonte Rotweine, tieffarbig und mit rauchig-röstigem Duft von der Reife in neuen Eichenfässern. Dabei handelt es sich zweifellos um die Art von Rotwein, die Robert Parker bevorzugt. »Wir haben hier Willakenzie-Böden, die schwerer sind als jene in den Dundee Hills. Deshalb bekommen wir schwärzere, mächtigere und sattere Weine als die drüben in den Dundee Hills. Wir wollen diese Kraft, aber ohne das bloße Volumen.« Er ist überzeugt, dass die Natur hier eher mächtige Weine als elegante hervorbringt und dem entsprechend ist sein Ziel zwar imposante, aber nicht breite oder schwere Weine. Bloßes Volumen ist das Wein-Pendant zu leeren Kalorien in der Diät-Welt.

So schmecken die verschiedenen Partien aus dem Jahrgang 2001 auch, die wir dann vom Fass in der rechteckigen Betonkiste der Kellerei verkosten. Als ich zuletzt hier stand, hat mir Etzel die 1999er gezeigt, und sie waren sogar noch beeindruckender gewesen. »Er ist wie ein großes Dampfschiff, das einen Ozean durchquert«, beschrieb er eine der besten Partien, und ich fügte auf meinem Notizblock hinzu, »Bachs Toccata und Fuge in D-Dur, dieser Bass-Refrain!« Wir gehen hinaus ins Freie, wo inzwischen strahlender Sonnenschein herrscht, und Etzel fragt uns, ob wir einen älteren Jahrgang verkosten möchten. »1999!«, schießt es aus meinem Mund, ich möchte unbedingt wissen, was aus diesem Wein geworden ist. Er starrt einen Moment lang ausdruckslos, kehrt dann zu uns zurück und entgegnet: »Das ist der beste Jahrgang, den wir je gemacht haben, einen Augenblick.« Nach einem Moment kommt er zurück und schenkt uns aus einer Flasche ohne Etikett einen dunkelviolett-rubinroten Wein ein. Er verfügt über all das, was Oregon-Pinot Noirs im »neuen« Stil angeblich ausmacht, und zeigt kaum Ähnlichkeit mit einem burgundischen Pinot Noir. Der mächtige Ozean, durch den er in der Stille der Nacht pflügt, gehört ihm ganz allein.

Wir bedanken und verabschieden uns, und ich frage Margach, ob ich mit ihm fahren kann. Ich bin neugierig, was er von dem 1999 Beaux Frères hält, denn nach konventionellen Weinwelt-Ansichten ist dieser Wein genau das Gegenteil des zarten und schlanken Stils von Pinot Noir, bei dessen Erzeugung er David Lett bei Eyrie hilft. Noch während wir losfahren, frage ich ihn nach seiner Meinung. »Na ja, theoretisch ist der Wein genau das, was ich nicht mag und ablehne beim Oregon-Pinot Noir. Aber ich habe ihn mehrmals probiert und getrunken, und er gefällt mir jedes Mal, weil er nicht nur mächtig und holzbetont ist, sondern auch harmonisch ist … köstlich.« Es wird interessant sein, unsere Eindrücke bei Beaux Frères am Nachmittag mit Eyrie zu vergleichen, aber zuerst fahren wir zu einer neuen Entdeckung von Kirk Wille, einem jungen Weinmacher namens Jay Somers, der laut Wille »den besten Riesling in Oregon« erzeugt. Hoffentlich machen wir da keinen Riesenumweg auf der Spur nach dem Geheimnis des Pinot Noirs.

Es sind nur wenige Minuten durch das Chehalem Valley und dann in die Dundee Hills hinauf, abwechselnd durch Douglastannen und Reben. Margach erklärt mir, dass wir Somers in einer der Weinbergslagen treffen werden, aus denen die Trauben für die Jay-Christopher- und Holloran-Weine stammen, für die er verantwortlich ist. Wir folgen Willes Minibus, der in einen Weinberg einbiegt, und halten neben einem anderen Auto, bei dem bereits der athletische Erik Olsen auf uns wartet, der oberste Kellermeister für die Weißweine von Château Ste. Michelle in Washington State*, mit dem Ernst Loosen ›Eroica‹ erzeugt. Weitere Hallos, und dann gehen wir hinüber zu einer Laube inmitten der Reben, wo Somers auf uns wartet. Der sieht noch mehr wie ein Rockmusiker aus – jung, hager, mit schulterlangem lockigen braunen Haar – als Larry Brooks. »Hi, ich bin Jay«, sagt er unumwunden, »ich bin Weinmacher und Leadgitarrist, instrumentales Zeug, von Thelonius Monk bis Jimi Hendrix. Ich habe kein Heroin-, wohl aber ein Wein-Problem.«

* Im Frühjahr 2003 wechselte Olsen zu Clas du Bois in Sonoma/Kalifornien.

Verdutzt setzen wir uns in die Laube, dankbar für den Schutz vor der jetzt beträchtlichen Kraft der Sonne, und der Weinmacher cum Leadgitarrist schenkt uns den ersten Wein ein. Auf dem Etikett der Schlegelflasche stehen die Worte: »2000 Holloran Riesling«, dazu eine Zeichnung der Laube. »Als ich 1996 angefangen habe, war es unmöglich, gute Pinot-Noir-Trauben zu kaufen«, erklärt Somers, »jetzt rufen mich die Leute an und wollen mir Pinot-Noir-Trauben verkaufen. Allein dieses Jahr kommen tausend Acres* Pinot Noir neu zum Tragen. Jetzt wächst die Nachfrage nach Riesling.« Dieser Wein macht deutlich, aus welchem Grund: seine Frische, der delikate Duft und die Saftigkeit sind wahrhaftig verführerisch. Man braucht keinerlei Ahnung davon zu haben, um diesen Wein zu genießen, und trotzdem hat er nichts Billiges oder Kitschiges. Wir erfahren, dass er bereits ausverkauft ist und 20 Dollar pro Flasche gekostet hat, was noch vor einigen Jahren undenkbar gewesen wäre.

Der nächste Wein, der 2001 Sauvignon Blanc von Jay Christopher, trifft uns wie ein Strom eisiger Luft aus der plötzlich aufgerissenen Tür eines Fleischkühlhauses. Wumm! Der ruhige Erik Olsen sieht ziemlich baff aus. Wie alle anderen ist auch er in erster Linie wegen der Pinot Noirs nach Oregon gekommen und erwartet nichts Großartiges auf dem Gebiet der Weißweine. Dieser Wein hier ist jedoch erstaunlich frisch, übernatürlich lebendig, kribbelt und lockt. Die verblüffte Stille wird plötzlich von einem Gewirr Fragen an Jay gebrochen. »Ich mache das, weil ich es mag und herausgefunden habe, dass es hier möglich ist«, antwortet er mit einem schelmischen Grinsen, »Weißwein ist für mich beinahe ein Rachefeldzug, weil ihn die meisten Leute hier nicht ernst nehmen. Die meisten Winzer interessieren sich nicht dafür, welche Rebsorte in welche Lage passt. Was sie interessiert, ist Pinot Noir.« Das erklärt jedenfalls einige der langweiligen und schwachen Pinot Noirs, die ich auf der IPNC verkostet habe, denn nichts macht es so schwer, einen aufregenden Wein zu produzieren, als wenn man die für die gegebenen örtlichen Bedingungen falsche Rebsorte gepflanzt hat. In einer solchen Situation ist die Erzeugung von Qualitätswein so, als wolle man eine hohe Mauer erklimmen und habe eine Hand auf den Rücken gebunden.

Mit nur zwei Weinen hat der junge Mann mit den zwei Berufungen uns überzeugt, dass Oregons Qualitätspotenzial beim Weißwein von der örtlichen Weinbranche, der Presse und den Konsumenten vollkommen falsch eingeschätzt worden ist. Warum? Weil die große Mehrheit der Oregon-Winzer David Letts große Erfolge in den Blindproben von 1979 und 80, als eine Art göttliches Zeichen empfinden, als handle es sich beim Williamette Valley um das Heilige Land des Pinot Noir. Jetzt stellt sich mir die Frage, wie dieser erklärte Revolutionär, umgeben von wahren Pinot-Noir-Gläubigen, auf seinen

* Circa 400 Hektar.

Weißwein-Rachefeldzug kam? Oder: Was bewegte ihn dazu, den einfachen Weg zu Berühmtheit, Ehre und Reichtum zugunsten dieses steinigen Pfades abzulehnen? »Nun, 1993 habe ich bei Dry River in Martinborough in Neuseeland gearbeitet und war vollkommen hin und weg von den Weißweinen, die Neil McCallum dort macht.« Ich erzähle Jay, dass ich erst wenige Monate zuvor Dry River besucht habe und eine deutliche stilistische Verwandtschaft zwischen seinen Weinen und denen des Neuseeländers erkenne. Diese Art der kontinentübergreifenden Verbindungen entwickelt sich heute in der Weinwelt zu einem häufigen Phänomen.

»Ich glaube, es ist auch wichtig, dass ich *Essensweine* machen will«, fährt er fort. »Ich koche, so oft ich kann, und bin darauf gekommen, dass der Wein Säure haben muss, um gut zum Essen zu passen, was bei Cocktailweinen nicht der Fall ist.« Er meint damit nicht nur, dass viele der jüngeren Generation von amerikanischen – und anderen – Weintrinkern alkoholische, weiche und »süße« Weine vorziehen, die wie Cocktails schmecken. Sondern auch, dass sie sie zu ähnlichen Gelegenheiten trinken wie frühere Generationen Cocktails konsumierten. Als er den 1999 Pinot Noir ›Le Pavillon‹ von Jay Christopher einschenkt, steigert er seine Kritik an der Weinbranche von Oregon noch um einiges. »Das ist hier Lachs-Land. Ich weiß nicht, ob es ein Marketingtrick der Weinbranche ist, aber sie haben tatsächlich den Mythos verkauft, Pinot Noir passe gut zu Lachs, aber das stimmt einfach nicht!« Daran ist zumindest ein gutes Stück Wahrheit. Sein schlanker, frischer und ansprechender Pinot Noir wäre zwar nach meinem Geschmack kein so schlechter Partner für Lachs, aber Weine wie der 1999 Beaux Frères wären wohl eine Katastrophe in Verbindung mit dem Lieblingsfisch des amerikanischen Nordwestens. Sie rufen nach Fleisch und Pilzen.

Jay packt jetzt ein Picknick-Lunch aus und geht dabei zum Thema Musik über. Er habe keine eigene Gruppe, sondern spiele mit verschiedenen anderen Musikern in Clubs in Portland. In seiner Stimme schwingt ein bitterer Ton mit, den es nicht gab, als er über Wein gesprochen hat. »Es ist furchtbar, wie die Musik entartet ist. Sie ist zur Industrie verkommen und vollkommen bizarr geworden.« Das klingt wie Mr. Mans Schlusskommentar zur Entwicklung der Pinot-Noir-Szene in Oregon. Somers reicht mir einen Teller Lachs und ein Glas Riesling herüber, und da weiß ich, dass die Pinot Noir-Szene zwar vielleicht in den letzten Jahren ziemlich bizarre Züge angenommen haben mag, sich aber gleichzeitig eine neue Weißweinszene entwickelt, die in den nächsten Jahren für einigen Aufruhr sorgen wird. Der junge Mann mir gegenüber ist die Spitze dieser Punk-Weinbewegung.

Ich sitze wieder im Minibus neben Kirk Wille, als wir nach dem Mittagessen zur Eyrie-Kellerei fahren. »Jetzt fahren wir in das Weinghetto von McMinnville«, sagt er, als wir in die NE 10th Street einbiegen und an der Kreuzung mit NE Alpine Street vor einem Gebäude halten, ganz aus Douglastannenholz, wie eine überdimensionierte Waldhütte, und hier zwischen den Fabrikgebäuden und Bungalows vollkommen fehl am Platz. Eine Tür öffnet sich, und ein lächelnder David Lett tritt heraus, gefolgt von Margach. Nach einer freundlichen Begrüßung gehen wir ins Innere.

»Diese überwältigende Kellerei war früher eine Fabrik zur Verarbeitung von Truthahnfleisch«, sagt er mit einer Stimme, die vor Ironie trieft, »willkommen in dem Raum, wo das Ausnehmen vonstatten ging!« Wir blicken uns um und sehen Reihen von kleinen Holzfässern in dem Dämmerlicht, aber es riecht nicht nach Truthahn-Innereien. »Ich habe das hier 1970 gemietet, weil ich damals keinen Kredit aufnehmen konnte, um eine Kellerei zu bauen«, fährt er fort und bedeutet uns, ihm in den nächsten Raum zu folgen, wo ein paar historische Stücke stehen, darunter eine horizontale Spindelpresse. Als er bemerkt, wie ich die Presse betrachte, sagt er: »Es ist an sich ein römischer Entwurf, auf die Seite gedreht und Strom hinzugefügt.« Lett, der seine ersten Reben hier 1966 gepflanzt hat, ist der Ur-Wein-Einzelkämpfer, womit ich meine, der erste moderne Winzer, dessen Daseinsberechtigung darin besteht, angeblich unmögliche Dinge zu verwirklichen. Er wendet sich jetzt einer gerahmten Karte der Dundee Hills zu, mit vier farbigen Luftaufnahmen von Weinbergen daneben und Pfeilen, die die jeweilige Position auf der Karte zeigen. Wir scharen uns um ihn, als sei er einer dieser seltenen begabten Schullehrer, die ihrer Klasse nicht groß zu erklären brauchen, was sie tun sollen. »Die Weinberge sind das Wichtigste«, sagt er ruhig und nachdrücklich, »es gibt große Unterschiede zwischen ihnen, zum Beispiel reifen die Trauben in Stonehedge bei 720 bis 820 Fuß* über dem Meeresspiegel volle zwei Wochen später als die in Three Sisters auf 200 bis 300 Fuß** Höhe, und das schmeckt man in den Weinen.« Er sieht sich um, ob die Deutschsprachigen unter uns ihm noch folgen können, und fährt dann fort: »Als ich hierher kam, gab es auf diesem Land hauptsächlich Kirschen, Pflaumen und Haselnüsse, aber der Orkan von 1962 hat das meiste davon umgerissen.« Er stellt es dar, als habe ihn die Natur dazu auserkoren, dieses Land zu bepflanzen, und ihm dabei geholfen. »Das war unsere erste Ernte«, deutet er auf ein Schwarzweißfoto des jungen Lett, »das sind Pinot-Gris-Trauben, die erste kommerzielle Ernte dieser Rebsorte in Nordamerika.«

Er bittet uns in den Verkostungsraum, der mit Holzwänden und fensterlos auch das Hinterzimmer eines kleinen Landhotels sein könnte. Ein Teil von uns macht es sich in dem Sammelsurium von alten Sesseln bequem, für den Rest bringt Margach weniger bequeme Klappstühle. »Meine Grundidee bestand darin, Rebsorten auszuwählen, die zu dem Klima passen würden, und das bedeutete vor allem Pinot Gris und Pinot Noir«, erzählt Lett weiter, während er

* Circa 240 bis 410 Meter.

** Circa 65 bis 100 Meter.

Gläser mit seinem 2000 Pinot Gris herumreicht, »von Anfang an habe ich die Trauben auf dem Höhepunkt ihrer Geschmacksreife gelesen und sie so einfach wie nur möglich zu Wein gemacht. Jedes Mal, wenn man einen Wein im Keller berührt, könnte man ihn vermasseln. Ich bin ein Doktor der vorbeugenden Medizin beim Wein.« Das ist auch das Grundprinzip aller Winzer unserer Gruppe, obgleich ich sicher bin, dass sie hinzufügen würden, dass auch das Gegenteil, nämlich zu wenig zu tun, zu Problemen führen kann. So erscheint mir dieser Wein, denn neben den feinen Rauch- und Honigtönen gibt es auch eine Spur von faulen Eiern. Das ist eine Folge von Reduktion, wenn der Wein zu wenig Kontakt mit der Luft hatte, bevor er in die beengten Fesseln der Flasche gesteckt wird. Doch die Zeit beziehungsweise die Reife in der Flasche wird dem abhelfen. Die Textur des Weines ist wunderbar, zugleich trocken und kremig. »Pinot Gris stellt inzwischen die volle Hälfte unserer Pflanzungen dar«, sagt Lett, »ich wünschte nur, wir könnten ihn patentieren!« In seiner Stimme schwingt ein Hauch Enttäuschung mit, sogar Bitternis, die mir schon früher bei ihm aufgefallen ist. Aus irgendeinem Grund ist er zwar eine Legende, hat aber nie den daraufhin erhofften großen Erfolg erziehlt. Deshalb sind Besuche wie der unsere umso wichtiger für ihn.

Jetzt gehen wir zum Pinot Noir über, und Lett schenkt die normale 2000-Abfüllung ein. Ein leichter, hübscher Rotwein, der in einem lebhaften Trott umhertollt. »Jetzt die 1999 Pinot Noir Reserve, die wahrscheinlich alle bereits bei der IPNC verkostet haben«, sagt er, während er zu der nächsten Flasche in der Reihe auf dem Tisch neben ihm greift. Der Wein schmeckt wie zuvor, obgleich die Farbe in dem gedämpften Licht hier besser zur Geltung kommt als in der grellen Sonne anderntags in Linfield College – ein merkwürdiger Kontrast zum Burgund, wo das Problem üblicherweise darin besteht, dass die Winzer einen dazu zwingen, ihn im Keller zu verkosten, obwohl es dort oft kaum genug Licht gibt, um die Farbe des Weins überhaupt im Glas zu erkennen! »Ich wollte mit einem älteren Wein abschließen, um zu zeigen, wie unsere Weine reifen. Dies ist der 1996 Pinot Noir Reserve«, informiert uns Lett, und plötzlich habe ich durch seine jetzige Reserviertheit im Vergleich zu der Gesprächigkeit zuvor den starken Eindruck, dass er sehr darauf bedacht ist, uns zu unserer eigenen Meinung gelangen zu lassen. Der gerade eingeschenkte Wein ist sicher eine Hassliebe; entweder seine edle Zurückhaltung gefällt einem, oder er lässt einen kalt, denn laut knallt es keinesfalls. Wonach riecht und schmeckt er eigentlich? Das ist nicht einfach zu sagen, und ich suche nach den richtigen Adjektiven. Am ehesten passt »florale Zartheit«. Das lässt den Wein wie Parfüm erscheinen, und dieser Vergleich passt eigentlich besser, weil er tatsächlich ein an Nuancen reiches Aromakonzentrat ist und doch schwerelos wie ein großes Parfüm wirkt. Dieser Vergleich könnte auch für einen großen reifen Burgunder passen. »Unsere Weine entwickeln sich vollkommen anders als rote Burgunder«, unterbricht Lett leise meine Gedanken, »sie neigen mehr zu erdigen Aromen im Alter, während unsere Weine floraler werden.«

Das Interessante an diesem Kommentar ist nicht, dass er meinen Eindruck bestätigt, sondern vielmehr dass Lett, dessen Ruf auf dem Vergleich seiner Pinot-Noir-Rotweine mit denen aus Burgund beruht, die Unterschiede zwischen den beiden Anbaugebieten derart betont. Seine Weine ebenso wie jene am anderen Ende des stilistischen Spektrums in Oregon, zum Beispiel von Michael Etzel, sind keine Imitationen von burgundischen Weinen. Dieser Umstand deutet stark darauf hin, dass Pinot-Noir-Reben hier im Vergleich zu ihrer Heimatregion sehr unterschiedlich gedeihen und Weine mit Eigenschaften hervorbringen, die sich grundsätzlich von allem unterscheiden, was auf den Hängen südlich von Dijon wächst, selbst wenn es sich um Pflanzmaterial derselben Klonen handelt. Das Williamette Valley ist sicher nicht das neue Burgund, sondern besitzt ein ganz und gar eigenes, beeindruckendes Selbst. Der Geist, in dem Lett Eyrie und damit die Pinot-Noir-Szene von Oregon in Schwung brachte, war ein unabhängiger, sein Ziel war es, großen Oregon-Wein zu machen, und nicht, Burgund zu imitieren. Als ich mich das erste Mal mit ihm unterhielt, sagte er: »Vom ersten Tag an habe ich gesagt, dass ich nie irgendetwas Französisches auf meine Etiketten schreiben werde außer den Namen der Rebsorte. Meines sind amerikanische Weine!«

Als ich am nächsten morgen wieder von der Küste Oregons in die Dundeee Hills fahre, spielt die Sonne Versteck hinter kuschelweichen Meereswolken, die aussehen, als wären sie dem Himmel über Paris auf einem impressionistischen Gemälde entsprungen. Dieses Mal sitze ich bei Erik Olsen im Auto, es ist eine gute Gelegenheit, das Neueste aus der Weinszene von Washington State zu erfahren. Die dortigen Weinberge liegen nur ein paar Stunden Autofahrt von hier nach Nordosten, wachsen aber in der kühlen Wüste um den mächtigen Columbia River; eine ganz andere Welt als hier. Lange Zeit tat sich Washington State vor allem mit holzbetonten Weißweinen der Rebsorte Chardonnay hervor, nicht zuletzt jenen, die Olsen auf Château Ste Michelle erzeugte. Interessanterweise haben wir während der letzten Tage keinen einzigen gelungenen Oregon-Chardonnay verkostet.

»Pinot Gris ist mein nächstes großes Projekt, vor allem im Pinot-Grigio-Stil«, erzählt Olsen mit der entspannten Art des Profis, »man kann sich nicht vorstellen, was für ein Erfolg italienischer Pinot Grigio in Amerika ist. Am oberen Ende der Preisschiene des Weißweinmarktes hat Chardonnay immer noch viele Anhänger, aber statistisch gesehen verliert er ständig, und das ist ein weiterer Grund, um Pinot Gris anzupacken.« Und Riesling? »Na, wir können gar nicht genug Eroica produzieren, um der Nachfrage gerecht zu werden, und in Reaktion auf dieses Interesse sind die Traubenpreise gestiegen. Vor dem ersten Eroica, 1999, hat Riesling ganze 300 Dollar pro Tonne gekostet, während 2001 der Spitzenpreis bei 650 Dollar pro Tonne lag.« Die Saftigkeit und Kraft des 2001 Eroica beruht sicher nicht nur auf den Fertigkeiten von Olsen und Loosen, sondern auch darauf, dass einige Traubenproduzenten im Columbia Valley ihre Rieslingreben richtig pflegen. Der Traubenpreis liegt jedoch immer noch Welten entfernt von dem Rekord für Pinot-Noir-Trauben in Amerika: 6500 Dollar pro Tonne. Erst wenn sich der Riesling dieser Zahl weiter nähert, wird es möglich sein, diese Reben mit gärtnerischer Hingabe zu pflegen und so das Potenzial dieser Sorte in Washington State ganz zu realisieren, wie es hier beim Pinot Noir manchmal der Fall ist.

Wir biegen von der 99 W ab und fahren über die ersten Hügel der Dundee Hills. Vielleicht ist das Licht ein sanfteres als gestern, aber heute früh sieht der Boden tatsächlich rot aus. Jetzt verstehe ich, warum sie die *Red* Hills von Dundee genannt werden. »Und was ist mit dem Rotweinboom?«, frage ich Olsen, als wir uns bereits den imposanten Gebäuden von Domaine Drouhin Oregon nähern, kurz DDO genannt, die hoch oben an einem nach Osten gerichteten, rebbedeckten Hang liegen. »Merlot war für uns lange Zeit sehr wichtig, aber die Nachfrage hat in der letzten Zeit dramatisch nachgelassen«, erwidert er. Nahezu unabhängig von der Herkunft war die Rebsorte Merlot während der 1990er weltweit äußerst modisch, da die Weine wie der Pinot Noir unter Konsumenten als weiche und vielseitige Essensbegleiter galten. Sie waren jedoch selten so geschmeidig wie Pinot Noir, sondern oft schwere herbe Weine, die ein Steak brauchten, um bei Tisch Spaß zu machen. Doch zurück zum Pinot Noir, wir parken neben Russ Margachs Wagen, und als wir aussteigen, kommt auch Willes weißer Minibus mit dem Rest der Gruppe.

Was DDO von anderen Pinot-Noir-Produzenten in Oregon unterscheidet, ist der Umstand, dass Besitzer und Betreiber Winzer aus dem Burgund sind. Robert Drouhin hat den Betrieb 1988 gegründet, heute wird er von seiner Tochter Véronique geführt, die ich auf der vorletzten IPNC kennen gelernt habe. Dieser Besuch wird zeigen, ob es mit burgundischen Händen, Erfahrung und »Magie« doch möglich ist, auch aus Oregon-Trauben Weine mit burgundischen Zügen zu machen. Wir gehen zum Empfang, wo sich uns ein großer, schwarzer Mann mit kultiviertem Westküstenakzent als Tony Williams und unser Begleiter vorstellt. Er bedeutet uns, ihm zu folgen. Im höhlenartigen Innern des Gebäudes stehen wir zwischen hohen Edelstahltanks, alles ist sehr modern, das Gegenteil burgundischer Tradition, obgleich man solche Keller heutzutage auch im Burgund finden kann. Wir gehen eine Treppe hinunter in den Fasskeller, der seinerseits äußerst traditionell und burgundisch wirkt, und dann noch ein Stockwerk tiefer ins Flaschenlager, das wieder ganz modern aussieht. Der Weg zurück ans Tageslicht ist wie eine Reise vor und zurück durch eine Zeitmaschine.

Williams bittet uns, an einem der langen Holztische in dem sonnendurchfluteten Verkostungsraum Platz zu nehmen, von dem man einen weiten Blick über die bis jetzt angelegten 36 Hektar Weinberge hat.

»Der erste Wein ist der 2000 Chardonnay, der gerade auf den Markt gekommen ist«, kündigt Williams an, und wir reichen die Flasche herum, um das Einschenken zu vereinfachen. Endlich ein toller Chardonnay! Was ihn im Gegensatz zu anderen, oft ziemlich derben Oregon-Chardonnays auszeichnet, ist seine betörende Kremigkeit, sodass man denkt, »eigentlich wollte ich jetzt gar keinen Weißwein, aber das hier schmeckt so gut!«. Auf Olsens Gesicht liegt ein ähnlicher Ausdruck, er hat hier unten im Süden einen Konkurrenten gefunden. Leider bleibt dieses Mal jedoch keine Zeit, um diesen Ausnahmewein tiefer zu erforschen, weil jetzt der erste Pinot Noir die Runde macht, die normale Abfüllung des Jahrgangs 2000. Es ist ein wunderbar frischer und lebhafter Wein. Doch bin ich noch nie einem Burgunder begegnet, der auf diese Weise nach Orangen und Grapefruit geduftet hat. Williams lächelt, weil der kritische Ausdruck auf unseren Gesichtern rund um den Tisch blitzartig verschwunden ist. »Jetzt kommt der 1999 Pinot Noir ›Laurène‹«, sagt er, »das heißt eine Selektion der besten Fässer im Keller, die von Véronique Drouhin ausgesucht wurden.« Das Gespräch am Tisch stockt, als wir allesamt unsere Nasen in die bauchigen Weingläser senken, dann herrscht erstaunte Stille. Wieder tauchen alle die Nasen in die Gläser, und Williams blickt erwartungsvoll von einem Gesicht zum anderen. Dieser Wein zeigt dieselbe Kombination von enormem Aromen-Reichtum und absoluter Anmut, an die ich mich von meinem ersten Schluck Romanée-Conti erinnere, doch wie so viele andere Pinot Noirs, die wir während der letzten Tage verkostet haben, besitzt er keine Spur von den erdigen Noten, auf denen die unverkennbare Persönlichkeit der Burgunder beruht. Stattdessen duftet er nach einem gewaltigen Strauß von tropischen Blumen, denen sowohl im Geruch als auch in ihrer üppigen Gestalt zugleich etwas Böses anhaftet. Der Wein besitzt eine magische Wirkung auf das Genusszentrum meines Gehirns. Falls es sich um burgundische Magie handelt, hat sie einen Wein entstehen lassen, der keine Nachahmung, sondern einzigartig ist.

Wie die anderen großen Oregon-Pinot Noirs der letzten Tage übertrifft dieser Wein alles, was ich oder die mich begleitenden Winzer erklären können. Vernunft und Erfahrung genügen nicht, um Weine wie diesen analytisch zu sezieren. Wie stark die Scheinwerfer auch sind, die man auf das Pinot-Noir-Labyrinth richtet, werden doch immer einige vom Licht nicht zu erreichende Ecken bleiben. Es ist unmöglich, die Anwendung der Theorie des »anderen Moseler« auf die Weine dieser Rebsorte zu widerlegen. Die Möglichkeit bleibt bestehen, dass auf irgendeine, bis jetzt unerklärliche Weise die Gedanken von Michael Etzel, David Lett oder Véronique Drouhin die Qualität ihrer Weine beeinflussen. Plötzlich lebt das Gespräch am Tisch wieder auf, als sei ein Bann gebrochen.

KAPITEL 7
Graubünden, Schweiz/Central Otago, Martinborough, Neuseeland

IN DER SACKGASSE DER SCHÖNEN NEUEN WEINWELT ODER WIE AUS GUMMISTIEFELKLONEN NEUE NOBLESSE GEMACHT WIRD

Es gibt zweifellos viele andere wichtige Dinge, mit denen ich mich auf meiner Reise in die Schweiz beschäftigen sollte, aber mir geht der Pinot Noir nicht aus dem Sinn, die Rebsorte, deren deutsches Synonym Spätburgunder lautet. Und mir fällt es schwer, mich auf etwas anderes zu konzentrieren, wenn sich der Gedanke daran erst einmal eingenistet hat. So sind Pinot-Noir-Rotweine: Bevor es einem bewusst ist, haben sie einen in ihrer Macht, und wie sehr man sich auch bemüht, sie zu vergessen, sie lassen einen nicht mehr los. Das macht das Leben teuer, weil guter Pinot Noir meistens kostspielig ist. Es kann auch eine sehr zeitaufwändige Leidenschaft sein, da gute Pinot-Noir-Weine nicht einfach aufzutreiben sind. Heute hat sich der Pinot Noir bei mir eingenistet, als der Zug, in dem ich sitze, am Ufer des Zürich-Sees entlangglitt, einer weiten silberglänzenden Masse, nur einige Meter von mir entfernt auf der anderen Seite des Zugfensters, unter schweren grauen Herbstwolken, durch die sich ein vereinzelter dünner Sonnenstrahl kämpfte. Inzwischen kann ich draußen nur noch dichte Dunkelheit und einige wenige Lichter erkennen, denke aber immer noch an das *eine*. Zumindest kann ich einen guten Grund dafür angeben: Ich bin auf dem Weg in die Pinot-Noir-Welt, wenn auch eine der am wenigsten berühmten Ecken. Der Zug wird jetzt langsamer und fährt in den Bahnhof von Landquart/Graubünden ein, meinem Ziel.

Ein halbes Dutzend Mitreisende hasten mit mir durch den kalten Lichtschauer, der vom Dach auf den Bahnsteig fällt, und als der Zug aus dem Bahnhof fährt, steht an seiner Stelle eine Mauer schwarzsamtiger Dunkelheit mit wenigen Lichterinseln, manche davon hoch oben, wo Berge und das andere Ufer der Rheins liegen müssen. Auf der gegenüberliegenden Seite des Bahnsteigs deutet ein Gewirr gelblichen Lichts und kantiger Umrisse die kleine Stadt Landquart an. Es sieht alles ganz anders aus als bei meinem letzten Besuch im Januar, wo mich strahlender Sonnenschein begrüßte. Doch dann sehe ich eine vertraute Gestalt, den hoch gewachsenen, sehnigen Winzer Georg Fromm. Als er mich erkennt, leuchten seine dunklen Augen auf, und ein Lächeln breitet sich auf seinem Gesicht aus wie eine Fahne, die plötzlich von einem Windstoß entfaltet wird. Wir laufen beide aufeinander zu, ich lasse mein Gepäck auf den Boden fallen, und wir umarmen uns. Was könnte selbstverständlicher sein als die Umarmung zweier Freunde, die sich zuletzt vor nahezu neun Monaten auf der anderen Seite des Erdballs gesehen haben? Doch breche ich damit eines der großen Tabus des Weinjournalismus.

Die etablierten Spielregeln verlangen, dass der Weinjournalist stets eine gewisse physische Entfernung zu den Winzern einhält, um die notwendige kritische Distanz für eine objektive Berichterstattung über ihre Weine zu wahren. Es gibt sogar Weinjournalisten, die eine panische Angst vor der physischen Nähe zu ihrem Sujet haben. Sie fürchten den Verlust der Objektivität. Doch erfordert es keine großen Überlegungen, um zu erkennen, dass diese Spielregeln vollkommener Unsinn sind. Erstens, wie kann es überhaupt in Bezug auf etwas derart Subjektives wie Geruch und Geschmack eines Weines so etwas wie Objektivität geben. Beim Wein ist »Objektivität« nur möglich, wenn man sich auf chemische Analysen und verschiedene Formen von Statistik beschränkt, die von weiteren Tests bestätigt oder widerlegt werden können. Doch selbst dann ist es notwendig, genau zu wissen, worauf sich die Analysen und Statistiken beziehen und wie sie entstanden sind. Darüber hinaus erscheint mir die Vorstellung naiv, physische Entfernung bedeute automatisch kritische Distanz. Kritische Distanz ist aber kein eigentümlicher Zustand der Gnade, den man durch das Einhalten bestimmter Regeln und die richtige Körpersprache erlangt. Es handelt sich vielmehr um ein ähnliches Konzept wie Nietzsches Auffassung von Freiheit als etwas, das fortlaufend erkämpft werden muss; das heißt das Ergebnis eines nie endenden Prozesses innerlicher Prüfung. Es ist unwichtig, ob ich Fromm lediglich die Hand schüttle oder ihn umarme. Das Einzige, was zählt, ist die Integrität meiner Arbeit, das heißt in diesem Fall, wie kritisch ich Fromms Taten, Aussagen und Weine betrachte. Eine devote Haltung gegenüber Fromm muss ich unbedingt vermeiden. Mein Ziel ist es, so nahe wie möglich an die Materie – Winzer, Weinberge und Weine – heranzukommen, um mich so eng wie möglich mit ihr zu beschäftigen. Hunter S.Thompson war der extremste Befürworter dieser Schule des Journalismus, oft auch als »Ich-Journalismus« bezeichnet, weil die Person des Autors dabei keinesfalls, wie beim klassischen Journalismus, strikt von der Materie getrennt ist. Thompson setzte sich selbst als eine Art Seismograph ein, um die Erschütterung um ihn herum zu registrieren, und deshalb beschrieb er seine Reaktion so ausführlich. Genauso versuche ich über den Wein zu schreiben.

Sich mit einer Materie eingehend zu beschäftigen ist allerdings nicht gleichbedeutend mit jahrelanger Erfahrung. Auch mit viel Erfahrung ist es durchaus möglich, ein miserabler Journalist zu sein, nämlich dann, wenn der Aufnahmeprozess dieses Materials und seine kritische Untersuchung nicht mehr funktioniert. Läuft er jedoch, dann muss er mit Informationen und Eindrücken gefüttert werden. Das ist der Grund, warum ich einen so großen Teil meiner Zeit damit verbringe, von einem Winzer zum nächsten zu rennen. Für jedes Thema gibt es eine kritische Masse von Informationen und Eindrücken, unter der an sich keine Möglichkeit besteht, die Verbindungen zwischen verschiedenen Weinen, Menschen und Tendenzen zu erkennen. Erreiche ich diese kritische Masse nicht, findet die kreative Kernfusion nicht statt.

Doch bin ich froh, dass ich heute ausnahmsweise nur einen einzigen Termin habe, nämlich mit Fromm – heute ist eine tiefgreifende Untersuchung der Pinot Noir Weine Graubündens nicht mein Ziel. Ohne viel Aufheben geht Fromm mit mir zu dem verregneten Parkplatz und seinem Wagen, verstaut mein Gepäck im Kofferraum und fährt los zuerst durch Landquart, dann nehmen wir eine steile Straße hinauf zwischen von Mauern eingefassten Weinbergen zu dem historischen Weindorf Malans, Höhe 536 Meter über dem Meer, Rebfläche 94 Hektar. So beschreiben es zumindest die meisten meiner Kollegen. Die Tatsache, dass die erste urkundliche Erwähnung der Weinberge 966 n. Chr. stattfand, als Kaiser Otto I. Malanser Weinberge an den Bischof von Chur übertrug, ist der konventionelle Grund, den kleinen Ort als historisch zu bezeichnen. So alt! Oh, der unwiderstehliche Charme bröckelnden Steins und verblichener Farbe für Weinjournalisten! Während wir uns durch die engen Straßen zwischen alten und uralten Häusern winden, die alle einen sehr gepflegten Eindruck machen – hier wird Geld mit Wein verdient –, frage ich mich, was die lange Geschichte dieses Ortes für die hier erzeugten Weine bedeutet.

Von den Weinen aus Malans, die ich bis jetzt erlebt habe, schmeckte nur einer, als habe der Winzer sich an historischen Vorbildern orientiert, bzw. an Weinen früherer Generationen. Diese Ausnahme war aus der uralten autochthonen weißen Rebsorte Completer und schmeckte ziemlich säuerlich. Verdient diese Art von Weingeschichte, weiter kommerziell erzeugt zu werden? Vielleicht als Kuriosität, es wäre schade, wenn der Completer ganz verschwände, denn die biologische Vielfalt der Rebe ist während der letzten Jahrzehnte schon genug dezimiert worden. Das Argument, »minderwertiges« genetisches Material könne ruhig ohne bemerkenswerten Verlust aufgegeben werden, lässt die Ergebnisse moderner genetischer Analysen der klassischen französischen und deutschen Rebsorten außer Acht. Dabei trat zutage, dass viele von ihnen von einer anderen uralten Rebsorte namens Heunisch abstammen, die von den Hunnen aus Zentralasien beim Angriff auf Rom nach Europa gebracht wurde. Reiner Heunisch ist ausgesprochen rustikal und einfach, aber er hat einen wichtigen Beitrag zur Überlebensfähigkeit der Klassiker geleistet.

»Du weißt, dass ich kein Weinfanatiker bin wie Marta und Daniel Gantenbein«, sagt Fromm und unterbricht meine Gedanken mit der unerwarteten Erwähnung der bekanntesten Winzer der Bündner Herrschaft, die nicht weit entfernt in Fläsch leben, »zumindest nicht, bis wir mit dem Weingut in Neuseeland angefangen haben. Dort hat mich der Weinbau erstmals richtig begeistert.« Deshalb habe ich Fromm auch zuletzt auf der anderen Seite der Erdkugel gesehen. 1992 hat er mit seiner Frau Ruth Weingut Fromm Nummer zwei gegründet, am Rande des Städtchens Blenheim im Weingebiet Marlborough am nördlichen Ende von Neuseelands Südinsel. Die ersten Weine stammten aus dem Jahrgang 1994. Multikontinentale sind eine neue Gattung von Winzern, die erst seit einer knappen Generation existiert, vorher war das Reisen zwischen den Kontinenten einfach zu langwierig. In den Jahren zwischen den Weltkriegen lagen genau zwei Wochen Flugzeit zwischen Malans und Marlborough, und der Preis war ein Vielfaches des heutigen. Obgleich die Flugzeit heute nur ca. 24 Stunden beträgt, sind die kulturellen Unterschiede zwischen den beiden Regionen immer noch beträchtlich. Fromm hat mir erzählt, wie ihn die örtlichen Weinerzeuger während seiner Anfänge in Blenheim verblüfft angestarrt haben, wenn er in seinen Weinbergen dem Unkraut mit der Sense zuleibe rückte. »Die dachten, ich sei total verrückt – Handarbeit im Weinberg! Dann gewann unser 1994 ›La Strada‹ Pinot Noir Reserve mehrere Blindverkostungen, und plötzlich nahmen sie mich und was ich tat sehr ernst. Der Lernprozess beruhte jedoch auf Gegenseitigkeit, ich habe nirgendwo so viel über burgundische Ausbaumethoden gelernt wie in Neuseeland.« Das Absurde an Fromms Aussage ist, dass beinahe alle guten Weine, die ich aus der Bündner Herrschaft probiert habe, auf mich den Eindruck machten, sich an Weinen aus Übersee zu orientieren; eigentlich ein allgemeines, gegenwärtiges Schweizer Phänomen.

Fromm lenkt den Wagen durch den Rundbogen einer Geschäftseinfahrt neben dem beeindruckenden dreistöckigen Haus ›Oberdorf 81‹, über dessen Haupteingang aus Holz das Wappen von Peter Schmid prangt, von dem es 1672 erbaut wurde. Er parkt hinter dem Haus, das nur durch einen Streifen Garten von den Weinbergen getrennt wird. »Ich bin in diesem Haus aufgewachsen«, erklärt mein Gastgeber, »auf dem Dorf, aber meine Frau kommt aus der Stadt, aus Basel. Sie hat mir geholfen, mich von der engen dörflichen Denkweise zu befreien.« Die Enge der Straßen, die wir passiert haben, und wie das Dorf endet, sobald man hinter die Häuser dieser Straße hier oben tritt, verleiht »eng« eine sehr konkrete Form. Es war sicher schwieriger, der dörflichen Denkweise zu entrinnen, als der ganz anderen Art von Enge, die in dem Londoner Vorort herrschte, in dem ich aufgewachsen bin. Ich hatte das Gefühl, auf einer Insel der Behaglichkeit und Ruhe gestrandet zu sein, konnte aber die Unverfrorenheit Londons und seine kosmopolitischen Einflüsse innerhalb einer Stunde erreichen. In dem Alter, als Fromm begonnen hat, im Familienweingut mitzuarbeiten, mit 17, das heißt vor mehr als 32 Jahren, stillte ich meinen Durst nach den Theatern, Programmkinos, Museen und Galerien von London, indem ich den Zug bestieg, wann immer ich Zeit hatte. Seine ländliche Herkunft erklärt vielleicht, warum erst die Herausforderung in Neuseeland Fromm zu der Erkenntnis verhalf, dass Winzer sein so viel mehr umfassen kann als die Produktion konventioneller »Landweine«, wie sie damals in Malans üblich waren. »Erst gehen wir in den Keller«, sagt er, als wir aussteigen, und ich folge ihm durch eine niedrige Tür und eine Steintreppe hinunter.

Der Keller unter dem Haus ist überraschend geräumig, die Holzdecke wird von dicken Holzbalken getragen sowie einer großen verputzten Säule und ist mindestens fünf Meter hoch. Es ist so hell hier unten, dass ich blinzeln muss. Nirgendwo gibt es eine dunkle Ecke oder auch nur Anzeichen von Spinnweben. Stattdessen reihen sich kastenförmige Stahltanks, überzogen mit pastellgrünem und dunkelrotem Emaillack die Wände entlang, »für die Weißweine«, erklärt Fromm. In einer Ecke steht ein überdimensionierter Holzkübel, beinahe genauso groß wie ich selbst. Fromm hebt die Plastikplane hoch, die darüber gebreitet ist, damit wir hineinschauen können, und ich sehe, dass der Kübel beinahe bis zum Rand mit gärender Rotweinmaische gefüllt ist. »Die besten Pinot-Noir-Rotweine vergäre ich so, die anderen gären in ähnlich großen Edelstahlbehältern.« Das Ganze macht den Eindruck eines etwas sonderbaren Labors, in dem intensiv geforscht wird. Das ist gar nicht so abwegig, da jeder Jahrgang ein neues Experiment darstellt, insofern der Winzer die Eigenschaften der Trauben den Charakter des Weines bestimmen lässt, denn die Trauben schmecken jedes Jahr anders. Die Alternative dazu ist Standardisierung, was bedeutet, die Weine durch technische Eingriffe immer in eine bestimmte Richtung zu zwingen. Die geschmacklichen Unterschiede zwischen den Jahrgängen verringern sich damit ganz entschieden, fallen manchmal gar nicht ins Gewicht.

Ein schlanker, großer junger Mann mit dunklem Haar und Bart in Gummistiefeln, Jeans und dunkelblauem Pullover kommt mit einem Edelstahleimer in der linken Hand in den Keller und ruft Fromm etwas im örtlichen Dialekt zu, von dem ich kein Wort verstehen kann. »Rolf, das ist Stuart Pigott, der Weinjournalist«, entgegnet Fromm auf Hochdeutsch, »Stuart, das ist Rolf Lampert, meine rechte und meine linke Hand.« Ich schüttele Rolf die rechte Hand. Fromm fragt: »Sollen wir ein paar von 2002 probieren?«, was rein rhetorisch gemeint ist, er hat sich bereits mit einer Glaspipette und zwei Gläsern bewaffnet. »Klar«, entgegne ich beherzt. Die Weine sind erst wenige Wochen alt, sozusagen noch im Embryonalzustand, und das ist eine ziemliche Herausforderung für Körper und Geist.

Wie ich befürchtet habe, sieht der erste Weißwein eher wie Milch als Wein aus, so viel Hefe schwimmt darin von der Gärung. »Es sieht vielleicht nicht so aus, aber dieser Müller-Thurgau ist durch mit der Gärung, er ist knochentrocken«, erklärt Fromm, als er mir das Glas reicht. Die milchige Flüssigkeit riecht wie eine Mischung aus Hefebier und gärendem Teig, schmeckt aber erstaunlich weniger hefig als erwartet. Es ist ein frischer, herzhafter, unkomplizierter Wein für den Sommer, der noch in einiger Ferne liegt. »Der nächste Weißwein, ein Pinot Gris, ist noch am Gären und noch nicht ganz trocken«, fährt Fromm fort und lässt etwas in mein Glas rinnen, das an trüben Apfelsaft erinnert. Geschmacklich geht es eher in die Grapefruitrichtung, mehr lässt sich darüber nicht sagen, weil es noch so wenig weinartig schmeckt. Die andauernde biologische Aktivität in meinem Glas drückt sich in Form von Strömungen aus, die Hefepartikel steigen und fallen lassen – ein Mikrokosmos in meiner Hand. Um besser Notizen machen zu können, lehne ich mich an die Kante an einem Ende einer horizontalen Presse, von der die ganze Zeit ein tropfendes Hintergrundgeräusch ausgeht; gerade vergorener Rotwein von beeindruckend dichtem Rubinrot.

»Jetzt Pinot Noir, ich meine Blauburgunder ... drei verschiedene Partien«, sagt Fromm mit einem Ausrutscher ins Neuseeländische. Verwirrenderweise wird der Spätburgunder in der Schweiz Blauburgunder genannt. Wir probieren uns ziemlich rasch durch dieses Trio, das trübem Saft von schwarzen Johannisbeeren ähnelt, um so die Unterschiede in der Charakteristik der einzelnen Weine so deutlich wie möglich zum Ausdruck kommen zu lassen. Denn die sind beträchtlich. Der erste Wein aus zugekauften Trauben duftet und schmeckt angenehm nach schwarzen Kirschen, wirkt aber ein wenig laut und zeigt eine rustikale herbe Note im Nachhall. Der zweite ist würziger, stoffiger, ein Wein, den man nicht einfach nur trinkt, sondern über den man auch nachdenkt, im Gegensatz zu dem Zechwein, der ihm vorausging. Der dritte ist eine echte Überraschung, mit seinem betörenden Duft wickelt er mich um den kleinen Finger. Seine Berührung ist zwar streichelweich, doch er will mich nicht loslassen. »Wunderbar!«, bringe ich heraus, nachdem ich vergessen habe, den Wein auszuspucken, was in diesem wilden Zustand der Jugendlichkeit definitiv ein Fehler ist. »So soll es sein«, erwidert Fromm beinahe flüsternd, als spreche er mit sich selbst, und bedeutet mir dann, ihm zu folgen.

Wir verlassen den Keller durch die Hintertür, eigentlich ein Tor, das groß genug ist, um einen Anhänger mit Trauben rückwärts in den Keller zu fahren. Die beiden Flügel öffnen sich auf den unteren Teil des Gartens, und wir gehen durch die regnerische Nacht in einen anderen Keller, der noch nüchterner wirkt. Zwischen kahlen Betonwänden, -böden und -decke, die einen merkwürdig eckigen Kellerraum bilden, stehen mehrere kurze Reihen Barrique-Holzfässer. »Jetzt ein weiteres Trio Pinot Noirs, diesmal 2001«, sagt Fromm und zieht die erste Probe aus einem der Fässer, indem er die Pipette oben in das Spundloch steckt und den Wein vorsichtig ansaugt, ohne ihn mit dem Mund zu berühren. Da die Weine hier ein Jahr älter sind, wirken sie weniger überschwänglich, haben aber eine Harmonie gewonnen, die keiner der 2002 besaß, das Ergebnis von 12 Monaten behutsamen Kontakts mit der Luft durch die Holzwände des Fasses und der natürlichen Klärung des Weines durch das Absetzen der Hefe-, Traubenhaut- und Traubenmarkpartikel. Es ist nichts Lautes an ihnen, sie zeigen vielmehr eine wunderbare Verbindung von alpiner Frische und zarter Kremigkeit, als verkörperten sie zugleich die saftig grünen Landstriche unten am Rhein und die hoch gelegenen Grünflächen, die nur im Sommer beweidet werden. Ich gebe zu bedenken, dass diese Weine vielleicht nicht Aufsehen erregend genug sind, um Blindverkostungen zu gewinnen, weil sie ihre Muskeln nicht wie Bodybuilder und ihre Kurven nicht wie Stripper zur Schau stellen. Aber es sind die eigenständigsten Weine, die ich je aus der Bündner Herrschaft probiert habe. »Ich bin eigentlich sehr glücklich damit«, kommt die Antwort, »sie drängen sich nicht auf und brauchen nicht herauszuschreien, dass sie die Nummer eins sind ... gehen wir hinauf ins Warme, um die Neuseeland-Weine zu verkosten.«

Wir laufen durch den dunklen Regen zu einer weiteren Tür, dann durch ein weißes Treppenhaus hinauf in eine Wohnküche, deren moderne Schlichtheit durch einen gewissen Grad an Chaos beeinträchtigt wird. Aus den Zeitschriften, Kleidungsstücken und Schuhen, die im ganzen Raum verstreut sind, wird deutlich, dass die drei Kinder der Fromms – Livio Giorgio, 18, Marco, 16, und Piera Maria, 13 – nicht weit entfernt sein können. Ihr Vater nimmt eine Flasche Weißwein aus dem Kühlschrank, öffnet sie und schenkt uns beiden mit den Worten »2000 Chardonnay Reserve aus Marlborough« je ein halbes Glas ein. Der Duft des Weins nimmt mich sofort wie hypnotisch gefangen. Er ist durchdringend wie eine einzige Hyazinthe, deren Parfüm die Treppe hinauf und durch Türen kriecht, bis sie das ganze Haus füllt. Anders als die meisten neuseeländischen Weißweine zeigt der Wein jedoch nicht den geringsten Anflug von harter Säure, ganz im Gegenteil. »Und der 2001 Clayvin Vineyard Pinot Noir«, bemerkt Fromm leise, um meine offensichtliche Konzentration nicht zu stören, und stellt ein weiteres zur Hälfte gefülltes Glas vor mich hin, dieses mit rubinrotem Wein. Er ist voller ungebändigter jugendlicher Energie und stellt doch eine aufrechte Haltung zur Schau, als sei er in seine hohe Position quasi hineingeboren worden. Wie so viele große Weine ist auch dieser von widersprüchlichem Wesen.

»Du bist Anfang des Jahres zwei Wochen lang durch Neuseeland gereist – wie findest du die Pinot Noirs?«, fragt mich Fromm. Es ist eine berechtigte Frage, die ich viele Male zur Seite geschoben habe, wenn sie mir in den neun Monaten seit meiner Rückkehr in den Sinn kam. »Nun, es sind so viele Eindrücke«, entgegne ich zögernd, »aber wenn du es wirklich wissen willst, dann wird es ein wenig Zeit in Anspruch nehmen«. »Wir haben den ganzen Abend«, sagt Fromm und lehnt sich ein wenig über den Küchentisch, während ich schon mit den Gedanken in Neuseeland bin ...

Es ist eine seltsame Versammlung, aber andererseits bin ich auch unter Vertrauten. Da sitzt Al Capone über Saddam Hussein neben Richard Nixon, während auf der anderen Seite des Raumes Königin Beatrix der Niederlande,

Königin Victoria von England, Priscilla, Königin der Wüste, stehen und neben mir Klaustrophobie, Delirium und Hysterie. Was hat diesen bunten Haufen zusammengebracht? Doch bin ich nicht auf irgendeiner Kostümparty gelandet. Es handelt sich vielmehr um einige der Namen, die Russell Lake mit Kreide auf die Böden der 92 Barriquefässer geschrieben hat, in denen der 2001 Pinot Noir von Rippon Estate reift. »Ich bin strikt, pedantisch«, erklärt der Kellermeister und Verwalter*, »ich stelle mir vor, wenn ich alles picobello sauber halte und den Werdegang jedes einzelnen Fasses verfolgen kann, dann wird am Ende ein guter Wein herauskommen.« Seine blonde, jungenhafte Gestalt hält einen Moment inne, um unsere Reaktion zu beobachten, dann fährt er fort. »Wir haben 23 verschiedene Gärtanks mit Pinot Noir, die jeweils vier Barriquefässer Wein ergeben. Die Gärtanks sind mit den Buchstaben von A bis W bezeichnet, und jeder Buchstabe steht für eine Kategorie. Die vier Fässer aus dem Tank F sind zum Beispiel alle nach ›Felons‹, Verbrechern, benannt, die aus Tank N nach Neurosen, die aus Q nach »Queens«, Königinnen.« Dieses außergewöhnliche System erinnert mich an Denkspiele zum Gedächtnistraining, und Lake scheint sich genau an das Wesen jedes einzelnen Fasses erinnern zu können. Die von uns verkosteten unterscheiden sich zweifellos deutlich voneinander. Der Mohikaner – I ist für Indianer – ist robust mit ausgeprägtem Kirschduft, im Vergleich damit ist Richard Nixon leicht bitter und zeigt interessante Erdigkeit, während Klaustrophobie frisch, hübsch und süßlich wirkt. Passenderweise entpuppt sich Lady Chatterley – L ist für Liebhaber – als warm und würzig, während Königin Victoria seltsam riecht – Wermut und Rauch! – und dann überraschend warm und voll schmeckt. Es ist tatsächlich ein bunt gemischter Haufen.

»Die besten 49 Fässer werden zum 2001 Rippon Pinot Noir verschnitten, und der Rest ergibt einen leichteren Wein namens Jeunesse«, erklärt Lake, während wir aus der provisorischen Baracke aus Sperrholz und Stahlträgern heraustreten, die bei Rippon als Fasskeller dient. Der Blick hier oben von der Kuppe ist trotz seiner Vertrautheit atemberaubend. Ich habe ihn schon oft in Weinbüchern abgedruckt gesehen, meistens mit der Unterschrift: »Wer wollte bestreiten, dass Rippons Weinberge die schönsten der Welt seien?« Unter uns liegen die sanfthügeligen Wiesen um Lake Wanaka, dessen dunkelblaue Wasser sich fjordartig von einigen hundert Metern bis zum Fuße der mächtigen Bergspitzen in weiter Ferne erstrecken. Wären da nicht die gepflegten Rebreihen unten auf der Ebene und dem leicht abfallenden Terrain am Ufer, könnten wir in Norwegen stehen. Doch bei den Bergen handelt es sich um die neuseeländischen Alpen, die sich an der Westseite der Südinsel entlangziehen und deren höchste Erhebungen an mehreren Stellen über 3 000

* Im Sommer 2002 hat Russell Lake Rippon Estate verlassen, um als selbständiger önologischer Berater zu arbeiten.

Meter liegen, wie der Mount Aspiring, dessen zerklüftete, schneebedeckte Spitze vor uns 3077 Meter erreicht. Ich ringe um Worte, die sich mit der überwältigenden, direkten Sinnlichkeit von Fotos messen könnten. Gestern Abend, als wir den 2000 Rippon Pinot Noir verkostet haben, haben wir dieses Problem nicht gehabt. Er war wie der Blick in einen rubinroten Laserstrahl, der sich mit Lichtgeschwindigkeit durch die verkrusteten gedanklichen Gewohnheiten fraß, die normalerweise unsere Ansichten der Welt bilden, und die Türen zu neuen Eindrücken aufstieß. Hansjörg Rebholz vom Weingut Ökonomierat Rebholz im pfälzischen Siebeldingen, der uns begleitet, war am meisten überrascht. In dem abgelegenen Central Otago, das als Weinregion noch im Pionierstadium steckt, hatte er so etwas Strahlendes nicht erwartet.

Einige der örtlichen Winzer, nicht zuletzt Lois Mills, die Besitzerin von Rippon, wo die ersten Reben Ende der 1970er gepflanzt wurden, könnte die Bezeichnung »Pionierstadium« mit Fug und Recht zurückweisen. Doch bei einem Breitengrad von 45° südlich ist Central Otago nicht nur das südlichste Weingebiet der Welt, sondern auch das abgelegenste: Wellington, die nächste richtige Stadt, liegt anderthalb Tage Autofahrt und eine Fährpassage entfernt. Selbst vom nächsten Flughafen, Queenstown, sind es auf der Hauptstraße 120 Kilometer bis zu Rippon. Wir haben eine Abkürzung genommen, die Crown Range Road, deren erster Abschnitt die steilste und kurvenreichste Straße war, die ich je erlebt habe, worauf dann eine der einsamsten Straßen folgte, die ich kenne. Eine wind- und regengepeitschte Bergkette folgt der anderen, und ich frage mich, ob wir je wieder auf Zeichen von Zivilisation stoßen werden. Außerdem ist der größte Teil von Central Otagos Weinbranche neuesten Datums. Erst Ende der 1980er erzeugte Rudi Bauer, der inzwischen sein eigenes Weingut namens Quartz Reef in Cromwell/Central Otago hat, bei Rippon die ersten beachtenswerten trockenen Rieslinge und Pinot Noirs. Als aber der 1991 Rippon Pinot Noir bei der 1993 International Wine Challenge in London eine Goldmedaille gewann, wurde Central Otago der Weinbranche plötzlich ein Begriff.

Die Aussicht darauf, dass sich hier Pinot Noir von Weltklasse – der Heilige Gral des Weines! – einfach und regelmäßig erzeugen ließe, ließ die Gesamtrebfläche des Gebiets während der letzten zehn Jahre von unter 20 auf über 200 Hektar wachsen. Sage und schreibe 70 Prozent davon sind jetzt mit Pinot-Noir-Reben bepflanzt. Dahinter stecken vor allem mutige Kleinunternehmer, ähnlich jenen, die aus dem Bungee-Jumping, das in der nahe gelegenen Kawarau-Schlucht erfunden wurde, einen weltweit verbreiteten Sport machten. Der einzige Grund, warum Central-Otago-Pinot Noir in Deutschland kaum anzutreffen ist, ist, dass ein guter Anteil der Weinberge noch nicht im Ertrag steht – und an der starken Nachfrage in Neuseeland, Australien, den USA und Großbritannien. Doch auch so gehören die Reben bereits zu den Haupttouristenattraktionen, neben Winter- und Extremsport sowie Forellenangeln. Viele der Pioniere fanden bald heraus, dass der Anbau, insbesondere der von Pinot Noir, viel schwieriger ist, als sie es sich vorgestellt hatten, und der Ausbau dieser launischen Rebsorte hier auch nicht einfacher ist als anderswo. Anders gesagt, sie entdeckten, dass Professionalismus in Weinberg und Keller unverzichtbar sind, um hochwertige Weine zu erzeugen, und dass man diesen nur durch harte Arbeit und eine beharrliche Auseinandersetzung mit den natürlichen Gegebenheiten erhält.

Auch angesichts des äußerst ungleichmäßigen Qualitätsniveaus der Weine aus Central Otago ist das Wort Pionierstadium unumgänglich. Das wird uns auf schmerzliche Weise klar, als wir an einem grauen, nieseligen Morgen Gibbston Valley Wines besuchen. Beim Betreten des »Verkostungsraums« schlägt uns ein nahezu überwältigender Seifenduft entgegen. Ein Blick auf die vielen Regale zeigt, dass wir hier nicht nur Seife, sondern auch eine enorme Palette von Souvenirs erstehen könnten, die jeglicher Verbindung zum Wein entbehren, von Schokoladentrüffeln über Tischdecken bis hin zu lachenden Schweinchen. Von den Stahlstreben, die das Dach stützen, hängen ein halbes Dutzend Transparente, die den Sieg von Gibbston Valley Wines' 2000 Pinot Noir Reserve verkünden:

Judged the world's best
PINOT NOIR*

Das bezieht sich darauf, dass der Wein in der Kategorie Pinot Noir bei der 2001 International Wine Challenge als Sieger hervorgegangen ist. Das ist zweifellos eine Leistung, doch die Jury dieses Wettbewerbs hat den Wein keinesfalls zum besten Pinot Noir der Welt erklärt, sondern er wurde lediglich als bester unter den eingereichten Weinen *dieses* Jahres bewertet. Der lächelnde junge Mann mit gut einstudierten PR-Sprüchen, der uns herumführt, teilt uns als Erstes mit, man müsse das Leben bis zum Äußersten leben. Doch was bedeutet das Äußerste angesichts der Professionalität, mit der die Touristendollars hier eingesammelt werden? Vielleicht bezieht es sich auf das extreme Klima dieser Region.

Central Otago ist im Vergleich zum größten Teil von Neuseeland sehr trocken. Während meiner ersten Tour durch das Land im August 1988 fielen in einer einzigen Woche sage und schreibe 32 Zentimeter Regen in Auckland, was keinen der Neuseeländer, die ich traf, besonders erstaunte. Neuseeland ist so grün durch den Regen, der von den bestimmenden westlichen Luftströmungen herangebracht wird, und die jungen, fruchtbaren Böden – nicht etwa aufgrund ökologisch korrekten Verhaltens. Trotzdem hat es Neusee-

* »als bester Pinot Noir der Welt bewertet«.

land geschafft, im Bewusstsein der meisten Deutschen als Ökoparadies an die Stelle von Irland zu treten. Die bestimmende Farbe der Vegetation des Gebiets, bedingt durch die Seltenheit von Regen in Central Otago, das im Regenschatten der Alpen liegt, ist ein für Neuseeland untypisches, gelbliches Braun. Die Niederschläge erreichen hier im Durchschnitt gerade einen halben Meter pro Jahr, während es in Fjordland auf der Westseite der Alpen bis über sechseinhalb sind. Durch die in Central Otago herrschende Trockenheit ist die Bewässerung der Weinberge größtenteils zwingend notwendig. Doch stellen die Kürze des Sommers und die allgemein kühlen Temperaturen eine noch größere Herausforderung für die Winzer dar.

Unter diesem Gesichtspunkt gehört das Gebiet zu einem weltweiten Phänomen, das der kalifornische Winzer Mark Lingenfelder, dessen Pinot-Noir-Trauben in Sonoma County zu den ausgesuchtesten gehören, als das »cooler than thou«-Syndrom* beschreibt. Es beruht auf der unter Pinot-Noir-Winzern weit verbreiteten Annahme, dass, wenn eine Lage in einem kühlen Klima bessere Trauben hervorbringt als in einem warmen, noch kühlere Bedingungen dann noch bessere Ergebnisse ermöglichen werden. Ganz falsch ist das nicht, denn im Allgemeinen ergeben Trauben, die in kühlem Klima heranreifen, tendenziell aromatischere, frischere und elegantere Weine als Trauben aus warmen Klimazonen. Während der letzten 20 Jahre hat diese Schlussfolgerung in Neuseeland und Kalifornien zu dem Trend verleitet, Pinot Noir in immer kühleren Lagen zu pflanzen. Das Problem dabei ist, dass es wie bei jeder anderen Rebsorte auch für den Pinot Noir eine klimatische Grenze gibt, über die hinaus er nicht jedes Jahr zur vollen Reife gelangt. Viele Teile von Central Otago sind schlichtweg zu kühl für den Pinot Noir. Das bedeutet für die Winzer, dass sie geschützte Lagen suchen müssen, um eine Chance zu haben, regelmäßig gute Weine hervorzubringen.

Gibbston Valley Wines entwickelt sich erst gegenwärtig zu einem bedeutenden Traubenproduzenten und bezieht vorläufig noch den größten Teil der weißen Trauben und eine gute Menge an Pinot-Noir-Trauben von Winzern, die über das ganze Gebiet verteilt sind. Diese Winzer sind es also, denen der tatsächlich riskante Teil des Geschäfts zufällt. Der angebliche Höhepunkt unserer Tour besteht in der Besichtigung eines der »größten Weinkeller Neuseelands«. Was damit gemeint ist, sind Tunnel, die in den 200 Millionen alten Schiefer des Felshangs hinter dem Verkaufsraum gebohrt worden sind. Statt nackten Fels blicken unsere erstaunten Augen jedoch auf mit grauem Sprühbeton versiegelte Wände und Decken. Es wird uns erklärt, diese Tunnel seien Heimstatt für »563 Barriques und ein beliebter Ort für Hochzeiten«. Dann probieren wir die Weine und sehen bestätigt, dass Gibbston Valley zwar be-

* Etwa: »kühler als kühl«.

reits seit dem Jahrgang 1987 Wein produziert, sich aber, was die Qualität betrifft, immer noch im Pionierstadium befindet.

Rebholz scheint heute jegliches Englisch vergessen zu haben und gibt kein Wort von sich, als wir uns durch die vollkommen belanglosen, aber zumindest sauberen trockenen Weißweine aus den Rebsorten Pinot Gris, Chardonnay und Riesling verkosten. Schließlich kommt der Moment, auf den wir gewartet haben: Pinot Noir. Jedoch – der 2000 ›Gold Rush‹ Pinot Noir riecht nach Malz und billiger Himbeerkonfitüre und entpuppt sich als derb und dünn. Auch der 2000 Gibbston Valley Pinot Noir ist leider nicht viel besser, sein Bouquet erinnert mich an Gemüsesuppe, schmeckt voll, aber ziemlich bitter. Uns wird erklärt, es sei nicht möglich, den »besten Pinot Noir der Welt« zu verkosten. Ein Wein wie »der beste Pinot Noir der Welt« existiert hier ganz offensichtlich nur wegen seiner Werbefunktion, und dafür müssen nur so viele Flaschen erzeugt werden, um die Wettbewerbsbedingungen zu erfüllen. Vollkommen enttäuscht sitzen wir im Gibbston-Valley-Wines-Restaurant zwischen den Touristen, weil wir nichts anderes in der Gegend kennen, wo wir sonst essen könnten. Ich versuche, nicht aus dem Fenster zu schauen, an den Scheiben laufen dicke Tropfen hinunter. Der einzige Hauch von Sinnlichkeit sind die Graffiti auf den Wänden der Toiletten. Wir sind in einer Sackgasse der Schönen Neuen Weinwelt gelandet.

Nach wenigen Minuten Fahrt erreichen wir zwei kleine Schieferhäuschen, die in diesem verlassenen Teil des Gibbston Valley gänzlich verloren wirken. Als stünden sie hier nur, um Besuchern von unserem Ende der Welt zu überzeugen, dass sie nun, endlich, wirklich genau das andere Ende der Welt erreicht haben. Die Szenerie vermittelt das Gefühl, anderthalb Jahrhunderte zurückversetzt worden zu sein. Ich kann mich des Gedankens nicht ganz erwehren, es gäbe hier vielleicht ohne den Goldrausch, der 1862 im nahe gelegenen Dunstan einsetzte, gar keinen Weinbau, denn erst dann wurde diese Ecke Neuseelands von Weißen besiedelt. Es gibt in Central Otago noch eine ganze Reihe von Gebäuden aus dieser Zeit, größtenteils von erfolglosen Goldsuchern, die sich anderen Unternehmungen zuwandten. Einer von ihnen, ein Franzose mit dem merkwürdigen Namen John Desire Féraud, pflanzte 1864 die ersten Reben und gewann später mehrere Preise bei Weinwettbewerben in Sydney. Als er aus dem Gebiet wegzog, gerieten seine Erkenntnisse ein ganzes Jahrhundert lang in Vergessenheit. Die Hütten, in denen Peregrine Wines untergebracht ist, ähneln sowohl in Größe als auch Bauweise stark Férauds Weingut namens Monte Christo – noch ein merkwürdiger Name.

Der große, stämmige und tatkräftig wirkende Greg Hay kommt aus einer der Hütten herüber und begrüßt uns sehr herzlich. Der Regen hat endlich aufgehört, und so entscheiden wir, draußen zu verkosten. Endlich kann ich wieder frei atmen. Als mir der Duft des 2001 Pinot Gris rasant in die Nase steigt, verschwinden die Erinnerungen an Seifenduft, und ich segle ins Land, wo Milch und Honig fließen, obgleich der Wein ganz trocken ist. »Letztes Jahr sind die Verkaufszahlen beim Pinot Gris in die Höhe geschossen«, erzählt Hay, was wir gut verstehen können angesichts dieses hervorragenden Weines. »Und Mami hat mir auch einen Orden verliehen«, witzelt er mit selbstbewusster Ironie. Der Wein beweist, dass Weißweine aus Central Otago keine Touristen-Nippes sein müssen, sondern ebenso charaktervoll, wie die besten Pinot Noirs sein können. Trotz des extremen Gegensatzes zu dem Touristenrummel heute Morgen produziert auch Peregrine einen Großteil der verarbeiteten Trauben noch nicht selbst: In den ersten Jahren nach der Gründung 1998 haben sie alle Trauben zugekauft. Aber das scheint überhaupt kein Hindernis für Weinqualität zu sein. Hays Beschreibung von dem im Weinberg betriebenen Aufwand, um diesen Wein zu ermöglichen, ist ausführlich, präzise und macht deutlich, dass diese Qualität alles andere als Zufall ist. Die floralen Aromen des köstlichen 2000 Pinot Noir sind schlank und frisch – ist das Gebirgsfrische? »Das Gibbston Valley ist der kühlste Ort in Otago, wo der Pinot Noir noch richtig reif wird«, erklärt Hay, »hier müssen wir volle drei Wochen länger mit der Lese warten als nur wenige Kilometer weiter unten an der Straße in Bannockburn. Dieses Klima ermöglicht uns sehr frische, duftige Weine.« Die Grundlage der Weine vor uns ist ein systematisches Erwägen der hier gegebenen Faktoren. Nur so ist es möglich, das Pionierstadium hinter sich zu lassen und auf internationaler Ebene eine Rolle zu spielen, statt nur unbedeutende Mengen Siegerweine zu produzieren, die nicht einmal verkostet werden können.

Als wir die Brücke über den Kawarau River unmittelbar vor dem Ort Cromwell überqueren, sehen wir ein Holzschild, das zwischen zwei Steinstößen hängt, als befänden wir uns in einem Western. Darauf steht geschrieben: »Bannockburn – Heart of the Desert«[*].

An der Kreuzung haben wir die Wahl zwischen Mount Difficulty und Felton Road[**]. Wir entscheiden uns für die weniger schwierig klingende Straße und sind plötzlich in einer Landschaft, in der sich Weinberge mit gelben Pappelreihen und bizarren Erdformationen abwechseln, die aussehen, als seien sie das Ergebnis von gewaltigen Sandstürmen. Das einzige Grün um uns sind die Blätter der Reben – also genau das Gegenteil von dem Bild, das man allgemein von Neuseeland hat. Hätte man mir ein Foto mit dieser Landschaft vor meiner Abreise gezeigt, hätte ich sicher voller Überzeugung auf Nahost getippt. Ein kleines weißes Schild mit schwarzer Schrift bedeutet uns, zum Felton-Road-Weingut links abzubiegen, einen Hügel hinauf zu einem nicht allzu großen modernen Gebäude, das so diskret in die Landschaft gesetzt

* »Bannockburn – mitten in der Wüste«.

** Berg der Schwierigkeiten und Felton-Straße.

worden ist, dass es uns unten, von der Straße aus, gar nicht aufgefallen ist. Die Sekretärin sagt uns, der Verwalter Blair Walter käme sofort, und als der gut aussehende und überraschend junge Neuseeländer zu uns stößt, wird er von einem nicht viel älteren bärtigen Engländer begleitet, der sich als Nigel Greening vorstellt, seit September 2000 Besitzer des Weinguts. Er erklärt, wir sollten zuerst mit Walter eine Tour durch die Weinberge machen, dann würden wir gemeinsam die Weine verkosten.

»Willkommen mitten in der kulturellen Wüste ... ich habe seit vier oder fünf Monaten keine Ampel mehr gesehen«, sagt Walter, und ich frage mich, ob unser plötzliches Auftauchen ihn aus der Bahn geworfen hat. Doch er gibt uns einen flotten Abriss der geologischen, geographischen und soziohistorischen Hintergründe von Felton Road Winery. Wir erfahren, dass es sich bei den gelben »Sandskulpturen« um Löss handelt, pulverartiges Gestein aus Zentralasien, das durch den Wind sowohl hierher als auch an mehrere Stellen in deutschen Weingebieten zwischen einigen der 17 Eiszeiten geweht worden ist, die unser Planet während der letzten 3 Millionen Jahren durchgemacht hat. Außerdem ist die Landschaft in Bannockburn stark von den Gletschern beeinflusst worden, die Tal und Flussbette während der Eiszeiten durchquerten und große Mengen zerkleinerten Gesteins aus den Bergen zurückließen. Das Wüstenschild ist kein leerer Spruch, wir befinden uns an der trockensten Stelle Neuseelands und der wärmsten Ecke von Central Otago. Die Versuche der Goldsucher, das wertvolle Gelb mit Hilfe von großen Mengen Wasser auszuwaschen, das sie aus den Bergen umleiteten, haben die merkwürdigen Bodenformationen hervorgebracht. Heute fließt das Wasser für die Bewässerung der Reben durch dasselbe Kanalsystem. Die Pappeln sind von den Landwirten, die den Goldsuchern folgten, als Windschutz gepflanzt worden. Rebholz hat sich wieder auf seine Englischkenntnisse besonnen und erkundigt sich nach zahlreichen Details bei der Weinbergspflege. Walters Antworten sind überlegt und gründlich, sein Qualitätsstreben kommt auch dadurch zum Ausdruck, dass nach dem Anlegen der Weinberge 1992 die ersten Weine unter der Bezeichnung Felton Road erst fünf Jahre später entstanden statt der üblichen drei.

Als wir das geräumige, helle Gär- und Kelterhaus betreten, schallt uns zu unserer Verblüffung Musik von Bach entgegen. Greening steht neben einem aufgestellten Barriquefass, das ihm als improvisierter Tisch dient, und öffnet die erste einer Reihe von grünen Schlegelflaschen, die neben Probiergläsern aufgebaut sind. »Klassische deutsche Musik für Riesling und klassische französische Musik für die Pinots«, bemerkt er auf unsere fragenden Gesichter hin. Meine erste Tour durch die Weingebiete von Neuseeland 1988 galt der Recherche beim Riesling, und viele der Felton-Road-Rieslinge erinnern mich an damalige Weine: leicht, frisch, angenehm fruchtig, aber selten aufregend. Dann schenkt Greening den 2001 mit natürlicher Restsüße ein, und wir wissen nicht mehr, auf welcher Seite der Erde wir nun eigentlich stehen. Eine Wolke von Frühlingsblüten in Verbindung mit einem hefigen Duft trifft uns mit der Kraft eines Windstoßes aus der Antarktis, dann tanzen muntere Säure und Fruchtaromen wie beim Biss in einen knackigen Apfel über unsere Gaumen bis zum Nachhall wie ein Gebirgsbach, und wie aus einem Munde kommt das Wort »Mosel« über unsere Lippen. Das grenzt fast an ein Wunder, wenn man die enormen Unterschiede in Landschaft und Klima zwischen Otago und Mosel bedenkt. Nach Deutschland zurückgekehrt, gebe ich den Wein einigen Spitzenwinzern von der Mosel und einem der besten Sommeliers Deutschlands zu verkosten, und alle tippen, ohne zu zögern, auf Mosel. Greening und Walter sind erfreut über unsere Begeisterung, vielleicht sogar ein wenig erleichtert über unsere positive Reaktion auf ihren neuen Liebling. Selbst in neuen Weinländern wie Neuseeland laufen revolutionäre Weine wie dieser Gefahr, auf herbe Kritik bei Presse, Handel und Konsumenten zu stoßen.

Die drei Pinot Noirs aus dem Jahrgang 2000, die der Riesling-Revolution folgen, sind genauso außergewöhnlich, selbst die normale Abfüllung ist einer der stoffigsten und geschmeidigsten Weine, die wir in Central Otago verkostet haben. Im Vergleich mit dem nächsten Wein wirkt er allerdings einen Hauch zu einfach. Schlicht als Block 3 bezeichnet, gelingt es diesem, Tiefgründigkeit und Charme zu vereinen. »Block 3 besitzt hohe Töne und tiefe Bässe, als höre man Musik auf einer wirklich guten Anlage«, erklärt Greening, während Walter bereits den Block 5 ausschenkt, der wie Debussy durch Spitzenkopfhörer wirkt, sodass seine Musik meinen Kopf erfüllt, gewaltig und hinreißend. Er besitzt auch eine Würze wie kein anderer Wein des Gebiets. »Die ersten beiden Weine lagen 12 Monate im Fass, der Block 5 dagegen 18. Wollt ihr die 2001er aus dem Fass probieren?«, fragt Walter, und schon sind wir im Fasskeller, um die jungen Pinot Noirs zu den sonoren, melancholischen Klängen von Purcell zu probieren, die gegen die kastenförmigen Betonwände hallen – englische Musik für die Fassweine! Die Weine zeigen deutliche Parallelen zu den Weinen des Jahrgangs 2000, Block 5 ist wieder hinreißend.

Endlich Weine, bei denen ich jenen Kollegen zustimmen kann, die den letzten Central-Otago-Pinot Noir so überschwänglich gelobt haben. »Das ist Gottes gelobtes Land, was den Pinot Noir betrifft«, hat der führende australische Weinautor James Halliday Central Otago vor kurzem beschrieben. Wenn er und manche Journalisten anderer Nationalitäten sich verrannt haben, dann liegt es vor allem daran, dass Weinjournalisten dazu neigen, angesichts von zwei oder drei anständigen Pinot Noirs aus einem neuen Gebiet förmlich auszuflippen. Doch – wer verspürte nicht Aufregung bei der Aussicht darauf, von den Nachgeborenen zum Entdecker des Heiligen Grals der Weinwelt erklärt zu werden? Beim Weinjournalismus heißt die erste Regel, schnell mit gewagten Behauptungen hervorzutreten und zu hoffen, dass nach Beweisen nicht groß gefragt wird.

Vor unserem Aufbruch zeigt uns Greening eine Luftaufnahme eines acht Hektar großen Pinot-Noir-Weinberges, den er unweit von hier die Straße hinunter in Cornish Point angelegt hat, ein Flussgrundstück, das auf drei Seiten vom Wasser eingeschlossen ist. Es sieht aus wie ein Schachbrett, jedes der 23 Quadrate ist ein Rebblock, jeweils mit einer unterschiedlichen Kombination von Pinot-Noir-Klon und Wurzelunterlage*.

Ab der ersten Lese im März 2003 wird jeder Block für sich gelesen und ausgebaut werden, um zu erforschen, welches die perfekte Kombination von Pinot-Noir-Pflanzmaterial für diese Lage ist. Greenings Vorhaben hat etwas Fanatisches. Mir fällt außerdem keine Weinregion ein, für die so etwas wie das perfekte Rebmaterial gefunden worden wäre, nicht zuletzt deshalb, weil jedes Jahr eine andere Witterung hat und verschiedene Reben durch die genetischen Unterschiede auch verschiedene Neigungen haben: Ein Klon zum Beispiel kommt besser mit feuchten Jahren zurecht, während ein anderer besser unter trockenen Bedingungen gedeiht. Es gibt keine einfache Antwort auf solche Rätsel. Doch selbst wenn Greening zu große Hoffnungen in sein Experiment setzt, zeigt es sein ruheloses Streben, alles bisher Erreichte noch zu übertreffen, und die Trauben aus Cornish Point werden Greening und Walter zweifellos einen weiteren Schritt nach vorn ermöglichen …

Kurz halte ich in meinen Ausführungen inne.

Fromms Küche ist erfüllt von den Klängen einer Opernaufführung von Rossini durch eine örtliche Amateurgruppe – italienische Musik also für die Weingeschichte –, die mit weit mehr als amateurhaftem Enthusiasmus singen. »Du denkst also, dass das Potenzial des Landes viel größer ist, als es gegenwärtig verwirklicht wird?«, fragt er und ist ganz offensichtlich nicht nur an der Ecke interessiert, wo er schon Land besitzt, sondern an Neuseeland im Ganzen. »Oh, zweifellos, in Martinborough gab es bereits bei meinem ersten Besuch 1988 einige gute Pinot Noirs, und dieses Mal schmeckten die Weine dort, als hätten die Winzer die Experimentierphase nun hinter sich und seien sich endlich über das volle Potenzial dieser Lagen im Klaren.« »Erzähl«, sagt Fromm und lehnt sich wieder über den Tisch …

Durch meinen früheren Besuch in Martinborough bin ich auf das Exzentrische des kleinen Ortes am südlichen Ende der Nordinsel vorbereitet, dessen Stadtplan das Muster des Union Jack bildet. Die Straßen sind nach großen Städten aus der ganzen Welt benannt. Die neben den Vorort-Bungalows in der New York Street wuchernden Reben findet meine Frau ziemlich verblüffend. Es ist schade, dass Rebholz bereits nach Hause fliegen musste und

* Durch die Reblaus (Phylloxera), die die Wurzeln durch Fraß zerstört, sind amerikanischen Unterlagen essenziell, die gegen diesen Schädling immun sind.

diese eigentümliche Szene nicht miterlebt. Die Dinge werden ein wenig verständlicher, als Clive Patten, der schnurrbärtige, grauhaarige Gründer und Mitbesitzer von Ata Rangi, einer der Weinpioniere von Martinborough, uns unter Zuhilfenahme einer Reihe von Schwarzweißaufnahmen erzählt, wie ein 1978 von einem Bodenwissenschaftler der Regierung namens Derek Milne veröffentlichter Bericht dazu geführt hat, dass der verschlafene Ort von Schafen und Rindern auf Pinot Noir umstellte. Milnes Bericht erklärte die Huangarua Terrace, eine 17 Meter dicke Schicht von Flusskieseln und Schlick im Norden und Osten von Martinborough, als überaus geeignet für den Weinbau und verglich das vorherrschende Klima mit dem von Beaune im Burgund. Das brachte einige Fanatiker mit keinerlei Weinbau-Erfahrung, aber umso mehr Mut – darunter Milne selbst – dazu, hier ab 1980 Reben zu pflanzen, vorwiegend Pinot Noir. Als ich zum ersten Mal nach Martinborough kam, hatte jemand diese Pioniere das »A-Team« getauft, und das bedeutete, dass sich allmählich bereits ein »B-Team« formierte.

»So sind wir Kiwis*«, sagt Patten und zeigt auf ein 20 Jahre altes Bild seines neu angelegten Weinbergs – zu der Zeit der Aufnahme ein wilder Schuss ins Ungewisse, auf das Ziel, dessen Existenz sie lediglich erhoffen konnten –, »wir schaffen alles, wenn wir dazu entschlossen sind.« Der Ton, in dem Patten diese Worte spricht, ist zugleich entschieden und zärtlich, als rede er mit jemandem, der seiner Fürsorge bedarf, und nicht von den gewagten Anfängen einer neuen Weinregion. In Shorts, kariertem Hemd und Stiefeln, an dem Holztisch vor der Kellerei im strahlenden Sonnenschein, sieht Patten aus, als sei er in eine Winzerfamilie hineingeboren worden, und es ist schwer zu glauben, dass er in der neuseeländischen Presse einmal als einer dieser »verrückten Hippie-Wochenendunternehmer mit komischen Weinen« beschrieben worden ist. Seine Verwandlung in einen höchst professionellen Winzer ist hundertprozentig gelungen.

Improvisation ist das andere Geheimnis, das sich hinter Martinboroughs fliegendem Start verbirgt. Während wir hinüber in den Empfangsraum zum Verkosten gehen, erzählt Patten, dass so gut wie die Hälfte seiner Pinot-Noir-Reben aus dem so genannten »Gummistiefel«-Klon stammen, der so heißt, weil er auf ein einziges Stück Rebholz aus dem berühmten Romanée-Conti-Weinberg in Burgund zurückgeht, das vor nahezu 20 Jahren in einem Gummistiefel ins Land geschmuggelt worden ist. Damals stammte das beste, in Neuseeland kommerziell erhältliche Rebmaterial aus der Schweiz und Kalifornien, ohne die geringsten Aussichten auf irgendetwas aus Frankreich. Patten betont allerdings gleich darauf, dass er keineswegs alles Burgundische beim Pinot Noir automatisch als Garant für Spitzenqualität erachte. »Die

* In englischsprachigen Ländern und Neuseeland selbst gebräuchliche Bezeichnung für Neuseeländer.

Leute erwarten, dass wir immer noch nach Burgund blicken«, fährt er nachgiebig fort, »aber nach 20 Jahren tun wir das längst nicht mehr. Burgund ist ein Pinot-Noir-Gebiet unter vielen.« Das ist eine gewagte Aussage. Patten klingt jedoch ganz sachlich dabei, als handle es sich um eine Selbstverständlichkeit. Nicht einmal in Oregon, dessen Pinot-Noir-Industrie 14 Jahre älter als die in Martinborough ist, habe ich etwas Vergleichbares gehört.

Der 2000 Ata Rangi Pinot Noir zeigt dieselbe Kombination von Entschiedenheit und Zärtlichkeit wie sein Urheber, jedes Schwenken des Glases lässt neue Aromen aufsteigen, manche floral, manche fruchtig, andere rauchig und an Wurzeln erinnernd, doch nichts daran scheint zögernd oder in irgendeiner Weise suchend. Kraft und Anmut des Weins wirken selbstbewusst und präzise aufeinander abgestimmt, vom ersten Eindruck auf der Zungenspitze bis zum scheinbar nicht endenden geschmeidigen, herben Nachhall. Sein facettenreiches Bouquet erinnert an einen Burgunder, so wie auch manche der Aromen, doch im direkten Vergleich würde der Ata Rangi »süßer« schmecken – obgleich er knochentrocken ist. Als ich Patten nach den Aromen des Weins frage, sagt er, die Komplexität der Aromen habe ihren Ursprung in dem Verschneiden vieler verschiedener Weinpartien, und genauso schmeckt der Wein auch. Es scheint ein bewusst angestrebtes Ziel erreicht worden zu sein. Gehört es jedoch zum Wesen des Martinborough-Pinot Noir? Gibt es überhaupt etwas wie einen Martinborough-Pinot-Noir-Charakter, der Weine unterschiedlicher Jahrgänge und Erzeuger vereint?

Bei Stonecutter Vineyard, um die Ecke von Ata Rangi in Todds Road, erinnert mich das Haus und das halbfertige Kellereigebäude, die beide mit gebrauchtem Wellblech verkleidet sind, stark an das Martinborough von 1988. Damals wurde eine Menge Wein in ausrangierten Molkerei-Edelstahltanks hergestellt. Mir fällt der inzwischen verstorbene englische Immigrant Stan Chiffney ein, ebenfalls zum »A-Team« gehörig, wie er mit einer großen Tierarzt-Spritze eine Probe eines jungen Weißweins aus einem solchen Tank zieht. Der Wein hat zu meinem Erstaunen sehr gut geschmeckt. Bei den ehemaligen Umweltexperten Roger Pemberton und Lucy Harper, die das drei Hektar große Stonecutter Vineyard 1995 gegründet haben, stehen auch ein paar ausrangierte Molkereitanks im Keller. Leider sind die beiden wahrscheinlich die letzten Pinot-Noir-Pioniere in Martinborough, da es auf der Terrace so gut wie kein Land mehr zu bepflanzen gibt. Dieses winzige Weinbaugebiet ist in nicht einmal einer Generation von null zur Sättigung gelangt.

Außerdem wird der neuseeländische Weinmarkt sowie der Exportmarkt für Weine aus Neuseeland immer stärker von etablierten Erzeugern dominiert, die solchen Einzelkämpfern nur noch wenige Nischen lassen. Auch in diesem Aspekt ist die Sättigung in nur einer einzigen Generation nahezu erreicht – eine beunruhigende Situation, wenn man bedenkt, dass Neuseeland gegenwärtig immer noch ganze 12 000 Hektar Weinberge umfasst. Diese schnelle Entwicklung basiert teilweise auf dem enormen Wachstum bei den ausgesuchtesten Rebsorten, allen voran Sauvignon Blanc und Pinot Noir. Im Jahr 2000 gab es 1098 Hektar Pinot Noir in Neuseeland, eine Zahl, die sich während der letzten zwei Jahre nahezu verdoppelt hat. Sättigung führt unweigerlich zu Trägheit und Stagnation, da die Produzenten im Besitz von Großfirmen grundsätzlich risikoscheu sind und selbst kleinere Erzeuger Märkte erhalten müssen, wenn sie sich erst einmal ein wenig etabliert haben, sodass auch sie dazu neigen, an Erprobtem festzuhalten, statt Neues zu wagen. Welche Zukunft hat die neuseeländische Weinbranche mit so wenigen Einzelkämpfern und wenig Innovation?

Auch diese Frage geht mir durch den Sinn, als wir die Stonecutter-Weine im Esszimmer der Familie verkosten, umgeben vom Spielzeug der Söhne Sheratt und Rowan und dem Sonnenlicht, das durch die offene Tür hereinströmt. Die Tankproben der neusten Weine stehen in 150-ml-Pyrex-Versuchskolben auf der verkratzten Tischplatte. Probiergläser werden gereicht und der 2001 Pinot Noir aus einem der Versuchskolben eingeschenkt. »Tief, dunkel und süß«, schreibe ich nach dem ersten Schluck in mein Notizbuch, um nach dem zweiten festzustellen, dass der Wein viel trockener ist, als ich zuerst dachte. Weinverkosten ist wie astronomische Beobachtungen. Wechselt man direkt von einem hell erleuchteten Raum zu einem auf den Nachthimmel gerichteten Teleskop, wird man nicht sehr viel erkennen. Nachdem sich die Augen jedoch an die Dunkelheit gewöhnt haben, sieht man Dinge, die zuvor vollkommen unsichtbar waren; Lichtflecken tauchen in der Dunkelheit auf, Millionen von Lichtjahren entfernte Galaxien. Der Wechsel von einem Wein zum anderen beim Verkosten ist mit dieser Situation vergleichbar, manch feine Nuancen werden übersehen, weil Geruchs- und Geschmackssinn noch von den vorhergehenden Eindrücken beeinflusst werden. Selbst wenn man einen Wein Stunden nach der letzten Mahlzeit probiert, muss sich der Gaumen erst auf die neue Situation einstellen, um den Wein in seiner ganzen Bandbreite zu erkennen. Es wird oft bezweifelt, ob Raucher in der Lage sind, Wein richtig zu verkosten, aber wenn man regelmäßig raucht, ist der Gaumen seit langem an diese Aromen gewöhnt, und das Nervensystem blendet sie aus – so wie jemand, der neben einer Bahnlinie lebt, die Züge kaum noch hört.

Der 2001 Pinot Noir bereitet mich auf den noch ausgewogeneren Stonecutter Pinot Noir des Jahrgangs 2000 vor. Er ähnelt dem bei Ata Rangi verkosteten Wein, ist jedoch ein wenig herber und fester, oder vielmehr ist die »Süße« weniger offensichtlich. Er duftet wie ungewaschenes Wurzelgemüse in einem Ökoladen, und auch das erinnert mich an den Wein von Ata Rangi. »Was das Weinmachen betrifft, habe ich mir die Grundlagen während der vier Jahre erworben, die ich bei Ata Rangi gearbeitet habe«, sagt Pemberton, »aber ich möchte, dass der Wein den Geschmack unserer Trauben zum Ausdruck bringt.« Parallelen bei der Kellerarbeit könnten die Familienähnlichkeit zwischen den beiden Weinen erklären, andererseits aber auch vergleichbare Bedingungen in den Weinbergen, die nur zwei Kilometer voneinander entfernt liegen. Die Weine beider Betriebe sind jedenfalls ganz anders als alle Pinot Noirs, denen ich in Central Otago begegnet bin, sie sind wesentlich weniger säurebetont, reichhaltiger und dadurch weicher und samtiger. Die nächstliegende Erklärung dafür sind die klimatischen Gegebenheiten, die hier in Martinborough bei weitem nicht so extrem sind wie in Central Otago, die Trauben reifen einfach besser aus.

»Pinot Noir bricht mir jedes Jahr das Herz«, sagt Neil McCallum von Dry River am nächsten Tag in seinem Pinot-Noir-Weinberg. Wir stehen zwischen Laubwänden, die uns deutlich überragen, das heißt mehr als doppelt so hoch sind wie typische Pinot-Noir-Reben im Burgund, und sein vehementer Ton macht deutlich, dass seine Aussage nicht nur als Metapher gemeint ist. Mit dem etwas schütteren, von Grau durchzogenem lockigen Haar, kurzem Spitzbart und durchdringendem Blick sieht er genau so aus, wie man sich einen ehemaligen Biochemiker mit Doktortitel der Oxford University vorstellt. Er steckt gerade mitten in einer langen und komplexen Erklärung, was sich bei Dry River seit meinem letzten Besuch vor 14 Jahren verändert hat. Ich muss mich höllisch konzentrieren, um nicht den Faden seiner Ausführungen zu verlieren, denn hinter allem, was er sagt und tut, stecken lange Beobachtungen und viel analytisches Denken. »Wir bekommen sehr reife Aromen beim Pinot Noir, weil hier ein maritimes Klima mit langer gemäßigter Vegetationsperiode herrscht. 1994 habe ich jedoch beschlossen, dass wir mehr Festigkeit in unsere Pinot Noirs kriegen müssen.« Das war damals geradezu avantgardistisch, viele Pinot-Noir-Erzeuger in Neuseeland erkennen erst jetzt, dass der gegenwärtig vorherrschende weiche Larifari-Stil bedeutet, dass diese Weine eine Lebenserwartung von maximal drei oder vier Jahren haben. Angesichts der relativ hohen Preise, die sie verlangen, kann das schnell zu unzufriedenen Kunden führen. Hinter McCallums Entscheidung stecken jedoch andere Beweggründe, er strebt unermüdlich nach nicht nur langlebigeren, sondern tieferen, spannenderen Weinen. Er ist überzeugt, dass für festere Weine die »Ganztraubenvergärung« unerlässlich ist; ein Schlagwort der internationalen Pinot-Noir-Szene, das umschreibt, dass ganze ungequetschte Trauben mitsamt den Stielen in den Gärbehälter kommen. Aufgrund des geringen Gerbstoffvorkommens in den Häuten der Pinot-Noir-Trauben erscheinen ihm die Stiele als die einzig mögliche Quelle für die positive Festigkeit im Wein. Das klingt zwar logisch, doch sind die Stiele gerade das, was übrig bleibt, wenn man Trauben isst. Soll genau das, was man nicht essen möchte, einen positiven Effekt bei den Weinen haben? Bizarr!

Sehr geduldig wartet McCallum, bis ich seine erstaunliche Hypothese innerlich verdaut habe, und fährt dann fort. Wenn die Traubenstiele bei der Lese grün sind, dann wäre ihre Auswirkung auf den Wein in der Tat negativ.

Grüne Stiele, die bis zu vier Wochen im Kontakt mit dem gärenden Wein sind, ergeben einen derben, grünen Geschmack. Mein Zweifel ist also nicht unbegründet. Doch hat McCallum herausgefunden, dass die Stiele, wenn sie zum Zeitpunkt der Lese verholzt und braun sind, dem Wein genau die positive Festigkeit verleihen, auf die er aus ist. Einen Moment lang sehe ich sicher sehr verblüfft aus, aber er lässt sich davon nicht beirren. Das einzige Problem sei, dass die Traubenstiele selten so weit reifen, dass sie bei der Lese braun und verholzt sind, da das Wetter im Sommer nicht heiß und trocken genug ist – genau die richtige Herausforderung für einen ehemaligen Wissenschaftler.

»Ein Kakifruchterzeuger hat mich auf die Lösung gebracht, nämlich diese reflektierenden Streifen, die wir auf den Boden auf beiden Seiten der Pinot-Noir-Reben legen.« Meine Frau und ich blicken gleichzeitig auf das silbrig weiße Gewebe über dem Gras, das zwischen den Reihen wächst. Ich habe mich bereits gefragt, was es damit wohl auf sich hat. »Wir brauchen das Gras als Konkurrenz für die Reben, sonst wachsen sie zu stark«, fährt er fort. Wie der größte Teil Neuseelands sind auch in Martinborough die Böden jung, kaum bewirtschaftet und daher reich an Nährstoffen, und zwar derart nährstoffreich, dass die Reben hier wie verrückt wachsen. Das bedeutet, dass zu viel von ihrer Kraft in das Bilden von Blättern und Trieben geht und nicht genug in die Reife der Trauben, wenn nichts unternommen wird, um ihre Wuchskraft einzudämmen. »Das Problem mit dem Gras ist aber, dass das davon auf die Trauben reflektierte Licht grün ist, was für den Reifeprozess alles andere als förderlich ist. Diese Abdeckung wirft weißes Licht auf die Trauben, das die Reife unterstützt, so dass unsere Chancen auf braune, verholzte Traubenstiele bei der Lese in den meisten Jahren ziemlich gut sind. Ich nenne sie unsere kleinen Moselflüsse.«

Diese etwas merkwürdige Bezeichnung bezieht sich darauf, wie das von der Wasseroberfläche solcher Flüsse wie Mosel, Rhein oder Donau zurückgeworfene Licht den Reifeprozess der Rieslingtrauben unterstützt, die an ihren steilen Ufern wachsen. Aus eigener Erfahrung weiß ich, dass das Licht an diesen Flüssen in der Tat oft silberfarben ist, besonders im Herbst während der entscheidenden letzten Reifeperiode. Dieses Beispiel angewandter Wissenschaft geht weit über rein professionellen Weinbau hinaus, es stellt eine neue Dimension auf diesem Gebiet dar. Wird es sich jedoch in seinen Pinot-Noir-Weinen widerspiegeln?

Das Schwierigste für einen Weinjournalisten besteht darin, seine Eindrücke und Gefühle zu beschreiben, wenn ihn ein Wein vollkommen überwältigt, wie es jetzt beim 2000 Dry River Pinot Noir der Fall ist. Es ist so überaus einfach, eine Kette von Superlativen zu einem Satz aufzureihen, aber das vermittelt nur, dass der Wein überwältigend ist, und nicht, warum und wie er das ist. Überwältigt zu werden kann sowohl angenehm als auch unangenehm sein, und alles das muss zum Ausdruck kommen, damit die Beschreibung diese Bezeichnung überhaupt verdient. Ansonsten ist sie nur wie ein riesiges Schild in einer leeren Landschaft ohne Bezugspunkte, leider ein häufiger Anblick in dem Drittwelt-Journalismus, der sich mit dem Thema Wein beschäftigt. Dieser Wein ist auf derart außergewöhnliche Weise überwältigend, dass er keinem anderen Pinot Noir gleicht, den ich je verkostet habe. Er ist so außerordentlich ruhig, wie ein tiefer See, dessen Oberfläche vollkommen glatt ist, ohne die geringste Strömung oder Brise, und ich habe das Gefühl, voller Seeligkeit in seine Stille eingehüllt zu sein. Stille könnte Leere andeuten, doch ist der Wein randvoll von süßen schwarzen Aromen, er erinnert an Kirschen, Preiselbeeren, Schokolade. Darunter liegt die Festigkeit, die McCallum anstrebt, doch sie ist so perfekt in das Ganze integriert, dass sie kaum direkt zum Vorschein tritt. In mein Notizbuch schreibe ich:

EINS

Als McCallum den 1999 Pinot Noir einschenkt, wird mir klar, wie passend meine Assoziation der Zen-Vorstellung von Harmonie ist. Der ältere Wein ist vollkommen anders, wesentlich kräftiger und bestimmter. Im Vergleich mit dem 2000 ist dieser Wein hier eine »Bombe«. Dieses Klischee des Weinjournalismus passt, weil es ein auf explosive Art ausdrucksvoller Wein ist. Seine positive Festigkeit ist sehr offensichtlich, sie ruft und winkt uns mit großen Gesten beim Verkosten. Im Vergleich mit dem 2000 ist es ein energiegeladener Wein, alles andere als still.

Erst nachdem wir alle drei über unsere Eindrücke gesprochen haben, erklärt McCallum, warum der 2000 Pinot Noir sich seiner Meinung nach derart von dem 1999 unterscheidet. »Ich glaube, es ist das Umami, was daher rührt, dass der Wein länger ohne Schwefelzusatz im Fass lag.« Diese Aussage wirft ein ganzes Bündel von Ideen und Fragen auf. Alle Weine benötigen zumindest Kleinstmengen von Schwefeldioxid als Schutz vor Oxidation, aber der Moment der Zugabe kann variieren. Umami ist der fünfte Geschmack, den die Zunge neben süß, sauer, bitter und salzig erkennen kann. Er entspricht dem »würzigen« oder »fleischigen« Geschmack von Monosodiumglutamat. Bei unseren alltäglichen Geschmackseindrücken spielt er eine unauffällige Rolle. Doch ein unterschwelliger Faktor kann bei einem komplexen Geschmackserlebnis, wie es der Wein ist, entscheidenden Einfluss auf den Gesamteindruck haben. Der unglaubliche Effekt, den winzige Spuren von TCA auf Geruch und Geschmack von Weinen haben, der Substanz, die hinter dem korkigen Geschmack mancher Weine steckt, beweist dies. McCallums Theorie lautet, dass sich durch das möglichst späte Zugeben von Schwefeldioxid mehr Umami im Wein bildet, was seine Harmonie entscheidend und positiv beeinflusst. Bei einem vor kurzem von der deutschen Fachzeitschrift *Weinwirtschaft* durchgeführten Test, im Zuge dessen Rotweine mit winzigen

Mengen von Monosodiumglutamat versetzt wurden, ließ das diese Weine runder schmecken und verstärkte die den Weinen eigene Würze. Das scheint McCallums Ergebnisse zu bestätigen.

Im Zuge einer einzigen Stunde bin ich mit zwei vollkommen neuen Ideen von geradezu revolutionärer Bedeutung konfrontiert worden. Plötzlich scheint meine Suche nach dem spezifischen Charakter des Martinborough Pinot Noir verfrüht. Die führenden Winzer des Ortes scheinen erst jetzt die besonderen Probleme dieses Standortes zu überwinden und das volle Potenzial in große Weine umzuwandeln. Wie als Beweis dafür, dass diese Größe sich nicht auf Pinot Noir beschränkt, sind die beiden letzten Weine, die wir bei Dry River verkosten, zwei außergewöhnliche Weißweine. Der 1999 Pinot Gris ist sehr körperreich und nicht ganz trocken, und beim ersten Schluck bin ich mir angesichts der gewaltigen Saftigkeit und der Nahtlosigkeit seiner Harmonie gar nicht sicher, ob der Wein sich sicher in meinem Mund befindet oder meine Sinne seiner Kraft erliegen. Das bereitet mich auf den kaum weniger erstaunlichen 2000 Gewürztraminer vor, der wie das allerreinste Rosenöl duftet und die aufrechte Eleganz einer Frau besitzt, die sich auf hohen Absätzen und in einem knöchellangen engen Kleid vollkommen sicher fühlt. Diese Weine sind Ausdruck einer Noblesse, die ich an diesem abgelegenen Ort keinesfalls erwartet habe, so weit entfernt von jeglicher Weinregion mit Generationen an Erfahrung und Tradition …

»Das überrascht mich nicht. Mein Kellermeister, Hätsch Kalberer, hat mir einige erstaunliche Weine von Dry River vorgeführt. Aber was waren deine Eindrücke von uns und unseren Weinen?«, unterbricht mich Fromm und ist jetzt gespannt, genau zu erfahren, wo er meiner Meinung nach mit seinen Weinen im Vergleich zu den anderen steht. Es ist ein für einen Winzer ganz natürliches Bedürfnis, wissen zu wollen, ob er sich auf dem richtigen Weg befindet oder nicht. Um so schnell wie möglich mit seinen unbegründeten Befürchtungen aufzuräumen, berichte ich Fromm, wie beeindruckt von seinen Weinen ich vom ersten Moment an war, als ich sie im Mai 2001 verkostet habe. Sein 1996 Clayvin Vineyard war der erste neuseeländische Pinot Noir überhaupt, der mich richtig begeistert hat. »Aber was hältst du von unseren neuen Weinen, die du in Marlborough verkostet hast?«, beharrt er ein wenig nervös …

Als Rebholz, meine Frau und ich mit Fromm in seinen Weinbergen neben den Kellergebäuden auf der Ebene des Wairau River am Fuße der »Teddybär-Berge« von Marlborough stehen – meine Frau hat sie spontan so getauft, als wir sie am Ende unserer langen Autofahrt von Central Otago erblickten, ihre von trockenem kurzen gelben Gras bedeckten runden Kuppen sehen aus wie Plüsch –, ist es durch das Geräusch der auf der RD 2 vorbeisausenden

Autos schwierig, den Erklärungen des Winzers zu folgen. »Wir möchten nicht, dass die Blätter zu grün sind«, sagt er und fährt mit der Hand in die Laubwand der Pinot-Noir-Reben vor uns, »wir bauen Trauben an, nicht Blätter ... wir spritzen nur mit Schwefel und Kupfer, aber wesentlich weniger als die vorgeschriebenen Grenzen, selbst für ökologischen Weinbau ... wir wollen kleine Trauben und nicht zu viele pro Stock ... wir müssen sie vorsichtig handhaben während der Lese.« Während er einen Grundsatz nach dem anderen aufzählt, ist sein Blick fest auf die Reben gerichtet und seine Hände wandern hierhin und dorthin, reißen hier Blätter ab, die ihm nicht gefallen, und schneiden dort mit einer Rebschere Trauben ab, die schlecht entwickelt sind.

Bevor seine Aufmerksamkeit von den Reben abgelenkt worden ist, hat er uns erzählt, dass er, obwohl Marlborough für aromatische trockene Weißweine aus der Rebsorte Sauvignon Blanc bekannt ist und diese Weine Neuseeland vor 15 Jahren als Weinbauland international etabliert haben, keinen einzigen Rebstock dieser Rebsorte besitzt. Unweit von Fromm, auf der anderen Seite der RD 2, liegt Cloudy Bay Winery, wo ich 1988 die Hintergründe von Neuseelands rasantem und spektakulärem Aufstieg erfahren habe. Am Ende der sehr aufschlussreichen Tour durch die äußerst sinnvoll eingerichteten Keller fragte ich Kellermeister Kevin Judd, wo die abgefüllten Weine gelagert würden, da ich bis dahin nur Edelstahltanks und Fässer gesehen hatte. »Wenn wir abfüllen, stehen hier zwei gemietete Abfüllanlagen, die Flaschen werden sofort in Kartons verpackt, wenn sie vom Band kommen, die Kartons gehen direkt in die Container, die dort drüben am Tor stehen, und am nächsten Morgen ist die gesamte Jahresproduktion weg«, hatte er trocken geantwortet, als sei es eine rein logistische Frage. Eigentlich bedeuteten seine Worte jedoch, dass Cloudy Bay ganze drei Jahre nach der ersten Lese bereits vor dem Abfüllen des neuen Jahrgangs vollständig ausverkauft war. Dieser Erfolg beruhte auf ihrem Sauvignon Blanc, ein Wein, in dem sich überschwängliche exotische Fruchtaromen mit dem frischen, saftigen Duft von Erbsen und Stachelbeeren vereinen. Sein Geschmack hatte zusammen mit dem Etikett – eine stimmungsvolle Darstellung der Berge von Marlborough – bei Weintrinkern von Wellington bis London einen Nerv getroffen.

Heute verkauft sich Marlborough Sauvignon Blanc in vielen Märkten weltweit sehr gut, und die Gesamtproduktion des Gebiets ist infolgedessen auf ein Vielfaches angestiegen. Leider ist dabei das Qualitätsniveau gefallen. Selbst bei Cloudy Bay sind die Weine inzwischen bedächtig statt spannend. Typischerweise ist Marlborough Sauvignon Blanc heute dünn, grün und sauer. Nur bei Lawson's Dry Hills und vor allem Isabel Estate haben wir saftigen, anregenden Sauvignon Blanc verkostet. Deshalb ist Fromms Entscheidung verständlich. Marlborough Sauvignon Blanc ist dabei, für junge Weintrinker auf ähnliche Weise zur kitschigen Selbstparodie zu verkommen, wie es bei Liebfraumilch und einer früheren Generation geschehen ist.

»Stört dich der Straßenlärm nicht, wenn du im Weinberg arbeitest?«, frage ich Fromm, und meinem Ton ist sicher anzumerken, dass es mir in diesem Moment ziemlich auf die Nerven geht. »Ich habe den Namen La Strada für unsere Weine nicht nur gewählt, weil wir an der Straße liegen und sie ständig hören, sondern weil wir Leute von der Straße sind«, entgegnet er und schenkt uns plötzlich wieder seine ganze Aufmerksamkeit, »wir versuchen genau das Gegenteil der arroganten Weingüter zu tun, die keine Besucher zulassen. Jeder ›von der Straße‹ kann kommen und uns besuchen. Jeder unserer Weine kann einen an einen unterschiedlichen Ort auf der eigenen Straße führen ... lasst uns ein paar Weine probieren.«

Als wir die Kellergebäude betreten, folgen uns einige Hühner pickend und scharrend durch die offene Tür. Da läuft uns eine schlaksige Gestalt mit lockigen dunklen Haaren und einem Bart entgegen, schreit und fuchtelt wild mit den Armen, um die Hühner herauszuscheuchen. Wir schauen verdutzt zu, wie sie mit ungeniertem Ausdruck hinausstolzieren. Erst dann wendet sich der Mann uns zu und stellt sich als Hätsch Kalberer vor, Kellermeister von La Strada. Ich habe ihn 1988 kennen gelernt, als er für die Weine der Matawhero Winery im Gebiet von Gisborne an der Ostküste der Nordinsel verantwortlich war, und mich damals gewundert, was jemand seines Alters veranlasst hat, die Bündner Herrschaft im Herzen Europas gegen das abgelegene Neuseeland einzutauschen. Gestern hat mir Fromm erzählt, dass er nicht der Erste in seiner Familie mit Verbindungen nach Neuseeland ist. 1878 ist sein Großonkel Anton Fromm nach Neuseeland ausgewandert und hat die Tochter eines Maorihäuptlings geheiratet. Ich beginne mich zu fragen, ob irgendeine geheimnisvolle Macht Menschen aus dem oberen Rheintal ins Tal des Wairau River zieht.

Fromm und Kalberer gehen voraus in den hellen, weitläufigen Raum im oberen Stock, der ihnen als Büro und privater Verkostungsraum dient. Dort begrüßen uns die vertrauten, warmen Gesichtszüge von Richard Wheeler, pensionierter Geschäftsführer der britischen Weinhandelsfirma Lay & Wheeler in Colchester/Essex und Fromms Partner beim Clayvin Vineyard. Das Funkeln in seinen Augen zeigt, dass dieses Projekt ihm neue Lebensenergie verleiht. Neben Wheeler steht voller Enthusiasmus der junge Willi Hoare, Kalberers Assistent und Sohn eines der Traubenproduzenten, die Cloudy Bay seit dem ersten Jahrgang beliefern. Es entspinnt sich sofort eine angeregte Diskussion über das Potenzial der örtlichen Weinberge, aber da Rebholz nur noch anderthalb Stunden bis zum Abflug bleiben, setzen wir uns und fangen an zu verkosten.

Zuerst kommen die trockenen Weißweine aus der Rebsorte Chardonnay an die Reihe, die ebenfalls eine ziemlich bedeutende Rolle in der Weinbranche von Marlborough spielt. Keiner davon zeigt jedoch die Dosen-Fruchtsalat-plus-Alkohol-Langeweile, die leider für Chardonnay aus Marlborough typisch ist und sie gefährlich nahe in Richtung Coca-Cola-Weine rücken lässt. Die Weine vor uns erinnern stattdessen an kandierte Zitrusfrüchte und getrocknete Äpfel, sind aber ganz trocken. Der Bemerkenswerteste von ihnen ist der 1999 Reserve, bei dem die Frucht ganz im Hintergrund steht und der eine enorme Spannung und Dynamik zeigt, als er über den Gaumen fließt. Wir sind uns einig, dass der ein wenig schwerfällige 1998 Reserve am uninteressantesten ist, »ihm fehlen die Schwingungen, die die anderen haben«, ist Fromms überraschender kommentar zur Schwäche seines Weines. »Das Schwierigste bei diesen Weinen ist, im Keller darüber zu entscheiden, wann man sie in Ruhe lassen und gar nichts tun soll«, bemerkt Kalberer, »jeder Jahrgang und jedes einzelne Fass sind unterschiedlich.« Das und die »Schwingungen« der Weine sind symptomatisch für das exakte Gegenteil der Massenproduktion, die in Marlborough zur Norm geworden ist.

Wenn über die Massenproduktion von Wein gesprochen wird, denken die meisten an gigantische Tanks, in denen alles zusammengemischt wird, ohne Rücksicht auf Qualität oder Bekömmlichkeit des Endergebnisses. Dieses Bild kommt der Wirklichkeit im Keller – in Gegenden wie Marlborough stehen oft ganze »Höfe« von hausgroßen Tanks unter freiem Himmel – zwar ziemlich nahe, übersieht aber die Tatsache, dass die Massenproduktion von Wein stets im Weinberg beginnt. Von nahem betrachtet, kann selbst ein Nicht-Fachmann den Unterschied zwischen einem qualitätsbewusst bewirtschafteten Weinberg und einem solchen erkennen, bei dem oberstes Ziel niedrige Kosten und hohe Erträge sind. Doch wem wird das je gezeigt? So gelten Weinberge weiterhin als romantisch, und quasi niemandem ist bewusst, dass die gleichmäßig grünen Rebflächen, die so oft auf Werbematerial für Gegenden wie Marlborough abgebildet werden, häufig Außenanlagen zur Massenproduktion darstellen.

Ein anderer Marlborough-Winzer schweizerischen Ursprungs hat uns am Vortag den Unterschied zwischen diesen beiden Prinzipien – Qualität oder Quantität – beim Weinbau demonstriert. Der zehn Hektar große Weinberg von Hans Herzog war vorbildlich gepflegt, jeder Trieb in einem Doppeldrahtrahmen sorgfältig positioniert, die Blätter um die Trauben entfernt, damit die Sonnenstrahlen sie ganz erreichen können, die gleichmäßig großen Trauben ausgerichtet wie eine Truppe beim Appell. Als wir den chaotischen Zustand des angrenzenden Weinbergs bemerkten, erklärte er etwas verlegen, dass der ihm nicht gehöre. »Die meisten Traubenproduzenten waren schon vor dem Sauvignon-Blanc-Boom hier Schaffarmer oder besaßen Obstplantagen«, sagte er. Ihr Prinzip bei den Reben bestehe darin, den größtmöglichen Ertrag zu erhalten, bis zu 70 oder 80 Trauben pro Stock! Sie investieren so gut wie nichts in die Weinbergspflege. Das führt zu ungleichmäßiger Reife, und bei der maschinellen Lese landet alles zusammen im Wagen, von grün bis überreif, ohne Rücksicht auf Qualität oder Bekömmlichkeit. Das geschieht, weil der Preis für Sauvignon-Blanc-Trauben bei 2600 Neuseeland-Dollar pro Tonne liegt. In Anbetracht sehr niedriger Anbaukosten und einem Ertrag von zehn bis zwölf Tonnen pro Hektar bedeutet das fette Gewinne aus dünnen Weinen. Im Gegensatz dazu beweisen die Weine, die wir im Herzog'schen Keller verkosteten, dass bei kompromisslos qualitätsorientierten Anbaumethoden selbst die sehr spät reifende rote Rebsorte Montepulciano bzw. Sangiovese aus der Toskana, die weltweit auch in warmem Klima schwierig zu voller Reife zu bringen ist, hier zu reichhaltigen, kraftvollen Weinen überzeugt werden kann.

Am Verkostungstisch von Fromm-La Strada steht jetzt vor uns in den Gläsern eine Reihe von Pinot-Noir-Rotweinen, und außer einem zufälligen Aneinanderstoßen zweier Gläser herrscht vollkommene Stille, während wir uns mit ihnen beschäftigen. Der einfachste Wein auf dem Tisch, die Standardabfüllung des 2000 Pinot Noir, bringt die Erinnerung an die tolle »Fruits rouges« zurück, die meine Frau und ich vor einigen Jahren an einem verregneten Nachmittag im Café Marly gegessen haben, im Louvre in Paris, vor dessen Silhouette selbst die schlichten Beerenfrüchte nobel aussahen und schmeckten. Der Umstand, dass sie vollreif waren, hatte sicher auch damit zu tun; wer außer einem Sonnenkönig bekommt nur perfekt gereifte Beeren? Der Wein zeigt andererseits auch keine Spur von der konfitüreartigen Süße und klotzigen Derbheit, die Marlborough Pinot Noirs sonst oft kennzeichnen – Eigenschaften, die vielen neuseeländischen Weintrinkern und -journalisten anscheinend gefallen. Im Vergleich mit dem 2000 Fromm Vineyard Pinot Noir wirkt er allerdings ein wenig freizügig. Er scheint fest entschlossen, sich sämtlichen einfachen Definitionen und Beschreibungen zu entziehen, als wisse er, dass diese ihn nur in die starre Enge von Schubladen wie in eine Falle zwingen. Diesem Paradiesvogel zu folgen erfordert ebenso viel Behändigkeit und Stärke, wie dieser oben in den Baumwipfeln zeigt. Rebholz wirft einen nervösen Blick auf seine Armbanduhr, wendet sich dann aber wieder mit dem Ausdruck großer Begeisterung den Weinen zu. Sie sind von ebenso gewagter Individualität wie seine eigenen, mit ebenso viel Sorgfalt und auf ähnliche Art handgefertigt. Er hat ein wenig Zeit gebraucht, um sich auf Neuseeland einzustellen, war am Anfang zwar physisch zwischen dem 40. und 45. Grad Süd präsent, in Gedanken aber oft eher irgendwo um 49 Grad Nord. Jetzt wirkt er plötzlich, als fühle er sich hier so heimisch, dass er nur mit großem Widerwillen zurück zu seinen eigenen Weinbergen flöge ...

»Ich bin mir nicht so sicher, was den Paradiesvogel betrifft«, sage ich zu Fromm nach einer langen Pause, »vielleicht wäre es besser, den 2000 Fromm Vineyard Pinot Noir mit einem Zehnkämpfer zu vergleichen, der immer weitermacht und nie müde wird.« Fromm nickt und sieht jetzt viel ruhiger aus als vorher. Meine Ausführungen haben aber doch viel mehr Zeit in Anspruch genommen, als es meine Absicht war, es ist bereits nach zehn. Mir fällt auf einmal die Flasche in meiner Tasche ein, die ich mitgebracht habe, um sie mit Fromm zu trinken. »Moment«, sage ich, hole die Flasche, stelle sie auf den Tisch und öffne sie, bevor Fromm protestieren kann. Während ich damit beschäftigt bin, studiert er aufmerksam das weiße Etikett, auf dem in fließender Schrift steht:

Vosne-Romanée Les Beaux Monts
LEROY

Auf einem kleinen ovalen Etikett weiter oben am Hals steht der Jahrgang:

1980

»Oh, Leroy!«, sagt er aufgeregt, »solche Pinot Noirs trinke ich selten.« Leroy gehört zu den besten und bekanntesten Erzeugern in der Heimat des Pinot Noir, dem Burgund. Es erscheint mir richtig, Fromm auf diese Weise für seine Mühe zu danken, die er sich während unseres Besuches in Marlborough gemacht hat. Ich schenke etwas von dem ziegelroten Wein in zwei Gläser ein, und nur Augenblicke nachdem Fromm daran gerochen hat, ruft er »Wunderbar!« aus. Kennte ich den Wein nicht bereits, dann wäre das, was mir meine Nase vermittelt, eine Offenbarung: der Geruch einer ganzen Waldlandschaft an einem schönen Herbsttag. Im Mund ist er streichelnd weinig, ein gleichermaßen vom Tastsinn wie vom Geschmack geprägter Eindruck. »So großartig ein Wein wie dieser auch ist, kann ich doch nicht sagen, dass burgundische Rotweine grundsätzlich besser sind als Pinot Noirs aus Oregon oder Neuseeland«, sage ich zu Fromm und frage mich gleich darauf, ob er das nicht so auslegen wird, als spiele ich die Burgunder absichtlich herunter, um seine eigenen Weine aufzuwerten. Dabei haben seine Weine ebenso wie die besten Pinot Noirs, die ich in den letzten Jahren in Neuseeland, Oregon und darüber hinaus erlebt habe, wirklich keinen Vergleich mit dem Burgund zu fürchten. »Sind wir tatsächlich so gut?«, fragt er mit ehrlichem Interesse. »Du musst bedenken, dass Leroy nicht das ganze Burgund ist, es gibt dort auch viele schwache, sogar miserable Weine«, entgegne ich und hoffe, dass das nicht zu hart gegenüber Burgund klingt. »Ja, aber Leroy gehört doch dazu!«, kommt sein berechtigter Einwand. Jetzt muss ich ihm von Lalou Bize-Leroy erzählen, der Winzerin, die sich hinter diesem Wein verbirgt. Ich habe die zierliche, drahtige Frau zuletzt bei ihr zu Hause gesehen, einem zweistöckigen Schloss namens d'Auvernay auf den grünhügeligen Hautes Côtes de Beaune über dem burgundischen Weinort Auxey-Duresses. Ein angemessenes Heim für eine Frau, die keinerlei Schwierigkeiten hat, zwischen unterschiedlichsten Rollen zu wechseln, Königin, Bergsteigerin, weiße Hexe ...

Es ist zehn Uhr morgens am Sonntag, dem 2. April 2000. Abgesehen davon, dass es sich um den zweiten Tag der Feierlichkeiten aus Anlass ihres 45-jährigen Jubiläums bei der Familienfirma Leroy SA handelt, ein typischer wechselhafter Apriltag. Ich gehöre zu den etwa zwanzig Gästen, die lärmende Gruppe in der Eingangshalle des Hauses ist eine bunte, aber ausschließlich männliche Mischung von französischen, amerikanischen, britischen und Schweizer Journalisten, Sommeliers und Gastronomen. Ihr aufgeblasenes Gehabe schweißt den größten Teil von ihnen zu einer Meute von wichtigen Männern zusammen, die den Raum dominieren, in dem sie stehen. Nur zwei amerikanische Sommeliers, ein Schweizer Journalist und ich selbst stehen ein wenig abseits, sind aber ebenfalls gut gelaunt. Die gute Stimmung hat ihren Grund, wir sind schließlich nicht nur hergekommen, um unserer Gastgeberin ein paar nette Worte der Gratulation zu überbringen, sondern auch, um eine ausführliche Palette von Weinen der Domaine Leroy zu verkosten. Dieses Weingut ist 1988 von Bize-Leroy nach dem Kauf der heruntergekommenen Betriebe Charles Noellat in Vosne-Romanée und Philippe-Rémy in Gevrey-Chambertin gegründet worden, und kurze Zeit später hat sie die 19 Hektar auf biodynamische Bewirtschaftung umgestellt. Dieser Schritt hat zwar beträchtliche Kontroverse um ihre Person und ihre Weine ausgelöst, doch kann es keinen Zweifel daran geben, dass die Weine der Domaine Leroy international höchstes Ansehen genießen. Die Preise pro Flasche beginnen bei knapp unter Euro 100 und steigen bis weit in die Stratosphäre, was diesen Status noch unterstreicht.

Heute Morgen trägt die unglaublich jugendlich wirkende 68-Jährige schwarze Hosen, eine blassrosa rohseidene Jacke und sehr hohe schwarze Pumps, ein juwelenbesetztes Armband am rechten Handgelenk, doch sind ihre Fingernägel kurz geschnitten und unlackiert – Winzerinnenhände. Sie führt uns in den blauen Salon, wo wir gestern Nachmittag bereits jeweils zehn Jahrgänge der Grand-Cru-Lagen Corton-Renardes, Romanée-St-Vivant, Latricières-Chambertin und Chambertin verkostet haben. Die Verkostung gewann ein nahezu theatralisches Element, als der amerikanische Weinjournalist Mr. Kleinkrämer die Vase mit rosa Rosen von der Tischmitte vor ihm auf eine Anrichte beiseite stellte, als »Madame« einen Moment lang den Raum verlassen hatte. Bei ihrer Rückkehr fiel ihr die Veränderung sofort auf, und sie stellte die Blumen mit einem tückischen Lächeln in Mr. Kleinkrämers Richtung zurück auf den Tisch. Nur wenige Minuten später, als wären magische Kräfte am Werk, brach Kleinkrämers Stuhl ohne jede Vorankündigung mit einem furchtbaren Krach unter ihm zusammen, sodass er in peinlich hilfloser Stellung auf dem Fußboden landete. Die Gruppe verbarg ihre Belustigung über seinen buchstäblichen Fall in Ungnade mit unterschiedlichem Erfolg.

Die Planung dieser Veranstaltung ist ebenso präzise wie alle Bize-Leroy-Unternehmungen. Das Programm, das uns wie gestern an unseren zugewiesenen Plätzen erwartet, besteht aus vier Karten, auf denen jeweils zehn Jahrgänge einer Grand-Cru-Lage aufgelistet sind. Heute sind es Clos de Vougeot, Richebourg, Musigny und Clos de La Roche. Die Weine werden lagenweise in vier Gruppen von jeweils zehn ausgeschenkt, sodass es möglich ist, die verschiedenen Jahrgänge aus einer Lage miteinander zu vergleichen. Alles ist darauf ausgerichtet, das Prinzip zu verdeutlichen, das dem gesamten beruflichen Werdegang unserer Gastgeberin zugrunde liegt: dass die Weine jeder Lage eine grundlegende Identität besitzen, die in Verbindung mit den Charakteristiken des jeweiligen Jahrgangs so unmittelbar wie nur möglich Erscheinung, Duft und Geschmack des Weines bestimmen sollte. Sie sieht ihre Rolle als die einer Hüterin, deren Fürsorge für die Weinberge und die Weine im Keller ihnen ermöglicht, ihre grundlegende Identität zum Ausdruck zu bringen. »Der Wein *ist* der Befehl«, hat sie bei unserem ersten Treffen gesagt, als ich sie fragte, wie sie mit den Weinen im Keller umginge. Aus ihrem Mund wirkte der Satz wie ein königlicher Befehl. Ihre scheinbar kryptische Aussage meint, dass jeder Wein bei der Domaine Leroy ganz und gar als Individuum gilt, das entsprechend seiner Bedürfnisse behandelt wird, die Aufgabe des Kellermeisters besteht darin, den in seiner Obhut befindlichen Weinen zuzuhören und dementsprechend zu behandeln. Genauso ist es Aufgabe des Winzers, den Reben sowie den natürlichen Zyklen, die ihr Wachstum beeinflussen, »zuzuhören« und die Weinbergspflege darauf abzustimmen. Für sie bedeutet »Weinmachen«, dem Wein etwas aufzuzwingen, ihn unserem Willen zu unterwerfen, also genau das Gegenteil ihres lebenslangen Ziels.

Warum sollte es dabei einen Unterschied geben, ob man dies an der Côte d'Or im Burgund, im Williamette Valley in Oregon oder in Neuseeland tut? Was unterscheidet das Burgund von anderen Gebieten? Die Wurzeln der Weinkultur reichen hier weiter geschichtlich hinunter, was eine tiefere Sensibilität gegenüber Weinbergen und Weinen ermöglicht. Burgundische Winzer nutzen zweifellos nicht immer die Möglichkeiten aus, die sich ihnen dadurch bieten, und wenn sie es tun, dann schränken meistens wirtschaftliche Überlegungen die Gründlichkeit ein, mit denen es geschieht. Wenn aber diese Möglichkeiten wie bei Bize-Leroy ohne jegliche Rücksicht auf kommerzielle Interessen verfolgt wurden – im Vertrauen darauf, dass ihr internationaler Ruf die für das wirtschaftliche Überleben notwendigen Preise durchsetzt –, dann ist Perfektion möglich. An diesem langen Morgen verkoste ich 40 Weine, die alle nach Perfektion streben, und zwei davon erscheinen mir wahrhaftig perfekt. Solche Worte machen selbst mich rebellisch – Perfektion! Ist nicht bereits der Gedanke an Perfektion im Wein absurd und gefährlich? Und wenn nicht, wie kann man sie erkennen?

Der 1996 Grand Cru Musigny und der 1996 Grand Cru Clos de La Roche sind wie zwei unterschiedliche Antworten auf diese Fragen. Obgleich Pinot-Noir-Weine für ihre verhältnismäßig blasse Farbe bekannt sind, zeigt dieses

Paar ein außergewöhnlich tiefes und doch transparentes Rubinrot, was eine bemerkenswerte Reife der Trauben voraussetzt. Beide Weine erfordern mein gesamtes Nervensystem, damit ich sie begreifen kann, ich überlasse mich diesen gegensätzlichen Formen der Perfektion mit Freuden. Der Musigny ist die makellose Inkarnation all dessen, was die Allgemeinheit bei rotem Burgunder und Pinot Noir erwartet: der dichteste, kostbarste Samt. Ich verliere mich in ihm, bin einen sehnsüchtigen Moment lang weit, weit entfernt von allen Übeln dieser Welt. Im Gegensatz dazu ist der Clos de La Roche ein mächtiger und steiler Berg, der selbst den geübtesten Bergsteiger zögern lässt, seine Silhouette scharf umrissen von der unvorstellbaren Kraft der Elemente. Die Vorstellung von einfältiger Perfektion im Wein ist eine bloße Maske, die über die Züge gezogen wird, die sich eigentlich fortwährend verlagern und ändern – die gewollte Auferlegung einer eindimensionalen Logik über die Vielfalt der Welt. Das ist absurd und gefährlich. Perfektion im Wein kann nur so mannigfaltig wie Land, Rebe und Winzer sein …

»Ich bin überzeugt, dass es nicht die letzten perfekten Pinot Noirs sein werden, die ich verkoste, und ich wäre nicht überrascht, eines Tages auf solche perfekten Pinot Noirs in Oregon, Neuseeland oder gar der Schweiz zu stoßen«, sage ich und fühle mich auf einmal erschöpft. Trotzdem schenke ich uns ein zweites Glas ein. »Viele Winzer hier scheinen an Minderwertigkeitskomplexen zu leiden und dies dadurch zu kompensieren, dass sie mit Beihilfe neuer Technik möglichst mächtige Pinot Noirs erzeugen«, entgegnet Fromm verärgert. Seine Worte erinnern mich an ein anderes, unter Pinot-Noir-Erzeugern genauso weit verbreitetes Problem. »Andererseits reden so viele Pinot-Noir-Produzenten unablässig über Terroir – dass der Wein nach dem Ort schmecken sollte, an dem er gewachsen ist –, aber der einzige Geschmack, den sie als Terroir anerkennen, ist der, der sie an roten Burgunder erinnert« – ein Gähnen unterbricht mich mitten im Satz –, »sie setzen lieber diese Maske auf ihre Weine. Anstatt ihr Land, ihre Trauben und Weine selbst zum Ausdruck kommen zu lassen, machen sie daraus drittklassige Kopien roter Burgunder.« Fromm nickt, dann ist es lange Zeit still. Er muss noch erschöpfter als ich sein, die Lese ist erst seit wenigen Tagen abgeschlossen. »Das Potenzial ist da, da bin ich sicher«, sagt er, »wir müssen nur lernen, dem Land und den Reben zu vertrauen. Das habe ich in Neuseeland gelernt.« Genau das habe ich auf meiner Reise durch die Welt des Pinot Noirs auch gelernt: Das Wichtigste ist Vertrauen.

Kapitel 8
Robertson, Stellenbosch, Constantia Südafrika

Am Kap der wilden Geschmacksfarben oder Wie aus alten Trauben in neuen Schläuchen Elektrizität entsteht

»Da, ein Leopard!«, ruft unser südafrikanischer Begleiter aufgeregt und zeigt auf frische Spuren im sandigen Boden direkt vor uns. Ich bleibe wie versteinert stehen, schwanke zwischen Begeisterung und nackter Angst. In Safarishorts, -hemd und stabilen Stiefeln sieht unser breitschultriger, gut gelaunter Gastgeber genauso aus, wie ich mir als Kind Wildparkhüter vorgestellt habe, und das verleiht seiner Spurenerkennung beängstigende Überzeugungskraft. Dass er weiterhin bester Laune ist, schmälert meine Angst nicht im Geringsten. Der Leopard ist zweifellos der gefährlichste der »Großen Fünf« – Elefant, Nashorn, Wasserbüffel, Löwe und Leopard –, die Touristen aus der ganzen Welt in die Nationalparks Südafrikas locken. Doch wir befinden uns in einer ganz anderen Umgebung, nämlich in dem Weinanbaugebiet Robertson, und der Winzer Abrie Bruwer ist gerade dabei, uns sein Weingut Springfield Estate zu zeigen. Das bedeutet allerdings nicht, dass die Hitze weniger brutal wäre, der dünne Schatten der uns umgebenden Pfirsichbäume bietet kaum Schutz vor der Mittagssonne. Noch vor einem Augenblick war ich ganz und gar beim Wein, habe aufmerksam Bruwers erläuternden Worten gelauscht – die Pfirsichbäume wachsen hier, weil der Schwemmboden sich nicht für Reben eignet – und dachte darüber nach – Schwemmboden, zu üppig für Reben, natürlich –, als bewegten wir uns in irgendeiner europäischen Weinregion. Doch plötzlich bin ich im echten Afrika gelandet. In den sechs Tagen seit unserer Ankunft in der Westkap-Provinz habe ich dieses Gefühl vermisst, doch jetzt ist es so massiv über mich hereingebrochen, dass ich mir nicht sicher bin, ob mir das behagt. Der Fluchtinstinkt regt sich in mir, und ich drehe mich um, um mich zu vergewissern, dass Bruwers zerbeulter Land Rover Defender ganz in der Nähe steht.

»Früher haben wir Leoparden nur in den Bergen gesehen«, fährt er fort, »aber die gegenwärtige Dürre treibt sie ins Tal auf der Suche nach Beute und Wasser. In den letzten Jahren haben wir nur um die 200 Millimeter Regen pro Jahr gehabt, und seit letzten Mai hat es gar keine wesentlichen Niederschläge gegeben.« Es ist Ende März 2001 … Ich habe keine Zweifel an der Richtigkeit seiner Aussage, nicht nach dem Anblick, der sich meiner Frau und mir auf der Fahrt hierher durch die Windschutzscheibe unseres Mietwagens geboten hat, nachdem wir den Tunnel auf der N1 unter den Du-Toit-Bergen hindurch passiert hatten. Plötzlich befanden wir uns in einer steinigen Einöde, in der unregelmäßige Flecken niedrigen Gestrüpps und gelegentliche Strauße in kleinen Gruppen die einzigen Lebenszeichen waren. Gerade als wir uns fragten, wie denn in einer derart rauen Gegend überhaupt Weinbau möglich sein sollte, bog die Straße um einen großen, flachen Hügel, und vor uns lag auf einer Ebene zwischen kahlen Bergen ein grüner Fleckenteppich aus Weinbergen: Robertson.

»Alles Grüne hier ist bewässert«, sagt Bruwer und liefert damit die Antwort auf unsere Frage. Wir seien natürlich nicht in die Pfirsichplantage gekommen, um mit Kamera oder Gewehr wilde Tiere zu jagen, er will uns vielmehr das kleine Pumpwerk zeigen, das Wasser aus dem Breede River liefert für die Bewässerung der Reben und Pfirsichbäume von Springfield. »Aber das Wasser löst nicht alle Probleme«, fährt er fort, »wir mussten alle nach Ost-West ausgerichteten Rebzeilen neu pflanzen oder sie auf Nord-Süd-Ausrichtung umstellen, damit die roten Trauben nicht zu viel Sonne bekommen und am Stock zu Rosinen eintrocknen. Das hat vier Jahre Arbeit gekostet. Wir haben auch herausgefunden, dass durch Unkraut auf dem Boden zwischen den Reihen weniger Sonnenlicht auf die Trauben reflektiert wird.« Daraus schließe ich, dass selbst indirektes Sonnenlicht vom Boden zu Sonnenbrandschäden bei den Trauben führen kann. Dieses mir nicht vertraute Weinbauproblem bestätigt nur meinen Eindruck von der Stärke des Sonnenlichts als irgendwo zwischen »intensiv« und »brennend«. Ohne die Sonnenschutzmilch mit Faktor 30, mit der ich mich heute Morgen vor unserer Abfahrt aus Stellenbosch vorsichtshalber eingecremt habe, wäre ich bereits krebsrot. Hier befinden wir uns in einer Landschaft, die durch die nahezu 2000 Meter hohen Gipfel der Du-Toit-Berge abgeschnitten ist vom mäßigenden klimatischen Einfluss der kalten Wasser des Atlantischen Ozeans um das Kap der Guten Hoffnung, wo der Benguela-Strom aus der Antarktis nördlich fließt. Offiziell wird sie als Halbwüste bezeichnet. Während Trockenperioden wie der gegenwärtigen wird daraus indes eine ziemlich überzeugende Nachahmung einer richtigen Wüste. Trotz des Flusses und des Vorhandenseins von Wasser scheint der Versuch, hier hochwertige trockene Weine zu erzeugen, ganz schön verrückt …

In Stellenbosch, wo wir während der vorhergehenden Tage Weinproduzenten besucht haben, ist es heiß, nicht eine einzige Wolke trübt das Azurblau des Himmels, aber die Vegetation ist doch saftig grün mit einem deutlichen mediterranen Touch. Es gibt viele hohe Palmen, und manche Häuser sind kaum sichtbar unter riesigen Bougainvillea-Büschen. Selbst die Rasenflächen wirken dank ständiger Bewässerung wie dunkelgrüne Spannteppiche. In Verbindung mit dem allgemein europäischen Eindruck der kleinen Stadt und der zerklüfteten Felsen des Simonsbergs hat mich das sofort an Funchal erinnert, die Hauptstadt der portugiesischen Inselprovinz Madeira. Das ist kein Wunder, Funchal liegt auf 32° 41' (N) und Stellenbosch auf 33° 45' (S). Beide haben den kalten Atlantik vor der Haustür, und die klimatischen Eckdaten decken sich auf frappante Art und Weise. Bei näherer Betrachtung wirkt der größte Teil der Bauten noch vertrauter. Nur die über das alte Stadtzentrum verstreuten Bauten im kapholländischen Stil sind Zeugnis davon, dass der britischen Herrschaft am Kap seit 1806 eine frühere Kolonialzeit vorausging. Diese dauerte mehr als ein Jahrhundert nach der Gründung von Stellenbosch als zweite Gemeinde der Kapholländischen Kolonie 1679. Abgesehen vom Hauptgebäude der berühmten Universität von Stellenbosch, dem imposanten neoklassizistischen Old Hoofgebou, wirkt der Campus wie eine moderne englische Universität. Die meisten Wohnhäuser in den besseren Stadtvierteln könnten genauso gut in den Vororten von Hamburg oder London stehen. Stellenbosch wirkt wie ein in angenehmeres Klima versetztes Stück Nordwesteuropa, ein Paradies für die Rebe sowie für eine breite Palette importierter Zierpflanzen.

Kein Wunder, dass es so viele Nordwesteuropäer auf der Suche nach Sonne während unseres Winters in die ruhigen, baumbestandenen Straßen zieht. Hinter hohen Mauern mit den Zeichen bewaffneter Sicherheitsfirmen liegen die Gärten und Swimmingpools der kleinen aber feinen Hotels. Obgleich wir wegen der Weinrecherche nach Südafrika gekommen sind, ist es doch gleichzeitig auch für uns eine Flucht vor dem Winter, und wir genießen es wie die anderen Nordwesteuropäer, wenn farbige Hotelangestellte uns jeden Wunsch förmlich von den Lippen ablesen. Wir befinden uns fraglos in einer Oase der Imperial-Nostalgie.

Wie so viele Touristen fahren wir nach der Landung in Kapstadt so schnell wie möglich in die Weingebiete, der schockierende Anblick einer Reihe ausgedehnter schwarzer Townships gleich neben dem Flughafen lässt uns noch beschleunigen. Dort ist die Architektur eine ganz andere als in Stellenbosch, wo dei meisten Nichtweißen in gemauerten Häusern zu leben scheinen, mit Wellblechdächern, Elektrizität und fließendem Wasser, und viele die soziale Leiter weiter hinaufgestiegen sind. In dieser Slumvorstadt auf den so genannten »Cape Flats« bestehen viele »Häuser« hingegen lediglich aus ein paar notdürftig zusammengenagelten Brettern als Schutz vor den Naturgewalten. Um die Township und an der Autobahn entlang ziehen sich niedrige Stacheldrahtzäune, in die der Wind unzählige alte Plastiktüten geweht hat. Ich habe von diesem Umweltproblem in Entwicklungsländern gelesen, aber es ist eine ganz andere Sache, körperlich unangenehm, es mit eigenen Augen zu beobachten. Dunkelhäutige Gestalten laufen am Rand der Autobahn scheinbar ohne festes Ziel, was ihnen etwas Hoffnungsloses verleiht. Zweifellos fragen sich viele europäische Touristen in diesem Moment, ob diese Unordnung hier wirklich sein muss, so nah am Flughafen. Kann man das nicht irgendwo anders weniger auffällig unterbringen? Ohne jede Frage ist der Anblick eine ebenso direkte Einführung in die Realität Afrikas wie die Leopardenspuren. Um den enormen wirtschaftlichen und sozialen Problemen dieses Landes aus dem Weg zu gehen, muss man sich auf wohlhabende Inseln der Geschichte und Kultur wie Stellenbosch zurückziehen …

Meine Frau und ich folgen Bruwer zurück in die Sicherheit seines Land Rovers und fahren weiter durch die Weinberge. Bruwer zeigt uns verschiedene Rebparzellen. Eine davon lässt uns die Leopardenspuren endgültig vergessen: Die Reben wachsen in einem Meer von faustgroßen kantigen Steinen. »Das sind die Sauvignon-Blanc-Reben, aus denen wir einen Wein machen, den wir ›Life from Stone‹* nennen, es ist eine Gletscherablagerung«, sagt Bruwer, als er unsere Überraschung bemerkt. Sein früherer Kommentar, der Boden reflektiere zu viel Licht und Wärme, ist angesichts dieser großen Steine einleuchtend; sie sind ein weiterer Beweis dafür, dass wir uns an einem Ort mit extremen Bedingungen befinden.

Es ist nicht die einzige Stelle auf der Erde, wo Reben zwischen Steinen in ein heißes Klima wachsen. Doch wirft es eine Frage auf. Im Châteauneuf-du-Pape-Gebiet im südlichen Rhônetal in Frankreich, wo es ähnlich steinige Böden in heißem Klima gibt, ist der allergrößte Teil der Weine rot, sehr körperreich und säurearm. Während wir zurück ins Weingut rumpeln, überlege ich, dass Sauvignon Blanc zwar zu den eher robusten Rebsorten zählt, die in unterschiedlichsten klimatischen Bedingungen gedeihen, sie im heißen Klima aber Gefahr laufen, die charakteristische frische Säure und die Duftigkeit zu verlieren, die als typisch für die trockenen Weißweine dieser Sorte gelten. Selbst in Bordeaux, beileibe kein heißes Gebiet, kann ein heißer Sommer beim Sauvignon Blanc zu opulenten Weinen führen, von denen ich Schwierigkeiten habe, mehrmals ein Glas zu konsumieren. Während der Verkostungen der letzten Woche ist uns aufgefallen, dass das Gebiet zwischen Stellenbosch und Atlantik viele hervorragende Sauvignon Blancs hervorbringt, die aber alle mindestens 13 Volumprozent Alkohol aufweisen, gelegentlich auch gut 14 Volumprozent. Letzteres erscheint mir die obere Grenze für trockene Weißweine, wenn sie nicht schwer und ermüdend schmecken sollen. Wir sind in der Tat überrascht gewesen, wie frisch und lebhaft sie schmeckten. Wie viel Alkohol jedoch wird der ›Life from Stone‹ haben? 15 Prozent, 16 Prozent oder mehr? So gut wie jeder Weißwein mit dieser Alkoholgradation »brennt« auf der Zunge; eigentlich ganz logisch bei einem Wüstenwein.

Ich bin sehr gespannt, als wir aus dem Sicherheitsgefährt klettern, und nicht weniger erleichtert, den Schatten des Kellergebäudes zu erreichen. Es hat

* Leben aus dem Stein.

nichts Romantisches, eine Sammlung von Hallen mit roten Wellblechdächern ohne jeden Anflug von Dekor. Meine Augen gewöhnen sich allmählich an das Dämmerlicht. Bruwer greift zu Probiergläsern, und ich frage mich, wo die Tanks und Fässer sind. Der Raum wirkt leer bis auf ein »Netz« aus Schläuchen zwischen Boden und Decke, das ich als ein ziemlich improvisiertes Kühlungssystem erkenne. Dann beugt er sich hinunter und öffnet einen Metalldeckel im pastel-grün beschichteten Betonboden, steckt die Gläser durch das Loch und holt sie mit Weißwein gefüllt wieder hoch; die Tanks sind im Boden versenkt. An sich ist das ein alter Kellertrick, um die Weine während der Gärung und danach kühl zu halten; selbst in warmen und heißen Regionen ist es unter der Erde wesentlich kühler als oben. Diese Methode geht viele Jahrhunderte zurück, wahrscheinlich bis auf die Römer. »2001 Life from Stone!«, sagt Bruwer und gibt meiner Frau und mir Gläser mit dem leicht trüben jungen Wein. Es ist alles andere als ein wildes Tier, aber ich fühle mich innerlich trotzdem wieder wie versteinert, diesmal vor purem Staunen. Der Wein ist weder übermäßig alkoholisch noch »heiß«. Er schmeckt richtiggehend *kühl,* nicht nur rein temperaturmäßig, sondern auch, was die Aromen betrifft; eine pikante Säure lässt ihn über meinen Gaumen springen wie ein rassiger Greyhound vor einem Rennen. Nachdem ich ihn, dem Beispiel unseres Gastgebers folgend, in einen Abfluss auf dem Boden gespuckt habe, hinterlässt er einen prickelnden, aber doch dunklen Eindruck im Mund, den ich als »steinig« notiere. »Wenn man zwei Steine aus dem Weinberg zusammenschlägt, riecht es rauchig, wie Blitz und Donner«, sinniert der Winzer über seinen Wein. Was er »rauchig« nennt, bezeichne ich als »steinig« – aber der Geruch von Blitz und Donner? Das ist eine erstaunliche Assoziation, doch jede Beschreibung dieses Weines muss erstaunlich sein, um ihm gerecht zu werden.

Ein zweiter Metalldeckel wird geöffnet und weitere Proben geschöpft: »Unser anderer 2001 Sauvignon Blanc, der ›Special Cuvée‹.« Er ist fleischiger und saftiger als ›Life from Stone‹, aber gleichermaßen verblüffend frisch. »Wie viel, ... ähh, Alkohol haben sie?« stottere ich desorientiert. »Oh, um die 12,5 Volumprozent«, kommt die Antwort, was der *niedrigste* Wert ist, dem wir bis jetzt auf unserer Südafrika-Tour begegnet sind. Meine Verwirrung ist jetzt vollkommen. Die klassische Weinbautheorie besagt schließlich, dass je heißer das Klima, desto mehr Zucker die Trauben bilden und desto mehr Alkohol der daraus entstehende Wein enthalten wird. Was ist die Lösung dieses Rätsels? »Na, es wird hier nachts ziemlich kühl«, sagt Bruwer bedacht, und plötzlich leuchtet in mir eine metaphorische Birne auf. Wenn in diesem Gebiet wirklich Wüstenklima herrscht, dann gehören dazu auch die extremen Temperaturschwankungen zwischen Tag und Nacht. Kühle Nächte verhindern, dass die Rebe die Aromen und Säure verstoffwechselt, und das ermöglicht diese durch und durch frischen, lebhaften Weine. Nach Aromen und

Säure dieser Weine zu urteilen, muss der Wüsteneffekt hier sehr ausgeprägt sein.

Leicht benommen folgen wir Bruwer in den nächsten Abschnitt des Kellers mit langen Reihen französischer Barriquefässer; ein gewohnter Anblick im Südafrika der Gegenwart, doch noch vor zehn Jahren aufgrund der Wirtschaftssanktionen während der Apartheid sehr selten. Erst 1994 stiegen die südafrikanischen Weinexporte auf ein Maß, das erstmals Investitionen in Fässer und moderne Gerätschaften in größerem Rahmen ermöglichte. Die Isolation während der Apartheid hemmte auch die Entwicklung der Weinkultur, obgleich einige junge südafrikanische Winzer in europäischen Weinbauschulen wie Geisenheim in Deutschland studierten.

»2001 Chardonnay«, sagt Bruwer, bevor er eine Probe aus einem der Fässer in eine große Glaspipette saugt. Rebsorten wie der Chardonnay, die während des internationalen Weißweinbooms ab Ende der 1970er Jahre weltweit angepflanzt wurden, erreichten Südafrika erst wesentlich später. Oft mussten sie im Koffer ins Land geschmuggelt werden, um Quarantänevorschriften zu umgehen; eine weitere Bremse für die Entwicklung der Weinbranche. Einer von Bruwers Nachbarn in Robertson, der in Geisenheim studiert hat, Danie de Wet von De Wetshof Estate, erzeugte Mitte der 1980er die ersten gelungenen südafrikanischen Chardonnays, was ihm Anfang der 1990er nach dem Ende der Apartheid und der Öffnung der internationalen Märkte für südafrikanische Produkte eine Reihe von Staatspreisen für Exporte einbrachte. Dieser internationale Erfolg ließ den Chardonnay-Anteil der Rebfläche Südafrikas von ganzen 1,5 Prozent Anfang der 1990er auf die gegenwärtigen 5,6 Prozent ansteigen. Der Wein, der aus Bruwers Pipette in unsere Gläser fließt, ist zugleich golden und milchig vor Hefe. Er riecht und schmeckt stark nach biologischen Aktivitäten – deshalb erkundige ich mich, ob wir einen abgefüllten Chardonnay verkosten könnten. »Gehen wir in den Verkostungsraum, das ist bequemer. Dann fangen wir richtig mit dem Chardonnay an«, verspricht Bruwer, das klingt beruhigend.

Frische Probiergläser kommen auf den Tresen, in die ein strohfarbener Weißwein aus einer Burgunderflasche eingeschenkt wird, »1999 Méthode Ancienne Chardonnay, ein Wein, der altmodisch und gewagt ist …« Das Bouquet nimmt mich sofort gefangen, ist anders als sonst bei Weinen dieser Rebsorte, duftet auf eine Weise nach Bitterorangen, dass ich zum dritten Mal innerhalb einer Stunde wie versteinert innehalte. Der Wein strotzt vor Kraft und wirkt doch zurückhaltend, wie ein Bodybuilder, der seine Muskeln ganz bewusst unter einem maßgeschneiderten Anzug verbirgt und dessen graziöse Bewegungen ihn eher wie einen Balletttänzer erscheinen lassen denn als einen Kraftprotz. Ich kritzele eifrig in mein Notizbuch und streiche die Hälfte sogleich wieder aus, in dem Bemühen, das einzigartige Wesen dieses Weines irgendwie einzufangen.

Ohne jeden Zweifel kann ich allerdings sagen, dass dieser Wein von dem dominanten Chardonnay-Stil der 1980er, als diese Rebsorte weltweit mega-in war, um Lichtjahre entfernt ist. Die ausgeprägten Ananas-, Vanille- und Butteraromen der damaligen Chardonnays sprachen vor allem neue Weintrinker in der englischsprachigen Welt an, wo der Weinkonsum schnell anstieg. Das lag sicher daran, dass diese »trockenen« Weine klar verständlich waren und dass viele von ihnen ziemlich süß schmeckten. Die kalifornische Weinindustrie spezialisierte sich auf diesen Stil während meiner ersten Reise dorthin im August 1986, und ich erinnere mich noch meiner Verblüffung angesichts einer Beschreibung für einen kalifornischen Chardonnay in einer Handelspreisliste als »Butter City!«. Die Australier perfektionierten den Stil weiter. Bei vielen Produzenten dort heißt er »Show Reserve Chardonnay«, da die Aufgabe dieser Weine darin besteht, bei Wein-Shows Goldmedaillen und Trophäen abzusahnen, die für australische Weine auf dem heimischen Markt ein wichtiges Verkaufsargument waren und sind. Ebenfalls 1986 nannte mir ein junger australischer Winemaker namens Bruce Ross, der inzwischen in London als Weinhändler tätig war, ein Patentrezept für Show Reserve Chardonnay, das beänstigend überzeugend klang. Es bedeutete, dass diese Weine »getunt« werden wie Rennautos, um am Tag des Rennens ihr Bestes zu geben. »Das Problem ist, wenn die Weine nur Wochen oder Monate später getrunken werden«, sagte Ross, »sind sie bereits auf dem absteigenden Ast, manche schon oxidiert!«

Einige Jahre später reichte mir ein befreundeter britischer Weinjournalist ein Glas Weißwein mit der Frage, um was es sich meiner Meinung nach handeln könnte. Wieder das Blindprobe-Spiel! Bei diesem Anlass wurde es mir klar, wo die bemerkenswerte Anpassungsfähigkeit der Chardonnayrebe in Verbindung mit stereotypen Ausbau-Methoden hinführte. Ich tippte bei dem Wein auf einen nach dem Show-Reserve-Rezept gemachten australischen Chardonnay. Er stammte hingegen aus China, war aber das Werk eines australischen »Flying Winemakers«. Ein paar Jahre lang wurde diese Art von Wein an verschiedenen Orten auf der ganzen Welt hergestellt, was teilweise auch bedeutete, gegen die Natur zu arbeiten, um den gewünschten Stil zu erreichen. Die südafrikanische Weinbranche hat diesen Trend praktisch verpasst, weil es damals nicht genug Chardonnay-Anlagen gab und die UNO-Sanktionen noch in Kraft waren. Sie können froh sein, diesen Zirkus nicht mitgemacht zu haben.

Der Untergang dieser Dinosaurier in Weinform wurde theoretisch durch die Aussage von Dr. R. Curtis Ellison und Dr. Sege Renaud, zwei angesehenen Medizinern, ausgelöst, die bei einer amerikanischen Fernsehshow namens »60 Minutes« am Abend des 17. November 1991 die Meinung vertraten, moderater Rotweinkonsum verringere das Risiko von Herzerkrankungen. 20 Millionen Zuschauer sahen ihnen zu, und die internationalen Medien griffen das Thema sofort auf. Das motivierte Weinkonsumenten um die ganze Erdkugel dazu, von Show Reserve Chardonnays zu Rotweinen zu wechseln, vor allem zu vollen, weichen Rotweinen aus Übersee. Ein nicht weniger entscheidender Faktor für die massiven Veränderungen im Konsumverhalten der damaligen Zeit waren jedoch Ermüdungserscheinungen durch die schwerfälligen und oft richtiggehend untrinkbaren damaligen Chardonnays. Langeweile gegenüber »Butter City!«-Weinen führte ganz unabhängig vom aufkommenden Rotweinboom zum A.-B.-C.-Phänomen. Diesen Ausdruck habe ich zum ersten Mal an einem Nachbartisch in einem angesagten New Yorker Restaurant im Frühjahr 1991 aufgeschnappt, also noch vor dem Einsetzen des Rotweinbooms. »Gimme an A. B. C.! – Bring mir einen A. B. C.!«, lautete die schroffe Forderung eins Gastes nach einem trockenen Weißwein: »Anything but Chardonnay – Alles, nur keinen Chardonnay.« Wie üblich hinkte Deutschland viele Jahre hinter der Verbreitung dieses Trends her, und erst in den ersten Jahren des neuen Jahrtausends begannen hier die Umsätze beim holzbetonten Übersee-Chardonnay zurückzugehen.

A. B. C. war eine erfrischende Abwechslung nach der langen Vorherrschaft des Chardonnays. Ende der 1980er habe ich in verschiedenen Teilen der USA Empfehlungen von Sommeliers gehört, »ein Sauvignon Blanc würde gut zu diesem Gericht passen« oder »wir bieten gerade einen großartigen Riesling glasweise an« oder auch »dieser Pinot Gris ist ein echter Geheimtipp« – alles wurde von Gästen beiseite gewischt, die nur an das eine dachten. Damals besaß der Chardonnay die breit gefächerte Aura von Seriosität, gesunder Leichtigkeit, Coolness, Sexappeal und Macho-Auftreten, deshalb stellte er unvermeidlich die richtige Wahl dar. Die plötzliche Streichung der angeblich »gesunden« Eigenschaften aus diesem Bild führte dazu, dass das Kartenhaus so weit zusammenstürzte, dass am Ende nur noch ein trockener Weißwein übrig blieb. Allerdings profitierten nur wenige der bis dahin in die dunklen Ecken der Regale und auf die letzten Seiten der Weinkarten verbannten anderen weißen Rebsorten von diesem Stimmungswechsel, der daraufhin in den USA einsetzte. Dies erwies sich als die große Stunde des Sauvignon Blanc. In den Übersee-Anbaugebieten waren bereits große Flächen mit dieser Rebsorte bepflanzt, und so brauchte man nicht auf das Heranwachsen junger Reben zu warten, um die A.-B.-C.-Lücke zu füllen. Außerdem gefiel den Verkaufsabteilungen der größten Produzenten, dass diese Weine im Allgemeinen wesentlich anregender waren und besser zum Essen passten als die Chardonnays alten Stils – und schon gab es eine neue Weinmode.

Chardonnay wäre noch spektakulärer abgestürzt, hätte nicht in den 1990ern weit verbreitet ein Stilwechsel bei den Weinen aus dieser Rebsorte stattgefunden. Bruwers 1999 Méthode Ancienne passt in die Post-A.-B.-C.-Weinwelt, deren Konsumenten vom Chardonnay verlangen, dass er trocken und weder zu holzbetont noch zu schwer schmeckt, um im Gedränge der überfüllten Weißweinmärkte der Welt erfolgreich zu sein. Doch ist der Méthode Ancienne alles andere als ein weiterer Post-A.-B.-C.-Weißwein. Im Vergleich mit ihren lauten Fruchtaromen – oft von zu diesem Zweck selektionierten Hefen verstärkt –, ihrer fadenscheinigen Frische – oft die Folge zugesetzter Kohlensäure – und diskretem Eichengeschmack – oft genau dosiert durch mit Eichenspänen gefüllte Nylonsäcke, die vor der Abfüllung in den Tank gehängt werden – schmeckt er exzentrisch oder authentisch, abhängig vom Standpunkt. Anders als bei den Post-A.-B.-C.-Chardonnay-Klonen gibt es kein Patentrezept für Bruwers Wein. Obgleich er aus einer Rebsorte stammt, die auf der ganzen Welt angebaut wird, schmeckt er nach diesem einzigartigen Ort Afrikas.

»Altmodisch und gewagt« klingt wie eine unlogische Erklärung für den Wein. »Méthode Ancienne bezieht sich auf die alte burgundische Methode, Chardonnay-Weine auszubauen«, Bruwer klingt erfreut über die Gelegenheit einer ausführlichen Erklärung, »das bedeutet, den Wein mit den natürlichen Hefen vergären zu lassen, die auf den Traubenhäuten vorkommen, ihn dann mit diesen Hefen ein ganzes Jahr im Fass ohne Schwefel zu lagern und ihn abzufüllen, nachdem er lediglich von der Hefe abgezogen wurde, um ihn zu klären. Das bringt den Charakter der Lage zum Ausdruck, was die Franzosen Terroir nennen.« Das erklärt das Altmodische, nicht aber das Gewagte? »Leider gelingt der Wein nicht immer so, wie wir es erhoffen, weil er zum Beispiel nicht ganz durchgärt, also nicht ganz trocken ist, sodass wir ihn mit unserem anderen Chardonnay verschneiden müssen. Oder manche Fässer entwickeln biologisch unsaubere Noten. Aus diesen Gründen gibt es keinen 2000 und 2001 Méthode Ancienne Chardonnay.« Bruwer scheint diese Art von gewagter Gratwanderung zu liegen, es scheint ihm keine Probleme zu bereiten, Partien von Wein auszusortieren, die nicht gelingen, unabhängig von den wirtschaftlichen Folgen.

Im Gegensatz dazu sind viele südafrikanische trockene Weißweine, denen ich begegnet bin, angenehm frisch und fruchtig, aber ebenso spannend wie unaufdringliche Hintergrundmusik im Supermarkt oder Hotel. Ich ertrage sie problemlos, aber nur ein oder zwei Gläser, so wie ich auch keine ganze Stunde Hintergrundmusik vertragen kann. Selbstverständlich oute ich mich damit als Weinsnob, denn genau diese Art von Wein schätzen viele Weintrinker auf der ganzen Welt als Alltagswein. Dieser Weinstil, Südafrikas positives Image nach der Apartheid und freundliche Preise sind die Grundlagen, auf denen die wachsenden Exporterfolge der südafrikanischen Weinbranche in den 1990ern basierten. Dass diese nach Schema F produzierten Weine so gut ankommen, zeigt, wie günstig die Bedingungen am Kap für die Produktion von trockenen Weißweinen sind. Es sagt aber auch viel über Erzeuger, die den Misserfolg derart fürchteten, dass sie wenig Risiken eingingen. Die Spannung zwischen dieser Einstellung und den Wagnissen von Leuten wie

Bruwer findet sich in jedem Wein erzeugenden Land, doch selten so ausgeprägt wie in Südafrika, das erst seit kurzer Zeit eine bedeutende Rolle auf dem Weltweinmarkt spielt ...

Rustenberg Estate in Stellenbosch. Der überaus gepflegte, großzügige Park, durch den wir hoch zu den Weingutsgebäuden fahren, wirkt, als hätten die letzten zwei Jahrhunderte hier nicht stattgefunden. Die Gebäude im kapholländischen Stil und die Gärten sind liebevoll restauriert und für die Touristen auf Hochglanz poliert worden, sodass ihre Schönheit überwirklich scheint. Dann jedoch sorgen die neuen Keller des Gutes unversehens für eine Konfrontation mit der dynamischen Realität der heutigen Weinbranche Südafrikas. Von außen ist dieser Teil der Anlage, die ehemalige Molkerei des Gutes, ganz eindeutig ein altes, getünchtes und reetgedecktes Haus im kapholländischen Stil, sogar ein perfektes Beispiel dafür. Die angebauten Teile sind trotz Tünche und Reetdach klar als solche zu erkennen. Als wir durch die Tür des untersten der drei überirdischen Stockwerke treten, verschlägt es uns die Sprache angesichts des hochmodernen Edelstahlkellers, der so exakt in die äußere Hülle gefügt ist wie eine russische Puppe in die andere. Ebenso wie der spektakuläre ovale Verkostungsraum, in den wir über eine blitzende Treppenkonstruktion aus Stahl und Holz kommen, die für die glamourösen Auftritte von Filmstars entworfen zu sein scheint, gehört das ganz offensichtlich zu der Strategie des Besitzers Simon Barlow, »die Farm ins neue Jahrtausend zu führen«. Wie wird sich diese Zukunftsvision beim Wein äußern?

Eine wonnig strahlende PR-Dame schenkt uns den 1999 Chardonnay ein, der unter dem Zweitetikett von Rustenberg ›Brampton‹ verkauft wird, und bemerkt dazu, der Wein gehöre zu ihrem »Neue-Welt-Sortiment [an] eingängigen, fruchtbetonten Weinen«. Nach gängiger Definition befinden wir uns zweifellos in der Neuen Welt; warum diese Betonung des Neue-Welt-Stils eines Weines? Oder sind wir hier irgendwie in beiden Weinwelten gleichzeitig, sodass ein Weinproduzent nach Belieben wählen kann, zu welcher Welt bestimmte Weine gehören? Darum scheint es hier zu gehen. Leider schmeckt der Wein sauber, aber vorlaut – Apfel! Zitrus! – und gleichzeitig langweilig – ich dir wehtun? Nie! – auf vertraute Art und Weise. Es handelt sich um einen Post-A.-B.-C.-Chardonnay-Klon, der sich in nichts von dem Ozean an vergleichbaren Weinen abhebt. Wir erfahren, dass er unter der Ägide des vorhergehenden Kellermeisters, des Neuseeländers Rob Easthope, entstanden ist, während der 2000 ›Brampton‹ Sauvignon Blanc bereits das Werk des neuen südafrikanischen Kellermeisters Adi Badenhorst ist. Er fällt zwar auch ganz klar in die »eingängige Frucht«-Kategorie, zeigt aber zugleich eine einnehmende, geradezu charmante unkomplizierte Direktheit. Er wirkt, als habe Badenhorst versucht, die naturgegebenen Aromen und die Frische der Sauvignon-Blanc-Trauben so unverfälscht wie nur möglich einzufangen.

Der Unterschied zwischen den beiden Weinen ist auffallend und erscheint wie ein bewusster Richtungswechsel in Verbindung mit der neuen Besetzung.

Weltweit gesehen, ist dieser geradlinige Ansatz bei der Produktion von hochwertigen Weißweinen – unter Profis oft als »reduktiver Ausbau« bezeichnet, da Reduktion das chemische Gegenteil zur Oxidation ist, durch die die Weine Frische und Lebendigkeit verlieren – noch vor zehn Jahren die Ausnahme gewesen, hat sich aber unter ehrgeizigen Winzern stetig verbreitet. Für bestimmte Rebsorten wie etwa Riesling stellt er im Keller den einzig vernünftigen Weg dar. Während es beim Sauvignon Blanc auch andere Wege ins Paradies gibt als den der Reduktion, ist es zweifellos der bestimmende. Der Unterschied zwischen den Methoden des reduktiven Ausbaus und denen der Weinproduktion nach Schema F besteht darin, dass hier nicht versucht wird, den Weinen etwas aufzuzwingen, sondern vielmehr den Charakter der Trauben zu bewahren und ihn im Wein möglichst Direkt zum Ausdruck kommen zu lassen. Der Sauvignon-Blanc-Trend und das unaufhaltsam steigende Ansehen des Rieslings während der letzten Jahre sind der Grund für den wachsenden Zulauf für diesen Weg. Vor zehn Jahren neigte die Weinwelt dazu, diese lediglich für billige »Cashflow«-Weine als passend zu betrachten im Gegensatz zu der Welt bedeutender Chardonnays – mit den neuen Barriquefässern und dem ganzen Brimborium an damit verbundenen Methoden das bevorzugte Betätigungsfeld ehrgeiziger junger Weinmacher. Da konnte ein Mann seine vinologischen Muskeln aufpumpen und zeigen, was für ein Superheld er war.

Der nächste Wein, der 1999 Rustenberg ›Five Soldiers‹, ist zwar in neuen Eichenholzbarriques ausgebaut worden, weist aber doch überraschend viel Frische auf. Es ist ein Chardonnay von imposanten Dimensionen, angesichts der enormen Dichte und Kraft jedoch erstaunlich saftig und elegant. Der nahezu endlose Nachgeschmack ist von ebenso erstaunlicher Feinheit, obwohl der Wein beinahe 14 Volumprozent Alkohol hat. Diese paradox erscheinende Kombination von Eigenschaften zieht mich wieder und wieder zum Glas und verwirrt ein ums andere Mal. Er schmeckt vollkommen anders als ein Chardonnay aus dem Burgund – nie bin ich dort auf etwas wie Maracujaaroma gestoßen –, aber in Statur und Ausdruck ist er ohne jede Frage vergleichbar mit einem großen weißen Burgunder. Wie in jenen Weinen stehen die Vanille- und Toastaromen der Barriquefässer ganz im Hintergrund; alles andere als eine Massivholz-Möbelausstellung à la Show Reserve Chardonnay. Stattdessen verbindet der ›Five Soldiers‹ das Beste der geradlinig, unverfälscht ausgebauten Weine mit der Kremigkeit, die auf dem Barriqueausbau basiert. Letzteres beruht mehr auf dem Kontakt des Weines mit der Feinhefe, dem Hefedepot, das sich nach der Gärung am Boden der Fässer absetzt, als auf den Einfluss des Eichenholzes der Fässer.

Die PR-Dame erklärt uns, dass sowohl der Rustenberg Sauvignon Blanc als auch der Five Soldiers auf der Nooitgedacht-Farm der Barlows am Helderberg-Gebirge nur etwa sieben Kilometer von der Südküste entfernt gewachsen sind und dass Badenhorst gekommen sei, als die Weine bereits vergoren waren, aber für ihren weiteren Ausbau und die Abfüllung verantwortlich gewesen sei. Da tritt ein resoluter, gesprächiger junger Mann mit Bart und langem dunklen lockigen Haar mit einer auffallenden weißen Strähne am Mittelscheitel mit einer Gruppe älterer Herren in den Verkostungsraum. Als er sich von seiner Gruppe verabschiedet hat, kommt er zu uns herüber und stellt sich vor. »Badenhorst. Freut mich, Sie kennen zu lernen. Es ist ein bisschen chaotisch im Keller, weil die Lese noch nicht abgeschlossen ist, aber hätten Sie Lust, ein paar Weine aus dem Fass zu probieren?« Die wonnige PR-Dame wirkt etwas verwirrt ob dieser plötzlichen Programmänderung, aber wir folgen dem wieseligen Badenhoff und sind schon verschwunden, bevor sie überhaupt den Mund aufmachen kann.

Jedes Jahr wieder ist die Lese für Winzer und Kellermeister eine äußerst aufregende Zeit. Wenn sie mehrmals täglich den Wetterbericht genaustens studieren, erleben Sie ein Wechselbad der Gefühle, und das plötzliche Aufziehen unerwarteter Wolken kann wahre Panikattacken auslösen. Das Eintreffen der während des Tages gelesenen Trauben ist ein hektischer Moment, schnelle Entscheidungen müssen getroffen werden. Ohne Zeit zu verlieren, wird das Lesegut inspiziert und gekostet. Und wie schmecken Spitzen-»Wein«-Trauben? Sie sind wesentlich süßer und aromatischer als alles, was an Tafeltrauben erhältlich ist; selbst die Besten davon würden nur einen dünnen, banalen Wein ergeben. Doch neben der Süße enthalten »Wein«-Trauben auch genügend Säure, um dem Wein eine natürliche Stabilität und Balance zu verleihen. Die Entscheidungen auf der Grundlage von geschmacklichen Eindrücken sind wichtig, da selbst kleine Variationen beim Keltern (weiße Trauben) oder Mahlen (rote Trauben) vor der Gärung bedeutenden Einfluss auf den fertigen Wein haben können. Ein qualitätsorientierter Winzer wie Badenhorst fragt sich in dieser Jahreszeit ständig, »welche Behandlung kann ich diesen Trauben – diesem Most – diesen jungen Weinen ersparen«, denn jede zusätzliche Bearbeitung führt unweigerlich zu Verlusten an Aroma und Charakter. Im Keller ist das Streben nach Qualität gleichbedeutend mit der Suche nach der Einfachheit; alles Notwendige, um Klarheit und Lebendigkeit der Weine sicherzustellen, aber kein Deut mehr als das. Es ist die Kunst des Verzichtens.

Während wir in die unterste Etage der Rustenberg-Keller hinuntersteigen, fällt mir auf, wie die großen Edelstahl-Gärtanks nicht wie üblich auf dem Boden stehen, sondern über uns hängen, sodass wir direkt unter ihnen hindurchlaufen; eine einmalige Konstruktion. Wir hören einen Kellergehilfen zum Geräusch einer laufenden Pumpe hantieren. Action! Diese Geschäftigkeit gehört ebenso zur Lese wie das Pflücken der Trauben. Wir bahnen uns vorsichtig einen Weg über die feuchten Böden, denn im Gegensatz zu Badenhorst tragen wir normale Schuhe und keine Gummistiefel, die zur Standardkellerausrüstung gehören. Trauben zu verarbeiten ist selbst mit modernster Ausstattung wie bei Rustenberg eine klebrige, feuchte Angelegenheit. Wie gewissenhaft man auch arbeitet, landen immer Traubenhäute, -kerne oder -stiele auf dem Boden, gelegentlich wird Most oder junger Wein verschüttet, und wenn das nicht umgehend beseitigt wird, können schnell Bakterienherde entstehen. Reichlich Wasser wird gebraucht, um den Boden abzuspritzen und Tanks auszuspülen: Hygiene ist oberstes Gebot. Deshalb ist der Boden nass, über den wir vorsichtig stelzen. Das Keltern von Trauben und Wein wird vom Brummen der Kompressoren begleitet, die die pneumatischen Pressen antreiben, horizontale Edelstahlzylinder auf vier stabilen Beinen, die inzwischen überall gebräuchlich sind.

Badenhorst nimmt eine Glaspipette und drei Probiergläser von einem Brett an der Wand und verschwindet ohne ein Wort in einen Seitengang. Wir folgen ihm und landen in einem modernen Gewölbe-Fasskeller, in dem zwei und drei Stück hoch gestapelte Fassreihen im Dämmerlicht leise leuchten. Es ist angenehm kühl hier unten. »Das ist der 2001 Five Soldiers; er ist gerade fertig geworden mit der Gärung«, sagt Badenhorst und gibt uns ein Glas mit milchiger Flüssigkeit, die ebenso opulent und konzentriert schmeckt wie der 1999. In der Nase ist der Wein jedoch wild wie einer der »Großen Fünf«. Für den Kellermeister ist dies der Moment der Wahrheit. Sind die Aromen, die nach und nach unter dem Mantel der Hefe, den Nachwehen der Gärung, zum Vorschein kommen, sauber, überzeugender? Deuten sie darauf hin, dass der Wein irgendeine technische Hilfestellung braucht, um sich zu klären oder zu stabilisieren? Oder sind es Besorgnis erregende Aromen, die einen schnellen Eingriff erforderlich machen? Je früher eine solche korrigierende Behandlung vorgenommen wird, desto besser ist es für den Wein, denn mit jedem Tag der Reife wird er sensibler, jede Verzögerung bei einer wichtigen Entscheidung hat ihren Preis. Deshalb ist das Probierglas zu dieser Zeit des Jahres ständiger Begleiter des Kellermeisters, das wichtigste Utensil neben seiner Empfänglichkeit für den Wein. »Man braucht hier nichts zu tun, als sich in Geduld zu üben«, wendet sich Badenhorst uns mit einem glücklichen Lächeln zu. Auch ich vermute, dass der Wein in zwei Jahren von mindestens ebenso beeindruckender Pracht sein wird wie seine ältere Schwester. Ein Weinmacher mit Patentrezepten hätte den 2001 Five Soldiers zu diesem Zeitpunkt schon gedrillt und exerzieren lassen, um ihn zu bändigen, und ihm damit Leben und Ausdruck geraubt, die ihm diese gewaltige Landschaft verliehen hat.

Badenhorst schaut auf seine Uhr und sagt, dass er uns leider verabschieden müsse, weil die nächste Ladung Trauben in Kürze eintreffe. »Wie erzeugt man derart ausdrucksvolle Weine?«, frage ich ihn schnell. »Reife Trauben lesen und alles Gute in ihnen einfangen!«, erwidert er gelassen. Seine Antwort lässt es als die einfachste Sache der Welt erscheinen, und vollkommen ausgereifte, gesunde Trauben mit gesunder Säure wie im Jahrgang 2001 sind natürlich hilfreich. Als er uns zurück zum Parkplatz begleitet, glühen die zerklüfteten, felsigen Hänge des Simonsberges hinter dem Anwesen rot im Licht der untergehenden Sonne. Wir sind jetzt ganz allein hier, alle anderen Besucher sind schon weg, und plötzlich verliert Rustenberg den touristischen Anstrich und alles um uns ist sagenhaft schön. »Oh, es ist so schrecklich hier!«, platzt Badenhorst angesichts der atemberaubenden Kulisse mit spöttischer Ironie heraus, »noch ein Scheißtag in Afrika!«

Nach den bemerkenswerten Weißweinen bei Rustenberg grüble ich darüber nach, warum sie so viel aromatischer und frischer schmecken als Weißweine anderer Gebiete der Erde mit ähnlichem Klima, wie zum Beispiel des Mittelmeerbeckens. Die Antwort findet sich, als wir drei Tage später gegen vier Uhr nachmittags bei Mulderbosch Vineyards aus dem Auto steigen. Eine Stunde vorher haben wir in den Weinbergen eines anderen Weinguts in der Umgebung von Stellenbosch noch unter der brennenden Sonne gelitten, doch jetzt sorgt eine erstaunlich kräftige Meeresbrise für Abkühlung. Die Einheimischen bezeichnen sie als den »Windtunnel-Effekt«, und wir können jetzt nachvollziehen, was sie damit meinen. Die kühle Luft überträgt sich in die erfrischende Säure und die lebendigen Aromen der Trauben. Mike Dobrovic, Gutsverwalter von Mulderbosch, ist seit Anfang der 1990er einer der Vorreiter im Einfangen dieser natürlichen Frische. Wir erwarten einige beeindruckende Proben seiner Kunstfertigkeit, doch seine radikale Form von Erfrischung trifft uns unvorbereitet.

In dem unauffälligen modernen weißen Gebäude, vor dem wir geparkt haben, bittet man uns in eine Art großes Wohnzimmer mit einer Sofagruppe, dickem Teppich und schweren Vorhängen, mit Hundemotiven auf allen Stoffen; nach der zweckorientierten Außenfassade eine geradezu groteske Gemütlichkeit. Dann tritt ein schlaksiger Mittvierziger in Jeans und einem Polo-Shirt ein und begrüßt uns lächelnd: Mike Dobrovic. Würde uns Musik beim Verkosten stören? Mein prinzipieller Grundsatz, in solchen Situationen die Dinge so zu akzeptieren, wie der Winzer sie haben möchte, da auch das eine Aussage über ihn und seine Weine hat, bewegt mich dazu, seine Frage zu verneinen. Einen Augenblick später erfüllt die durchdringend klare, melancholische Stimme von Emma Kirkby mit dem Laudate Dominum aus Mozarts Vesperae Solennes de Confessore den Raum in einer Lautstärke, die üblicherweise Rockmusik und Techno vorbehalten ist. »Tests an der Cornell University haben nach einer Stunde Mozart einen 10-prozentigen Anstieg des IQ ergeben«, entgegnet er auf unsere sicher verdatterten Gesichter. Würden wir eine Stunde Mozart brauchen, um seine Weine zu begreifen?

Ein ähnlich wie sein Chef gekleideter Gehilfe erscheint mit einer Reihe von Flaschen und Probiergläsern. Dobrovic zieht ein Schweizer Taschenmesser mit Korkenzieher aus der Hosentasche und beginnt, die Flaschen zu öffnen. »Wir fangen mit dem 1993 Chardonnay an, unserem ersten«, bemerkt er und kehrt damit die übliche Reihenfolge um. Alle anderen auf unserer Südafrikatour sind bis jetzt eifrig bemüht gewesen, uns die neuesten und jüngsten Weine zu zeigen – nicht von ungefähr, das sind schließlich die Weine, die gegenwärtig im Verkauf stehen oder gerade auf den Markt kommen –, und erst danach vielleicht den einen oder anderen Wein des vorletzten Jahrgangs. Üblicherweise dient dieser Teil der Prozedur dazu, zu beweisen, dass der neueste Jahrgang der beste sei, und zu suggerieren, dass man mit dem nächsten oder übernächsten der Perfektion sehr nahe kommen würde. Es ist eine Taktik, die mir aus vielen anderen Ländern vertraut ist. »Es wäre schön, wenn wir alle Weine erst nach fünf bis acht Jahren anbieten könnten«, sagt Dobrovic, während er den 1993 Chardonnay einschenkt – revolutionäre Worte in einem Land, in dem selbst manche Spitzenproduzenten ihren Sauvignon Blanc nach weniger als fünf Monaten in den Verkauf bringen. Der wirkliche Schock kommt jedoch, als wir den Wein probieren. Er ist außerordentlich, nahezu übernatürlich lebhaft, so frisch wie ein zwei- oder dreijähriger Wein. Plötzlich überwältigt mich der Gedanke an Fisch aller Art.

Meine kulinarischen Phantasien werden von den nächsten Weinen unterbrochen, den Jahrgängen 1997 und 98 des Chardonnay ›Barrel-Fermented‹*, die an sich schon Nahrung genug sind. Der exotische Duft des 1997 springt mich förmlich an aus dem Glas und wirft mich in meinen Stuhl zurück. Auch dieser Wein schmeckt ausgesprochen frisch, hat aber so viel Stoff, dass man ihn eigentlich kauen muss; nachdem ich ihn dann geschluckt habe, steigt eine zweite glitzernde, blendende Welle an Frische auf. Der jüngere Jahrgang ist weniger offen, doch der Balanceakt zwischen Frische und aromatischer Fülle noch weiter ausgereizt. Emma Kirkby singt jetzt Vivaldis Nulla in mundo pax sincera, und die Brillanz ihrer Stimme, ihre exakte und markante Artikulation scheinen genau zu diesem Wein zu passen. Wie erklärt Dobrovic diesen gelungenen Balanceakt auf Messers Schneide, diesen einzigartigen Weinstil?

»Es hat so viel mit der Verantwortung für die Weinberge zu tun. Wenn man die grundlegende Qualität [der Trauben] gewährleistet, ist man o. k. Hier habe ich alles unter Kontrolle«, setzt er an, »der 1997 und 98 Chardonnay lagen beide ein ganzes Jahr lang in neuen Eichenholzbarriques auf der Hefe. Trotzdem waren die Trauben entscheidender für die Qualität des Weins; Spitzenweine entstehen aus Spitzenlagen.« Er hat ab 1989 »alles unter Kontrolle« gehabt, als er zusammen mit dem Gründer von Mulderbosch, Larry Jacobs, das Land gerodet und die Weinberge angelegt hat: »Der größte Traum, den ein Winzer haben kann, ist neu zu pflanzen, anstatt alte Weinberge zu erben.«

* Fassvergoren.

Wenn etwas den Traum der Neuen Welt des Weins zum Ausdruck bringt, von Grund auf neue Weine zu schaffen, dann diese Worte. Doch liegt es über drei Jahrhunderte zurück, dass die einheimische Vegetation im Stellenbosch-Gebiet erstmals dem Einwandererpaar aus Europa weichen musste; Winzer und Rebe. Dobrovic' Fall erinnert eher an die Qualitätspioniere in seit langem bestehenden, doch unterentwickelten europäischen Weinregionen wie Sizilien oder dem Languedoc-Roussillon als an die erste Winzergeneration in vollständig neuen Weingebieten wie Martinborough in Neuseeland oder dem Williamette Valley in Oregon. In der Weinwelt gibt es viele Arten von »neu«.

Während Dobrovic' Schilderung hat sein Gehilfe den nächsten Wein eingeschenkt, den 2000 Sauvignon Blanc. Der 1991 dieses Weines hat Mulderbosch zu seinem Ansehen verholfen, als er damals Ende des Jahres auf den Markt kam. Ich erinnere mich an mein Erstaunen, als ich ihm erstmals begegnete. »Weißwein ist Elektrizität«, hat James Joyce geschrieben, und durch diesen Weißwein schienen viele tausend Volt zu fließen. Der 1991 Mulderbosch Sauvignon Blanc hatte viele prächtige Farben, jede einzelne tief und gesättigt, nahezu glühend, und war so erfrischend, dass ich wie elektrisiert war. Nichts Vergleichbares war je zuvor aus Südafrika gekommen, und auch aus anderen Ländern war es schwierig, halbwegs ähnliche Weine aufzutreiben. Kurzum, es handelte sich tatsächlich um ein neues Geschmackserlebnis. Plötzlich rissen sich europäische und amerikanische Weinjournalisten darum, nach Südafrika zu fahren, und das kürzliche Ende der Apartheid verlieh ihren Reisen die Aura moralischer Unterstützung für die Unterdrückten, die ihr Joch endlich abgeschüttelt hatten. Überflüssig zu erwähnen, dass letzterer Effekt bald verblasste, und nach den ersten Besuchen war Südafrika einfach ein weiteres mögliches Ziel dieser Journalisten, in direkter Konkurrenz mit ehemals faschistischen Ländern wie Chile und Argentinien.

Mulderbosch Sauvignon Blanc hat nach wie vor eine treue Anhängerschaft, doch gegen Ende der 1990er ließ diese Art von Weißwein einen immer größeren Teil der Wein trinkenden Massen kalt. Ihr Interesse wendete sich weichen Rotweinen zu, und für viele war der einzige akzeptable Weißwein der, der ebenso weich wie ihre bevorzugten Rotweine schmeckte. Solche Weißweine können durchaus angenehm sein, lassen mich aber die urtümliche Begeisterung vermissen, die Weißweine wie der Mulderbosch Sauvignon Blanc in mir auslösen. Heute haben sich die meisten Weintrinker auf der Welt für ein Null-Risiko-Trinkverhalten entschieden, das elektrisierende Weißweine ausschließt, unabhängig von ihrer Herkunft. Auch wenn ihr Stern gegenwärtig wieder im Steigen begriffen ist, ist es erst ein kleiner Kreis von weininteressierten, größtenteils jungen Konsumenten, die sich nicht darum scheren, was angeblich in oder gesund ist, sondern ihrem eigenen Gaumen vertrauen und sich für Weißweine wie diesen begeistern. Sie stellen die Spitze des kommenden Aufschwungs der elektrisierenden Weißweine dar.

Ich bin froh, genug von dem 2000er in meinem Glas zu haben, um ihn in Ruhe zu verkosten, denn auf der Preisliste steht in roten Buchstaben »ausverkauft«. Er ist von ebenso ausdrucksvoller, explosiver Aromatik wie jener erste Jahrgang, mit einem Peitschenknall an Säure, der mich in dem Moment, als er meine Zunge berührt, ganz gerade sitzen lässt und doch definitiv nicht sauer ist. Es gibt Anflüge von Gras und Nesseln im Duft – charakteristische Sauvignon-Blanc-Aromen –, aber nichts von der monoton grünen, aggressiven Unreife, die mich so oft den Kopf wegdrehen und meine Zunge zucken lässt, wenn ich Weine aus dieser Rebsorte probiere. Die grünen Noten hier sind Teil eines Aromateppichs, der sich von schwarzen Johannisbeeren bis zu Guaven erstreckt. »Wenn Sauvignon-Blanc-Trauben nicht reif sind, schmeckt der Wein wie Erbsensuppe. Aber Erbsensuppe schmeckt besser!«, erklärt unser Gastgeber und zeigt uns ein Buch über Weinchemie mit dem Diagramm des Methoxypyrazin-Moleküls, das für diese Aromen verantwortlich ist. Einen Sauvignon Blanc vom Mulderbosch-Typ zu erzeugen bedeutet tatsächlich einen Balanceakt, denn ohne die grünen Aromen fehlte dem Wein die Lebhaftigkeit, während zu viel davon Erbsensuppe ergibt.

Das erinnert mich an meinen Besuch bei dem Meisterparfümeur oder »Nase« Pierre Bourdon von Perfume Resources in seinem Pariser Labor im Sommer 1999. »Gibt es Substanzen, die in reiner Form unangenehm sind, aber in kleinen Mengen einen positiven Effekt auf ein Parfüm haben?«, fragte ich ihn. Er griff, ohne zu zögern, nach einem der Hunderte von farblosen Glaskolben in einem der Regale, die die Wände des kleinen quadratischen Raums bedeckten, tauchte die Spitze eines Papierkeils in die klare Flüssigkeit und hielt ihn mir unter die Nase. Ich zuckte schockiert zurück angesichts dieses Aromas, das mich sofort an den grünsten aller Sauvignon-Blanc-Weine erinnerte. »Sehen Sie, so aggressiv ist diese Substanz pur, aber eine winzige Menge davon hebt die fruchtigen Aromen eines Parfüms ganz beträchtlich. Ich setze es oft zu diesem Zweck ein.« Dobrovic scheint mit den grünen Aromen, die Sauvignon-Blanc-Trauben in einem bestimmten Reifezustand haben, sehr ähnlich umzugehen wie der Meisterparfümeur mit der puren Substanz. Sein Können besteht darin, genau abzuschätzen, wie viel dem Wein gut tut.

Dobrovic' Gehilfe hat sich entschuldigt, im Keller ist so kurz nach der Lese noch jede Menge Arbeit. »Jeder Angestellte muss hier sein eigener Manager sein«, sagt unser Gastgeber und schlägt dann vor, dass wir uns hinübersetzen auf die Sofas, er habe etwas hiesigen Käse für uns organisiert, »es ist nämlich wirklich schwierig, hier guten Käse aufzutreiben.« Das ist eine ziemliche Überraschung, er hat schließlich keine Ahnung, dass meine Frau beruflich mit Käse zu tun hat. Mit dem Ortswechsel scheint sich auch die Stimmung zu ändern, und das nicht nur, weil Emma Kirkby in düsteren Tönen Purcells »O let me weep!« singt. Dobrovic wirkt plötzlich körperlich entspannt; während der Probe hat er die ganze Zeit in einer angespannten Haltung mit beiden Händen zwischen den Beinen am Tisch gesessen, beim bloßen Anblick fühlte ich mich verspannt. Nach einigen Worten zum Käse hält er einen Moment inne und beginnt dann, eine Geschichte über König Artus zu erzählen, deren Anfang ebenso melancholisch ist wie der Refrain der Musik.

»Auf Befehl des Thronräubers Mordred hatte ein Zauberer einen Fluch über König Artus verhängt. In genau einem Jahr würde Artus sterben, wenn er nicht die Antwort auf die Frage fände, was Frauen wirklich wollen. Die Ritter der runden Tafel zogen durch das ganze Königreich auf der verzweifelten Suche nach der Lösung dieses Rätsels. Als die Zeit beinahe abgelaufen war, kehrte Sir Gawaine mit der hässlichsten Hexe des ganzen Reiches nach Camelot zurück, die ihm versprochen hatte, die Lösung zu verraten, wenn einer der Tafelrunde sie heiratete. Da sich niemand sonst dazu bereit erklärte, opferte sich widerwillig Sir Gawaine selbst. Mit großer Willenskraft ertrug er die Hochzeitszeremonie am folgenden Tag, bei der die Braut ihm zuliebe ihre Gesichtszüge hinter einem besonders dichten Schleier verborgen hielt. Nach dem Hochzeitsbankett zog sie sich zurück, nachdem sie ihn angewiesen hatte, ihr nicht vor sechs Uhr in die Hochzeitsgemächer zu folgen. Unfähig, sich mit seinen feiernden Kameraden zu amüsieren, folgte Sir Gawaine kurz nach sechs Uhr seiner Braut. Zu seiner Bestürzung fand er, als er die Tür öffnete, eine außerordentlich schöne Frau nackt auf dem Bett liegend. In der Furcht, einen schrecklichen Fehler begangen zu haben, stürzte er aus dem Raum, sie aber rief ihn zurück und erklärte, sie sei zwölf Stunden am Tag die hässlichste Hexe des ganzen Reiches, die anderen zwölf jedoch die schönste Frau. Da er sie geheiratet habe, könne er wählen, ob sie tagsüber oder während der Nacht schön sein solle. Sir Gawaine stand lange und zerbrach sich das Hirn auf der Suche nach der richtigen Antwort« – an dieser Stelle unterbricht Mike Dobrovic seine Erzählung und fragt mich, wie ich geantwortet hätte. Ich fühle mich genauso wie Sir Gawaine, frage mich, ob ich meine Frau zu Rate ziehen soll, was wäre ihr Wunsch anstelle der Hexen-Schönheit, bringe aber kein einziges Wort heraus. Nach einer langen Pause erzählt Dobrovic seine Geschichte zu Ende. »Schließlich sagte Sir Gawaine zu seiner Frau: »Du entscheidest!« Mit großem Entzücken entgegnete sie darauf: »Weil du das Rätsel selbst gelöst hast, werde ich Tag und Nacht die schönste Frau des ganzen Reiches sein.«

Meine Frau und ich haben Dobrovic, der die Spannung immer weiter aufgebaut hat, in atemloser Stille zugehört. Der Schluss lässt uns richtiggehend euphorisch werden. Sagt dieses Märchen nicht, dass Veränderungen möglich sind, wenn die Menschen Respekt füreinander empfinden und zeigen? Ohne den gegenseitigen Respekt zwischen Nelson Mandela und Frederik de Klerk wäre es nicht zur Abschaffung der Apartheidpolitik und Demontage der Machtstrukturen der weißen Diktatur gekommen. Nur diese Einstellung kann den Teufelskreis von Rassenhass und Gewalt in anderen Teilen des Landes brechen, wo die Mordquote zu den höchsten der Welt gehört. Neben diesen Fragen erscheint Wein lächerlich unwichtig, eines von vielen kulturellen und wirtschaftlichen Nebenthemen. Doch frage ich mich, ob diese Dinge nicht doch in einem Zusammenhang mit den neuen Weinen stehen, die Dobrovic in Mulderbosch seit dem Anfangspunkt der gerodeten Erde 1989 geschaffen hat.

Der erste Grundsatz seiner Revolution besteht darin, zu den Trauben zu sagen, »ihr entscheidet«, wie der Wein schmecken wird, anstatt die Weine in vorgefasste Ideen zu zwingen – bis in die 1990er ging es beim Weinmachen auf der ganzen Welt eigentlich um die männliche Beherrschung der weiblichen Traube –, und sie belohnen ihn für seinen Respekt, indem sie zu den schönsten Weißweinen im ganzen Reich gehören. Er war auch einer der Ersten, der den Grundsatz begriff, dass, je höher die Qualität der Trauben und je weniger man mit ihnen im Keller anstellte, der Wein desto besser ausfallen würde, weil er ein Outsider ist. Er war weitgehend unbelastet von den beträchtlichen Lasten veralteter Ideen und nie in Frage gestellter, vorgefasster Meinungen, die die späte Phase der Apartheidära kennzeichneten. Als Sohn jugoslawischer Einwanderer in Messina unweit der Grenze zu Zimbabwe ist er mit wissenschaftlichem Denken und dem Glauben an die Möglichkeit, dadurch die Welt positiv verändern zu können, aufgewachsen. »Wenn mir etwas sehr wichtig ist, dann denke ich es durch, erforsche es, und erst dann tue ich es«, erklärt er. Erforschen bedeutet, die Dinge zu beobachten und zu versuchen, Schlüsse daraus zu ziehen, statt an einer starren Idee zu kleben. Er beschränkt sich dabei keinesfalls auf die wissenschaftliche Sichtweise. Gleichzeitiges Denken in mehrere Richtungen hat seine Weißweinrevolution ermöglicht und geprägt. Jetzt fragt sich nur, ob es in Südafrika auch Winzer gibt, die zu roten Trauben sagen: »Ihr entscheidet«, ob es ebenso eigenständige südafrikanische Rotweine wie Weißweine gibt.

»Wie können sie so schlecht schmecken, wenn das Klima so toll ist?«, war die Frage, die ich bei einer Verkostung in London Mitte der 1980er Jahre laut stellte, als ich zum ersten Mal südafrikanischen Rotweinen begegnete. Die Antwort des Importeurs darauf lautete, wie Rotweine aus Bordeaux bräuchten sie ein paar Jahre Flaschenreife, um sich als elegante Schmetterlinge zu entpuppen. Unter einigen Schwierigkeiten gelang es mir, ein paar sanktionsbrecherische ältere Rotweine aus Südafrika aufzutreiben, um seine Behauptung zu überprüfen. Einer von ihnen, deutlich teurer, war zwar ordentlich gewesen, aber die anderen deuteten darauf hin, dass südafrikanische Rotweine meistens bitter und sauer mit dürftigen Aromen waren. Alle Weinbücher besagten, dass das Kap sich eines Klimas mediterranen Stils erfreute, und in Frankreich gab es zumindest einige Weine aus mediterranem Klima – wie Châteauneuf-du-Pape, Gigondas und Bandol –, die bewiesen, dass solch ein

Klima körperreiche, kräftige Rotweine hervorbringen konnte, mit viel kräutriger Würze. Warum war das nicht in Südafrika möglich?

Ich wünschte, ich wäre schlau genug gewesen, den anderen offensichtlichen Schluss aus dieser Erfahrung zu ziehen, dass nämlich Weine, denen es von vornherein an reifen Aromen und Harmonie fehlt, diese auch später nicht erlangen, unabhängig davon, wie lange sie im Keller liegen. Wenn ich das gründlicher durchdacht hätte, hätte ich mir viel Ärger und Kosten erspart. Alle Arten von schwachen und fehlerhaften Weinen werden naiven Konsumenten mit dem Argument verkauft, sie würden mit der Zeit besser werden, sogar eine grundlegende Verwandlung erfahren. Hervorstechende Beispiele dafür sind der größte Teil der kalifornischen Rotweine aus den 1980ern, die meisten »Super-Tuscans« – teure italienische Rotwein-Kreationen – aus der gleichen Zeit und sehr viele Rotweine aus Bordeaux aus weniger gelungenen Jahrgängen wie 1988 und 1994. Diese Weine schmeckten am Anfang einseitig hart und blieben auch so, allerdings mit weniger Fruchtaroma, da dies mit der Flaschenreife allmählich verschwindet. Ich bin mehrere Male darauf hereingefallen, bevor mir die Wahrheit schwante. Nur Weine, die von vornherein reif in den Aromen und harmonisch sind, können mit der Zeit der Lagerung eine positive Veränderung erfahren, nämlich an aromatischer Finesse und Eleganz gewinnen.

Warum habe ich überhaupt mit einer Weinsammlung angefangen? Weil ich in der Londoner Weinszene die englische Besessenheit mit flaschengereiften Weinen osmotisch absorbiert habe, die auf den Adel des 18. Jahrhunderts zurückgeht. Den Grundstein oder vielmehr die -flasche für einen Weinkeller zu legen, schien 1981 ebenso unvermeidlich, wie an Profi-Weinverkostungen in Gentleman's Clubs teilzunehmen, in holzgetäfelten Räumen, wo Männer in dunklen Anzügen, die die richtige Schule und das richtige College besucht hatten, im Upperclass-Ton über die männliche Domäne »Fine Wine« * sprachen. Ich bereue den Kauf so mancher unreifer und unharmonischer Weine, von denen ich in meiner Naivität annahm, der mysteriöse Vorgang der Reife in einem unterirdischen Keller würde alles Raue glätten und Mängel beheben. Die richtigen Namen standen auf dem Etikett, was konnte da schief gehen? Die schmerzliche Wahrheit ist: Ich war Etikettensammler.

Bis zu meinen ersten positiven Erlebnissen mit südafrikanischen Rotweinen vergingen viele Jahre. Als wir 1993 ein halbes Jahr lang in Bremen lebten, brachte meine Frau einige Flaschen zum Probieren mit nach Hause. Aus eigenem Antrieb hätte ich mich damit gar nicht abgegeben, so tief saß die Enttäuschung immer noch in mir. Die Rotweine von Glen Carlou in Paarl übertrafen meine Sanktionsbrecher von damals um Längen. Es sollte jedoch nochmals einige Zeit vergehen, bis wir nach Südafrika fahren konnten, um

* Etwa: Qualitätswein.

selbst herauszufinden, ob es dort Rotweine gab, die sich mit den Spitzenweinen anderer Gebiete weltweit messen konnten …

»Sie meinen, welches der entscheidende Moment war?«, antwortet der hoch gewachsene Stephan du Toit, südafrikanischer Spitzenanwalt hugenottischer Abstammung und beinahe aristokratischen Verhaltens, auf meine Frage, wie er zum Gründer von Mont du Toit Kelder wurde, gerade außerhalb von Wellington, einige Autostunden nördlich von Kapstadt. Ich sitze neben ihm beim Mittagessen in dem schlichten, am Hang unterhalb der Weinberge gelegenen Gutshaus. »Mein Vater hatte eine Weinfarm und vor ihm mein Großvater, aber ich war der jüngste Sohn des jüngsten Sohnes … dann war ich über Weihnachten bei Verwandten in Hamburg und las im ›Spiegel‹ über Bernd Philippi. Ich fuhr nach Kallstadt, um ihn zu treffen, und einen Monat später arbeitete er für mich.« Du Toit hat Land gekauft und mit der Hilfe von Bernd Philippi vom Weingut Koehler-Ruprecht in Kallstadt/Pfalz und Bernhard Breuer vom Weingut Georg Breuer in Rüdesheim/Rheingau 28 Hektar neue Weinberge mit roten Rebsorten gepflanzt, in einer Gegend, die keinerlei Traditionen für hochwertige Rotweine vorweisen kann. »Was wir hier nicht haben, ist ein kapholländisches Gutshaus und alte Eichenbäume«, fährt du Toit fort, »aber das macht nichts, ich mache das nicht wegen des Drumherums, mich interessiert der Wein und das Geld.« Hier haben wir einen weitsichtigen Unternehmer, der durch einen glücklichen Zufall zwei der besten Winzer der Welt engagiert und mit ihnen ein gewagtes neues Unternehmen gegründet hat.

Bernd Philippi, gelegentlich als die Personifizierung Pfälzer Genussfreude beschrieben, wird oft missverstanden, da seine Großzügigkeit und Gutmütigkeit nur allzu leicht seine kompromisslose Lebenseinstellung verbirgt. Er sitzt am anderen Ende des Tisches, im tiefen Gespräch mit Mont du Toits jungem, energischem Kellermeister, Pieter-Niel Rossow. Obgleich es ein lockeres Essen ist, stellt es für uns auch die Gelegenheit dar, die Jahrgänge 1998 und 99 vom Mont du Toit und den 1998 ›Le Sommet‹ zu verkosten, die einzigen Weine, die der Betrieb bis jetzt abgefüllt hat. Allen gemeinsam ist eine beeindruckende Ausgewogenheit hohen natürlichen Alkohols mit niedriger natürlicher Säure und üppigen, geschmeidigen Gerbstoffen, die ihnen eine sehr angenehme, mundfüllende Kremigkeit verleiht. Bei den Aromen dominieren ebenso jene, die die Fachleute in solchem Klima erwarten: schwarze Früchte von nahezu eingekochter Süße, mit ausgeprägten würzigen und rauchigen Noten. Der 1998 ›Le Sommet‹ ist, wie sein Name verspricht, ein steil aufragender Gipfel mit massivem Fundament wie jene, die hinter den Weinbergen thronen, dabei jedoch nicht aufdringlich oder schwer; ein erstaunlich beeindruckender Wein für den ersten Jahrgang aus einem vollkommen neuen Weinberg. Die Weine stellen meine Ansichten zu südafrikanischem Wein vollkommen auf den Kopf und bringen mich zu der Frage: Was machen hier so viele Winzer so falsch?

Ich stelle Philippi diese Frage nach dem Mittagessen, als wir die paar Meter den Hügel hinunter vom Gutshaus zum Keller gehen. Von oben gesehen, wirkt der Keller wie ein auf den Hügel gelegtes Dach, das auf ein Gebäude unter sich wartet. Philippi bemerkt meine Verwunderung und erklärt mir also erst einmal, dass es sich bei dem Keller um einen revolutionären Entwurf handelt und er im Gegensatz zu den meisten südafrikanischen Kellern tief in den Hang hineingegraben ist. Dann kommt er auf meine Frage zurück und erzählt von seinen Gesprächen mit südafrikanischen Winzern, als sich Mont du Toit noch in der Pflanz- und Planungsphase befand. Er sei vollkommen überrascht gewesen über ihre Ansichten in Bezug auf die Rotweinproduktion. Allgemein sei es auf Folgendes hinausgelaufen: Zuerst einmal werden die Trauben früh gelesen, das heißt nicht voll ausgereift, um das Risiko schlechten Wetters und einer eventuellen Beeinträchtigung der Trauben bei späterer Lese zu vermeiden, was zu Weinen mit schwachen oder gar unreifen Aromen führt. Zweitens werde die Gärung so kurz wie möglich gehalten aus Furcht davor, dass der Wein bei längerer Gärung unharmonische Töne aus den Traubenhäuten aufnehmen könnte; gerade lang genug, um halbwegs ausreichend Farbe aus den Traubenhäuten zu lösen. Philippi gibt zu, dass darin eine gewisse Logik liegt, da aus den Häuten unreifer Trauben leicht ruppige Töne während der Gärung gelöst werden. Doch die kurze Gärung ergebe Rotweine mit wenig Stoff und Struktur. Schließlich werde Säure zugegeben und der Wein vor der Abfüllung gefiltert, ob nun aus der Befürchtung, er sei nicht stabil, oder einfach, weil man es so auf der Weinbauschule gelernt habe. Beide Vorgänge seien überflüssig und machten die Weine nur schmaler und härter im Geschmack.

Das ist eine durch und durch überzeugende Erklärung dafür, warum die ersten südafrikanischen Weine, die ich vor 15 Jahren in London verkostet habe, so grässlich schmeckten. Philippi schüttelt den Kopf und wirkt ehrlich bekümmert angesichts dieser fehlgeleiteten Ansichten, dann beschreibt er seine eigenen Methoden. »Wir lesen immer spät, um maximale Traubenreife zu erreichen, dann vergären wir die Trauben viel länger, als es hier die Norm ist. 1998 waren es acht Tage, da waren wir noch ein wenig vorsichtig, 2000 haben wir uns auf 14 Tage gesteigert, und bei manchen der 2001, die gerade durchgegoren sind, hat die Gärung 20 und 21 Tage gedauert, im Gegensatz zu den üblichen vier oder fünf Tagen. Die dachten alle, wir wären verrückt, aber dann haben sie die Weine verkostet und waren baff.« Das sture alte Rezept für Rotweine aus den Tagen der Apartheid stellte ein viel größeres Handicap dar als die sture alte südafrikanische Art der Weißweinbereitung, da Ersteres erst sehr viel später revidiert wurde.

Wir betreten den Keller durch die obere Tür unter dem Dach, wo auch, wie

Philippi erklärt, die Trauben angeliefert werden. Es dauert ein paar Sekunden, um sich von der prallen südafrikanischen Sonne auf das Dämmerlicht umzustellen, das im Innern herrscht, aber dann kann ich erkennen, dass wir uns in einem wesentlich größeren Raum befinden, als nach dem Dach von außen zu schließen war. Philippi, meine Frau und ich stehen auf einem Gitterboden über zehn hohen Edelstahlgärtanks, hinter denen eine Gittertreppe in einen weiteren Kellerraum hinabführt, der vom Eingang aus nicht zu sehen ist. Es sind zwei parallele Gewölbegänge mit roten Ziegelwänden, in denen Reihen von Barriquefässern liegen; »die 2001er sind hier, und die 2000er in dem anderen, wo es noch kühler ist«, sagt Philippi. Er greift nach einer Pipette, Rossow folgt ihm mit Probiergläsern in den Händen, und wir machen uns an eine detaillierte Verkostung der verschiedenen Partien an Wein beider Jahrgänge. Es sind viele Partien, weil Philippi und Breuer darauf bestehen, die Trauben aus jeder Weinbergsparzelle separat zu vergären und dann bis zum Verschneiden nahezu zwei Jahre nach der Lese separat zu halten; erst dann wird entschieden, welche Partien für die drei verschiedenen Abfüllungen verschnitten werden: Mont du Toit, Le Sommet und der Zweitwein, Hawequas.

Während wir uns verkostend von einem Fass zum nächsten bewegen, wird immer deutlicher, dass die Weine, obwohl drei der hier angebauten Rebsorten – Cabernet Sauvignon, Cabernet Franc und Merlot – aus dem gemäßigten Atlantikklima von Bordeaux stammen und eine andere – Syrah – von der nördlichen Rhône mit moderat kontinentalem Klima, hier doch einen Stil aufweisen, der für mich voll und ganz dem mediterranen Klima entspricht, das am Kap herrscht. Die örtlichen Gegebenheiten prägen die Weine ganz eindeutig stärker als die Rebsortencharakteristik. Ich erinnere mich an die Worte von Werner Näkel vom Weingut Meyer-Näkel in Dernau/Ahr, der in Stellenbosch mit dem südafrikanischen Winzer Neil Ellis ein Wein-Joint-Venture namens Zwalu betreibt: die klimatischen Gegebenheiten in den Anbaugebieten seien eigentlich recht einfach, »in Stellenbosch ist es heiß, in Paarl heißer und in Wellington verdammt heiß«. Spiegelt sich das in den Rotweinen dieser Gegenden wider, werden die aus Paarl etwas weniger opulent sein als Mont du Toit und jene aus Stellenbosch noch schlanker?

Das breite Metalltor von Veenwouden Private Cellar ein wenig nördlich von Paarl gleitet mit elektrischem Summen zurück und gewährt uns Zugang zu dem ummauerten Anwesen, in dem die Kellergebäude und mehrere andere Häuser liegen, allesamt neu und in derselben senfgelben Farbe gestrichen. Es ist unsere erste Erfahrung mit den Sicherheitsmaßnahmen, die hier unter weißen Weingutbesitzern sowie einer großen Zahl von Geschäfts- und Privatleuten als normal und notwendig gelten. Vor dem Hauptgebäude gibt es wenig Platz, daher parken wir unseren Wagen auf der Seite vor einem wesentlich kleineren Haus. Als wir aussteigen, tritt ein dunkelhäutiger Mann aus der Haustür und bedeutet uns mit viel Gestikulieren, wir könnten hier nicht parken. Wir fahren den Wagen gehorsam ein Stück weiter, und er verschwindet, offenkundig hochzufrieden, zumindest in dieser Sache seine Autorität zum Ausdruck gebracht zu haben. Er gehört sicher zu den Weinbergsarbeitern, die auf dem Gut wohnen, was in der südafrikanischen Weinbranche sehr verbreitet ist. Ihr Lohn erscheint uns zwar erbärmlich, doch ist die Unterbringung üblicherweise inbegriffen. Auf diese Weise versuchen die Weinbergsbesitzer, verlässliche Arbeiter zu binden und den Einsatz von Gelegenheitsarbeitern zu vermeiden. »Bei Gelegenheitsarbeitern hat man keine Ahnung, *was* man da aufs Anwesen lässt«, drückt es ein bedeutender Weinbergsbesitzer aus. Was soll man als Außenstehender von solchen Aussagen halten? Schwingen da rassistische Elemente mit, oder ist es einfach bittere Erfahrung?

Als wir zum zweiten Mal aus dem Auto steigen, kommt ein untersetzter Mittdreißiger mit rundem Gesicht auf uns zu und stellt sich als Marcel van der Walt vor, Verwalter und Kellermeister von Veenwouden. Er erzählt uns, dass das Gut 1989 gegründet wurde und seinem jüngeren Bruder gehört, dem in Zürich lebenden Opernsänger Deon van der Walt. Ich habe darüber gelesen, dass Marcel vorher Mode-Designer und Profigolfer war und seine Eltern in der Baubranche, anscheinend eine viel begabte Familie. »Abgesehen von ein paar hundert Flaschen Chardonnay im Jahr produzieren wir nur Rotwein, der größte Teil unserer 14 Hektar Weinberge ist mit Merlot bepflanzt, wozu etwas Cabernet Sauvignon, Cabernet Franc und Malbec kommen. Außerdem habe ich ungefähr fünf Kilometer von hier ein wenig Syrah gepflanzt – der Grund für meine grauen Haare, wenn ich in schwierigen Jahren wie 1996 darauf warte, dass die Trauben richtig reif werden.« All das hört sich nicht viel anders an als bei Mont du Toit. Als er uns die Weinberge zeigt, hat das jedoch nichts mit den ziemlich steil abfallenden Hängen mit kargem Granitboden zu tun, die wir in Wellington gesehen haben. Das ordentliche Rechteck von Reben zieht sich mehrere hundert Meter den sanften Hügel hinter dem Haus und den Kellergebäuden hinab zu einem kleinen See, der das Wasser für die Bewässerung liefert, wie er uns mitteilt. Dann folgt der Gärkeller, der sehr ungewohnt angelegt ist, da er sich um ein kleines Amphitheater gruppiert, »für Privatkonzerte, wenn mein Bruder hier ist«, erklärt unser gut gelaunter Gastgeber und führt uns weiter in den Fasskeller. Dabei handelt es sich um das größte der senffarbenen Gebäude, gründlich isoliert und klimatisiert. Die laufende Klimaanlage ist ebenfalls ein Kontrast zu Mont du Toit und entspricht viel eher meinen Erwartungen in Bezug auf neue Weingüter in der Neuen Weinwelt.

Van der Walt erläutert, dass Veenwoudens wichtigster Wein eine Cuvée auf der Basis von Cabernet Sauvignon namens ›Classic‹ ist, »eine Anspielung auf die klassischen Weine aus dem Médoc in Bordeaux«. »Klassisch« gehört zu den großen Klischees der Alten Weinwelt, eine Bezeichnung, die auf alle möglichen Weine angewandt wird, um bei den Konsumenten den Eindruck von Tradition und einer gewissen Noblesse oder zumindest erdiger Verlässlichkeit zu erwecken. Eigentlich hängt ihre Bedeutung jedoch ganz und gar vom Kontext ab. So steht ›Classic‹ zum Beispiel in Deutschland seit dem Jahrgang 2000 für einen trockenen Wein aus einer einzigen zugelassenen Rebsorte, von theoretisch guter Alltagsqualität. In Verbindung mit dem Médoc in Bordeaux erinnert mich der Begriff hingegen zwangsläufig an die Arroganz verschiedener dortiger Produzenten, die mir gegenüber deutlich machten, dass sie ihre eigenen Weine als *die* Klassiker der Weinwelt betrachten. Aus ihrem Blickwinkel benutzen die van der Walts den Begriff also zu Unrecht und nehmen ihnen damit die einzigartige Glorie, die sie als ihr Geburtsrecht ansehen. Quelle horreur!

Es ist daher auffallend, wie wenig der 1999 Veenwouden geschmacklich mit einem Rotwein aus dem Médoc oder irgendeiner anderen Gegend um Bordeaux gemeinsam hat. Das ist keine Kritik, ganz im Gegenteil, der Wein duftet wunderbar nach reifen schwarzen Johannisbeeren, wirkt dabei aber nicht im Geringsten kitschig, schmeckt üppig und doch frisch. Der Jahrgang 2000 desselben Weins wirkt noch stoffiger und imposanter, einen Hauch süßer und feiner. Er kommt der Vorstellung von einem Wein aus mediterranem Klima noch näher als der 1999, obgleich keiner von beiden ganz so opulent wie die Mont-du-Toit-Weine derselben Jahrgänge sind. Wenn die Veenwouden Classics etwas mit klassischen Médoc-Weinen verbindet, dann ist es ihre Unaufdringlichkeit; trotz der Fülle, die die Natur ihnen verliehen hat, wirken sie diskret. Von diesem Standpunkt her ist die Verwendung von ›Classic‹ nicht unberechtigt, und die Tatsache, dass die Weine keine Schwierigkeiten hätten, neben wesentlich teueren Weinen aus Médoc zu bestehen, verstärkt dies noch. Trotzdem ist der Name nicht gerade innovativ oder amüsant. ›Vivat Bacchus‹, der leichteste Rotwein von Veenwouden, trägt einen wesentlich phantasievolleren Namen. Als wir unseren Gastgeber darauf ansprechen, sagt er: »Mein Bruder ist mit Mozart sehr erfolgreich. Es ist ein Dank an Mozart, der indirekt das ganze Unternehmen finanziert hat.« Weiße Musik ermöglicht also roten Wein im »schwarzen« Afrika. Der 1999 ›Vivat Bacchus‹ besitzt sowohl Substanz als auch Lebhaftigkeit, sodass man auch größere Mengen davon trinken könnte; Mozart wäre sicher von diesem hochwertigen Zech- und Picknickwein sehr angetan gewesen.

Eigentlich dürfte es nicht schwierig sein, das Weingut de Trafford zu finden, einfach immer die Straße entlang, hat man uns gesagt. Das Problem ist, dass wir nicht glauben können, dass so weit hinten in den Bergen noch irgendetwas kommen wird. Ich versuche David Trafford auf meinem Mobiltelefon zu erreichen, bekomme aber keinen Empfang. Kein Wunder, die Straße ist nur noch ein Feldweg im tiefen Tal zwischen Helderberg- und Stellenbosch-Gebirge, deren felsige, von einheimischem Fynbos-Gestrüpp bedeckte Hänge auf beiden Seiten auf über 1 100 Meter ansteigen. Stellenbosch liegt keine zehn Kilometer Luftlinie nördlich von hier, scheint aber von diesem wilden Ort Tausende von Kilometern entfernt. Dann endlich, nach einem Anwesen namens Mont Fleur, eingebettet zwischen einer Gruppe von Eichen, stoßen wir auf ein schlichtes modernes Gebäude, das wie eine Kreuzung zwischen einer Werkstatt und einer überdimensionierten Garage aussieht. Das muss es sein, wir haben gehört, dass David Trafford Architekt ist, und das vor uns ist ganz eindeutig Architektur. »Sie haben uns also gefunden!«, ruft der schlanke, große Winzer mit strahlendem, sehr englisch wirkendem Gesicht, als wir auf den Keller zusteuern.

Wir gehen hinein, und er erklärt uns, dass die Weinerzeugung anfangs »nur ein Ausflug« war, es damit aber ziemlich schnell ziemlich ernst geworden ist. Das Kellergebäude, in dem wir stehen, wurde 1997 über zwei bereits bestehende »Keller« gebaut. Diese entpuppen sich als zwei in die Erde gesetzte bunkerartige Konstruktionen. Die Fassade des einen Kellers ist mit einem Stück alter Kalksteinmauer komplett mit Balustrade verkleidet. Trafford erzählt, dass die Steine in England für die Fassade des Rathauses von Kapstadt gefertigt worden sind, in einem Anfall kolonialen Wahnsinns. Bei der Renovierung des Rathauses hat er sie erworben. Es ist ein merkwürdig wohltuender Kontrast zu der weiträumigen modernen Kargheit des neuen Gebäudes und der schroffen Härte der »Bunker«. Insgesamt stehen wir in einer einzigartigen Miniaturwelt, deren Nationalität unmöglich zu bestimmen ist.

An die Wand gepinnte Aufnahmen der drei Hektar umfassenden Weinberge zeigen, dass diese ebenso gewagt wie die Weingutsgebäude sind, nämlich dem Gestrüpp abgerungen, das auffallend an Südfrankreich erinnert. Tatsächlich ist Fynbos das südafrikanische Gegenstück zur Garrigue am Mittelmeer. Trotzdem muss es sich, nach dem, was er berichtet, eindeutig um die kühlste Rotweinlage handeln unter den Weinen, die wir bis jetzt aus Südafrika kennen gelernt haben. In dieser Hinsicht ist es also die perfekte Gelegenheit, um zu überprüfen, ob Werner Näkels Beschreibung vom Klima am Kap sich in den Weinen geschmacklich wieder findet; David Trafford hat größtenteils dieselben Rebsorten wie Mont du Toit und Veenwouden. Sein 1999 Merlot, den der Architekt uns am Tisch des Raumes einschenkt, der zugleich als Büro, Verkostungszimmer und Labor dient, besitzt die Fülle und Geschmeidigkeit, die den Weinen dieser Sorte oft nachgesagt wird, ist dabei aber ausgesprochen würzig. Der einzige andere Ort, an dem ich mich an eine solche Würze bei dieser Sorte erinnern kann, ist Pomerol in Bordeaux, das ebenfalls am kühlen Ende des klimatischen Spektrums der Gebiete liegt, in denen Merlot angebaut wird.

Ich bin froh zu sitzen, als ich den de Trafford 1999 Cabernet Sauvignon verkoste, so sehr überrascht mich dieser Wein. Er zeigt eine kräutrige Frische, die an den Duft der Garrigue erinnert, der sich in vielen der besten Rotweine aus dieser Gegend Südfrankreichs wieder findet. Dabei ist er jedoch schlank und straff im Gegensatz zu deren erdverbundener Üppigkeit. Dieser große Wein ist in der Tat strikt, ohne streng zu sein, so wie Traffords Architektur. Er wirkt wild, aber nicht unwirtlich wie die uns umgebende Landschaft. Es ist ein Wein, der auffallend kühl schmeckt; kühl im Vergleich zu den eher warm schmeckenden Weinen aus »heißeren« Weinbergslagen in Paarl und den noch wärmer schmeckenden aus dem »verdammt heißen« Wellington. Analytisch gesehen besitzt er aber genauso viel Alkohol wie die Veenwouden- und Mont-du-Toit-Weine.

Der de Trafford Cabernet Sauvignon ist darüber hinaus nicht nur ein »kühler« Rotwein, sondern auch ein *Gebirgswein*. Er zeigt in dieser Hinsicht deutliche Familienähnlichkeit zum Beispiel mit verschiedenen kalifornischen Cabernet Sauvignons, die gleichermaßen in extremen Gebirgslandschaften wachsen, wie der Monte Bello von Ridge und der Viader von Delia Viader, Weine, die unter Kennern in Kalifornien als »Mountain Cabernet«* bezeichnet werden. Es ist ein Paradox, dass der Ursprung des Cabernet Sauvignon in einer ausgesprochen flachen Landschaft liegt – abgesehen von den Châteaux ist das Médoc in Bordeaux eine der langweiligsten Weinlandschaften auf dem Erdball –, er aber geeigneter als so gut wie jede andere Rotwein-Rebsorte ist, die engen Höhenlinien der Landkarte in kantige Aromen und Geschmacksnoten zu übertragen …

Wir sitzen mit den Bruwers im Garten am Barbecue-Grill mit einem Glas 2000 Life from Stone, der diese Landschaft beinahe wörtlich in Duft und Geschmack überträgt. Abrie bringt das Feuer in Gang, und ich denke darüber nach, dass diese wundersame Verwandlung von Stein in Wein weit von der verkaufstechnischen Wirklichkeit der Weinbranche entfernt liegt. Diese Wirklichkeit ist die Folge davon, wie Weinkonsumenten weltweit nicht nur in Weintypen, Rebsorten und Produzenten denken, sondern auch Ländern. Life from Stone gehört zuerst zur Kategorie »südafrikanische Weine«, dann in die Subkategorie »südafrikanische Sauvignon Blanc« und schließlich in die Sub-Subkategorie »Springfield Estate Sauvignon Blanc«. Erst dann ist er – aus verkaufstechnischer Sicht – ein einzelner, bestimmter Wein namens Life from Stone. Nur sehr wenige Konsumenten kommen über den zweiten Schritt hinaus in diesem Prozess des Kennenlernens südafrikanischer Weine.

Während Bruwer den Grill geübt mit Fleisch und Boerewors Würsten bestückt, erzählt er von seinen Importeuren in verschiedenen Ländern, und es wird deutlich, dass die Welt noch nicht erkannt hat, dass seine Weine unabhängig vom Kontext außerordentlich schmecken. Mit wenigen Ausnahmen bestehen die Weinhändler, -journalisten und -Konsumenten der bedeuten-

* Gebirgs-Cabernet.

den Abnehmermärkte weltweit darauf, seine Weine als »südafrikanische Weine« zu betrachten. Den anderen begabten Winzern hier, die wir kennen gelernt haben, geht es genauso. Es ist traurig, aber wahr, dass ein einzelner ehrgeiziger Produzent ganz erheblich unter dem Ruf seines Landes oder Gebietes leiden und dadurch wirtschaftlich benachteiligt sein kann. Er braucht dann zwei-, drei- oder viermal so lange wie Kollegen an Standorten mit besserem Ruf, um sich ein internationales Ansehen zu schaffen, und das wirkt sich auch bei der Preisgestaltung der Weine aus, die oft deutlich hinter der anderer Gebiete hinterherhinkt. Bruwer und seine gleichgesinnten südafrikanischen Winzerkollegen haben das Pech, dass die Welt ihrem Land zwar viel Wohlwollen entgegenbringt, Südafrika aber als Produzent von frischen, netten Weinchen sieht, die sich gut trinken lassen, darüber hinaus aber nicht viel mehr darstellen. Erzeugte Bruwer dieselben Weine in einem etablierten Anbaugebiet an der Westküste der USA, in Australien, Frankreich oder Italien, wäre er bereits international anerkannt und könnte wesentlich höhere Preise verlangen. Das würde ihm erlauben, sein Qualitätsprinzip noch kompromissloser zu verfolgen.

Im Zeitalter des Internets rühmen wir uns der Offenheit gegenüber Menschen, Kulturen und Produkten aus der ganzen Welt, doch die Tendenz, in starren Werthierarchien zu denken, scheint ebenso verbreitet wie zuvor. Ich sinke tiefer in meinen Gartenstuhl unter der Hitze und diesem deprimierenden Gedanken. Als wir uns die köstlichen Ergebnisse von Bruwers Grillkünsten schmecken lassen, stürmen plötzlich zwei Kinder durch ein Loch in der Hecke in den Garten und erfüllen ihn mit Lärm und Energie. Ich hätte das voraussehen können, ihr Spielzeug liegt überall verstreut. Diese Szene gehört natürlich auch zum Südafrika der Gegenwart, obgleich am angenehmen Ende der Skala, verglichen mit der Realität der nicht weißen Townships. Seit unserer Ankunft habe ich entdeckt, dass ich genauso schwer beladen mit Vorurteilen über die Gesellschaft und Geschichte Südafrikas gekommen bin wie über die Weine dieses Landes. Die weißen Siedler britischer und holländischer Abstammung waren die bösen Eroberer, während die Schwarzen die unterdrückte Urbevölkerung bildeten und die Farbigen eine Randgruppe von Mischlingen.

Tatsächlich sind die Schwarzen »Bantu«-Völker, von dem es neun Hauptstämme gibt, aber ebenfalls Eindringlinge, die aus dem westlichen Äquatorialafrika nach Süden gekommen sind – wodurch sich auch ihre dunkle Hautfarbe erklärt – und erstmals vor ungefähr 1 700 Jahren südafrikanisches Gebiet betraten. Sie haben ebenso wie die Weißen die eigentliche Urbevölkerung, die jagenden, sammelnden San oder südafrikanischen Buschmänner, aus ihrer angestammten Heimat verdrängt. Ende des 19. Jahrhunderts ist dieses honigfarbene Volk in das Gebiet nördlich des Oranje-Flusses geflüchtet, und heute leben die meisten der verbleibenden 85 000 San in Namibia und Botswana.

Nur an zwei Orten Südafrikas leben noch bedeutende Gruppen des vielleicht ältesten aller menschlichen Völker; um die Städte Schmidtsdrift und Witdraai in der Nordkap-Provinz. Die engen Verwandten der San, die Khoikhoi, die bereits Viehzucht betrieben, als die ersten Weißen am Kap eintrafen, stellen die bedeutendste Quelle der »farbigen« Gene dar, zusammen mit den Sklaven, die von Holländern aus Mosambik, Madagaskar, Indien, Sri Lanka und Java nach Südafrika verschleppt wurden. Die meisten Arbeiter in der Kap-Weinindustrie gehören zu dieser Bevölkerungsgruppe, die 55 Prozent der Gesamtbevölkerung der Westkap-Provinz darstellt. Im Gegensatz zu den östlichen Provinzen des Landes sind die Bautus hier eine Minderheit mit nur etwa 20 Prozent der Gesamtbevölkerung.

Einen kurzen Einblick in die Kultur der Farbigen bekommen wir beim Weingut Kanonkop, das an den Hängen des Simonsberges bei Stellenbosch liegt. Gleichzeitig wird uns dort klar, was ganz eindeutig die größte Trumpfkarte der südafrikanischen Weinindustrie ist. Im Gegensatz zu dem militaristischen Eindruck, den das Wahrzeichen des Betriebes vermittelt – nicht nur auf dem Etikett der Kanonkop-Weine ist eine Kanone abgebildet, auch am Tor an der Straße steht eine entsprechende Skulptur von beeindruckender Größe, zwei Eisenkanonen schmücken die Auffahrt zum Verkostungsraum, und innen steht auf einem Tisch eine Bronze-Kanone –, wurde die ursprüngliche Kanone hier Ende des 17. Jahrhunderts abgefeuert, um den ansässigen Farmern mitzuteilen, dass Schiffe aus Europa auf dem Weg nach Fernost die Table Bay erreicht hatten. Kein einziger Kanonenschuss wurde je böswillig abgegeben.

Der Verkostungsraum ist voller Kunden; seit dem Beginn der 1990er Jahre haben die Rotweine der Krige-Brüder unzählige Trophäen, Medaillen und Preise auf der ganzen Welt gewonnen. Der große, nahezu kahle, sehr konzentriert wirkende Joachim Krige möchte uns unbedingt den Gär»keller« von Kanonkop zeigen, und als wir ihn betreten, verstehen wir warum. Es handelt sich zwar eigentlich nur um einen großen Schuppen mit Wellblechdach, aber die zwei Reihen jeweils großer, flacher rechteckiger Betontröge, lediglich durch einen Gang voneinander getrennt, sind alles andere als konventionelle Behälter für die Vergärung von Rotweinen. Die meisten Rotweine werden heutzutage in geschlossenen Edelstahltanks vergoren, die typischerweise wesentlich höher als breit sind, das heißt mit der entgegengesetzten Relation der Ausmaße als die Tröge bei Kanonkop. Die Luft im Schuppen ist schwer vom Geruch nach Hefe. Eine Gruppe farbiger Arbeiter in blauen Overalls ist dabei, an einem der Tröge die Masse violettroter Traubenhäute mit großen Holzstampfern in den gärenden Wein hinunterzudrücken. Ihre rhythmischen Bewegungen wirken sehr geübt, sie handhaben die Stampfer, die doppelt so lang sind, wie der kleinste von ihnen groß ist, mit Leichtigkeit. In unsere Richtung werfen sie stolze und selbstsichere Blicke. »Das ist ein sehr praxisnahes

System«, sagt Krige mit spürbarer Begeisterung, »das Team drückt den Hut [die Traubenhäute] stündlich, Tag und Nacht, [in den gärenden Wein] hinunter.« Er erklärt weiter, dass aufgrund der Tatsache, dass die Gärung hier nur zwei bis vier Tage dauert, Farbe und Gerbstoffe quasi im Zeitraffer aus den Traubenhäuten extrahiert werden müssen. Das sei der Grund für das häufige Hinunterdrücken oder »punch down«, wie es üblicherweise in der Branche genannt wird. »Das Team ist sehr eng miteinander verbunden«, bemerkt er, »und sie mögen es gar nicht, wenn einer von uns sich einmischt. Wir verzichten darauf, sie wissen, was sie tun.«

Diesen Eindruck haben wir auch. Aufgrund ihrer Reaktion auf unser Erscheinen mit Krige habe ich keinen Zweifel, dass seine Darstellung zutrifft. Was nun folgt, ist jedoch schwieriger einzuschätzen. Krige erzählt, dass nahezu alle farbigen Angestellten auf dem Anwesen in neuen, komfortablen Häusern leben und über einen eigenen Kindergarten und Sporteinrichtungen verfügen. Sie sind am Gewinn beteiligt, und »unsere Art des Managements bedeutet, dass wichtige Entscheidungen von unten nach oben getroffen werden«. Es besteht kein Anlass, diese Tatsachen anzuzweifeln. Doch fällt es mir schwer einzuschätzen, inwiefern »wichtige Entscheidungen von unten nach oben« tatsächlich getroffen werden. Die einzige Möglichkeit, um diese Welt besser zu begreifen, bestünde darin, zumindest vorübergehend zu ihr zu gehören, doch habe ich dafür weder Zeit noch Gelegenheit.

Doch noch schwieriger ist es, die Probe gärenden 2001 Cabernet Sauvignon zu begreifen, die Krige direkt aus einem der Gärtröge mittels einer Art Blechnapf schöpft, der an einem ein Meter langen Metallstab befestigt ist. Über dem Napf ist ein Gitter angebracht, damit die Traubenhäute und -kerne nicht hineingelangen, aber auch so sieht die Flüssigkeit in unseren Gläsern aus wie trüber schwarzer Johannisbeersaft. Er ist warm von der Gärung und süß aufgrund des noch nicht vergorenen Traubenzuckers, geschmacklich liegt er irgendwo zwischen trübem schwarzen Johannisbeersaft und Bubblegum. Im Gegensatz dazu schmeckt der 2001 Pinotage, der bereits aus den Trögen in einen großen Tank umgelegt worden ist, jetzt schon köstlich – nach allen Arten von schwarzen Beeren- und Kräuteraromen – und nur mäßig wild. Das ist sehr ungewöhnlich bei einem Wein, der nur wenige Tage alt ist. Offensichtlich ist diese für uns neue Rebsorte etwas Besonderes.

Pinotage ist die einzige einheimische Rebsorte Südafrikas, eine Kreuzung zwischen dem Pinot Noir aus dem Burgund und der südfranzösischen Sorte Cinsault, die Professor A. I. Perold von der Universität Stellenbosch 1925 geschaffen hat, die aber erst seit den 1950ern kommerziell angebaut wird. In der Weinbranche sorgt die Sorte für große Kontroversen. »Manche Leute schießen [auf Menschen], manche Leute stehlen; andere machen Wein aus Pinotage«, bringt es André van Rensburg, Kellermeister des im Besitz von Anglo-American befindlichen Weinguts Vergelegen und selbst ernanntes Enfant terrible der südafrikanischen Weinszene uns gegenüber auf den Punkt. Kanonkop ist das stärkste Bollwerk der Pinotage-Kultur, obgleich Krige, als er uns den abgefüllten Jahrgang 1999 in einer dunklen, urigen Ecke des alten Flaschenkellers einschenkt, anmerkt: »Wenn man einen zu hohen Ertrag [von den Pinotage-Reben] nimmt, dann kommt die rustikale Cinsault-Seite der Rebsorte zum Vorschein, was sicher nicht unser Ziel ist.« Worin besteht dann die besondere Qualität des Pinotage? »Welche andere Rebsorte gibt einem Rotwein so viel Kraft und Körper, dass man ihn so jung trinken kann?« Sein 1999 Pinotage duftet wie ein Kräuterlikör und ist wie versprochen nicht nur üppig und mundfüllend, sondern von einer geschmeidig herben Ausgewogenheit, die ihn zu einem ausgesprochenen Vergnügen macht. »Ich sehe eine große, große Zukunft [für Pinotage], wenn wir ihn richtig hinkriegen«, erwidert Krige auf unser überschwängliches Lob. Es könnte in der Tat hilfreich sein für Südafrika, aufgrund von Weinen wie dem Kanonkop Pinotage sein Image zu ändern, da diese nicht nur anders schmecken als alles auf der Erde, sondern auch eine Bezeichnung tragen, die es, bis auf einige wenige Versuchsparzellen auf anderen Kontinenten, ausschließlich in Südafrika gibt …

All das rattert mir durch den Kopf, als wir die M3 von Kapstadt nach Süden fahren, durch die grünen wohlhabenden Vororte zu der ältesten Weinbauregion Südafrikas, Constantia. Nach mehreren Abzweigungen sind wir endlich auf einer einspurigen Straße knapp 20 Kilometer vom Stadtzentrum auf der Kap-Halbinsel angelangt, und einen Augenblick später rollen wir auch schon durch parkähnliche Anlagen zu einer kleinen Ansammlung von Gebäuden, zwei im kapholländischen Stil und ein anderes, zum Teil von Bäumen verdeckt, das so modern ist, dass es gar nicht versucht, die Betonwände zu verbergen. Als ich heute Morgen in Kapstadt die Vorhänge unseres Hotelzimmers aufgezogen habe, erwartete mich anstelle des gewohnten tiefblauen Himmels der vorhergehenden zwei Wochen plötzlich ein blasses Grau. Jetzt umgibt uns wabernder Nebel, durch den wir Weinberge erkennen können, die sich an den unteren Hängen der Vlakkenberge hinaufziehen, auf deren felsigen Gipfeln nur noch Fynbos wächst. Der Herbst ist auf einmal mit voller Deutlichkeit zu spüren. Das Thermometer im Auto zeigt eine Außentemperatur von 18 °C, als wir die letzte Lücke auf dem Parkplatz erwischen, volle 20 °C unter den Höchstwerten der letzten Tage. Wir ziehen unsere Jacken fester um uns und laufen schnell in den Verkostungsraum des Weinguts Klein Constantia, vorbei an einer Ausstellung über den Constantia-Wein oder Vin de Constance, die im Eingangsbereich an einer langen Wand hängt.

Es ist wenig bekannt, dass dieser natürlich süße Wein aus den hiesigen Weinbergen zwischen 1750 und 1850 zu den angesehensten und teuersten Weinen auf dem Erdball gehörte. Wir sind hergekommen, weil der Vin de Constance seit einiger Zeit wieder auf diesem Gut produziert wird und wir herausfinden möchten, ob der neue Vin de Constance lediglich eine Spielerei für Touristen ist oder etwas an ihm den Kult begreiflich macht, der Constantia vor Jahrhunderten umgeben hat. Die Bewunderung für den Wein von Constantia ist wahrscheinlich das Einzige, das Charles Dickens, König Georg IV. von England, Charles Baudelaire und Napoleon Bonaparte vereint, weshalb es nahe liegt, dass diese Legende solide Grundlagen hat. Allerdings hat das natürlich nichts mit der gegenwärtigen Weinqualität zu tun, es gibt eine große Zahl »historischer Weine«, die in keiner Weise bemerkenswert schmecken.

Die Hauptpunkte von Constantias Geschichte sind schnell erzählt. 1685 entstand es als erste Weinfarm am Kap, als Simon van der Stel, der erste Gouverneur der Kolonie, an den Hängen der Constantiaberge auf seiner systematischen Suche nach dem geeignetsten Standort in der Nähe von Kapstadt Weinberge anlegte. Ein Teil der 100 000 auf seine Anordnung zwischen 1685 und seinem Tod im Jahre 1712 angepflanzten Reben gehörte der Sorte Muscat de Frontignan an, die in Frankreich auch als Muscat à petits grains und in deutschsprachigen Ländern unter dem Namen Muskateller bekannt ist. Irgendwann Anfang des 18. Jahrhunderts kam man darauf, dass die Beeren zu natürlichen Rosinen eintrockneten, wenn man sie im Herbst lange genug am Stock hängen ließ, und dann einen natürlich süßen Wein ergaben. 1772 besuchte der schwedische Botaniker Anders Sparrman das Kap und beschrieb den Wein als einen »rassigen, sehr delikaten Dessertwein, der etwas eigentümlich Angenehmes im Aroma hat«. Dann kam der entscheidende Moment dieser Geschichte. Hendrik Cloete, Nachkomme früher deutscher Siedler, kaufte 1778 einen Teil des ursprünglichen Constantia-Gutes, darunter das heutige Klein-Constantia. Er war höchstwahrscheinlich der erste Weingutbesitzer modernen Stils, da er alle entscheidenden Arbeiten persönlich beaufsichtigte. Er schrieb, während der Lese »bin ich den ganzen Tag neben der Weinpresse ohne Jacke und in dünnen Hosen«. Das war ein drastischer Gegensatz zu den sonst üblicherweise abwesenden Gutsherren, die die Leitung einem Gutsverwalter übertrugen, wie es damals die Norm war. 1791 baute er eine imposante Kellerei, die immer noch auf dem Groot Constantia-Gut zu besichtigen ist. Nach seinem Tod 1799 setzte sein Sohn Hendrik junior sein Werk mit gleichem Eifer fort, und ihm folgte wiederum sein Sohn Jacob Pieter. Wann immer sich die Möglichkeit bot, versandten sie ihren Wein in Flaschen statt im Fass, eine große Seltenheit für die damalige Zeit und zweifellos ein weiterer Faktor, der zu seiner Aura beitrug. Einige wenige dieser Flaschen existieren noch. Durch einen Glücksfall konnte ich vor wenigen Jahren eine davon verkosten, und der Wein aus dem späten 18. Jahrhundert hatte überlebt und wie starker Rosentee geschmeckt.

Wir stehen ein paar Minuten in dem hohen, modernen Verkostungsraum, dann begrüßt uns ein blonder Mittvierziger in Pullover und beigen Hosen mit sanfter, leiser Stimme und stellt sich als Lowell Joste vor, Sohn von Duggie Jooste, der das Gut wieder aufgebaut hat. »Besichtigen wir zuerst die Weinberge«, schlägt er gut gelaunt vor. Wir gehen mit ihm zurück zum Parkplatz und steigen in seinen Allrad-Jeep. Nach nur wenigen hundert Metern Fahrt wird klar, wie sinnvoll solch ein Gefährt hier ist, denn die Weinberge werden immer steiler. Der Boden besteht aus reinem verwitterten Tafelbergsandstein, auf dem normale Autoreifen wenig Halt finden würden. Es ist eindeutig das schwierigste Weinbergsterrain unserer Reise. Es muss etwas ganz Besonderes gewesen sein, das Simon van der Stel dazu gebracht hat, sich für diesen extremen Ort zu entscheiden. Dann kommt links eine Weinbergsparzelle in Sicht, in der Trauben in den unterschiedlichsten Tönen zwischen Gold und Braun hängen; ein sehr ungewöhnlicher Anblick. »Ist das der Vin de Constance?«, frage ich Jooste und deute aus dem Fenster. »Wir halten auf dem Rückweg, erst möchte ich Ihnen einen Überblick über die Weinberge geben«, kommt die Antwort vom Fahrersitz, »die Nordhänge, die die meiste Sonne bekommen [das Gegenteil der Situation auf der nördlichen Halbkugel], sind größtenteils mit roten Rebsorten geplant und die Südhänge sind mit Chardonnay, Sauvignon Blanc, etwas Riesling und unserem Muscat de Frontignan bepflanzt.«

Wir fahren bis ganz nach oben, aber der sonst sicher spektakuläre Blick über die ganze Weite der False Bay auf der östlichen Seite der Kap-Halbinsel verliert sich im Nebel. Der verbirgt allerdings auch die Ausläufer der Großstadt, die wie an vielen Orten am Mittelmeer die Küste immer mehr in Betonwüsten verwandeln. »Wie arbeiten Sie an diesen steilen Hängen?«, frage ich »Wir müssen Raupen-Traktoren einsetzen, und selbst für die ist es schwierig. Maschinell zu lesen ist unmöglich ... wir haben Glück, dass die Böden gut Wasser speichern und wir nicht zu bewässern brauchen, aber wenn wir keinen Regen haben, dann hilft auch das nicht.«

Ich brüte über dieser ernüchternden Aufzählung von Schwierigkeiten, während wir den Berg wieder hinunterfahren, bis der Wagen plötzlich hält, Jooste herausspringt und in einer Parzelle verschwindet. Wir folgen ihm und sehen uns von den bereits vorher gesichteten Reben mit goldgelbem Laub und Trauben in allen Schattierungen umgeben, von blassem Gold bis Dunkelbraun. Die goldenen Beeren sind voll ausgereift, die braunen eingetrocknet, manche sehen exakt wie Rosinen zum Kuchenbacken aus. »Das ist der Muscat de Frontignan für den Vin de Constance«, hebt Jooste an, »wir haben sogar Reben bekommen, die von jenen abstammen, die Stel gepflanzt hat. Wir lesen alle Trauben auf einmal und sortieren nur die schlecht ausgereiften aus. Sie haben Glück, gerade jetzt hier zu sein. Die Lese ist in wenigen Tagen.« Er verkostet einige Beeren und bedeutet uns, seinem Beispiel zu folgen. Mit jeder Farbveränderung, die eine Folge des natürlichen Schrumpfungsprozesses ist, kommen neue Aromen zum Vorschein. Die blassesten Beeren schmecken frisch mit traubigen Muskat-Aromen, während die dunkelsten rosinig und nahezu ölig wirken und an Melasse erinnern. Wir sind begeistert, aber über den heutigen Wein sagt das alles nichts aus, wie oft habe ich schon wunderbare Trauben probiert, um dann im Keller auf mittelmäßigen Wein zu stoßen. Die Spannung ist groß, als wir endlich mit Jooste im Keller stehen.

Zuerst verkosten wir die trockenen Sauvignon Blancs und Chardonnays, die den größten Teil der Produktion des 75 Hektar umfassenden Gutes darstellen und sich als ausdrucksvolle, fruchtbetonte Weine mit viel Charakter erweisen. Der 2000 Sauvignon Blanc erinnert an reife Stachelbeeren und Melonen, während der 1998 Chardonnay kremig wirkt und nach weißem Pfirsich und einem zarten Hauch Vanille von den Eichenfässern schmeckt. Dann kommen fünf Rotweine, von denen uns der 1997 Mazebrook am meisten beeindruckt, eine Cuvée im Bordeaux-Stil, dessen kräutrige Note mich an de Trafford und Thelema erinnert. Dann, endlich, der 1996 Vin de Constance, in einer gedrungenen, kleinen, etwas asymmetrischen Flasche, die ganz offensichtlich eine Reproduktion der Originalflasche ist.

Ich hebe voller Nervosität das Glas an meine Nase und habe das Gefühl, direkt in die Parzelle mit den Muscat-Reben zurückversetzt worden zu sein, so haargenau gibt der Wein den Geschmack der Beeren wieder, die wir dort gerade verkostet haben. Ich werfe einen Blick zu meiner Frau hinüber und sehe, dass sie ebenso beeindruckt ist. »Wir haben versucht, im Keller die Methoden nachzuahmen, die vor 200 Jahren eingesetzt wurden, aber mit moderner Technik«, erklärt Jooste, »der Wein verbringt ein paar Jahre in 500-Liter-Fässern aus neutralem Eichenholz, und wir bringen ihn erst im Alter von fünf Jahren auf den Markt.« Natürlich ist es unmöglich, einen Wein vom Ende des 18. Jahrhunderts heute zu verkosten und zu wissen, wie er in seiner Jugend geschmeckt hat, wie gut er sich auch gehalten haben mag, haben sich durch zwei Jahrhunderte langsamer Oxidation Duft und Geschmack grundlegend verändert. Der Duft des Weines vor uns im Glas jedoch ist wie der Blick durch ein Kaleidoskop, in dem sich Farbe und Muster der Aromen ohne die geringste Wiederholung unaufhörlich verändern. Trotz eines natürlichen Alkoholgehalts von 14,7 Prozent schmeckt er frisch und klar, und im Nachhall schwingt eine Spannung mit, die den Wein wahrhaftig leicht erscheinen lässt. All das erinnert stark an Anders Sparrmans Beschreibung des Weines von 1772. Aus der entgegengesetzten Perspektive gesehen, wenn die Weine damals ebenso beeindruckend und eigenständig waren wie dieser, dann kann man gut nachvollziehen, warum der Vin de Constance zur Legende wurde. Dabei schmeckt er jedoch in keiner Weise historisch, genauso wenig wie er ein typischer moderner Wein wäre.

Wir befinden uns ganz eindeutig in einem Teil der Neuen Weinwelt, das Gut in seiner heutigen Form existiert seit 1980 und dieses Gebäude sogar erst seit 1987. Doch der Wein gehört eindeutig zur Alten Weinwelt, die Geschichte des Vin de Constance reicht weiter zurück als viele französische, deutsche, italienische, spanische und portugiesische Weine, die heute als Klassiker gelten. Auch wenn der Vin de Constance gewissermaßen eine Ausnahme darstellt und die meisten von Südafrikas Weinen fraglos als neu eingestuft werden müssen, ist doch in der Weinbranche am Kap ein weit verbreitetes Bewusstsein für die alten Wurzeln spürbar. Häufig haben Winzer uns gegenüber ihre Weine mit »Alte Welt« bezeichnet, und das bedeutet, dass sie zumindest mit einem Fuß in einer anderen Weinwelt stehen als ihre Kollegen in beiden Amerikas, Australien oder Neuseeland.

Als Lowell Jooste uns zur Tür begleitet, bleibt er vor einer Reproduktion eines Porträt im holländischen Stil aus dem 17. Jahrhundert stehen. »Wir glauben, dass es das einzige noch existierende zeitgenössische Porträt von Simon van der Stel ist. Während der Apartheid sind viele Gemälde von ihm zerstört worden. Sie müssen wissen, er war ein Mischling der Gründer der Afrikaner-Tradition!« Unsere erste Südafrika-Reise endet mit einer völlig überraschenden Farbe ...

Zwei Jahre und drei Wochen später sitzen meine Frau und ich unweit von Klein Constantia auf der Terrasse des vornehmen The Cellars-Hohenort Hotels vor dem parkähnlichen Garten und warten auf einen jungen Winzer. Zwei ereignisreiche Wochen mit vielen Überraschungen liegen hinter uns. Die wichtigste dieser Überraschungen hat sich jeden Tag wiederholt. Im Gegensatz zu vor zwei Jahren haben wir bei den Farbigen und Schwarzen – Mitarbeiter bei Weinbetrieben sowie Passanten auf den Straßen – kaum mißbilligende Blicke in unsere Richtung beobachtet. Die verschiedenen Rassen schienen harmonischer nebeneinander zu leben, natürlicher miteinander umzugehen. Langsam, aber sicher überwindet das Westkap die schlimmen Nachwehen der Apartheidzeit. Wir scheinen wirklich und wahrhaftig am Kap der Guten Hoffnung zu sein. Dann erscheint eine jugendliche, recht stämmige Gestalt in kurzen Hosen und stabilen Stiefeln mit einer großen Kühlbox in der linken Hand. Er stellt sich als Bruce Jack vor, 33jähriger Gründer und Geschäftsführer von Flagstone, setzt sich zu uns und beginnt, eine Reihe Probeflaschen auszupacken. »Wir haben 1998 unsere ersten Weine ausgebaut«, fängt er an zu erzählen, »wir produzieren keine Show-Weine und haben kein Marketing-Budget ... unser Ziel sind authentische und transparente Weine, die gut zu trinken sind.« Bereits der erste Weißwein, der 2002 ›Noon Gun‹, ein Verschnitt aus 6 verschiedenen Rebsorten, dessen Auflage bei 120 000 Flaschen pro Jahr liegt, ist nicht nur wunderbar frisch und zart zugleich, sondern auch authentisch und transparent. »Menschen haben Energie, Orte haben Energie, Weinberge auch ... danach wählen wir die Weinberge aus, von denen wir Trauben kaufen«, erklärt Jack. Sein günstigster Rotwein, der 2002 ›Longitude‹ – ebenfalls ein Verschnitt aus 6 Rebsorten –, ist strahlend und geschmeidig zugleich. Bruce Jack redet nicht nur wie ein Dichter, er ist als Winzer ein Dichter des Alltagsweins.

Sein 2000 ›Pinot‹ aus der Pinot Noir-Rebe ist alles andere als ein einfacher Rotwein. Er ist dunkel in Aussehen, Duft und Geschmack und voller subtiler Farbschattierungen. „In Südafrika sind die Böden sehr alt, bestehen aus Material, das etliche Millionen Jahre lang verwittert ist, aber jedes Partikel hat eine Erinnerung, wo es herstammt und wie es zum heutigen Platz gefunden hat«, lautet die gewagte Behauptung des Winzer-Dichters uns gegenüber, aber seine Worte passen zu diesem Wein, »unsere Böden sind nicht nur anders als im Burgund [der Heimat der Rebsorte], sondern auch unser Klima und alles. Deswegen versuchen wir gar nicht erst, burgundische Weine zu erzeugen.« Der Wein wagt es, voll und ganz ein Produkt dieses Landes und seiner besonderen Böden zu sein.

Als er die letzte Flasche öffnet, fällt mir auf, dass sein Blick auf uns auch ein anderer ist als der der meisten älteren weißen Südafrikaner, die wir kennen gelernt haben. Genau wie die Farbigen uns während unseres ersten Besuchs oft mit ihren Blicken in die Schublade »Weiße« – eine Schublade voller Vorurteile – gesteckt haben, haben viele Weiße genau das Gleiche getan – wenngleich für sie diese Schublade mit ganz anderen Vorurteilen gefüllt war. Jacks Blick tut das in keiner Weise, und er spricht von Menschen unterschiedlicher Rassen mit der gleichen Natürlichkeit, wie er von verschiedenen Rebsorten spricht.

»Mein Cabernet Sauvignon heißt The Music Room', eine Hommage an meine Großmutter, die Musikerin war. Der andere Grund ist, dass Cabernet Sauvignon wie Musik ist. Er verlangt viel Disziplin, Übung und Konzentration. Die Kinder im Musikzimmer machen jahrelang einen fürchterlichen Krach, doch dann plötzlich kommt man eine wunderschöne Musik daraus.« Genauso fängt die südafrikanische Weinindustrie jetzt an, wunderschöne Musik zu machen. Dieser Wein ist ein beeindruckendes Beispiel dafür. Der 2001 ›The Music Room‹ ist ganz herb und trocken, hat aber einen für diese Rebsorte sehr seltenen Schwung und ist dazu genauso geradlinig und ehrlich wie Jacks Blick.

Kapitel 9
Great Southern, Westaustralien/Clare Valley, Südaustralien

Die Revolution im Busch oder Wie zwischen Schafen und Olivenbäumen Pioniere einen alten Kontinent neu entdecken

KOALAS VIEW
REVOLVING RESTAURANT
MAKING THE CITY A
GREAT PLACE*

steht auf dem Schild neben der Straße Nr. 20 nördlich von Armadale am südlichen Rand des wuchernden Ballungsgebiets von Perth. Wir haben gute vier Stunden Fahrt vor uns zu den Weinbergen von Frankland Estate unweit der »Stadt« Rocky Gully in der südwestlichen Ecke von Westaustralien bzw. WA. Wenige Tage vor unserer Abfahrt nach Australien habe ich zu meiner Überraschung entdeckt, dass Rocky Gully im Neuen Weltatlas von Bertelsmann eingezeichnet ist – es besteht wirklich nur aus wenigen Häusern, und die Tankstelle fungiert zugleich als einziger Laden und Postamt. Der Rocky Gully Pub ein paar Türen weiter agiert inoffiziell auch als Bank und löst Schecks für Stammkunden ein, weil sich der nächste Geldautomat anderthalb Autostunden entfernt in Mount Barker befindet. Mein Frau muss sich auf den dichten Verkehr konzentrieren, und auch ich sollte mich mit der Straße beschäftigen, weil meine Aufgabe als Navigator im Moment darin besteht, nach dem Schild für die Nr. 30, die Abzweigung zum Albany Highway, Ausschau zu halten, der uns bis kurz vor Rocky Gully führen wird. Eine Reihe von Schildern tauchen jetzt auf, aber keines davon ist das richtige:

3.25 Dollar McVALUE SNACK

STARGATE
Shopping Centre**

Weitere Zeugnisse für den Unternehmergeist amerikanischen Stils, der zusammen mit den enormen Bodenschätzen von WA Perth in eine Goldgräberstadt verwandelt und innerhalb weniger Jahre großen Reichtum geschaf-

* Etwa: »Koala-Blick, sich drehendes Restaurant, macht die Stadt zu einem tollen Ort«.
** MacGünstig Imbiss; Stargate ist der Titel eines Science-Fiction-Films.

fen hat. Der wirtschaftliche Aufschwung und die Enttäuschung über die Politiker im fernen Canberra haben sogar zur Bildung einer WA-Unabhängigkeitsbewegung geführt. Der größte Teil des Staates besteht aus Busch, Outback* und drei riesigen Wüsten, in deren Weite sich die Bundesrepublik verloren ausnehmen würde. Die Nordküste von WA war der erste Teil des Kontinents, den die Weißen betraten – wahrscheinlich portugiesische Händler auf dem Weg von oder nach Fernost, die Anfang des 16. Jahrhunderts vom Kurs abgetrieben wurden – aber es dauerte weitere drei Jahrhunderte, bevor hier eine Kolonie gegründet wurde, derart unwirtlich heiß und trocken ist der größte Teil der Küste von WA. Schließlich sehe ich das Schild, das wir suchen, wir biegen links ab und fahren in Richtung Great Southern. Im Gegensatz zu den meisten Weinregionen, die wir in Australien besucht haben, ist Great Southern wirklich neu; die ersten Reben wurden hier erst 1965 auf Forest Hill bei Mount Barker gepflanzt. Die ältesten Reben von Frankland Estate stammen aus dem Jahr 1988, und sie gehören sogar zu den alteingesessenen Produzenten. Wenn jemand für sich in Anspruch nehmen kann, zur bahnbrechenden Spitze der Neuen Weinwelt zu gehören, dann ist es zweifelfrei dieses Gebiet im Busch von WA. Dahin fahren wir jetzt auf der Suche nach der Zukunft des Weines.

Für Australier gehört jedes Stück Land, das ein wenig wild ist – ungeteerte Straßen, Wildlife, exzentrische ländliche Typen –, zum »Busch«. An einem gewissen Punkt, der ebenso von subjektiver Wahrnehmung wie von irgendwelchen objektiven Kriterien abhängt, wird der Busch zum »Outback«. Als wir vor zwei Jahren zum ersten Mal zu Frankland Estate gefahren sind, mit wenig Australien-Erfahrung, waren wir sicher, uns durch das Outback zu bewegen. Jetzt ist uns klar, wie naiv diese Annahme war, nur weil der Albany Highway – eine richtige Straße, selbst wenn sie größtenteils jeweils einspurig ist und nur gelegentlich zweispurig, damit Pkws die »Roadtrains«** überholen können, Riesen-Lastwagen mit zwei Anhängern und bis zu 16 Achsen, die Waren über den Kontinent verteilen – durch ein langes Stück mit einheimischem Gorllewin-Gebüsch führt. Obwohl es sich in Farben, Formen und Duft stark von der Garrigue in Südfrankreich, dem südafrikanischen Fynbos und dem Chaparral in Kalifornien unterscheidet, ist es doch ein ebenso untrügliches Zeichen für das hier herrschende mediterrane Klima. Die biologische Vielfalt des Gorllewin ist außerordentlich reichhaltig; in dieser Ecke von WA gibt es mehr als 12 000 Pflanzenarten, von denen der größte Teil ausschließlich hier vorkommt. Nach unserem ersten Besuch habe ich eine genauere Karte des Gebiets gefunden und gesehen, dass der von uns durchquerte »Outback« eigentlich der Monadnocks Conservation Park ist, aus

* Etwa: Hinterland, aus europäischer Sicht nicht nur einsam, sondern leer.

** »Straßenzüge«.

schmalen Streifen ursprünglicher Vegetation, die auf beiden Seiten der Straße erhalten worden sind. Dahinter liegt hügeliges Farmland, aus dem dieser Teil von WA größtenteils besteht. Ob wir es diesmal wirklich ins Outback schaffen werden?

Wenn ja, dann wird es eine ganz neue Erfahrung für uns sein, denn bis jetzt haben wir es nur aus dem Flugzeug gesehen. Als ich auf dem Flug von Adelaide nach Perth von der Toilette zurück zu meinem Sitz kam, deutete meine Frau aus dem Fenster. Wir flogen gerade über die Südküste von WA, und das Land unter uns sah aus wie ein Aboriginal-Gemälde; ein dunkler Untergrund mit einem komplizierten, verschlängelten Muster aus weißen Punkten. Kurze Zeit später veränderte es sich, wurde blasser und von unregelmäßigen, leuchtenden weißen Formen bestimmt. Es waren ausgetrocknete Salzseen – es hat immer Orte in Australien gegeben, an denen sich Salz an der Erdoberfläche sammelte. Dann wurde das Land allmählich grüner, und Straßen tauchten auf. Sie waren leicht zu erkennen, da die meisten so gerade wie ein Laserstrahl verlaufen. Einer der ersten dieser Laserstrahlen fiel mir auf, weil auf seiner einen Seite eine scheinbar grenzenlose dunkelgrüne Fläche lag und auf der anderen Felder mit drei oder vier geraden Abgrenzungen, zwischen denen nur wenige dunkelgrüne Inseln lagen. Das Dunkelgrün schien ursprüngliche Vegetation zu sein und diese Straße der Punkt, wo der Busch endete und das Outback begann. Links Zivilisation und rechts … nirgendwo!

Ich habe inzwischen auch mehr über das Outback gelesen, und vieles in den Büchern ist von dem bestätigt worden, was mir Australier unterschiedlichster Herkunft, Alter und sozialer Schicht erzählt haben. Ich denke an Warnungen, auf diesem Kontinent gibt es die zehn giftigsten Schlangen, einige der giftigsten Spinnen der Welt und viele andere potenziell tödliche Kreaturen. Auch die Ausmaße des Outbacks übersteigen die Vorstellungskraft der meisten Nicht-Australier. Es ist so riesig und so leer, dass eine schwere, mysteriöse Explosion am Abend des 28. Mai 1993 in einer Ecke der Großen Sandwüste, 200 Kilometer nördlich von dem Ort Leonora, von den australischen Behörden als merkwürdige Anomalie abgetan wurde. Erst 1995, als sich Untersuchungen nach dem Nervengasangriff in der U-Bahn von Tokio mit der Aum-Shinrikyo-Sekte befassten, fand man heraus, dass die Sekte ein riesiges Anwesen unweit des Explosionsortes besaß, dort Uran abbaute und in hoch entwickelten Labors verarbeitete. Nach keiner geringeren Quelle als der *New York Times* handelte es sich mit großer Wahrscheinlichkeit um die erste »private« Atomexplosion auf dem Erdball. Auf weniger beunruhigendem Niveau birgt das Outback enorme, bisher unerforschte Bodenschätze – nur ein winziger Bruchteil ist überhaupt geologisch untersucht worden – und Tausende noch nicht entdeckter Arten von Pflanzen und Tieren. Auch Wiederentdeckungen wie die der Wollemei-Pinie sind hier möglich. Botaniker hatten angenommen, dass diese Pinienart seit Millionen von Jahren ausgestorben sei, bis ein paar Wanderer 1994 in den Blue Mountains, ganze zwei Stunden vom Stadtzentrum von Sydney entfernt, auf eine Gruppe von zehn Wollemei-Pinien stießen. Die zarte junge Wollemei-Pinie, die ich im Botanischen Garten hinter dem Opernhaus in Sydney gesehen habe, ist von Metallgittern geschützt und nur 80 Zentimeter groß. Ohne das betreffende Schild hätte ich sie vielleicht übersehen, doch die alten Bäume, die die Wanderer entdeckt haben, waren hundertmal höher und trotzdem zwei Jahrhunderte nicht bemerkt worden. Es gibt viele ähnliche und noch außerordentlichere Geschichten.

Trotz der Gefahren habe ich keine Ausrede, noch nicht im Outback gewesen zu sein, wenn es auch nicht ganz so einfach ist, wie es einem bei der Lektüre eines Reiseführers erscheinen mag. Die übliche Lösung der Touristen besteht darin, nach Alice Springs im heißen, trockenen Herzen des Kontinents zu fliegen. Doch alle, mit denen ich sprach, die bereits in Alice gewesen waren, bestätigten nur, was ich in Bill Brysons Buch »Down Under« gelesen hatte. Seine deprimierende Beschreibung lautet: »...eine Gemeinde, die einst wegen ihrer Abgeschiedenheit berühmt war und heute Tausende von Besuchern anzieht, die kommen, um festzustellen, wie abgeschieden es nicht mehr ist ... tatsächlich ist es Irgendwo-Australien. Eigentlich ist es Irgendwo-Planet Erde.« In Alice hätten wir ein Auto wie dieses gemietet, aber es ist verboten, die rund eine halbe Million Kilometer unbefestiger Straßen im australischen Outback mit Mietwagen zu befahren. Wir hätten zu einem Aboriginal-Reservat fliegen können, von denen es in Nord- und Ost-WA eine ganze Menge gibt, aber wäre es uns gelungen, dabei nicht in einem Irgendwo-Aboriginal-Australien zu landen?

Kängurus sind zwar viel zahlreicher als Aborigines, deshalb aber beileibe nicht einfacher auszumachen, da sie sich tagsüber meistens vor der Sonne verstecken. Selbst wenn sie am aktivsten sind, im Morgengrauen und in der Abenddämmerung, sind sie scheu, nicht zuletzt aufgrund der Tatsache, dass die Kängurujagd unter vielen weißen Australiern ein beliebter Sport und Zeitvertreib ist. Auf unserer ersten Australienreise haben wir ein einziges lebendes »Roo«* gesehen, ein beeindruckend großes, aber anscheinend krankes Vieh. Am Straßenrand sieht man besonders im Südwesten von WA jede Menge toter Kängurus, im Allgemeinen allerdings eher von Autos umgefahren als mit Kugeln oder der Armbrust erlegt. Aber auf den Speisekarten stehen sie besonders in ländlichen Gebieten eher selten. Als wir endlich ein Restaurant fanden, das Känguruﬂeisch servierte, waren wir begeistert ob des sehr guten Fleisches, geschmacklich zwischen Spitzen-Rindfleisch und Wild. Es war dieselbe Reaktion aus vielen verschiedenen australischen Mündern: Es ist minderwertiges Fleisch gegenüber Rind oder Lamm. Es drängt sich die Schlussfolgerung auf, dass hinter der Verbindung zwischen dem Vergnügen am Ab-

* In Australien weithin gebräuchliche Abkürzung von kangaroo.

schießen von Kängurus und der Ablehnung des Fleisches dasselbe grundlegende Vorurteil steckt wie hinter der oft rassistischen Haltung weißer Australier gegenüber den Aborigines; sie werden abgelehnt, weil sie einheimisch bzw. fremd, nicht westlichen Ursprungs, sind. Das Gleiche scheint für die Feldfrüchte zu gelten. Unsere Suche nach wirklich einheimischen Früchten, Gemüsen und Nüssen auf den Karten der Restaurants schien aussichtslos. Nach etlichen Wochen wurden wir endlich bei Edna's Table im Stadtzentrum von Sydney fündig. Bekümmert erzählte uns Edna, die das Restaurant mit ihrem Bruder führt, dass sie von ihren australischen Kunden nicht existieren könnten, sondern zu weiten Teilen auf ausländische Touristen angewiesen seien. Das ist höchst bedauerlich, weil den Australiern so einige der erstaunlichsten und originellsten Geschmackserlebnisse der Welt entgehen. Nahezu alles, was aus dem Meer kommt, ist äußerst beliebt, doch außer Macadamianüssen essen weiße Australier im Allgemeinen kaum etwas, was aus diesem Land selbst stammt – sie lehnen es sogar ziemlich konsequent ab. Angesichts der Dynamik anderer Aspekte der australischen Gesellschaft, Kultur und Wirtschaft wirkt diese Haltung unglaublich engstirnig und auf perverse Weise xenophobisch. Wieso erkennen sie nicht ihre seltsame Abneigung gegenüber allem vom eigenen Land?

Wir fahren jetzt durch eine sanft-hügelige Landschaft. Schafe weiden auf Gras, das für europäische Augen viel zu braun aussieht, um dies sinnvoll erscheinen zu lassen. Das einzige Anzeichen einheimischer Vegetation sind vereinzelte hohe Eukalyptusbäume, die inmitten mancher Felder stehen wie Eichen in vielen Teilen Südenglands. Dann erkenne ich in der Ferne ein Schild und bitte meine Frau, langsamer zu fahren. Vielleicht ist es ein Hinweis auf das erste Weingut oder zumindest die Abzweigung nach Rocky Gully, aber leider nicht. Es steht jedoch darauf:

WELCOME
to the
shire of
KOJONUP
First shire with 1 000 000 sheep*

Das Wort Shire hat seinen Ursprung in England, wo viele Verwaltungsbezirke so heißen, wie Hampshire, Devonshire, Gloucestershire. Kojonup ist zweifellos Aboriginal, allerdings sicher auch die letzte Spur der ursprünglichen Bevölkerung dieser Ecke von WA. Die Kombination wirkt bizarr, besonders in Verbindung mit diesem Ausdruck von Farmerstolz; wir fahren durch eine Schaf-Metropole ähnlicher Größenordnung wie die menschliche Metropole

* Willkommen in der Grafschaft von Kojonup, erste Grafschaft mit 1 000 000 Schafen.

Perth. Als wir uns dem Ort Kojonup selbst nähern, sehen die Felder immer ordentlicher aus, die Traktoren immer neuer, bis alles zusammen wie eine riesige Landwirtschaftsausstellung wirkt. Im Ort halten wir an, um ein paar Postkarten ins ferne Europa loszuwerden. Das Postamt – ein einstöckiges Gebäude aus roten Ziegelsteinen – und der rote Briefkasten davor sehen aus, als seien sie aus einem Dorf im ländlichen England hierher transplantiert worden.

Wir sind so froh, aufs Land zu kommen, dass wir vergessen haben, wie viele Kilometer hinter Kojonup die Abzweigung nach Rocky Gully ist. Nach wenigen Minuten zweigt eine asphaltierte Straße rechts vom Albany Highway ab, und wir biegen ab – aber ist es wirklich die Shamrock Lane*, nach der wir suchen? Tauchen die ersten Weinberge gleich auf?

Die Straße wird schnell ziemlich holprig, nach einigen Kilometern zum Schotterweg, und meine Frau und ich sind uns beide sehr unsicher, ob das der richtige Weg ist. Doch scheinen wir uns in die richtige Richtung zu bewegen, deshalb entscheiden wir uns weiterzufahren. Doch dann kurvt die Straße mal nach rechts, mal nach links, wir passieren ein paar Kreuzungen, an denen die von Schusslöchern durchsiebten Straßenschilder unlesbar sind. Wohin ich auch schaue – überall flache Hügel bis zum Horizont, braune Felder und dazwischen dunkelgrüne Streifen Urwald. Nirgendwo ein Weinberg oder irgendetwas anderes in Sicht, das uns als Anhaltspunkt dienen könnte. Warum haben wir kein GPS, kein Mobiltelefon, nicht einmal einen Kompass mitgenommen? Warum haben wir nur einen halben Liter Wasser dabei? Noch vor wenigen Jahren hätte mich diese Situation an den Rand der Panik gebracht, Folge meiner behüteten Vorortkindheit und fehlender Abenteuerlust. Es können nicht viel mehr als 50 Kilometer bis zu unserem Ziel sein, aber wir haben uns gänzlich verirrt. Meine Frau fährt immer langsamer, und gleich werden wir uns die unausweichliche Frage stellen müssen: »Was jetzt?« Das Problem ist, dass ich mir nicht einmal sicher bin, ob ich zurück zum Albany Highway finden könnte.

Plötzlich die Rettung! Inmitten einer Staubwolke biegt ein roter Kombi vor uns ein und hält an der nächsten Kreuzung an. Das Seitenfenster auf unserer Seite wird heruntergelassen, die Frau am Steuer lehnt sich heraus und ruft: »Ihr seht aus, als ob ihr euch verirrt habt! Wo wollt ihr hin?« »Frankland, Rocky Gully«, entgegnet meine Frau mit deutlicher Erleichterung in der Stimme. »Oh, das ist einfach! Mir hinterher, links an der nächsten Kreuzung, und dann einfach immer geradeaus.« Wir bedanken uns überschwänglich, folgen ihr, und an der nächsten Kreuzung bedeutet sie uns, links abzubiegen. Nach drei oder vier Kilometern befinden wir uns bereits wieder auf einer befestigten Straße, meine Frau vergisst vor Freude darüber jegliche Geschwin-

* Kleeblatt-Straße.

digkeitsbeschränkung und drückt aufs Gaspedal. Hügel und Felder fliegen vorbei, nach wenigen Minuten werden die niedriger liegenden Teile der Landschaft richtig grün und viel schöner als alles, was wir seit unserer Abfahrt aus Perth gesehen haben.

Es ist ein erfreulicher Kontrast zu unserer letzten Fahrt nach Frankland Estate, als wir schockiert waren über den Anblick von grauen Baumstümpfen in Tümpeln von totem Wasser; die erste Einführung in die Praxis der Auswirkungen der Versalzung der australischen Böden, was bis dato für uns ein abstraktes Konzept gewesen war. Sie beruht indirekt auf dem weiträumigen Abholzen der Wälder, wodurch der Grundwasserpegel ansteigt und Salz aus einer tieferen Bodenschicht nach oben schwemmt, in niedrigeren Landstrichen bis an die Oberfläche. Wir haben inzwischen erfahren, dass es in Great Southern zwar viele solcher toten Salzlaken gibt, das Problem hier aber nicht annähernd so gravierend ist wie im Getreidegürtel von WA nördlich von Perth. Dort sind bereits 1,8 Millionen Hektar »salzverbrannt«, und das Grundwasser steigt so rapide, dass laut Prognosen mancher Wissenschaftler 40 Prozent der Fläche innerhalb von wenigen Jahren nicht mehr nutzbar sein werden. Das bedeutet auch schwere Probleme für die Trinkwasserversorgung und und und ... Am schockierendsten ist für mich, dass niemand, den wir bis jetzt in WA kennen gelernt haben, dieses Problem überhaupt nur erwähnt hat. In Europa wäre es ein anhaltender Skandal in den Medien und Thema endloser Diskussionen. Das hat zweifelsohne mit der fehlenden Beziehung zum Land zu tun.

Unser erster Besuch bei Frankland Estate war deshalb denkwürdig, weil er nicht in dieses Schema passte. Judi Cullam und Barrie Smith und ihre Kinder Elizabeth (Jahrgang 1974), Hunter (Jahrgang 1975) und Trilby (Jahrgang 1977), die alle zusammen Eigentümer und Betreiber des Weinguts sind, haben eine ausgesprochen intensive Beziehung zu diesem Stück Land, genauso wie zu den Schafen und Reben, mit denen sie es teilen. Sie haben uns gezeigt, dass dieser Teil Australiens eine Welt darstellt, die voller Gegensätze und Widersprüche steckt.

Gerade fahren wir an einer neu angelegten Plantage mit tasmanischen blauen Eukalyptusbäumen vorbei:

DORSET DOWNS
PLANTATION*

Man könnte annehmen, eine solche Monokultur sei eine schlechte Sache, und wenn für diese Plantage Urwald gerodet worden wäre, träfe das auch zu. Doch die einheimischen Bäume sind bereits vor Jahrzehnten gefällt worden.

* Dorset-Hügelland-Plantagen.

Diese schnell wachsenden Eukalyptusbäume mit silbrig blauem Laub liefern Holzfaser hervorragender Qualität, die sich bestens für die Herstellung von hochwertigem Papier eignet. Für die japanische Papierindustrie ist es eine interessante Alternative zu der Faser von Karri- und Jarrahbäumen, ähnlich mächtige Eukalyptusarten wie Redwoods, die nur hier in dieser Ecke des Kontinents wachsen und immer noch wegen der Holzfaser gefällt werden. Neue Anpflanzungen sind außerdem die einzige Möglichkeit, um dem Anstieg des Grundwasserpegels Einhalt zu gebieten. Frankland Estate allein hat 80 Hektar wieder aufgeforstet, um lokalen »Salzverbrennungen« Einhalt zu gebieten. Es gibt also zwei starke Argumente, die für Plantagen wie Dorset Downs sprechen.

Die Straße führt jetzt in ein anderes Tal, das noch grüner als das vorherige ist, und plötzlich entdecke ich ein kleines Schild am Straßenrand, das verkündet: Frankland River.

»Wir haben es geschafft!«, ruft meine Frau wie befreit, als wir über den Fluss fahren, der eher ein bescheidener kleiner Bach ist. Doch eine Latte am Straßenrand ist mit Viertelmeter-Abständen bis zu einer Höhe von zwei Metern markiert. Jetzt im Januar, mitten im Sommer, liegt der Fluss deutlich unter seiner Höchstmarke. Es ist hier nicht annähernd so trocken, wie es die braunen Felder oder die großen Tafeln entlang der Straße anzudeuten scheinen, auf denen riesigen Tachos gleich der Zeiger der Grasbekömmlichkeit für die Schafe zwischen »schlecht« und »sehr schlecht« steht.

Die Straße steigt an der anderen Seite des Tales wieder an, und über mehrere der flachen Hügel vor uns erstreckt sich eine junge Olivenplantage. Es scheinen nicht viel weniger als 500 Hektar zu sein. Das hat nichts mit dem Schutz seltener alter Baumbestände oder Maßnahmen gegen die Versalzung zu tun, sondern einzig und allein mit Geldmachen, dem Ausnutzen der Begeisterung für alles Mediterrane, die gegenwärtig in Australien herrscht. Deshalb stellt auch so gut wie niemand unbequeme Fragen hinsichtlich der mittel- und langfristigen Rentabilität solcher Plantagen. Mit den Preisen, die zurzeit in den Finanzplänen für Olivenplantagen stehen, sind sie die beste Investition neben Goldminen, doch wie wird sich der Marktpreis für Oliven und Olivenöl entwickeln, wenn die unzähligen neu angelegten Olivenplantagen in den kommenden Jahren in den Ertrag kommen? Selbst wenn Australien weiter vom Mittelmeer träumt, scheint es unwahrscheinlich, dass die Nachfrage mit der rasant steigenden Produktion Schritt halten wird.

Dieselbe Frage stellt sich auch bei den riesigen Neuanlagen mit Shiraz*-Reben, die in der letzten Zeit entstanden sind. Zwischen 1998 und 2003 ist die Rebfläche bei dieser Sorte in Australien von etwas über zehn auf mehr als 33 Hektar angestiegen; ein Wachstum, das zu großen Teilen auf den erheb-

* In Australien gebräuchliches Synonym für Syrah.

lichen steuerlichen Vorteilen für neue Weinberge beruht. Bereits in einem Jahr ist eine wahre Flutwelle von Shiraz zu befürchten, und leitende Angestellte größerer australischer Weinfirmen äußern starke Zweifel hinsichtlich der Qualität, die Anwälten und Ärzten bei den lediglich aus steuerlichen Gründen produzierten Trauben gelingen wird. Es wäre absolute Ironie, wenn die Regierung gezwungen wäre, das Programm wieder einzuführen, im Zuge dessen in den späten 80er-Jahren Winzern Prämien für das Roden von Weinbergen gezahlt wurden. Wir biegen links Richtung Rocky Gully ab und kommen wieder an einem Schild vorbei:

FRANKLAND
Most improved
Tidy Town 1992*

Aber die Häuser liegen viel zu verstreut, um in unseren Städteraugen einen Ort zu bilden, und bevor uns Frankland richtig bewusst wird, fahren wir auf der anderen Seite schon wieder heraus und sehen nur wenige Minuten später auf einer Hügelkuppe die Reben von Frankland Estate. *Endlich Wein!*

Wir rollen die Auffahrt zum »Keller« entlang, einer großen Wellblechhalle zwischen den Weinbergen, die die sanft ansteigenden Hänge einer Kuppe bedecken. Daneben stehen Schafe auf Weiden mit »schlecht bekömmlichem« Gras, und ich habe das Bild der Great-Southern-Rieslingverkostung vor Augen, die Judi Cullam hier während unseres letzten Besuchs organisiert hat. Im kalten weißen Neonlicht der Kellerhalle von Frankland Estate stand ein bunt gemischter Haufen Pioniere, von denen manche aussahen, als seien sie wahrhaftig direkt vom Kampf gegen die Wildnis hergekommen. Unsere Erwartungen bezüglich der Weine waren gering und unsere Überraschung umso größer, als sich nur ein einziger Wein als enttäuschend, sieben Weine jedoch als beeindruckend entpuppten. Das schien eine gute »Trefferquote« für ein Gebiet, in dem es für australische Fachleute nur zwei bedeutende Weinproduzenten gibt, Howard Park und Plantagenet. Die australische Riesling-Renaissance, die laut Presse seit 1997 stattfand, war also kein journalistisches Hirngespinst – wenn auch noch weit davon entfernt, zu den großen Trends beim australischen Wein zu gehören. Dort geben die schweren Roten, allen voran Shiraz, nach wie vor den Ton an. Auch jetzt wird es wieder ein solches Treffen geben. Haben die Rieslingpioniere von Great Southern weitere Fortschritte gemacht?

Als ich Judi Cullam vor zwei Jahren zum ersten Mal in der hellen, modern-anonymen Empfangshalle eines Hotels in Sydney sah, war ich überrascht, dass der Mensch, den ich durch Briefe, E-Mails und einige kurze Telefonge-

* FRANKLAND, gepflegter Ort mit der größten Verschönerung 1992.

spräche kannte, in keiner Weise dem Bild entsprach, das ich mir gemacht hatte. Wie konnte diese unbekümmerte Stimme nicht zu einer Mittdreißigerin mit blauen Augen und glattem, braunem Haar gehören? Während sie laut und freundlich Hallo sagte, muss sie sich gefragt haben, warum ich ihr eher kurzes, lockiges schwarzes Haar anstarrte. Sie schien auch älter zu sein als vermutet, mit markanteren Gesichtszügen und braunen Augen, in denen verhaltene, aber unverkennbare Leidenschaft funkelte. Nach dem anfänglichen Schock fühlte ich Erleichterung, dass sie nicht die kleine braune Maus war, die ich in ihr vermutet hatte, sondern viel mehr. Ich habe mir versprochen, nie wieder meiner männlicher »Intuition« zu trauen.

Judi Cullams und Barrie Smith' Leidenschaft entzündete sich an Rieslingrebe, -traube und -wein ungefähr zur Zeit, als eine australische Weinzeitschrift ihren trockenen Riesling des Jahrgangs 1994 zum besten Australiens erklärte. Als sie 1988 ihre 30 Hektar Weinberge pflanzten, träumten sie vor allem von einem Spitzenrotwein im Stil des Médoc in Bordeaux. Bis vor kurzem war es ein sicheres Zeichen für Besessenheit, wenn ein Winzer an irgendeinem Ort der Welt außer Deutschland, Österreich oder dem Elsass sich einen großen Riesling als Ziel in den Kopf setzte. Einen großen Rotwein ähnlich im Stil des Médoc zu produzieren war und ist nach wie vor der konventionellste Weg zu Ruhm und Erfolg beim Wein. Interessanterweise hat sich der Stil des bordeauxinspirierten Rotweins von Frankland Estate, nach Professor Howard Olmo der University of California Davis ›Olmo's Reward‹ benannt, dessen Bericht für die westaustralische Regierung 1955 Frankland als besonders geeignet für den Weinbau erklärte, in den letzten Jahren grundlegend geändert. Neuere Jahrgänge sind sowohl im australischen als auch internationalen Kontext unverwechselbare Weine. Dasselbe gilt für die trockenen Rieslinge von Frankland Estate. Als wir bei unserem ersten Besuch ihren preisgekrönten 1994 verkosteten, erschien er uns wie ein Prototyp von australischem Riesling, hätte ebenso aus den Rieslinglagen von South Australia kommen können, immerhin 2 000 Kilometer entfernt östlich gelegen. Mit dem Jahrgang 1997 hat sich der Frankland Estate Riesling jedoch gewandelt, nicht nur in einen deutlich besseren Wein mit mehr Substanz, Aroma und Eleganz, sondern auch von vollkommen eigenständiger Persönlichkeit. Dieser Wandel ist das Ergebnis der Leidenschaft oder vielmehr der Gedanken, Experimente und der harten Arbeit, Folgen der Leidenschaft.

Wir gehen hinter Judi Cullam in die Kellerhalle von Frankland Estate, und mir fällt auf, wie gleichermaßen unverwechselbar ihr eigener Stil ist. In dunkelgrünem Hemd, langem Rock ähnlicher Farbe im Safarischnitt und robusten Blundstone-Stiefeln läuft sie vor uns her, und schon allein ihr Gang ist ganz eigen. Wir kennen viele Frauen in der Weinbranche, die gleich ihr zwischen ländlichen und urbanen Lebensformen pendeln, doch für Judi Cullam scheint es keine Notwendigkeit zu sein, die sich zwangsläufig aus dem Leben ergibt, für das sie sich entschieden hat, sondern eher ein essenzieller Teil davon, Quelle der Energie, die ich stets in ihren Schritten spüre. Sie fing früh an mit diesem Pendeln – sie ist bei Gunnedah im Outback von New South Wales aufgewachsen, verbrachte aber den Sommer regelmäßig bei ihrer Großmutter in Sydney.

Im Innern erwartet uns eine gegenüber der Verkostung vor zwei Jahren leicht veränderte, aber kaum weniger gemischte Gruppe. Einige der jüngeren Männer sind ähnlich buschgemäß gekleidet wie Judi Cullam und geben sich betont selbstbewusst, doch die anderen scheinen gespannt, vielleicht auch ein wenig nervös; insgesamt wären sie von einem Außenstehenden nicht unbedingt als Winzer zu erkennen. Die jüngste Teilnehmerin der Probe ist Trilby Cullam, mit kurzem, wildem Haar und schreiend bunter Ich-ziehe-an-was-ich-will-Kleidung eindeutig als WA-Weinpunk zu identifizieren. Sie ist erst vor kurzem von der 2001-Lese beim Weingut Mas Martinet im bergigen Priorato nach Frankland zurückgekehrt. Im spanischen Katalonien ist ihr klar geworden, dass das Winzerleben wesenlich aufregender ist als ihr vorheriger Job als Bedienung in einem Londoner Pub. Hunter, Elizabeth und Barrie Smith stehen am Rand der Gruppe, als Judi Cullam ihre Kollegen auf Frankland Estate willkommen heißt.

Mitten in dem freien Raum zwischen Weinfässern und -tanks stehen zwei lange Tische mit 22 grünen Schlegelflaschen in einer Reihe; trockene Rieslinge des Jahrgangs 2001. Wiederum bin ich beeindruckt von den Tischplatten; Eukalyptusholzscheiben, die der Länge nach mit der Kettensäge aus den Baumstämmen geschnitten worden sind. »Wir brauchten sehr schnell ein paar große Tische«, hatte Barrie Smith' trockener Kommentar gelautet. Ich schüttele allen die Hand und versuche, das Eis zu brechen. Dann fordert Judi Cullam alle auf, ein Glas zu nehmen und direkt mit dem Verkosten anzufangen. Auf einmal herrschen zugleich Geschäftigkeit und Stille; professionelle Verkostungen laufen immer möglichst ruhig ab, damit sich einerseits alle konzentrieren können und andererseits jeder unbeeinflusst zu seinem eigenen Urteil gelangen kann. Es steigert wahrscheinlich auch das Gefühl der eigenen Wichtigkeit. Pst! Das ist hier eine ernste Sache! Manche der Winzer sind mit einem Klemmbrett und Papier ausgerüstet, andere haben Notizbücher wie ich, und die selbstbewussten jungen Männer schreiben gar nichts auf. Ihr Gedächtnis scheint so gut trainiert zu sein wie ihr zur Schau gestellter Bizeps. Die einzigen Geräusche sind jetzt das Scharren unserer Füße auf dem Betonboden, das Gluckern des Weins beim Eingießen, das Schlürfen beim Verkosten, das Plätschern beim Ausspucken in die bereitgestellten Eimer und das Kratzen der Kugelschreiber und Bleistifte auf dem Papier – es hallt hier ziemlich stark.

Die meisten der Weine haben unglaublich englisch klingende Namen – Trevellen, Plantagenet, Garlands, Gilberts, Chatsfield, Goundry, Duke's und

Castle Rock stehen als Erste in der Reihe – und bunte Etiketten moderner australischer Art. Trotzdem riechen und schmecken sie weder englisch, noch entsprechen sie dem australischen Riesling-Prototyp. Sie duften nach Blüten wie Geißblatt und Hibiskus, Beeren wie Stachelbeeren und roten Johannisbeeren und Früchten von Äpfeln über Aprikosen bis Maracuja und erinnern mich etwas an deutsche Rieslinge. Der beste der ersten Weine ist der 2001 Duke's aus den Porongurup Hills. Er wirkt saftig und ausdrucksvoll und dabei doch schwerelos, als enthalte er gar keinen Alkohol – obgleich zwölf Volumprozent auf dem Etikett ausgewiesen sind. Alle diese »Great Southeners« schmecken eigentlich weniger alkoholisch, als sie tatsächlich sind, und zeigen eine geschmackliche Klarheit, die andeutet, dass man im Keller sehr schonend mit ihnen umgegangen ist. Was wir schmecken, sind die gewachsenen Aromen, die durch geradlinigen Ausbau eingefangen worden sind. Die Arbeit im Keller hat nur einen dezenten Einfluss auf sie ausgeübt, im Vordergrund steht ihr eigener Charakter. Das ästhetische Gefühl des Kellermeisters ist nur die »Handschrift«, in der die von der Natur diktierten »Worte« geschrieben wurden; ein etwas holpriger Vergleich, um zu verdeutlichen, wie eng Mensch und Natur in diesen Weinen verbunden sind.

Dann folgt ein dramatischer Wein; der 2001 trockene Riesling von Zeraphath. Das dunkle, ungewöhnliche Etikett in Form eines gotischen Bogens sieht aus, als käme der Wein aus einem Kloster, was gar nicht so weit weg von der Wirklichkeit liegt. Zeraphath wird von einer Gemeinschaft von Benediktinern namens The Christ Circle in den Porongurup Hills erzeugt. Es ist ein sehr trockener, eher leichter Wein mit einem unglaublich festen Mittelpunkt; er schmeckt, als erlebe man direkt den Kern eines Atoms. Es ist ein gewagter Wein, so weit entfernt von Coca-Cola-Weinen wie nur möglich. Das passt zu dem großen, bärtigen Amerikaner Laurence Etheredge, der für den Wein verantwortlich ist und beim letzten Treffen der selbstkritischste der anwesenden Winzer war. Dieser Wein verkörpert alles, das Etheredge vor zwei Jahren als Ziel geschildert hat.

Die folgenden Weine aus dem Gebiet Frankland River sind die kräftigsten auf dem Tisch. Der 2001 von Howard Park ist von markanter Säure und viel jugendlicher Spannung geprägt und steckt voller Grapefruitaromen, die den Gaumen kitzeln, wie der Anblick glitzernder Quarzkristalle die Augen kitzelt. Der Wein von Alkoomi, das nicht weit von hier an derselben Straße liegt, ist der saftigste bis jetzt, mit genau der Art von reifem Pfirsichduft, der unter Fachleuten als *der* Rieslingduft gilt. 2001 ist ganz offensichtlich ein sehr guter Jahrgang, und die Rieslingwinzer haben inzwischen das Selbstvertrauen, um sich zu sagen: »Warum sollte ich etwas anderes imitieren? So ist mein Wein, so ist er gewachsen.«

Schließlich komme ich zu den vier Rieslingen von Frankland Estate. Bis zum Jahrgang 2001 haben Judi Cullam und Barrie Smith jedes Jahr nur einen

Riesling produziert, der von ihren eigenen Reben neben der Kellerhalle stammt, aus der Lage, die sie bei der Gründung des Weinguts ›Isolation Ridge‹* getauft haben. Als ich Cullam und Smith erstmals in Sydney beim 2000 Frankland Estate International Riesling Tasting** traf, der ersten von ihnen organisierten weltumspannenden Riesling-Veranstaltung, der in einigen Wochen die zweite folgen wird, war ich sprachlos gewesen, als ich diesen Lagennamen auf den Etiketten der Frankland-Estate-Weine gelesen hatte. Dann las ich in einem Newsletter des Betriebs, dass sie sich für diesen Namen entschieden hatten, weil es »die abgeschiedenste Kuppe im abgeschiedensten Weinberg im abgeschiedensten Weinanbaugebiet Australiens« sei. Das klang mutig, erschien aber aus Marketingsicht als eher kontraproduktiv.

Am folgenden Abend in Sydney setzte ich mich beim Essen im Restaurant Cicada gezielt neben Barrie Smith, da ich bis dahin keine Gelegenheit gehabt hatte, ihn richtig kennen zu lernen. Er erzählte mir, er sei bei Barmera im Riverland in South Australia aufgewachsen, wo der Murray River, Australiens größter Fluss, quasi unbegrenzte Wasserreserven zur Weinbergsbewässerung bietet. Nahezu zwei Drittel der gesamten Weinproduktion Australiens stammen aus den Gebieten entlang des Murray River – Riverland, Murray Darling und Swan Hill – und seinen Nebenläufen – Riverina, eine Region, die zuvor den prosaischen Namen Murrumbidgee-Bewässerungsgebiet trug. »Wo ich aufgewachsen bin, kann der Ertrag [der Weinberge] bis zu 45 Tonnen pro Hektar erreichen«, erklärte Smith. Qualitätsorientierter Weinbau erfordert Erträge, die bei einem Zehntel davon liegen oder sogar deutlich darunter, abhängig von den örtlichen Gegebenheiten ... »Das ist das Zeug, das in Casks*** verkauft wird ... aus Traubenhäuten mit Murray-River-Wasser gefüllt ... ich wollte nie wieder Reben sehen!« Plötzlich wurde der normalerweise wortkarge Smith richtig gesprächig. »Ich bin 1969 mit dem Auto von Melbourne nach Perth gekommen, eine dreitägige Fahrt. Ich war Buchhalter und stolperte direkt in einen Job. Dann habe ich den Fehler begangen, mit geliehenem Geld an der Börse zu spekulieren, und als der Aktienmarkt zusammenbrach, hatte ich plötzlich massive Schulden. Als ich Judith kennen lernte, war sie Radiologin, und in den ersten zwei Jahren unserer Beziehung konnte ich sie nicht einmal zum Essen einladen. Schließlich hatte ich meine Schulden abgezahlt, und 1974 haben wir mit der Schafzucht angefangen. Der Wein ist dazugekommen, als die Wollpreise nachließen und wir die Risiken verteilen wollten.«

Ich fragte ihn vorsichtig: »Und wie ist das Leben auf Frankland Estate?«

* Abgeschiedenheitskuppe.

** Internationale Rieslingverkostung von Frankland Estate.

*** Australische Bezeichnung für Bag-in-Box-Abfüllungen von Wein, ein Plastikschlauch mit Plastikhahn, der in einem Karton steckt und für einfachen Wein gebräuchlich ist.

und erwartete darauf eigentlich eine Schilderung der schwierigen und angenehmen Seiten des Lebens im Busch. »Ich mag die Abgeschiedenheit«, sagte er, als handle es sich um die selbstverständlichste Sache der Welt. Mich versetzte dieses Wort jedoch in stummes Erstaunen. Nicht »Ruhe«, »Stille« oder »Beschaulichkeit«, sondern »Abgeschiedenheit«. Die laute Atmosphäre des gut besuchten italienischen Restaurants und das Bewusstsein der mehreren Millionen Menschen innerhalb weniger Kilometer des Restaurants steigerte nur noch die Bedeutung seiner Worte. Unbeabsichtigt hatte er den Lagennamen erklärt, der mich so verblüfft und gestört hatte. Mir wurde klar, dass dahinter nicht die Laune eines Augenblicks oder dichterische Phantasie steckte, sondern eine Beschreibung jenes Ortes, die seine positiven Gefühle diesbezüglich zum Ausdruck brachte. Ich erkannte auch, dass, wie die Abgeschiedenheit selbst, auch der Name bei unterschiedlichen Menschen unterschiedliche Assoziationen auslösen würde. Dem Konzept des Marketing liegt letztendlich ein standardisierter Konsument zugrunde, dem die banalsten Hoffnungen, Wünsche und Befürchtungen zugeschrieben werden. Diese metaphysischen stereotypen Wesen sind nicht nur die Ursache für alle Arten von albernen, kindischen Namen und Bildern auf Weinetiketten aus der ganzen Welt, sondern auch für einen großen Teil des Einen-schönen-Tag-Blablas, das uns tagtäglich zu ersticken droht.

Die Namen der Weinbergslagen, aus denen die neuen trockenen Rieslinge von Frankland Estate stammen, sind auch nicht gerade ohne. Sie sind handschriftlich auf improvisierten Etiketten vermerkt, die auf den letzten Flaschen der langen Reihe kleben. ›Cooladerra‹ klingt mysteriös und fremd, aber ›Poison Hill‹* ist noch extremer als ›Isolation Ridge‹. Nur ›Rivermist Vineyards‹**, der Name des einfachsten des Riesling-Quartetts, ein Verschnitt aus Weinen verschiedener Lagen, ist ein aus Marketingsicht zuverlässiger Name, der einem beruhigend auf die Schulter klopft. Allerdings hat uns Judi Cullam vor der Verkostung erzählt, dass ihr Schweizer Importeur wegen der deutschen Bedeutung von »Mist« dagegen war. Es scheint, als habe das Schicksal sie für eine bestimmte Rolle auserkoren, und auch wenn sie sich bemühen, in die Kamera zu lächeln, treffen sie doch immer auf einen empfindlichen Nerv. Die vier Weine schmecken extrem unterschiedlich. Der 2001 Rivermist Vineyards mit seiner Maracuja-Saftigkeit und Lebhaftigkeit lächelt tatsächlich für die Kameras, während der 2001 Cooladerra sich alles andere als anbiedert. Er ist streng, angespannt und in sich gekehrt. Seine großartige Beschaffenheit macht ihn trotz dieser abweisenden Art zum Vergnügen, als nehme man ein altes, in Leder gebundenes Buch mit handgeschnittenen Seiten in die Hand. Es ist natürlich nur ein Name, aber der 2001 Poison Hill ist

* ›Giftberg‹.
** ›Flussnebel-Weinberge‹.

ein köstlich böser Wein mit einem Hexengebräu von Aromen – exotische Gewürze, Beeren, Wurzeln und tropische Blüten – und besitzt eine Energie, die ihn ebenso mühelos und elegant springen lässt wie ein Känguru. Der letzte Wein der Verkostung, 2001 Isolation Ridge, ist der gewagteste. Er ist so fundamental, so fordernd und fernab normaler Beschreibungen, dass er einem zuruft »Fass mich, wenn du kannst!« und voll jugendlichem Wagemut vorbeifegt, um sich gleich darauf von seiner rätselhaften Schattenseite zu zeigen.

Das sind vier bemerkenswert unterschiedliche geschmackliche Varianten der Buschlandschaft. Für meine untrainierten Augen ist die Vegetation hier zwar beeindruckend, aber ein Hügel gleicht mehr oder weniger dem anderen. Doch dieser Eindruck ist ein großer Irrtum. Die enorme biologische Vielfalt beruht auf dem Umstand, dass sich für jede kleinste ökologische Nische dieser Landschaft verschiedene Arten entwickelt haben. Der größte Teil der Pflanzen ist nur hier zu finden, oft in einem Bereich von wenigen Kilometern. Dies hat in Verbindung mit dem Ausmaß der Rodungen der letzten Jahrzehnte dazu geführt, dass unzählige Arten ausgerottet wurden oder diesem Schicksal bedrohlich nahe gerückt sind. Diese vier Weine stammen alle aus einem Umkreis von 17 Kilometern von dem Punkt, an dem wir sie jetzt verkosten, und doch ist jeder von unterschiedlichen Bedingungen geprägt worden, die in Duft und Geschmack der Weine zum Ausdruck kommen. Die Empfindsamkeit der Rieslingrebe hinsichtlich des Standorts, an dem ihre Trauben heranreifen, bedeutet, dass sie die Landschaft liest wie ein Buch bzw. die Besonderheiten von Boden, Ausrichtung, Wasser und Luftströmungen in dem Wein sich widerspiegeln lässt. Wie die biologische Vielfalt dieses Gebiets sind auch die Rieslinge Zeugnis von der abwechslungsreichen Bandbreite der Landschaft.

Kaum weniger erstaunlich ist es, wie diese Weine das geschmackliche Gegenteil des allgemeinen Bilds vom australischen Wein bilden; rot, voll, weich und »süßlich«. Dabei fällt mir ein, wie Barrie Smith eine Flasche 1979 Grange beschrieben hat, die er eines Abends während unseres ersten Besuchs aus dem Keller holte. Nach langem nachdenklichen Riechen, Schmecken und Schlucken sagte er ohne jede Böswilligkeit: »Er gefällt mir nicht besonders, es ist noch einer von diesen dicken, süßen australischen Roten.« Viele australische Weinliebhaber wie auch seine Kollegen würden seine Worte als ketzerisch betrachten. Ikone sollen aus der Ferne bewundert werden, und Grange gehört zu den Ikonen des stolzen, weißen Australiens, ist *der* australische Wein schlechthin. Das bedeutet, dass seine Identität nicht auf einem bestimmten Gebiet beruht, sondern seiner Identität als »Australiens größter Wein«. Die teuersten und gesuchtesten Weine der Welt besitzen sonst eine spezifische, geographisch definierte Identität. Die ist nie weitergefasst als eine Hand voll von Weinbergen in einem einzigen Gebiet, oft ist es auch nur eine einzige, wenige Hektar umfassende Einzellage. Das kann nicht ausschließlich dadurch erklärt werden, dass diese Weine bewusst rar und damit teuer gehalten werden sollen, sondern beruht vor allem darauf, dass Weine von besonderem Aroma und Geschmack nur in besonderen Weinbergslagen wachsen, von denen die meisten von begrenztem Ausmaß sind. Der vorherrschende Trend in der australischen Weinbranche seit dem Aufschwung, der vor ungefähr 15 Jahren einsetzte, geht weg vom Spezifischen und hin zu Markenweinen, sodass »Product of Australia« zur gebräuchlichen geographischen Angabe bei Weinen geworden ist. Gleichzeitig zeichnet sich ein damit in logischer Verbindung stehender Trend ab, die Weine in die starren Geschmacksprofile von Marken zu pressen; einen bestimmten Stil unabhängig von Herkunft, Jahrgang oder Preisschiene vorzugeben – günstige und teuere Weine werden denselben Ausbaumethoden unterzogen.

Man könnte einwenden, dass dies doch sicher nur eine realistische und vernünftige Wirtschaftsstrategie sei, und selbstverständlich gibt es dafür Marketingargumente; »Alles für den Konsumenten vereinfachen« und: »unkomplizierte, fruchtbetonte Weine, die eine breite Konsumentenschicht ansprechen«. Doch wäre es naiv, dies als einzigen Grund für diese Tendenz hinzunehmen. Grundsätzlich liegt das Ziel dieser Strategie darin, den vielen und verschiedenen Weinen des Kontinents nicht nur ein einziges Geschmacksprofil aufzuzwingen, sondern auch eine einzige *Identität*. Australiens Weine sollen sich als gute Australier aufführen, anstatt als unabhängige Freidenker. Viele Australier betrachten ihr Land als weit entfernt vom Rest der Welt und allgemein zu wenig beachtet. Ihr Minderwertigkeitskomplex erwartet vom Wein – diesem weltweit auffallend erfolgreichen australischen Erzeugnis –, dass er seine patriotische Pflicht erfüllt und für sein Land wirbt. Aus diesem Blickwinkel ist es nicht maßgeblich, aus welcher Ecke des Kontinents ein bestimmter Wein stammt, und die Spuren, die der Standort im Wein hinterlässt, müssen ignoriert, ausgemerzt und durch eine australische Einheitsidentität ersetzt werden. »Marke Australien« ist nicht übertrieben als Beschreibung für diesen Ausdruck ausgeprägten Nationalismus des weißen Australiens.

Mit ihrem kompromisslos eigenständigen Charakter, der sich auch in ihren Namen widerspiegelt, stellen die Rieslinge von Frankland Estate genau das Gegenteil dieses Phänomens dar. Cullam und Smith verfolgen diesen Weg jedoch nicht als Einzige. Sie gehören vielmehr zu einer weit verstreuten, stetig wachsenden Gruppe von Winzern in Australien, eher als australische Winzer, die höchst individuelle Weine erzeugen; Weine, die zuvorderst und vor allem Ausdruck des bestimmten Stück Lands sind, auf dem sie gewachsen, und der bestimmten Menschen, die für sie verantwortlich sind. Wenn man später auf diesen Abschnitt der australischen Geschichte zurückblicken wird, wird man diese Entwicklung zu einer wichtigen Bewegung erklären und den beteiligten Menschen vielleicht eine Vorreiterrolle bei der neuen Definition der australischen Identität im frühen 21. Jahrhundert zuschreiben.

Doch was hat Judi Cullam und Barrie Smith dazu bewogen, sich für den Riesling als Rebsorte, Traube, Wein zu entscheiden, um die Welt der eigenständigen Weine zu erforschen statt die der australischen Weine? …

Vor uns steht ein zurückhaltender, sehniger Mann mit schmalem Gesicht, doch ausgeprägten Zügen, offensichtlich englischer Abstammung. Er sieht aus, als sei er aus einem Gemälde eines Gutsherrn des 18. Jahrhunderts von Thomas Gainsborough getreten. Ich bin sicher, dass er das offizielle Rentenalter bereits überschritten hat, doch sein Ausdruck macht deutlich, dass er sich noch viel vorgenommen hat. Er ist in braune Schuhe mit Gummisohlen, beige Hosen und ein hellblaues Hemd mit offenem Kragen gekleidet und trägt diese »legere« Kleidung mit aufrechter Korrektheit, als handle es sich um einen maßgeschneiderten Dreiteiler. Auf seinem Kopf sitzt ein weißer Schutzhelm mit einem roten Plastikstreifen über der Stirn, in den in weißen Buchstaben geprägt ist: John Vickery.

Mit der kleinen Gruppe deutscher Winzer unserer ersten Australienreise, Ernst und Eva Loosen sowie Gabi und Helmut Dönnhoff, lauschen meine Frau und ich vor Château Leonay am Rand von Tanunda im Barossa Valley in South Australien der Geschichte, die Vickery uns erzählt. Auf unseren Köpfen sind graue Schutzhelme ohne Namensschild, für die er sich entschuldigt, als er sie kurz zuvor verteilt: »Gesundheits- und Sicherheitsvorschriften«, sagt er resigniert. Australien ist beileibe nicht das »freie« Land, ohne die Alltagsbürden der Bürokratie, wie wir es uns in der Regel vorstellen. Wir beschweren uns nicht, sie schützen uns gegen den Nieselregen an diesem unfreundlichen Tag. Obgleich manche der Ereignisse, die er beschreibt, Jahrzehnte zurückliegen, spricht Vickery davon, als handle es sich um Geschehnisse der letzten Tage, die von äußerster Bedeutung für den gegenwärtigen Moment und die unmittelbare Zukunft seien. »Das ist die alte Leo-Buring-Kellerei, wo ich 1955 angefangen habe zu arbeiten, gerade bevor das Schloss hinter mir gebaut wurde. Wo jetzt diese großen Tanks stehen«, sagt er und weist mit der Hand abfällig auf ein Geschwader von haushohen Edelstahltanks mit weißer Außenisolierung, »war der Schlosshof, aber nachdem wir [1962] von Lindemanns übernommen wurden, haben sie den Hof demoliert, um dafür Platz zu schaffen … jetzt drehen wir eine Runde, damit ich Ihnen einen Vorstellung davon vermitteln kann, welch obszöne Fortschritte die australische Weinbranche gemacht hat …«, ausgeprägte britische Ironie mit einem unverkennbaren Touch Bitterkeit.

Während der 1960er hat Vickery nahezu im Alleingang bei Leo Buring den gegenwärtigen Stil des australischen Rieslings geschaffen. Er bezeichnet die 1970er als »die gute alte Zeit, als der Riesling absoluter Herrscher war, bevor der Thronräuber Chardonnay auftauchte«. Damals machte der Riesling 40 Prozent des Inlandmarktes für hochwertige Weißweine aus. Während des

Weißweinbooms drängelte sich dann während der 1980er der fette holzbetonte Show Reserve Chardonnay vor den trockenen Riesling; dann kam der Rotweinboom der 1990er, bis Vickerys Lieblingswein nur noch 10 Prozent Anteil am Weißweinmarkt hatte. Es hat ihm ganz offensichtlich das Herz gebrochen, die Rieslingkultur dahinschwinden zu sehen, in deren Entwicklung so viel harte Arbeit und Ehrgeiz von seiner Seite steckte, als die Konsumenten von seinem schnellen, schnittigen Schiff zu dem schwerfälligeren, in leuchtenden Farben gestrichenen – Vickery würde sagen kitschig – überliefen, das daneben angelegt hatte. 1991 war der letzte Jahrgang, den Vickery bei Leo Buring in voller Unabhängigkeit produziert hat. Vor zehn Jahren war ich in London erstaunt gewesen über die Frische und feine Aromatik – Limonen, Passionsfrucht und Toast – einer Reihe von Leo-Buring-Rieslingen aus den 1970ern, hatte mir aber nicht träumen lassen, je den Menschen kennen zu lernen, der hinter diesen Wundern steckte. Selbst damals grübelte ich darüber nach, wie das Land der Show Reserve Chardonnays, die plötzlich für derartige Aufregung sorgten, auch Weine von solcher Eleganz und kristalliner Reinheit hervorbringen konnte. Das Klima war doch sicher zu heiß für Letzteres? Brannte die Hitze nicht Aroma und Frische aus den Trauben?

Vickerys Beharrlichkeit während der langen Rieslingkrise sollte unerwartet belohnt werden, denn 1997 war trockener Riesling in Australien plötzlich wieder in. Eine Weile lang schien die australische Weinpresse über nichts anderes schreiben zu wollen. »Riesling-Renaissance erobert die Chardonnaybande im Sturm«, schrieb ›The Australian‹, eine der bedeutendsten Tageszeitungen Australiens, am 19. Februar 1998. Die Nachfrage ist sehr gut, bei den gesuchtesten Weinen sogar richtiggehend stürmisch. Die im Besitz von Pernod Ricard befindliche Orlando-Gruppe, zu denen das Anwesen jetzt gehört – verwirrenderweise sind die Marken Leo Buring und (Château) Leonay im Besitz von Southcorp –, hat Vickery 1993 überzeugt, noch einmal zurückzukehren und die Weine für eine neue Rieslingmarke namens Richmond Grove auszubauen; und es hat nicht viel Überredungskünste gekostet. In den alten Gefilden hat er uns sowohl in seiner neuen Kapazität als Mr. Richmond Grove begrüßt als auch mit dem seit langem etablierten und legendären Status des Mr. Australischer Riesling.

»Die Richmond-Grove-Weine werden ein Stück weiter die Straße entlang in Orlandos Rowland-Flat-Kellerei ausgebaut. Das hier ist heutzutage eine reine Rotweinkellerei«, erläutert er traurig, während wir wegen der kriechenden Kälte die Jacken fester um uns ziehen, »es wird alles von [der Rot- und Weißweinmarke] Jacob's Creek gesteuert, und das bedeutet eine Menge *chip work**.«

Wieder heftige britische Ironie. »Chip work« hat nichts mit dem Frittieren

* Wörtlich Arbeit mit Spänen, »chips« sind im Englischen aber auch Pommes frites.

von Pommes frites in den Touristenlokalen von Tanunda zu tun, sondern bezieht sich darauf, dass oft die Holznote der Jacob's-Creek-Weine auf Eichenspänen beruht, die in Nylonsäcken in die Tanks gehängt werden; ein in Australien für günstigere Weine weit verbreitetes Verfahren. Die für Jacob's Creek benötigte Menge an Eichenspänen ist so groß, erzählt er, dass Orlando eine eigene Fabrik für das Rösten der Eichenspäne hat. Angesichts der zurückhaltenden Preisgestaltung überrascht es uns zu erfahren, dass immerhin 30 bis 40 Prozent der roten Jacob's-Creek-Weine noch in Holzfässern reifen. Er bedeutet uns, ihm in die Kellerei zu folgen, und fügt hinzu: »Ich laufe immer zügig durch und schließe dabei die Augen.« Es schmerzt ihn ganz offensichtlich immer noch, wie seine alte Arbeitsstätte, früher Heimstätte spektakulärer Weißweine höchster Qualität, heute in eine Fabrik zur Massenproduktion wenig bemerkenswerter Rotweine umgestaltet worden ist.

Als wir einen dunklen Flur betreten, bessert sich seine Stimmung wieder. Es dauert einen Moment, bis meine Augen etwas erkennen in dem Dämmerlicht, doch die Begeisterung, mit der er über die australische Riesling-Revolution spricht, die er von hier ausgelöst hat, erreicht sofort meine Ohren. Zuerst zeigt er uns die »drainers«, Abflusswannen, ziemlich banal wirkende, schulterhohe rechteckige Behälter aus Beton und Holzleisten auf Stelzen, die bei der Wandlung des trockenen Rieslings vom schweren, klotzigen und oft oxidativen Wein in einen mit Frische, Charme und Charakter eine essenzielle Rolle gespielt haben. Nach der Anlieferung wurden die Trauben leicht gemahlen, um die Schale aufplatzen zu lassen. Dann kamen sie in diese Wannen, eigentlich riesige Siebe. Der frei ablaufende Most floss durch die Schwerkraft von allein in Sammeltanks. Der Vorteil dieses einfachen Systems liegt darin, dass der Most natürlich geklärt wird und wenig Traubenmark oder anderes enthält, das die Reinheit der Fruchtaromen beeinträchtigen könnte. Vor allem war er auch sehr niedrig an Phenolen. Dieses hässliche Wort ist der Sammelbegriff für die bitteren Gerbstoffe und verwandte Substanzen in den Traubenkernen, -stielen und -schalen. Zu verhindern, dass zu viele Gerbstoffe in frische trockene Weißweine gelangen, die dadurch schwerfällig und bitter würden, ist in Australien eine wesentlich größere Herausforderung als in kühlen Klimazonen wie Deutschland. Die Schale der Rieslingbeeren können durch Hitze und intensive Sonnenstrahlung bis zu fünfmal dicker als in Deutschland sein, mit einem entsprechend höheren Gerbstoffgehalt. Selbst dieses primitive Ablaufsystem zur Trennung des Mosts von den Trauben war ein entscheidender Schritt nach vorn.

Vickery erklärt uns, dass ein anderes Stück Improvisation half, die Weine während der Gärung kühl zu halten, wodurch Aromen und Frische erhalten werden; er arbeitete mit unterirdischen, mit Glas ausgekleideten Tanks, die in den Boden der Kellerei gebaut wurden. »Das funktionierte allerdings am besten am Anfang der Lese, da die gärenden Weine den Boden mit aufwärmten.« Er zeigt uns die Tankdeckel im Kellerboden. »Der nächste entscheidende Schritt kam 1961, als wir die erste pneumatische Presse bekamen. Die Trauben wurden darin so behutsam gepresst, dass wir die Ablaufwannen gar nicht mehr brauchten. 1963 kam vor der Lese schließlich noch eine Kühlausrüstung für die Gärtanks hinzu. Dann hatten wir alle nötigen Spielzeuge!« Er meint damit nicht Spielzeuge im Sinne des amerikanischen Sprichworts – »wer die meisten Spielzeuge hat, wenn er stirbt, hat gewonnen« –, sondern im Sinne von technischer Ausrüstung, die aufregende neue Möglichkeiten schuf. »1963 gewannen wir unsere ersten Goldmedaillen bei der Adelaide Weinshow!«, und seine Augen funkeln in dem Dämmerlicht wie zwei Diamanten. Diese Medaillen waren die ersten einer Flutwelle, die auch Dutzende von Trophäen für »bester Weißwein der Show« ins Büro von Leo Buring schwemmte.

Ist das lediglich eine Lektion in alter Weingeschichte ohne Bezug zum heutigen Tag?, frage ich mich, als wir ins Auto steigen. Wir sollen Vickerys Wagen zur Rowland-Flat-Kellerei folgen. Wir durchqueren die Touristenströme von Tanunda und sehen wenige Minuten später inmitten von sacht abfallenden Weinbergen ein kleines Schild: Jacob's Creek. Die Winzer starren alle noch fassungslos aus dem Fenster vor Verblüffung darüber, dass Jacob's Creek sich als wirklicher Ort entpuppt – 1847 hat der gebürtige Bayer Johann Gramp hier die ersten Reben gepflanzt –, da biegen wir von der Hauptstraße ab zu einem lang gestreckten Backsteingebäude im Fabrikstil der 1960er. Im Innern steigen wir hinter Vickery die Treppe aus den 1960ern hoch, dann entlang von Fluren aus den 1960ern in ein weitläufiges Labor auch aus den 1960ern. Auf einem der weißen Labortische unter dem Fenster, das sich über die gesamte Länge des Raumes zieht, steht eine Reihe von großen gebrauchten Konservengläsern mit Jacob's-Creek-Etiketten, jeweils mit einer handgeschriebenen Notiz. Die Gläser enthalten alle Weißwein und einige Hände voll Eichenspäne. Es handelt sich ganz offensichtlich um eine Testreihe, um herauszufinden, welche Art von Eichenspänen für eine bestimmte Partie von Jacob's-Creek-Wein am geeignetsten ist. Schöne neue Weinwelt! Glücklicherweise ignoriert Vickery die Gläser und geht stattdessen zu einem Kühlschrank, aus dem er über ein Dutzend Schlegelflaschen holt. Er reiht diese trockenen Rieslinge in der Mitte des Labors auf einer der großen weißen Arbeitsflächen auf.

Am Anfang steht der 1999 Jacob's Creek Riesling, an dem, wie Vickery betont, kein einziger Eichenspan beteiligt war. In Anbetracht dessen, dass von diesem Wein beinahe zwei Millionen Flaschen produziert wurden, ist es ein lobenswert frischer, sauberer Wein mit ansprechendem Zitrusaroma. »Ziemlich gut, wenn man den moderaten Preis berücksichtigt«, lautet Loosens neidloser Kommentar, »davon müssen wir in Europa lernen.« Die nächsten Weine, vier Jahrgänge der zwei Rieslinge von Richmond Grove – Barossa Valley und Watervale im Clare Valley – und dann der 1996 Steingarten, Orlandos trockener Spitzenriesling aus High Eden, den höchsten Hängen des Eden Valley, führen uns in traditionelles Vickery-Gebiet. Es sind Rieslinggebiete, für deren Erschließung er indirekt verantwortlich ist.

Niemand könnte Barossa mit »dem Busch« verwechseln, so zivilisiert ist die Landschaft in weiten Teilen und so überlaufen mit Touristen – über eine Million jährlich –, aber Eden und Clare sind eine ganz andere Sache. Abgesehen von dem Ort Angaston, gibt es herzlich wenig Tourismus im Eden Valley gleich hinter den Bergen neben der Rowland-Flat-Winery. Die Weinberge dort sind grüne Inseln in einer leeren und oft windgepeitschten Landschaft. Clare Valley macht einen weniger abgelegenen Eindruck als Eden, weil die Konzentration an Weinbergen größer ist, doch sobald man die Hauptstraße verlässt, wird es einsam. Die Fahrt von Adelaide dauert auch zwei Stunden länger als nach Barossa. Vor vierzig Jahren hatte keines dieser Gebiete einen Ruf für trockene Weißweine, obgleich der 1854 Riesling aus der Lage Pewsey Vale im Eden Valley in seiner Jugend viele Medaillen bei internationalen Wettbewerben gewonnen hatte.

Bereits sehr früh in seiner beruflichen Laufbahn erkannte Vickery das Potenzial dieser Gebiete für den Riesling und überzeugte eine Reihe wichtiger Weinbergsbesitzer, einen bedeutenden Anteil ihrer Lagen mit Riesling neu anzupflanzen. Diese Entwicklung sollte sich als ebenso grundlegend erweisen für seine Weißweinrevolution wie die technischen Fortschritte im Keller von Château Leonay; so gut wie alle Goldmedaillen- und Trophäengewinner der trockenen Rieslinge von Leo Buring stammen entweder aus Eden oder Clare. Im Gegenzug legten sie den Grundstein für das Ansehen, das diese Gebiete heute für Riesling genießen. Dass das alles kein Zufall ist, beweist der 1999 Richmond-Grove-Riesling; die Abfüllung aus Watervale, also dem Clare Valley, ist deutlich eleganter und duftiger als die aus dem Barossa. Mit Rauch- und Limonenaromen und belebtem Spiel zwischen Frucht und pikanter natürlicher Säure zeigt der Steingarten, dass Eden Valley ebenfalls einen prägnanten Rieslingstil hervorbringt, schlanker und säurebetonter als der aus Clare. Diese Standorte sind offensichtlich besonders für diese Rebsorte geeignet.

Dann folgt eine Offenbarung oder vielmehr zwei Offenbarungen: der 23 Jahre alte 1977 Leo Buring Watervale Riesling DWG41 und der 28 Jahre alte 1972 Leo Buring Eden Valley Riesling DWB15. Einige Minuten herrscht vollkommene Stille, während wir die Weine verkosten, deren Bezeichnungen wie Steuerformulare klingen. Durch die Reife wirken sie gesetzter und runder, haben aber nichts von ihrem Charme verloren. Die Unterschiede zwischen ihnen sind frappierend, der 1972-Eden-Valley-Wein duftet üppig nach Pfirsich, der 1977 Watervale eher nach Limonenmarmelade, »Roses«-Limonenmarmelade, nach der ich als Kind süchtig war. Vielleicht ist der 1972 eine Spur frischer – »Wahnsinn!«, lautet Helmut Dönnhoffs Kommentar. Alle sind wir von diesen großen Weinen überwältigt. In einem Land, dessen Klima grundsätzlich nicht geeignet scheint für frische trockene Weißweine, wo die allermeisten trockenen Weißweine definitiv darauf ausgerichtet sind, ein oder zwei Jahre nach der Abfüllung getrunken zu werden, stehen vor uns Weine mit außerordentlicher Vitalität und einer ebenso langen Lebenserwartung wie die besten europäischen Weine.

Nur wenige Tage zuvor haben wir erfahren, dass es ein Leo-Buring-Wein ähnlich dem 1972 war, der Jeffrey Grossets Leben veränderte. Der Winzer stammt ursprünglich aus Adelaide und hat 1981 ohne jegliche Familientradition beim Wein einen eigenen Betrieb im Clare Valley gegründet, wo er heute der berühmteste Erzeuger ist. »Nachdem ich diesen Wein probiert hatte – er war so rein und unverfälscht – wusste ich, was ich machen wollte. An meinem 16. Geburtstag entschied ich, Winzer zu werden und mich auf Riesling zu spezialisieren. Nach dem Weinbaustudium bei Roseworthy College, zwischen Barossa und Adelaide, und Aufenthalten in Europa kam ich hierher, »weil das Clare beim Riesling in ganz Australien am meisten Erfolge aufzuweisen hatte«, erzählt er uns, und es klingt alles, als habe das Schicksal für ihn die Entscheidungen getroffen. Clares damalige Riesling-Erfolge gingen eindeutig auf Vickerys Konto. Metaphorisch gesehen, stehen wir im Schatten des großen Mannes, während wir uns eigentlich mit Grosset und seiner Frau Stefanie Toole in dem alten Steingebäude befinden, das früher als Milchdepot von Auburn diente und jetzt Heimat des Grosset-Weinguts ist. Der beinahe halb kahle, doch jugendliche Grosset sieht John Malkovich zum Verwechseln ähnlich und trägt ein rotes T-Shirt, Blue Jeans und braune Blundstone-Lederstiefel. Toole, die das Weingut Mount Horrocks besitzt und führt, das im selben Keller wie Grosset Wines untergebracht ist, ist ähnlich gekleidet, trägt aber weiße dreiviertellange Hosen statt Jeans. Ihr durchdringender Blick lässt keine Zweifel daran, dass die Mount-Horrocks-Weine ganz ihre eigenen sind.

Wir – Fritz und Agnes Hasselbach vom Weingut Gunderloch in Nackenheim/Rheinhessen gehören auch zur Gruppe – haben gerade die zwei 1999 Rieslinge von Grosset verkostet, einen aus Watervale, den anderen aus Polish Hill, beide aus zwei Untergebieten des Clare Valley. Der Watervale ist ein offener Wein, reichhaltig und saftig, während der Polish Hill sich eher straff und streng gibt, aber dennoch voller Limonen- und Maracujanoten. In ihrer absoluten Geradlinigkeit und Dynamik ist Vickerys Vorbild deutlich zu erkennen. Grosset hat bereits bekräftigt, dass die Trauben, aus denen diese Weine entstanden sind, identisch behandelt worden sind, wie auch die jungen Weine bis und während der Abfüllung. Das lässt die Unterschiede zwischen ihnen geheimnisvoll wirken. »Jetzt drehen wir eine Runde durch die Weinberge«, ruft Grosset und fügt hinzu: »Wenn jemand sich noch nicht mit Sonnenschutz eingecremt hat, dann sollte das jetzt passieren, und ein Hut ist auch keine schlechte Idee!« Sein Ratschlag ist zweifellos angebracht; die 36 °C haben uns bei unserer Ankunft vor einer Stunde wie eine große Welle getroffen. Wir klettern also alle wieder in unsere Autos, Grosset setzt sich zu meiner Frau und mir in den Minibus.

»Rechts herum«, sagt er, als wir zur Hauptstraße, dem Highway 83, kommen, »Auburn liegt 300 Meter über dem Meeresspiegel und an der südlichen Spitze des Clare. Jetzt fahren wir Richtung Norden; 30 Kilometer sind es bis zum anderen Ende des Tales.« Flache Berge, von goldenem Gras überzogen, erheben sich zu beiden Seiten. Australien ist ein alter Kontinent mit sehr wenigen geologischen Formationen neueren Datums, und die Konturen dieser Berge, die zu den Mount Lofty Ranges gehören, sind durch langsame Erosion während Hunderten Millionen von Jahren entstanden. Wir sind beinahe schon auf der anderen Seite von Leasingham, als uns der kleine Ort überhaupt erst auffällt. »Dort rechts ist der Florita Vineyard«, sagt Grosset und deutet auf eine rebbedeckte runde Kuppe, »von dort kamen die Trauben für die großen Watervale-Rieslinge von Leo Buring.« Eine Schar weißer Gänse, die sich unter einem kleinen Baum am Straßenrand vor der Sonne verstecken, wirkt interessanter als der unscheinbare Weinberg. »Die ersten Reben sind Anfang der 1850er gepflanzt worden, zehn Jahre nachdem sich John Horrocks als Erster hier niederließ.« »Dort wachsen die Trauben für meine Weine«, zeigt Toole aus dem Fenster auf ein Anwesen, das linker Hand auf einer Hügelkuppe auftaucht, als wir durch Watervale fahren. »Hier müssen wir rechts abbiegen«, sagt Grosset einige Minuten nachdem wir den kleinen Ort Penwortham passiert haben. Wir rumpeln die Straße bergauf und bergab, an großen Eukalyptusbäumen vorbei, und kommen schließlich an ein Schild, wo wir wieder rechts abbiegen. Auf dem Schild steht: Polish Hill River Road.

Plötzlich befinden wir uns wieder auf offenem Gelände; abgesehen von den Eukalyptusbäumen auf beiden Seiten der Straße und einigen grünen Flecken, die sich als Weinberge entpuppen. Sie wirken beinahe verloren in dieser weiten Landschaft. »Hier ist noch Freiheit!«, sagt Helmut Dönnhoff spontan … »Die Polish-Hill-Weinberge sind von einer U-förmigen Bergkette umgeben, die nach Norden offen ist. Es sieht vielleicht nicht so aus, aber hier sind wir auf 460 Meter«, erklärt Grosset und bedeutet meiner Frau, rechts von der Straße abzubiegen. »Da sind wir!«, sagt er nach wenigen hundert Metern auf einem Feldweg. Wir steigen aus und gehen zu dem sanft abfallenden Weinberg hinüber, der insgesamt ausgesprochen gelblich aussieht. Die deutschen Winzer betrachten ungläubig die Reben, deren Triebe schlaff hinunterhängen, mit winzigen, nahezu kümmerlichen Träubchen. Stammen die außergewöhnlichen Rieslinge, die wir vor einer halben Stunde erlebt haben, wirklich von diesen ungepflegten, leidenden Reben? Das zu glauben fällt uns allen schwer. »Die Trauben sehen hier immer so aus, obwohl die Reben dieses Jahr stärker unter der Dürre leiden als sonst«, tönt Grossets Kommentar in unser verlegenes Schweigen. Erkennt er den mitleidigen Ausdruck auf unseren Gesichtern? Die Blicke wandern langsam hinunter zu dem graubraunen Lehmboden, der furchtbar ausgetrocknet scheint und ansonsten wenig bemerkenswert. »Der Boden ist hier sehr flachgründig, und darunter liegt Schiefer. Ein Stück weiter die Straße hinunter ist Mintaro, dessen Schiefer für Billard- und Snookertische in den Export geht, ein ziemlich einträgliches Geschäft«, fügt unser Gastgeber hinzu. Schiefer klingt vertraut und gut, alle anwesenden deutschen Winzer haben Rieslingweinberge mit Schieferböden. Dennoch fragen wir uns, ob der Rieslinganbau unter diesen extremen Bedingungen wohl ein einträgliches Geschäft sein kann.

Dann zupfen wir alle nahezu simultan ein paar der winzigen goldenen Beeren ab und stecken sie in den Mund. Bum! Eine Aromaexplosion. Da sind die Limonen- und Maracujanoten, die wir in dem Wein erlebt haben, und eine frische Säure, die uns wie ein elektrischer Schlag trifft, so wenig sind wir darauf vorbereitet. Wir haben uns allesamt vorgestellt, dass die unerbittliche Hitze die Säure längst aus den Trauben gekocht hat. Die Klimadaten scheinen entschieden gegen das Clare als Standort für hochwertigen Riesling zu sprechen; ihnen zufolge ist Clare noch heißer als Barossa. Clare hat 1 770 Heat Degree Days, kurz HDD – eine Wärmemesseinheit für die Wachstumsperiode zur Beurteilung der Klimabedingungen in Weinbaugebieten –, gegenüber 1 710 HDD in Barrossa und ganzen 1 352 HDD in Bordeaux/Frankreich. Bereits in Bordeaux ist es aber zu warm, um Rieslinge mit strahlenden Fruchtaromen zu erzeugen wie den Grosset-Wein. Was für ein Klima herrscht hier denn wirklich? Wie erklären sich unsere scheinbar so widersprüchlichen Eindrücke? Die deutschen Winzer wirken alle vollkommen desorientiert. »Der Weinbau funktioniert hier ganz anders als in Europa«, sagt Helmut Dönnhoff und bringt damit die Verwirrung der gesamten Gruppe zum Ausdruck.

»Wir haben hier viel kühlere Nächte als im Barossa«, schaltet sich Grosset ein, als könne er unsere Gedanken lesen, »das bewahrt die Säure, und es kühlt sich vor der Lese beträchtlich ab. Die letzte Reifephase verläuft wirklich langsam. Dann ist es richtig kalt nachts, und wir haben viel Tau ... aber gehen wir weiter.« Immer noch etwas verwirrt, bewegen wir uns zurück zu den Wagen und fahren los, genießen die Klimaanlagen-Kühle. Wir folgen eine Weile der Polish Hill River Road weiter nach Osten und biegen dann in einen anderen Feldweg ein, der sich direkt über einen ziemlich steilen Hang zieht. Hoffentlich wird der Minibus mit diesen »Straßen«bedingungen fertig.

Als wir den Gipfel von Mount Horrocks glücklich bewältigt haben, steigen wir aus, um den weiten Blick über Clare Valley und das umliegende Land bis hinüber zum Spencer Gulf 80 Kilometer weiter westlich zu genießen. »Was ist mit den hiesigen Aborigines geschehen?«, frage ich Grosset in dem Gefühl, hier endlich einen Australier vor mir zu haben, der sich durch diese Frage nicht angegriffen fühlen würde. »Das war das südliche Ende der Heimat des Ngadjuri-Volkes, und die Großgrundbesitzer im Norden sind reich geworden, weil sie die Aborigines erschossen, das Land eingezäunt und Schafe darauf gestellt haben.« Ich starre lange in die Ferne und denke über seine Worte nach. Dann taucht Toole mit einem Korb auf, aus dem sie eine Flasche kalten 1985 Polish Hill Riesling und Gläser holt. Die Jugendlichkeit dieses Weins ist kaum weniger atemberaubend als die Aussicht. Jetzt ist die Limonenmarmelade dick auf Toast gestrichen, doch schmeckt das Ganze würzig, reintönig und klar wie das Wasser eines Gebirgsbachs der doch im Clare zu dieser Jahreszeit eigentlich längst ausgetrocknet ist.

Wiederum heißt es: alle einsteigen. Vorsichtig fahren wir zurück ins Tal. »Nächster und letzter Halt ist der Watervale-Weinberg, aus dem mein anderer Riesling stammt«, sagt Grosset. Die Landschaft wird schnell freundlicher, und nach kurzer Fahrt halten wir an einem weiteren Weinberg. Der Gegensatz zu den kümmerlichen Reben in Polish Hill könnte nicht extremer sein. Hier strotzen die Reben vor Wuchskraft. »Hier sind die Trauben«, ruft Grosset und zeigt in die üppige, saftig grüne Laubwand, »und die Beeren immer so groß und grün. Jedes Jahr sehen sie aus, als ob man sie auf den Obstmarkt schicken könnte.« Dieses Mal sehen die Trauben für unsere Augen aus den entgegengesetzten Gründe »falsch« aus. Sie wirken richtig kitschig, beinahe wie Plastikweintrauben oder wie mit Flusswasser gefüllte Traubenhäute. Es ist uns wiederum vollkommen rätselhaft, wie aus solchen Trauben ein Wein wie der vor wenigen Stunden verkostete Watervale Riesling entstehen kann, und wir erwarten keine besonderen Geschmackserlebnisse, als wir die Beeren kosten. Mmmmh, so saftig! Den Mund noch voller Pfirsich- und Zitrusaromen, blicken wir einander erneut mit Erstaunen an. »Dieser Weinberg liegt wie mein Polish Hill auf 460 Meter, aber der Boden besteht hier aus rotem, lehmigem Ton über Muschelkalk. Das ist typisch für Watervale.« Wir blicken erst jetzt hinunter, weil wir vorher zu sehr von den Trauben abgelenkt waren, und sehen, dass der Boden tatsächlich ausgesprochen rot ist. »Fast die gleiche Farbe wie unser Rothenberg«, bemerkt Fritz Hasselbach, »obwohl der Rothenberg Schiefer ist, ein ganz anderer Boden … zu einer ganz anderen Welt gehört.« Wieder hat einer das ausgesprochen, was die Gedanken der ganzen Gruppe verdeutlicht.

Das Bemerkenswerte ist, dass trotz aller Unterschiede zwischen dem Clare Valley und Deutschland die Rieslingrebe in beiden Welten abhängig vom Standort auffallend verschiedene Weine hervorbringen kann. Darauf ebenso wie auf der Qualität seiner Weine beruht Jeffrey Grossets Ruf. Die Tatsache, dass seine Polish-Hill-Weine, die weit weniger unmittelbar ansprechend wirken als seine Weine aus Watervale, doch die gesuchteren sind, zeigt, dass es hier trotz der Folgen der »Marke Australien« auf die Weinkultur der Nation ein Publikum gibt, das sich für Weine begeistert, die es wagen, vollkommen anders zu sein als die laute, kumpelhafte Norm …

Ich bin froh, nach dem Dämmerschoppen auf der Terrasse wieder in die geräumige Küche des Cullam-Smith-Bungalows zu kommen, selbst mit einer Jacke ist es ziemlich kühl geworden. Die extreme Abkühlung am Abend war ein ziemlicher Schock, als wir diesen Effekt im Februar 2000 zum ersten Mal im Clare Valley erlebten. Wir hatte nicht erwartet, dass aus den 36 °C innerhalb von wenigen Stunden nach Sonnenuntergang 16 °C werden würden. Als wir im Abendlicht im Grosset-Toole-Swimmingpool herumplanschten, war es noch sehr heiß gewesen, und ich hatte mir Sorgen gemacht, weil meine Sonnenmilch nicht wasserfest war – bereits als Kind war die Vorstellung, von der Sonne verbrannt zu werden, für mich ein Albtraum, der mich zwanzig Jahre lang einen weiten Bogen um jeden Strand machen ließ. Auf den wenigen hundert Metern zurück zu unserem Ferienhaus nach dem Abendessen froren wir jämmerlich, weil wir es natürlich nicht für nötig gehalten hatten, einen Pullover mitzubringen. Hier auf Frankland Estate kühlt es oft noch vor Sonnenuntergang ab, wenn die Meeresbrise vom 70 Kilometer entfernten Indischen Ozean sich am späten Nachmittag bemerkbar macht. Ich wäre nicht so lange draußen geblieben, wenn der Blick über Busch und Felder, die sich in unregelmäßigem Streifenmuster bis zum Horizont erstrecken, nicht so faszinierend wäre, langsam aufgesogen von immer tieferem Rosa und dann Blau. Jetzt bin ich froh, in die Küche zu kommen, mit der Aussicht auf gebratenes Frankland-Lamm und Frankland-Estate-Rotweine!

Es ist ein ziemlicher Gegensatz zum Nachmittag, als uns Judi Cullam die Weinberge gezeigt hat. Obgleich die Hitze nicht ganz so brutal war wie bei unserem ersten Besuch im Clare Valley zwei Jahre zuvor, war ich doch froh über Hut und Sonnenschutz. Zu unserer Überraschung haben wir festgestellt, dass der Boden unter dem »schlecht bekömmlichen« Gras eigentlich nur aus zerkrümeltem Fels besteht, dessen Partikel eindeutig Kalkstein sind, typischerweise rund und fast ein Zentimeter im Durchmesser. »Der Boden ist zu steinig zum Bearbeiten«, hat uns Judi Cullam erzählt, als wir durch die 1989 gepflanzten Reihen von Rieslingreben gingen, und die ziemlich dichte, fleischige Laubwand und die kompakten Trauben, die gut in eine Hand passen, wirkten sehr vertraut. »Das ist ein deutscher Rieslingklon aus Geisenheim im Rheingau«, sagte sie uns, was die Vertrautheit erklärt; ich bin diesem Klon in Deutschland schon unzählige Male begegnet.

»Jetzt ist es zwar ganz schön warm, aber wir sind das kühlste Anbaugebiet in WA, unser Klima ist dem der nördlichen Rhône sehr ähnlich«, bemerkte sie, als wir durch eine andere Parzelle liefen, die aufgrund der ersten Anzeichen von Verfärbung eindeutig als rote Sorte zu erkennen war; »das ist Shiraz, der französische Syrah.« Der Syrah stammt ursprünglich von der nördlichen Rhône, aber der nächste mit Rieslingreben bepflanzte Weinberg liegt von den berühmten Syrah-Lagen Hermitage und Côte Rôtie volle 300 Kilometer entfernt im Nordosten, am südlichen Ende des Elsass. Die Tatsache, dass Syrah und Riesling hier erfolgreich nebeneinander wachsen, deutet darauf hin, dass die Winzer der nördlichen Rhône ernsthaft mit dem Riesling experimentieren sollten oder dass die Situation in Great Southern einzigartig ist. »Wir nennen diese Riesling-Parzelle ›the Olive Block‹«, sagte Judi Cullam, und wirklich, da neben den Rieslingreben stand ein Olivenhain ... in dem Schafe weideten. Die Kombination von Schafen, Oliven, Riesling und Syrah schien wahrhaftig einzigartig zu sein. Wie konnten alle vier an einem Ort hochwertige Erzeugnisse bringen?

Die Duftschwaden aus dem holzgefeuerten Ofen deuten an, dass das Lamm den Isolation-Ridge-Shiraz-Weinen in keiner Weise nachstehen wird, die Barrie Smith gerade eingeschenkt hat und die wir jetzt verkosten: 1996, 97, 98 und 99 aus der Flasche und eine Fassprobe vom 2000. Straff, transparent, elegant, stellen sie das entgegengesetzte Extrem des Geschmacksspektrums dieser Sorte von den opulenten und süßlichen Shirazweinen des Barossa dar; sie besitzen eine Ausgewogenheit, die stark an die Syrah-Rotweine der nördlichen Rhône erinnert. Der Duft von Rauch, rohem Fleisch und asiatischen Gewürzen, der uns hier einhüllt, ist ebenfalls in vielen Rhône-Weinen anzutreffen, aber sie sind selten so geschmeidig wie die Frankland-Estate-Weine vor uns auf dem großen Küchentisch, sind oft härter und herber.

»Was halten die australischen Journalisten von diesen Weinen?«, frage ich das Paar, als die angespannte Konzentration nachlässt, die die Welt ausgesperrt hat, während wir verkostet haben. »Ich denke, die meisten wissen nicht, was sie von diesen Weinen halten sollen«, sinniert Judi Cullam, »für unseren Geschmack werden sie mit jedem Jahrgang individueller, ausdrucksstärker, aber das bedeutet, dass sie immer weniger dem Stereotyp des australischen Shiraz entsprechen.« »Ein Glück, dass sie das nicht tun!«, fügt Smith mit ungewohnter Vehemenz hinzu. »Stereotyp ist die Weinwelt der ›Zugeben und rühren‹-Ausbaumethode?«, frage ich und denke an die Angewohnheit vieler australischer Shiraz-Erzeuger, ihre Weine durch die Zugabe von Gerbstoffpulver während der Gärung und Fassreife »aufzubauen«. Smith lacht über das »Zugeben und rühren«, aber ich kann spüren, dass er es eigentlich gar nicht zum Lachen findet. Eine kritische Einstellung gegenüber Zusätzen und Aufgeschlossenheit gegenüber individuellen Weinen sind wegen der Auswirkungen von »Marke Australien« selten unter australischen Weinjournalisten. »Theoretisch interessiert sich die Presse für Terroir«, sagt Judi Cullam, »aber ich glaube, viele von ihnen wissen eigentlich gar nicht, worum es dabei geht.« Terroir. Der Geschmack des Ortes. »Mir scheint oft, als bezeichnen die meisten jeden australischen Wein, der eher dünn und herb schmeckt, als Terroirwein«, wirft meine Frau ein, »opulente australische Weine können anscheinend keine Terroirweine sein, als schmecke jeder Ort immer ruppig und unangenehm!« Gelächter auf allen Seiten, aber sie hat Recht mit dem, was sie sagt. »Und welcher opulente, australische Wein ist ein

Terroirwein?« fragt Judi Cullam. »Oh, Jasper Hill!« schießt es aus dem Mund meiner Frau, und angesichts der Begeisterung, mit der dieser Name ausgesprochen wird, bleibt uns nichts anderes übrig, als von unserem Besuch bei Jasper Hill zu erzählen, während Judi Cullam das Gemüse zum Lamm kocht …

Der Eukalyptusduft hängt schwer in der Morgenluft, von der Sonne hervorgelockt aus den vom Regen zum ersten Mal seit drei Monaten befeuchteten Blättern. Die hohen anmutigen Bäume stehen vor einem jetzt wieder wolkenlosen, tiefblauen Himmel, die runden Umrisse der felsigen Berge leuchten eigentümlich rötlich, und das bisschen Gras, das hier wächst, hat die Sonne längst zu hellem Braun getrocknet. Kurzum; eine typische australische Buschlandschaft, abgesehen von den grünen Rebflecken auf manchen Bergkuppen. Es sieht aus, als ob diese Gegend an der Drummonds Lane nördlich von Heathcote in Victoria sich nicht viel verändert hat, seit der Mensch hier irgendwann vor 40 000 oder 60 000 Jahren aufgetaucht ist. Das ist natürlich eine Illusion, und sei es nur wegen des Umstands, dass ein Grundbesitzer namens Thomas Austin 1859 in Winchelsea in Victoria 24 Kaninchen im Busch auf freien Fuß gesetzt hat. Heute gibt es deshalb schätzungsweise 300 Millionen Kaninchen in Australien, und viele Gegenden haben sich dadurch landschaftlich grundlegend verändert. Auf unserem Weg her haben wir die Great Dividing Range überquert, mit 60 Millionen Jahren Australiens jüngste größere geologische Formation, und befinden uns jetzt auf der Kontinentseite in einer wesentlich älteren Landschaft. Während der Fahrt sind uns zahlreiche Zeichen einer anderen geschichtlichen Vergangenheit aufgefallen. Dieser Teil von Victoria ist reich an Kirchen und anderen Bauten aus Ziegelsteinen sowie Eisenbrücken, die aus der zweiten Hälfte des 19. Jahrhunderts stammen. Sie stammen aus der Zeit hektischen Wachstums und Aufbaus nach den ersten Goldfunden Australiens während der 1850er. Innerhalb eines Jahrzehnts schwoll die australische Bevölkerung auf das Doppelte an, 1,2 Millionen Menschen, und das Gros der Neuankömmlinge ging nach Victoria, wo die Goldvorkommen am üppigsten waren. In Victoria im Allgemeinen wurden in dieser Zeit auch verstärkt Weinberge angelegt, in der Gegend um Heathcote jedoch nicht in bedeutendem Umfang, obgleich es auch hier Goldvorkommen gab und immer noch gibt. Heathcote gehört zu der Hand voll neuer Weingebiete in Victoria, die von entschlossenen Pionieren während der letzten Generation im Busch erschlossen worden sind. Wir sind hergereist, um eine dieser Familien kennen zu lernen: Ron und Elva Laughton mit ihren Töchtern Emily und Georgia.

Wir entdecken gerade noch rechtzeitig die Einfahrt an der Hauptstraße, um nicht den Rückwärtsgang einlegen zu müssen, und fahren einen Hügel hinauf zu einem auffallend eigenwilligen Bungalow mit einem kleinen Vorgarten mit einheimischen australischen Pflanzen davor. Was ist es, das dieses Haus anders macht, frage ich mich? Schließlich hat es ein Wellblechdach und ist von einer breiten, überdachten Terrasse auf Holzpfosten umgeben wie so viele andere. Dann erscheint ein schlanker, großer Mann in Jeans, Stiefeln und weißem Hemd mit offenem Kragen und hochgekrempelten Ärmeln, dessen hellbraunes Haar das erste Grau zeigt und allmählich ein wenig dünn wird, dessen ganzer Ausdruck jedoch zu sagen scheint: »Ich habe gerade ein wunderbares Abenteuer begonnen und kann es gar nicht erwarten, euch davon zu berichten.« Wir steigen aus, und sobald sich Ron Laughton vorgestellt hat, erklärt er uns auch schon, dass das Haus nach marokkanischer Art aus Lehmziegeln gebaut ist. »Elva und unsere Töchter haben die Ziegel selbst aus diesem Boden gemacht«, sagt er und deutet auf den rötlich braunen Flecken Erde, auf dem wir stehen. Er schlägt vor hineinzugehen, um aus der trotz der morgendlichen Stunde bereits sehr warmen Sonne zu kommen, und als wir die paar Schritte zum Haus gehen, taucht ein Weinberg an dem flach nach Nordwesten abfallenden Hang unterhalb des Hauses auf. »Das ist Emily's Paddock, einer unserer beiden Weinberge, der andere, nicht weit südlich von hier, ist nach unserer anderen Tochter benannt, Georgia's Paddock.«

Das Dämmerlicht im Innern des Hauses ist ebenso wohltuend wie die Kühle. Satte Farben werden nach und nach erkennbar, wir stehen in einem weitläufigen Ess- und Wohnzimmer von ganz ungewöhnlichem Stil. Meine Augen bleiben an einer neobarocken, mit blauem Samt ausgeschlagenen Glasvitrine hängen, auf der die Überreste eines blassgrünen Tellers neben der Elfenbeinskulptur eines chinesischen Hundes stehen. Jedes der Elemente dieser Zusammenstellung besitzt eine andere Art von Schönheit, doch die Kombination widerspricht allen Regeln des so genannten Geschmacks, der gezackte Rand der Tellerscherben steht in ausgeprägtem Kontrast zu der Genauigkeit und dem traditionellen Stil der geschnitzten Skulptur. Das Ergebnis wirkt keinesfalls surrealistisch, sondern besitzt eine Eleganz, die weitab von gängigen Definitionen dieses Begriffes liegt. Während ich betrachtend und bewundernd davor stehe, kommt Elva Laughton in Bluse und Jeans herein und begrüßt uns. Sie ist vielleicht einige Jahre jünger als ihr Mann, doch ist es für Europäer sehr schwierig, das Alter von Australiern zu schätzen, da das intensive Sonnenlicht die Haut stärker als in Europa verändert. Glattes braunes Haar, rundes Gesicht und ausgeprägte Züge strahlen Energie und Optimismus aus. Ihr folgt ein Mädchen im fortgschrittenen Teenager-Alter mit kurzem, unordentlichem braunen Haar in einem T-Shirt und grünen Militärhosen – Emily.

Wir setzen uns alle um einen großen Tisch, und Ron Laughton beginnt, ihre Geschichte zu erzählen. »Wir sind zum ersten Mal 1969 hier rausgekommen und haben unsere ersten Reben 1975 gepflanzt. Damals habe ich für Kraft gearbeitet, war Manager von 13 Käsefabriken in Victoria und für 3 000

Angestellte verantwortlich. Es hat einige Wendepunkte in meinem Leben gegeben, und einer davon war ein Familienwendepunkt. Eines Abends, als ich nach einer langen, anstrengenden Woche spät nach Hause kam, wollte Georgia mir nicht Gute Nacht sagen, sie wusste gar nicht mehr, wer ich bin. Am nächsten Arbeitstag habe ich gekündigt, und wir sind hier rausgezogen. Außer den Reben gab es allerdings so gut wie nichts.« »Wir hatten richtig Spaß beim Haus bauen. Als Kind will man mit Schlamm spielen, oder?«, wirft Emily fröhlich ein. »Am Anfang habe ich meinen Computer mit Solarenergie betrieben, weil wir nicht ans Stromnetz angeschlossen waren«, fährt ihr Vater fort, »wir haben in einem Wohnwagen gelebt, den wir ›gerettet‹ haben, als wir jemand damit auf dem Weg zum Schrottplatz fahren sahen. Dann sind wir in den Keller gezogen, während das Haus darüber entstand.« Es scheint ein glücklicher Zufall, dass Ron Laughtons Vater Ingenieur war und er eine Menge von ihm gelernt hat. »Ich komme aus einer Arbeiterfamilie und war Hutmacherin, deshalb habe ich keine Probleme zuzupacken«, sagt Elva Laughton – der Raum, in dem wir sitzen, zeigt jedoch gleichzeitig ihre kultivierte, feinsinnige Seite. Mir fällt kein anderer Winzer ein, der sich so weit vorgewagt hätte auf der Suche nach großen Weinen und dem Glück. Die Laughtons hatten Weinberge, aber sonst nichts und kaum Geld. Als Belohnung konnten sie diese Welt schaffen, die ganz ihre eigene ist, vormals ein weißer Fleck auf der Landkarte, 116 Kilometer nördlich von Melbourne.

»Wir sollten ein paar Weine verkosten«, schlägt Laughton vor und verschwindet für einen Augenblick in der Küche, um eine Flasche zu holen. Zu unserer Überraschung, denn Jasper Hill's Ruf beruht auf Shiraz-Rotweinen, ist es eine grüne Schlegelflasche mit Riesling aus Georgia's Paddock, Jahrgang 2001. Deutlich zitronengeprägt im Duft, frisch weinig und geschmeidig, entpuppt sich der Wein als ebenso eigenständig wie das Haus und die Familie, die darin lebt. »Die Säure in diesem Wein ist ganz und gar natürlichen Ursprungs«, betont der Winzer, »wir geben ein Minimum an Schwefel zu unseren Weinen hinzu, sonst nichts. Dasselbe gilt für die Weinberge, die wir von Anfang an ökologisch bewirtschafteten. Wir bewässern auch grundsätzlich nicht und lesen von Hand.« Das sind revolutionäre Grundsätze in dem Land, in dem modernste Weinbau- und Ausbautechnologie seit Jahrzehnten als Götter verehrt werden und nicht nur innerhalb der Weinbranche die Natur als ein zu bewältigendes Problem betrachtet wird. Der allergrößte Teil der Rebfläche Australiens wird ganz und gar mechanisch bewirtschaftet, vom Rebschnitt bis zur Lese, unberührt von menschlicher Hand. Dann meint Ron Laughton, es sei Zeit, die Rotweine zu verkosten, und dazu müssen wir hinüber zum Fasskeller gehen, einem Gebäude aus roten und gelben Ziegelsteinen im neoviktorianischen Stil.

Im Fasskeller ist es noch dunkler und kühler als im Haus, sehr angenehm. Mit einer Glaspipette zieht unser Gastgeber eine Probe des 2001 Georgia's

Paddock Shiraz aus einem Barrique und lässt den Wein in mehrere Probiergläser laufen, die er an uns verteilt. Der Duft des Weins ist ebenso eindringlich wie der der Eukalyptusbäume bei unserer Ankunft. Dörrpflaumen, Sauerkirschen strömen aus den Gläsern, dann Gewürze und Veilchen. Der Wein füllt den Mund, ist reichhaltige und samtige Erdwärme. Er besitzt eine wundervolle und faszinierende Textur, die weder weich oder gar schlaff wirkt noch auf irgendeine Weise derb oder rau. »Wenn die Trauben die richtige Ausgewogenheit haben, dann entstehen die Weine von selbst. Wenn sie erst einmal im Fass sind, tun wir gar nichts mehr mit ihnen, bis die einzelnen Partien 14 Monate später bereit sind für Verschnitt und Abfüllung. Jetzt den 2001 Emily's Paddock.« Der schmeckt fest und sehnig mit einem äußerst anhaltenden herben Finale, streng, unnachgiebig und fordernd. »Was ihr gerade verkostet habt, ist ein klassisches Beispiel für Terroir in Australien«, fährt Ron Laughton fort, »die beiden Weinbergslagen haben beide den gleichen 500 Millionen Jahre alten, stark eisenhaltigen Boden aus dem Kambrium und liegen beide auf 320 Meter Höhe über dem Meeresspiegel. Sie sind nur einen Kilometer voneinander entfernt, und der einzige Unterschied zwischen ihnen besteht darin, dass Georgia's Paddock nach Nordwesten liegt und der Boden tiefgründiger ist, während Emily's Paddock nach Nordosten blickt, mit flachgründigerem Boden.« Das klingt alles sehr einleuchtend, doch diese Unterschiede sind doch sicher zu unbedeutend, um derart unterschiedliche Weine zu ergeben?

Jetzt bringt Laughton Flaschen vom 2000er beider Weine, die noch imposanter sind, beinahe überwältigend dicht und kräftig, und dasselbe Wesen wie die Fassproben zeigen – ein überzeugender Beweis für seine Aussage. Die unterschiedlichen Persönlichkeiten der beiden Paddocks sind klar und deutlich erkennbar und hängen nicht von der Witterung eines bestimmten Jahrgangs ab. Wie ist einem Autodidakten diese bemerkenswerte Leistung gelungen, frage ich. »Weinmacher, die die Materie eingehend studiert haben, scheinen oft zu denken, sie seien Gott«, erwidert er mit großer Überzeugung, »aber die Natur ist Gott…«

Jetzt ist es pechschwarz vor den Küchenfenstern in Frankland, und ich kann im Licht, das aus der Küche in den Garten fällt, nur noch ein paar Büsche erahnen. Nach viel Geschäftigkeit wird das Frankland-Lamm serviert und neben die offenen Flaschen mit Shiraz und eine mit Olivenöl aus der ersten eigenen Ernte gestellt. Alles ist wahrhaft köstlich, aber nichts davon entspringt der ursprünglichen Vegetation und Fauna Australiens – was bedeutet hier Ron Laughtons »Natur«? Ich nehme einen Schluck vom 1999 Isolation Ridge Shiraz, straff, muskulös und wendig wie ein Rennpferd und damit vollkommen anders als beide Jasper's-Hill-Shiraz, obgleich sie ebenso Weine aus einem neuen Anbaugebiet sind. Dieser Kontinent fängt erst an zu entdecken, wie die naturgegebene Vielfalt an Wachstumsbedingungen zu einer nicht weniger erstaunlichen Vielfalt an Weinen führen kann. Das ist nur möglich, wenn man das Manipulieren von Wein ablehnt und stattdessen die natürlichen Vorgänge in Weinberg und Keller respektiert; Natur im weitesten Sinne. Diese Revolution findet vorwiegend im Busch statt, weit entfernt von den Zentren industrieller Weinproduktion wie dem Barossa. An ihrem Ursprung stehen vor allem Außenseiter wie die Cullams, Smith, Grossets, Tooles und die Laughtons, die Ehrgeiz mit Neugier und Vorsicht verbinden. Auf ähnliche Weise ist diese Entwicklung auch für Außenseiter wie meine Frau und mich leichter zu erkennen, für die »Marke Australien« nicht von Interesse ist, als für Australier, die in dieser Kultur und Gesellschaft gefangen sind.

Das lebhafte Gespräch am Tisch dreht sich ebenso um europäische wie australische Weine, und im Laufe des Abends wird immer deutlicher, dass der Großteil der Vorbilder und Bezugspunkte von Judi Cullam und Barrie Smith für ihre Weine in Europa liegen. Manche ihrer Kollegen würden vielleicht sagen, die beiden hätten einfach nur ein australisches Rezept beim Weinmachen gegen ein europäisches eingetauscht, doch was sie übernommen haben, sind nicht kellerwirtschaftliche Methoden, sondern eine Geisteshaltung; sie hören auf das, was Klima, Boden, Reben, Trauben und Weine zu sagen haben, und suchen nach Mitteln und Wegen, um dies für den Weintrinker auch geschmacklich wahrnehmbar zu machen. Es ist das entgegengesetzte Ethos der »Ich-kann-alles-lasst-mich-nur-ran«-Einstellung des typischen australischen Weinmachers der Gegenwart.

Am nächsten Morgen packen wir unsere Sachen und gehen hinüber zum Schafschuppen, wie wir es am Abend vorher vereinbart haben. Rockmusik tönt uns entgegen, die Klänge von Gitarren und Schlagzeug noch verstärkt durch das Echo des Wellblechs. Hunter und Elizabeth, beide in Jeans und Sweatshirt, helfen einem kräftigen Mittzwanziger in T-Shirt und Jeans, der für die künstliche Besamung der Schafe gekommen ist. Er sitzt auf einem Hocker vor einer Vorrichtung, die den Schafen die Hinterbeine auseinanderdrückt, ohne dass sie dies als besonders unangenehm zu empfinden scheinen. Dann guckt er durch ein spezielles Mikroskop, das in äußerst indiskretem Winkel positioniert ist, und injiziert schließlich eine bestimmte Menge Samen in die Vagina der Schafe mit einer mehr als bedrohlich wirkenden Spritze. Jede Wiederholung dieses Vorgangs wird von dem Spezialisten und seinen Helfern mit bemerkenswerter Geschwindigkeit vollzogen, scheinbar im Takt der Rockmusik. Wir stehen wie gebannt vor dieser bizarren Ballettaufführung. Da erscheint Judi Cullam in einem Hut mit breiter Krempe und der üblichen Ausstattung, entschuldigt sich, dass ihr Mann nirgends aufzutreiben sei. Wir bedanken und verabschieden uns, während die künstliche Besamung ununterbrochen weitergeht. Bevor wir in Richtung Margaret River losdüsen, vergewissere ich mich, dass ich die Route notiert habe, und als ich den Brockman Highway erwähne, sagt Judi Cullam: »Das ist eine neue Straße durch das Outback.« Doch jetzt, als sich plötzlich eine Gelegenheit zu einem Blick auf das Outback ergibt, will ich nicht weg aus dem Busch. Der Busch und die neuen Weine, die da entstehen, sind einfach so spannend.

Kapitel 10
Portugal, Südfrankreich, Süditalien

Der neue Süden der Nord-Hemisphäre oder Wie silberrhaarige Quereinsteiger und junge Weindichter die Kraft der Sonne bändigen

Im wallenden Nebel kann ich die schlanken grauen Umrisse von Eukalyptusbäumen erkennen, an die steilen Hänge der Berge geklammert, durch die sich die Straße windet, auf der wir fahren. Ich bin weit in den Süden gereist, doch nicht nach Australien. Es gibt eine ganze Reihe von Orten außerhalb jenes Kontinents, an denen Eukalyptusbäume zur Holzproduktion eingeführt wurden und sich unkontrolliert weiter verbreitet haben. Dabei verdrängen sie einheimische Arten, ganz wie das europäische Kaninchen in Australien. Der australische Biologe Tim Flannery nennt solche Arten »Killer-Arten« und betrachtet Homo sapiens als die erfolgreichste. Aber dieser unangenehme Gedanke ist nicht der Grund dafür, dass mein Magen jetzt revoltiert. Bis vor einigen Minuten habe ich die Fahrt trotz des Wetters genossen, bis wir von der Autobahn A4 eine Stunde östlich von Portugals zweitgrößter Stadt Porto abgebogen sind. Seitdem schlängeln wir uns durch das Hügelland von Baixo Corgo hin zum Tal des Douro-Flusses. Jedes Mal, wenn ich diese Straße entlangfahre, führt das zu einem peinlichen Rückfall in die Kindheit; ein chronischer Anfall von Übelkeit. Jede Kurve der Straße – und es scheint endlos viele davon zu geben – wühlt den Inhalt meines Magens weiter auf.

Am Steuer des Geländewagens vor mir sitzt Dirk van der Niepoort, 38, Geschäftsführer und Weinmacher von Niepoort Vinhos S. A. Mit schulterlangem lockigen braunen Haar, kleinen ovalen Brillengläsern, Winzer-Dichter-Unternehmer-Persönlichkeit, holländischer Staatsangehörigkeit und portugiesisch-schweizerischer Erziehung gehört er zweifelsohne zu den exzentrischen Persönlichkeiten der Weinwelt. Seit unserem ersten Treffen im Frühjahr 1990 war ich überzeugt, dass er Großes vollbringen würde. Er gehört heute zu den revolutionären Winzern, die Südeuropa während der letzten zehn Jahre in einen der dynamischsten Bereiche der Schönen neuen Weinwelt verwandelt haben. Bei vielen seiner neuen Portweine ist die Qualität ebenso in die Höhe geschossen wie sein Ansehen in den letzten Jahren. Das ist eine erstaunliche Leistung, denn gespritzte Weine, süße Weine und Weine, die mindestens fünf Jahre alt sein müssen, um richtig Vergnügen zu bereiten, sind alles andere als »in« in der heutigen Weinszene, und Portwein gehört zu all diesen Kategorien. Nur der Umstand, dass er meistens rot ist, passt zur herrschenden Mode. Er hat sich gegen mächtige Ströme durchgesetzt.

Neben Niepoort sitzt seine Verlobte, die österreichische PR-Legende Dorli Muhr, 37, und erzählt mir ihre Lebensgeschichte. Sie beginnt in einem abgeschnittenen katholischen Dorf und endet in Wien um die Zeit, als wir uns am Tisch eines Wiener Restaurants in einer schwülen Nacht im Juli 1992 kennen lernten. Schlank, energiegeladen, mit schulterlangem, glattem dunkelbraunen Haar und ausgeprägtem Ehrgeiz, hatte sie mich vollkommen kalt gelassen. Dann erfuhr ich, dass sie noch während des Studiums ihre eigene PR-Firma gegründet hatte, Wine & Partners. Während der folgenden Jahre schwand beinahe gegen meinen Willen auch meine Abneigung ihrer Person gegenüber. Im Gegensatz zu anderen PR-Leuten versuchte sie nie, mir etwas aufzuzwingen, und war selbst dann hilfsbereit, wenn ich nichts über ihre Kunden schreiben konnte. Seit sie mit Niepoort zusammen ist, hat sie sich sehr verändert. Es scheint, als traue sie sich endlich, feminin oder fröhlich zu sein, wenn ihr danach ist. Für den heutigen Ausflug aufs Land trägt sie beige hochhackige Schuhe, und beim Frühstück haben wir über Popmusik gesprochen.

Nur wenige Wochen nach jener Nacht in Wien 1992 fuhr ich auch zum ersten Mal an den Douro, in erster Linie wegen eines Kommentars, den Niepoort von sich gegeben hatte, als wir uns 1990 an der Mosel kennen gelernt hatten: »Das Moseltal ist wie eine kleine Version des Douro, ungefähr halb so groß.« Ich musste mich davon persönlich überzeugen und war neugierig, ob eine Weinlandschaft dieser Ausmaße sich auch in Weine ähnlicher Größen übertrug. Obgleich die Weine, denen ich hier begegnete, so gut wie alle rot und meistens gespritet waren im Gegensatz zu den leichten Rieslingen der Mosel, waren die besten Douro-Rotweine und die Portweine, die ich verkostete, doch auf ihre Weise ebenso aufregend und eigenständig wie das Beste von der Mosel. Dem Umstand entsprechend, dass Douro-Weine um den 41. nördlichen Breitengrad wachsen, dass es sich um ein südliches und entsprechend warmes Anbaugebiet handelt im Vergleich mit dem verhältnismäßig kühlen, nördlichen Klima der Mosel um den 50. nördlichen Breitengrad, sind es natürlich wesentlich kompaktere Weine. Doch trotz der riesigen Unterschiede zwischen den beiden Gebieten sind die Parallelen kaum weniger auffällig. Sowohl Portwein als auch Moselriesling wachsen auf Schieferböden in steilen, gewundenen Flusstälern, und – außer bei trockenen Rieslingen – die Gärung wird künstlich unterbrochen, bevor die Hefe sämtlichen vorhandenen Traubenzucker in Alkohol verwandelt hat, damit der Wein natürliche Süße aus der Traube behält. Darüber hinaus sind es beides Weine, die in ihrer ersten Jugend förmlich strotzen vor Fruchtaromen und doch ein enormes Reifepotenzial besitzen.

Obgleich Niepoort damals ein zögerlicher Mensch war, steckte in ihm doch bereits das Freigeistige. Seine Ansichten waren schon der rücksichtslosen technokratischen Modernisierung, die die Portweinindustrie seit den 1970er Jahren durchmachte, weit voraus. Seine Revolution bei Port- und

Tisch-, das heißt nicht gespriteten Weinen, die bereits begonnen hatte, wenn auch viele Ideen erst Jahre später verwirklicht wurden, bestand darin, in der Vergangenheit nach Anregungen und Inspiration zu suchen, sowohl was den Weincharakter betraf als auch die technischen Möglichkeiten, seine Ideen zu verwirklichen. Wir haben eine Menge Portweine und Tischweine aus dem Douro aus früheren Jahrzehnten zusammen verkostet, bis zurück zum Jahrgang 1912. Im Zuge unserer langen Gespräche wurde mir klar, dass er nicht nur eine paradoxe Philosophie der Innovation durch selektive Nostalgie verfolgte, sondern auch Pragmatiker war, der nichts gegen moderne Technologie hatte, solange sie das tat, was er sich vorstellte. Was die Weinberge betraf, war er bereits damals von alten Reben besessen, aus der Zeit, bevor die moderne Klonenselektion der Tendenz zur Massenproduktion unterworfen wurde und so die biologische Vielfalt der Rebe und damit die aromatische Vielfalt der Traube drastisch einschränkte.

Er erinnerte mich stark an Ernst Loosen vom Weingut Dr. Loosen in Bernkastel an der Mosel, der dort beinahe zur gleichen Zeit mit seiner Weinrevolution begonnen hatte, wie Niepoort in seinem gleichnamigen Familienbetrieb. Auch Loosen erzeugt inzwischen eine große Palette verschiedener Weine. In seinem Fall handelt es sich um Riesling aus der Pfalz und der Mosel, aus Washington/USA und in Kürze wahrscheinlich auch aus dem australischen Bundesstaat Victoria. Allen diesen Weinen liegt dieselbe Einstellung zugrunde, den größtmöglichen Ausdruck des Standorts der Reben im Wein zu erreichen.

Wir schrauben uns höher und höher, bis auf über 500 Meter über dem Meeresspiegel. Stechginster tritt an die Stelle der Bäume, dann geht es wieder hinunter. Das bedeutet zwar weitere magenaufwühlende Kurven, aber auch die Aussicht auf ein Ende meines Leidens. Wir nähern uns dem nicht sehr aufregenden Ort Pêso da Réua, der Irgendwo-Südeuropa sein könnte, läge er nicht am Fluss, umrahmt von einer Brücke und den ersten steilen Weinbergen. Wir überqueren den Fluss zur Schnellstraße 222, die am linken Flussufer entlang verläuft und später zur 323 wird. Ich gebe einen tiefen Seufzer der Erleichterung von mir, denn hier unten gibt es wenig enge Kurven, der Fluss beschreibt zwischen den gigantischen Schieferbergen des Cima Corgo nur sanfte Biegungen. Der Nebel klart auf, die Mittagssonne bricht durch einen großen Riss in der Wolkendecke. Endlich leuchtendere Farben, darunter auch das strahlende Grün der jungen Rebtriebe.

Als ich die Landschaft des Douro im Sommer 1992 zum ersten Mal sah, konnte ich augenblicklich sowohl Niepoorts Leidenschaft als auch die von Generationen meiner britischen Landsleute für diese Weinberge nachvollziehen. Wenn Weinberge irgendwo auf der Welt »Großer Wein!« schreien, dann sicher diese. Bis zum heutigen Tag sind ein großer Teil der bedeutendsten Portweinfirmen britisch, allen voran Taylor, Fonseca, Croft und Delaforce, die die Taylor Fladgate & Yeatman Group bilden, sowie Graham, Dow, Warre, Smith Woodhouse und Quarles Harris, Kern der Symington-Gruppe. Um diese Aufzählung zu vervollständigen, sollte ich eigentlich ihre Quintas hinzufügen, das heißt die Weingüter in ihrem Besitz, da sie auch unter deren Namen Weine vermarkten. Die älteste dieser Firmen, Warre's, wurde 1670 gegründet, als das Douro-Gebiet an der Brücke endete, über die wir gerade gefahren sind – heute beginnt dort der beste Teil des Gebiets –, nur trockene Tischweine erzeugt wurden und es noch keinen süßen Portwein gab. Der war das Ergebnis einer zufälligen Entdeckung Anfang des 18. Jahrhunderts. Damals wurde den Rotweinen Branntwein zur Stabilisierung für die Verschiffung nach England zugesetzt, und irrtümlich geschah dies bei einer Partie vor dem Abschluss der Gärung. Der so entstandene Wein war süß und alkoholisch – 20-prozentiger Alkohol und 60 bis 80 Gramm Traubensüße pro Liter sind typisch für Portwein – und stieß überraschenderweise auf stärkere Nachfrage in Großbritannien als die trockenen Rotweine. Ab diesem Zeitpunkt bis weit ins 20. Jahrhundert, als Qualitätswein vom Douro Portwein, Portwein und nichts als Portwein bedeutete, beherrschten Briten die Weinbranche des Gebiets. Sowohl Port- als auch Tischweine, die von Portugiesen erzeugt wurden, galten unter Fachleuten und Konsumenten auf der ganzen Welt – im Gefolge des britischen Empire – grundsätzlich als drittklassig oder minderwertig. Erst während der letzten Jahre hat sich in der Weinbranche des Douro ein grundlegender Wandel vollzogen.

Während der 1990er haben portugiesische Winzer das in Vergessenheit geratene Potenzial der schmalen Weinbergsterrassen wieder entdeckt, deren Trockenmauern den Höhenlinien steiler Hänge folgen, über 500 Meter vom Flussufer bis zum Wald oben auf dem gewellten Plateau. Gleichzeitig sind sie darauf gestoßen, dass die hier wachsenden traditionellen Rebsorten sich nicht ausschließlich für die Portweinproduktion eignen, sondern auch außergewöhnliche Tischweine ergeben können. Meine erste Kostprobe dieser revolutionären Entwicklung war ein experimenteller trockener Rotwein, den mir Niepoort irgendwann einschenkte; 1990 ›Robustus‹. Er war alkohol- und gerbstoffreich, wie es für südliche Rotweine typisch ist, besaß aber darüber hinaus überraschend geschmackliche Tiefe und war sehr ausgewogen.

Bei einem Besuch der Taylor's Port Lodge, also der Keller von Taylor's, in dem Porto-Vorort Vila Nova de Gaia ist mir eine eingerahmte Karikatur aufgefallen, die den Bahnhof des Weinguts Quinta de Vargellas zeigte, um die 25 Kilometer stromaufwärts. »Letzter Vorposten des Empires Nr. 207 – Bahnhof Vargellas« stand darunter, was zwar als Witz gemeint war, aber doch die imperiale Absicht bestätigt. Heute wie vor 50 und 75 Jahren – die Grenzen meiner Verkostungserfahrungen – erzeugen die britischen Häuser viele gute und manche großen Portweine. Was ich während jener Tage an 2000 Vintage Ports in den Kellern der beiden britischen Gruppen in Vila Nova de

Gaia verkostet habe, hat dies bestätigt. Doch fand ich die 2000 Vintage Ports, die ich bei Noval, das in französischem Besitz ist, und Niepoort verkostete noch beeindruckender; auch auf diesem Gebiet gehört die britische Vorherrschaft der Vergangenheit an. Was die roten Tischweine aus dem Douro betrifft, versuchen die britischen Häuser verzweifelt, mit den Einheimischen mitzuhalten. Es stellt sich die Frage, ob das Britische Imperium je zurückschlagen wird.

Wir nähern uns jetzt unserem Ziel, dem verschlafenen kleinen Ort Pinhão, 130 Kilometer flussaufwärts von Porto, um genauer zu sein, wollen wir zum The Vintage House, einem Luxushotel, das zur Taylor-Fladgate-&-Yeatman-Gruppe gehört. Wir fahren dorthin wegen einer Zusammenkunft portugiesischer Winzer, die die Spitze der Rotweinrevolution am Douro bilden, und der Gelegenheit, ihre neuesten Weine zu verkosten. Links am Hang kann ich die Gebäude der Quinta de la Rosa erkennen; der Name prangt in großen schwarzen Lettern auf weiß getünchter Wand. Dann noch eine letzte, glücklicherweise leichte Biegung von Fluss und Straße, eine weitere Brücke, und wir sind in Pinhão. Dort, auf der linken Seite des Ortes, vom rechten Ufer des Douro nur durch eine hohe Terrasse und einen Streifen makellos gepflegten Gartens getrennt, glänzt das imposante, kürzlich renovierte Vintage House aus dem 18. Jahrhundert in der Frühlingssonne. Ich stoße wieder einen tiefen Seufzer der Erleichterung aus und klettere aus dem Auto, mein Hemd noch nass von kaltem Schweiß. Wo ist mein Hotelzimmer, wo ist die Dusche?

Noch eine Weinverkostung!, denke ich, als ich splitternackt in meinem Zimmer stehe und mich abtrockne. Erst gestern habe ich an einer großen Blindprobe von spanischen und portugiesischen Spitzenrotweinen teilgenommen – »Spitzen« bedeutet hoch gelobt von der einheimischen Presse, teuer und alkoholreich –, im Carlton Hotel an der Praca da Ribera unten am Fluss in der Altstadt von Porto. Als ich durch den großen Steinbogen ins Hotel lief, bin ich an einer roten britischen Telefonzelle vorbeigekommen, die mich genauso wie der sintflutartige Regen an meinen Geburtsort erinnert hat. Die Weine waren jedoch Lichtjahre entfernt von meinem »Rotweinursprung« Bordeaux. Für viele Fachleute ebenso wie Konsumenten deutlich über 30 ist Bordeaux der Bezugspunkt schlechthin beim Rotwein, an dem alle anderen Rotweine gemessen werden, und ich habe lange gebraucht, um mir diese engstirnige Einstellung abzugewöhnen.

Als die Identität der 48 Weine am Ende der vierstündigen Verkostung aufgedeckt wurde, sah ich, dass sechs meiner acht Favoriten aus Portugal stammten: 1998 Dona Maria Teresa von Quinta do Crasto, 1997 Quinta da Gaivosa, Niepoorts 1999 Redoma und 1999 Vale de Meao von gleichnamiger Quinta, alle aus dem Douro, sowie 2000 Incognito von Cortes de Cima und 1997 Marquês de Borba Reserva aus dem Alentejo – nahezu das gleiche Ergebnis wie bei der letzten umfassenden Blindverkostung zu diesem Thema 18 Monate zuvor in München. Sind diese Ergebnisse lediglich die Folge meiner persönlichen geschmacklichen Neigungen, die vielleicht nach wie vor auf dem roten Bordeaux beruhen? Oder sagen sie etwas Konkretes über die Weine aus? Ich bevorzuge sicherlich die portugiesischen gegenüber den spanischen Rotweinen, weil sie im Allgemeinen klarer, lebhafter und eleganter schmecken, doch keiner von diesen Weinen ähnelt einem Rotwein aus Bordeaux.

So beeindruckend der 1999 Dehesa Gago von Telmo Rodrigues aus dem Toro und der 1999 Clos Manyetes von Clos Del Llops aus dem Priorato gestern auch waren, habe ich doch viele andere spanische Weine aufgrund von mikrobiologischer Unsauberkeit – animalische Aromen, gelegentlich sogar das Elefantenhaus im Zoo! –, übermäßigem Alkohol und Schwerfälligkeit weniger gut bewertet. Die besseren Spanier schmeckten oft, als kämen sie aus dem Barossa-Tal in Südaustralien. Während ich aus dem offen stehenden Hotelfenster über das silberglänzende Wasser blicke, das auf der Hälfte seines Weges Duero heißt und durch Spanien fließt, bin ich überzeugt, dass das nicht richtig sein kann. Warum die Weine von der anderen Seite der Welt nachahmen, wenn man sich in einer so offensichtlich einzigartigen Landschaft befindet?

Ich ziehe ein rotes Hemd an, binde mir eine violette Krawatte um, schlüpfe in meine schwarze Fellimitatjacke und trete in meine schwarzen Schuhe. Jetzt bin ich für die Jagd gerüstet, die Jagd nach außergewöhnlichen neuen Weinen. Ich bewaffne mich mit schwarzem Notizblock und Kugelschreiber und pirsche los. Es hat sich bereits eine ziemlich große Gruppe an Weinfachleuten versammelt sowie ein gutes Dutzend von Winzern in dem standardmäßigen Relais-&-Châteaux-Bankettraum, jeder der Letzteren hinter einem kleinen Tisch mit weißem Tischtuch, auf dem ein halbes bis ein Dutzend Flaschen stehen. Es ist richtig voll, und an manchen Tischen drängeln sich wahre Trauben von Verkostern, sodass ich mich in Geduld werde üben müssen, um an die Weine zu kommen. Es sind unbekannte Jagdgründe für mich, aber am anderen Ende des Raumes kann ich ein vertrautes Trio erkennen, die bärenhafte Gestalt von Bernd Philippi von Koehler-Ruprecht in Kallstadt in der Pfalz, den kleinen, athletischen Bernhard Breuer von Georg Breuer in Rüdesheim im Rheingau und Werner Näkel von Meyer-Näkel in Dernau an der Ahr, der vom Körperbau irgendwo zwischen diesen beiden Extremen liegt. Sie sind hier, weil sie vor kurzem die Quinta da Carvalhosa unweit von hier gekauft haben, im Tal des Tedo, eines Nebenflusses des Douro. Und dann ruft eine mir bekannte, melodiöse männliche Stimme »Hi Stuart!« und bricht den Bann des Stimmengewirrs.

Ich drehe mich um, und da steht der gut gelaunte, hoch gewachsene Christian van Zeller, mit dichtem schwarzen Bart und nach hinten gekämmten, glänzenden lockigen schwarzen Haaren. »Ich bin beim Rotwein eingestiegen, seit wir uns letztes Mal gesehen haben«, sagt er mit einer Leutseligkeit, die äußerst erstaunlich ist, wenn man bedenkt, dass Mitglieder seiner Familie den

Verkauf der Firma Noval erzwungen haben, die er führte, als ich 1992 zum ersten Mal ins Douro kam. »Das ist der 1999 Quinta do Vale Dona Maria von 60 Jahren alten Rebstöcken, gemischte Pflanzung«, erklärt er, während er ein Glas eines tiefrubinroten Weins einschenkt und mir gibt. Bis vor 40 Jahren waren gemischte Pflanzungen am Douro die Norm, in denen Reben der Sorten Touriga Nacional, Tinta Roriz – in Spanien Tempranillo genannt –, Tinta Barocca, Touriga Francesca, Tinta Amarela und Tinta Cão selbst innerhalb der einzelnen Reihen gemischt sind. Der Wein ist rauchig und würzig, großzügig und kraftvoll, aber nicht schwer oder süß. Nachdem ich eine Weile darauf herumgekaut habe, spucke ich den Wein aus und kritzele eine hastige Notiz. Dem lächelnden van Zeller sagt seine durch lange Jahre in der Weinbranche trainierte Nase, dass ich beeindruckt bin. Ich leere mein Glas, und er schenkt mir den 2000er desselben Weines ein, der eindeutig wie Räucherspeck riecht und trotz sicherlich reichlich Alkohol und Gerbstoff wirklich anmutig wirkt. Kein Wunder, dass van Zeller froh ist über den Wechsel zum Rotwein; jetzt hat er nicht mehr die halbe Familie im Nacken sitzen und kann allein etwas erreichen. »1997 war der erste Jahrgang, darf ich dir meine Kellermeisterin vorstellen, Sandra Tavares da Silva.«

Die junge Frau mit glattem blonden Haar und markantem Gesicht hält mir ihre Hand hin und erzählt mir, dass sie aus der Estremadura um Lissabon kommt, wo sie ebenfalls Rotwein macht, bei der Quinta de Chocopalha, die ihrer Familie gehört. »Ich schenke heute für meinen Mann aus, Jorge Serôdio Borges, der Wein wurde in Lagares vergoren und mit den Füßen gestampft«, sagt sie fröhlich und gießt einen undurchsichtigen, schwarzvioletten Wein in mein Glas. Auf dem nüchtern modernen Etikett steht schlicht 2001 Pintas. Lagares sind die Granitbecken, typischerweise drei mal vier Meter und 1,3 Meter tief, in denen Portwein traditionsgemäß vergoren wird. Durch die Form kann ein ganzes Team die Trauben stampfen, was meistens zwei Stunden marschieren mit militärischer Disziplin und dann drei Stunden »free-style«-Stampfen zu Akkordeonmusik bedeutet.

Das Ganze ist mir von einem englischen Portweinproduzenten einmal als »biblisches Weinmachen« beschrieben worden, während Pintas verdächtig an den ultramodernen Pingus erinnert, einen Rotwein, der gute 300 Kilometer flussaufwärts im spanischen Ribera del Duero von dem charmanten jungen dänischen Weinmacher Peter Sisseck erzeugt wird. Der Preis für Pingus beträgt Euro 400, was darauf beruht, dass der erste Jahrgang, 1995, von dem einflussreichen amerikanischen Weinkritiker Robert Parker mit 98 von 100 Punkten bedacht wurde, sowie auf der limitierten Produktion von 4 000 Flaschen pro Jahr. Obgleich mich Pingus nicht begeistert – der 1997 zeigte vor 18 Monaten die Rotweinaromen internationaler Machart wie Brombeerkonfitüre, Rauch und Toast, zusammen mit dem massiven Körper und den für Wein-Ikonen charakteristischen herben Turbo-Gerbstoffen –, kann ich natürlich nachvollziehen, warum ein talentierter junger Weinmacher Sissecks Beispiel folgt. Ruhm und Reichtum sind alte Verführer, deren Gestalt sich ändern mag, doch ihre Anziehungskraft bleibt ungebrochen. Der Wein in meinem Glas riecht und schmeckt regelrecht wie ein Pingus-Klon. Es ist extrem gerbstoffbeladen – durch zu viel Stampfen? – und extrem langweilig; wie so viele Rotweine, die von den führenden amerikanischen Kritikern mit Riesenbewertungen bedacht werden. »Wo sind meine 100 Punkte?«, mault der Wein wie ein verwöhntes Kind reicher Eltern, »sie gehören mir! Ich will sie jetzt sofort!« Es ist schwer zu glauben, dass dies das Werk des jungen Mannes ist, der seit 1999 Dirk van der Niepoorts Kellermeister ist. Die Niepoort-Weine sind alle tadellos erzogen; Vorbilder an Harmonie und Authentizität.

Selbstverständlich soll Borges den Wein erzeugen, den er will und an den er glaubt. Doch wäre es schade, wenn sich der Weinstil des Douro allgemein in diese Richtung entwickeln würde. Und wenn diese Verkostung bereits etwas gezeigt hat, dann dass die neuen Rotweine des Douro zwar allesamt tieffarbig sind und beträchtliche Mengen Alkohol und Gerbstoff enthalten, ansonsten aber eine große stilistische Bandbreite aufweisen. Plötzlich fällt mir auf, dass sich das Tal draußen schon mit den Schatten der Dämmerung füllt, ich blicke auf meine Uhr und sehe, dass ich mich beeilen muss, wenn ich alle Weine vor dem Abendessen verkosten will.

Am nächsten Morgen ist eine Tour mit einer ganzen Gruppe geplant, zu der Breuer, Philippi, Näkel, Niepoort, Muhr und die Schweizer Journalistin Chandra Kurt gehören. Unser erster Termin ist eine Besichtigung der neuen Kellerei Quinta do Sol der Symington-Gruppe. Herumführen wird uns eine junge Australierin namens Jackie, die bereits an der Rezeption des Hotels auf uns wartet, als ich aufkreuze. Gedanklich bin ich noch bei den Pflanzen, die ich während meiner morgendlichen Joggingrunde gesehen habe. Neben einheimischen Brombeeren, wilden Rosen und Orchideen sind mir auch zahlreiche importierte Opuntia-Kakteen aufgefallen, die hier »wild«, oft wesentlich höher als meine 1,85 Meter, wachsen. Dass sie unten im Tal so gedeihen, zeigt, wie heiß und trocken der Sommer ist. Nur die heftigsten Stürme vom Atlantik reichen bis über die 1400 Meter hohe Serra-do-Marao-Bergkette unweit der Küste und bringen ihren Regen bis zu diesen Weinbergen. Ich bin froh, dass es Mai ist und nicht August, wenn die Douro-Weinberge und jeder, der sie besucht, in der Sonne backen. Heute ist die Sonne dagegen angenehm warm.

Endlich ist die Gruppe komplett, Jackie sagt, wir sollen ihrem Wagen folgen; wir tragen unser Übernachtungsgepäck zum Parkplatz und folgen ihr. Wir fahren ein Stück zurück am linken Ufer des Douro, biegen dann unvermutet scharf nach links ab, eine steile Auffahrt hinauf, bis plötzlich zwei gewaltige Gebäude vor uns auftauchen. An dem ersten, einer riesigen Wellblechhalle, fahren wir vorbei, dann folgt eine eindrucksvolle Ansammlung von hohen Edelstahltanks unter einem Wellblechdach. Dort halten wir an, und ich erkenne etwas, das aussieht wie die Einfahrt zu einem in den Berg gegrabenen unterirdischen Fasskeller. Auf dem Parkplatz erklärt Jackie in breitem australischen Akzent, dass die Weinkellerei vor uns zwei Millionen englische Pfund gekostet hat und zu ihren Besonderheiten »die ersten Roboter-Lagares« gehören; Anlass unseres Besuchs. Wir gehen mit ihr zu Mini-Swimmingpools ähnelnden Becken, über denen eine Reihe hydraulischer, rammenartiger Vorrichtungen hängen, alles in glänzendem Edelstahl. Jackie erläutert, wie Silikon-»Füße« das Funktionieren der menschlichen nachahmen. Es hört sich wie Science-Fiction an oder ein Plan zur Kosteneinsparung, der die gesamte ortsansässige Bevölkerung in die Arbeitslosigkeit treiben wird. Das Problem ist jedoch, dass immer weniger von ihnen gewillt sind, in traditionellen Lagares Trauben zu stampfen.

Die Symington-Gruppe ist sehr stolz auf ihren neuen Spitzenrotwein Chryseia, eine Joint Venture mit Bruno Prats, dem ehemaligen Besitzer von Château Cos d'Estournel in St. Estèphe in Bordeaux. Bei der gestrigen Verkostung ist mir der ansprechende 2000 Chryseia durch seinen durch und durch internationalen Stil aufgefallen – schon wieder diese Brombeerkonfitüre, Rauch- und Toastaromen – und seine füllige, supergeschmeidige Art – schon wieder das weiße Kuschelhäschen! Er schmeckt wie Irgendwo-Schöne-neue-Weinwelt. Uns wird der unterirdische Fasskeller gezeigt, wo dieser Wein und sein kleiner Bruder Altarro reifen. Der Keller wirkt beliebig, könnte genauso in Kalifornien stehen, auch ein Teil von Irgendwo-Schöne-neue-Weinwelt.

Letzter Halt ist die große Halle, an der wir anfangs vorbeigefahren sind. Trotz der kirchenartigen Dimensionen ist es heiß im Innern, und der Grund dafür ist schnell zu erkennen: es gibt weder Isolierung noch Klima-Anlage. Das Problem ist, dass hier nahezu 5 000 Pipes – die 534 Liter fassenden Fässer, in denen Portwein traditionsgemäß reift – »schnell reifende Holz-Portweine« liegen. Sie reifen schnell, weil sie während des Sommers in der Hitze kochen. Das Gebäude hat die Wirkung eines riesigen Ofens, in dem über zweieinhalb Millionen Liter Portwein im Fass gekocht werden. Das ergibt einen Geschmack, der unter britischen Weinhändlern traditionell als »Douro bake«, das Douro-Gebackene bezeichnet wird, ein missbilligender Begriff für Toffee- und Karamellaromen. Alle guten und großen holzgereiften Portweine – Tawnys mit oder ohne Angabe des mittleren Alters, z. B. »10 years old«, und Colheitas mit Jahrgangsangabe, die nicht zu verwechseln sind mit Vintage (Jahrgangs)-Portweinen, welche ihrerseits den größten Teil ihres langen Lebens in der Flasche reifen – werden für die Reifung in steingemauerten Depots gelagert. Diese »Lodges« befinden sich in Vila Nova de Gaia, wo es wesentlich kühler ist und die Lebendigkeit der Weine erhalten bleibt. Was soll ich von dieser bizarren Mischung von nüchternem Fortschrittsdenken, modernistischer Innovation und altmodischer Dummheit halten, aus der die Quinta do Sol zu bestehen scheint? Ich bin froh, als wir uns von Jackie verabschieden und in Richtung der Niepoort'schen Quinta de Nápoles und Quinta do Carril im Tal des Tedo aufmachen, der sieben Kilometer flussaufwärts von hier in den Douro fließt.

Breuer, Philippi und Näkels Quinta da Carvalhosa liegt in beinahe unmittelbarer Nachbarschaft zu Nápoles und Carril, und ich kann die erwartungsvolle Spannung der drei spüren, was ihr jüngerer und berühmterer Nachbar in den Jahrgängen 2000 und 2001 hervorgebracht hat, die ihre ersten hier sind. Niepoorts Geländewagen kurvt vom Douro-Ufer zu Nápoles hinauf, hin und her wie gestern, aber bevor mir richtig schlecht wird, sind wir schon bei den ersten Reben von Carril auf dem steilen Hang, der direkt rechts neben der Straße aufragt. Auf Nápoles tauschen wir den Geländewagen gegen einen Landrover ein, um den Feldweg zu Carril hochzufahren, wo sich der Fasskeller befindet; der Feldweg besteht eigentlich größtenteils aus freiliegendem Fels. Die Pfosten am Ende der Rebreihen sind aus demselben Schiefer geschlagen, was der Szene einen urtümlichen Aspekt verleiht, als ginge es zurück in die Steinzeit des Weins.

In dem engen Fasskeller voller Stapel von Barriquefässern finden wir kaum alle Platz. »Wir beginnen mit den 2001 Weißweinen«, sagt Niepoort, während Jorge Serôdio Borges Probiergläser verteilt. Der erste Weißwein erinnert im Duft an Bananenpüree und ist abermals ein überraschend frischer Wein für ein solch heißes Klima, das dazu neigt, die Säure und frischen Aromen in den Trauben zu »verkochen«. Niepoort hat mir jedoch bereits das Geheimnis hinter diesem Wein verraten: Die Trauben kommen aus hoch gelegenen Weinbergen, manche davon auf 600 Metern über dem Meeresspiegel, wo es wesentlich kühler und windiger ist als unten im Douro-Tal. »Dieser nächste Wein stammt von sehr alten Reben und wird wahrscheinlich in unserem Spitzenweißwein landen, dem Redoma Reserva«, erklärt Niepoort, und wir strecken unsere Gläser aus, um einen Schluck aus der Glaspipette in Borges' Hand zu bekommen. Der Wein besitzt enorme Kraft und eine noch lebhaftere Säure als der erste. »Unsere Weißweine erscheinen widersprüchlich«, fährt Niepoort fort, »sie sind von hoher Säure geprägt, aber gleichzeitig fett ... und komplex.« Die Aromen dieses Weines sind in der Tat ungewöhnlich und reichen von Sauerkirschen bis hin zu etwas, das an die Werkstatt eines Steinmetzen erinnert. Sieben weitere Kostproben folgen, die in das von diesen ersten Weinen vorgegebene Muster passen. Borges wirkt erleichtert darüber, dass die gesamte Gruppe sich so positiv überrascht zeigt von den Weinen; außergewöhnliche trockene Weißweine sind selten in Portugal und im Douro-Tal mit seinem extremen Klima eine wahre Rarität. Sie sind ein noch unbekannter Teil der Niepoort'schen Revolution.

Jetzt gehen wir in den Rotwein-Fasskeller nebenan, wo Kies unter unseren

Füßen knirscht. »Das Problem besteht hier nicht darin, ausreichend Farbe, Alkohol und Gerbstoff in den Wein zu bekommen, es geht vielmehr darum, alles das *und* Eleganz zu erreichen ... hier ist der 2001 Nápoles«, hören wir von Niepoort, als Borges die erste rote Probe verteilt. Es ist ein kräftiger Wein mit festem Gerbstoffgerüst und muskulösem Körper, aber nicht ungeschliffen. Es folgt der Jahrgang 2001 vom Redoma tinto, seit 1991 Niepoorts wichtigster Rotwein. Wieder dieselbe Kraft, aber in schlankerer Form, so geradlinig und eben wie eine römische Straße. Schließlich der 2001 Batuta, den Niepoort 1999 erstmals produziert hat, obwohl ihn bereits sein 1990 Robustus auf die Möglichkeit eines solch superkonzentrierten, trockenen Rotweins aufmerksam gemacht hat. Der Duft von Räucherspeck, getrockneten Kirschen und Gewürzen ist überwältigend, desgleichen die gewaltigen Gerbstoffe, doch im Gegensatz zum Pintas balanciert dieser gleichermaßen massive Wein auf des Messers Schneide. Niepoorts waghalsige Kreation ist der Bladerunner der Schönen neuen Weinwelt, ausersehen, die Androiden-Weine des 21. Jahrhunderts aufzuspüren und zu erlegen. »Waaahhhnsinnnn!«, stößt Chandra Kurt hervor und trifft damit den Wein haargenau. »Toll«, kommt von Bernd Philippi, der verwundert den Kopf schüttelt. Von Dorli Muhr kommt kein einziges PR-Wort; sie lässt ihn für sich und andere für ihn sprechen. Ich frage mich, was normale Weintrinker von diesen Weinen halten würden. Wir sind alle auf der Suche nach der größtmöglichen Originalität, im Gegensatz zu den konstruierten Weinen, die mit hohen Punktzahlen von Weinkritikern überhäuft werden, die sich an ihrer eigenen Macht berauschen. Spieglein, Spieglein an der Wand, wer gibt die wichtigsten Punkte im ganzen Land?

Zeit fürs Mittagessen unten auf Nápoles. Wir sitzen alle um einen langen Holztisch, und es gibt ein Schweineragout mit derart köstlichen Kartoffeln und Zwiebeln, dass ich zwei Teller davon esse; Weinverkostungen machen immer hungrig. Dann geht es zurück zu den Autos und los zur Quinta da Carvalhosa; steil hinunter ins Tedo-Tal, am Flussufer entlang, wieder auf einem holperigen Feldweg, an einer Gruppe alter Männer vorbei, die im Schatten der Weiden angeln, bis wieder Weinberge auftauchen. Wir parken vor einem langen einstöckigen Bauernhaus mit getünchten Wänden und durchhängendem alten Ziegeldach. In Bordeaux würde selbst ein so ärmliches Anwesen als Château durchgehen. »Bis letzten Montag hatten wir den Wein aus zwei kompletten Jahrgängen in Barriques in der Garage liegen, weil es sonst keinen Platz gab, es ist ein echter Garagenwein!«, sagt Philippi mit unterschwelliger Ironie.

»Garagenwein« ist ein Begriff aus Bordeaux, wo Anfang der 1990er eine Reihe von Newcomern unter den Rotweinproduzenten auftauchte, die ganz bewusst in wesentlich kleinerem Maßstab vorgingen als die etablierten Betriebe im Gebiet. Angeblich bauten sie ihre Weine in der Garage aus, obgleich das meistens nur ein Gerücht war. Die erste Weinverkostung, die ich tatsächlich in einer Garage erlebt habe, war 1988 in Bischoffingen in Baden beim Weingut Karl Heinz Johner. Johners Mercedes stand draußen auf der Straße, weil die Garage mit Gärtanks voll gestopft war. Als Lagerraum für die Barriquefässer hatte er zwei weitere Garagen im Ort von Freunden gemietet. Heute baut er seine Weine zusammen mit Sohn Patrick in einer hochmodernen Kellerei kalifornischen Stils aus. »Garagenwein« steht angeblich für außergewöhnlich dichte Weine von außergewöhnlicher Qualität und außergewöhnlich beschränkter Produktionsmenge. Als ob ein Wein nur allein deshalb besser schmeckte, weil er in kleiner Menge erzeugt wird – bei limitierten Mengen geht es vor allem darum, dass jemand Weine besitzt, die andere nicht haben: Status, Snobismus, Eitelkeit. Wo liegt die Produktionsmenge bei Carvalhosa? »Wir haben 100 Barriques vom 2000er und 110 Barriques vom 2001er Campo Ardosa gemacht«, sagt Philippi. Es geht also pro Jahrgang um mindestens 30 000 Flaschen ... das ist eine große Garage!

»Als wir die Quinta im Mai 2000 gekauft haben, ging es um achteinhalb Hektar Weinberge, das Bauernhaus, die Garage, basta!« erzählt Philippi voller Abenteuerlust, »also habe ich zwei Lastwagen voll Ausrüstung und Baumaterial voll geladen und hier runtergeschickt. Als Erstes haben wir die Betonrampe gegossen, auf der wir gerade stehen, um irgendwo Platz für die Gärtanks zu haben. Ohne die und den Gabelstapler wären wir verloren gewesen!« Die vier tonnenförmigen Edelstahl-Gärtanks mit mechanischen Plungers, um die Traubenhäute und -maische in die gärenden Weine zu drücken, stehen draußen unter einer eigenwilligen zeltartigen Vorrichtung, wie um uns daran zu erinnern, dass die Abenteuerphase längst nicht vorüber ist.

»Probieren wir ein paar Weine«, sagt Philippi, und wir folgen ihm, Breuer und Näkel in ein neues einstöckiges Gebäude hinter dem Bauernhaus, mit massiven Eichen-Flügeltüren, aber außen noch unverputzt. Innen besteht es aus zwei leicht gewölbten Betongängen, das gesamte Dach ruht auf zwei runden Betonpfeilern. Die 210 Barriquefässer sind drei und vier Fass hoch säuberlich gestapelt. Gläser mit Proben des Jahrgangs 2001 werden herumgereicht, und der Gegensatz zu den vormittags verkosteten Niepoort-Weinen ist auffallend. Hier ist die Farbe weniger tintig, die Aromen süßer – dunkle Schokolade! – und der Wein insgesamt kremiger, geschmeidiger. Es folgen mehrere andere Partien aus 2001, dann zwei Weine aus 2000, der normale und die Reserva, die beide abfüllfertig sind. Die normale 2000 Abfüllung namens Campo Ardosa duftet wie ein ganzes Regal getrockneter Kräuter, hat viel Substanz, ohne übermäßig massiv oder opulent zu wirken, geschmeidig und herb im Nachhall, während die Reservat-Abfüllung zugleich dichter und feiner im Geschmack ist, mit einer minzigen Frische, die den beträchtlichen Körper belebt. Normale Weintrinker fänden diese Weine sicher zugänglicher und vergnüglicher als die Niepoort-Weine.

»Sie sind nicht schlecht geworden, oder?«, freut sich Näkel zu Recht. Seine besten Spätburgunder-Rotweine von der Ahr sind sicherlich elegantere, subtilere Weine, aber für den ersten Jahrgang und die primitiven Bedingungen ist das eine beachtliche Leistung. Ich schaue hinüber zu Niepoort, als wir zurück an die frische Luft und die Frühlingssonne gehen, und erkenne einen skeptischen Ausdruck auf seinem Gesicht. Ich vermute, dass ihn die ersten zwei Jahrgänge des Campo Ardosa ein wenig kalt lassen, weil sie nicht so fundamentalistisch wie seine eigenen sind. Andererseits sollte er sich freuen, dass es nicht viele Gemeinsamkeiten zwischen ihnen gibt, so werden die Weinpresse und der Handel sie nicht endlos miteinander vergleichen. Seine Weine sind wesentlich teurer, und er hat einen Ruf zu verlieren. Eigentlich ist es erstaunlich, wie unterschiedlich die Weine sind. Ohne die Bäume am Ufer dazwischen könnten wir einige der Weinberge von Nápoles von hier aus sehen. Auch in Italien trifft man auf dieses Phänomen und kaum weniger gegensätzliche Persönlichkeiten wie die Niepoort- und Carvalhosa-»Teams«. Auch dort steckt dieselbe Kombination von Faktoren hinter der Vorhut der Weinrevolution. Eigentlich handelt es sich um eine Revolution, die in Italien begann, sich auf die Iberische Halbinsel zuerst nach Spanien ausbreitete, bis schließlich auch die Portugiesen folgten …

Ich gehöre zu einer Gruppe von einem guten Dutzend Journalisten um zwei lange Tische im Restaurant Vau in der Berliner Jägerstraße, nur wenige Schritte vom Gendarmenmarkt entfernt. Anlass unseres Kommens ist eine gemeinsame Präsentation der Weingüter Sassicaia von Mario Marchese Incisa della Rochetta in Bolgheri in der Toskana und Angelo Gaja aus Barbaresco im Piemont. Die Atmosphäre ist spannungsgeladen, die Gelegenheiten, die Weine dieser berühmten italienischen Güter zu verkosten, sind selten. Es ist ein grauer, verregneter Märztag; ideales Wetter, um sich mit luxuriös wärmenden Rotweinen zu beschäftigen. Die Anwesenheit der zwei berühmten Winzer ist auch eine erstklassige Ausrede für Journalisten, sich aus dem Büro zu stehlen, es handelt sich unbestreitbar um eine große Story sowie ein großes kostenloses Mittagessen. Doch zuerst hat Gaja – der zwar nicht groß, aber dennoch eine imposante Erscheinung ist; sein Kopf erinnert mich an die Abbildungen römischer Kaiser, und trotz grauen Haars macht er einen eigentümlich jugendlichen Eindruck – etwas zu sagen. Erfahrungsgemäß kann das einige Zeit in Anspruch nehmen. Bei meinem ersten Besuch in Barbaresco im August 1992 begrüßte mich Gaja mit den Worten, er habe wenig Zeit, und hielt dann einen beinahe zweistündigen Monolog. Auch jetzt legt er plötzlich los, in demselben Tempo, wie er geht, das heißt läuft.

»Mario Incisa della Rochetta ist ein Freund. Keiner von uns kauft Trauben oder Wein. Wir haben beide Weingüter, erzeugen nur Weine aus unseren eigenen Trauben. Das ist die wichtigste Entwicklung der letzten 30 Jahre; es waren die aufregendsten und revolutionärsten 30 Jahre in der Geschichte des

Weins, und wir zwei hatten vielleicht wichtige Rollen. Doch der wichtigste Einfluss kam aus *Amerika.*« Überraschte Gesichter auf allen Seiten – Amerika?! Wurde die italienische Weinrenaissance der späten 1970er und der 1980er Jahre nicht vor allem von deutschen Weinfreunden finanziert, die ihren Kofferraum voll luden? Berlin ist vielleicht kein so wichtiger Absatzmarkt für italienischen Wein, aber wenn Bayern sich plötzlich davon abwendete, wäre das ein schwerer Schlag für die italienische Weinbranche.

»Vielleicht steckt hinter dem Stolz der Europäer auf ihre Traditionen auch Arroganz. In Bordeaux war man vor 30 Jahren voll und ganz davon überzeugt, die besten Weine der Welt zu erzeugen, genauso wie wir es im Piemont waren. Doch kannte man nicht einmal den Wein der Kollegen, ganz zu schweigen vom Rest der Welt. Wir waren auch sicher, dass unsere Rebsorten die besten waren und unsere Art [im Piemont], die Weine in großen Holzfässern auszubauen, die beste war. Wir waren sicher, dass Südfrankreich und Süditalien nie große Weine hervorbringen würden, und nahmen an, dass Spanien und Portugal nie in der ersten Liga mitspielen würden. Die Revolution, die diese *festgefahrenen* Ansichten wegfegte, kam aus Amerika und hatte zwei Seiten. Die erste war die Kellertechnik. Temperaturkontrollierte Gärung war der erste Schritt in den 1970ern; eine bedeutende Entwicklung im warmen Klima Kaliforniens. Die Kalifornier hatten keine Angst vor neuer Technik. Leute wie Mondavi hatten auch keine Angst davor, sich französischer Rebsorten zu bedienen und französischer Fässer, und die Verbindung dieser drei Dinge führte zu *neuen* Weinstilen, was ich die »Sonnenweine« nenne. Am Anfang waren sie zu mächtig und holzig und wir [europäischen Winzer] ignorierten sie arrogant. Aber sie wurden besser, und die Anbaugebiete der südlichen Hemisphäre folgten ihrem Beispiel.« Auf einmal sehen ein paar meiner Kollegen ganz verstört aus. Die südliche Hemisphäre?! Wir sind gekommen, um von dem Land zu hören, wo Schönheit, Heiterkeit, Menschlichkeit und Kultur auf den Bäumen wachsen. Bitte führ uns nach Bella Italia, wo wir die schönen Stunden verbringen, die zu Hause ausfallen wegen unserer Sparpolitik; da sparen wir an Emotionen ebenso wie am Geld.

»Die schnelle Akzeptanz, die diese Weine auf dem amerikanischen Markt fanden, ging anheim mit einem neuen Weinjournalismus. Wie reagierte Europa darauf? Zunächst einmal ermutigte die amerikanische Presse die europäischen Weinproduzenten dazu, die Erträge einzuschränken und konzentriertere Weine zu erzeugen. Sie ermutigte die europäischen Produzenten auch, französische Rebsorten anzubauen und Barriquefässer in Gegenden zu benutzen, wo es keine Tradition dafür gab, was zu Kontroversen führte [nicht zuletzt im Piemont]. Doch ihr größter Einfluss bestand darin, *uns aufzuwecken.*« Einige Kinnladen fallen merklich. Amerikanischer Journalismus?! Was ist mit uns? Sind wir so unwichtig, dass wir niemand aufwecken? »Nirgends war dieser Einfluss größer als in der Toskana. Die Toskana spielt jetzt an drei

Tischen zugleich. Es werden Rotweine zu 100 Prozent aus dem einheimischen Sangiovese erzeugt wie der Brunello di Montalcino, dann Rotweine, die Verschnitte sind aus Sangiovese und importierten [französischen] Rebsorten wie viele Chiantis, und schließlich gibt es die Rotweine, die ganz und gar aus importierten [französischen] Rebsorten entstehen, wie die von Bolgheri. Trotz des verstärkten Anbaus importierter Sorten ist der Respekt für die guten einheimischen Sorten *gestiegen*. Sassicaia war ein Pionier in Bolgheri, dort wurden französische Rebsorten gepflanzt, bevor sich der Einfluss der Amerikaner bemerkbar machte. Jetzt bin ich mit Ca' Marcanda auch ein Produzent von Bolgheri-Weinen aus französischen Rebsorten. Tue ich dies, um Weine internationalen Stils zu produzieren? *NEIN!* Mario Incisa della Rochetta hat bewiesen, dass Bolgheri-Weine trotz der französischen Rebsorten mit einem eigenen Ausweis ausgestattet sind.«

Lange, lange Stille. Zumindest ist es Gaja gelungen, die gesamte Gruppe aufzuwecken, und das ist eine beträchtliche Leistung, denn der Autopilot ist das bevorzugte Steuerungssystem der meisten Journalisten. Dann tauchen zwei Sommeliers mit rotweingefüllten Karaffen auf, und die Jahrgänge 1997 und 98 vom Sassicaia werden ausgeschenkt, während Mario Incisa della Rochetta, dessen aristokratische Herkunft wie auch seine Liebe zum guten Leben unverkennbar sind, zu sprechen beginnt. Der 1998 ist ein angenehm herber, mittelgewichtiger Wein mit dem vertrauten schwarzen Johannisbeeraroma reifer Cabernet-Sauvignon-Trauben, aber darüber hinaus in keiner Weise außergewöhnlich. Der 1997 riecht leider nach Erbsensuppe und wirkt sehr entwickelt. Sie schmecken wie die Produkte eines wieder eingeschlafenen Winzers und liefern jenen Kritikern Munition, die behaupten, die italienische Weinrevolution habe seit Mitte der 1990er an Schwung verloren. Es gibt diese Munition noch in weit größerem Kaliber, zum Beispiel den furchtbar plumpen roten ›Summus‹ von Castello Banfi in Montalcino in der Toskana. Der Wein ist ein Verschnitt aus Sangiovese, Syrah und Cabernet Sauvignon, könnte aber auch aus vielen anderen Rebsorten und in vielen anderen warmen Anbaugebieten außerhalb der Toskana oder Italiens entstanden sein. Bei einer Vertikalprobe des Summus im Restaurant Guy auf der anderen Seite des Gendarmenmarkts wurde deutlich, dass der Wein eigentlich besser ›Sumo‹ heißen sollte – seine Muskeln sind gänzlich übertrieben, und er hat keine klaren Konturen, genau wie ein Sumo-Ringer.

Doch kehren wir bald zu Gaja zurück, die Sommeliers schenken seinen 1997 Costa Russi ein, einen Wein aus der Sorte Nebbiolo mit fünf Prozent Trauben aus der Rebsorte Barbera. Er trägt die nicht sehr namhafte Herkunftsbezeichnung ›Langhe‹ auf dem Etikett, stammt aber eigentlich aus einer Einzellage des umso namhafteren Gebiets Barbaresco. Die Meinungen schlugen hoch, als Gaja, Italiens berühmtester Winzerpionier, seinen Entschluss bekannt gab, Weine solch hoher Qualität und Preisschiene unter der Bezeichnung ›Langhe‹ zu vermarkten, aber diese verwaltungstechnische Frage scheint irrelevant gegenüber dem Erlebnis des Weins. Im Duft gleicht er einem riesigen Blumenstrauß und im Geschmack dem Anblick eines gewaltigen Rubins, der auf einem blauen Samtkissen funkelt, jede seiner Facetten in absoluter Schärfe und Klarheit umrissen durch einen weißen Lichtstrahl in der Dunkelheit. Doch sitzen wir im Restaurant Vau, vor den großen Fenstern die graue Jägerstraße...

Ein Sonnenaufgang würde eigentlich besser zu dieser Reise passen, weil wir nach Kampanien gekommen sind, um die Schöpferin des Rotweins zu besuchen, der vor sieben Jahren der Rotweinrevolution Süditaliens einen Riesenschub gegeben hat. Aber dieser Sonnenuntergang ist so atemberaubend, dass es uns egal ist. Giancarlo Matcovich, ein römischer Freund bärenhafter Statur, der in Berlin Musik studiert hat und jetzt italienische Weine und Feinkost nach Deutschland ex- und deutsche Weine in die entgegengesetzte Richtung importiert, hat sein Auto unten am Hafen des verschlafenen Fischerdorfs Cetara südlich von Neapel an der Amalfi-Küste abgestellt, nachdem meine Frau einen Drink vorgeschlagen hat. Als wir aussteigen, schimmert der bedeutend größere Hafen von Salerno am anderen Ende der Bucht im zarten Gold der letzten Sonnenstrahlen, die Küste von Cilento dahinter verliert sich in kremweiß-rosigem Dunst, das Wasser des Golf von Salerno von reinstem Aquamarin. Endlich verstehe ich, wobei es bei dieser Farbe geht – als Kind hat mich der Klang dieses Wortes bereits fasziniert, mit dem mir der Stein in einem Ring meiner Mutter erklärt wurde.

Der erste richtige Frühlingstag 2002 hat für meine Frau und mich begonnen, als wir heute Vormittag aus dem Flugzeug in den strahlenden Sonnenschein und die laue Luft Roms traten. Matcovich hat uns abgeholt und nach Küssen und Umarmung ging es los nach Süden. Unser erstes Ziel war: Mittagessen! Das Restaurant Torre del Saracino liegt in einem winzigen Fischerdorf, der Marina del Seiano, an der Küste von Serrento. »*Silvia* hat gesagt, wir müssen dort hingehen«, sagt Matcovich bedeutungsvoll, während wir die Autostrada 1 mit wesentlich höherer Geschwindigkeit hinunterbrausen, als offiziell gestattet. Das Restaurant ist in einem nicht besonders beeindruckenden einstöckigen Anbau untergebracht, mit dem ein Turmgebäude aus dem 7. Jahrhundert erweitert wurde. Ein junger, großer und kräftig gebauter Mann kommt in weißer Kochjacke und -schürze mit einem breiten Lächeln aus der Küche und stellt sich als Gennaro Esposito, Küchenchef und Besitzer, vor. Die umfangreiche Weinkarte steckt voller wunderbarer Flaschen, die uns jedoch zu dieser Tageszeit deutlich überfordern würden, deshalb bestellen wir den 2000 Kratos von Luigi Maffini, einen Weißwein von der Costa Cilento, den wir kürzlich »entdeckt« haben. »Wirklich, einen trockenen Weißwein aus Kampanien?«, fragt Matcovich ungläubig. »Ah! Fiano!« sagt jedoch Esposito und instruiert den Weinkellner. Der kommt wenige Minuten später mit fünf verschiedenen trockenen Weißweinen aus der Rebsorte Fiano wieder, darunter dem Kratos. Unser Protest angesichts dieser wundersamen Vermehrung wird einfach beiseite gewischt: »Sie zahlen das, was Sie trinken. Sie müssen diese Weine kennen lernen!« Dann folgt eine kulinarische Orgie, die von extrem kurz und behutsam gebratenen Jakobsmuscheln mit Zitronenfilets und Gaeta-Olivenpesto über Borretschsuppe bis zu einem dekadent opulenten Hummer in pikanter Tomatensauce auf großen Nudelfetzen reicht. Bei Taube und Dessert muss ich die weiße Fahne schwenken, aber das Essen ist ebenso innovativ und beispielhaft für die neue Gastrokultur Süditaliens wie die Weine. Der Kratos mit seinem Duft nach Heu, frischer Ananas und Blütenhonig ist eindeutig der Star auf dem Tisch, aber auch die anderen vier Fianos haben uns gefallen. Bis vor kurzem hätte ich mich geweigert, einen süditalienischen Weißwein zu einem Mahl dieser Klasse zu trinken.

Espositos Küche hat uns auf die monumentale Landschaft entlang der Amalfi-Küste eingestimmt mit den im Mittelalter bedeutenden Orten Positano und Amalfi. Kampanien fällt hier praktisch vertikal ins Tyrrhenische Meer ab, die schmale Straße klammert sich an die Felsen. Nach einer der unzähligen Kurven tauchen unvermutet enge Terrassen an den steilen Hängen auf, die jeglichen Gesetzen der Schwerkraft zu widersprechen scheinen. Wir kennen solche Terrassen aus Weinbaugebieten wie der Mosel, der Wachau und dem Douro, aber hier wachsen keine Trauben, sondern Amalfi-Zitronen in »Zitrus-Grand-Cru-Lagen«. Wir halten an einem Stand am Straßenrand, um ein paar von den großen, buckligen Früchten zu kaufen, und bekommen einen Schnitz als Kostprobe, der zu unserer Überraschung zwar säuerlich, aber keineswegs unangenehm sauer schmeckt. Diese einzigartigen Zitronen sind von einer salzigen Geschmacksdimension geprägt, die an das Mineralische großer Weine erinnert. Sie haben den Jakobsmuscheln bei Esposito den Kick Richtung Himmel gegeben.

In Cetara blühen die Mimosen und Glyzinien, und die Reben an den Hauswänden sind längst am Austreiben. Aus Berliner Sicht, wo uns der Winter im März oft noch einen letzten Besuch mit Eis und Schnee abstattet, bevor er sich nach Norden verabschiedet, ist das alles am 14. März paradiesisch. Nach einem schnellen Glas Spumante in einer kleinen Bar fällt uns auf, dass wir uns wirklich beeilen müssen, um rechtzeitig zum Abendessen anzukommen. Als wir zum Auto zurückgehen, hat über dem Golf von Salerno ein wundersamer Farbwechsel stattgefunden; das Meer in seiner Weite ist jetzt tiefrosa und die Küste von Cilento blau. Fledermäuse flattern durch die Palmen, Pinien und Eukalyptusbäume auf dem Platz am Hafen, während der Schatten der Erde diesen Teil Italiens verschlingt. Die Luft ist immer noch lau. Wir fahren los, Matcovich schiebt Quadrophenia von den Who in die Stereoanlage, und die peitschenden Gitarrenklänge, das dröhnende Schlagzeug und der vulkanische Bass von »The Real Me« versetzen mich zurück zu meinen ersten Erfahrungen mit süditalienischem Rotwein vor nahezu 20 Jahren in einer Pizzeria in London. Der schwere, derbe sizilianische Rotwein besaß so gut wie keine Fruchtaromen oder irgendwelche anderen angenehmen Seiten. Warum kamen und kommen aus einem solchen paradiesischen Klima solche Weine?

Doch nichts in der Weinwelt ist so einfach, wie es auf den ersten Blick erscheint. Die mittleren Julitemperaturen in den wichtigsten Rotwein erzeugenden Gebieten Italiens liegen zwischen rund 22 Grad im Piemont und 25 Grad in Sizilien, im Gegensatz zu etwas über 20 Grad in Bordeaux. Auf dem Papier scheinen die mittleren Niederschläge allgemein ausreichend für den Weinbau ohne Bewässerung – 500 Millimeter pro Jahr und darüber –, aber wie so oft täuscht die Statistik auch hier. Die Niederschläge im Mittelmeerbecken sind unregelmäßig und kommen oft in Form von Stürmen daher, die Tage toben können. Es ist ebenso ein Klima extremer Abwechslungen wie andere Klimazonen von mediterranem Typus, denen wir in Südafrika, Australien und Kalifornien begegnet sind ...

Im Oktober 2000 haben wir den Ausläufer eines gewaltigen Sturmtiefs erlebt, das im Aosta-Tal und Turin wüstete, als wir Angelo Gajas neuem Weingut Ca' Marcanda in Bolgheri einen Besuch abstatteten. Ich wachte nachts in unserem Hotelzimmer durch den Regen auf, dessen Prasseln gegen drei Uhr derart anschwoll, dass es mich an den heftigsten Sturm erinnerte, den ich je in Berlin erlebt hatte. Dort war jedoch nach 20 Minuten alles vorbei gewesen, während es hier volle vier Stunden länger mit der gleichen Intensität schüttete. Würde am Morgen überhaupt noch etwas von den herrlichen Gärten um das Hotel zu erkennen sein? Erstaunlicherweise deutete jedoch nur die stellenweise auf die Straße geschwemmte Erde auf die nächtliche Sintflut hin. Die Sonne lugte zwischen den federweißen Wolken hervor, die Luft war still; es war ein schöner Herbsttag.

Auf der Fahrt mit Gajas gesprächigem Wiener Exportmanager Willi Klinger zur Baustelle des noch nicht ganz fertigen Ca'-Marcanda-Weinguts dachte ich über den strengen, rustikalen Bolgheri Rosata nach, den wir am Abend zuvor als Aperitif getrunken hatten. Bis 1970 stammten nur solche Weine aus den leicht hügeligen Weinbergen zwischen den letzten Ausläufern der toskanischen Berge und der Küste. In jenem Jahr kam der erste kommerzielle Jahrgang von Sassicaia den 1968 auf den Markt, ein Wein vom Format und der Finesse eines großen roten Bordeaux, doch körperreicher und geschmeidiger. Sassicaia hatte sich meinem Nervensystem eingeprägt, als der 1985 eine Blindverkostung von Cabernet-Sauvignon-Rotweinen dieses Jahrgangs gewann und die Spitzen aus Bordeaux, Kalifornien sowie Gajas Cabernet Sauvignon aus Barbaresco, ›Darmaji‹, in den Schatten stellte. Sassicaias Erfolg bewies, dass durch drastische Veränderungen in Weinberg und Keller erhebliche

Qualitätssteigerungen bei den Weinen bisher unbekannter und unterentwickelter italienischer Weingebiete möglich waren. Angesichts des Ansehens, das Sassicaia und sein Nachbar Ornellaia für Bolgheri aufgebaut haben, erschien mir Gajas Schritt mit Ca' Marcanda nicht sehr gewagt. Doch als er mir seine Geschichte erzählte, änderte ich schnell meine Meinung.

»Ich gehöre zu diesen *Idioten,* die arbeiten müssen. Ich konnte mich nie für Hobbys interessieren. Eines Tages sah ich eine geologische Karte von Bolgheri und entdeckte, dass es nur noch eine Stelle gab mit demselben Boden wie Sassicaia und Ornellaia. Ich entschloss mich, ein bisschen zu forschen, und fand heraus, dass dort sehr dürftiger Wein gemacht wurde. Ich wandte mich an die Besitzer, zwei Brüder und eine jüngere Schwester, und bot meine Hilfe an. Nach einigen Gesprächen waren sie bereit zu verpachten. Ich wollte einen Pachtvertrag über 22 Jahre, sie waren aber nur zu zehn Jahren bereit, das war zu wenig. Nach 17 Treffen und Verhandlungen über 14 Monate konnte ich das Anwesen endlich kaufen. Deshalb habe ich mich für diesen Namen entschieden, der im Dialekt des Piemonts »Haus der Verhandlungen« bedeutet ... Wir haben die bestehenden Weinberge gerodet, 60 Hektar neue Weinberge angelegt, und Giovanni Bo hat eine neue Kellerei in radikalem Stil entworfen. Sie ist in den Boden gesetzt, nur eine Seite liegt frei. Das bestraft den Architekten, der sich auf Details im Innern konzentrieren muss.«

Klinger fuhr an der massiven Steinwand von monumentaler burgartiger Schlichtheit, der einzigen freiliegenden Seite von Ca' Marcanda, vorbei zur Rückseite der Kellerei, wo erst vor drei, vier Wochen die Trauben der ersten Lese angeliefert worden waren. Die komplizierte Dachlandschaft vor uns wirkte eher wie der Eingang zur Landebucht eines großen Raumschiffs in einem »Krieg der Sterne«-Film, obgleich die Dachbalken verrostete Stahlträger waren, die auf riesigen rostigen Stahlsäulen ruhten. »Giovanni Bo liebt gebrauchte Materialien«, hatte Klinger voller Begeisterung erklärt, als stehe sein eigenes Haus kurz vor der Fertigstellung, »die Säulen waren ursprünglich Entsorgungspipelines in der Tschechischen Republik. Im Innern gibt es noch mehr davon.« Die Gär- und Kelterhalle waren von einer kühlen, geräumigen Ästhetik, die an Fabrikgebäude der Bauhaus-Zeit erinnerte und der die grünblauen Glasfliesen auf dem Boden einen originellen Akzent verliehen. Klinger erzählte weiter, dass die 52 hohen Edelstahl-Gärtanks eine Kapazität von 500 000 Litern hätten, obwohl die Lese 2000 aufgrund der Jugend der Reben nur ein Fünftel davon umfasste. Dann folgte eine riesige Abfüllhalle, in der mich die dichte Reihe von Stahlsäulen – wieder die ehemalige Pipeline – an die Architektur von Boullée aus der Zeit der Französischen Revolution erinnerte, und schließlich zwei Fasskeller, einer für das erste Jahr Reife der Weine im Fass, der andere für das zweite und einer direkt über dem anderen gelegen. Beide Räume waren mit Fußbodenheizung und -kühlung ausgestattet und durch einen Fahrstuhl verbunden, sodass die Weine nie gepumpt werden müssen. Alle diese technischen Details waren tatsächlich an dem überzeugenden Gesamteindruck beteiligt, den das Gebäude vermittelte.

Endlich verkosteten wir auch die gerade vergorenen Weine. Zuerst einen Merlot aus den dunkleren, schweren Tonböden, der stark an frisch vom Baum gepflückte Maulbeeren erinnerte, sehr aromatisch und ziemlich süß, während der noch opulentere Merlot von den steinigen, kalkreichen Terre-Bianche-Böden mit seinen Pflaumenkuchen ähnelnden Aromen nicht aufhören wollte, meine Zunge zu streicheln, selbst als ich den unfertigen jungen Wein bereits in den Edelstahleimer gespuckt hatte, der zu diesem Zweck bereitgestellt war. Eine einzige Partie Cabernet Sauvignon von Terre-Bianche-Boden erwies sich als wesentlich herber und geradliniger, als der üppige Duft nach schwarzen Kirschen, roter Paprika und Schokolade vermuten ließ. Angesichts des embryonalen Zustands der Weine konnte ich nur feststellen, dass sie anders als die bereits existierenden Bolgheri-Weine schmeckten. Gaja hätte in Kalifornien, Australien oder irgendeinem bis dato beinahe unbekannten Weinland investieren können. Er entschied sich jedoch, seinen Wurzeln treu zu bleiben und seine Ideen in ein anderes Anbaugebiet Italiens zu übertragen …

Die Who spielen sich immer noch stilvoll ihre Aggressionen vom Leib, als wir in der Nähe des kleinen Ortes San Cipriano von der Hauptstraße abbiegen und einen Feldweg zwischen Zitrusbäumen zu einem zweistöckigen Barockhaus hinauffahren. Inzwischen sind wir ganz und gar in den Schatten des Globus gerückt, und erst als die Scheinwerfer des Autos in eine andere Richtung schwenken, erkenne ich zwei weitere, neue Häuser links daneben. Die Stereoanlage verstummt, und als wir aussteigen, höre ich Hunde bellen. Wir gehen hinüber zu dem Barockhaus, dessen Fenster erleuchtet sind, und auf der Veranda kommt uns eine zierliche, temperamentvolle Frau mit rotbraunem krausen Haar Mitte vierzig entgegen, umgeben von mehreren Hunden. »Willkommen in Montevetrano!«, sagt Silvia Imparato, die wir bereits kennen gelernt haben, als sie mit Giancarlo Matcovich zur Jahrespräsentation des italienischen Weinführers Gambero Rosso in Berlin war. Sie trägt einen schwarzen Rollkragenpullover und schwarze Hosen mit einem roten Schal und flachen roten Wildlederschuhen. »Es wird ein bisschen kühl, gehen wir hinein«, sagt sie, und wir folgen ihr in den hinteren Teil des Esszimmers, in dem Barock-Stiche deutscher Städte hängen, zu einer Gruppe von schwarz lackierten Korbstühlen um einen dazugehörigen Tisch und setzen uns. Hinter mir hängt Weimar. »Ich dachte an einen deutschen Riesling als Aperitif, Joh. Jos. Prüm oder Müller-Catoir, aber dann habe ich überlegt, dass etwas anderes, Italienisches vielleicht interessanter ist«, sagt Silvia Imparato und schenkt den 2000 Sanct Valentin Sauvignon Blanc der Winzergenossenschaft St. Michael-Eppan aus Südtirol ein. Ich kämpfe immer noch ein wenig mit unserem Marathon-Mittagessen bei Esposito, und die Bergfrische und das delikate schwarze Johannisbeeraroma dieses Weins sind mir sehr willkommen. Neben Martin Foradori von Hofstätter, Franz Haas und Peter Pliger der gleichnamigen Weingüter gehört Hans Terzer, der Geschäftsführer und Kellermeister von St. Michael-Eppan, zu den Winzern, die dieses Gebiet während der 1990er an die Spitze der trockenen italienischen Weißweine geführt haben. »Wir haben gerade einen Weißwein namens Kratos von Luigi Maffini entdeckt. Was halten Sie davon?«, frage ich Imparato, weil mich die Meinung eines Profis aus dem Gebiet interessiert. »Kratos ist der beste Weißwein in ganz Süditalien«, entgegnet sie mit großen Nachdruck, »nächstes Mal müssen Sie Maffini besuchen, er ist ein guter Freund.«

Die Flasche aus Südtirol ist schnell geleert, und wir gehen hinüber zum Tisch. Silvia Imparato bringt eine Platte mit Crostini, bestrichen mit Gemüsekonfitüren von Montevetrano und »einen vino della casa ... 2000 Montevetrano«. Der Rotwein von Montevetrano ist mit mehr Lob und Spott bedacht worden als jeder andere Wein Süditaliens, seit der erste kommerzielle Jahrgang, 1993, Ende 1995 auf den Markt kam. Ein großer Teil des Spotts ist in direkter Weise durch das Lob ausgelöst worden; es war und ist der Versuch, auf das Lob zu antworten und es damit zu neutralisieren. Kurz nachdem der 1993 abgefüllt worden war, hatte Imparato eine Probe an den amerikanischen Weinkritiker Robert Parker geschickt, dessen Empfehlungen größeren Einfluss auf den Weinmarkt haben als alle anderen. Er bewertete den Wein mit 96 von 100 Punkten und schwärmte in den höchsten Tönen. Seit der Veröffentlichung dieser Besprechung ist Montevetrano permanent ausverkauft. Es muss jedoch hinzugefügt werden, dass die drei Gläser, die Höchstbewertung, mit denen der italienische Weinführer Gambero Rosso die Jahrgänge 1993, 95, 96, 97, 98 und 99 bedachte, ebenfalls bedeutende Auswirkungen auf die Nachfrage in Italien und den deutschsprachigen Ländern haben. Sowohl Parker als auch Gambero Rosso mangelt es nicht an Gegnern unter ihren Mitbewerbern in der Welt des Weinjournalismus, und manche der länger etablierten Weinerzeuger Italiens waren zweifellos pikiert, dass eine Frau aus Salerno, die in Rom Fotografie studierte, ohne jegliche Erfahrungen mit dem Weinbau sie auf Anhieb übertrumpft hatte.

Drängt man jene, die Montevetrano kritisieren, sich präziser zu äußern, was sie an dem Wein störe, dann bekommt man zu hören, es sei einfach nur ein weiterer Rotwein aus französischen Rebsorten, die überall von Chile bis nach Indien, Neuseeland bis nach Israel angebaut werden und deshalb austauschbar seien. Dann folgt typischerweise, der Wein sei außerdem mit den anderen Rotweinen austauschbar, für die der Önologe Riccardo Cotarella verantwortlich sei. Cotarellas Ruf basiert auf den ersten Jahrgängen von Montevetrano, und heute steht er hinter Weinen von so weit voneinander entfernten Orten wie seinem eigenen Betrieb Falesco in Montefiascone in Latium, dessen Spitzenwein Montiano aus der Rebsorte Merlot ist, und dem

Weingut der Familie Morgante in Grotte in Sizilien, deren Spitzenwein Don Antonio aus der einheimischen Sorte Nero d'Avola erzeugt wird. Die kritischen Stimmen sagen, dass Montevetrano wie alle anderen Cotarella-Weine tieffarbig, süßlich und geschmeidig sei, nach reifen schwarzen Früchten und Vanille vom vielen Holz dufte und nicht älter als ein paar Jahre werden könne. Der letzte dieser Punkte ist so ungefähr das Schlimmste, das man einem teuren, hoch gelobten Wein nachsagen kann. Solche Kritik bedeutet, dass er nicht nur ein charakterloser Modewein ist, sondern ein Blender. Niemand hat dieses Wort mir gegenüber je in Verbindung mit Montevetrano benutzt, aber das ist es, was sie meinen.

Der Wein ist zweifellos recht tieffarbig, doch angesichts der Tatsache, dass er hauptsächlich aus den Rebsorten Cabernet Sauvignon und Merlot besteht, bei denen die Farbe kein Problem darstellt, und aus einem warmen Klima stammt, in dem diese beiden Sorten leicht zu voller Reife gelangen, wäre eine blasse Farbe ein schlechtes Zeichen. Als ich meine Nase in das große Glas stecke, fällt mir als Erstes ein ganzer Strauß von Kräutern auf, wie Thymian und Oregano, die sich in diesem Klima ebenfalls wohl fühlen. Unbestreitbar sind da auch Aromen, die zur Familie der schwarzen Früchte gehören, und der erste Eindruck im Mund ist ziemlich üppig, süß und geschmeidig. Doch ist der Wein gerade erst abgefüllt worden und erst 18 Monate alt, also noch im Babyspeck-Stadium. Bei Rotweinen bedeutet das überschwänglichen Duft und den mehr oder weniger starken Eindruck von Süße, abhängig von Herkunft, Rebsorte und Jahrgang. Der Wein in meinem Glas wirkt weder klebrig oder schwer noch konstruiert, was tatsächlich Grund zur Sorge wäre. Die wirkliche Prüfung ist jedoch das Alter, die Auswirkungen der Zeit auf den abgefüllten Wein.

Wie abgesprochen, kommt Imparato jetzt mit einem weiteren Glas und bemerkt: »1999«. Erst jetzt fällt mir auf, wie ruhig es am Tisch ist, Matcovich und meine Frau sind ebenso in die Weine versunken wie ich. Beim 1999 sind die kräutrigen Aromen noch stärker ausgeprägt. Der Wein hat bereits etwas von seiner jugendlichen Pummeligkeit abgelegt, sodass mehr von dem Gerbstoffskelett darunter zu erkennen ist. Es ist ein majestätischer Wein und daher stiller als der schwungvollere 2000er. Das hängt sicher vom persönlichen Geschmack ab, ich finde auch Frauen interessanter, die die süße, weiche »Schönheit« der Teenagerjahre und frühen Zwanziger bereits hinter sich haben. Silvia Imparato erscheint wiederum mit einem Glas: »1997 della casa«. Es ist der erste Montevetrano, den ich verkostet habe, und der Wein hat sich in den zwei Jahren seit dieser ersten Begegnung grundlegend verändert. Wenn die Montevetrano-Kritiker die Weine nur in ihrer ersten Jugend erleben, kann ich verstehen, dass sie sich wahrscheinlich nicht vorstellen können, wie daraus innerhalb von zwei oder drei Jahren ein Wein wie dieser vor mir im Glas werden kann. In diesem Entwicklungsstadium entspricht der Wein trotz Macht und Fülle in keiner Weise den Beschreibungen seiner Kritiker. Er ist ebenso kultiviert wie Silvia Imparatos eigene Energie und Ausdruckskraft. Unsere Gastgeberin verschwindet für einige Minuten in der Küche, während wir uns voll und ganz auf die drei Weine vor uns konzentrieren.

Mir fallen die Worte ein, die zwei andere neue Starwinzer aus dem Neuen Süden Italiens, Giorgina und Antonio Terni, auf das Etikett ihres Rotweins ›Chaos‹ geschrieben haben: »Die ›Chaos‹-Theorie erklärt, warum gewisse Vorgänge nicht vollständig erklärt werden können. Und Wein – dieser Wein, jeder Wein – kann nicht durch die unzähligen Reaktionen zwischen seinen einzelnen Komponenten erklärt werden. Umso besser.« Sie treffen auf Montevetrano noch mehr zu als auf den ›Chaos‹ der Ternis. Montevetranos Schöpferin kehrt mit einer großen Platte geschmortem Zicklein zurück, und plötzlich brechen wir in lebhafte Unterhaltung aus, der Bann der Konzentration ist gebrochen, der uns in der Stille verbunden hat. Die wunderbare Schwelgerei am Mittag ist vergessen, und uns verlangt wieder nach Wein und Essen. Die Verkostungsrituale werden unter den Tisch gefegt, »Salute!«, stoßen wir an auf alle nicht erklärbare Reaktionen.

Als unsere Teller leerer und unsere Mägen voller werden, legt Imparato ihr Besteck auf ihren Teller und holt tief Luft. »Obgleich 93 der erste offizielle Jahrgang Montevetrano war, habe ich mit Riccardo Cotarellas Hilfe bereits 91 und 92 jeweils ein Barriquefass Wein gemacht. Ich dachte, wir sollten schauen, ob sie noch etwas taugen, und den 1993 zum Vergleich probieren.« Sie geht die Flaschen holen, und wir leeren die letzten Tropfen aus unseren Gläsern. Ich bin sehr gespannt, herauszufinden, ob ihr Wein so lange altern kann; 91 war ein schwacher Jahrgang in Italien und 92 ein katastrophaler, ausgewaschen durch heftige Regengüsse, wie wir es in Bolgheri erlebt haben. Alle drei Weine, die Imparato jetzt eingeschenkt hat, sind noch voller Leben, der 92 weder dünn noch von Unreife oder Härte beeinträchtigt; die üblichen Zeichen vom Regen geschädigter Trauben. So überraschend wie der 91 und der 92er sind, haben wir doch schließlich alle das Glas mit dem 93er in der Hand. »Bellissimo!«, sagt Matcovich, als sänge er eine Arie; sein Gesicht strahlt vor Freude über diesen Wein. Er hat Recht – warum analysieren, wenn der Wein so froh und temperamentvoll, raffiniert und willensstark wie Silvia Imparato ist? Wenn ich nach Hause komme und meinen Kollegen von meinen Erlebnissen in Süditalien erzählen werde, dann werden sie sagen: »Montevetrano? Aber das ist doch längst ein alteingesessener Betrieb!«, und die Namen anderer aufzählen, die angeblich aufregender sind, weil sie »neuer« sind und erst seit zwei oder drei Jahren Wein machen, als sei das eine Tugend in sich, während man mit einem Jahrzehnt an Erfolgen hinter sich passé ist. Wenn man unbedingt kritisieren will, findet man immer einen Grund …

Nicht nur die Franzosen selbst verstehen unter »der Süden« den südlichen, mediterranen Teil ihres eigenen Landes. Seit beinahe einem Jahrzehnt stehen die neuen Weine aus dem Mittelmeerraum Südfrankreichs im Mittelpunkt großen Interesses und intensiver Diskussionen in Fachkreisen. Vor zwanzig Jahren gab es dort einzelne Inseln hervorragender Qualität, allen voran Château Simone in Palette, keine fünf Kilometer vom Stadtzentrum von Aix-en-Provence, Château Vignelaure in Rians, 25 Kilometer östlich von Aix-en-Provence, und einige Produzenten in Châteauneuf-du-Pape wenige Kilometer südlich von Orange, vor allem Beaucastel, Rayas und Vieux Télégraphe. Alle diese Rotweine habe ich noch als Kunststudent in London verkostet, zusammen mit einigen Rotweinen aus Collioure im äußersten Südwesten von Roussillon, deren Namen mir entfallen sind. Die Liste basiert auf meiner ergebnislosen Suche nach hochwertigen französischen Rotweinen, die einen Bruchteil der roten Bordeaux kosteten, die ich gerne trinken wollte, mir aber nicht leisten konnte. Ich mochte alle diese Süd-Weine, aber auch sie waren leider zu teuer für meine äußerst bescheidenen Verhältnisse, also mischte ich mich mit einem roten Fitou einer Winzergenossenschaft aus dem Languedoc unters gemeine Volk, der tieffarbig war und für 2,99 Pfund Sterling reichlich südliche Aromen und Alkohol besaß.

Dieselbe Motivation, die Suche nach Alternativen zum roten Bordeaux, steckt hinter dem plötzlichen Interesse an den Weinen aus Languedoc und Roussillon seit Mitte der 1990er, als die Preise für die jungen Bordeaux-Weine die steigende Tendenz einleiteten, die ihren letzten Höhepunkt im Frühjahr 2001 erreichte. Wie in Süditalien kamen die interessantesten der neuen Rotweine aus Ecken ohne den geringsten Ruf für Qualitätswein, die ganz im Gegenteil eher für rustikalen Vin Ordinaire bekannt waren. Mein erster Besuch im Februar 1998 hatte mich davon überzeugt, dass das Languedoc-Roussillon die Neue Weinwelt Frankreichs war, ein Gebiet, in dem Außenseiter den Ton angaben, von dem Ex-Champagnewinzer Jean-Louis Denois, damals bei der Domaine de L'Aigle in Roquetaillade im Limoux – der inzwischen Weine unter seinem eigenen Namen verkauft –, bis zu dem ehemaligen belgischen Versicherungsmakler Guido Jansegers auf Château Mansenoble in Moux im Corbières. Sie schenkten den eingefahrenen Vorurteilen der Einheimischen, Ergebnis von Jahrzehnten der Nachlässigkeit unter dem Deckmantel der »Tradition«, keinerlei Beachtung, gingen im Weinberg nach denselben Prinzipien vor wie in etablierten Qualitätsweingebieten und versuchten die reifen, fruchtigen und würzig kräutrigen Aromen einzufangen, die so entstanden. Ihre fanatische Besessenheit mit Qualität wurde mir erstmals bewusst, als mir Jansegers erzählte, dass er jede einzelne Traube von seinen Mourvèdre-Reben gekostet habe vor der Lese. Dadurch sind Rotweine von großer Noblesse wie seine üppige, samtige 2000 Réserve möglich. Später las ich die Beschreibung meiner Landsmännin und Kollegin Jancis Robinson: das Languedoc sei »die offene Hintertür Frankreichs, sein Schmelztiegel, seine Verbindung zur Außenwelt«, und fand darin alle maßgeblichen menschlichen

Aspekte dieser Welt wieder, die mich trotz kalten Winds und grauen Himmels begeistert hatte. Am zweiten November 1999 begann ich mit der bewussten Erforschung der Schönen neuen Weinwelt im Languedoc.

Am Morgen jenes Tages fuhren meine Frau und ich durch das direkt am Meer gelegene Dorf Narbonne-Plage, dessen Fensterläden verriegelt waren. Die Saison war lange vorüber, vielleicht seit die Horden aus Nordfrankreich Anfang September an Schreibtische und in Fabriken zurückgekehrt waren. Im nächsten winterschlafenden Ferienort, St.-Pierre-sur-Mer, bogen wir landeinwärts ab, kurvten durch überwucherte Sanddünen, die Straße ging ein wenig bergauf; schließlich hielten wir vor einem ziemlich beeindruckenden Haus von Anfang des 20. Jahrhunderts im französisch-mediterranen Stil: Château de la Négly. Ein stämmiger Mann mit lockigem Haar erschien, Jean Rozet, der uns erzählte, er habe den Betrieb 1996 geerbt und sei eigentlich Immobilienmakler. Wegen den beträchtlichen Entfernungen zwischen unseren Weingutsterminen waren wir froh, als er nur eine kleine Besichtigungsrunde vorschlug.

Aus den Fenstern im oberen Stock des Châteaus blickten wir über Palmen, Springbrunnen und Swimmingpool im Garten und die Weinberge dahinter. Der Auffälligste von ihnen verdeutlichte, warum der beste der »normalen« Rotweine von Négly ›La Falaise‹ heißt. Er kommt von Syrah- und Grenache-Reben, die auf Hängen unmittelbar unter hohen Felsen wachsen, nur zwei bis drei Kilometer von den Wellen des Mittelmeers entfernt. Es war ein milder Herbsttag, aber im Hochsommer ist das Wetter hier heiß und sonnig, und das Meer hält die Reben während der Nacht warm; außerdem gibt es im Sommer sicher auch ziemliche Trockenperioden. Das alles erklärte, warum der 1998 ›La Falaise‹, ein Wein der Appellation Contrôlée Coteaux du Languedoc, den wir mit Rozet verkosteten, sehr warm, füllig und süßlich schmeckte. Glücklicherweise war er dabei weder marmeladig noch hart. Dann folgten wir Rozet in einen Keller, wo italienische Terrakottafliesen, Gesimse und diskrete Designerleuchten auf gute Immobiliengeschäfte deuteten. Dort erklärte er, dass wir Glück hätten, einen seiner Spitzenweine verkosten zu können, aus außergewöhnlich reifen Trauben, mindestens einen Monat in Holzbottichen vergoren, die aussahen, als seien sie von Meisterküfern gefertigt worden. Ich fragte mich, wie viele Ferienhäuser er wohl zur Finanzierung dieser Keller samt Ausrüstung hatte verkaufen müssen. Mit tintig violetter Farbe und 16 Grad Alkohol schmeckte der 1998 Le Clos des Truffiers wie Portwein ohne Süße, ein gigantischer Wein, bis zum Bersten mit allem gefüllt, was die kraftvolle Mittelmeersonne einem Rotwein geben kann. Ihn zu verkosten war eine sehr interessante Erfahrung, doch konnte ich mir nicht vorstellen, ihn tatsächlich zu trinken. Er war wie eine Strandschönheit, deren Attraktivität in der Sonne verbrannt war.

In vielerlei Hinsicht fanden wir, dass Château de la Négly haargenau dem Klischee des mediterranen Rotweins entsprach, allerdings auf hohem Niveau.

Und ›La Falaise‹ ist zweifellos sehr passend zu der heimischen Küche. Doch während der folgenden Tage wurde uns klar, dass »mediterrane« Weine ebenso wie die Landschaften wesentlich vielfältiger sind als dieses simplistische Bild. Nirgendwo trifft das mehr zu als in Pic St. Loup, 25 bis 50 Kilometer nördlich von Montpellier.

Als wir zwischen der gewaltigen weißen Felsenwand des 512 Meter hohen Mont d'Hortus und dem auf 658 Meter aufragenden zerklüfteten weißen Gipfel des Pic St. Loup entlangfuhren, schien es, als durchquerten wie einen mächtigen Krater, von vulkanischen Kräften aufgerissen oder einem riesigen Meteor in die Erde gebohrt. In Wirklichkeit bewegten wir uns auf der Verwerfungslinie zwischen zwei Arten von Muschelkalkgestein, aus der Kreide-, aus der Jurazeit. Die oberen Hänge waren so öde und so wenige Zeichen von Zivilisation erkennbar, dass wir uns fernab von Städten oder Ortschaften fühlten. Es hätte fast ein anderer Planet in einem Science-Fiction-Film sein können. Da entdeckten wir unten auf dem »Kraterboden« einige Flecken mit Reben, die zu den rund 600 Hektar hauptsächlich mit den roten Rebsorten Grenache, Syrah und Mourvèdre angelegten Weinbergen des Pic St. Loup gehörten. Unter der Bezeichnung Pic St. Loup vermarktete Weine müssen laut Gesetz zumindest 90 Prozent aus diesem in Australien kurz »GSM« genannten Rebsortenverschnitt bestehen, einem Weintyp, der in Südaustralien während der letzten zehn Jahre immer beliebter geworden ist. Doch hat das den Ruhm der neuen Starwinzer Südfrankreichs nicht geschmälert, ganz im Gegenteil. Es hat ihre Leistungen in den Augen von Weinprofis und Weinfreunden noch bestätigt und aus dem Languedoc-Roussillon anerkanntermaßen die Heimat des »GSM« gemacht.

Wir rieten eher, als dass wir wussten, welches der richtige Weg war, und bogen bei der nächsten Gelegenheit hinunter zum »Kraterboden« ab, wo es augenblicklich grüner und weniger felsig wurde, tatsächlich beinahe freundlich. Vor uns lag ein ungestrichenes Holzgebäude mit hohem Giebeldach, in dem sich drei Ventilatoren langsam drehten. Ich erkannte es aus Beschreibungen, die mich auf Mendocino County in Kalifornien hätten tippen lassen, wenn man es mir nicht wenige Tage vor unserer Abreise als neues Kellergebäude der Domaine de L'Hortus geschildert hätte. Hier in Frankreich wirkte es wie ein von Pionieren mit revolutionären Zielen gestalteter Ort. Wir gingen hinauf zum ebenfalls aus Holz gebauten Wohnhaus daneben, aus dessen Tür uns eine schlanke, kurzhaarige Frau um die vierzig entgegenkam, uns begrüßte und sich als Marie-Thérèse Orliac vorstellte: »Mein Mann lässt sich entschuldigen, er hat derart viel Arbeit im Keller«, sagte sie und erklärte weiter: »Wir haben dieses Grundstück vor genau 20 Jahren gekauft ...« – damit zerplatzte meine Vorstellung von Frankreichs Neuem Süden als einem Phänomen ausschließlich der 1990er – »... und 1994 die Weine zum ersten Mal in unseren eigenen Räumlichkeiten ausgebaut.«

Bedachtsam erläuterte sie, dass das Klima kühl und feucht im Vergleich zum übrigen mediterranen Frankreich sei, aber immer noch eher warm für die Syrah-Reben, die deshalb auf den nach Norden ausgerichteten Hängen des Pic St. Loup ständen, damit die Trauben nicht zu schnell reiften und dadurch fad würden. Für den Hitze und Sonne liebenden Mourvèdre gelte hingegen genau das Gegenteil, für ihn brauche es die sonnigsten und geschütztesten Hänge nach Süden zu, damit die Trauben richtig ausreiften. Selbst dann müssten sie diese Sorte so spät wie möglich lesen, oft in den letzten Oktobertagen, um unreife Aromen und Gerbstoffe zu vermeiden. Es war offensichtlich eine große Herausforderung, hier erstklassige Rotweine zu produzieren; zu viel Hitze schadete der einen Rebsorte, während die andere bei zu wenig Hitze litt. Die Bestrebungen der Orliacs schienen wie eine Gratwanderung auf der Spitze des Pic St. Loup. Um in diesem Tal zu leben, musste einem die Abgeschiedenheit liegen; ein Konzept, das ich erst später auf der anderen Seite der Erdkugel richtig begriff. Hier im Languedoc-Roussillon hatte ich bis zu diesem Moment kein Gefühl für die Einsamkeit bekommen.

Unsere Gastgeberin ging mit uns zu einem Edelstahltisch an einer Wand des Kellergebäudes, auf dem bereits eine Verkostung vorbereitet worden war. Zu unserer großen Überraschung standen am Anfang zwei frische und aromatische Weißweine, der 1998 ›Classique‹ blanc, dessen Duft mich an Kräutergelee, weiße Pfirsiche und Grapefruit erinnerte; Töne, die ich stets mit *nördlichen* Weißweinen assoziiert hatte. Es war jedoch Gebirgsfrische und nicht nördliche Frische, die wir schmeckten. Weniger knackig, aber faszinierender in Statur und Aromen war der 1998 ›Grande Cuvée‹ blanc, der in Barriques lag, bevor er mit acht Monaten abgefüllt wurde. Geschmacklich dominierten weder die Chardonnay- noch die Viogniertraube, aus denen der Wein stammte; er war frisch und seidig, wachsig und kräutrig und passte in keine der Weinkategorien in meinem Kopf. Obgleich ich andere oft kritisiere, weil sie Weine in Kategorien drängen, ist es für mich ein erster Schritt, um einen Wein zu begreifen, und es gibt kein besseres Zeichen, als wenn ein Wein sich weigert, sich ordentlich in eine der konventionellen Kategorien zu fügen.

Auf ganz andere Art geschah dasselbe beim 1998 ›Classique‹ rouge. Laut herkömmlicher Weintheorie muss jeder Rotwein für einige Zeit in einem kleineren oder größeren Holzgebinde reifen, damit sich sein Bouquet entfalten kann; wird ein Rotwein ausschließlich im Edelstahltank gelagert, wird er nach Tuttifrutti riechen oder sogar einen Tankstinker entwickeln aufgrund von reduktiven Vorgängen, dem Gegenteil der Oxidation. Der 1998 ›Classique‹ rouge hatte jedoch sein ganzes Leben in Edelstahl und auf der Flasche verbracht und war trotzdem rund, aromatisch – rote und schwarze Beeren, Gewürze – und vergnügt. Die zerklüftete, extreme Landschaft, Albtraum der Kartographen – wie bringt man zehn Höhenlinien auf drei Millimetern unter? –, war für diesen Wein kein Hindernis, sondern hatte ihn mit allem Nötigen ausgestattet. Dann verkosteten wir uns durch ein halbes Dutzend Barriquefässer, in denen der 1998 ›Grande Cuvée‹ rouge reifte, Weine mit den kraftvollen Farben und dichtem Webmuster eines großen Gobelins, doch ohne eine Spur des Staubs, der sich auf diesen Teppichen sammelt, wenn sie eine Weile an der Wand hängen. Weder Staubfusselchen noch Spinnweben gab es in dieser hellen, geräumigen Welt, die gänzlich von den Bürden der Vergangenheit befreit worden war.

Wir schüttelten noch Jean Orliac die Hand, der in Overall, Gummistiefeln und Gummischürze dabei war, die Tanks sauber zu machen, in denen bis vor wenigen Tagen der 1999 gegoren hatte, und fuhren dann weiter auf der D17 nach Claret, zu unserer Linken eine mächtige Felskette, ebenfalls aus Muschelkalk. Dem Mont d'Hortus folgte der Roc des Mates mit 353 Metern, dann sehr nah und steil aufsteigend der 301 Meter hohe Le Pioch. Als wir links auf die D107 abbogen, tauchte die Felswand der Crête de Taillade auf, deren Grat zwischen 300 und 420 Meter über dem Meeresspiegel liegt und die nördliche Grenze der Appellation Pic St. Loup bildet. Von diesem Punkt an folgten wir der Beschilderung nach Les Embruscalles durch dieses letzte Dorf hindurch zu einem Schotterweg, alles entsprechend der Beschreibung von Olivier Bridel, dem Besitzer von Château Lavabre, unserem Ziel. Er hatte gesagt, dass er uns erwarten würde, und wir waren sogar pünktlich. Wir kamen zu einem recht großen zweistöckigen Haus mit weitläufiger Terrasse und hielten an; das musste es sein.

Die Sonne stand bereits sehr niedrig, und die Luft roch nach nassem Laub und Lagerfeuer. Wir suchten nach einer Klingel, konnten aber keine entdecken, und obwohl die Kellertür offen stand und Licht brannte, schien doch niemand da zu sein. Dann stieß ich auf eine große Glocke außen am Haus und läutete mehrmals sehr kräftig. Während wir warteten, studierten wir die Karte und sahen, dass Château Lavabre nicht nur am Fuß der Crête de Taillade lag, deren steiler waldbedeckter Hang sowie Muschelkalkgipfel sich direkt hinter dem Haus auf der Nordseite erhob, sondern umrundet war von den Hängen der Les Cognets im Nordwesten, dem Traversas im Südwesten und dem Roc de Lafous ein wenig weiter im Süden, alle deutlich über 300 Meter hoch. Keiner dieser Berge war so extrem wie die Steilhänge um die Domaine de L'Hortus, doch waren die Reben von Lavabre auf allen Seiten außer nach Osten von gewaltigen Muschelkalkhängen umgeben. Guido Jansegers vom Château Mansenoble, dessen beste Weinberge auf den unteren Hängen des ebenfalls muschelkalkgeprägten Mont d'Alaric 25 Kilometer östlich von Carcassonne liegen, hatte mir bereits erklärt, dass der Muschelkalk wie ein Schwamm wirkte, der Wasser speichert, sodass Reben in der Nachbarschaft von Muschelkalkfelsen längst nicht im gleichen Maße unter Trockenperioden leiden wie auf anderen Böden. »Das ergibt elegantere Weine«, hatte er zusammengefasst. Außerdem schützen die Berge vor Wind, und kalte Winde sind hier vielleicht das größte Problem für die Entwicklung der Trauben. Die Lage von Château Lavabre war offensichtlich extrem von diesen Faktoren geprägt.

In diesem Moment kam ein Mann um die fünfzig mit buschigem, halb ergrautem Haar in Jeans mit Hosenträgern und einem karierten Flanellhemd aus den Weinbergen zum Haus herauf, gefolgt von einem wesentlich jüngeren Mann. Der Ältere stellte sich als Bridel vor und bedeutete uns, ihm in den Keller zu folgen. Es gab darin nichts zu sehen außer ein paar großen Glasfasertanks von der Art, wie sie die meisten erfolgreichen Winzer längst gegen Edelstahl ausgetauscht haben, und einigen großen Spinnweben in dunklen Ecken – hier herrschte ein ganz anderer Geist als bei Hortus. An der Innenseite der Eingangstür waren einige Zeitungsausschnitte aus der amerikanischen Weinpresse angepinnt, überaus lobende Kommentare zu Bridels erstem Wein, den 1995 Château Lavabre. Auch wir waren begeistert gewesen von seiner Kombination von Stärke und Frische. Er war der Grund, warum wir in diesen letzten Zipfel von Pic St. Loup gefahren waren. »In meinem Alter erfordert es Mut, einen neuen Start zu wagen. Ich bin sehr glücklich über meine Entscheidung, hierher zu kommen«, erklärte der gebürtige Normanne und Angehöriger einer Molkerei-Dynastie, »im Winter ist es allerdings nicht immer einfach hier [zu leben].« Sein Gesicht trug den zerfurchten Ausdruck, der durch harte Arbeit entsteht, doch schien er die Arbeit in den Weinbergen eindeutig zu genießen. Wie er uns dann erzählte, hatte er das Leben hier ganz bewusst als Ausgleich für ein früheres als Geschäftsführer einer Firma bei Bordeaux gewählt, bei der es um die Extraktion von Gerbstoffen aus Traubenkernen für Industriezwecke ging. Diese Beschäftigung hatte ihn in Kontakt mit der Welt des Weins gebracht, doch in Bordeaux waren gute Weinberge extrem teuer, und dieses Gebiet stellte eine wesentlich interessantere Herausforderung dar. Vielen der Quereinsteiger ging es hier genauso.

»Wo liegt diese Herausforderung bei der Produktion Ihrer Weine?«, fragte ich. »Kraft und Gewicht [in den Weinen] sind hier kein Problem. Das kriegen wir ziemlich einfach hin. Doch die Aromen einzufangen, die hier möglich sind, ist viel schwieriger. Deshalb reifen selbst unsere besten Weine zur Hälfte im Tank statt nur im Fass«, war seine bedächtige Antwort. Sie glich in den Grundzügen der Situation in vielen anderen Gebieten Südeuropas. Wenn diese Weine trotz der beträchtlichen Unterschiede in Klima, Rebsorten und historischer Entwicklung der verschiedenen Nationen und Regionen eine Familienähnlichkeit besitzen, dann besteht sie darin, dass Kraft und Gewicht leicht zuwege zu bringen sind, Aroma, Frische und Eleganz jedoch harte Arbeit und die richtige Einstellung erfordern. Bridels Assistent kam mit Probiergläsern, und wir gingen hinüber zu einem der hässlichen alten Tanks, aus dem er durch einen kleinen Hahn an der Seite eine Probe fließen ließ, »1998 Domaine Lavabre, unser einfachster Wein«. Der Wein sah bemerkenswert hellfarbig aus für Südfrankreich, weder schwarz noch violett, sondern eher rubinrot. Doch der Duft nach Kakaopulver und Rauch unterschied sich auffällig von allem, was wir im Gebiet bis jetzt verkostet hatten, wie auch die ruhige Art des Weins im Vergleich mit der energiegeladenen Ausdruckskraft der Weine von Hortus.

Der Schokoladenton war noch ausgeprägter und dunkler im 1998 Les Demoiselles de Lavabre, einem mächtigen, doch alles andere als lauten Wein. Wir gingen ein Stockwerk tiefer, und Bridel zog eine Probe des 1998 Château Lavabre aus einem Barrique und stellte dieses Glas neben ein anderes mit demselben Wein aus einem der Tanks. Der Unterschied zwischen den beiden Versionen war frappant, beinahe wie Tag und Nacht; aus dem Fass würzig, weich und elegant, aus dem Tank hingegen bebend und vibrierend, als sei die ursprüngliche Energie in keiner Weise gezähmt worden. »Ich glaube, dass sie einander brauchen«, bemerkte Bridel, »was allerdings keiner von beiden braucht, ist mehr Alkohol. Er liegt bei 12,8 Prozent, und das reicht.« Es war beinahe die entgegengesetzte Art von Rotwein wie die, die wir wir bei Négly verkostet hatten. Als wir von Lavabre abfuhren, leuchteten die Berge in dem Glühen eines aus symbolischer Sicht wiederum vollkommen unpassenden, aber atemberaubenden Sonnenuntergangs; dunkelblau der Himmel, golden das Schimmern der Sonne und der Muschelkalk ein zartes Gelb.

Pic St. Loup ist ein neu erschlossenes Gebiet, und Restaurants und Hotels sind selten, nur einige Wanderer finden Gefallen an dieser wilden Schroffheit, die für sie eine ähnliche Herausforderung darstellt wie für die Reben. Wir konnten uns glücklich schätzen, dass Jansegers uns ein Zimmer in einer Auberge gebucht hatte, die zum Weingut Château de Cazeneuve gehörte, am Rand von Lauret unweit von Lavabre. Die meisten Gäste waren jugendliche Wanderer, dazwischen einige erfahrenere Bergsteiger. Weder Fernseher noch Radio waren zu hören. Eine Flasche des kräftigen 1997 Pic St. Loup von Cazeneuve begleitete Gigot d'agneau, grüne Bohnen und Kartoffelgratin der Table d'Hôte, und meine Frau und ich unterhielten uns angeregt über unsere ersten Entdeckungen im neuen Süden. Draußen waren die Berge in der Dunkelheit verschwunden, und wir fingen an, die Einsamkeit des Gebiets zu kosten – sie gefiel uns.

Kapitel 11
Deutschland

Die Riesling-Hochstimmung oder Wie die neue Mitte Durst nach einheimischer Inspiration entwickelt hat

Trotz des weißen Paravents japanischer Machart, der als Sichtschutz im Schaufenster des Verkostungsraums von Wein & Glas in der Prinzregentenstraße 2 in Berlin-Wilmersdorf steht, kann ich, als ich näher komme, das Gedrängel dahinter erkennen. Die Tür öffnet sich vor mir, Wolf Steppart, der für Vertrieb und Verkauf verantwortliche Geschäftsführer, hält sie mir auf. Ich trete in den mit einer bunten Mischung von Weinprofis und Gastronomen gefüllten Raum, von denen manche an den Wänden entlang stehen, andere sich um den Tisch in der Mitte drängen; dort in einem knallroten Pullover der schmale, jungenhafte Matthias Dathan, Sommelier des Restaurants Quadriga im Hotel Brandenburger Hof in der Eislebener Straße, neben ihm Rainer Schulz von den Kurpfalz-Weinstuben in der Wilmersdorfer Straße, eine ganze Generation älter und beinahe auf englische Art exzentrisch gekleidet; Jackett, Hose, Weste, Hemd und Krawatte jeweils aus anderem Stoff und unterschiedlicher Farbe. Auf der anderen Seite des Tisches sehe ich die dürre Gestalt Frank Johns von Feinkost John am Zeltinger Platz in Frohnau in einer rot gemusterten Fliegerjacke, der durch kleine metallgefasste Brillengläser die Verkostungsliste begutachtet, das Probierglas in der Hand. Alle drei sind voll und ganz mit den Weinen beschäftigt, die auf der Tischplatte aus grauem Schiefer stehen; zwei lange und eine kürzere Reihe brauner Schlegelflaschen. Ungeachtet ihrer Konzentration und der vieler anderer Anwesender, liegt ein Schwirren in der Luft, das nur zum Teil mit den verschiedenen Gesprächen zu erklären ist. Nein, es kann keinen Zweifel geben – hier herrscht Hochstimmung. Ich begrüße Georg Mauer, den für Wein verantwortlichen Geschäftsführer und »Kopf« von Wein & Glas, dessen Haupthaar zwar nicht mehr das üppigste ist und für dessen 50. Geburtstag der Wein schon bereitsteht, der aber an Elan viele der Jüngeren übertrifft. In braunem Kord-Maßanzug, hellblauem Hemd und dunkelblauer Paisley-Krawatte gibt er als Hausherr eine beeindruckende Figur ab. Er sieht sehr erfreut aus, was verständlich ist angesichts der guten Resonanz und der Energie, die in der Luft liegt und die Leute zu Stift und Bestellformular greifen lässt. Ich hänge Mantel und Hut auf, schnappe mir Verkostungsliste und Glas und gehe zum Tisch.

Der nächstliegende Grund für die Hochstimmung lautet, dass es sich bei den Weinen auf dem Tisch um die erste offizielle Präsentation der Rieslinge des Jahrgangs 2002 vom Weingut Robert Weil aus Kiedrich im Rheingau handelt. Seit genau einem Jahrzehnt gilt Robert Weil in Deutschland weithin als der führende Betrieb des Rheingaus, der Wiege deutscher Rieslingkultur. Seit Ende der 1970er bis Anfang der 1990er schienen die Winzer dieses Gebiets mit wenigen Ausnahmen abgeschlagen, und während dieser Zeit verlagerte sich die deutsche Qualitätsspitze für Rieslinge mit natürlicher Restsüße hin zu Mosel-Saar-Ruwer und in die Pfalz und Baden für trockene Weine. Die Erfolge bei Weil schienen der Auftakt für eine Renaissance des gesamten Rheingaus; zumindest war das die Geschichte, die das Gebiet der Welt zu verkaufen versuchte. Die Begeisterung über die neuen Weil-Weine schwoll an, ging dann Ende der 1990er ein wenig zurück und griff nie richtig auf die anderen Erzeuger des Rheingaus über. Nur wenige Betriebe wie Georg Breuer und Josef Leitz in Rüdesheim, Schloss Johannisberg und Johanneshof in Johannisberg, Peter Jakob Kühn in Oestrich und Franz Künstler in Hochheim schafften den Anschluss an die übergebietliche Elite.

Nein. Der wahre Grund für die Begeisterung, die hier heute herrscht, liegt weniger weit zurück: Kürzlich erschienene Artikel zum Thema deutscher Riesling in der amerikanischen Weinpresse, das heißt Marvin Shankens Zeitschrift *Wine Spectator*, der auflagenstärksten Weinpublikation der Welt mit über 100 000 Exemplaren, und Robert Parkers *The Wine Advocate*, der einflussreichsten Weinpublikation der Welt. In der Internet-Version des *Wine Spectators* vom 2. Januar 2003 war Robert Weils 2001 Kiedricher Gräfenberg Riesling Spätlese mit 96 von 100 Punkten bewertet, während Ausgabe 144 von *The Wine Advocate* Weils Weine aus dem Jahrgang 2001 nur wenige Wochen später mit Bewertungen von 92 Punkten für den Riesling Kabinett bis zu 99+ Punkten für den Kiedricher Gräfenberg Riesling Eiswein bedachte. Und das waren nicht die einzigen Erfolge für deutsche Rieslinge in *The Wine Advocate*; der Autor des Berichts, Pierre-Antoine Rovani, überhäufte 128 der 207 verkosteten Weine mit 90 Punkten und darüber – ab 90 Punkten »herausragend« und ab 96 Punkten »Klassiker«. Bereits in der Ausgabe 143 hatte er den 2001 Oberhäuser Brücke Riesling Eiswein des Weinguts Dönnhoff in Oberhausen an der Nahe mit maximalen 100 Punkten und die 2001 Niederhäuser Hermannshöhle Riesling Spätlese desselben Betriebs mit 98 Punkten bewertet. Der Website des *Wine Spectators* war auch zu entnehmen, dass Chefredakteur Bruce Sanderson an die 2001 Nackenheim Rothenberg Riesling Trockenbeerenauslese vom Weingut Gunderloch in Nackenheim in Rheinhessen die 100-Punkte-Höchstbewertung verteilt hatte. Riesling-Eisweine, Trockenbeerenauslesen und -Beerenauslesen der deutschen Spitzengüter sind edelsüße Weine mit dreistelligen Europreisen, aber Helmut Dönnhoffs 2001 Riesling Spätlese mit 98 »Parker-Punkten« kostet ganze 20 Euro und die vom *Wine Spectator* herausgestellte 2001 Riesling Spätlese von Robert Weil 29 Euro. Das sind alles andere als astronomische Preise für Weine mit derart astronomischen Bewertungen. All das steckt mehr oder weniger bewusst in den Köpfen der hier Anwesenden und lässt diese Verkostung wie einen historischen Moment erscheinen.

Am Vormittag hatte ich einen Artikel in der Schweizer Weinzeitschrift *VINUM* gelesen mit dem Titel »Parker beglückt Deutschland«. Das ist ganz fair getextet, die deutschen Winzer haben in den letzten Jahren nichts mehr herbeigesehnt als genau dieses Lob, wie es jetzt in den Ausgaben 143 und 144 von *The Wine Advocate* nachzulesen ist. »Endlich!«, lautete die weit verbreitete Reaktion unter den deutschen Spitzenwinzern bei Erscheinen dieser Publikationen, als zähle die beträchtliche Anerkennung gar nicht, die deutsche Rieslinge in der restlichen internationalen Weinpresse während der 1990er angesichts dieser Lobeshymne erhalten haben. Nein. *Der* Weinguru Robert Parker – oder ist er der Halbgott des Weins? – hat endlich gesprochen! Eigentlich ist diese Reaktion nicht überraschend, weil unzählige Tausende von Weinfreunden weltweit ihre Kaufentscheidungen direkt nach den Bewertungen des *The Wine Advocate* ausrichten, und ihr indirekter Effekt auf Millionen von Weinkonsumenten ist wahrscheinlich noch größer. Wenn diese Steine aufs Wasser treffen, breiten sich die Wellen sehr weit aus.

Auf derselben Seite in *VINUM* wurde Wilhelm Weil zitiert, der 40-jährige Geschäftsführer und Minderheitsbesitzer des Weinguts Robert Weil – Hauptbesitzer ist der japanische Getränkekonzern Suntory –, er fasse das Lob für seine Weine »als Anerkennung für eine 15-jährige Arbeit und Qualitätsphilosophie« auf. Dieses Zitat gehörte zu einer Kolumne mit dem Titel »Aktuell nachgefragt«, einem kurzen Interview mit Weil. Doch die Bewertungen sind einzelnen Weinen gewidmet. Wenn Sanderson und Rovani die 2002er verkosten, werden sie die neuen Weine für sich beurteilen, und hohe Bewertungen sind trotz Weils 15-jähriger Bemühungen keinesfalls garantiert.

Im gleichen Interview behauptet Weil auch, der Jahrgang 2002 sei »besser als 2001«. Im Falle von Zweifeln seitens der Anwesenden ist auf dem Tisch ein Pressebericht ausgelegt mit der Überschrift »Der Jahrgang 2002« und Briefkopf des Weinguts Robert Weil, in dem zu lesen ist: »ein phänomenaler Jahrgang«. Das deutet darauf hin, dass die Weine auf dem Tisch noch höhere Bewertungen von der amerikanischen Presse verdienen als die gerade für die 2001er erhaltenen; laut Weil müsste das Niveau der 2002er also durchgehend »herausragend« bis »perfekt« sein. Bei *VINUM* war man nüchtern genug, um diesen Haken zu erkennen, und stellte die Frage: »Glaubt man den Prognosen einiger Winzer ... dann müsste Parker beim nächsten Report 2004 die Skala für einige Weine wohl auf 110 Punkte erweitern.«

Noch vor einem Jahr hätten Weils Aussagen bei den hier versammelten Profis ähnlich kritische und ironische Kommentare ausgelöst, doch nicht heute. Die neuesten Berichte in der amerikanischen Weinpresse haben vielleicht in Amerika und Asien zu bedeutenderen Umsatzsteigerungen geführt als hier, aber nach der im Raum herrschenden Stimmung zu urteilen, hat in der Bundeshauptstadt ein grundlegender Wandel in der Einstellung gegenüber deutschen Weinen stattgefunden. Es ist zweifellos einer der ersten neuen Trends, der von Berlin ausgeht.

Ich will gerade mit dem Verkosten beginnen, als eine junge Frau in Schwarz – schwarze kniehohe Stiefel, kurzer schwarzer Rock, halb durchsichtiges schwarzes Oberteil mit einem Wust weißer Buchstaben in verschiedenen Schrifttypen, langes schwarzes Haar, schwarze Wimperntusche – sich mir als Tanja Matte vorstellt, Sommelière in Käfer's Restaurant im Reichstag. Sie erzählt mir, dass sie in Kürze ihre Weinkarte komplett umstellen werden, »eine deutsche Weinkarte«. Ein Gastronom oder Sommelier, der heute in Berlin deutsche Weine herausstellt, ist nicht einmal besonders mutig zu nennen und alles andere als der Prophet in der Wüste, als der er noch vor zehn Jahren gegolten hätte. Für sie hat dieser Schritt eine Selbstverständlichkeit, aber mit der neuen Weinkarte im Reichstag fällt eine der letzten Bastionen franko- und italophiler Vorurteile, denn mit wenigen Ausnahmen scheint die Generation deutscher Politiker, in deren Händen gegenwärtig die Geschicke der Nation liegen, immer noch entschlossen, die Alt-68er-Weltanschauung mit sich herumzuschleppen wie einen Satz unhandlicher, schäbiger alter Koffer. Bald werden sie ihren geliebten Prosecco, Chianti und Bordeaux auf vielen Berliner Weinkarten suchen müssen.

Gottfried Knapp analysierte in der *Süddeutschen Zeitung* vom 4./5. August 2001, warum die Deutschen sich weigern, ihr eigenes Land für sich zu entdecken, und schrieb: »Die Vorurteile der Deutschen, die im Ausland önologisch sozialisiert worden sind, gegen deutsche Weine haben sich in den letzten Jahren zu einem kaum überwindbaren Hindernis aufgetürmt. Selbst Leute, die noch nie einen Tropfen deutschen Weins getrunken haben, können bezeugen, dass das Zeug grauenhaft süß und parfümiert schmeckt und schon beim Hinunterschlucken brüllende Kopfschmerzen verursacht.« Während seine Beobachtungen damals weithin zutrafen – einzige Ausnahme war eine größtenteils junge Minderheit, die sich längst von den allgemeinen Vorurteilen befreit und für den deutschen Wein entschieden hatte –, gelten seine Worte heute nur noch für den erzkonservativen Kern der Schröder-Generation, für die die Vorstellung der grundsätzlichen Minderwertigkeit deutscher Weine im Vergleich mit denen jenseits der Grenzen zu den Glaubensgrundsätzen ihrer Selbstdefinition gehört.

Ich bedanke mich bei Tanja Matte für ihre Einladung, mir Restaurant und Weinkarte anzuschauen, und stecke endlich meine Nase ins Glas mit dem ersten Wein, dem 2002 Riesling Qualitätswein trocken. Jetzt ist die Frage, ob Weils 2002-Weine seinen Aussagen gerecht werden, ganz konkret, und ich bin mir nicht sicher, mit welcher Einstellung man am besten darangehen sollte … der hier herrschenden Hochstimmung? Soll ich mich ihr hingeben, oder soll ich der kritische Weintester bleiben, der ich bis jetzt immer gewesen bin? Der Verkostungsraum mit seinen sandfarbenen Wänden und weißen Bodenfliesen ist nüchtern, so viel steht fest. Weil, in dunkelblauem Anzug, steht in einer Ecke tief im Gespräch mit einem Gastronomen, nicht weit von ihm redet sein »Adlatus« Jochen Becker-Köhn in kariertem, dunkelgrauem Wollanzug auf einen Sommelier ein, und schließlich der Dritte des Weil-Teams, Verkaufsdirektor Dirk Canova, der im auffallenden dunkelblau und weiß kariertem Jackett, das zu seiner offenen Art passt, sich bemüht, Tanja Matte davon zu überzeugen, Weil möglichst viel Platz auf ihrer neuen Weinkarte einzuräumen. Kurzum, sie bearbeiten die Menge auf systematische Weise und profitieren davon, dass *tout Berlin gastronomique* sich geschmeichelt und wichtig fühlt, diese Weine als Erste präsentiert zu bekommen. »Endlich!« ist die Stimmung der Menge; endlich bekommen wir die Sonderbehandlung, die wir verdienen. Alles Gründe, um die Weine mit meiner ganz normalen kritischen Art zu verkosten.

Ich arbeite mich stetig, aber ohne Hast durch die fünf trockenen Rieslinge auf dem Tisch, vom Qualitätswein trocken, der bei Wein & Glas knappe zehn Euro kosten wird, wenn die Weine Anfang April ausgeliefert werden, bis zum Kiedricher Gräfenberg Erstes Gewächs – 29 Euro. Mit Ausnahme des Letzteren wirken diese Weine sehr offen und duften ansprechend nach Apfel, Pfirsich, rosa Grapefruit und Maracuja. Es ist nicht abzustreiten, dass sie sehr fruchtbetont sind, auch von eher vollem Körper und bereits harmonisch. Doch schmecken sie ziemlich einheitlich und stellen einen Stil zur Schau, der auf die gegenwärtigen Erwartungen des Marktes maßgeschneidert zu sein scheint. Es steckt ganz ohne Frage professionelle Arbeit in Weinberg und Keller dahinter, doch begeistern oder faszinieren sie mich nicht im Geringsten. Mit dieser Stilistik ist Weil keinesfalls eine Einzelerscheinung. Die letzten Jahre war dieser Weinstil immer häufiger in Deutschland anzutreffen. Ist diese Standardisierung der Neue Wilhelminismus des deutschen Weins? Im ersten Moment fand ich den Pfirsich-Maracuja-Duft des Ersten Gewächses zusammen mit seiner Kraft und seinem Glanz beeindruckend, aber im Nachgeschmack strahlt der Wein nicht. Es ist der einzige Wein auf dem Tisch, der nicht während der kommenden Tage abgefüllt werden wird, und Becker-Köhn erklärt mir, ein kleiner Teil sei speziell für diese Veranstaltung filtriert worden. Der Wein wirkt eindeutig »gestresst«, aber erklärt das alles? Der ausgelegte Weil'sche Jahrgangsbericht spricht von »großartigen trockenen Weinen«, aber ich habe keinen einzigen dieser Weine hier auf dem Tisch gefunden.

Am Abend zuvor war ich jedoch einigen Exemplaren dieser Gattung begegnet. Durch Zufall ergab sich die Möglichkeit, eine breite Palette von 2002 trockenen Rieslingen vom Weingut St. Antony aus Nierstein in Rheinhessen zu verkosten. Dr. Alexander Michalsky, seit 1976 Direktor von St. Antony, rief unvermutet an. Er sei in Berlin und fragte, ob wir Lust hätten, die mitgebrachten Fassproben der jungen Weine am Ufer der Spree in Hangelsberg zu verkosten, wo er nach der Wiedervereinigung ein Haus rückübertragen bekommen hat. Er würde auf uns am S-Bahnhof Erkner warten, Endstation der S 3. Um 20 Uhr standen wir in dem kleinen Wohn- und Esszimmer der Souterrain-Wohnung mit dem hoch gewachsenen, silberhaarigen Dr. Alexander Michalsky und seiner zierlichen, dunkelhaarigen Frau Dr. Ute Michalsky, die zu den führenden Weinanalytikern Deutschlands gehört und viele Weingüter unterschiedlichster Größenordnung in Rheinhessen und darüber hinaus berät. Es herrschte vollkommene Stille, während wir uns durch die neun 2002 trockenen Rieslinge probierten, wozu wir uns jeweils selbst aus den dunkelgrünen Schlegelflaschen einschenkten und einen kleinen weißen Plastikeimer als Spuckgefäß benutzten. Dr. Alexander Michalsky hatte noch nichts über den neuen Jahrgang gesagt. Stattdessen fragte er uns nervös, ob die Weine in Ordnung seien, und berichtete: »Es gab alles andere als einen goldenen Oktober, fast jeden Tag während der Lese hat es geregnet« – Grund seiner verständlichen Zweifel.

Doch die erwiesen sich als vollkommen unbegründet, selbst der einfachste Wein, der ›Gutsriesling‹, war lebendig und ausdrucksvoll; der zweite, der 2001 ›Vom Rotliegenden‹, benannt nach dem Rotliegenden oder roten Schieferboden im Weinberg, ein brillanter Wein für den eher zurückhaltenden Preis von Euro 8. Er war saftig, frisch und seidig, und sein Pfirsichduft zugleich reif und delikat. Im Vergleich damit sind die Weil-Weine vor mir auf dem Tisch bei Wein & Glas Schreihälse, die lauthals nach Aufmerksamkeit verlangen: »Trink mich!« Der dritte Wein in Hangelsberg, die ›Red Label‹-Version des ›Vom Rotliegenden‹ mit rotem Etikett – im Gegensatz zu den sonst beigefarbenen St.-Antony-Etiketten –, verband noch gekonnter Kraft mit Anmut, wie ein großer Balletttänzer. Auch er wird günstiger zu haben sein als Weils einfachster trockener Riesling des Jahrgangs 2002.

Viel wichtiger als die Preise ist jedoch der Umstand, dass jeder der St.-Antony-Weine unterschiedlich schmeckte; da war kein Hauch von Standardisierung oder Homogenisierung zu spüren. Alle vier trockenen Rieslinge aus dem Jahrgang 2002, die St. Antony als »Große Gewächse« – dem rheinhessischen Pendant zu den Ersten Gewächsen des Rheingaus – aus den Spitzenlagen Niersteins auf den Markt bringen wird, zeigten eigenständige Persönlichkeit. Der Geringste unter ihnen war der schlanke, rassige Orbel, doch selbst dieser Wein wirkte stimmiger und überzeugender als Weils Kiedricher Gräfenberg Erstes Gewächs. Den Hipping zu verkosten glich einer erotischen Begegnung in einem Boudoir von der Art, wie Prousts Zeitgenossen es sich erträumten, die betörende Saftigkeit des Weins haargenau von seiner Frische ausgeglichen. Es war schwierig, die Tiefen des Oelbergs ganz auszuloten, aber weit unter der glänzenden Oberfläche glitzerten versunkene Schätze. Der verführerische Pettental verband phänomenale Dichte mit außerordentlicher Feinheit. Diese Weine werden köstlich schmecken, wenn sie im September 2003 in den Verkauf kommen, haben aber auch das Potenzial, um ein Jahrzehnt und länger in der Flasche zu reifen; wichtige Merkmale von Größe beim Wein.

Nachdem wir unsere Begeisterung gegenüber Michalsky zum Ausdruck gebracht hatten, erzählte er uns, er habe entschieden, die Weine, wenn irgend möglich, mit Schraubverschluss abzufüllen: »Ich habe es satt mit den Korkschmeckern.« Eine mutige und gewagte Entscheidung angesichts des Sträubens der deutschen Weintrinker, das Problem korkiger Weine endlich anzupacken. Weil wird beim »marktgerechten« Korken bleiben, obwohl manche seiner mutigeren Rheingauer Kollegen den Genussverderber aus Baumrinde bereits abgeschafft haben.

Gegen Ende der 2002-Robert-Weil-Verkostung verändert sich jedoch alles grundlegend. Der Riesling Kabinett und die Kiedricher Gräfenberg Riesling Spätlese schmecken beide recht süß oder vielmehr besitzen nicht ganz Aroma, Substanz, Lebhaftigkeit oder Charakter, um die reichliche Menge an Traubenzucker aufzuwiegen, die in ihnen verblieben ist, als die Gärung durch Kälteeinfluss in den hochmodernen Kellern des Weinguts gestoppt wurde. Aber die 2002 Auslese ›Goldkapsel‹, BA und TBA sind wahrhaft *edel*süße Rieslinge mit konzentrierten, mannigfaltigen Fruchtaromen, mit denen ich mich lange Zeit beschäftigen könnte. Das Spiel zwischen honigartiger Süße und pikanter Säure ist strahlend. Angesichts der schwierigen Lesebedingungen gleicht es einem Wunder, dass diese Weine so absolut klar und geradlinig sind. Das ist die Art von Weinen, für die das Weingut Weil historisches Ansehen besitzt, seitdem der 1893 Kiedricher [Gräfen-]Berg Auslese an die Höfe von Victoria, Königin von England und Kaiserin von Indien, Kaiser Franz-Josef von Österreich und Kaiser Wilhelm II. geliefert wurde, dessen Lieblingswein es angeblich gewesen sein soll. Abgesehen von der Tatsache, dass Wilhelm II. eine der am wenigsten anziehenden Gestalten der Belle Epoque ist, kann ich keinen Einwand gegen die Form des Neuen Wilhelminismus vorbringen, die die edelsüßen Weil-Rieslinge aus 2002 darstellen.

Als ich gehen muss, treffe ich auf Wilhelm Weil, der draußen auf dem Bürgersteig auf und ab schreitet, das Mobiltelefon fest ans Ohr gepresst. »Probleme bei der Vorbereitung der Abfüllung«, erklärt er mit sorgenzerfurchter Stirn. Mauer ist mir hinausgefolgt auf der Suche nach dem Starwinzer, den die Menge zweifellos sehen will. Ich muss zu einem anderen Termin rennen; es gibt heute keine Möglichkeit, mit Weil über die Weine zu reden.

Ich hätte ihm sonst auch von einer Blindverkostung berichten müssen, die ich am 14. Februar 2003 im Bildungshaus Hägenau veranstaltet habe, einer Galerie in dem 65-Seelen-Ort Hägenau, Vorort von Gaildorf in Württemberg. Aus dem Fenster des großen Dachzimmers, dessen Wände mit zeitgenössischer Kunst unterschiedlichster Stilrichtungen bedeckt waren, fiel der Blick auf eine Kuh in ihrem Stall. In Kombination mit der Person des vor Begeisterung förmlich übersprudelnden Franz-Walter Schmidt, Gründer und Direktor des Bildungshauses, war es ein exzentrischer Ort für eine Weinverkostung, doch schien das weder die zahlenden Gäste noch die anwesende Presse zu stören. Es ging gleichzeitig um die Eröffnung der Ausstellung »Orte« des Berliner Fotokünstlers Vuk-Dieter Karadžić. An die vierzig Besucher waren gekommen, um Karadžićs große, packende Bilder von leeren Landschaften und Stadtansichten zu sehen und fünf Weinpaare verdeckt zu verkosten. Jedes dieser Paare bestand aus einem Württemberger Wein und einem anderen im selben Weinstil aus einem anderen Gebiet oder Land. Nachdem das jeweilige Paar serviert worden war, forderte ich das Publikum auf, die Weine zu verkosten und ihre Stimme für den Wein abzugeben, der ihnen besser geschmeckt hatte. Erst dann teilte ich der gespannten Gruppe die Identität der beiden Weine mit.

Der erste Blindvergleich bestand aus trockenen Rieslingen: Weils 2001 Kiedricher Gräfenberg Erstes Gewächs und der 2001 Stettener Pulvermächer Spätlese trocken des ehemaligen BMX-Europameisters Jochen Beurer aus Stetten-Kernen. Die überwältigende Mehrheit der Gruppe hatte den Beurer-Wein vorgezogen, und auch ich hatte für diese vielseitige Persönlichkeit gestimmt; jedes Schwenken des Glases brachte neue Aromen hervor, jeder Schluck neue Facetten. Der Wein besaß dazu eine fesselnde Spannung – er schmeckte, als ob der Wechsel von Kälte und Wärme, Feuchtigkeit und Trockenheit im Weinberg in der Flasche eingefangen waren. Im Vergleich damit erschien der Weil-Wein angenehm, fruchtig und harmonisch, aber monoton. Der Blindvergleich von Beurers 2001 Riesling Spätlese mit natürlicher Restsüße mit der 2001 Brauneberger Juffer-Sonnenuhr Riesling Spätlese von Fritz Haag aus Brauneberg an der Mosel, einem der weltberühmten Erzeuger natürlich süßer Rieslinge, fiel nicht weniger erstaunlich aus. Der Haag-Wein war im Duft zwar von schwereloser, filigraner Aromatik geprägt, enttäuschte aber geschmacklich durch weiche und konturenlose Art. Die Gruppe bevorzugte eindeutig den weniger süßen, wesentlich kraftvolleren und lebhafteren Wein von Beurer mit seinem konzentrierten Boskoop-Charakter. In England sagen wir, »die Wahrheit drängt ans Licht«. Die beiden Beurer-Weine kosten jeweils Euro 10,50, der Haag-Wein Euro 14 und der Weil-Wein Euro 29.

Obgleich die Absatzzahlen deutschen Rotweins auf dem heimischen Markt während der letzten Jahre förmlich explodiert sind, stecken dahinter größtenteils Alltagsweine. Vor 20 Jahren waren 12 Prozent der deutschen Weinberge mit roten Rebsorten bepflanzt, jetzt sind es 29 Prozent – Tendenz steigend. Deutsche Rotweine, die Anspruch auf Größe erheben, werden von Weinkonsumenten, die regelmäßig Weine für Euro 20 und darüber trinken, aber immer noch mit Skepsis betrachtet. Die Rotwein-Blindvergleiche in Hägenau waren deshalb deutlich riskanter für die beteiligten Winzer: die Weinmanufaktur Untertürkheim und Albrecht Schwegler aus Korb. Der 1999 Lemberger ›Barrique‹ aus Untertürkheim wirkte sehr jung und ein wenig fest, aber etwas zu meiner Überraschung favorisierte ihn die Gruppe gegenüber dem beim ersten Probieren attraktiveren und volleren 1999 Oberer Wald Blaufränkisch – der österreichischen Bezeichnung für den Lemberger – von Ernst Triebaumer aus Rust im Burgenland. Dann folgte Schweglers 1999 Granat neben dem 1999 Château Pichon Comtesse de Lalande von May de Lencquesaing aus Pauillac im Médoc, Bordeaux. Wiederum war der Württemberger Wein äußerst jugendlich, ein schlanker Athlet, der gegenwärtig die 100 Meter in unter zehn Sekunden läuft, aber in einigen Jahren noch viel mehr Vergnügen bereiten wird, wenn er 1 500 Meter in drei Minuten und 30 Sekunden bewältigt. Bei diesem Vergleich war die Gruppe geteilter Meinung, da der Pichon sich entwickelter zeigte, im Duft aber von einer etwas animalistischen Note beherrscht wurde und einen körnigen, herben Nachgeschmack hatte. Schweglers 1997 Granat schlug dann mit Leichtigkeit den chilenischen 1997 Seña von Eduardo Chadwick und Robert Mondavi aus dem Feld, der ziemlich »süß« und schwer war und im Nachhall entfernt an Portwein erinnerte. Der Schwegler-Wein war zugleich leichter, ausdrucksstärker und nachhaltiger; ein echter Granat! In beiden Fällen war auch der Preisvergleich interessant: Pichon Comtesse Euro 70, Seña Euro 75, Granat Euro 35.

Dass Deutschlands beste Rotweine es mit den Spitzen-Weißweinen des Landes aufnehmen können, war auch die Schlussfolgerung einer Verkostung der trockenen 2001 ›Großes Gewächs‹-Weine der Pfälzer Sektion des VDP, der nationalen Vereinigung von Qualitätsweingütern, in den luxuriösen Räumlichkeiten des Hotels Brandenburger Hof an einem Sonntagnachmittag, dem 26. Januar 2003. ›Großes Gewächs‹ ist eine neue Kategorie, die Ende der 1990er für Weine der Mitgliedsbetriebe des VDP geschaffen wurde und den Grand Crus des Burgunds entspricht; nach der Weinbergslage benannte Weine, die den Charakter des Weinbergs wiedergeben sollen, in dem sie gewachsen sind. Als Grundlage für die ›Großen Gewächse‹ hat jede Regionalgruppe des VDP die Weinbergslagen ihres Gebiets klassifiziert. Große Gewächse dürfen nur aus den besten Lagen stammen und sind ähnlich strengen Produktionsvorschriften unterworfen wie die burgundischen Grand Crus.

Bis zum Jahrgang 1999 hießen diese Weine ›Erstes Gewächs‹, doch dann eignete sich Rheingau den Begriff an und führte ihn auf hessischer Landesebene ein, sodass der VDP gezwungen war, auf die Bezeichnung ›Großes Gewächs‹ auszuweichen. Die ersten Jahrgänge der Rheingauer ›Ersten Gewächse‹ waren allerdings ein ziemlich bunt gemischter Haufen, manche plump und austauschbar, ohne den angeblichen Lagencharakter. Ein Grund dafür liegt darin, dass die Rheingauer sage und schreibe 34 Prozent ihrer Weinberge als ›Erstes großes Gewächs‹-würdig eingestuft haben. Dagegen sind im Burgund nur 14 Prozent als Premier oder Grand Cru klassifiziert. In den letzten Jahren wurde das Konzept in der Pfalz am überzeugendsten umgesetzt; dort hat sich die Kategorie ›Großes Gewächs‹ erfolgreich als Bezeichnung für die trockenen Spitzenweine aller teilnehmenden Weingüter durchgesetzt – hier kann man mit einer gewissen Berechtigung von deutschen »Grand Crus« sprechen.

Der Wintergarten des Brandenburger Hofs, der sich um den japanischen Garten im Innenhof zieht, war mehr oder weniger von denselben Menschen bevölkert, die ich bei der Weil-Präsentation bei Wein & Glas getroffen habe, und es herrschte ähnliche Hochstimmung. Ich fing mit der Verkostung am Tisch des Weinguts Dr. Bürklin-Wolf aus Wachenheim an, da Gutsdirektor Christian von Guradze der Pionier des Konzepts ›Großes Gewächs‹ in der Pfalz war. Sieben der acht 2001 ›Großen Gewächse‹ des Betriebs aus dem Jahrgang wurden ausgeschenkt, alle mindestens gute Weine außer dem Reiterpfad-Riesling, der rustikal und stumpf wirkte mit auffallender Süße für einen »trockenen« Riesling. Am besten gefiel mir der Hohenmorgen-Riesling, ein Strauß wächserner tropischer Blüten in einer chinesischen Craquelé-Vase.

Am nächsten Tisch, beim Weingut Christmann aus Gimmeldingen, drängten sich noch mehr begeisterte Verkoster, doch »alle Weine sind bei uns längst ausverkauft, und ich glaube nicht, dass man irgendwo im Handel noch was kaufen kann«, sagte Winzer und Anwalt Steffen Christmann. Es waren kräftig gebaute, muskulöse Weine für Power-Trinker der Berliner Republik. Als Star stach wiederum der Hohenmorgen-Riesling heraus, der von noch ausgeprägter tropischen Aromen bestimmt war als der Wein von Bürklin-Wolf aus derselben Lage; kremig und saftig, doch auch edel. Im Vergleich dazu war Christmanns Idig-Riesling von katholisch-barocker Extravaganz und triefte förmlich vor Gold; ein Lieb- oder Hass-Wein. Die Weine des Weinguts Dr. Bassermann-Jordan aus Deidesheim wirkten trotz beträchtlicher Substanz filigran und feingliedrig und lagen somit am anderen Ende des stilistischen Spektrums. Welche waren die Besten unter ihnen? Die Entscheidung war sehr schwierig; die Rieslinge aus den Lagen Kalkofen und Hohenmorgen in Deidesheim beeindruckten mich ebenso wie das Kirchenstück aus Forst; ein Dreigestirn ranker Schönheiten.

Auch aus jenem Teil der Pfalz, der traditionsgemäß als »klassische Mittelhaardt« bezeichnet wird, präsentierte Anna Barbara Acham vom Weingut Acham-Magin in Forst zwei Rieslinge von auffallender Individualität; das geradlinige, elegante Kirchenstück mit einem Kern, der so fest war wie das Basaltgestein, das im Boden dieser Lage vorkommt, und den kraftvollen Reiterpfad aus Ruppertsberg. »Der Wein hat ein starkes Kreuz, eine athletische Figur«, sagte die dunkelhaarige, braunäugige Winzerin mit Vehemenz, als ich gerade am Suchen nach eigenen Worten war, »auf dem Etikett ist ein Pferd ... der Wein muss dieses Pferd beherrschen.« Acham-Magins Ruf ist noch unbedeutend im Vergleich mit dem des Weinguts Georg Mosbacher, dessen Weine ebenso schnell ausverkauft sind wie bei Christmann. Das ist verständlich, da die besten Weine des Gutes immer sehr charmant, saftig und elegant sind. Auch der 2001 Riesling aus dem Ungeheuer machte keine Ausnahme, ist jedermanns Liebling auf hohem Niveau.

Dann kam der erste Produzent aus der Oberhaardt oder Südpfalz, die früher auch abfällig »Süßpfalz« genannt wurde wegen der in großen Mengen erzeugten billigen, süßen Weine einfachster Machart. Der Vater und der Großvater von Hansjörg Rebholz vom Weingut Ökonomierat Rebholz in Siebeldingen brachten hier Ende der 1940er Jahre die ersten großen trockenen Weine der modernen Zeit hervor. Am Rebholz-Tisch half eine italienische Freundin aus Berlin beim Einschenken, Andreina Salerno, was angesichts des enormen Andrangs auch nötig war. Ich war glücklich, eine Kostprobe des Im-Sonnenschein-Riesling zu ergattern, und noch glücklicher, als der Wein in meinem Mund war. Ein großer goldener Engel stieg mit weit ausgebreiteten Flügeln in den glänzenden Himmel auf. Der Riesling aus dem Kastanienbusch erinnerte hingegen an ein Stillleben von Chardin, unglaublich feingliedrig, still und kühl – eine Schale Erdbeeren und eine Vase mit frisch gepflückten Kräutern –, prägte sich aber tief ins Gedächtnis ein. Der Boden der Lage Im Sonnenschein besteht aus Buntsandstein, während der im Kastanienbusch Rotliegendes ist, also roter Schiefer, und die Weine schmeckten ebenso unterschiedlich, wie diese Böden aussehen. Seit dem Jahrgang 1998 ist die Bezeichnung ›Großes Gewächs‹ auf die trockenen Weine aus den Rebsorten Weiß- und Spätburgunder ausgedehnt worden, die ursprünglich aus dem Burgund stammen und dort Pinot Blanc und Pinot Noir heißen – allerdings ist das Pflanzen von Pinot Blanc im Burgund gesetzlich nicht mehr gestattet. Der Rebholz-Weißburgunder Im Sonnenschein war kremig, mächtig, vornehm und kaum weniger beeindruckend als die Rieslinge des Gutes. Obgleich 2000 in ganz Deutschland ein schwieriger Jahrgang für die Rotweinproduktion war, entpuppte sich der Rebholtzsche 2000 Spätburgunder Im Sonnenschein als äußerst filigran und subtil, wie die Teppiche aus der Sammlung des österreichisch-ungarischen Kaisers, die so fein gewebt sind, dass die einzelnen Fäden kaum erkennbar sind und selbst Experten annahmen, sie seien eigentlich aus Samt.

Mir drehte sich förmlich der Kopf von diesen großen Weinen, als ich zum nächsten Erzeuger aus der Südpfalz hinüberging, Karl-Heinz Wehrheim aus Birkweiler, der beweist, dass in dieser Gegend Rebholz keine Ausnahme darstellt. Seine Rieslingreben im Kastanienbusch wachsen auf Buntsandstein, da die Lage keine geologische Einheit darstellt, und sein Wein zeigte einen vollkommen anderen Stil. Großzügig und einladend wirkte er wie ein holländisches Gemälde unterschiedlichster Sommerblumen. Wehrheims 2000 Kastanienbusch-Spätburgunder war kaum weniger üppig und erinnerte mich mit seinen Röstaromen an den Duft in unserer Küche, wenn meine Frau eine dunkle Fleischsauce ansetzt. Der stets bescheidene Rainer Bergdolt des gleichnamigen Weinguts in Duttweiler schenkte mir dann einen Wein ein, der bewies, wozu die Rebsorte Weißburgunder in der Lage ist, wenn sie an einem idealen Standort wächst und ein begabter Winzer sich ihrer annimmt. Sein 2001 Mandelberg-Weißburgunder verbarg enorme Stärke und Kraft scheinbar mühelos in einem schlanken, straffen Körper. Ich stand lange am Bergdolt-Tisch, roch wieder und wieder am Glas in dem vergeblichen Versuch, das köstliche Rätsel seines Duftes zu entschlüsseln.

Bis vor kurzem waren die trockenen Weine der Unterhaardt noch weniger bekannt als die der Oberhaardt. Erst in den 1980er Jahren begann sich das durch die Rieslinge und Scheureben vom Weingut Lingenfelder in Großkarlbach und die Rotweine der Brüder Knipser aus Laumersheim zu ändern. Die ›Großes Gewächs‹-Bewegung hat Werner und Volker Knipser dazu bewogen, den trockenen Rieslingen dieselbe Aufmerksamkeit zu widmen wie ihren Rotweinen. Mit gewohnt kritisch-ironischem Blick schenkte mir Werner Knipser seine drei voluminösen Riesling-›Großen Gewächse‹ ein. Der zarteste davon war der Im Großen Garten, voller exotischer Früchte und ein wenig beeinträchtigt durch einen Hauch von Bitterkeit im Nachgeschmack, während der Himmelsreich ein schmelziger Wein war, der trotz seiner gewaltigen Ausmaße noch Frische zeigte. Kaum weniger imposant, aber noch kremiger wirkte der Steinbuckel. Ich wusste nicht so recht, was ich von diesen Weinen halten sollte, doch müssen sie als ein erster Versuch gewertet werden, und sie schmeckten tatsächlich ganz anders als alle anderen hier ausgeschenkten Weine. Und das ist die Idee hinter dem ›Großes Gewächs‹, dass jeder Ort einen anderen Geschmack ergibt, den Geschmack dieses Ortes. So gesehen, waren sie ein durchschlagender Erfolg.

Die Versuche des Präsidenten des VDP, Michael Prinz zu Salm-Salm, sämtliche regionalen Gruppen des Verbands hinter dem Projekt ›Großes Gewächs‹ nach Pfälzer Vorbild zu vereinen – auch Weinpolitiker möchten sich vor dem Ruhestand ein Denkmal setzen – und für die neuen Weine zu werben, löste eine Kontroverse aus, die sich seitdem von der nationalen auf die internationale Presse ausgeweitet hat. Richtig zum Kochen kam die Diskussion am Wochende des 7./8. Septembers 2002 aus Anlass der ersten gemeinsamen nationalen Präsentation der ›Großen Gewächse‹ in Berlin.

Am Samstagabend waren die führenden Weinjournalisten Europas – die Grandseigneurs Michael Broadbent und Hugh Johnson an einem Tisch in der Bundeshauptstadt! – und einige aus Übersee zu einem »Präsidenten-Dinner« geladen worden, um die ›Großen Gewächse‹ im Restaurant Quadriga aus der Taufe zu heben. Eigentlich kamen sie zu einem *Prinzen*-Dinner, »volle Abendgarderobe: Smoking«, um ihre Sehnsüchte nach dem Königlichen zu befriedigen. Salm-Salm präsentierte das neue Kind des VDP als »vergleichbar mit den Grand Crus aus Frankreich«, was sicher Ziel und Vorstellungen der Mehrheit der ›Großes Gewächs‹-Produzenten entspricht. Doch die oft wiederholten Hinweise der deutschen Spitzenwinzer auf Frankreich lassen einen echten Mangel an Vertrauen erkennen sowohl in die Weintraditionen des eigenen Landes als auch in die gegenwärtige Leistung und Anerkennung. Es handelte sich um ein weiteres Beispiel deutscher Glorifizierung des französischen Nachbarn als Heiliges Land der Kultur und Freude; ein Gebiet, auf dem sich Deutschland in den Augen der Generation mit den unhandlichen, schäbigen alten Koffern nie wirklich mit Frankreich wird messen können.

Als Salm-Salm in seiner Rede deutsche Traditionen und deutsche Modernität erwähnte, tat er dies, um die ›Großen Gewächse‹ »irgendwo zwischen Porsche, Mercedes, Beethoven und Goethe« zu positionieren. Es war sicher der Versuch, die neue Bezeichnung hochwertig erscheinen zu lassen, doch das Ergebnis war eher bizarr. Hätte er die ›Großen Gewächse‹ statt obskurer Hinweise auf Autos, historische Literatur und Musik mit den Weintraditionen des Landes in Verbindung gebracht und den Erfolgen deutscher Weine während der letzten Jahre, wäre durch diese Note des Selbstvertrauens auch deutlich zum Ausdruck gekommen, dass es sich nicht um einen Marketing-Gag handelt. Das genau war die Kritik, die Hugh Johnson, der Welt erfolgreichster Weinbuch-Autor, in einem Interview der Zeitschrift *Stern*, Ausgabe 40/2002, äußerte: »Es [das Projekt ›Große Gewächse‹] ist eben mehr Marketing und der Versuch, eine Qualitätsmarke zu schaffen.«

Am Sonntagvormittag nahm die Präsentation der 2001 ›Großen Gewächse‹ eine ganze Etage im Turm der Debis-Zentrale am Potsdamer Platz ein. Sommeliers und Journalisten aus ganz Europa reisten an, um die über 100 Weine zu verkosten, doch wurden ihnen ganze drei Stunden dafür zugestanden; weniger als zwei Minuten pro Wein. Es war ein weiteres Zeichen mangelnden Selbstvertrauens.

Im ersten Raum, in dem ich verkostete, wurden die Weine vom Mittelrhein und der Nahe ausgeschenkt, und die Problematik der ›Großen Gewächse‹ kam bereits hier in ihrer ganzen Tragweite zum Ausdruck; die neue Kategorie wird von den einzelnen Erzeugern sehr unterschiedlich interpretiert. Die Weine der Betriebe Toni Jost, Lanius-Knab und Ratzenberger vom Mittelrhein und Schäfer-Fröhlich von der Nahe waren nicht nur von hervorragender Qualität, sondern auch von beeindruckender Eigenständigkeit. Am deutlichsten trat dies bei Lanius-Knab zutage, der zwei ›Große Gewächse‹ vorstellte, die so gut wie identisch ausgebaut waren, sodass die charakterlichen Unterschiede nur aus den Weinbergslagen stammen konnten. Der Bernstein-Riesling war von asketischer Schönheit wie Nadja Auermann, während sein Oelsberg-Riesling von überschwänglicher Aromatik geprägt war; Frühling, Sommer und Herbst in einem Wein vereint. Auf der anderen Seite gab es die beiden Weine der Gutsverwaltung Niederhausen-Schlossböckelheim an der Nahe, Hermannsberg-Riesling und Steinberg-Riesling, die nicht nur schwer, unbeholfen und leicht bitter schmeckten, sondern auch so gut wie keine Eigenart zeigten. Auf dem Etikett beider Flaschen stand das Wort »Selection«, eine neue Bezeichnung für angeblich hochwertige deutsche Weine, die 2000 eingeführt worden ist und praktisch eine gesetzlich abgesegnete Konkurrenz für die – nicht gesetzlich verankerten – ›Großen Gewächse‹ darstellt. Noch schlimmer fiel der Wein von Michael Prinz zu Salm-Salms eigenem Weingut, dem Prinz zu Salm-Dahlberg'schen Weingut, aus, ein Johannisberg-Riesling. Er war oberflächlich, flach, ohne jegliche Persönlichkeit geschweige Originalität. In meinem Glas war Irgendwo-Weißwein-Planet-Erde.

Dieses extrem unbeständige Muster zog sich durch die gesamte Präsentation. Lange vor dem letzten Wein war mir klar, dass es für jeden seriösen Produzenten ›Großer Gewächse‹, der an die Idee glaubte, dass Wein den Ort widerspiegeln soll, an dem er gewachsen ist, einen anderen gab, der diesen Gedanken nicht begriffen hatte, aber gute konventionelle Weine machte und hoffte, sie mit dieser neuen Bezeichnung besser und teurer verkaufen zu können, und schließlich einen Dritten, der sich mit dem Konzept gar nicht auseinander gesetzt hatte, sondern einfach meinte, auf diese Weise seine schwachen Weine loswerden zu können. Die besten ›Großen Gewächse‹ sind Ausdruck eines neuen Zeitgeists, viele andere jedoch nur mehr oder weniger gelungene Modeweine.

Dies und andere Probleme entgingen auch der anwesenden internationalen Presse nicht. In der britischen *Financial Times* vom 12./13. Oktober 2002 kritisierte Giles MacDonogh den mutwilligen Umgang des VDP mit der Tradition: »Nach dem heutigen System müssen anscheinend alle Großen- oder Ersten-Gewächs-Weine unter Auslese-Niveau trocken sein ... Diese Betonung auf trocken erscheint deutschen Weinfreunden jenseits von Rhein oder Oder seltsam. Sie beruht auf örtlichen Vorurteilen.« Weiter führte er aus, dass Riesling-Kabinett- und Riesling-Spätleseweine mit natürlicher Restsüße aus den Anbaugebieten an Rhein und Mosel »kaum süßer schmecken als zum Beispiel ein australischer Chardonnay und mit der Zeit [Flaschenreife] der Zucker in den Hintergrund zu rücken scheint und Weine ohne klebrige Süße, aber von einzigartiger Komplexität ergeben. Mosel-Saar-Ruwer ist am härtesten von der engstirnigen und germanozentrischen Interpretation des VDP getroffen worden. Der nördlichste Vorposten des europäischen Qualitätsweinbaus wird durch den Schritt des VDP benachteiligt.« Viele seiner Kollegen schrieben Ähnliches, einige sehr viel unverblümter; der amerikanische Weinhändler und -journalist David Schildknecht nannte die neue Kategorie »eine stilistische Zwangsjacke unter dem Deckmantel einer Klassifizierung.

Schildknecht mag einen Schritt zu weit gegangen sein, aber MacDonogh hat Recht. Durch seine klimatischen und geologischen Bedingungen eignet sich das Mosel-Saar-Ruwer-Gebiet zum größten Teil auf ideale Weise für die Erzeugung feingliedriger, eleganter Rieslinge mit natürlicher Restsüße, und die Weine von VDP-Mitgliedern wie Fritz Haag, Dr. Loosen, Willi Schaefer, Egon Müller-Scharzhof, Joh. Jos. Prüm und Zilliken gehören zu den gesuchtesten deutschen Weinen weltweit. Dieser Aufzählung müssen die Weine selben Stils von VDP-Mitglied H. Dönnhoff an der Nahe hinzugefügt werden. Georg Mauer hatte am 6. September 2002 im Verkostungsraum von Wein & Glas die Weine des Jahrgangs 2001 dieser Erzeuger vorgestellt, die für die VDP-Weinversteigerungen später im Monat vorgesehen waren. Der Raum war mehr als voll und die Stimmung einheitlich von der Überzeugung bestimmt, dass 2001 ein Jahrhundertjahrgang für diese Weine war und dass die Riesling-Spätlesen mit natürlicher Restsüße dieser Betriebe auf jeden Fall die Bezeichnung ›Großes Gewächs‹ verdienen. Dieses Urteil widerspiegelt nicht nur die Qualität der Weine, sondern auch ihre überwältigende *Originalität.*

Die Entscheidung, welcher der größte dieser Weine war, fiel aufgrund ihrer Individualität ausgesprochen schwer; der Scharzhofberger von Egon Müller von aufrechter Noblesse und großer aromatischer Feinheit geprägt, während der Ürziger Würzgarten von Dr. Loosen wie ein hoch aufragender Riese von Wein erschien, mit nahezu endlosem Nachgeschmack. Willi Schaefers Graacher Dompropst verband in kristalliner Reinheit die Dunkelheit unter der Erdoberfläche mit dem Licht des Himmels, und Fritz Haags Brauneberger Juffer-Sonnenuhr – eine andere Abfüllung als die, die in Hägenau enttäuschte – steckte voller Süße reifer Früchte und wirkte doch pikant und würzig. Das Wort »mineralisch« bezeichnet beim Wein buchstäblich den Geschmack des Bodens und wird gegenwärtig von Weinjournalisten inflationär benutzt, bis zu dem Punkt, wo es jegliche Bedeutung verloren hat, aber der Schlossböckelheimer Felsenberg von Dönnhoff gab sie ihm zurück. Die noch hefegeprägte und wilde Wehlener Sonnenuhr von Joh. Jos. Prüm war von explosiver Jugendlichkeit bestimmt. Die Kombination von großer Pikanz und aromatischer Delikatesse machte Zillikens Saarburger Rausch herausfordernd und aufregend, genau das, was sich der durchschnittliche Konsument nicht unter »süßem Wein« vorstellt. Die edelsüßen Riesling-Auslesen dieser Produzenten waren noch außergewöhnlicher; Weine, mit denen nur wenige der trockenen ›Großen Gewächse‹ in der Debis-Zentrale am 8. September mithalten konnten.

Bereits im Juni gab es innerhalb der Mosel-Saar-Ruwer-Gruppe des VDP erste Zeichen der Zerstrittenheit unter dem Druck der von Salm-Salm erzwungenen Politik einheitlicher nationaler Regeln für die neue Weinkategorie. Die Schwierigkeiten beruhten darauf, dass mit der einzigen Ausnahme von Egon Müller-Scharzhof diese Winzer alle neben Weinen mit natürlicher Traubensüße auch trockene Weine erzeugen; einige von ihnen, wie Reinhold Haart, Kathäuserhof und Dr. Loosen mit großer Überzeugung, andere aus kommerziellen Zwängen angesichts der Nachfrage auf dem heimischen Markt. Nur bei einem Mitglied des Großen Rings, Heymann-Löwenstein in Winningen an der Terrassenmosel, stehen trockene Weine tatsächlich im Mittelpunkt der Produktion, die sowohl international als auch in Deutschland hohes Ansehen genießen. Reinhard Löwensteins sechs trockene Lagenrieslinge aus dem Jahrgang 2001 sind Weine von Weltklasse. Selbst sein »normaler« trockener 2001 Riesling, der ›Schieferterrassen‹, ist besser als die trockenen, angeblichen Spitzenrieslinge der meisten anderen Mitglieder des Großen Rings. An Mosel, Saar und Ruwer gehören lediglich die atemberaubenden trockenen Rieslinge von Clemens Busch aus Pünderich an der Terrassenmosel, nicht VDP-Mitglied, in dieselbe Liga. Die Situation ist hier jedoch gewissermaßen eine Ausnahme, da die klimatischen und geologischen Bedingungen an der Terrassenmosel sich deutlich von denen im restlichen Gebiet unterscheiden.

Abgesehen vom Grad des Engagements für trockene Weine variieren die Einstellungen diesbezüglich innerhalb der Gruppe erheblich. Manche vermarkten ihre trockenen Weine ausschließlich als Qualitätswein, was die Möglichkeit der »Anreicherung« offen lässt, das heißt der Zugabe von Zucker zum gärenden Most, um den Alkoholgehalt des fertigen Weins leicht zu erhöhen, ohne ihn in irgendeiner Weise zu süßen. In Frankreich ist diese Methode weithin üblich und nur für die besten Weine zugelassen, im Gegensatz zum traditionellen Grundprinzip des deutschen Weingesetzes. Bei anderen Großen-Ring-Betrieben werden die besten trockenen Weine grundsätzlich nicht angereichert und kommen als Qualitätswein mit Prädikat in den Verkauf. Wie konnte diese Vielfalt von Standpunkten zu einer Position vereinigt werden, die es Mosel-Saar-Ruwer gestatten würde, an dem Konzept ›Großes Gewächs‹ teilzunehmen, ohne dadurch selbst ihre eigenen Rieslinge mit natürlicher Restsüße abzuwerten?

Inzwischen habe ich von einem Kompromiss gehört, der in wenigen Tagen im Zuge der Prowein in Düsseldorf bekannt gegeben werden wird. Die VDP-Mitglieder an Mosel, Saar und Ruwer sollen zukünftig keine ›Große Gewächse‹-Weine erzeugen, sondern ›Erste Lage‹-Weine, die entweder trocken oder süß angereichert oder nicht angereichert sein dürfen. Ich habe allerdings gerade andere Dinge im Kopf und bin auf dem Weg ins Literaturhaus-Café in der Fasanenstraße, wo ich mich mit Heiner Behring, einem Filmemacher aus Freiburg im Breisgau, verabredet habe. Er arbeitet an einem Dokumentarfilm fürs Fernsehen über genau die Veränderungen der Weinwelt, die ich seit fast vier Jahren recherchiere. Welchen Platz wird der deutsche Wein in seinem Film haben? Bei den ersten Weinsendungen im deutschen Fernsehen im Jahr 1989, einer Serie namens »Die Weinmacher«, wagte der Münchener Filmemacher Christian Rischert den mutigen Schritt, drei der 13 Episoden deutschen Anbaugebieten und Produzenten zu widmen. Doch wurde dies etwas durch die Kontroverse um die Finanzierung des Films überschattet – darunter ein Produktplacement von Volvo –, angefacht von pikierten, da nicht erwähnten deutschen Anbaugebieten. Die Grausamkeit des Neids! Wie weit wird Behring bereit sein, dem deutschen Wein den Raum einzuräumen, den er verdient, frage ich mich, als ich die Stufen zum Café hinauflaufe.

Ein Mann Mitte vierzig, mit etwas chaotischem braunen Haar, dessen braunes Tweedjackett bis oben zugeknöpft ist, winkt mir aus dem Nachmittagswirbel zu: Heiner Behring. Ich hänge Mantel und Hut an einen der modernen Garderobenständer neben der Treppe und gehe zu seinem Tisch hinüber in der Mitte des tannengrün gestrichenen Hauptraums. Wir schütteln uns die Hand, ich setze mich ihm gegenüber und bestelle bei der Bedienung ein Kännchen Darjeeling-Tee. Behring legt sofort mit einer Schilderung seines Filmprojekts los und lehnt sich dabei mit spürbarer Nervosität weit über den Tisch.

Behring plant, in Bordeaux zu filmen sowie am Kaiserstuhl in Baden und in Franken und dabei die Einstellungen der Winzer dieser deutschen Gebiete mit den so genannten »neuen ökologischen Verfahren« zu vergleichen, den neuen manipulativen Kellertechniken, die erstmals 1987 in Bordeaux zum Einsatz kamen, dort seit Anfang der 1990er weit verbreitet sind und inzwischen auch den Weg nach Deutschland gefunden haben. Eine dieser Methoden, die künstliche Konzentrierung frisch gepressten Traubenmosts durch Wasserentzug für körperreichere, dichtere Weine, ist vor kurzem in Deutschland für die Kategorie Qualitätswein gesetzlich zugelassen worden; ein umstrittener Schritt, nicht zuletzt, weil diese Behandlungsmethode auf dem Etikett nicht deklariert werden muss. Für die Bordeaux-Abschnitte des Films hat Behring Alan Winklemann, einen Weinhändler und -journalisten aus Hannover, als Moderator gewonnen, und ich soll die deutschen Szenen moderieren. Aus dem, was Behring sagt, und dem Ton, mit dem er es sagt, wird deutlich, dass er nicht an Sensationalismus interessiert ist, sondern ihm daran liegt, Menschen, Orte und Weinkultur darzustellen; genauso, wie ich es auf dem Papier versuche. Es ist wichtig, dass das Thema Wein im Fernsehen endlich ernsthaft angegangen wird, anstatt sich auf kitschige Shows wie »Der fröhliche Weinberg« vom SWR zu beschränken, und deshalb willige ich zu Behrings Erleichterung ein.

»Was haben Sie noch für Ideen?«, frage ich ihn, worauf er mit großer Begeisterung von der neuen Generation erzählt, die nach und nach in der deutschen Weinszene auftaucht, junge Winzer meist Mitte zwanzig, die eine ganz andere Einstellung zum Wein haben als ihre Eltern – Interesse an der gesamten Weinwelt statt simplistischer Verehrung alles Französischen und Italienischen und entschiedenes Engagement für die Sinnlichkeit des Weins – und plötzlich bin ich wieder bei der Riesling-Gala im Waldhotel Krautkrämer in Münster-Hiltrup, spätabends am Samstag, dem 23. November 2002, nachdem der Feinschmecker den Gewinner des Rieslingpreises für den besten deutschen trockenen Riesling des Jahrgangs 2001 verkündet hatte. Abgesehen von der 400-köpfigen Menge und der heiteren Stimmung, prägte sich mir dieser Abend besonders deutlich aufgrund einiger Stände der Weingala ein, an denen »Die Newcomer« ihre Weine präsentierten. Ich lernte dort drei junge Pfälzer Winzer der neuen Generation kennen: Karsten Peter vom Weingut Castel Peter und Thomas Hensel vom Weingut Hensel, beide aus Bad Dürkheim, und Markus Schneider aus Ellerstadt.

Der große, kräftig gebaute Schneider war nicht auf den Mund gefallen und erklärte selbstbewusst: »Wir setzen uns als Typen in den Weinen durch ... nach Körpergewicht.« Sein 2001 Kirchenstück Riesling trocken war dementsprechend ein bemerkenswerter Wein, kräftig gebaut, dabei von seidiger Beschaffenheit, und hatte in der Blindverkostung für den Feinschmecker-Rieslingpreis zu meinen Favoriten gehört. »Aus welcher Kirchenstück-Lage stammt der Wein?«, fragte ich ihn, da Kirchenstück in Deutschland nicht gerade ein seltener Lagenname ist. »Das ist eine berechtigte Frage. Vor kurzem habe ich in einem Restaurant bei uns in der Gegend am Nachbartisch eine interessante Situation beobachtet, als ein Gast einen Kirchenstück-Riesling bestellte, unseren Wein bekam, beeindruckt war und dann vollkommen platt, als er herausfand, dass der Wein nicht aus Forst, sondern aus Ellerstadt kam.« Das Forster Kirchenstück ist die berühmteste Weinbergslage der gesamten Pfalz, und Schneiders Wein stellt in der Tat einige der 2001 Rieslinge aus dem illustren Kirchenstück in den Schatten.

Dann schenkte mir Schneider seinen 2001 Weißburgunder trocken ein und sagte: »Klar meine ich, dass der Wein gut ist, aber ich bin der Winzer. Sie müssen entscheiden, ob er gut ist.« Das klingt wie eine Selbstverständlichkeit, aber wie viele Winzer aus der Generation seines Vaters waren zu dieser Aussage in der Lage, ganz zu schweigen davon, das auch so wie er es als Selbstverständlichkeit zu betrachten? Mein Staunen wuchs, als ich den Wein probierte; er war noch ausladender als der Riesling und zeigte etwas Eichenaroma von der Reife in Barriquefässern, wirkte aber wie sein Urheber in keinster Weise rustikal oder schwerfällig. »Der weiße Redoma von Niepoort ist mein Vorbild für diesen Wein, weil er trotz aller Power Leichtigkeit besitzt«, erzählte Schneider. Ein portugiesischer Weißwein als Vorbild für einen deutschen Weißwein? Das war umso bemerkenswerter, da Schneider sich von dem portugiesischen Wein hatte inspirieren lassen, statt zu versuchen, ihn einfach nur zu kopieren. Diese Inspiration hatte es ihm ermöglicht, einen Wein zu erzeugen, der deutlich anders schmeckte als die Weißburgunder seiner Pfälzer Kollegen, aber seine deutsche Herkunft deutlich erkennen ließ. Es ist zweifelsohne ein neuer *deutscher* Wein und kein portugiesischer Wein aus Deutschland. Es folgte ein überraschender Rotwein, der 2001 St. Laurent ›Pour le Mérite‹, den die drei zusammen abgefüllt haben; ein dekadent dunkler und üppiger Wein. Obgleich St. Laurent eine alte Traditionsrebsorte in den Rheingebieten ist, ist sie dort in den 1970ern von der Bildfläche verschwunden, weil sie den mit Massenproduktion besessenen Winzern nicht genug Ertrag bot. Hier ist die Inspiration zweifellos bei guten kalifornischen Rotweinen zu suchen, die ebenfalls auf der einen Seite weich und voll sein können, auf der anderen aber so lebhaft und ausgewogen, dass sie sich gefährlich gut trinken lassen. Noch eine Revolution!

Von diesem Punkt an inspirierten die Weine mich zu sehr, und es war zu spät, um weiter zu verkosten, sodass ich zum Trinken bzw. Genießen überging. Was diese Weine so inspirierend machte, war die selbstverständliche Art, mit der sich das Trio, ohne zu zögern, in neue Richtungen aufmachte. Als die Renaissance der deutschen Weinbranche Ende der 1980er begann, wurden ihre Vorreiter, Menschen wie Ernst Loosen und Reinhard Löwenstein, von den meisten ihrer Kollegen ausgelacht und verspottet, weil sie Dinge anders machten. Es war das Gelächter derer, die zu ängstlich sind, um ihrem Instinkt zu vertrauen und Risiken einzugehen – die deutsche Nachkriegsangst, negativ aufzufallen –, und deshalb danach trachteten, jene zu vernichten, die dieses Wagnis eingingen. Nietzsche nannte solche destruktiven Neider »die Taranteln«, und das passt, weil hier ein Phänomen aus uralten Zeiten wieder zurückkehrt. Auch dieses Zurückkehren ist eine Gedanke von Nietzsche.

Für Loosen und Löwenstein bestand der große Gedanke, Grundlage ihrer Weinrevolution, in dem Glauben, dass der Charakter eines Weines dem Ort entspringt, an dem er wächst, was die Franzosen Terroir nennen. Es ist ein Zeichen ihres Selbstvertrauens und ihres kreativen Denkens, dass die heutige junge Generation deutscher Winzer beim Verfolgen einer vollkommen anderen Idee, nämlich dass Weine von Orten außerhalb der klassischen Anbaugebiete Frankreichs Inspirationsquelle für neue deutsche Weine sein können, es nicht für notwendig oder angebracht hielten, Loosens und Löwensteins Grundgedanken aus dem Fenster zu werfen. Ganz im Gegenteil. Für jemanden wie Markus Schneider handelt es sich dabei um eine äußerst wichtige Idee, die er von dem Teil seines Heimatgebiets, in dem es seit Jahrhunderten berühmte Weinbergslagen gibt, auf seine eigene Ecke den Platz übertragen hat, während er gleichzeitig Ideen aus Portugal, Kalifornien oder wo auch immer einbringt, für Weine, bei denen der Terroirgedanke vielleicht nicht entscheidend ist.

Heiner Behring freut sich, dass mir der Gedanke gefällt, von dem kreativen Geist Deutschlands junger Winzer im Fernsehen zu berichten, und meint, wir könnten daraus vielleicht eine ganze Fernsehserie machen. In seinen Worten schwingt kein Nationalismus mit, sondern Begeisterung für die Materie. Der Arbeitstag endet positiver, als er begonnen hat. Doch selbst wenn manche der Weine von Weil und anderen Erzeugern, die in den letzten Jahren von der deutschen Presse über den grünen Klee gelobt worden sind, eigentlich ziemlich seelenlos und austauschbar sind, haben auch sie eine Rolle in dem grundlegenden Stimmungswandel gegenüber deutschen Weinen in ihrem eigenen Land gespielt. Durch die neuen positiven Assoziationen mit den deutschen Weinen, die sich allmählich in den deutschen Köpfen bilden, werden Winzer wie Peter, Hensel und Schneider leichter die Anerkennung und den kommerziellen Erfolg erlangen, die sie verdienen, und dadurch ihre Weinrevolution schneller und einfacher durchsetzen, als es der Generation Loosen und Löwenstein möglich war. Als ich nach Mantel und Hut greife und mich von Behring verabschiede, bin ich überzeugt, dass unabhängig davon, welche Schwierigkeiten den deutschen Winzern noch bevorstehen, die schlimmste nahezu überwunden ist; ein heimisches Publikum, das ihre Weine von vornherein für minderwertig hielt. Der deutsche Wein gewinnt endlich eine Selbstverständlichkeit. In einem Land, in dem die Selbstverständlichkeit ein seltenes Gut ist, ist das ein bedeutender Schritt.

Kapitel 12
Kalifornien, USA

Global Player
oder Warum es auf Grösse durchaus ankommt, aber auch auf den Massstab

Vor mir auf meinem Schreibtisch liegt ein Stapel Zeitungsausschnitte. Viele davon betreffen die kürzlich erfolgte Übernahme des australischen BRL Hardy-Konzerns durch den in Fairport/New York ansässigen Constellation-Brands-Konzern für die Summe von 1,1 Milliarden Dollar, um Constellation Wines zu bilden. In dem ersten dieser Berichte, aus der Londoner *Times* vom 18. 1. 03, geht es um das erste Angebot, der letzte aus dem amerikanischen *Wine Spectator* vom 31. 3. 03 bestätigt die abgeschlossene Transaktion. Es klingt wie eine der unzähligen Konzern-Übernahmen der letzten Jahre, und auf einem bestimmten Niveau ist es auch genau das. Es entsteht dadurch nicht einmal das erste transkontinentale Weinkonglomerat, denn das existiert bereits in der Form von Beringer-Blass, aus dem Kauf der Kellerei Beringer in St. Helena im kalifornischen Napa Valley durch den im Besitz der Foster-Brauerei befindlichen Mildara-Blass-Konzern aus Adelaide/South Australia 2001 für 1,5 Milliarden Dollar. Doch übertrifft der Jahresumsatz von 1,7 Milliarden Dollar von Constellation Wines den geschätzten Jahresumsatz der im Familienbesitz befindlichen Kellerei E. & J. Gallo in Modesto/Kalifornien, sodass Letztere ihren Rang als größter Weinproduzent der Welt verliert. Diese zwei Wein-Supermächte treten jetzt in einen Zweikampf, der während der kommenden Jahre in den Regalen der Supermärkte und Warenhäuser rund um den Globus ausgetragen werden wird.

Aber es stecken andere interessante Weinnachrichten in dem Stapel. In der Londoner *Financial Times* vom 15./16. 3. 2003 berichtet die Weinkolumnistin Jancis Robinson, »das australischste Großunternehmen, Southcorp [Besitzer von Penfolds, Lindemanns Rosemount und vielen anderen Marken] ist in Aufruhr, weil Geschäftsvorstand Keith Lambert, unter Kritik wegen starker Preisnachlässe, am Vortag von Australiens großer Jahres-Weinhandelspräsentation in London [am Australia Day, 26. Januar] vor die Tür gesetzt wurde …« Das führte ab Freitag, dem 21. Februar, für einige Tage zum Aussetzen der Southcorp-Aktien an der australischen Börse. Laut den statistischen Daten von ACNielsen wurden zu diesem Zeitpunkt sage und schreibe 64 Prozent des in Großbritannien verkauften australischen Weins zu Discountpreisen angeboten, im Vergleich mit nur 40 Prozent bei französischen Weinen. Großbritannien ist Australiens größter Exportmarkt, daher die imminente Bedeutung der dortigen Geschehnisse für das Schicksal von Southcorp. All das ist natürlich nur der Schlagabtausch der Großunternehmen infolge der Fluktuationen auf den globalen Märkten.

Jancis Robinsons FT-Kolumne deutet auch an, dass die Großen der australischen Weinindustrie bald in weiteren Schwierigkeiten stecken könnten, da zugesetzte Gerbstoffe vielleicht in Kürze auf dem Etikett deklariert werden müssen. Dies ist das Ergebnis neuer Lebensmittel- und Getränke-Etikettierungsverordnungen, die im Dezember 2002 in Australien in Kraft getreten sind und aufgrund deren Rückstände aller potenziell allergieauslösender Inhaltsstoffe deklariert werden müssen; unabhängig davon, ob es sich um Zusätze oder Behandlungsstoffe, wie zum Beispiel ein Schönungsmittel, handelt. Offiziell werden australischen Weinen zugesetzte Gerbstoffe üblicherweise als Schönungsmittel bezeichnet, sodass er unter die neue Verordnung fällt. Die Australian Wine and Brandy Corporation, die Regulierungsbehörde der Branche, hat die Weinproduzenten gewarnt, dass die dem Wein zugesetzten Gerbstoffe in vielen Fällen aus Kastanien hergestellt werden und deshalb nach den neuen Bestimmungen einen gesundheitlichen Warnhinweis erfordern. Selbst vollkommen unbedarfte Konsumenten werden sich zweifellos fragen, was Spuren von Nüssen in australischen Weinen zu suchen haben, wenn sie die neuen Etiketten lesen. Was würden sie denken, wenn sie aus der englischen *Sun*, *USA Today*, *Bild* und Co. erfahren, dass es sich bei den Spuren um bis zu zwei Gramm pro Flasche handeln kann? Selbst wenn die Medien diese Geschichte nicht aufgreifen, werden die neuen Bestimmungen die Kluft zwischen jenen australischen Weinproduzenten, die an Gerbstoffzusätze glauben und dieses Verfahren sicher verteidigen werden, und solchen, die diese Art von manipulierenden Eingriffen grundsätzlich ablehnen, erheblich vertiefen. Jetzt ist die Spaltung der australischen Weinindustrie in zwei feindliche Lager vorprogrammiert und die Zeit der Einheit vorbei.

Es stellt sich an dieser Stelle die Frage, inwieweit das in Deutschland weit verbreitete Vorurteil Gültigkeit hat, große Unternehmen könnten keine wirklich guten Weine erzeugen. Die Leistungen der größten heimischen Weinproduzenten liefern sicherlich keine schlüssigen Gegenbeweise, aber in Frankreich, Italien, Australien, Chile und Kalifornien gibt es große Weinproduzenten, darunter die weltgrößten, die Erzeugnisse in der Preiskategorie von Euro 50 und darüber haben. Im Gegensatz zu den größten deutschen Weinfirmen trachten die Hauptakteure jener Länder danach, in allen Preiskategorien bis hinauf zur Spitze Produkte zu platzieren. Bereits diese Preise sind Stellungnahmen und erklären die betreffenden Produkte zu »Wein-Ikonen«, die in die erste Welt-Liga der Weinqualität gehören, was oft von unmissverständlichen Behauptungen in ihrem Werbematerial noch unterstrichen wird.

In den vergangenen 16 Jahren haben E. & J. Gallo enorme Anstrengungen unternommen, um zu bedeutenden Produzenten von »estate-bottled wines«,

Gutsabfüllungen bzw. Weinen aus eigenen Weinbergen, zu werden. Die Wurzeln des Unternehmens gehen bis zu den Monaten unmittelbar nach der Aufhebung der Prohibition im Jahr 1933 zurück, als die Brüder Ernest, 24, und Julio, 23, ein Lagerhaus mieteten und Geräte auf Kredit anschafften, dann Farmer für die Lieferung von Trauben unter Vertrag nahmen mit dem Versprechen, sie aus den Erlösen des Weinverkaufs zu bezahlen. Es war das erste Beispiel für den scharfen Geschäftssinn, für den die Brüder sich in der kalifornischen Weinbranche schnell einen Ruf erwarben. 1977 übernahmen sie die Frei Ranch im Dry Creek Valley in Sonoma, von der sie seit 1934 Trauben bezogen hatten, und führten dort umfangreiche Landschaftsumgestaltungen durch, die von manchen kalifornischen Fachleuten als »terra-forming«, Erdformung, bezeichnet werden, da sie Hügel und Täler schliffen, um den Anbau besser mechanisieren zu können. Dieselben Quellen erzählten mir, dass Gallo die Maschinen für diese Umgestaltungen gebraucht in Alaska erstanden habe, wo sie nach der Fertigstellung der Haupt-Ölpipeline in der Gegend herumstanden. Das passt alles ganz und gar nicht zu dem umweltbewussten Image, mit dem sich Gallo auf ihrer Website und ihren Werbebroschüren umgibt – doch vielleicht hat sich ihre Geschäftspolitik seit damals geändert. 1993 kamen die ersten Gutsabfüllungen unter der Bezeichnung Gallo of Sonoma, einer patentierten Marke, auf den Markt, 1991 Chardonnay und 1990 Cabernet Sauvignon. Heute liegt der Endverbraucherpreis des Gallo of Sonoma Estate Cabernet bei stolzen Euro 69.

Seit 1997 wirbt Gallo of Sonoma mit Bildern von Gina Gallo, einer Enkelin von Julio Gallo, der 1994 durch einen Unfall ums Leben kam. Diese Darstellungen suggerieren, sie sei eine von lediglich zwei oder drei im Unternehmen aktiven Gallos, währenddessen es laut Gina Gallo selbst 19 aus drei Generationen sind. In Anzeigen wird sie oft gezeigt, wie sie sich aus dem offenen Fenster eines kleinen roten 1953 Chevrolet-Pick-ups lehnt, umgeben von Reben – gesunde Natur –, oder wie sie Rotwein aus einer Pipette zum Probieren in ein Glas laufen lässt, um sie herum Barriquefässer – die Noblesse des Weins. Auf manchen Bildern ist ihr Haar blond, auf anderen braun, manchmal sogar innerhalb eines einzigen Zeitschriftenartikels. Obwohl ein Kollege berichtet hatte, man habe ihm bei einem Besuch im Gallo-Hauptquartier in Modesto/Kalifornien mitgeteilt: »Gina gibt keine Interviews«, beschloss ich vor meiner Reise nach Kalifornien im Sommer 2000, mehr über die echte Gina Gallo herauszufinden, und war überrascht, wie einfach es war, einen Termin zu bekommen.

Die damals 33-jährige dunkelblonde Önologie-Absolventin der University of California Davis war barfuß, in Jeans und T-Shirt, als sie mich am 13. August 2000 in den Gallo-of-Sonoma-Besuchsräumen der Frei Ranch im Dry Creek Valley begrüßte. Die Frei Ranch ist inzwischen eines von acht Weingütern in Sonoma County im Gallo-Besitz, die insgesamt eine Weinbergsfläche von über 1 200 Hektar darstellen; eine ähnliche Fläche wie der gesamte Rheingau. Sie bot mir einen Sessel an und setzte sich mir gegenüber auf ein Sofa, nahm einen großen Schluck Mineralwasser aus einer Plastikflasche und bedachte mich mit einem Seitenblick, der zu sagen schien: »Wer zum Teufel ist der Kerl?« Also fragte ich sie nach den Anfängen von Gallo of Sonoma. »Ich denke, was meinen Vater hierher zog, ist die abwechslungsreiche Landschaft«, sagte sie, und weil sie persönlich nichts mit dem »terra-forming« zu tun hat, entschied ich, dieses Thema nicht anzuschneiden. »Ich denke, man muss sich selbst fragen, für wen man [Wein] macht«, entgegnete sie, als ich mich nach der Vermarktungspolitik des Unternehmens erkundigte, »... und am Ende muss man vorsichtig sein, wie man sich verhält ... man braucht eine eigene Persönlichkeit, und die Weine müssen sie widerspiegeln.« Dann gingen wir hinüber zu dem Verkostungstisch in einer Ecke des sonnendurchfluteten Raumes, damit ich die Persönlichkeit der Gallo-of-Sonoma-Weine kennen lernte.

Die Verkostung begann mit dem 1997 Chardonnay der Laguna Ranch, die in der Nähe von Kistler Winery liegt, der die gesuchtesten Chardonnays Kaliforniens produziert. Kistler hatte es abgelehnt, mich zu einer Verkostung zu empfangen, obgleich der Verwalter Mark Bixler kurioserweise verlangte, ich solle eine Visitenkarte vorbeibringen. Es war der kürzeste Besuch auf einem Weingut meines ganzen Lebens: nicht einmal 30 Sekunden. Der Gallo-Wein vor mir war vielleicht im Keller auf sehr ähnliche Art und Weise behandelt worden wie die Kistler-Chardonnays und zeigte auch etwas von ihrer Fülle, doch leider wirkten seine 15,1 Volumprozent natürlichen Alkohols aufdringlich und brennend im Nachhall. Das war schade, da ich die Birnen- und Haselnussaromen durchaus attraktiv fand. Ein Jahr später bekam ich eine Flasche des 1997 Stefani Vineyard Chardonnay geschickt, nachdem der Wein bei dem Wettbewerb der Vinexpo, der weltgrößten Weinmesse in Bordeaux, im Juni 2001 eine Goldmedaille in der Kategorie Chardonnay gewonnen hatte. Er war nicht übertrieben alkoholisch, roch und schmeckte jedoch wie ein Besuch in einer Sägemühle, so gestopft voll von Eichenaromen und -gerbstoffen steckte der Wein. Gina Gallo hat irgendwo gesagt, sie denke, der Einsatz von Eichenholzchips zur Aromatisierung sei nur bei billigen Weinen gerechtfertigt; das bedeutet, dass dieser Wein seine Eichen-Überdosis tatsächlich auf die teure Art bekommen hat, aus »kleinen europäischen Eichenfässern«, wie auf dem Rücketikett steht.

Als Nächstes schenkte Gina Gallo zwei Rotweine aus der Rebsorte Zinfandel aus dem Jahrgang 1997 ein: Barelli Creek in Alexander Valley und Frei Ranch. »Wenn man sich hinsetzt und ein Stück Steak isst, dann ist Zinfandel wunderbar«, bemerkte sie dabei mit spürbarer Begeisterung, und ihre Schultern fielen aus ihrer zuvor verkrampften Haltung entspannt hinunter. Guter Zinfandel ist nie leicht oder zurückhaltend, sondern vielmehr extrovertiert, sinnlich und barock, deshalb war es verständlich, dass bereits der Gedanke an

»Zin« diese Wirkung bei ihr zeigte. Genetische Analysen haben vor kurzem aufgedeckt, dass Zinfandel mit der apulischen Rebsorte Primitivo identisch ist sowie der kroatischen Sorte Crlenik, wo anscheinend ihr Ursprung liegt. Doch ist der Zinfandel die erste Rebsorte, die sich in Kalifornien einen Namen gemacht hat, und genau dieser Teil des Staates – Dry Creek Valley, Russian River Valley und Alexander Valley in Sonoma County – bringt die besten Weine hervor. »Life is hell without Zinfandel«, das Leben ist die Hölle ohne Zinfandel, lautet einer der Slogans der unüberhörbaren, zahlreichen »Killer Zin«-Fangemeinde unter den kalifornischen Weintrinkern. Gründe genug für Gallo of Sonoma, diese Rebsorte sehr ernst zu nehmen.

Ihr 1997 Barelli Creek Zinfandel wirkte ziemlich portweinartig, schmeckte dabei aber trocken und klobig mit sehr warmem, alkoholischem Abgang. 13,5 bis 15,5 Volumprozent Alkohol sind ganz normal für guten Zinfandel, und es erfordert eine geschickte Hand, damit der Wein ausgewogen wirkt, was hier nicht der Fall war. Der 1997 Frei Ranch Zinfandel war ausdrucksvoller und besaß die Würze, die diese Rebsorte charakterisiert, doch auch hier drängte sich der Alkohol, 15,2 Volumprozent, in den Vordergrund. Abschließend folgten zwei Cabernet-Sauvignon-Rotweine: der 1996 von Barelli Creek war ausgewogener als die Zinfandels, mit Oliven- und Pfeffernoten, angenehm voll, reif und solide, aber nicht groß. Mit 14,7 Volumprozent waren wir beim 1998 Estate Cabernet Sauvignon wieder beim hohen Alkohol; ein sehr großzügiger, aber etwas schwerfälliger Wein. Dadurch lud er nicht so zum Trinken ein, wie es mich der Duft nach Oliven, Brombeeren und gegrillten roten Paprikaschoten hatte vermuten lassen. Keiner dieser Weine war schlecht, und Gina Gallo ist definitiv keine PR-Marionette, sondern eine intelligente, durch und durch amerikanische Frau, aber meine Füße waren die ganze Zeit fest auf dem umgestalteten Boden geblieben. Als ich mir später einige der Gallo-of-Sonoma-Weinberge anschaute, schien die Bewirtschaftung mit mehr als einem Auge auf die Kosten zu blicken; die wahrscheinlichste Erklärung für die Schwächen der Weine.

Es handelt sich jedoch beileibe nicht um einen Einzelfall. Auf meinen Reisen während der letzten Jahre habe ich viele solcher Großproduzenten besucht und ihre »Wein-Ikonen« in unterschiedlichsten Situationen verkostet und getrunken, ohne vom Boden abzuheben. Meistens besteht das Problem im fehlenden kompromisslosen Qualitätsstreben im Weinberg, obgleich gedankenlose Eingriffe im Keller aufgrund von mangelndem Vertrauen in den eigenen Charakter der Weine oft auch eine Rolle spielen. Gibt es jedoch Ausnahmen? Diese Frage ging mir letzten Juli durch den Kopf, während wir über die felsigen Höhen kurvten, die die Spring Mountain Road zwischen den Vororten von Santa Rosa in Sonoma County und St. Helena in Napa überwindet. Unser Ziel war die Robert Mondavi Winery.

Mondavi hat zwar zweifelsohne eine entscheidende Rolle bei der Entwicklung des Napa Valley gespielt, zuerst 1966, als er dort die erste neue Kellerei seit dem Ende der Prohibition gründete, dann, indem er aufzeigte, wie sinnvoll die temperaturkontrollierte Gärung und die Reifung in neuen französischen Eichenfässern für die Qualitätsweinerzeugung sein können. Doch war mir bereits klar geworden, dass die Geschichte von Mondavi als *dem* modernen Qualitätspionier des Napa Valley ein Märchen war. Doch Mondavis Bedeutung als wortgewaltiges Sprachrohr des Napa Valley an Orten, in denen kalifornische Weine damals mit großer Skepsis betrachtet wurden, wie Europa und die eurozentrische Nordostküste der USA, kann nicht genug betont werden. Trotz seines legendären Ansehens sahen die Weine des Unternehmens sich jedoch in den Monaten vor meinem letzten Besuch bei der Robert Mondavi Winery scharfer Kritik seitens der bedeutendsten amerikanischen Weinpublikationen ausgesetzt; *Wine Spectator* und *The Wine Advocate*. Hatte Mondavi seine Position als einer der führenden Qualitätsweinproduzenten – Napas, Kaliforniens, der Welt – verloren, die das Unternehmen seit nahezu einem Vierteljahrhundert innegehabt hatte, und war dies das Ergebnis der Umwandlung in eine Aktiengesellschaft mit Jahresumsätzen von knapp 400 Millionen Dollar und 1000 Angestellten?

An der Einfahrt zu Mondavi verkündete ein großes Schild, dass die »Summer Festival Concerts« auch in diesem Jahr wieder ein durchschlagender Erfolg sein würden. Die Konzerte von Omara Portuondo von Buena Vista Social Club am 22. Juni, der Preservation Hall Jazz Band am 6. Juli, Boz Scaggs am 20. Juli, Dave Brubeck am 3. August und Etta James and The Roots Band am 10. August waren sämtlich ausverkauft; lediglich für das N. V. Symphony am 17. August gab es noch Karten. Cliff Mays berühmter hoher Torbogen und der Glockenturm im spanischen Missionarsstil von 1966 prangten vor dem tiefblauen, wolkenlosen Himmel eines perfekten Napa-Valley-Sommertags. Ein paar Tage zuvor hatten wir bereits dasselbe Szenario erlebt, als wir unangekündigt und »inkognito« wie die 250 000 alljährlich herbeiströmenden Touristen, die normale »Vineyard & Winery Tour« mitgemacht hatten. Für zehn Dollar pro Person wurden wir mit einer Gruppe anderthalb Stunden durch Weinberge und Kellerei geführt und bekamen viel Interessantes und Wissenswertes erklärt, nicht nur über Mondavi, sondern auch Napa und die kalifornische Weinbranche, Rebanbau, Weinausbau, Weinverkosten und das Kombinieren von Wein und Speisen. Unser Tourguide John aus Minnesota erzählte sehr gekonnt und unterhaltsam, ohne belehrend zu wirken. Die Führung endete mit der Verkostung von drei Weinen, darunter dem 1998 Cabernet Sauvignon ›Reserve‹ und einigen sehr guten, frisch zubereiteten Häppchen aus der betriebseigenen Küche. Es war ein perfektes Beispiel für amerikanische Offenheit und das genaue Gegenteil von Kistlers krankhaftem Misstrauen.

Es war auch das Gegenteil vom Geiz, den wir kurz zuvor bei Diamond

Creek Vineyards erlebt hatten, wo wir nach einer zweistündigen Besichtigung der Weinberge, der Gärten, der zehn Wasserfälle – von denen einer sogar einige Sekunden lang für uns eingeschaltet wurde – des künstlichen Sees und der Lagune sowie der Keller keinen Tropfen Wein zum Verkosten bekamen. Wir gingen allerdings nicht mit ganz leeren Händen, denn gegen Ende der Tour, die wir in einem Golfbuggy absolvierten, hielt unser Fahrer »Phil« an und fragte meine Frau, ob sie Rosen möge. Sie entgegnete, Rosen seien ihr am liebsten im Garten, er drückte ihr jedoch eine Gartenschere in die Hand und sagte: »Al [Brounstein, Gründer und Eigentümer] ist ein Chauvinist, wenn es um Rosen geht. Er findet, sie sind dazu da, um von Frauen geschnitten zu werden.« Meine Frau stieg notgedrungen aus und säbelte widerwillig drei pinkfarbene Rosen ab; sagte mir aber später, sie hätte am liebsten jede einzelne Blüte zu Boden gemetzelt. Bevor wir verabschiedet wurden, erzählte uns Al Brounstein von den vier offenen Weingutstagen, die sie jedes Jahr für die Stammkunden veranstalteten; dann können »die Leute Boot fahren und schwimmen und picknicken, und jeder bekommt eine Kostprobe von unserem Wein; das ist es, was richtig wehtut«.

Unser offizieller Besuch bei Robert Mondavi war eine ganz andere Sache. Als wir unter dem Torbogen zwischen den amerikanischen und ausländischen Touristen standen und gleich ihnen den Blick durch den Bogen über den großen Rasen genossen, hinter dem die Weinberge der Oakville Bench sich sanft – sechs Prozent – zum Fuß der bewaldeten Mayacamas Mountains hinaufziehen, kam eine junge Frau mit braunen, glatten langen Haaren, ganz in Schwarz gekleidet, auf uns zu und erkundigte sich, ob ich Stuart Pigott sei. Sie stellte sich als Andrea Loewen vor, zuständig für die internationale Öffentlichkeitsarbeit des Unternehmens, und erklärte, dass Tim Mondavi, der jüngere der beiden Söhne von Robert Mondavi, der für die Produktion verantwortlich ist, in Kürze zu uns stoßen würde. Sie ging mit uns in den Vineyard Room, der auch als Privatrestaurant dient, und erzählte uns, während wir relativ lange neben einem weiteren großen Bogen warteten, dass Cliff May kein gelernter Architekt und das Gebäude daher ursprünglich einstöckig gewesen sei. Nichtsdestotrotz ist es zu einer zeitlosen Ikone der modernen amerikanischen Kultur geworden. »Als Klassiker ist man in einer ganz anderen Position denn als Newcomer«, sagte sie erläuternd zu der grundlegenden Situation des Unternehmens. In Kalifornien fliegt die Zeit, und mit 26 Jahren ist man bereits ein »Klassiker«.

Der etwas gestresst wirkende, vollbärtige Tim Mondavi erschien in einer hellbraunen Wildlederjacke, hellblauem Hemd ohne Krawatte, grauen Hosen und braunen Mokassins. Er sah genauso aus wie auf den Fotos in Zeitschriften und Büchern. Da 19 Weine auf uns vor dem Mittagessen warteten, schlug er vor, sofort mit dem Verkosten der Weißweine zu beginnen. Wie sein Bruder Michael, der Geschäftsführer des Unternehmens, kann auch Tim

Mondavi gut zuhören und neigt dazu, »Statements« von sich zu geben, gegen die sich nicht viel einwenden lässt: »Künstlerischer Wein ist der Ausdruck der Harmonie des Menschen mit der Natur«, »wir möchten eine Evolution des [Wein-]Stils statt einer Revolution«, »eine geschützte Lagenbezeichnung ist keine Qualitätsgarantie, sondern eine Aussage des Charakter-Potenzials«, »Weine müssen der natürliche Ausdruck ihrer Herkunft sein und ihre Absicht widerspiegeln, ein gutes Essen zu vervollkommnen«.

Über den ersten Wein der Verkostung konnte man allerdings geteilter Meinung sein, den 2000 Sauvignon Blanc aus dem Stags Leap District. Der frische Duft nach Erbsen und Stachelbeeren war typisch für diese Rebsorte in kühlen Klimazonen, wie auch der etwas strenge, saure Nachgeschmack. »Typisch« ist aber keineswegs immer ein Lob beim Wein, und in diesem Fall bedeutete es »gekonnt gemacht, aber definitiv nichts Außergewöhnliches«. Mondavis Spitzenweißwein aus dieser Rebsorte, der 2000 Fumé Blanc ›Reserve‹, präsentierte sich wesentlich besser mit schwarzen Johannisbeer- und Kokosnusstönen, zugleich kremig, frisch und elegant. Frühere Jahrgänge dieses Weins haben eine entscheidende Rolle beim Aufbau des Rufs von Mondavi gespielt, aber der 2000 war kein großer Wein. Wenige Wochen zuvor hatten Manfred Tements 2001 und 2000 Sauvignon-Blanc-Weine aus der Lage Zieregg in Berghausen in der Südsteiermark gezeigt, welch Größe die Weine aus dieser Sorte in diesem Stil haben können, bzw. mit etwas Reifezeit in neuen Eichenfässern. Es waren mächtige Weine, doch dabei lebendig und unendlich faszinierend.

Mondavis 1999 Chardonnay aus dem Carneros District war angenehm erfrischend und diskret in der Eichennote für einen Wein dieser Rebsorte mit einigem Qualitätsanspruch, dabei aber einfach im Geschmack mit stumpfem, saurem Abgang. Der 1999 Chardonnay ›Reserve‹ gefiel mir besser, er zeigte neben seiner Kraft eine gewisse Anmut. Als Verkörperung von Mondavis Aussagen war er jedoch ein Misserfolg, er gehörte einfach zu den vielen guten kalifornischen Chardonnays, die zum gleichen Preis oder darunter angeboten werden. In Sonoma County hatten wir zum Beispiel gerade den 1999 Chardonnay der Chalk Hill Winery erlebt, der im ähnlich schlanken Stil nicht nur wesentlich beeindruckender war, sondern auch den Mondavi-Theorien voll und ganz entsprach. Die Gesamtproduktion des Chalk Hill Chardonnay umfasst über 300 000 Flaschen, es handelt sich also nicht um einen Wein, der nur wenigen zugänglich ist. Jim Laubes Kritik der Mondavi-Weine der letzten Jahrgänge im *Wine Spectator* als »... sauer, eckig, mit wenig Tiefe oder Dimension« war vielleicht etwas übertrieben, aber in Verbindung mit den Weißweinen vor mir verstand ich durchaus, was er meinte. Wir gingen recht schnell zu den Rotweinen über.

Die vernichtenden Worte konnten auch für den ersten von ihnen gelten, den 1999 Cabernet Sauvignon mit der Herkunftsbezeichnung Napa Valley.

Er duftete erst viel versprechend nach Brombeeren, entpuppte sich dann aber als nichts sagend und recht hart. Die restlichen sechs Cabernet Sauvignons aus dem Jahrgang 1999 waren daher alle mehr oder weniger beeindruckend. Marjorie's Twilight, Napa Valley Reserve und To Kalon Reserve zeigten alle gut gezügelte Kraft, Fülle und trotz reichlich Gerbstoffen gelungene Harmonie. Die folgenden vier Cabernet Sauvignons aus dem schwierigen Jahrgang 1998 waren weniger imposant, aber sämtlich ausgewogen und charaktervoll, der Napa Valley Reserve geschmeidig und elegant. Sie waren Gegenstand schärfster Kritik seitens der amerikanischen Weinpresse gewesen, die nachzuvollziehen mir sehr schwer fiel. Vielleicht spielt es eine entscheidende Rolle, dass viele der kalifornischen Cabernet Sauvignons, die die amerikanische Presse am höchsten lobt, Alkoholwerte von 14,5 bis beinahe 16 Prozent aufweisen, während Mondavis Weine selten über 14 Prozent liegen, üblicherweise bei 13- bis 13,5-prozentigem. Alkohol schmeckt süß, und zum Alkohol gehört auch das noch süßer schmeckende Gärungsnebenprodukt Glyzerin. Am anderen Ende dieser Gleichung steht jedoch eine Obergrenze, wie viel Alkohol ein bestimmter Wein tragen kann und dabei noch gut zu trinken ist. Nach meiner Erfahrung liegt das Maximum für Cabernet Sauvignon bei ca. 14,5 Volumprozent, wenn man von dem Wein mehr als nur den kleinen Verkostungsschluck der Weinkritiker konsumieren möchte. Haben die amerikanischen Weinkritiker Stilfragen mit Weinqualität verwechselt? Haben die kleinen Produktionsmengen der Kult-Cabernets zu einem unbewussten Vorurteil gegenüber den großen kalifornischen Produzenten geführt?

Während des Mittagessens wurden Tim Mondavis Darlegungen seiner Philosophie immer ausführlicher, und trotz unseres knappen Zeitplans mussten wir seine Einladung zu einer kurzen Tour durch die Weinberge annehmen. Minuten später saßen wir in seinem Allrad-Kombi und fuhren die Dwyer Road auf die Mayacamas Mountains zu, vorbei an einigen der wichtigsten Lagen des Unternehmens. »Diese Reben sind mit Abständen von nur vier Fuß – 1,20 Meter – gepflanzt, in Reihen mit demselben Abstand, und wir beabsichtigen, die Bewässerung nach und nach abzuschalten«, erklärte er, ein mutiger Schritt in einem so heißen und trockenen Klima, besonders für ein börsennotiertes Weinunternehmen dieser Art, in dem Konzepte wie »Gewinnmaximierung« dazu tendieren, alle Arten von Risiko im Keim zu ersticken. Dann kamen wir zu der Lage Marjorie's Twilight, 1945 angelegt, die Reben »wie alte Soldaten, sie sehen furchtbar aus, ergeben aber gewaltige Weine«. Eine militärische Anspielung! Eine der wichtigsten PR-Regeln beim Wein lautet, alles Militärische zu vermeiden, er hatte jedoch einfach gesagt, was er dachte. Der Weg überquerte den Doak Creek, »den Mississippi von Oakville«, witzelte unser Gastgeber und kam von dort auf das Thema biodynamischen Weinbaus und Rudolf Steiner, auf dessen Ideen er basiert. »Wenn man hört, vergisst man, wenn man sieht, erinnert man sich, und wenn man das tut, versteht man. Ich bin ein großer Anhänger des biodynamischen Gedankens, aber ich verstehe nicht genug davon ... was wir tun müssen, ist fortwährend zu verbessern, was wir verstehen ... um mehr zu lernen über dieses *wunderbare Spiel.*« Die einzige Frage, die angesichts dieser leidenschaftlichen Worte offen blieb, lautet, wie viel Spielraum die Erbsenzähler von Mondavi Imperium Tim Mondavi zugestehen, um mehr zu verstehen.

Ich dachte noch darüber nach auf unserer langen Fahrt zu unserem nächsten Termin, als uns hoch oben in den Santa Cruz Mountains südlich von San Francisco beinahe das Benzin ausging. Eigentlich hätten wir auf die Tankstelle verzichten und allein mit Hilfe der Schwerkraft nach Santa Cruz am nördlichen Ende der Monterey Bay rollen können. Das hätte gepasst zum »Planet Cruz«, wie die Universitätsstadt auf vielen Auto-Aufklebern genannt wird, wo durch manche Straße unvermutet dichte Nebelschwaden ziehen, während um die nächste Ecke strahlender Sonnenschein herrscht und der vereinigte Cannabis-Rauch der Einwohner wahrscheinlich ähnlich dicht wie der Nebel aussähe. In den Büroräumen der Suite E von Bonny Doon Vineyard 2125 Delaware Avenue deutete eine riesige Fahne mit einem chinesischen Drachen darauf hin, dass wir trotz des Irgendwo-Planet-Erde-Büroräume-Eindrucks an einen besonderen Ort gelangt sind. Bonny Doons Gründer Randall Grahm hatte uns bei einem Besuch in Berlin gefragt, wo er in der Stadt chinesische Drachen-Holzskulpturen kaufen könnte. In dem engen rechteckigen Raum, nicht viel mehr als eine Schachtel, der Grahms Büro darstellte, hing an einem der lila Wände ein großes Poster des verschnörkelten Jugendstil-Etiketts des von Schubert'schen Weinguts aus Mertesdorf/Mosel-Saar-Ruwer. Grahm verehrt Mosel-Saar-Ruwer-Rieslinge wie die von Schubert'schen als die ultimativen Terroirweine; Weine die nach dem Fels schmecken, auf dem sie gewachsen sind, und seinem steinigen Schieferboden. Nachdem er uns mit den Worten »Willkommen in meinem Albtraum!«, dem Titel eines Albums des amerikanischen Rockmusikers Alice Cooper, in sein klaustrophobisches Quartier gebeten hatte, war Grahms erste Frage: »Welche 2001 deutschen Rieslinge sollte ich kaufen?« »Unter anderem diese!«, deutete ich auf das Poster, dann ratterten wir mehr Namen herunter. Währenddessen fiel mein Blick auf Werke von Jack Kerouac, Lord Byron, Oscar Wilde, Nietzsche und Robert Frost auf einem Schrank und ein Heft der Zeitschrift *Wine Spectator* auf dem Boden, das so abgelaufen aussah, als habe man es dort als Fußabtreter platziert. Das ganze Büro war ein Grahm'sches »Statement«.

Unser Gastgeber, groß, schlaksig und um die 50, schlug vor, wir sollten die Weine in einem Restaurant um die Ecke verkosten, wo seine Freundin zu uns stoßen würde. Mit zwei hastig zusammengepackten Kartons voller Weinflaschen folgten wir seinem roten Citroën DS mit dem Nummernschild

C1GARE

Die Zigarre bezog sich auf den Wein, der Grahms Ruf in der Weinwelt begründete, ›Le Cigare Volant‹, der zum ersten Mal mit dem Jahrgang 1984 auf den Markt kam. Auf dem Etikett ist ein zigarren- bzw. zeppelinförmiges Ufo abgebildet, das einen bedrohlich wirkenden roten Lichtstrahl in den Weinberg vor einem französischen Château sendet, das Ganze im Stil eines Stichs von Anfang des 19. Jahrhunderts. Der Rotwein ist ein Verschnitt von Mittelmeer-Rebsorten französischen Ursprungs, vor allem Grenache, Mourvèdre und Syrah, lange bevor jemand in Australien diese Mischung GSM nannte. Eine Rosé-Version namens Vin Gris de Cigare war bereits dazugekommen, als ich Grahm im März 1989 kennen lernte. Damals erzählte er mir, dass Kalifornien einen gewaltigen Irrtum damit beging, sich nur auf teure ›Reserve‹-Weine aus den Modesorten Chardonnay und Cabernet Sauvignon zu konzentrieren, die zu schwer und zu holzbetont waren, um sie mit Vergnügen zu trinken. Sein größter Ehrgeiz bestand darin, den *weltbesten Roséwein* zu machen. Es klang ein wenig verrückt und sehr aufregend nach der anstrengenden Aufgeblasenheit mancher Produzenten, die ich zuvor in Napa besucht hatte, aber wie würde es sich verkaufen?

Wir fuhren nur wenige Meter zum Ristorante Avanti, 1713 Mission Street, zwischen Rainbow Nails und einem Geschäft namens Cellular Express, das merkwürdigerweise Sportbekleidung verkaufte. Vor neugierigen Augen durch Bambusrollos geschützt, die eher zu chinesischer oder thailändischer Küche gepasst hätten, setzten wir uns an einen schmalen Tisch gegenüber dem Revolutionär, dessen zum Pferdeschwanz gebundenes, dunkelbraunes, schulterlanges Haar allmählich zurückwich und das erste Grau zeigte. »Pacific Rim Riesling«, sagte er und schenkte den ersten Wein ein, »stammt hauptsächlich aus Washington State, 24 Prozent von der Mosel, dazu etwas aus Kalifornien, Auflage beinahe 500 000 Flaschen.« 1991 war der erste Jahrgang dieses ersten multikontinentalen Weins, dessen durchsichtige Flasche mit einem halben Dutzend kleiner Etiketten in Form von Sushi-Stücken sowie einer ohnmächtig wirkenden wagnerianischen Heldin übersät ist. Zusammen mit den beiden Zigarren und anderen exzentrischen Weinen, die gleichermaßen gegen alle herrschenden Weintrends liefen, ließ der Pacific Rim Riesling die Bonny-Doon-Jahresumsätze innerhalb von 20 Jahren von anfänglich 60 000 Flaschen auf die heutigen drei Millionen Flaschen anschwellen. Grahm hat schlüssig bewiesen, dass Kalifornien offen genug für Weinproduzenten ist, die das wunderbare Spiel ganz anders spielen.

Der Pacific Rim Riesling war sehr erfrischend und reintönig, erinnerte stark an einen nicht ganz trockenen Moselwein und hätte wirklich gut zu Sushi oder Fusion-Küche gepasst, wie es von Bonny-Doon empfohlen wird. Grahm war bereits beim zweiten Wein, dem 2000 Critique of Pure Riesling, ausschließlich aus Trauben aus Washington State, mit sehr attraktiven Grapefruit- und Pfirsicharomen, trocken und stoffig, wenn auch nicht übermäßig elegant. Grahms Begeisterung für Riesling ist inzwischen so stark, dass er vor kurzem für das Restaurant Elka's in San Francisco eine spezielle Weinkarte zusammengestellt und selbst ein Abend pro Woche dort als Sommelier gearbeitet hat. Die erste Doppelseite trug die Überschrift »Riesling«, die zweite »Mehr Riesling«, und im Gegensatz zu diesen dicht beschriebenen Seiten war die nächste Doppelseite vollkommen leer bis auf die Überschrift »Chardonnay eine extrem populäre Traubensorte«. Er erzählte, einer seiner Pläne ohne festgesetzten Zeitrahmen bestünde darin, ein Restaurant namens »Riesling Asylum« zu eröffnen. Très alternatif californien! Das einzige Problem könnte darin bestehen, dass der Riesling sich in den USA auf der Überholspur in Richtung regulärer Respektabilität zu bewegen scheint.

Wir rasten weiter durch die Weißweine, jetzt zum 2001 Muscat L'Etoile, traubig und beinahe trocken; genau die Art von Surf-Kultur-Wein, von dem Grahm gesprochen hatte, als ich ihn zum ersten Mal traf. Dann zu einem Wein, auf dessen Etikett stand:

2000 The Heart has its Rieslings
Produced & Bottled by Axis Bold as Love

Axis Bold as Love ist der Titel eines Jimi-Hendrix-Albums, und der Wein zeigte wirklich etwas von der sexuellen Saftigkeit der Hendrix-Gitarre. »Sehr schmackig, aber es ist nicht der Erdener Prälat von Dr. Loosen«, bemerkte ich, den Wein mit einem anderen Moselriesling vergleichend, den Grahm verehrt. »Ich weiß«, sagte er, »aber probier ihn mal mit ein paar Tropfen hiervon«, und zog eine kleine weiße Plastikflasche aus der Tasche, auf deren Etikett stand:

LIQUIMINS
Low Sodium Concentrated
Trace Mineral Drops

Er erklärte, die Flüssigkeit würde als Nahrungsergänzung verkauft und sei nie für die Weinbranche bestimmt gewesen. Doch die paar Tropfen Liquimins, die er in mein Glas gab, ließen den Wein schlanker, frischer ... ja, mineralischer schmecken. »Siehst du, wie er den Wein in Bewegung bringt?«, sagte er mit großem, ironischem Ernst, »während der letzten Lese haben wir eine Menge experimentiert mit Steinen im gärenden Wein, um zu sehen, ob die Weine dadurch mineralischer schmecken würden.« Es stimmt vielleicht nicht, dass in Amerika alles möglich ist, aber auf Planet Cruz, wenn der Wind vom Meer einem genug Cannabis-Rauch entgegenweht, scheint es zumindest so. Bei unserem letzten Treffen in Kalifornien hatte Grahm eine halbe Stunde lang laut darüber nachgegrübelt, ob es hier überhaupt möglich sei, einen Terroirwein zu produzieren, einen Wein mit dem Geschmack des Bodens oder der Felsen, auf denen er gewachsen ist. Hier war die buchstäbliche »Lösung« des Problems; noch ein Grahm-Witz, der sicher eine Menge Wein verkaufen wird.

Dann kamen frische Gläser auf den Tisch, und wir gingen zu den Rotweinen über, zuerst dem 2000 Bonny Doon Syrah, der die nicht gerade exklusive Herkunftsbezeichnung »California« trug. Das spielte jedoch nicht die geringste Rolle, weil der Wein die Wärme der kalifornischen Sonne, die Kühle des kalifornischen Nebels und einen Hauch kräutriger Rauchigkeit irgendwo aus der Nähe in sich zu vereinen schien. Es folgten mehrere Weine von Euro-Doon, die nach Grahms Anweisungen in Europa ausgebaut worden sind. Der beeindruckendste von ihnen trug die Aufschrift:

2000 HEART of DARKNESS
Appellation Madiran Contrôlée

In diesem Moment landete ein Schwall von Tellern auf dem Tisch, viele davon mit Gerichten, die alles andere als italienisch wirkten, und die gebratene Ente mit schwarzer Himbeersauce passte perfekt zu der Erdigkeit und Würze dieses mächtigen, kompakten Rotweins, der es irgendwie zuwege brachte, nach etwas so Zartem wie Veilchen zu duften. Wenn nur mehr Madiran-Weine so saftig wären und nicht gaumenzertrümmernde Beweise dafür, dass Tannat die vielleicht gerbstoffreichste Rebsorte der Welt ist.

Schließlich kehrten wir mit dem letzten Wein zurück nach Kalifornien, dem 2000 Cigare Volant, der an den 2000 Bonny Doon Syrah erinnerte, aber üppiger, würziger und wärmer wirkte; kein Terroirwein, aber zweifellos ein toller Surf-Wein. »Es ist der erste Jahrgang mit wesentlichem Eichen-Einfluss, etwas, das ich bis dahin abgelehnt habe«, bemerkte Grahm nachdenklich. Diese Ablehnung war Teil einer allgemeineren Ablehnung der konventionellen Art kalifornischer Weine, zu der lange Zeit wie selbstverständlich neue französische Eichenholzfässer gehörten sowie die Vanille- und Toastaromen, die sie den Weinen verleihen, die in ihnen reifen. »Ich denke, dass man das erforschen muss, wovor man am meisten Angst hat«, fuhr er in ungewohnt bedächtigem Ton fort. Bis heute besteht Grahms Leistung in erster Linie darin, unzählige Tausende von Amerikanern dazu zu bewegen, Weine aus Rebsorten zu erforschen, vor denen sie vorher Angst hatten, wie die roten Rebsorten der Rhône und den Riesling. Er nimmt Humor, Phantasie und den kreativen Einsatz unkomplizierter Ausbaumethoden zu Hilfe, um zu beweisen, dass der Teufel, den man nicht kennt, mindestens ebenso gut schmeckt wie der, den man kennt. Seine Weine waren und sind nicht nur das Ergebnis einer liberalen Weltanschauung, sondern wirken auch befreiend. Hier hatten wir einen, der noch dazu ein großer Wein war; eine echte Grahm-Innovation.

Da erschien seine Freundin, eindeutig fernöstlichen Ursprungs und schwanger. Grahm hatte mir irgendwann erklärt, sein Problem sei das C-Wort, womit er »commitment«, feste Verpflichtungen, meinte. Aus welchem Grund auch immer schien er ein Alter erreicht zu haben, in dem er sich mit vielen Dingen zugleich konfrontierte, vor denen er vorher Angst gehabt hatte. Für uns war es Zeit zu gehen, wenn wir unsere Unterkunft bei Tageslicht erreichen wollten, also verabschiedeten wir uns. Als wir losfuhren, hing ein großer silberner Vollmond über den Palmen und Tannen. Ich kurbelte das Fenster hinunter und schaltete das Radio ein. »Gott ist Liebe, Gott ist Gott, Gott ist ein Fels!«, ertönte eine Stimme. Wusste 95,9 FM Monterey, dass Gott auch in kleinen weißen Plastikflaschen als Nahrungsergänzung erhältlich war? Wahrscheinlich nicht, aber von Grahm und Bonny Doon haben sie sicherlich gehört, und eines Tages werden sie vielleicht von den Felsen erfahren, die Grahms Götter sind.

Wir glitten die 69. Haarnadelkurve auf der Monte Bello Road in Cupertino nahe San José entlang am nächsten Morgen, und ich fragte mich, inwieweit sich die Idealgrößen für Weinproduzenten während der letzten Generation verschoben hatten. In Zeiten niedriger Arbeitskosten können beispielsweise größere Weinbergsflächen von einem Produzenten kostengünstiger bewirtschaftet werden als in Zeiten hoher Arbeitskosten. Gleichermaßen stellt eine nach dem neuesten Stand der Technik automatisierte Weinabfüllkellerei eine gigantische Kapitalinvestition dar, die eine gewisse Mindestproduktion erfordert, um wirtschaftlich zu sein. Daneben geht es darum, wie groß eine Marke werden kann, bevor sie durch den Ruf der Massenproduktion imagemäßig beeinträchtigt wird. Und schließlich ist der logistische und organisatorische Aspekt des Ganzen abzuwägen. An einem Ende des Qualitätsspektrums steht die Frage, wie viel Wein ein Unternehmen unabhängig von der Qualität erfolgreich abfüllen und vermarkten kann, am anderen Ende, wo das obere Limit für die Mengen erstklassigen Weins liegt, die ein einzelner Mensch bewerkstelligen kann. Das sind einige der fundamentalen Faktoren, die die Entwicklung von der schönen neuen Weinwelt bestimmen, neben den elementaren Marktkräften, die bestimmen, ob die Konsumenten Weiß- oder Rotwein und welche Weingebiete oder -länder sie vorziehen. Obwohl sich Bonny Doon zum Beispiel zu einem ziemlich großen Unternehmen entwickelt hat, ist es Randall Grahm gelungen, am Image eines kleinen Produzenten festzuhalten; und unser Ziel oben am Monte Bello, Ridge, hat die Menge an erstklassigem Wein, die von einem einzigen Menschen kontrolliert wird, in diesem Fall Paul Draper, weit nach oben geschoben.

Bei dem Schild 17 100 Monte Bello Road, nahezu 700 Meter über der San Francisco Bay, biegen wir ab in den kleinen Parkplatz von Ridge und steigen aus. Von hier oben hat man einen großartigen Blick über Silicon Valley. Die Holzbauten mit spitzen Giebeldächern, in denen Büros, eine Küche und der

Verkostungsraum untergebracht sind, könnten kaum bescheidener sein für einen Erzeuger, zu dessen Repertoire vier der größten Weine der Welt gehören und viele andere hervorragende. Als man uns bemerkt, erscheint Donn Reisen, der neben Paul Draper die Geschicke von Ridge lenkt, und schlägt vor, wir sollten zuerst einige Weine verkosten, da etwas dazwischengekommen sei und Draper erst in einer halben Stunde hier sein könnte. Er ging mit uns zu einem Tisch unter einem großen Sonnenschirm auf dem Balkon im ersten Stock, von wo der Blick noch beeindruckender als vom Parkplatz war, da Silicon Valley jetzt von dem halb wilden Garten eingerahmt war. Wir setzten uns, und er kam gleich darauf mit zwei Flaschen und einer Hand voll Probiergläser zurück. »Wissen Sie, die Kluft zwischen den großen Weinen der Welt und jenen, die einfach nur produziert werden, wird immer größer, die Weinwelt wird zur Maskerade«, sagte er, während er die Flaschen öffnete und die Weine einschenkte. Sie waren die neueste Erweiterung der Ridge-Palette an großen Weinen, Chardonnays aus den Jahrgängen 1999 und 2000 mit der Einzellagen-Bezeichnung Monte Bello.

Ridge macht seit langem einen Chardonnay aus Trauben von diesem Berg, aber der 1986 Santa Cruz Mountains Chardonnay, wie er bis vor kurzem hieß, den ich bei meinem ersten Besuch 1989 verkostete, war sehr eichenholzbetont, stumpf und einfach. Mitte der Neunziger änderte sich der Stil plötzlich grundlegend, der Wein war nun weniger vom Holz geprägt und wesentlich eleganter, mit einer betörenden Verbindung von Kremigkeit und Frische, wie man sie nur selten in kalifornischen Chardonnays findet. Erst mit dem Jahrgang 1999 waren Draper und Reisen jedoch zufrieden genug mit dem Wein, um den Namen Monte Bello aufs Etikett zu schreiben ... und den Preis nahezu zu verdoppeln. Ungewöhnlicherweise ist der Wein durch diesen Schritt nicht zu teuer geworden, denn es gibt nicht viele derart ausdrucksstarke Chardonnays weltweit, die gleichzeitig so viel Lebendigkeit zeigen. »Was mir an dem Wein gefällt, ist, dass Alkohol, Säure und Eiche alles nur Mittel sind, um etwas anderes zum Ausdruck zu bringen«, bemerkte meine Frau begeistert, und mit »etwas anderes« meinte sie die Muschelkalkfelsen, auf denen wir sitzen. Der Wein war so »mineralisch«, als habe man eine ganze Flasche Liquimins hineingekippt, aber Aroma und Geschmack, die ihm seinen beinahe salzigen Touch verliehen, waren ganz und gar natürlichen Ursprungs. Der erst vor kurzem abgefüllte 2000er war etwas weicher, aber ebenfalls von beeindruckender Eleganz und zeigte denselben »Monte Bello«-Geschmack.

Dann war Draper da. Von kleiner Gestalt, ganz in Schwarz gekleidet, mit der Art von Drahtbrille und Spitzbart, wie man sie von einem Philosophieprofessor der nahe gelegenen Stanford University erwarten würde, besitzt Draper eine Ausstrahlung, die an die Filmwelt erinnert. In der Tat ist er Philosophieabsolvent von Stanford und hat ein wenig spioniert und ein Weingut in Chile aufgebaut, bevor er 1969 zu Ridge stieß. Der Betrieb hatte zwar auch vorher schon einige bemerkenswerte Weine hervorgebracht, der erste experimentelle Jahrgang des Monte Bello Cabernet Sauvignon war 1959, der erste kommerzielle 1962, aber erst Draper hat der bis dahin wechselhaften Brillanz von Ridge Beständigkeit verliehen. Manche Winzer lehnen sich nach dem ersten Erfolg zufrieden zurück, doch Draper ist nicht schnell zufrieden zu stellen, und auch vor zwei Jahren, während meines letzten Besuchs, hatte er von allen möglichen kleinen Verbesserungen gesprochen, die ihm vorschwebten. »Wir streben mit jedem Jahrgang eine Qualitätssteigerung an«, hatte er gesagt und die Spitze seines Zeigefingers einen halben Zentimeter über den Daumen gehalten. Das deutete an, wie schwierig es ist, den Ausbau im Keller weiter zu verbessern nach drei Jahrzehnten der Perfektionierung.

Da es für meine Frau der erste Besuch bei Ridge war, bestand Draper auf einer Tour durch die Keller, und wir folgten seinem Wagen die Monte Bello Road weiter hinauf. Die Kellereigebäude von Ridge liegen nahe dem Gipfel auf knapp 900 Meter über dem Meeresspiegel, und das Licht war hier oben noch strahlender als weiter unten auf dem Balkon des Verkostungsraums. Die Kellerei ist eine mächtige Konstruktion aus Redwood-Holz, die 1886 vom Gründer des Weinguts, Ossea Perrone, errichtet wurde, einem Arzt aus San Francisco, und in den letzten Jahren nach Draper'schen Plänen einfühlsam erweitert worden ist. In dem Hauptfasskeller, dessen eine Wand aus unverputzten Kalkfelsen des Berges besteht, um die Temperatur auf natürliche Weise konstant zu halten, sind die Barriques mit Zinfandel sechs Fässer hoch gestapelt. Eine von Drapers Erfindungen ermöglicht es, die Fässer zu reinigen, ohne die Stapel dafür jedes Mal ganz ab- und wieder aufzubauen. Die Edelstahl-Gärtanks für die Rotweine wurden wie vieles andere der Kellerausrüstung im Betrieb nach seinen Entwürfen angefertigt. Von dort gingen wir hinauf bis unter den Giebel, wo der Monte Bello Cabernet Sauvignon reift. Feiner Wassernebel aus dem Luftbefeuchter fiel über die Fässer, die hier nur zwei Reihen hoch gestapelt sind; eine hölzerne Kathedrale für den Gott des Weines. »Seit 1970 benutzen wir beinahe ausschließlich [Fässer aus] amerikanische Eiche, sowohl für den Monte Bello als auch die Zinfandels«, erklärte Draper.

Obgleich es zutrifft, dass es in Frankreich eine große Tradition und Kultur für die Herstellung von Weinfässern gibt, die auf den stattlichen, während Napoleons Zeiten angelegten Eichenwäldern beruht, gehört die grundsätzliche Überlegenheit französischer Eichenfässer doch zu den großen Mythen der Weinwelt unserer Zeit. »Die Premiers Crus des Bordeaux [die berühmtesten Weinerzeuger des Gebiets] haben mit dem Jahrgang 1900 umfangreiche Experimente angestellt, welche Auswirkungen verschiedene Arten von Eichenholzfässern auf ihre Weine hätten«, begann Draper zu erzählen, und ich fragte mich, ob ich mich nicht verhört habe und er eigentlich 1990 gesagt hätte, aber nein, er meinte 1900. »Die so entstandenen Weine wurden in Blindverkostungen gegeneinander gestellt. Auf dem ersten, zweiten und dritten Platz landeten Weine, die in Eichenfässern aus dem Baltikum gereift waren, auf dem vierten folgte amerikanische Eiche. Als wir auf diese Ergebnisse stießen, fühlten wir uns in unserer Entscheidung bestätigt, amerikanische Eiche zu benutzen. Wir möchten keinen französischen Akzent in unseren Weinen und auch keine Imitation eines Bordeaux-Rotweins erzeugen. Monte Bello ist ein *amerikanischer* Wein.« Um seine Worte zu unterstreichen, zog er für uns Proben des 2001 Monte Bello aus zwei verschiedenen Fässern, das erste aus amerikanischer, das zweite aus französischer Eiche. Letztere roch und schmeckte deutlich holziger und herber, Erstere war von süßen Fruchtaromen bestimmt und bereits ein äußerst eleganter Rotwein. Obgleich es sich um einen ganz anderen Weintyp handelte, zeigte er ziemlich genau denselben »Monte Bello«-Geschmack wie die Chardonnays, die wir vorher verkostet hatten. »Dieser Unterschied ist ganz typisch«, erklärte Draper, »wenn amerikanische Eiche richtig luftgetrocknet ist und vom Küfer ordentlich verarbeitet, dann entwickeln sich die [Wein-]Aromen durch ganz behutsame Oxidation, und der Wein bekommt eine schöne Würze. Französische Eiche tendiert dazu, *unsere* Weine härter zu machen, was wir nicht anstreben. Dieser Jahrgang liegt höher im Alkohol als normal. Er hat 13,8 Prozent statt der üblichen 12,5 bis gerade über 13 Prozent. Der 1977 hatte ganze 11,7 Prozent!«

Diese Werte liegen deutlich unter der im Napa Valley herrschenden Norm, und der Wein schmeckte auch deutlich schlanker und frischer als alle Cabernet Sauvignons, denen wir dort begegnet waren. Nur wenige Weine aus den Mayacamas Mountains über dem westlichen Rand des Napa Valleys wie der beeindruckende Cain Five sind ähnlich konzentriert und dicht im Aroma und von herber Geschmeidigkeit geprägt wie der Monte Bello. »Hier oben haben wir viel kühlere Nächte als in Napa, aber so gut wie keinen Nebel. Das bedeutet noch mehr Sonne, trotzdem lesen wir die Trauben meistens zwei bis drei Wochen später als dort.« Die Unterschiede im Geschmack sind viel stärker auf diese klimatischen Unterschiede zurückzuführen als auf die verschiedenen Holzarten, denn auch der Monte Bello aus dem französischen Eichenholzfass schmeckte ganz anders als die meisten Napa-Weine, die wir verkostet hatten.

Als wir wieder auf den Balkon kamen, war der Tisch fürs Mittagessen gedeckt, und Donn Reisen hatte dazu vier ältere Jahrgänge des Monte Bello Cabernet Sauvignon vorbereitet: 1990, 91, 92 und 99. Es waren vier große Weine, mit denen wir uns alle lange beschäftigten, bevor jemand zum Salatbesteck griff. Der süße Tabakduft des 1990 erinnerte mich an den Geruch des Pfeifentabaks meines Großvaters. Im Gegensatz zu seiner Wärme wirkte der 1992 nahezu mächtig und ein wenig herb, aber großzügig und strahlend. Der 1991 zeigte sich immer noch sehr jugendlich, mit der Frische und Reinheit der

Gebirgsluft, ausgesprochen dicht und doch zart; ein wahres Meisterwerk. Der 1999 schmeckte zugleich schwarz und brillant und wird sich sicher in eine ähnliche Richtung entwickeln wie der 91, war aber momentan noch bei dem ersten Schritt, mit dem laut Buddha jede Reise beginnt. Im Jahre 1999 erzeugte Ridge 67 000 Flaschen dieses Weins, im Vergleich mit Gallo nicht bedeutend, aber genug, um ihn in viele Märkte auf dem Globus zu streuen.

Es folgten die zwei Einzellagen-Zinfandels aus Sonoma County – Geyserville und Lytton Springs – aus dem Jahrgang 2000, deren Gesamtproduktion 122 000 bzw. 120 500 Flaschen umfasst. Der Geyserville war wie üblich der würzigere der beiden, in ihn wollte man sich sinken lassen wie in ein tiefes Samtsofa. Der Lytton Springs, auf nahezu teuflische Weise verführerisch, schmeckte trockener und dunkler. Obwohl diese Weine beide derart sinnlich waren und beinahe 15 Prozent Alkohol und jede Menge Gerbstoff besaßen, wirkten sie weder laut noch angeberisch, noch viel weniger schwer. Für kalifornische Spitzenrotweine sind sie bei unter Euro 40 auch preislich zurückhaltend. Das heißt, dass diese großen Ridge-Weine für einen ziemlich großen Kreis von Konsumenten zugänglich sind, einem wesentlich größeren als die Spitzenweine von Mondavi oder auch Gallo. Reisen und Draper haben bewusst das Wachstum vermieden, das diese Unternehmen während der letzten Jahrzehnte erfahren haben. Sie haben stattdessen nach dem Punkt gesucht, an dem die größtmögliche Quantität erreicht wird, ohne jegliche Kompromisse bei der Qualität eingehen zu müssen. Dadurch haben sie Ridge zu einem der bedeutendsten Spitzenerzeuger weltweit gemacht. Dabei haben sie gleichzeitig Weinstile entwickelt, die durch und durch ihre eigenen sind, ganz und gar Monte Bello, Geyserville, Lytton Springs.

Der Monte Bello liegt inzwischen preislich deutlich über Euro 100, und dadurch tauchen auch Imitatoren auf. In einem Restaurant in San Francisco fragte ich den ortsansässigen Weinjournalisten Rod Smith zwischen Vorspeise und Hauptgang nach seinem Favoriten unter dem kalifornischen Cabernet Sauvignons. »Ridge Monte Bello«, schoss es ihm aus dem Mund, als hätten diese Worte dort den ganzen Abend lang nur auf meine Frage gewartet, »er hat eine Leichtigkeit und Offenheit, ist transparent«, fuhr er sprühend vor Begeisterung fort, hielt dann inne, blickte aus dem Fenster über die Wasser der San Francisco Bay, die in der Abendsonne glänzten, »aber diese Worte werden heute für alle möglichen Weine gebraucht.« »Sie meinen, sie sind gekidnappt worden?«, fragte ich, und er nickte traurig, »yeah, natürlich«. Den Geschmack von Monte Bello nachzuahmen wäre mehr als schwierig – man müsste Cabernet Sauvignon auf einem anderen Berg in dieser Ecke Kaliforniens anpflanzen und auf ähnliche Weise wie Ridge im Weinberg und Keller arbeiten, wenn es einem damit ernst wäre – aber in der Schönen neuen Weinwelt gibt es eine Abkürzung. Man produziert irgendwo in Kalifornien einen Rotwein auf der Basis von Cabernet Sauvignon, kümmert sich gar nicht um die Tatsache, dass er vollkommen anders als Monte Bello schmeckt, aber redet davon, als sei er *wie* Monte Bello. Dann versucht man, einen ähnlichen Preis zu nehmen. »In dieser Welt der Illusionen. ...«, begann Draper einen Satz als Antwort auf meine Frage, wie es in der Spitze der kalifornischen Weinbranche zugeht. Hoch oben auf Monte Bello residieren Reisen und er auf einer Insel der Realität weit über dem Meer von New-Economy-Geld unten in Silicon Valley und den Illusionen, die von der Weinbranche heraufbeschworen werden, um seiner habhaft zu werden.

Der letzte der Zeitungsausschnitte auf dem Stapel auf meinem Schreibtisch stammt aus der Ausgabe der *Weinwirtschaft* vom 10.3.2003, ein Stellenangebot von Bonny Doon für den Job eines Weinbergsverwalters seines 50 Hektar umfassenden Weinbergs Ca' del Solo unweit von Soledad in Kalifornien. Die beschriebenen Anforderungen sind hoch, darunter mindestens drei Jahre Erfahrung mit ökologischem oder biodynamischem Anbau, mindestens fünf Jahre Erfahrung im Weinbau, abgeschlossenes Weinbaustudium und Grundkenntnisse in Bodenkunde. Es fehlt nur noch der Weinbau-Nobelpreis, aber das deutet auf die Ernsthaftigkeit hin, die hinter dieser Annonce steckt. Keinen Hinweis gibt es jedoch darauf, dass Soledad im Salinas Valley zu trocken für Weinbau ohne Bewässerung ist, das dafür zur Verfügung stehende Wasser aber zu salzig ist, um es regelmäßig zu nutzen; außerdem ist es eine extrem windige Ecke. Unerwähnt bleibt auch, dass die Weinberge mit einer verrückten Mischung von Rebsorten bepflanzt sind, von dem Rieslingklon N90 aus der Pfalz, der aber zumindest gute Weine hervorbringt, über italienischen Dolcetto, der laut Grahm hier keine guten Ergebnisse bringt, bis zu spanischem Albariño, der noch nicht im Ertrag ist. Die Entscheidung, diese Weinberge ernst zu nehmen, stellt einen maßgeblichen Sinneswandel dar für Grahm; bis jetzt war Ca' del Solo für ihn nur ein Versuchslabor, um herauszufinden, welche Rebsorten und Klone in diesem Teil Kaliforniens reüssieren könnten. Dahinter steckt zweifelsohne seine neue Einstellung gegenüber dem »C-Wort«. Tatsache ist jedoch, dass im Gegensatz zu Weinen wie dem Ridge Monte Bello oder Mondavis To Kalon Cabernet Sauvignon ein Le Cigare Volant ziemlich einfach zu imitieren ist. Er entsteht durch den Verschnitt verschiedener Weine aus in unterschiedlichsten Ecken Kaliforniens zugekauften Trauben; man braucht nur eine ähnlich schmeckende Rotwein-Cuvée zusammenzustellen, sich einen schrägen Namen auszudenken, ein witziges Etikett darauf zu kleben und bingo! Doch so wie ein Einzellagenwein mit dem Boden verbunden ist, kann auch das größte Weinunternehmen durch Weinbergsbesitz Bodenhaftung gewinnen, solange es die Reben, ihre Trauben und die daraus entstehenden Weine ernst nimmt. Planet Erde heißt Randall Grahm willkommen!

Kapitel 13

Planet Wein oder Warum man nicht Bordeaux trinken muss

Neben mir auf der Bank am Stammtisch der Kurpfalz-Weinstuben, einer Oase traditioneller Pfälzer Küche und deutscher Weinseligkeit in einem Hinterhof der Wilmersdorfer Straße in Berlin-Charlottenburg, sitzt ein großer, kräftig gebauter Enddreißiger in brauner Kordjacke modernen Schnitts, hellblauem Hemd und dunkelbronzefarbener Seidenkrawatte. Das hellbraune Haar über der hohen Stirn wird allmählich etwas dünn, der Ausdruck auf seinem Gesicht wirkt intelligent und sympathisch. Sein konzentrierter Blick ruht auf der dunkelgrünen burgunderförmigen Weinflasche, aus der er gerade den Korken zieht. Sie steht neben zwei bereits geöffneten Flaschen auf dem runden Holztisch, die sich nur durch etwas andere Aufschriften auf den weißen Etiketten von der dritten unterscheiden. Ich sehe ihm in stiller Erwartung zu. Es handelt sich um Fassproben der ersten zwei Jahrgänge neuer Rotweine, die der ehemalige Croupier neben mir zusammen mit seinem Geschäftspartner produziert hat, der wie er selbst bereits zu den Spitzenwinzern seines Landes gehört. Auch er scheint gespannt, als er Proben der Weine in die drei großen Rotweingläser gießt, die in einer Reihe vor mir stehen. Was ist ihre Zukunft, welchen Einfluss werden sie auf seine Zukunft haben, und welche Rolle werden sie in der Weinwelt der Zukunft spielen?

Die ersten beiden Weine stammen aus dem Jahrgang 2002, sind also noch sehr jung, aber dafür erstaunlich zugänglich, als seien sie froh gewesen, die Unerfahrenheit und Unbeholfenheit der Jugend so schnell wie möglich abschütteln zu können. Ich verkoste, und es ist offensichtlich, dass sie genau das Gegenteil der Art von Wein sind, die der Moselwinzer Reinhard Löwenstein »Coca-Cola«-Weine nennt; die modischen Rotweine mit süßen Fruchtaromen und weißer Kuschelhäschen-Weichheit, unter denen sich weltweit die Regale in Supermärkten und Geschäften biegen. Nein. Diese Weine vor mir sind nicht übermäßig tief in der Farbe und duften zwar intensiv nach Früchten, doch sind diese wunderbar frisch und belebend statt oberflächlich und kitschig. Sie sind von bestechender Leichtigkeit, Offenheit und Transparenz geprägt. Das sind die Worte, die von Weinproduzenten in Kalifornien und anderswo gekidnappt worden sind, in dem Versuch, ihre massiven, aufdringlichen Modeweine bekömmlicher und weniger erschlagend darzustellen. Hier sind es jedoch, genauso wie in Verbindung mit Ridge Monte Bello oder Heymann-Löwensteins Rieslingen, treffende Beschreibungen. Die beiden Weine aus Nachbardörfern schmecken zudem sehr unterschiedlich; der erste wirkt floral – so oft wird vom Veilchenaroma gesprochen, das nur allzu wenige Rotweine tatsächlich besitzen –, während der zweite von einer feinen Erdigkeit wie der Duft eines Herbstwalds bestimmt wird. Sie schwimmen gegen den Strom der Massen-Weinmode. Wenn sie ein Erfolg werden, dann wäre das ein Zeichen für einen erheblichen Umschwung beim allgemeinen Weingeschmack sowie der Einstellung zum Wein, und ihr Erfolg würde diesen Trend wahrscheinlich weiter stärken.

Der dritte Wein stammt aus dem Jahrgang 2001, wiederum eine Fassprobe, und ist theoretisch der Spitzenwein des neuen Unternehmens. Auch er ist ein sehr guter Wein, doch obwohl er wesentlich dichter und kräftiger ist als die beiden 2002er, ist er auch recht holzbetont, hat weniger Säure und wirkt insgesamt deutlich konventioneller. Seine Qualität im abstrakten Sinn des Wortes ist nicht abzustreiten, aber er ruft mir alle Arten von anderen Weinen anderer Herkunft ins Gedächtnis, die etwas ähnlich schmecken …

Plötzlich bin ich in meinen Gedanken verloren und bin in der Zeit zurückgefallen bis zum Morgen des Freitags, 12. Juli 2002, als ich in der pseudobarocken Grandeur des großen Ballsaals des Hotel Intercontinental in Wien saß und mich plötzlich fragte: »Was ist Wein?« Wie bei anderen Kinderfragen – »Wo bin ich hergekommen?« »Warum ist der Himmel blau?« – ist die Antwort darauf frustrierend schwierig, wenn man keine leeren Floskeln akzeptiert. Doch war ich sicher, dass nahezu alle 300 Anwesenden in eitler Selbstzufriedenheit davon überzeugt waren, die vollständige Antwort zu wissen. Selbstverständlich! Es handelte sich um Weinexperten, hier versammelt für das 5. Internationale Symposium des Instituts der Masters of Wine. Master of Wine, »Weinmeister«, kurz MW, ist die höchste britische Abschlussprüfung für Weinprofis, eine Qualifikation, die 1953 von der Vintners Company, einer Londoner Vereinigung von Weinhändlern, eingeführt wurde. Das Institut selbst wurde 1955 gegründet. Die Veranstaltung in Wien gehört zu den imperialistischen Bemühungen der Organisation, MW zum globalen Standard zu erheben.

Als Jancis Robinson MW ihre Grundsatzrede zum Thema »Wer sind wir [die Weinwelt], und wie sind wir hierher gekommen?« hielt, sah sie vom Rednerpult ausgesprochen wenig Frauen und noch weniger nicht weiße Gesichter. Eigentlich bestand das Publikum mehr oder weniger aus eingebildeten männlichen Langweilern mittleren Alters und konservativer Neigung. Waren sie wirklich offen für Beobachtungen über die grundlegenden Veränderungen der Weinwelt während der letzten Generation, wie »der Konsument war nicht König in der Art, wie er es heute ist«, oder »nur eine Hand voll von Gebieten verfügte über internationale Absatzmärkte, während es heute Dutzende sind«? Vielleicht, denn sie taten nicht richtig weh. Eine von Robinsons Bemerkungen erschütterte die eng geschlossenen Expertenreihen jedoch spürbar; es handelte sich um die schmerzhafte Wahrheit, »die Preisspanne zwischen der Spitze und dem unteren Ende des Markts ist größer denn je. Doch die Qualitätsspanne zwischen ihnen war noch nie so gering.«

Der zweite Redner zum Thema »Das Qualitätsstreben im 21. Jahrhundert«, der eine knappe Stunde später ans Rednerpult trat, sorgte für richtigen Aufruhr. Mit überschulterlanger lockig blonder Mähne und Spitzbart sah er wie ein Rockmusiker aus. Er trug einen Anzug, doch einen aprikosenfarbenen unkonventionellen Schnitts. Die Lichter wurden gedimmt, und Jim Clendenen, Eigentümer der Au Bon Climat Winery in Santa Maria/Kalifornien, ABC für Insider, hielt sich eine Taschenlampe unters Kinn, um »das veränderte Gesicht des Weins zu beleuchten«. Es war die Antwort auf seine eigene rhetorische Frage: »Wie sehr muss der Winzer des 21. Jahrhunderts Einzelkämpfer sein?« Die Zuhörer schwankten zwischen kicherndem Gelächter und verblüffter Stille, als er ihnen erzählte, wie er ABC »ohne Kapital, ohne die Fähigkeit, Kapital aufzutreiben, aber ... mit einer Vision von Qualitätsweinpotenzial in einem unerforschten Gebiet« gegründet hatte. Als sie davon taumelten, versetzte er ihnen einen Schlag mit der Linken: »Ganz ehrlich gesagt, ist es ziemlich einfach, Wein zu machen.« Der Ballsaal roch plötzlich intensiv nach entrüsteten Fachleuten: Wenn es alles so einfach war, was zum Teufel taten wir hier? Dann kam der entscheidende rechte Kinnhaken: »Wein ist das Produkt des Verderbens von Obst unter kontrollierten Bedingungen.« Die kurze und zutreffende Antwort auf die Kinderfrage war so einfach wie das Abc. Es war ein K.-o.-Schlag, und in benommenem Zustand schluckte das Publikum Clendenens Verlautbarung, dass es sich dabei ungefähr um den einzigen Aspekt der Weinwelt handle, der sich während der letzten Generation nicht geändert habe. Der laute, anhaltende Beifall nach seiner furiosen Darstellung ließ keinen Zweifel daran, dass Clendenens Argumente die Zuhörer trotz seiner Einzelkämpfernatur mitgerissen hatten.

Das lag daran, dass sie alle zutrafen. Außerdem sind Clendenen und seine eleganten und eigenwilligen Chardonnays und Pinot Noirs der lebende Beweis dafür, dass man heutzutage kein französischer Aristokrat mit geerbtem Château in Bordeaux zu sein braucht, um zu den führenden Winzern von weltweitem Ansehen zu gehören. Stattdessen kann man es so wie er machen: sich ausklinken, lernen, indem man bei etablierten Spitzenwinzern auf dem ganzen Erdball arbeitet, dann einfach improvisieren. Wenn die Weine interessant und eigenständig genug sind, dann wird man sich eine Nische schaffen, selbst wenn diese noch nicht existierte, als man anfing. Diese neue Art von Winzer hat viel mit zeitgenössischen Künstlern gemeinsam, während die andere Art eher einem Antiquitätenhändler gleicht.

Vor Clendenen hatte ein französischer Aristokrat gesprochen, der ein Château in Bordeaux geerbt hatte: Hubert de Boüard de Laforest von Château Angelus, einem 1er Grand Cru Classé in St. Emilion. Typischerweise werden bei solchen Veranstaltungen für die Franzosen Zugeständnisse gemacht, bzw. unterschiedliche Maßstäbe werden angelegt: Ein nicht französischer Redner muss wesentlich professioneller und scharfsinniger sein, um dasselbe Maß an Aufmerksamkeit und Beifall zu erhalten als ein schlecht vorbereiteter, unprofessioneller Franzose. Dahinter steckt die unter eingebildeten Langweilern mittleren Alters weit verbreitete Auffassung, bei Frankreich handle es sich um *das* Land der Kultur und des Genusses. Bei Boüard kam noch hinzu, dass unter diesen Langweilern Bordeaux als *das* Weingebiet Frankreichs gilt, ja, der Welt. Er konnte sich glücklich schätzen, diese Vorteile auf seiner Seite zu haben, denn sein Vortrag war eine Aneinanderreihung derart banaler Feststellungen, dass jede mit der dumpfen Kraft eines Betonbalkens durch die Decke des Ballsaals schlug: Womm! Womm! Womm!

Auf »Die Pflege der Rebe ist ein grundlegendes Element des Erfolgs« folgte »... die Lese sollte sorgfältig vorbereitet werden« und dem hart auf den Fersen: »Unsere großen Weine haben oft eine schöne Farbe, aber Farbe allein macht noch keinen großen Wein.« Um mich herum warf man sich Blicke der Verwunderung zu – meinte er es ernst, oder war das alles ein schlechter Witz? Zweifellos fragten sich einige, ob sie für solches Geschwafel diese Reise unternommen, Euro 900 Teilnahmegebühr und Euro 180 pro Nacht für ein Zimmer im Intercontinental bezahlt hatten. Der nachteilige Effekt wurde noch dadurch verstärkt, dass Boüard sich noch nicht einmal dazu bequemte, aufzustehen oder gar zum Rednerpult zu gehen, um seine abgestandenen Oldies vorzutragen. Er lümmelte sich in seinem Stuhl auf dem Podium und las seinen Beitrag mit vollkommenem Desinteresse vor. Als er fertig war, gab es ein höfliches Plätschern von Beifall seitens jener mit ausreichend Geduld gegenüber den Franzosen, um diese Behandlung überstanden zu haben, aber es verebbte auch in dem Gemurmel der Entrüstung angesichts solcher Überdosis an klassisch französischer Arroganz.

Keinem von uns war in jenem Moment klar, dass dies nur ein Vorspiel für die Präsentation der Académie Internationale du Vin (AIV) am folgenden Nachmittag darstellte. In der Mitte der Bühne saß Bruno Prats, ehemaliger Besitzer von Château Cos d'Estournel, einem 2ème Grand Cru Classé in St. Estèphe/Bordeaux, der das Anwesen im Herbst 1998 an den Taillan-Konzern für gerüchteweise 800 Millionen Franc verkauft hatte und jetzt in der Schweiz lebt. Auf Französisch – alle zuvor hatten englisch gesprochen – führte er aus, die Ziele der AIV bestünden darin, »den edlen und natürlichen Wein zu verteidigen ... mit Respekt für den Weinbau, nicht das Weinmachen, welches das Terroir überdeckt«. Das war eine erneute Routine-Darlegung der traditionellen Theorie des französischen Weins, dass der Geschmack des Ortes essenziell ist, nicht das, was im Keller passiert. Doch nur Monate zuvor war mir aufgefallen, dass es sich bei den Rotweinen, die Bruno Prats für den Symington-Konzern im Douro-Tal in Portugal macht, um ziemlich austauschbare und gemachte Rotweine in dem momentan angesagten Stil handelt. Die letzten Jahrgänge von Cos, für die Prats verantwortlich war, waren ebenfalls von monolithischer Anonymität, gerade noch als Bordeaux-Weine erkennbar. Nachdem ich sie auf dem Château verkostet hatte, erklärte er mir ausführlich, warum die Rotweine aus Bordeaux *die* Klassiker seien und alle anderen Kandidaten für diesen Titel, ob aus Frankreich oder einem anderen Land, nicht in Frage kämen. Warum machte er dann jetzt Wein im Douro und bei der Domaine Bruno Paul in Chile zusammen mit Paul Pontallier, Direktor des 1er Grand Cru Classé Château Margaux?

Ich wäre gern noch geblieben, um mit anderen Zuhörern zu sprechen und einen Eindruck zu bekommen, wie das alles angekommen war, aber ich musste zum Flughafen rennen, um meinen Flieger nach Berlin zu erwischen. Eigentlich war ich auch froh, aus dem Ballsaal herauszukommen, denn als ich ging, lief gerade ein Video an, in dem Prats, der Pariser Drei-Sterne-Starkoch Alain Senderens und einige andere ›wichtige‹ Figuren der französischen Gastro-Szene die Kombination von Wein und Speisen in Senderens Restaurant in Paris demonstrierten. Es ging darum, »die Konsumenten zu schulen, damit sie die richtigen Weine zur richtigen Zeit in der richtigen Situation trinken«. Als sei das Vergnügen an einem Wein geringer oder zählte nicht, wenn man ihn aus der Sicht der französischen Traditionalisten zur falschen Zeit oder in der falschen Situation trinkt! Das peinliche und langatmige Video zeigte eine Gruppe alternder Männer, die sich mit gutem Essen und Wein voll stopfen, während sie darüber auf unerträgliche arrogante und eitle Art und Weise redeten. Das AIV-Team hatte die französische Weinkultur auf eine Form des Gastro-Faschismus reduziert. Ich fühlte Übelkeit in mir aufsteigen, als ich durch die Hotellobby lief und der Gedanke durch meinen Kopf ging, dass ich an dieser dekadenten Welt, die in ihrem eigenen ranzigen Saft schmorte, beteiligt war.

Menschen sind eine Sache und Wein ist eine andere, die für sich selbst beurteilt werden muss. Deshalb entschied ich mich, zum Abschluss meiner Recherchen für dieses Buch nach Bordeaux zu fahren. Ich wollte herausfinden, ob die Spitzenweine des Gebiets tatsächlich noch *die* Klassiker der Weinwelt sind. Eine Einladung zu einer Pressereise des Weinhändlers Millésima in Bordeaux durch ihre deutsche PR-Repräsentantin, Emily Albers aus Hamburg, kam genau im richtigen Moment und war gleichzeitig eine Gelegenheit, nach zwölf Jahren zum ersten Mal wieder an einer organisierten Pressereise teilzunehmen und diese Spielart der Weinwerbung erneut zu erleben. Manchmal ist es sehr auffällig, dass viele Weinzeitschriften und die Weinkolumnen anderer Publikationen zur gleichen Zeit Artikel über dieselbe Art von Weinen veröffentlichen, und die Erklärung dafür lautet üblicherweise nicht Zeitgeist oder Mode, sondern dass jemand die Reise der Journalisten in das betreffende

Weingebiet organisiert und bezahlt hat, die all diese Kolumnen und Artikel geschrieben haben.

Abgesehen von meiner Abneigung, in einer Gruppe von Kollegen gefangen zu sein, von denen sich manche voll laufen lassen und danebenbenehmen, andere vollkommen unfähig sind, Wein überhaupt zu genießen, hasse ich die Vorstellung, meine Bewegungsfreiheit zu verlieren. Wenn ich Hilfestellungen wie Mietwagen oder einige Nächte Übernachtungskosten vom California Wine Institute, Wines of South Africa oder dem Australian Wine Bureau akzeptiere, dann stets unter der Bedingung, dass ich allein entscheide, wohin ich fahre und wen ich besuche. Zusätzlich stelle ich immer sicher, dass ich den größten Teil der Kosten für diese Reisen selbst übernehme. Insgesamt habe ich über die Hälfte eines gesamten Jahreseinkommens in die Recherche dieses Buches investiert, und es war jeden einzelnen Cent wert, um mein eigener Herr zu sein, statt unter dem Diktat von PR-Leuten zu stehen.

Innerlich aufs Schlimmste vorbereitet, nahm ich also am 25. März 2003 den Lufthansa-Flug 9.10 Uhr von Berlin-Tegel nach München, wo ich Emily Albers und Rozsika Farkas von der Zeitschrift *Elle Bistro* traf und wir um 11 Uhr zusammen weiter nach Bordeaux flogen. Die Kosten für Millésima für meinen Flug betrugen Euro 721,52. Dennoch kassierte ich die Bonusmeilen für diese und die Rückflüge am nächsten Tag. Und warum auch nicht? Es war, was Journalisten in der englischsprachigen Welt ein »Junket« nennen, eine bezahlte Pressereise. Um einen Eindruck zu bekommen, was Millésima in diese Medienoffensive investiert hat, muss man zu den Kosten meiner Flüge schätzungsweise Euro 70 für mein Zimmer im Tulip Inn Hotel in der Nähe der Place de la Comédie addieren und die Summe mit den 25 eingeladenen internationalen Journalisten multiplizieren, dann die Kosten für eine TGV-Fahrkarte von und nach Paris zu denselben Übernachtungskosten addieren und diese Zahl mit den 18 eingeladenen französischen Journalisten multiplizieren. Doch war das erst der Anfang.

Dazu kam die Miete für den Bus, der uns zwei Tage lang von und zum Flughafen, Hotel und dem Millésima-Hauptquartier am Quai de Paludate 87 fuhr. Am Abend des 25. März wurde uns ein umfangreiches, wenn auch nicht feudales Abendessen serviert, und am 26. gab es mittags ein Lunchbüfett mit so viel Gänsestopfleber, Räucherlachs und Patanegra-Schinken, wie wir essen wollten und konnten. Natürlich gab es jede Menge Wein, größtenteils teuer und selten, und der Champagner floss in Strömen. Emily Albers erfüllt ihre Aufgabe außerdem äußerst professionell, und diese Art von hochkarätiger PR ist nicht gerade umsonst zu haben. Eine zurückhaltende Schätzung der Gesamtkosten für die Veranstaltung wäre Euro 30 000; eine Menge Geld, aber doch weniger als Anzeigen entsprechenden Umfangs in den Publikationen, in denen daraufhin Artikel und Kolumnen erschienen. Das Ganze war auch keine spontane und impulsive Aktion in der Hoffnung auf wohlwollende Beachtung, sondern Teil eines sorgfältig erstellten, langfristigen Marketingplans, für den ein entsprechend großes Jahresbudget eingeräumt wurde.

Als wir im Tulip Inn eintrafen, Irgendwo-Planet-Erde-Hotel-Zimmer hinter einer edlen sandgestrahlten alten Steinfassade, in die man Plastikfensterrahmen eingesetzt hatte, hatten wir zwei Stunden frei, und ich entschied, eine Runde zu joggen. Während ich meine Laufsachen anzog, entdeckte ich einen der grundlegenden Bestandteile einer bezahlten Pressereise, das »Freebie«, das Werbegeschenk; eine Holzkiste mit je einer Flasche der Jahrgänge 1997, 98 und 99 von Château Peyrabon, einem Cru Bourgeois – ein »bürgerliches« Gewächs, der Kategorie der Weingutsklassifizierung des Bordeaux unter den exaltierten Grand Cru Classé im Médoc. Als wir uns am nächsten Morgen in der Hotelhalle versammelten, kündigte sich das Eintreffen jedes einzelnen Mitglieds unserer Gruppe durch das Klappern dieser Rotweinflaschen in ihrer Holzkiste an. Und warum auch nicht? Es war ein Freebie, und wir waren auf einer Junket!

Die Luft vom Atlantik war mild, aber der Wind vom Meer wehte mit 40 Kilometer pro Stunde. Ich lief entlang des Quai des Chatrons, einer langen Reihe von Häusern mit edlen Steinfassaden vornehmlich aus dem 18. Jahrhundert der Weinhändler des ersten Bordeaux-Weinbooms. An der Nummer 45 verkündete ein Schild:

9 Lofts	9 Lofts
135 à 200 m^2	135 bis 200 m^2
à vendre	zu verkaufen

Es folgten mehrere Nachtclubs mit Namen und Schildern, die nur allzu deutlich machten, was hier in den späten Abend- und den frühen Morgenstunden angesagt war: L'Orchidée, Vénus, Le Darling. Ich kehrte um, als ich eine ältere blonde Prostituierte in roter Lederjacke und kurzem roten Rock in einem Hauseingang stehen sah.

Die Weinbranche von Bordeaux hat eine bedeutende Entwicklung durchgemacht seit 1666, als François-Auguste de Pontac ›The Sign of Pontac's Head‹ – das Schild mit dem Pontac-Kopf – eröffnete, die erste Weinbar der Welt unweit der Newgate Street in der Londoner City. Er schenkte dort Weine aus dem Bordeaux-Weingut seines Vaters Arnaud de Pontac III aus, Château Haut-Brion, seit der Klassifizierung von 1855 ein 1er Grand Cru Classé, das bis heute zu den angesehensten Betrieben gehört. Arnaud de Pontac III hatte einige Jahre zuvor bereits die Pionierarbeit für den Export seiner Weine nach London geleistet. Ein weitsichtiger Schritt, der durch den Umstand ermöglicht wurde, dass Haut-Brion in Pessac nicht einmal fünf Kilometer westlich der Kais von Bordeaux liegt, sodass der Wein innerhalb eines Tages aus den Kellern zum Kai transportiert und auf die Schiffe verladen werden konnte.

Die Londoner Weinbar der Pontacs war ein gewiefter Zug, um möglichst den gesamten Gewinn der Endverkäufe selbst zu kassieren und gleichzeitig jede Stufe des Exports unter Kontrolle zu haben, um für die Unverfälschtheit des Produkts garantieren zu können. Der Chronist und Zeitgenosse der Pontacs Samuel Pepys schrieb: »dies ist das einzige angesagte Etablissement der Stadt« – ihre Strategie schien bestens aufzugehen.

Damals bestand das Médoc, heute der berühmteste Teil des Anbaugebiets Bordeaux, um die 16 000 Hektar Weinberge im Norden und etwas im Westen der Stadt, weitgehend aus Sumpfland mit nur wenigen buchstäblichen Inseln mit Reben wie Château Latour. Die Sümpfe begrenzten nicht nur die Rebflächen – Reben hassen es, nasse Füße zu kriegen –, der Transport der Weine zum Hafen war dadurch auch erheblich schwieriger als vom Pessac. Angeregt durch den Erfolg von Haut-Brion ließen die adeligen Großgrundbesitzer des Médoc Ingenieure aus Holland kommen, um die Sümpfe trockenzulegen und so das erste künstliche Terroir der Welt zu schaffen; ein Unterfangen von gigantischen Ausmaßen (wenn die Franzosen heute gelegentlich die Kalifornier und Australier beschuldigen, sie verfälschten das Terroir durch Bewässerung der Reben, dann folgen die Newcomer lediglich dem Beispiel der Koryphäen. Der einzige Unterschied besteht darin, dass die einen Wasser hinzugeben, während die anderen bis heute gegen den Überschuss an Wasser in den Böden angehen). Während des 18. Jahrhunderts folgten die Gutsbesitzer des Médoc dem Beispiel Pontacs und begannen, ihre Weine zu exportieren. Damit legten sie den Grundstein für den Ruhm des Bordeaux-Weins. Für andere Gebiete wie das spanische Rioja, das Piemont in Italien oder das Burgund waren zu diesem Zeitpunkt die Transportwege lang und schwierig, sodass sie keine ernste Konkurrenz darstellten.

Um zurück zum Tulip Inn zu gelangen, musste ich mir einen Weg durch eine Studentendemonstration bahnen. Auf einem ihrer Schilder stand:

La Culture n'est pas une marchandise	Die Kultur ist keine Handelsware

Ich zog mich schnell um, und dann saßen wir im Bus auf dem Weg zu den Millésima-Kellern, um einen Teil französischer Kultur zu verkosten, der zweifelsohne eine Handelsware ist, rote Bordeaux-Weine des Jahrgangs 2000 der Kategorien Cru Bourgeois – Médoc – und Grand Cru – St. Emilion.

Die Weine standen auf einem halb Dutzend Tischen, die in dem klimatisierten Lagerhaus von Millésima verteilt waren, wo die Holzkisten mit Bordeaux-Kisten vier Paletten hoch bis zur Decke gestapelt waren. Von einem Ende der Halle gesehen, ähnelte die Szene dem letzten Bild des Indiana-Jones-Films »Die Jäger des verlorenen Schatzes«. Die Temperatur lag bei zwölf Grad Celsius; ideal um Weine zu lagern, aber eigentlich etwas zu kalt für eine Verkostung. Das war allerdings nicht der Grund, warum der 2000 Château Meyney nach grünen Paprikaschoten schmeckte, vielmehr waren die Cabernet-Sauvignon-Trauben, aus denen der Wein größtenteils stammte, selbst in dem nahezu perfekten Sommer 2000 nicht voll ausgereift. Noch schlimmer war die volle, aber ausdruckslose klobige Masse des Château Le Boscq, ebenfalls aus St. Estèphe, und die klebrige Karamel- und Bananensüße von Bel Air aus St. Emilion, beides Irgendwo-Planet-Erde-Weine, nach modischen Rezepten ausgebaut.

Es gab aber auch gute Weine, die dem Ruf des Jahrgangs gerecht wurden und ihre Herkunft zweifelsfrei erkennen ließen. Für Euro 260 pro 12er Kiste, weniger als die drei Katastrophen, zeigte der mittelgewichtige Château Lalande-Borie aus St. Julien einnehmende rote Johannisbeer- und Zedernholzaromen und war harmonisch genug zum sofortigen Trinkvergnügen. Château Poujeaux aus Moulis/Médoc präsentierte sich dunkler im Duft, schmeckte geschmeidig und herb mit elegantem Nachhall, während Château Les Ormes de Pez aus St. Estèphe mächtig, fest und charaktervoll war mit sehr gutem Alterungspotenzial und Château Faugères aus St. Emilion gehaltvoller und geschmeidiger – für jene, die gewillt sind, Euro 360, 400 und 420 pro Kiste auszugeben. Der Beste von allen und ein wahrhaft großer Wein war der Château Sociando-Mallet, noch extrem jung mit enormer Konzentration von schwarzem Johannisbeeraroma und herben Gerbstoffen, doch perfekter Ausgewogenheit. »C'est une révélation!«, schwärmte einer der jungen französischen Journalisten, nachdem er den Sociando-Mallet gekostet hatte, das ist eine Offenbarung. »Non, c'est une confirmation!«, korrigierte ihn der silberhaarige Michel Dovaz von *Le Figaro Magazine*, es ist eine Bestätigung. Bereits mit den Jahrgängen 1986 und 1990 hat Sociando-Mallet die 1ers Grands Crus Classés des Médoc in Blindverkostungen in den Schatten gestellt. Im internationalen Kontext erscheint Euro 520 für eine Kiste nicht übertrieben für einen Rotwein von derart herausragender Qualität, aber Euro 43,50 für eine Flasche Wein ist natürlich auch keinesfalls billig zu nennen.

Die Unterschiede zwischen den einzelnen Weinen lieferten den Journalisten genug Material für ihre Artikel und Gesprächsstoff während des Essens. Viele Weinjournalisten sind vollkommen unfähig, über irgendein anderes Thema als Wein zu reden. Vielleicht brauchen sie auch deshalb regelmäßig frisches »Material«, sonst wiederholen sie sich dauernd.

Am nächsten Morgen machte die Pressegruppe einen leicht verkaterten Eindruck, trotzdem war die Stimmung erwartungsvoll. Auf dem Programm stand zwar der weniger bemerkenswerte Jahrgang 2001, aber es sollten Weine von mindestens 50 Grand Cru Classé-Châteaux des Médoc darunter sein, dem höchsten Rang der Gutsklassifizierung des Bordeaux. Grand Cru Classé! *Die* Klassiker *des* Anbaugebiets Frankreichs, Europas, der Welt. Und wir würden unser Urteil über sie fällen! Zweifellos ein wichtiger Moment, vielleicht sogar ein entscheidender. Alle Erzeuger waren eingeladen worden, sodass Aussicht bestand, sich nicht nur in der Aura der glorreichen Weine sonnen zu können, sondern auch ihrer nicht weniger glorreichen Schöpfer. Un grand jour dans la Grande Nation! Wie viele Witze auch im Bus auf der Fahrt in die Lagerhalle gemacht wurden – diese Dinge steckten mehr oder weniger in allen Köpfen. Wie hatten ihm die 2001 Weine gefallen, als er sie erstmals im März 2002 verkostet hatte, fragte ich den lebenslustigen, korpulenten österreichischen Journalisten Peter Moser von der Zeitschrift *Falstaff*. »Nicht sehr homogen ...«, entgegnete er zuerst diplomatisch und wurde dann plötzlich sehr direkt: »Aber es gibt die Konzentrations-Weltmeister unter dem Bordeaux-Winzern, die die [Mostkonzentrations-]Maschine so lange laufen lassen, bis der Wein dunkel und dick ist und [Weinkritiker Robert] Parker 100 Punkte gibt. Bapp!«

In der kühlen Weite des Lagerhauses machten wir uns an die Arbeit. Die Verkostung begann mit dem Wein eines solchen Konzentrations-Weltmeisters, Château Pavie-Macquin aus St. Emilion, so gut wie schwarz in der Farbe mit sehr ausgeprägtem schwarzem Johannisbeeraroma, dabei schwer, herb und stumpf im Nachhall. Bapp! Statt Euro 598,56 pro Kiste hinzublättern, könnte man für ein ähnliches Geschmackserlebnis sicher auch Brombeermarmelade mit abgestandenem Tee und einem Schuss Wodka mischen. Doch eine ganze Reihe der Weine aus St. Emilion war durchaus beeindruckend. Der lange Zeit enttäuschende Château Figeac, dessen 1999 wenige Monate zuvor nach vergammelten Reitstiefeln gerochen hatte, überraschte mit einem reifen, harmonischen Wein mit elegantem, trockenem Nachhall, allerdings mit einem Europreisschild von 737,76. An der Spitze der St.-Emilion-Weine stand der Château Troplong-Mondot der unerschütterlichen, feinsinnigen Christine Valette, von Reben rund um einen hässlichen Betonwasserturm auf dem höchsten Punkt des Plateaus von St. Emilion. Ihre Trauben hatten einen Wein von nahezu explosiver Ausdruckskraft ergeben, mit mächtigen, doch gut eingebundenen Gerbstoffen; ein großer Wein, der ›nur‹ Euro 396,72 pro Kiste kostet.

Als ich den merkwürdig staubig riechenden Château Soutard verkostete, stand Peter Moser neben mir und war mit demselben Wein beschäftigt. »Wie ein Herrenzimmer, das lange nicht gelüftet wurde«, bemerkte er. Dann probierten wir beide gleichzeitig Château L'Arrosée, und sein Gesicht verzog sich genauso schmerzhaft wie meines. »Der riecht wie Zebrafell und Elefantenpisse«, lautete sein anschaulich formuliertes, aber gerechtfertigtes Urteil. Beide Abscheulichkeiten waren St. Emilion Grand Cru Classé, erfreuten sich eines guten Rufes und kosteten Euro 278,40 bzw. 403,68 pro Kiste! Ich erkundigte mich bei Moser, ob ich ihn zitieren dürfte. »Sicher«, sagte er, und ich fragte ihn, ob er diese Beschreibungen in seinem eigenen Artikel im *Falstaff* verwenden würde. Er schüttelte nur verneinend den Kopf und ging zum nächsten Tisch. Moser gehört zu den seriösen Weinjournalisten und wird sich kritisch über diese Weine äußern. Doch auch er scheint ein wenig an der Ehrfurcht der Weinwelt gegenüber Frankreich und Bordeaux zu leiden, oder ist es Taktik?

Nach den zahlreichen guten St.-Emilion-Weinen ging es bergab. Die Weine aus Pomerol schmeckten ziemlich grün und hart, mit Ausnahme der zurückhaltend noblen Art von Vieux Château Certan und der schokoladigen Fülle und eleganten Saftigkeit von Château La Conseillante – bei Euro 960,48 pro Kiste für letzteren durfte man aber wohl beeindruckende Weine erwarten. Der größte Teil der Weine aus Pauillac im Médoc löste hingegen äußerst wenig Begeisterung aus, doch das hielt weder Journalisten noch Produzenten davon ab, sich um den betreffenden Tisch zu drängeln. Edles Pauillac! Heimat der 1er Grand Cru Classé-Châteaux Lafite-Rothschild, Latour und Mouton-Rothschild! Die standen allerdings nicht zur Verkostung, dafür das im Lafite-Besitz befindliche Château Duhart-Milon, dessen Wein nach roten und grünen Paprikaschoten roch und sich ansonsten durch mittelprächtige Gerbstoffe und mittelprächtige Langeweile auszeichnete. Château d'Armaillac, seinerseits im Besitz von Mouton, roch wiederum nach Holzkohle, schmeckte aber zumindest halbwegs ansprechend nach reifen schwarzen Johannisbeeren.

Die Weine aus anderen Teilen des Médoc enttäuschten häufig trotz Preisen von Euro 200 bis 400 pro Kiste. Jene aus Margaux – ein magischer Name: Duft! Eleganz! Poesie! – waren leider ein herber Tiefpunkt, sämtlich mehr oder weniger dünn, grün und wenig reizvoll. Château Cantemerle aus der Appellation Haut-Médoc südlich von Margaux war noch schlimmer, grob, sauer, nahezu ungenießbar – Preis 243,60 Euro pro Kiste! Zwei bekannte Weinjournalistinnen aus der Londoner Weinszene wurden ihrem Ruf als »Eisköniginnen« gerecht und ließen kein Urteil verlautbaren, aber Maggie McNie MW aus den Midlands war gesprächiger: »Jetzt habe ich den Mund so voller Gerbstoffe, dass ich nicht mehr verkosten kann«, sagte sie mit einem Kopfschütteln, das keinen Zweifel daran ließ, wie unangenehm dieser Zustand war. Raymond Blake von der irischen Zeitschrift *Food and Wine*, den rechten Aufschlag seiner gelbbraunen Jacke voller Rotweinflecke, schwankte einen Augenblick, spuckte dann mit großem Nachdruck etwas Wein in eines der sägemehlgefüllten Spuckgefäße, schüttelte sich und murmelte »gerbige Himbeeren«. »Bittere Himbeeren« hätte besser zum Ton seiner Stimme gepasst.

Wie hätte es ohne die Weine der drei Châteaux im Besitz der Familie Borie ausgesehen, Ducru-Beaucaillou in St. Julien, Grand-Puy-Lacoste und Haut-Batailley in Pauillac, fragte ich mich. Die Kistenpreise lagen jeweils bei Euro 598,56; 382,80 und 243,60 pro Kiste, aber zumindest bewunderte jeder, mit dem ich diesbezüglich sprach, ihre »reifen Aromen«, »Substanz« und

»Nachhaltigkeit«. Jean-Hubert Delon von Château Léoville Las Cases, der leider nicht anwesend war, ist der andere herausragende private Gutsbesitzer des Médoc. Bei meinem letzten Besuch auf Léoville Las Cases hatte mir Delon die Jahrgänge 1997 und 98 seiner Weine gezeigt; Grand Vin de Léoville Las Cases und Clos du Marquis, beide aus St. Julien, sowie Château Potensac aus dem Norden des Médoc. Beide Jahrgänge waren keine besonders guten im Médoc, aber die Weine zeigten alle eine feste Struktur, waren wunderbar ausgewogen und brachten ihre Herkunft deutlich zum Ausdruck. Der 1998 Grand Vin de Léoville Las Cases ist ganz eindeutig sämtlichen 1er-Grand-Cru-Classé-Weinen des Médoc dieses Jahrgangs überlegen. Er präsentierte sich sehr dicht und gerbstoffbetont, aber alle Elemente passten zusammen wie die ineinander greifenden Rädchen einer Uhr, die vollkommen exakt geht. Der 1996er war noch größer und stellte ebenfalls die 1er Grand Cru Classés des Médoc in den Schatten. Warum? Nicht nur weil die Léoville-Las-Cases-Weine aus einer der besten Lagen des Gebiets stammen – das trifft auf die 1ers Grands Crus Classés ebenso zu –, sondern weil Delon ein fanatisches Qualitätsstreben an den Tag legt und er und sein Team perfektionistisch jedes kleine Detail in Weinberg und Keller bedenken.

Konzentriert man sich auf Weine wie diese, hat man guten Grund, über das Médoc in Begeisterung zu geraten. Doch Besitzer, die ihre eigenen Güter verwalten, wie Borie, Delon und Jean Gautreau von Sociando-Mallet, sind heutzutage die Seltenheit. Die Mehrheit der klassifizierten Betriebe des Médoc befinden sich in den Händen von Luxusgüterkonzernen, Versicherungsgruppen oder in Paris ansässigen Eigentümern. Das Médoc mag das höchstkapitalisierte Weingebiet der ganzen Welt sein, aber das ist ein zweischneidiges Schwert. Kapital von außen hat zweifellos bei allen betroffenen Betrieben zu Verbesserungen geführt, setzt aber auch Grenzen, da es die Gefahr starrer Produktionsbudgets und Marketingpläne in sich birgt. Dass kein einziger Wein der betreffenden Betriebe mich bei der Millésima-Verkostung der 2001er überzeugt hat, war sicherlich kein Zufall. In schwierigen Jahrgängen wie diesem sind ohne Fanatismus und Perfektionismus keine großen Weine möglich, unabhängig davon, wo die Reben wachsen.

Genauso wenig war es kein Zufall, dass die Zahl beeindruckender Weine aus St. Emilion deutlich höher lag. Die Anwesen sind hier in der Regel eine ganze Größenordnung kleiner als im Médoc und oft noch im Familienbesitz. Das bedeutet, es handelt sich um echte *Weingüter,* bei denen die Winzer höchstpersönlich alles beaufsichtigen oder auch selbst arbeiten. Budgets und Marketingpläne gibt es dort selten, dafür aber Ehrgeiz und in vielen Fälle auch ein echtes Gespür für Reben, Trauben und Wein. Mir war bereits bei früheren Reisen aufgefallen, dass der Begriff des Terroirs für viele Winzer in St. Emilion keine abstruse Theorie darstellt, sondern den Boden unter ihren Füßen. Für jemanden wie François Mitjavile von Tertre Roteboeuf in St. Emilion stellt er beinahe einen religiösen Glauben dar, jedoch einen, der strengste Anforderungen an ihn stellt. »Ich glaube nicht an Gott, aber in solchen Momenten erkennt man die Stärke der Natur«, sagte er, als ich den überwältigend voluptuösen, seidigen 1998 Tertre Roteboeuf in seinem Keller verkostete, »es wäre anmaßend zu sagen, ich habe dies gemacht, dann hätte ich auch nie das Vergnügen des Entdeckens.« Bei den Weinen Tertre Roteboeuf sucht man vergeblich nach dem Wort Château auf dem Etikett, und das Gut ist auch kein Grand Cru Classé, aber jeder Jahrgang dieses Weins, jede Flasche, die ich öffne, birgt für mich das Vergnügen in sich, etwas Neues und Erstaunliches zu entdecken.

Eigentlich war diese 2001-Verkostung ganz *normal.* Zweifelsfrei hatten viele der Verkoster den Kopf voll von Bildern hochherrschaftlicher Châteaux mit beeindruckenden Fassaden, die wie Perlen in der Atlantiksonne glänzten, oder von Kellern kathedralenartiger Dimensionen, die Barriquefässer voll edler Weine in langen Reihen. Aber wie Horaz sagt, liegt die Wahrheit im Wein. Und die lautete erstens, dass wir gerade eine Reihe von Weinen aus einem schwachen Jahrgang verkostet hatten, von äußerst schwankender Qualität, so wie es in vielen Anbaugebieten weltweit der Fall ist, wenn sich die Natur den Winzern gegenüber wenig gnädig zeigt. Zweitens kommen wie überall in der Weinwelt unserer Zeit auch in Bordeaux die Spitzenweine von echten Weingütern und werden nicht in Großbetrieben nach Plan produziert. Es hatte hier kaum Beweise für die Behauptung der Bordeaux-Winzer gegeben, ihr Gebiet sei *das* Gebiet überhaupt.

Während ich noch gedanklich mit den Weinen beschäftigt war, scheuchte uns Patrick Bernard, der energiegeladene 55-jährige Gründer und Geschäftsführer von Millésima, aus der Lagerhalle in die Bibliothèque Impériale zum Lunchbüfett. In dem zwei Stockwerke hohen, langen rechteckigen Keller standen in Metallregalen Holzkisten mit jeweils einer großformatigen Flasche. Bei den größten waren die Buchstaben IMP für »Impériales« auf der Seite der Kiste eingebrannt, Sechsliterflaschen, nach denen der Keller benannt war. Ihr Preis? Bis zu Euro 3 840 pro Flasche für 1989 Château Margaux, Mouton-Rothschild, Lafite-Rothschild oder 1990 Latour. Ich hatte es nicht für möglich gehalten, aber die Stimmung in diesem Raum, umgeben von wer weiß wie vielen tausend Flaschen und Millionen Euro, wurde noch aufgeregter. Man musste nicht lange suchen, um berühmte Gestalten der Weinwelt zu entdecken. Dort stand der trotz fortgeschrittenen Alters immer noch flott wirkende Steven Spurrier in dunkelblauem Regenmantel, im Gespräch mit einer Gruppe von Château-Besitzern. Sie hatten ihm offensichtlich verziehen, dass er selbst 1976 die bahnbrechende Verkostung in Paris organisiert hatte, die den kalifornischen Weinen zu ihrem ersten großen internationalen Durchbruch auf Kosten der Klassiker aus Bordeaux und dem Burgund verholfen hatte. An einer Seite des Raumes erkannte ich inmitten mehrerer Journalisten den scheinbar unsterblichen, silberhaarigen Thierry Manoncourt von Château Figeac. Tout le monde du vin bordelais und wir mittendrin! Wo war die Foie Gras? Champagner!

In diesem Augenblick stieß ich beinahe mit dem britischen Weinjournalisten James Lawther zusammen, dem ich unter anderem bereits im Licht von Autoscheinwerfern in den Bernkasteler Weinbergen von Dr. Loosen während der 1990-Eisweinlese begegnet war. Warum scheinen sich die Château-Besitzer nicht die Stärke der globalen Konkurrenz bewusst zu machen, fragte ich ihn. »Es ist der Charakter der Leute«, antwortete er, »sie sind introvertiert, sie gehen nicht einmal raus essen, deshalb gibt es hier so gut wie keine Spitzengastronomie.« Vor zwanzig Jahren hatte mir ein britischer Weinhändler das Essen in Bordelaiser Restaurants als »gewöhnlicherweise zähe Stücke beinahe rohen Fleischs mit Pommes frites« beschrieben, und es hat sich seitdem nicht grundlegend verändert. Das Merkwürdige war, diese scheinbare Nebensächlichkeit in Verbindung mit dem Schicksal des Gebiets erwähnt zu hören. Lawthers Kommentar deutete an, dass diese Region trotz gewaltiger Kapitalisierung und oft sehr hoher Preise aus einem anderen, entscheidenden Blickwinkel in ihrer Entwicklung stecken geblieben ist.

Wenig später stand ich neben Fiona Morrison MW, der englischen Frau des belgischen Weinhändlers Jacques Thienpont, dem auch das berühmte Pomerol-Gut Le Pin gehört, dessen 2000er mit Euro 15 730 pro Kiste der teuerste Wein auf der Millésima-Preisliste war. Leider hatte ich ihn nicht verkosten können, aber der nach Maracuja duftende 1998 war von himmlischer Seidigkeit gewesen. Ich stellte Fiona Morrison dieselbe Frage. »In Bordeaux herrscht beinahe eine Janus-Mentalität«, sagte sie, »die Besitzer und Direktoren der Grand Crus reisen aus PR-Gründen ziemlich viel durch die Welt, aber meistens werden sie mit großen Verkostungen und Winemaker-Diners gefeiert und kommen nur selten in die Weingeschäfte und Bistros, um den wahren Herausforderungen des Absatzes von hochwertigem Wein auf dem Weltmarkt zu begegnen.« Diese Analyse klang sehr überzeugend. Sie ging auch tief bis auf den Knochen, da sie implizierte, dass die meisten Besitzer gar nicht an den »wahren Herausforderungen« interessiert seien. Sonst würden sie Anstrengungen unternehmen, um die Geschäfte und Bistros zu besuchen. Es ist natürlich bequemer, in einer Welt voller Lobeshymnen zu bleiben, als sich den Herausforderungen der Realität zu stellen. Unabhängig davon, ob es sich um die Welt des Weins, der Wirtschaft, Politik oder Kultur handelt, führt diese Mentalität unweigerlich zu Nachlässigkeit, da die Betroffenen sich allmählich einbilden, alles von ihnen Vollbrachte sei automatisch höherwertig. Warum dann Anstrengungen unternehmen, um besser zu werden?

Bei einer Flasche Wein oder einem anderen Erzeugnis ist »höherwertig« ein positives Wort – wenn es zutrifft. Schlimmstenfalls stellt sich heraus, dass es nicht zutrifft und der Wein eigentlich »minderwertig« ist. Wenn sich diese

Situation viele Male wiederholt wie bei der Millésima-Verkostung, dann ist das deprimierend, aber ein anderer Aspekt hing mir wie ein Mühlstein um den Hals. Wenn nämlich eine bestimmte Person aus irgendeinem Grund sich selbst oder eine Gruppe als »höherwertig« betrachtet oder bezeichnet. Im äußersten Fall geht es dabei um »Auserwählte«, womit stets die umgekehrte Schlussfolgerung verbunden ist, alle anderen seien automatisch »minderwertig«. Mir machte der Gedanke zu schaffen, dass bei vielen Gutsbesitzern und Verwaltern in Bordeaux das fortwährende Lob der Weine nicht nur das bereits bestehende Vorurteil verstärkt hat, Bordeaux sei *das* Anbaugebiet, sondern sie inzwischen auch das Gefühl haben, sie seien *die* Winzer.

Dazu kommt die Problematik der hierarchischen Klassifizierung der Châteaux in Bordeaux, deren begrenzter Nutzen zur Einschätzung der Weinqualität auch im Verlauf dieser zwei Verkostungstage zutage trat. Der beste Wein war 2000 Sociando-Mallet, der aber lediglich ein Cru Bourgeois ist, während viele theoretisch höherwertige Grand Crus Classés sich als sehr enttäuschend erwiesen hatten. Dennoch ist die Médoc-Klassifizierung in den beinahe 150 Jahren seit 1855 nur ein einziges Mal verändert worden, als Mouton-Rothschild mit dem Jahrgang 1973 vom Zweiten zum Ersten Gewächs aufstieg. In St. Emilion wird die Klassifizierung zumindest alle zehn Jahre überholt, und es hat im Laufe der Zeit viele Veränderungen gegeben. Die Médoc-Grand Crus sind eine Wein-Aristokratie, die ihre Titel ad infinitum behalten, unabhängig von der Weinqualität bzw. Leistung. Sociando-Mallet könnte von der Weinpresse weltweit eine ganze Generation lang alljährlich als bester Wein des Médoc gefeiert werden und würde doch nominell ein bescheidener bürgerlicher Cru Bourgeois bleiben. Auch zum teuersten Wein in Bordeaux aufzusteigen führt nicht zur Akzeptanz eines nicht klassifizierten Betriebs in die konservativen Kreise der Region, wie Jacques Thienpont und Le Pin beweisen. Im Gegenteil, das Establishment der Weinbranche von Bordeaux betrachtet Menschen wie Gautreau und Thienpont als Emporkömmlinge und Störenfriede und als eine Bedrohung für die Stabilität und soziale Hackordnung der bestehenden Weinhierarchie. Es ist einfach eine starre, geschlossene Gesellschaft. Wir Journalisten gehören eindeutig *nicht* zu dieser Welt, nicht einmal für wenige Stunden, sondern sind die andere Seite des Paares, das den Bordeaux-Wein-PR-Tango tanzt.

Ich war wiederum froh, ins Flugzeug zu steigen und den ganzen Wahnsinn hinter mir zu lassen. Natürlich waren manche meiner Kollegen und manche der Produzenten gleich mir bemüht gewesen, die Weine in ihrem Glas unvoreingenommen einzuschätzen. Aber ich erinnerte mich an ein Interview in der Zeitschrift *WeinGourmet* mit Gérard Margeon, Chefsommelier der Ducasse-Restaurants, der als Kopf einer kosmopolitischen neuen Generation französischer Sommeliers dargestellt wurde. Das hatte durchaus Berechtigung, da unter seiner Ägide 850 nichtfranzösische Weine angeboten werden.

Doch auf die Frage »Welches Weinland ist momentan das weltweit führende?« begann seine Antwort mit den Worten »Frankreich hat das beste Terroir«, als könne es gar keinen Zweifel geben, dass Gott dieses kleine Land am nordwestlichen Rand des kleinen Kontinents Europa mit den besten Bedingungen des gesamten Planeten für alle denkbaren Rebsorten ausgestattet habe. Dieses Vorurteil steckt nach wie vor in vielen Köpfen von Fachleuten und Konsumenten, weil es immer wieder auf solche Weise gepredigt wird.

Selbst wenn man sich bei den Mitbewerbern auf die Weine aus den in Bordeaux vorherrschenden roten Sorten beschränkt, Merlot und Cabernet Sauvignon, ist die Konkurrenz aus vielen Richtungen enorm stark. Als wir nach München abhoben, kam mir mein letzter Besuch bei Cullen Wines in Wilyabrup im westaustralischen Margaret River in den Sinn. Cullen Wines ist 1971 von dem mittlerweile verstorbenen Dr. Kevin Cullen und seiner Frau Di gegründet worden. Der Betrieb wird inzwischen von ihrer Tochter Vanya geführt. Wir hatten mit Di und Vanya Cullen in dem unprätentiösen Restaurant des Gutes inmitten der Besucher und Touristen gesessen und die aktuellen Weine verkostet. Ihr 1999 Cabernet Sauvignon-Merlot war von majestätischer Fülle und atemberaubender Finesse, sämtlichen gerade verkosteten 2001 Grand Crus Classés weit überlegen, obgleich 1999 kein besonders gutes Jahr war für Margaret River. »Ja, aber diese Weine altern nicht wie Bordeaux!«, ist die Standardantwort seitens der Bordeaux-Winzer und -Fans, wenn sie mit großen Weinen aus Bordeaux-Rebsorten, aber aus ganz anderen Ecken der Weinwelt konfrontiert werden. Doch zum Mittagessen tranken wir den Cullen 1979 Cabernet Sauvignon-Merlot-Malbec (Malbec ist eine weitere traditionelle Bordeaux-Rebsorte) und der Wein war immer noch voller Leben, Würze, dunklen Karamelaromen und elegantem Nachhall. Er stand den besten Rotweinen aus Bordeaux, die ich aus den Jahrgängen Ende der 1970er erlebt habe, in nichts nach. Preis des 1999: 65 australische Dollar.

Warum beharren die meisten älteren Weintrinker dann so störrisch auf der hierarchischen Ordnung der Weinwelt, die die roten Bordeaux ganz oben an die Spitze stellt? Die Antwort liegt in einem Wort, auf das ich immer wieder in Artikeln und Büchern zu diesem Thema stoße: »Prestige«. Aber worin besteht das Prestige bestimmter Weine? Es ist die Aura, die sie – ihre Namen, Erscheinung, Image – ausstrahlen, etwas, das mit Status zu tun hat, dem Zurschaustellen und Vermitteln von wirtschaftlichem und sozialem Wert. Dass jemand eine Flasche 1er Grand Cru Classé für mich öffnet, sagt mir, man nimmt an, ich sei das angeblich Beste wert. Dieser Effekt ist jedoch vollkommen unabhängig von dem eigentlichen Geschmackserlebnis; es ist Namen-Trinken, Etiketten-Trinken und Image-Trinken. Letztes Jahr kommentierte ich im Hotel Louis C. Jacob in Hamburg zusammen mit dem Sommelier des Hauses Hendrik Thoma ein Wein-Diner für ausgewählte Private-Banking-Kunden einer bedeutenden Bank. Zu jedem Gang hatte Thoma zwei Weine ausgesucht, die blind serviert wurden. Die Gäste probierten die Weine und wurden dann aufgefordert, für ihren Favoriten durch Handzeichen zu stimmen; »linkes oder rechtes Glas«, lautete jeweils Thomas Frage. Zum Fleischgang wurden 1997 Sociando-Mallet und 1997 Thelema Mountain Vineyard Cabernet Sauvignon aus Stellenbosch in Südafrika serviert. Beides waren gute Weine, aber das Publikum zog Letzteren vor; es war in der Tat der stärkere, harmonischere und nachhaltigere der beiden. Als Thoma die Identität der Weine aufdeckte, sorgte das für große Verwirrung bei einem Paar mittleren Alters an meinem Tisch, die besonders nachdrücklich in ihrem Lob für den Thelema gewesen waren. »Müssen wir jetzt südafrikanische Weine kaufen?«, fragte sie klagend, als sei dies ein äußerst beunruhigender Gedanke, »oder besitzt nicht der Bordeaux einen *bleibenden Wert*?« Voller Nervosität, weil er sich auf dem ihm nicht vertrauten Terrain der Weinwelt bewegen musste und noch dazu ein bedeutender Teil der Welt der Luxusgüter in Frage gestellt worden war, bestätigte einer der Repräsentanten der Bank: »Man fühlt sich bei Bordeaux *sicherer*.« Das ist es, was die Steinfassaden der noblen Châteaux, ihre ausgedehnten Keller voller Barriquefässer, aufgereiht wie Soldaten bei der Parade in makellosen Uniformen, und die Stapel von Holzkisten in den Kellern wohlhabender Leute ausstrahlen: Sicherheit. Und wer hat nicht Sehnsucht nach Sicherheit, festem Boden unter den Füßen?

Auf meinen Reisen ist mir klar geworden, dass diese Sicherheit ganz und gar illusorisch ist und seit langem durch die sich ständig wandelnde Realität der modernen Weinwelt abgelöst worden ist, in Bordeaux ebenso wie anderswo rund um den Erdball. Auf allen Kontinenten, die ich bereist habe, ist Wein stellenweise durch Globalisierung und Industrialisierung zu einem völlig standardisierten und stark manipulierten Produkt geworden. Doch in allen besuchten Gebieten stieß ich auch immer wieder auf Winzer, die sich den Problemen und Vorteilen ihres Landstrichs nüchtern stellen, die geeignetesten Rebsorten pflanzen und ihnen sorgfältige Pflege angedeihen lassen, mit großem Respekt für die Natur die Trauben ernten und im Keller verarbeiten und auf diese Art und Weise große Weine hervorbringen. Theoretisch gibt es dabei anerkannte klimatische Grenzen, aber meine Reisen zeigten auch, dass diese Theorien ebenso überholt sind wie die alten Weinhierarchien. Niemand kennt die tatsächlichen Grenzen des Möglichen beim Weinbau auf unserem Planeten, und durch die Klimaveränderungen handelt es sich um variable Größen. Ich habe Cabernet Sauvignon aus den Bergen nördlich von Bangalore in Indien getrunken, der gelungen war, trockenen weißen Semillon aus dem Norden Thailands, der sogar noch besser schmeckte, und in meinem Geburtsland einen großen Schaumwein entdeckt, der dies ebenfalls bestätigte.

Bei den Tagesausflügen in die Hügel südlich des anonymen Londoner Vororts, in dem ich aufwuchs, erinnere ich mich vor allem an die schattigen Wälder auf Wanderungen an sonnigen Sommertagen, die Gärten hochherrschaftlicher Anwesen im Anorak bei nieseligem grauem Wetter und den Anblick grüner, grüner Felder durch die Autoscheiben, an denen der Regen hinunterströmte. 1985 wurde mir klar, dass es möglich war, auf diesen Hügeln in begünstigten Ecken bei einem guten Sommer durchaus angenehme, leichte Weißweine zu erzeugen. Am besten gefielen mir die trockenen Weine eines jungen Fanatikers namens Peter Hall, die er auf seinem kleinen Weingut Breaky Bottom in Rodmell unweit von Lewes in Sussex aus der französischen Hybridrebsorte Seyval Blanc produzierte. Anfang September letzten Jahres besuchten wir ihn endlich wieder, und meine Frau fragte sich, ob wir je ankommen würden, als unser Mietwagen über einen der abenteuerlichsten Feldwege unserer gesamten Recherchereisen rumpelte. Nach nahezu 2,5 Kilometern Unbehagen sahen wir das Weingut zwischen den kargen Kreidehügeln der South Downs unweit der Kanalküste auftauchen.

Der inzwischen silberhaarige Hall begrüßte uns und wirkte keinen Deut weniger entschlossen als bei unserer ersten Begegnung vor 17 Jahren. Fast zwei Jahre lebte er mit seiner Familie jetzt in zwei Wohnwagen, erzählte er uns, nachdem Hochwasser nicht nur die gesamte Ernte des Jahrgangs 2000 vernichtet, sondern auch schwere Verwüstungen in ihrem Haus angerichtet hatte. »Dieses Leben ist nicht lebenswert, wenn das Ziel nur ein blitzendes neues Auto ist«, sagte er dann, als er uns seinen Schaumwein einschenkte, den 1999 Cuvée Rémy Alexandre, »der Wein ist nach meinem Bruder benannt, der 1994 an Aids gestorben ist.« Es war ein würdiges Denkmal. Im Duft vermischten sich Meeresaromen, Felsen in der Gischt und Algen mit herkömmlicheren Weinnoten wie Apfel und Zitrone. Der erste Eindruck war zugleich trocken und charmant; der Nachhall wie ein Langstreckenläufer, der bereits weit hinter der Ziellinie ist, aber immer noch weiterläuft. Wenn Wagemut, Hingabe und Perfektionismus dieses Ergebnis in England haben, was ist dann an anderen angeblichen Randgebieten möglich?

Ich kann mich nicht genau erinnern, wann es geschah, vielleicht war es in einem Flugzeug hoch oben über dem Pazifik oder dem Atlantik, aber es gab einen Moment, an dem ich mich endgültig vom letzten Funken Sehnsucht nach der illusorischen Sicherheit von Weinhierarchien verabschiedete und für Planet Wein entschied. Das bedeutete, bei der Weinerzeugung keinen Punkt der Erde als grundsätzlich höherwertig gegenüber einem anderen zu betrachten. Jeder Punkt auf der Erdoberfläche besitzt, ausgenommen diejenigen, wo das das Klima tatsächlich zu extrem ist für die Rebe, ein gewisses Potenzial, das verborgen bleibt, bis jemand es erkennt und in Form von Wein verwirklicht. Ob dies an einem bestimmten Ort gestern oder vor tausend Jahren zum ersten Mal geschah, ist eine Frage des Zufalls. Unabhängig davon ist der Wein genauso gut oder schlecht, wie er im Glas schmeckt und riecht, und ein Winzer hat erst dann wirklich etwas erreicht, wenn es ihm gelingt, einen

Wein mit einem guten und *besonderen* Geschmack zu erzeugen, der nicht einfach nur die Kehle hinunter in Vergessenheit fließt, sondern eine Spur in Bewusstsein und Gedächtnis hinterlässt. Dann schmeckt man einen bestimmten Ort auf Planet Wein, statt nur ein mehr oder weniger angenehmes Getränk zu konsumieren.

Als ich meiner Frau in San Francisco von alldem erzählte, war mir bewusst, dass dahinter meine persönliche Geschichte steckte. Die Bilder, die als Kind den größten Eindruck auf mich machten, waren Fotos von der Erde, die die Astronauten von Apollo 8 mit zurückbrachten, als sie in der Weihnachtszeit des Jahres 1968 als erste Menschen die Erde hinter sich ließen und zum Mond flogen. Durch mein Interesse an Astronomie wusste ich genau Bescheid über die Position der Erde im Solarsystem und der Galaxie, aber plötzlich schwebte da die Erde wie eine Insel im Nichts. Die Wurzeln eines Eine-Welt-Idealismus? Als ich mit der Recherche für mein Buch über die neue Weinwelt begann, stieß ich in der amerikanischen Ausgabe der Zeitschrift *National Geographic* vom Januar 2000 auf ein Bild, das mich kaum weniger berührte. Es handelte sich um ein Foto der Erde, das aus einer Entfernung von über sechs Milliarden Kilometer von der Raumsonde Voyager 1 aufgenommen worden war, die vor über 30 Jahren ins All geschossen wurde. Das Bild reduzierte unseren Planeten auf einen bläulich weißen Punkt. Als Dick Grace von Grace Family Vineyards im kalifornischen Napa Valley mir sagte, »statt mich selbst als Strand zu sehen, wurde mir bewusst, dass ich nur ein Sandkorn war«, im Keller seines Hauses in St. Helena, war es dieses Bild, das mir in den Sinn kam. Aus dieser Perspektive ist es unmöglich, Westaustralien von Frankreich zu unterscheiden, und darauf mit dem Argument zu beharren, das eine sei dem anderen grundsätzlich überlegen, erscheint kleingeistig und lächerlich – was es in der Tat ist.

Meine Frau und ich bogen südlich von der Market Street im Zentrum von San Francisco ab und ließen die abgerissenen Obdachlosen und Vietnam-Veteranen im Rollstuhl hinter uns. Wir waren auf dem Weg zum Abendessen mit Freunden aus Berkeley. Es war noch sonnig, der Wind vom Pazifik wirkte erfrischend, und Planet Wein stieg in mir auf – ich musste ihr davon erzählen. »Meinst du nicht, dass, egal für wie bedeutend sie sich selbst halten, selbst die mächtigsten Staaten heute nicht mehr die maßgeblichen Strukturen in der Welt sind«, entgegnete sie, »die Welt besteht heute aus übernationalen ›Schichten‹, es gibt zum Beispiel die ›Weinschicht‹ und die ›Käseschicht‹ neben Tausenden anderen, und alle ziehen sich um den ganzen Erdball, eine über der anderen. Selbst durch die Straßen einer Stadt zu gehen, wie wir es jetzt tun, ist eine Schicht, denn an so vielen anderen Orten der Erde haben andere Menschen dabei genau die gleichen Eindrücke.« Meine Frau hatte in den letzten Tagen die Käseproduktion in Sonoma County recherchiert, und die Erlebnisse auf unseren Reisen waren ihr offensichtlich durch den Kopf gegangen. »Natürlich funktioniert jede Schicht auf unterschiedliche Weise, abhängig von dem jeweiligen ordnungsgebenden Prinzip, Produkt oder Erlebnis. Es gibt Parallelen zwischen bestimmten Schichten wie Wein und Käse, da es in beiden Fällen die industrielle Herstellung gibt, bei der es nur um kostengünstige Produktion geht, und die handwerkliche Herstellung, die hohe oder optimale Qualität als oberstes Ziel hat. Innerhalb einer bestimmten Schicht herrscht überall die gleiche Grundsituation, unabhängig davon, wo man sich geographisch befindet.« Wir hatten das Restaurant Bacar in der Brahnan Street erreicht, und Menschenmenge und Stimmengewirr im Innern hinderten die weiteren Ausführungen, aber meine Frau hatte mich bereits davon überzeugt, dass ich nur ein Teil der weltweiten Weinschicht war, winzig wie ein Sandkorn ...

Der Mann zu meiner Linken auf der Bank in den Kurpfalz-Weinstuben und seine handwerklichen Weine gehören selbstverständlich ebenfalls dazu. »Roland, schön dich zu sehen!«, begrüßt meine Frau ihn, als sie eintrifft. Dann erscheint Rainer Schulz, der Wirt und die Seele der Kurpfalz-Weinstuben, in seiner schwarzen Lederweste und blauen Schürze und erinnert uns daran, dass es bereits zehn Uhr sei, wir sollten etwas zu essen bestellen. »Hier muss es Saumagen sein!«, sagt Roland, und wir bestellen also alle Saumagen und Sauerkraut; ein Gericht, das Schulz in Perfektion beherrscht. Auch darin steckt der Geschmack eines besonderen Punkts auf der Erdoberfläche. Meine Frau setzt sich neben mich und beginnt, die drei Rotweine zu verkosten. Schließlich taucht noch Roy Metzdorf, der immer verschmitzt wirkende Chef der Weinstein-Restaurants in Mitte und Prenzlauer Berg, mit den Worten auf: »Zwei Stunden und drei Minuten Verspätung – ein Weltrekord!«, schüttelt dem Winzerbesuch und uns die Hand und ordert ebenfalls einen Saumagen bei Schulz. Er ist auch wegen der neuen Weine gekommen.

Die Ansichten meiner Frau zu den Weinen decken sich mit meinen eigenen, sie ist dem 2001 Moric gegenüber sogar noch kritischer wegen seiner starken Eichenaromen. »Ich gebe zu, er hat zu viel Eiche gesehen, das überdeckt seinen Charakter ein wenig im Moment – er ist ein Ausrutscher. Aber die beiden 2002 Moric-Weine schmeckten nicht nach Eiche. Sie ähnelten stark diesen zwei 2002 hier, nur ausdrucksstärker«, erklärt Roland. »Herrlich!«, ruft Roy Metzdorf aus, der gerade die 2002 verkostet, die die Bezeichnungen ›Neckenmarkter‹ und ›Lutzmannsburger‹ auf dem Etikett tragen. »Was für Rebsorten sind das?« »100 Prozent Blaufränkisch, der wirklich eine alte traditionelle burgenländische Sorte ist«, erklärt unser Besucher. Obgleich er viel gereist ist, hat Roland Velich seinen unverkennbar österreichischen Akzent beibehalten, burgenländisch mit einem Touch Wienerisch. Zusammen mit seinem Bruder Heinz führt er das Weingut Velich in Apetlon am Neusiedlersee, dessen Ruf auf einem außergewöhnlichen Chardonnay namens Tiglat beruht.

»Sie schmecken aber ganz anders als die meisten neuen Rotweine aus dem Burgenland«, fügt Metzdorf hinzu. »Genau das möchten wir, das heißt mein Partner Erich Krutzler vom Weingut Krutzler im Südburgenland und ich. Alle sprechen von der Vielfalt des Burgenlands, aber die stilistische Vielfalt des burgenländischen Weins geht in rasanter Geschwindigkeit verloren, weil die meisten Winzer auf zugesetzte Enzyme, neu gezüchtete Hefen, künstliche Mostkonzentration und was nicht noch alles setzen. Die Frage ist nicht mehr, wer macht das, sondern wer macht es nicht!« Es ist ein Schlachtruf. Ein fundamentalistisches Nein zu allen Methoden, Trauben in Irgendwo-Planet-Erde-Weine zu verwandeln, von denen es bereits eine weltweite Überproduktion von vier bis sechs Milliarden Liter jährlich gibt. Während der letzten Jahre haben meine Frau und ich diesen Schlachtruf an vielen Orten gehört. Es gibt viel Hoffnung in der schönen neuen Weinwelt.

Saumagen und Sauerkraut werden vor uns auf den Tisch gestellt, und plötzlich sind die Flaschen mit dem Neckenmarkter und dem Lutzmannsburger leer. Sie haben keinen Stammbaum und sind zu neu, um eine Position in irgendeiner Weinhierarchie zugewiesen bekommen zu haben, aber sie sind leckere und eigenständige Produkte vom Planet Wein, die uns direkt ansprechen. »Zum Wohl!«, sagen wir und stoßen an.

Bewertung der Weine, die im Buch erwähnt werden

Selbstverständlich kann eine numerische Bewertung nicht annähernd die Komplexität des Geschmackserlebnisses eines Weines beschreiben. Das können Worte viel besser.

Andererseits zwingen numerische Bewertungen den Kritiker, sich genau zu entscheiden, wie gut oder schlecht er einen bestimmten Wein einschätzt. Die folgenden Bewertungen sind entsprechend so zu betrachten und keinesfalls objektiver oder wertvoller als Ihre eigenen Einschätzungen.

Das 100-Punkte-System wird benutzt, da es sich während der letzten Jahren als Standard in der internationalen Weinszene etabliert hat.

Zur Orientierung: Weniger als 50 Punkte bedeutet grobe fehlerhafte Weine, 50 bis 59 Punkte leicht fehlerhafte oder stark mangelhafte Weine, 60 bis 69 Punkte unterdurchschnittliche Weine, die deutliche Schwächen zeigen. 70 bis 79 Punkte stehen für solide, aber keinesfalls bemerkenswerte Weine. Bei 80 Punkten fängt eine interessante Qualität an, wobei Weine mit 85 Punkten oder mehr eine überdurchschnittliche Qualität aufweisen. Weine mit 90 Punkten oder mehr besitzen schon einiges an wahrer Größe, die sich ihrer Vollendung zuneigt, wenn 95 oder mehr Punkte geschrieben werden. 100 Punkte sind nicht weniger subjektiv als irgendwelche anderen Bewertungen!

Wo der Wein nur als Fassprobe verkostet werden konnte, ist die Punktebewertung mit einem Fragezeichen versehen. Die Name des Produzenten steht immer in kursiver Schrift. Um das Gesamtbild zu erweitern, sind zudem einige wichtige Weine in die Bewertung aufgenommem worden, die nicht im Buch erwähnt werden.

Kapitel I

1996 Shiraz 89
Dalwhinnie, Pyrenees/Victoria

1997 Syrah ›Hillside Reserve‹ 92
Qupé, Santa Maria/Kalifornien

1998 Syrah ›Hillside Reserve‹ 94
Qupé, Santa Maria/
Kalifornien

1999 Côte Rotie 88
Etienne Guigal, Rhône/Frankreich

1999 ›Cuvée Syrah‹ 72
Château Estanilles,
Languedoc/Frankreich

2001 Thörnicher Ritsch Riesling
Spätlese 93
Carl Loewen, Mosel-Saar-Ruwer/Deutschland

KAPITEL 2

2000 ›The Barossa‹ Shiraz 72
Peter Lehmann, Barossa, Südaustralien

2001 ›Winemaker's Selection‹
Cabernet [Sauvignon]-Shiraz 60
Penfolds, Südostaustralien

2000 Monzinger Frühlingsplätzchen
Riesling Kabinett 86
Emerich-Schönleber,
Nahe/Deutschland

2001 Monzinger Frühlingsplätzchen
Riesling Kabinett 88
Emerich-Schönleber,
Nahe/Deutschland

2001 Monzinger Halenberg Riesling
Spätlese 94
Emerich-Schönleber,
Nahe/Deutschland

KAPITEL 3

1998 ›Konnunga Hill‹ Shiraz-Cabernet Sauvignon 68
Penfolds, Südostaustralien

1997 ›Bin 28 Kalimna‹ Shiraz 82
Penfolds, Südostaustralien

1997 ›Bin 407‹ Cabernet
Sauvignon 55
Penfolds, Südostaustralien

1994 ›Grange‹ Shiraz 78
Penfolds, Südaustralien

1996 ›Block 42 Kalimna‹ Cabernet
Sauvignon 91
Penfolds, Südaustralien

1997 Shiraz 85
Whistler, Barossa Valley/Südaustralien

1999 Semillon 84
Whistler, Barossa Valley/Südaustralien

1986 ›Grange‹ Shiraz 96
Penfolds, Südaustralien

1996 ›Grange‹ Shiraz 84
Penfolds, Südaustralien

1995 ›Grange‹ Shiraz 73
Penfolds, Südaustralien

1997 ›Basket Press‹ Shiraz 91
Rockford, Barossa Valley/Südaustralien

1991 ›Basket Press‹ Shiraz 97
Rockford, Barossa Valley/Südaustralien

1996 ›Basket Press‹ Shiraz 94
Rockford, Barossa Valley/Südaustralien

1998 ›Basket Press‹ Shiraz 96
Rockford, Barossa Valley/Süd-
australien

1999 ›Basket Press‹ Shiraz 95
Rockford, Barossa Valley/Süd-
australien

o. J. ›Black Shiraz‹ 94
Rockford, Barossa Valley/Süd-
australien

2001 ›Julius‹ Riesling 90
Henschke, Eden Valley/Süd-
australien

2001 ›Green's Hill‹ Riesling 91
Henschke, Adaleide Hills/Süd-
australien

1999 ›Littlehampton‹ Pinot Gris 87
Henschke, Adaleide Hills/Süd-
australien

2001 ›Joseph Hill‹ Gwürtraminer 90
Henschke, Eden Valley/Süd-
australien

2000 ›Louis‹ Semillon 84
Henschke, Eden Valley/Süd-
australien

2001 Spitzer Singerriedel Riesling
›Smaragd‹ 93
Franz Hirtzberger,
Wachau/Österreich

2001 Dürnsteiner Schütt Riesling
›Smaragd‹ 97
Emmerich Knoll,
Wachau/Österreich

2002 Dürnsteiner Kellerberg
Riesling ›Smaragd‹ 95
F. X. Pichler, Wachau/
Österreich

2001 Weissenkirchener Klaus
Riesling ›Smaragd‹ 94
Prager, Wachau/
Österreich

1998 Mount Edelstone Shiraz 94
Henschke, Eden Valley/Süd-
australien

1997 Hill of Grace Shiraz 98
Henschke, Eden Valley/Süd-
australien

1994 Hill of Grace Shiraz 96
Henschke, Eden Valley/Süd-
australien

Kapitel 4

1991 Sauvignon Blanc 90
Kalin Cellars, Kalifornien

1984 Monte Bello Cabernet
Sauvignon 96
RIDGE, Santa Cruz
Mountains/Kalifornien

1990 Coulée de Serrant 92
Nicolas Joly, Savenniéres
(Loire)/Frankreich

1998 ›Reserve‹ Cabernet
Sauvignon 58
NOON, Langhorne
Creek/Südaustralien

1990 Barolo Monprivato 93
Giuseppe Mascarello, Piemont/Italien

1997 ›Imposter McCoy‹ Syrah 91
SINE QUA NON, Kalifornien

KAPITEL 5

1992 ›Hillside Select‹ Cabernet Sauvignon 92
Shafer, Napa Valley/Kalifornien

1994 ›Hillside Select‹ Cabernet Sauvignon 94
Shafer, Napa Valley/Kalifornien

1997 ›Hillside Select‹ Cabernet Sauvignon 94
Shafer, Napa Valley/Kalifornien

1998 ›Hillside Select‹ Cabernet Sauvignon 91
Shafer, Napa Valley/Kalifornien

1999 ›Hillside Select‹ Cabernet Sauvignon 95
Shafer, Napa Valley/Kalifornien

1999 ›Cask 23‹ Cabernet Sauvignon 100
Stags Leap Wine Cellars, Napa Valley/Kalifornien

1995 ›Cask 23‹ Cabernet Sauvignon 96
Stags Leap Wine Cellars, Napa Valley Kalifornien

1999 SLV Cabernet Sauvignon 94
Stags Leap Wine Cellars, Napa Valley/Kalifornien

1999 Fay Cabernet Sauvignon 93
Stags Leap Wine Cellars, Napa Valley/Kalifornien

1999 ›Estate‹ Cabernet Sauvignon 98
Château Montelena, Napa Valley/Kalifornien

1999 ›Calistoga Cuvée‹ Cabernet Sauvignon 92
Château Montelena, Napa Valley/Kalifornien

1996 ›Opus One‹ 90
Opus One, Napa Valley/Kalifornien

1999 ›Dominus‹ 68
Dominus, Napa Valley/Kalifornien

2001 Cabernet Sauvignon 96?
Grace Family Vineyards, Napa Valley/Kalifornien

2000 ›Viader‹ 94
Delia Viader, Napa Valley/Kalifornien

1999 ›Viader‹ 95
Delia Viader, Napa Valley/Kalifornien

1994 ›Viader‹ 91
Delia Viader, Napa Valley/Kalifornien

2001 Riesling 91
Klaus Zimmerling, Sachsen/Deutschland

1999 ›Maya‹ 97
Dalla Valle, Napa Valley/Kalifornien

1998 ›Harlan Estate‹ 92
Harlan Estate, Napa Valley/Kalifornien

1996 ›Harlan Estate‹ 96
Harlan Estate, Napa Valley/Kalifornien

1999 ›Rubicon‹ 97
Niebaum-Coppola, Napa Valley/Kalifornien

2000 ›Cask‹ Cabernet Sauvignon 92?
Niebaum-Coppola, Napa Valley/Kalifornien

1958 ›Cask‹ Cabernet Sauvignon 94
Ingelnook, Napa Valley/Kalifornien

1999 ›Red Label‹ 94
Pahlmeyer, Napa Valley/Kalifornien

Kapitel 6

1998 ›Pierre Léon‹ Pinot Noir 88
Willakenzie Estate, Willamette Valley/Oregon

1999 Pinot Noir 90
Gantenbein, Graubünden/Schweiz

1999 Grace Vineyard Pinot Noir 87
Domaine Serene, Willamette Valley/Oregon

1999 '555 Spätburgunder 90
Fürst, Franken/Deutschland

1997 ›R‹ Spätburgunder 93
Fürst, Franken/Deutschland

1999 ›Reserve‹ Pinot Noir 89
Eyrie Vineyards, Willamette Valley/Oregon

1998 ›Reserve‹ Pinot Noir 91
Eyrie Vineyards, Willamette Valley/Oregon

1994 ›Reserve‹ Pinot Noir 90
Eyrie Vineyards, Willamette Valley/Oregon

2000 ›Estate Reserve‹ Pinot Noir 85
Belle Pente, Willamette Valley/Oregon

1999 Seven Springs Vineyard Pinot Noir 77
St. Innocent Ltd., Willamette Valley/Oregon

2000 Hirsch Vineyard Pinot Noir 87
Scherrer, Sonoma/Kalifornien

2000 Fort Ross Pinot Noir 90
Scherrer, Sonoma/Kalifornien

2000 Volnay 1er Cru Les Frémiets 73
Joseph Voillot, Bourgogne/Frankreich

1999 Marsannay ›Vieilles Vignes‹ 66
Guyot Oliviers, Bourgogne/Frankreich

1999 Grand Cru Corton Renardes 57
Marius Delarche, Bourgogne/Frankreich

2000 Nuits-St.-Georges 1er Cru Les Pruliers 86
Philippe & Vincent Lecheneauts, Bourgogne/Frankreich

1999 ›Janus‹ Pinot Noir 87
Larry Brooks, Willamette Valley/Oregon

2000 Pinot Noir 90
Eric Hammacher, Willamette Valley/Oregon

1999 Estate Cabernet Sauvignon 94
Scherrer, Alexander Valley/Kalifornien

1999 ›Old & Mature‹ Zinfandel 92
Scherrer, Alexander Valley/Kalifornien

1997 Octagon Vineyard Pinot Noir 95
Dehlinger, Sonoma/Kalifornien

1996 Octagon Vineyard Pinot Noir 96
Dehlinger, Sonoma/Kalifornien

1994 Octagon Vineyard Pinot Noir 94
Dehlinger, Russian River Valley/Kalifornien

2000 Marsannay Les Favières 86
Charles Audoin, Bourgogne/Frankreich

2000 Beaune 1er Cru Bressandes 88
Albert Morot, Bourgogne/Frankreich

1999 Pommard 1er Cru Clos des Epéneaux 92
Comte Armand, Bourgogne/Frankreich

2000 Spätburgunder 86
J. L. Wolf, Pfalz/Deutschland

2000 Sierra Madre Vineyard Pinot Noir 93
Byron, Santa Maria Valley/Kalifornien

2001 Beaux Frères Vineyard Pinot Noir 85
Beaux Frères, Willamette Valley/Oregon

1999 Beaux Frères Vineyard Pinot Noir 93
Beaux Frères, Willamette Valley/Oregon

2000 Riesling 87
Holloran, Willamette Valley/Oregon

2001 Sauvignon Blanc 91
J. Christopher, Willamette Valley/Oregon

1999 ›Le Pavillon‹ Pinot Noir 87
J. Christopher, Willamette Valley/Oregon

2000 Pinot Gris 86
Eyrie Vineyards, Willamette Valley/Oregon

200 Pinot Noir 83
Eyrie Vineyards, Willamette Valley/Oregon

1996 ›Reserve‹ Pinot Noir 87
Eyrie Vineyards, Willamette Valley/Oregon

2001 ›Eroica‹ Riesling 91
Dr. Loosen & Château Ste. Michelle, Columbia Valley/Washington

2000 Chardonnay 88
Domaine Drouhin, Willamette Valley/Oregon

2000 Pinot Noir 88
Domaine Drouhin, Willamette Valley/Oregon

1999 ›Laurène‹ Pinot Noir 95
Domaine Drouhion, Willamette Valley/Oregon

1998 ›Laurène‹ Pinot Noir 92
Domaine Drouhin, Willamette Valley/Oregon

Kapitel 7

2002 Malanser Müller-Thurgau 76?
Fromm, Graubünden/Schweiz

2002 Malanser Pinot Gris trocken 87?
Fromm, Graubünden/Schweiz

2002 Malanser Pinot Noir ›Barrique‹ 88?
Fromm, Graubünden/Schweiz

2001 Malanser Pinot Noir ›Barrique‹ 90
Fromm, Graubünden/Schweiz

2000 ›Reserve‹ Chardonnay 92
La Strada (Fromm), Marlborough/Neuseeland

2001 Clavin Vineyard Pinot Noir 91
La Strada (Fromm), Marlborough/Neuseeland

2001 Rippon Vineyard Pinot Noir 88
Rippon Estate, Central Otago/Neuseeland

2000 Rippon Vineyard Pinot Noir 90
Rippon Estate, Central Otago/Neuseeland

2001 Riesling 78
Gibbston Valley, Central Otago/Neuseeland

2001 Pinot Gris 73
Gibbston Valley, Central Otago/Neuseeland

2000 ›Gold Rush‹ Pinot Noir 67
Gibbston Valley, Central Otago/Neuseeland

2000 Pinot Noir 69
Gibbston Valley, Central Otago/Neuseeland

Den ›Reserve‹ Pinot Noir von Gibbston Valley habe ich endlich im Mai 2003 in

Deutschland verkosten können. Es ist zweifelsohne ein substanzreicher, fruchtbetonter Pinot Noir aber kein Welt-Überflieger:

2001 ›Reserve‹ Pinot Noir 87
Gibbston Valley, Central Otago/Neuseeland

2001 Pinot Gris 90
Peregrine, Central Otago/Neuseeland

2000 Pinot Noir 87
Peregrine, Central Otago/Neuseeland

2001 Riesling 88
Felton Road, Central Otago/Neuseeland

2000 Pinot Noir 89
Felton Road, Central Otago/Neuseeland

2000 Block 3 Pinot Noir 90
Felton Road, Central Otago/Neuseeland

2000 Block 5 Pinot Noir 91
Felton Road, Central Otago/Neuseeland

2001 Block 5 Pinot Noir 90
Felton Road, Central Otago/Neuseeland

2000 Pinot Noir 92
Ata Rangi, Martinborough/Neuseeland

2000 Chardonnay 89
Ata Rangi, Martinborough/Neuseeland

2000 Pinot Noir 94
Dry River, Martinborough/Neuseeland

1999 Pinot Noir 92
Dry River, Martinborough/Neuseeland

1999 Pinot Gris 94
Dry River, Martinborough/Neuseeland

2000 Gewürztraminer 92
Dry River, Martinborough/Neuseeland

1996 Clayvin Vineyard Pinot Noir 88
La Strada (Fromm), Marlborough/Neuseeland

2001 Sauvignon Blanc 82
Cloudy Bay, Marlborough/Neuseeland

2001 Sauvignon Blanc 89
Isabel Vineyard, Marlborough/Neuseeland

2001 Sauvignon Blanc 86
Lawsons Dry Hills, Marlborough/Neuseeland

2000 Montepulciano 88
Herzog, Marlborough/Neuseeland

1999 ›Reserve‹ Chardonnay 91
La Strada (Fromm), Marlborough/Neuseeland

1998 ›Reserve‹ Chardonnay 84
La Strada (Fromm), Marlborough/Neuseeland

2000 Pinot Noir 87
La Strada (Fromm), Marlborough/Neuseeland

2000 Clayvin Vineyard Pinot Noir 91
La Strada (Fromm), Marlborough/Neuseeland

2000 Fromm Vineyard Pinot Noir 93
La Strada (Fromm), Marlborough/Neuseeland

1980 Vosne-Romanée Les Beaux Monts 92
Leroy SA, Bourgogne/Frankreich

1996 Grand Cru Musigny 100
Domaine Leroy, Bourgogne/Frankreich

1996 Grand Cru Clos de la Roche 100
Domaine Leroy, Bourgogne/Frankreich

Kapitel 8

2001 ›Life from Stone‹ Sauvignon Blanc 90
Springfield Estate, Robertson/Südafrika

2001 ›Special Cuvée‹ Sauvignon Blanc 88
Springfield Estate, Robertson/Südafrika

2003 ›Life from Stone‹ Sauvignon Blanc 90?
Springfield Estate, Robertson/Südafrika

2003 ›Special Cuvée‹ Sauvignon Blanc 89?
Springfield Estate, Robertson/Südafrika

1999 ›Méthode Ancienne‹ Chardonnay 92
Springfield Estate, Robertson/Südafrika

2002 ›Méthode Ancienne‹ Chardonnay 93?
Springfield Estate, Robertson/Südafrika

1999 ›Brampton‹ Chardonnay 74
Rustenberg, Stellenbosch/Südafrika

2000 ›Brampton‹ Sauvignon Blanc 85
Rustenberg, Stellenbosch/Südafrika

1999 ›Five Soldiers‹ Chardonnay 93
Rustenberg, Stellenbosch/Südafrika

2001 ›Five Soldiers‹ Chardonnay 94
Rustenberg, Stellenbosch/Südafrika

2001 ›Peter Barlow‹ Cabernet Sauvignon 94
Rustenberg, Stellenbosch/Südafrika

1993 Chardonnay 90
Mulderbosch, Stellenbosch/Südafrika

1997 ›Barrel Fermented‹ Chardonnay 91
Mulderbosch, Stellenbosch/Südafrika

1998 ›Barrel Fermented‹ Chardonnay 93
Mulderbosch, Stellenbosch/Südafrika

2000 ›Barrel Fermented‹ Chardonnay 94
Mulderbosch, Stellenbosch/Südafrika

2000 Sauvignon Blanc 91
Mulderbosch, Stellenbosch/Südafrika

2003 Sauvignon Blanc 92?
Mulderbosch, Stellenbosch/Südafrika

1998 Mont du Toit 90
Mont du Toit, Wellington/Südafrika

1998 ›Le Sommet‹ Mont du Toir 94
Mont du Toit, Wellington/Südafrika

1999 Mont du Toit 89
Mont du Toit, Wellington/Südafrika

2000 Mont du Toit 91
Mont du Toit, Wellington/Südafrika

2000 ›Le Sommet‹ Mont du Toit 93
Mont du Toit, Wellington/Südafrika

2001 Mont du Toit 90
Mont du Toit, Wellington/Südafrika

1999 ›Classic‹ 90
Veenwouden, Paarl/Südafrika

2000 ›Classic‹ 93
Veenwouden, Paarl/Südafrika

1999 ›Vivat Bacchus‹ 86
Veenwouden, Paarl/Südafrika

2000 Merlot 91
Veenwouden, Paarl/Südafrika

1999 Merlot 90
de Trafford, Stellenbosch/Südafrika

1999 Cabernet Sauvignon 91
de Trafford, Stellenbosch/Südafrika

2000 ›Elevation 393‹ Cabernet Sauvignon-Shiraz 94
de Trafford, Stellenbosch/Südafrika

2001 Cabernet Sauvignon 92
de Trafford, Stellenbosch/Südafrika

2001 Pinotage 91?
Kanonkop, Stellenbosch/Südafrika

1999 Pinotage 90
Kanonkop, Stellenbosch/Südafrika

2000 Pinotage 92
Kanonkop, Stellenbosch/Südafrika

1998 Paul Sauer 95
Kanonkop, Stellenbosch/Südafrika

2002 Sauvignon Blanc 88
Klein Constantia, Constantia/Südafrika

2001 Chardonnay 90
Klein Constantia, Constantia/Südafrika

1997 ›Marlbrook‹ Cabernet Sauvignon-Merlot 87
Klein Constantia, Constantia/Südafrika

1996 ›Vin de Constance‹ 94
Klein Constantia, Constantia/Südafrika

1998 ›Vin de Constance‹ 96
Klein Constantia, Constantia/Südafrika

2002 ›Noon Gun‹ 85
Flagstone, Südafrika

2002 ›Longitude‹ 86
Flagstone, Südafrika

2000 ›Pinot‹ Pinot Noir 91
Flagstone, Südafrika

2001 ›The Music Room‹ Cabernet Sauvignon 91
Flagstone, Südafrika

Kapitel 9

1997 Isolation Ridge Riesling 90
Frankland Estate, Great Southern/Westaustralien

2001 Riesling 82
Trevellen Farm, Great Southern/Westaustralien

2000 Riesling 87
Plantagenet, Great Southern/Westaustralien

2001 Riesling 85
Garlands, Great Southern/Westaustralien

2001 Riesling 84
Gilberts, Great Southern/Westaustralien

2001 Riesling 85
Chatsfield, Great Southern/Westaustralien

2001 Riesling 88
Duke's, Great Southern/Westaustralien

2001 Riesling 83
Castle Rock, Great Southern/Westaustralien

2001 Riesling 88
Zeraphath, Great Southern/ Westaustralien

2001 Riesling 90
Howard Park, Great Southern/Westaustralien

2001 Riesling 87
Alkoomi, Great Southern/ Westaustralien

2001 ›River Mist‹ Riesling 86
Frankland Estate, Great Southern/Westaustralien

2001 Cooladerra Vineyard Riesling 89
Frankland Estate, Great Southern/Westaustralien

2001 Poison Hill Vineyard Riesling 90
Frankland Estate, Great Southern/Westaustralien

2001 Isolation Ridge Riesling 92
Frankland Estate, Great Southern/Westaustralien

1999 ›Jacob's Creek‹ Riesling 81
Orlando, Südostaustralien

1999 Barossa Riesling 84
Richmond Grove, Barossa/ Südaustralien

1999 Watervale Riesling 87
Richmond Grove, Clare Valley/Südaustralien

1996 ›Steingarten‹ Riesling 89
Orlando, Eden Valley/ Südaustralien

1977 ›DWG41‹ Riesling 91
Leo Buring, Clare Valley/ Südaustralien

1972 ›DWB15‹ Riesling 94
Leo Buring, Eden Valley/ Südaustralien

1999 Watervale Riesling 89
Jeffrey Grosset, Clare Valley/ Südaustralien

1999 Polish Hill Riesling 91
Jeffrey Grosset, Clare Valley/ Südaustralien

1985 Polish Hill Riesling 93
Jeffrey Grosset, Clare Valley/ Südaustralien

2002 Polish Hill Riesling 93
Jeffrey Grosset, Clare Valley/Südaustralien

1998 Gaja Cabernet Sauvignon 92
Jeffrey Grosset, Clare Valley/ Südaustralien

2000 Isolation Ridge Shiraz 90
Frankland Estate, Great Southern/Westsüdaustralien

1999 Isolation Ridge Shiraz 92
Frankland Estate, Great Southern/ Westsüdaustralien

1998 Isolation Ridge Shiraz 88
Frankland Estate, Great Southern/Westsüdaustralien

1997 Isolation Ridge Shiraz 90
Frankland Estate, Great Southern/Westsüdaustralien

2001 Georgia's Paddock Riesling 88
Jasper Hill, Heathcote/Victoria-Australien

2001 Georgia's Paddock Shiraz 93
Jasper Hill, Heathcote/Victoria-Australien

2001 Emily's Paddock Shiraz 96
Jasper Hill, Heathcote/Victoria-Australien

2000 Georgia's Paddock Shiraz 94
Jasper Hill, Heathcote/Victoria-Australien

2000 Emily's Paddock Shiraz 95
Jasper Hill, Heathcote/Victoria-Australien

Kapitel 10

1990 ›Robustus‹ 92
Niepoort, Douro/Portugal

2000 Quinta do Vesuvio Vintage Port 94
Symington, Douro/Portugal

2000 Warre's Vintage Port 92
Symington, Douro/Portugal

2000 Dow Vintage Port 96
Symington, Douro/Portugal

2000 Graham's Vintage Port 95
Symington, Douro/Portugal

2000 Fonseca Vintage Port 94
Taylor Fladgate & Yateman, Douro/Portugal

2000 Taylor Vintage Port 93
Taylor Fladgate & Yateman, Douro/Portugal

2000 Quinta do Noval Vintage Port 96
Noval, Douro/Portugal

2000 Quinta do Noval Nacional Vintage Port 98
Noval, Douro/Portugal

2000 Niepoort ›Secundum‹ Vintage Port 95
Niepoort, Douro/Portugal

2000 Niepoort Vintage Port 99
Niepoort, Douro/Portugal

1998 ›Dona Maria Teresa‹ 90
Quinta do Crasto, Douro/Portugal

1997 Quinta da Gaivosa 90
de Sousa, Douro/Portugal

1999 ›Redoma‹ 92
Niepoort, Douro/Portugal

2000 ›Incognito‹ 90
Cortes de Cima, Alantejo/Portugal

1997 ›Marquês de Borba Reserva‹ 92
Jao Portugal Ramos, Alantejo/Portugal

1999 ›Marquês de Borba Reserva‹ 94
Jao Portugal Ramos, Alantejo/Portugal

1999 ›Dehesa Gago‹ 90
Telmo Rodgrigues, Toro/Spanien

1999 Clos Manyetes 91
Clos Del Llops, Priorato/Spanien

1999 Quinta do Vale Dona Maria 88
Christian van Zeller, Douro/Portugal

2000 Quinta do Vale Dona Maria 90
Christian van Zeller, Douro/Portugal

2001 ›Pintas‹ 78
Jorge Serôdio Borges, Douro/Portugal

1997 ›Pingus‹ 79
Peter Sisseck, Ribeira del Duero/Spanien

2000 ›Chryseia‹ 84
Symington/Bruno Prats, Douro/Portugal

2001 ›Redoma branca‹ 86
Niepoort, Douro/Portugal

2001 ›Redoma branca Reserva‹ 91?
Niepoort, Douro/Portugal

2001 Nápoles 89?
Niepoort, Douro/Portugal

2001 ›Redoma‹ 93?
Niepoort, Douro/Portugal

2001 ›Batuta‹ 96?
Niepoort, Douro/Portugal

2001 ›Campo Ardosa‹ 87?
Breuer/Näkel/Philippi, Douro/Portugal

2000 ›Campo Ardosa‹ 88
Breuer/Näkel/Philippi, Douro/Portugal

2000 ›Campo Ardosa Reserva‹ 90
Breuer/Näkel/Philippi, Douro/Portugal

1998 ›Sassicaia‹ 83
Incisa della Rochetta, Bolgheri/Italien

1999 ›Sassicaia‹ 77
Incisa della Rochetta, Bolgheri/Italien

1997 ›Summus‹ 68
Castello Banfi, Toscana/Italien

1997 ›Costa Russi‹ 95
Angelo Gaja, Langhe/Italien

1996 ›Costa Russi‹ 93
Angelo Gaja, Langhe/Italien

1996 ›Sori Tildin‹ 96
Angelo Gaja, Langhe/Italien

1996 ›Sori san Lorenzo‹ 97
Angelo Gaja, Langhe/Italien

2000 ›Kratos‹ 88
Luigi Maffini, Kampanien/Italien

2000 ›Magiri‹ 90
Ca' Marcando (Angelo Gaja), Bolgheri/Italien

2000 ›Sanct Valentin‹ Sauvignon Blanc 90
St. Michael Eppan, Alto Adige/Italien

2000 Montevetrano 91
Silvia Imparato, Kampanien/Italien

1999 Montevetrano 93
Silvia Imparato, Kampanien/Italien

1997 Montevetrano 95
Silvia Imparato, Kampanien/Italien

1993 Montevetrano 94
Silvia Imparato, Kampanien/Italien

1992 Montevetrano 87
Silvia Imparato, Kampanien/Italien

1991 Montevetrano 89
Silvia Imparato, Kampanien/Italien

2000 ›Réserve‹ 92
Château Mansenoble, Corbières/Frankreich

1998 ›La Falaise‹ 88
Château de la Négly, Coteaux du Langedoc/Frankreich

1998 ›Le Clos des Truffiers‹ 76
Château de la Négly, Coteaux du Langeudoc/Frankreich

1998 ›Classique Blanc‹ 85
Domaine de Hortus, Pic St. Loup/Frankreich

1998 ›Grand Cuvée Blanc‹ 88
Domaine de Hortus, Pic St. Loup/Frankreich

1998 ›Classique Rouge‹ 84
Domaine de Hortus, Pic St. Loup/Frankreich

1998 ›Grand Cuvée Rouge‹ 89
Domaine de Hortus, Pic St. Loup/Frankreich

1998 ›Domaine Lavabre‹ 85
Olivier Briedel, Pic St. Loup/Frankreich

1998 ›Les Demoisselles de Lavabre‹ 88
Olivier Briedel, Pic St. Loup/Frankreich

1998 ›Château Lavabre‹ 91
Olivier Briedel, Pic St. Loup/Frankreich

1997 Pic St. Loup 86
Château Cazenauve, Pic St. Loup/Frankreich

Kapitel 11

2001 Kiedricher Gräfenberg Riesling Spätlese 86
Robert Weil, Rheingau/Deutschland

2001 Niederhäuser Hermannshöhle Riesling Spätlese 97
H. Dönnhoff, Nahe/Deutschland

2001 Oberhäuser Brücke Riesling Eiswein 95
H. Dönnhoff, Nahe/Deutschland

2001 Nackenheimer Rothenberg Riesling Trockenbeerenauslese 98?
Gunderloch, Rheinhessen/Deutschland

2002 Riesling trocken 77
Robert Weil, Rheingau/Deutschland

2002 Riesling Kabinett trocken 80
Robert Weil, Rheingau/Deutschland

2002 Riesling Spätlese trocken 81
Robert Weil, Rheingau/Deutschland

2002 Gräfenberg Erstes Gewächs Riesling trocken 84
Robert Weil, Rheingau/Deutschland

2002 Riesling trocken 81
St. Antony, Rheinhessen/Deutschland

2002 ›Vom Rotliegenden‹ Riesling trocken 86
St. Antony, Rheinhessen/Deutschland

2002 ›Red Label‹ Riesling trocken 88
St. Antony, Rheinhessen/Deutschland

2002 Orbel ›Großes Gewächs‹ Riesling trocken 88
St. Antony, Rheinhessen/Deutschland

2002 Hipping ›Großes Gewächs‹ Riesling trocken 90
St. Antony, Rheinhessen/Deutschland

2002 Pettental ›Großes Gewächs‹ Riesling trocken 94
St. Antony, Rheinhessen/Deutschland

2002 Oelberg ›Großes Gewächs‹ Riesling trocken 93
St. Antony, Rheinhessen/Deutschland

2002 Kiedricher Gräfenberg Riesling Spätlese 85
Robert Weil, Rheingau/Deutschland

2002 Kiedricher Gräfenberg Riesling Auslese 88
Robert Weil, Rheingau/Deutschland

2002 Kiedricher Gräfenberg Riesling Auslese ›Goldkapsel‹ 93
Robert Weil, Rheingau/Deutschland

2002 Kiedricher Gräfenberg Riesling Beerenauslese 94
Robert Weil, Rheingau/Deutschland

2002 Kiedricher Gräfenberg Riesling Trockenbeerenauslese 95
Robert Weil, Rheingau/Deutschland

2001 Gräfenberg Erstes Gewächs Riesling trocken 83
Robert Weil, Rheingau/Deutschland

2001 Stettener Pulvermächer Riesling Spätlese trocken 90
Beurer, Württemberg/Deutschland

2001 Bruanberger Juffer-Sonnenuhr Riesling Spätlese 84
Fritz Haag, Mosel-Saar-Ruwer/Deutschland

2001 Riesling Spätlese 91
Beurer, Württemberg/Deutschland

1999 Lemberger ›Barrique‹ 87
Weinmanufaktur Untertürkheim, Württemberg/Deutschland

1999 Oberer Wald Blaufränkisch 87
Ernst Triebaumer, Neusiedlersee/Österreich

2000 Marienthal Blaufränkisch 94
Ernst Triebaumer, Neusiedlersee/Österreich

1999 ›Granat‹ 91
Albrecht Schwegler, Württemberg/Deutschland

1999 Château Pichon-Comtesse de Lencquesaing, 88
Bordeaux/Frankreich

1997 ›Granat‹ 92
Albrecht Schwegler, Württemberg/Deutschland

1997 ›Sena‹ 86
Chadwick & Mondavi, Aconcagua Valley/Chile

2001 Reiterpfad ›Großes Gewächs‹ Riesling trocken 79
Dr. Bürklin-Wolf, Pfalz/Deutschland

2001 Hohenmorgen ›Großes Gewächs‹ Riesling trocken 87
Dr. Bürklin-Wolf, Pfalz/Deutschland

2001 Hohenmorgen ›Großes Gewächs‹ Riesling trocken 91
Christmann, Pfalz/Deutschland

2001 Idig ›Großes Gewächs‹ Riesling trocken 90
Christmann, Pfalz/Deutschland

2001 Kalkofen ›Großes Gewächs‹ Riesling trocken 90
Dr. von Bassermann-Jordan, Pfalz/Deutschland

2001 Hohenmorgen ›Großes Gewächs‹ Riesling trocken 90
Dr. von Bassermann-Jordan, Pfalz/Deutschland

2001Kirchenstück ›Großes Gewächs‹ Riesling trocken 89
Dr. von Bassermann-Jordan, Pfalz/Deutschland

2001 Kirchenstück ›Großes Gewächs‹ Riesling trocken 87
Acham-Magin, Pfalz/Deustchland

2001 Reiterpfad ›Großes Gewächs‹ Riesling trocken 90
Acham-Magin, Pfalz/Deutschland

2001 Ungeheuer ›Großes Gewächs‹ Riesling trocken 89
Georg Mosbacher, Pfalz/Deutschland

2001 Im Sonnenschein ›Großes Gewächs‹ Riesling trocken 92
Ökonomierat Rebholz, Pfalz/Deutschland

2001 Kastanienbusch ›Großes Gewächs‹ Riesling trocken 94
Ökonomierat Rebholz, Pfalz/Deutschland

2001 Im Sonnenschein ›Großes Gewächs‹ Weißburgunder trocken 92
Ökonomierat Rebholz, Pfalz/Deutschland

2000 Im Sonnenschein ›Großes Gewächs‹ Spätburgunder trocken 91
Ökonomierat Rebholz, Pfalz/Deutschland

2001 Kastanienbusch ›Großes Gewächs‹ Riesling trocken 90
Dr. Wehrheim, Pfalz/Deutschland

2000 Kastanienbusch ›Großes Gewächs‹ Spätburgunder trocken 88
Dr. Wehrheim, Pfalz/Deutschland

2001 Mandelberg ›Großes Gewächs‹ Weißburgunder trocken 93
Bergdolt, Pfalz/Deutschland

2001 Im Großen Garten ›Großes Gewächs‹ Riesling trocken 87
Knipser, Pfalz/Deutschland

2001 Himmelreich ›Großes Gewächs‹ Riesling trocken 88
Knipser, Pfalz/Deutschland

2001 Steinbuckel ›Großes Gewächs‹ Riesling trocken 90
Knipser, Pfalz/Deutschland

2001 Kallstadter Saumagen Riesling Auslese trocken ›R‹ 96
Koehler-Ruprecht, Pfalz/Deutschland

2001 Bernstein ›Großes Gewächs‹ Riesling trocken 90
Lanius-Knab, Mittelrhein/Deutschland

2001 Oelsberg ›Großes Gewächs‹ Riesling trocken 88
Lanius-Knab, Mittelrhein/Deutschland

2001 Hermannsberg ›Großes Gewächs‹ ›Selection‹ Riesling trocken 72
Gutsverwaltung Niederhausen-Schlossböckelheim, Nahe/Deutschland

2001 Steinberg ›Großes Gewächs‹ ›Selection‹ Riesling trocken 74
Gutsverwaltung Niederhausen-Schlossböckelheim, Nahe/Deutschland

2001 Johannisberg ›Großes Gewächs‹ Riesling trocken 70
Prinz Salm-Dalberg, Nahe/Deutschland

2001 Scharzhofberger Riesling Spätlese ›V‹ 93
Egon Müller-Scharzhof, Mosel-Saar-Ruwer/Deutschland

2001 Ürziger Würzgarten Riesling Spätlese ›V‹ 95
Dr. Loosen, Mosel-Saar-Ruwer/Deutschland

2001 Graacher Domprobst Riesling Spätlese ›V‹ 94
Willi Schaefer, Mosel-Saar-Ruwer/Deutschland

2001 Brauneberger Juffer-Sonnenuhr Riesling Spätlese ›V‹ 91
Fritz Haag, Mosel-Saar-Ruwer/Deutschland

2001 Schlossböckelheimer Felsenberg Riesling Spätlese ›V‹ 94
H. Dönnhoff, Nahe/Deutschland

2001 Wehlener Sonnenuhr Riesling Spätlese ›V‹ 93
Joh. Jos. Prüm, Mosel-Saar-Ruwer/Deutschland

2001 Saarburger Rausch Riesling Spätlese ›V‹ 92
Zilliken, Mosel-Saar-Ruwer/Deutschland

2001 ›Schieferterrassen‹ Riesling 89
Heymann-Löwenstein, Mosel-Saar-Ruwer

2001 Uhlen ›Rothlay‹ Riesling 94
Heymann-Löwensetein, Mosel-Saar-Ruwer/Deutschland

2001 Pündericher Marienburg Riesling Spätlese trocken ›***‹ 93
Clemens Busch, Mosel-Saar-Ruwer/Deutschland

2001 Pündericher Marienburg Riesling Trockenbeerenauslese 100
Clemens Busch, Mosel-Saar-Ruwer/Deutschland

2001 Kirchenstück Riesling trocken 88
Schneider, Pfalz/Deutschland

2001 Weißburgunder trocken 88
Schneider, Pfalz/Deutschland

2001 ›Pour la Mérite‹ St. Laurent 89
Schneider, Peter & Hensel, Pfalz/Deutschland

Kapitel 12

1997 Laguna Ranch Chardonnay 76
Gallo of Sonoma, Sonoma/Kalifornien

1997 Stefani Vineyard Chardonnay 68
Gallo of Sonoma, Sonoma/Kalifornien

1997 Barelli Creek Zinfandel 74
Gallo of Sonoma, Sonoma/Kalifornien

1997 Frei Ranch Zinfandel 78
Gallo of Sonoma, Sonoma/Kalifornien

1996 Barelli Creek Cabernet Sauvignon 82
Gallo of Sonoma, Sonoma/Kalifornien

1998 Estate Cabernet Sauvignon 80
Gallo of Sonoma,
Sonoma/Kalifornien

2000 Stags Leap District Sauvignon Blanc 77
Robert Mondavi, Napa/Kalifornien

2000 ›Fumé Blanc Reserve‹ Sauvignon Blanc 85
Robert Mondavi, Napa/Kalifornien

2000 Zieregg Sauvignon Blanc 93
Tement, Südsteiermark/Österreich

2001 Zieregg Sauvignon Blanc 92
Tement, Südsteiermark/Österreich

1999 Carneros District Chardonnay 81
Robert Mondavi, Napa/Kalifornien

1999 ›Reserve‹ Chardonnay 86
Robert Mondavi, Napa/Kalifornien

1999 Chardonnay 90
Chalk Hill, Sonoma/Kalifornien

1999 Napa Valley Cabernet Sauvignon 79
Robert Mondavi, Napa/Kalifornien

1999 Marjorie's Twilight Cabernet Sauvignon 90
Robert Mondavi, Napa/Kalifornien

1999 ›Reserve‹ Napa Valley Cabernet Sauvignon 91
Robert Mondavi, Napa/Kalifornien

1999 To Kalon ›Reserve‹ Napa Valley Cabernet Sauvignon 92
Robert Mondavi, Napa/Kalifornien

1998 Napa Valley Cabernet Sauvignon 84
Robert Mondavi, Napa/Kalifornien

1998 ›Reserve‹ Napa Valley Cabernet Sauvignon 88
Robert Mondavi, Napa/Kalifornien

2001 ›Pacific Rim‹ Riesling 81
Bonny Doon, Washington State/Mosel-Saar-Ruwer/Kalifornien

2000 ›Critique of Pure Riesling‹ 85
Bonny Doon, Washington State

2000 ›The Heart has its Rieslings‹ 83
Bonny Doon, Washington State

2000 Syrah 88
Bonny Doon, Kalifornien

2000 ›Heart of Darkness‹ 87
Euro-Doon (Bonny Doon),
Madiran/Frankreich

2000 ›Cigare Volant‹ 90
Bonny Doon, Kalifornien

1999 Monte Bello Chardonnay 94
RIDGE, Santa Cruz Mountains/Kalifornien

2000 Monte Bello Chardonnay 91
RIDGE, Santa Cruz Mountains/Kalifornien

2001 Monte Bello Cabernet Sauvignon 95?
RIDGE, Santa Cruz Mountains/Kalifornien

1998 ›Cain Five‹ 91
Cain Vineyards, Napa/Kalifornien

1999 Monte Bello Cabernet Sauvignon 97
RIDGE, Santa Cruz Mountains/Kalifornien

1994 Monte Bello Cabernet Sauvignon 97
RIDGE, Santa Cruz Mountains/Kalifornien

1992 Monte Bello Cabernet Sauvignon 93
RIDGE, Santa Cruz Mountains/Kalifornien

1991 Monte Bello Cabernet Sauvignon 96
RIDGE, Santa Cruz Mountains/Kalifornien

1990 Monte Bello Cabernet Sauvignon 92
RIDGE, Santa Cruz Mountains/Kalifornien

2000 Lytton Springs (Zinfandel) 92
RIDGE, Sonoma/Kalifornien

2000 Geyserville (Zinfandel) 92
RIDGE, Sonoma/Kalifornien

1999 Lytton Springs (Zinfandel) 94
RIDGE, Sonoma/Kalifornien

Kapitel 13

2002 Neckenmarkter Blaufränkisch 88?
Moric, Mittelburgenland/Österreich

2002 Lutzmannsburger Blaufränkisch 88?
Moric, Mittelburgenland/Österreich

2001 MORIC Blaufränkisch 83?
Moric, Mittelburgenland/Österreich

2002 MORIC Neckenmarketer Blaufränkisch 90
Moric, Mittelburgunland/Österreich

2002 MORIC Lutzmannsburger Blaufränkisch 91
Moric, Mittelburgenland/Österreich

2000 *Château* Meyney 74
Cru Bourgeois, St. Estephe (Bordeaux)/Frankreich

2000 *Château Le Bosq* 72
Cru Bourgeois, St. Estephe (Bordeaux)/Frankreich

2000 *Bel Air* 70
St. Emilion (Bordeaux)/Frankreich

2000 *Château Faugéres* 90
Grand Cru, St. Emilion (Bordeaux)/Frankreich

2000 *Château Lalande Borie* 85
Cru Bourgeois, St. Julien (Bordeaux)/Frankreich

2000 *Château Poujeaux* 87
Cru Bourgeois, Moulis
(Bordeaux)/Frankreich

2000 *Château Les Ormes de Pez* 88
Cru Bourgeois, St. Estephe
(Bordeaux)/Frankreich

2000 *Château Sociondo Mallet* 94
Cru Bourgeois, Haut Medoc
(Bordeaux)/Frankreich

1990 *Château Sociondo Mallet* 93
Haut Medoc (Bordeaux)/Frankreich

Die Bewertungen von folgenden roten Bordeaux-Weinen aus dem »Jahrhundert-Jahrgang« 2000 und der allgemein von der internationalen Weinpresse gelobte Jahrgang 1998 stehen zum Vergleich:

2000 *Château Lafite* 95
1er Grand Cru Classé, Pauillac
(Bordeaux)/Frankreich

1998 *Château Lafite* 84
1er Grand Cru Classé, Pauillac
(Bordeaux)/Frankreich

2000 *Château Latour* 98
1er Grand Cru Classé, Pauillac
(Bordeaux)/Frankreich

1998 *Château Latour* 86
1er Grand Cru Classé, Pauillac
(Bordeaux)/Frankreich

2000 *Château Mouton-Rothschild* 93
1er Grand Cru Classé, Pauillac
(Bordeaux)/Frankreich

1998 *Château Mouton-Rothschild* 88
1er Grand Cru Classé, Pauillac
(Bordeaux)/Frankreich

2000 *Château Léoville Las Cases* 97
2em Grand Cru Classé, St. Julien
(Bordeaux)/Frankreich

1998 *Château Léoville Las Cases* 94
2em Grand Cru Classé, St. Julien
(Bordeaux)/Frankreich

2000 *Château Margaux* 92
1er Grand Cru Classé, Margaux
(Bordeaux)/Frankreich

1998 *Château Margaux* 78
1er Grand Cru Classé, Margaux
(Bordeaux)/Frankreich

2000 *Château Haut Brion* 96
1er Grand Cru Classé, Pessac-Leognan (Bordeaux)/Frankreich

1998 *Château Haut Brion* 94
1er Grand Cru Classé, Pessac-Leognan (Bordeaux)/Frankreich

2000 *Château La Mission Haut Brion* 95
Grand Cru Classé, Pessac-Leognan
(Bordeaux)/Frankreich

1998 *Château La Mission Haut Brion* 91
Grand Cru Classé, Pessac-Leognan
(Bordeaux)/Frankreich

2000 *Château Cheval Blanc* 100
1er Grand Cru Classé (A), St. Emilion (Bordeaux)/Frankreich

1998 *Château Cheval Blanc* 95
1er Grand Cru Classé (A), St. Emilion (Bordeaux)/Frankreich

2000 *Château Ausone* 95
1er Grand Cru Classé (A), St. Emilion (Bordeaux)/Frankreich

1998 *Château Ausone* 93
1er Grand Cru Classé (A), St. Emilion (Bordeaux)/ Frankreich

2000 *Château Troplong-Mondot* 95
Grand Cru Classé, St. Emilion (Bordeaux)/Frankreich

1998 *Château Troplong-Mondot* 94
Grand Cru Classé, St. Emilion (Bordeaux)/Frankreich

2000 *La Mondotte* 94
St. Emilion (Bordeaux)/Frankreich

1998 *La Mondotte* 91
St. Emilion (Bordeaux)/Frankreich

2000 *Château Monbousquet* 58
Grand Cru, St. Emilion (Bordeaux)/Frankreich

2001 *Château Pavie-Macquin* 69?
Grand Cru Classé, St. Emilion (Bordeaux)/Frankreich

2001 *Château Figeac* 87?
1er Grand Cru Classé, St. Emilion (Bordeaux)/Frankreich

1999 *Château Figeac* 68
1er Grand Cru Classsé, St. Emilion (Bordeaux)/Frankreich

2001 *Château Troplong-Mondot* 90?
Grand Cru Classé, St. Emilion (Bordeaux)/Frankreich

2001 *Château Soutard* 62
Grand Cru Classé, St. Emilion (Bordeaux)/Frankreich

2001 *Château L'Arrosée* 48
Grand Cru Classé, St. Emilion (Bordeaux)/Frankreich

2001 *Vieux Château Certan* 91?
Pomerol (Bordeaux)/Frankreich

2001 *Château La Conseillante* 92?
Pomerol (Bordeaux)/Frankreich

2001 *Château Duhart-Milon* 78?
Cru Bourgeois, Pauillac (Bordeaux)/Frankreich

2001 *Château d'Armaillac* 80?
5em Grand Cru Classé, Pauillac (Bordeaux)/Frankreich

2001 *Château Cantemerle* 67
5em Grand Cru Classé, Haut Medoc (Bordeaux)/Frankreich

2001 *Château Ducru Beaucaillou* 90?
2em Grand Cru Classé, St. Julien (Bordeaux)/Frankreich

2001 *Château Grand Puy Lacoste* 89?
5em Grand Cru Classé, Pauillac (Bordeaux)/Frankreich

2001 *Château Haut Batailley* 86?
5^em Grand Cru Classé, Pauillac
(Bordeaux)/Frankreich

1997 *Château Léoville Las Cases* 91
2^em Grand Cru Classé, St. Julien
(Bordeaux)/Frankreich

1996 *Château Léoville Las Cases* 97
2^em Grand cru Classé, St. Julien
(Bordeaux)/Frankreich

1998 *Tertre Roteboeuf* 96
Grand Cru, St. Emilion
(Bordeaux)/Frankreich

1998 *Le Pin* 95
Pomereol (Bordeaux)/Frankreich

1999 Cabernet Sauvignon-Merlot 95
Cullens, Margaret River/Westaustralien

1995 Cabernet Sauvignon-Merlot 96
Cullens, Margaret River/Westaustralien

1979 Cabernet Sauvignon-Merlot-Malbec 90
Cullens, Margaret River/Westaustralien

1997 *Château Sociondo Mallet* 87
Cru Bourgeois, Haut Médoc
(Bordeaux)/Frankreich

1997 Cabernet Sauvignon 91
Thelema Mountain Vineyard, Stellenbosch/Südafrika

1999 ›Cuvée Rémy Alexandre‹ 90
Breaky Bottom, East Sussex/England

1999 Tiglat Chardonnay 95
Velich, Neusiedlersee/Österreich

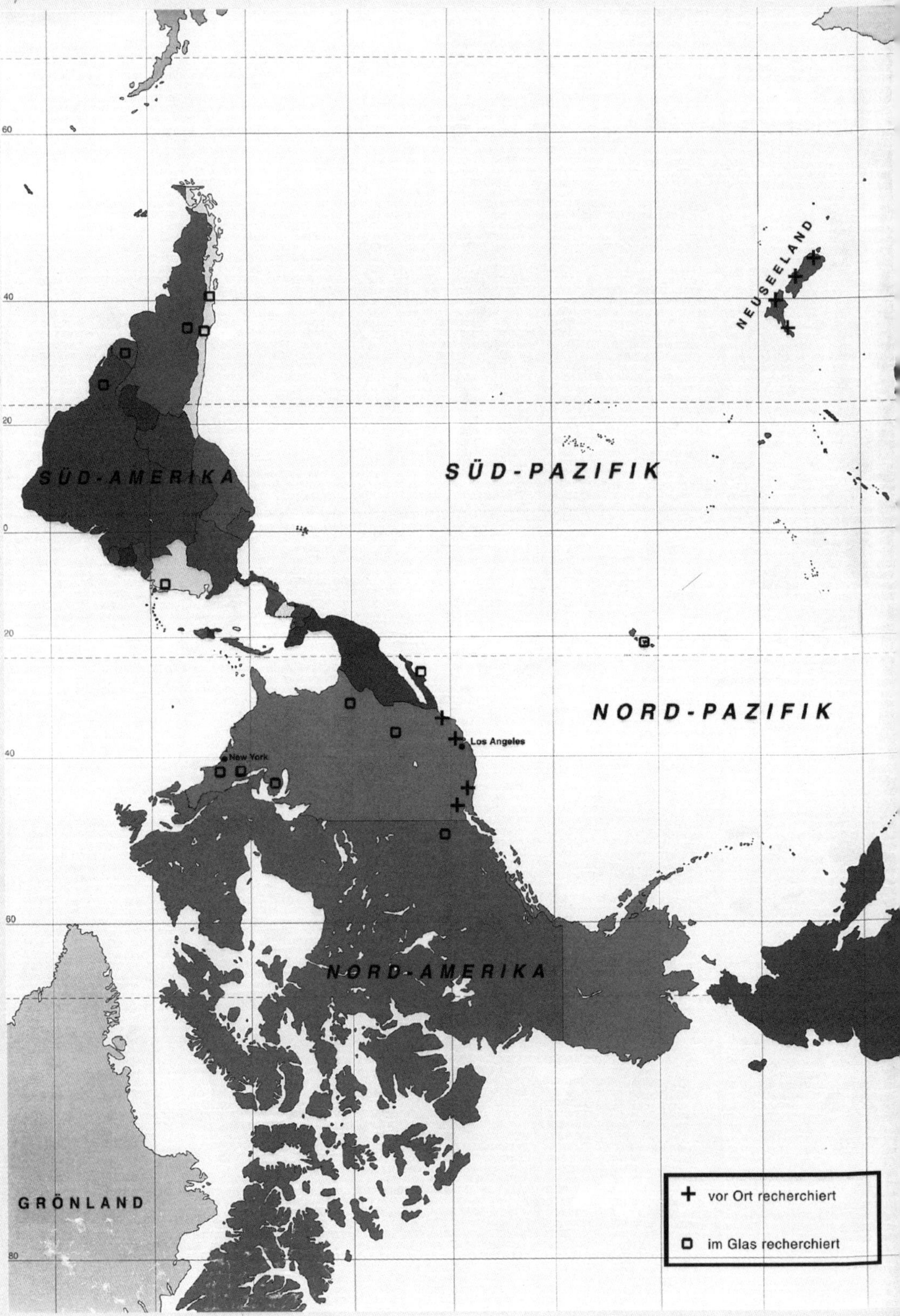

60
40
20
0
20
40
60
80
SÜD-AMERIKA
SÜD-PAZIFIK
NEUSEELAND
NORD-PAZIFIK
Los Angeles
New York
NORD-AMERIKA
GRÖNLAND
vor Ort recherchiert
im Glas recherchiert